Brandmüller · Der GmbH-Geschäftsführer im Gesellschafts-, Steuer- und Sozialversicherungsrecht

Der GmbH-Geschäftsführer im Gesellschafts-, Steuer- und Sozialversicherungsrecht

Von

Dr. jur. Gerhard Brandmüller

Rechtsanwalt
Fachanwalt für Steuer- und Sozialrecht
Vereidigter Buchprüfer

11. Auflage

ISBN 3-08-**315811**-4

Stollfuß Verlag Bonn, Berlin 1999 · Alle Rechte vorbehalten
Satzherstellung: Typo Schröder, Dernbach
Druck und Verarbeitung: Druckerei Plump, Rheinbreitbach

INHALTSVERZEICHNIS

	Seite
ABKÜRZUNGSVERZEICHNIS	13

1. KAPITEL: DER GMBH-GESCHÄFTSFÜHRER IM GESELLSCHAFTSRECHT

		Seite
A.	**GESCHÄFTSFÜHRER ALS HANDLUNGSORGAN UND DIENSTNEHMER DER GMBH**	21
I.	**BESTELLUNG DES GESCHÄFTSFÜHRERS**	21
	1. Inhalt der Bestellung	22
	2. Befugnis zur Bestellung	22
	a) Bestellung durch den Gesellschaftsvertrag	22
	b) Bestellung durch die Gesellschafterversammlung	25
	c) Bestellung durch den Aufsichtsrat	27
	d) Bestellung durch ermächtigten Gesellschafter	28
	e) Bestellung durch eine Behörde	29
	f) Bestellung durch das Amtsgericht	29
	3. Persönliche Voraussetzungen für Geschäftsführerbestellung	31
	a) Gesetzliche Vorschriften	32
	b) Satzungsvorschriften	37
	c) Folgen bei Nichtbeachtung von persönlichen Voraussetzungen	37
	d) Wiederbestellung eines Geschäftsführers, der aus wichtigem Grund abberufen worden ist	38
II.	**ANSTELLUNGSVERTRAG MIT DEM GESCHÄFTSFÜHRER**	38
	1. Die Vertragspartner	39
	a) Rechtsverhältnis zwischen GmbH und dem gegen Vergütung tätigen Geschäftsführer	39
	b) Ruhendes Dienstverhältnis bei aufgestiegenen Geschäftsführern?	41
	2. Zuständig für Vertragsabschluß	42
	a) Zuständigkeit der Gesellschafterversammlung	42
	b) Zuständigkeit anderer Organe und Dritter	42
	c) Anstellungsvertrag und Gesellschaftsstatut	43
	d) Zuständigkeit bei Änderung des Anstellungsvertrages	44
	3. Form des Anstellungsvertrages	45
	4. Inhalt des Anstellungsvertrages	47
	a) Aufgaben und Pflichten	47
	b) Arbeitszeit	50
	c) Probezeit und Befristung des Geschäftsführervertrages	51

	Seite
d) Bezüge	52
e) Versorgungszusagen	56
f) Nebentätigkeiten	63
g) Erfindungen	68
5. Fehler des Anstellungsvertrages und Diskrepanz zwischen Satzung und Anstellungsvertrag	69
a) Fehler des Anstellungsvertrages	69
b) Diskrepanz zwischen Satzung und Anstellungsvertrag	69
6. Nichtigkeit des Anstellungsvertrages	70
7. Geschäftsführer-Anstellungsvertrag im Konzern	71

III. BEENDIGUNG DER GESCHÄFTSFÜHREREIGENSCHAFT ... 72

1. Widerruf der Bestellung ... 72
   - a) Jederzeit oder aus wichtigem Grund ... 72
   - b) Zuständigkeit ... 76
   - c) Wirkung der Abberufung ... 78
2. Gewerberechtliche Untersagung ... 79
3. Amtsniederlegung ... 80
4. Kündigung des Anstellungsvertrages ... 81
   - a) Kündigungsvorschriften und -fristen ... 82
   - b) Rechtsweg bei Kündigungsstreitigkeiten ... 88
5. Nachvertragliche Pflichten ... 91

B. AUFGABENBEREICH UND KOMPETENZEN DES GESCHÄFTSFÜHRERS ... 93

I. GESCHÄFTSFÜHRUNG ... 93

1. Inhalt und Umfang der Geschäftsführungsbefugnis ... 93
   - a) Jährlich wiederkehrende Aufgaben des Geschäftsführers ... 94
   - b) Vom Geschäftsführer im Auge zu behaltende Ereignisse ... 98
2. Einzel- oder Gesamtgeschäftsführung ... 102
3. Zustimmungsbedürftige Geschäfte ... 104
4. Gesellschafterversammlung und Geschäftsführer ... 104
   - a) Einberufung der Gesellschafterversammlung ... 105
   - b) Teilnahme an der Gesellschafterversammlung ... 107
   - c) Auskunfts- und Einsichtsrechte der Gesellschafter ... 107
   - d) Überwachung der Geschäftsführung durch die Gesellschafterversammlung ... 109

II. VERTRETUNG ... 110

1. Inhalt und Umfang der Vertretungsmacht ... 110
2. Einzel- oder Gesamtvertretung ... 112
3. Kompetenzabgrenzung gegenüber anderen Organen ... 115

Seite

4. Befreiung vom Verbot des Selbstkontrahierens
(In-Sich-Geschäfte) 117
  a) Notwendigkeit der Befreiung vom Verbot des
     Selbstkontrahierens 117
  b) In-Sich-Geschäfte bei der Einmann-GmbH 120
  c) Steuerliche Auswirkungen beim Verstoß gegen das
     Selbstkontrahierungsverbot 121

2. KAPITEL: HAFTUNG UND STRAFRECHTLICHE VERANTWORTLICHKEIT DES GESCHÄFTSFÜHRERS

A. HAFTUNG DES GESCHÄFTSFÜHRERS 125

I. HAFTUNG BIS ZUR EINTRAGUNG 126
  1. Handelndenhaftung für die Vor-GmbH 126
  2. Wirksame Geschäftsführerbestellung 126
  3. Umfang der Haftung 127

II. ANMELDUNG DER GMBH UND GRÜNDUNGSHAFTUNG 128
  1. Anmeldung zum Handelsregister 128
  2. Verschärfte Haftung bei falscher Versicherung 129

III. HAFTUNG NACH § 43 GMBHG 130
  1. Haftung nach § 43 Abs. 2 GmbHG 130
  2. Haftungsverschärfung nach § 43 Abs. 3 GmbHG 133
  3. Verjährung, Entlastung und Beweislast 134

IV. HAFTUNG BEI INSOLVENZ DER GMBH 135
  1. Insolvenzverschleppungshaftung nach § 64 Abs. 2 GmbHG 135
  2. Verhältnis der Haftung nach § 64 Abs. 2
     zu § 43 Abs. 2 GmbHG 138
  3. Insolvenzverschleppungshaftung nach § 823 Abs. 2 BGB i.V.
     mit Insolvenzstraftaten 139
     a) Haftung gegenüber Gläubigern 139
     b) Haftung gegenüber der GmbH 143

V. HAFTUNG GEGENÜBER GESELLSCHAFTSGLÄUBIGERN 144
  1. Haftung nach Zivilrecht 144
     a) Vorrangige Haftung der GmbH 144
     b) Beispiele für Geschäftsführerhaftungen gegenüber
        Gläubigern 145
     c) Verletzung von Warenzeichen und anderen
        Immaterialgüterrechten 150

		Seite
	2. Haftung nach Steuerrecht	151
	a) Haftung nach § 69 AO	151
	b) Haftungsrisiken bei einzelnen Steuerarten	158
	c) Einwendungen des Geschäftsführers	166
	d) Haftung nach § 71 AO	170
	e) Steuerliche Behandlung von Zahlungen des Geschäftsführers	170

B. STRAFRECHTLICHE VERANTWORTLICHKEIT DES GESCHÄFTSFÜHRERS 173

I. UNTERLASSENER BZW. VERSPÄTETER ANTRAG AUF ERÖFFNUNG DES INSOLVENZVERFAHRENS 173

II. INSOLVENZSTRAFTATEN 174
    1. Relevante Straftatbestände 174
    2. Strafbarkeit des faktischen Geschäftsführers 180
    3. Sanierungsbemühungen und Insolvenzstraftaten 182

III. ABHEBUNGEN VON GESCHÄFTSKONTEN 182

IV. ANGABEN AUF GESCHÄFTSBRIEFEN 183

V. VERLETZUNG DER GEHEIMHALTUNGSPFLICHT 184

VI. UNTERLASSUNGSANSPRÜCHE GEGEN GESCHÄFTSFÜHRER 184

VII. UMWELTSTRAFRECHTLICHE VERANTWORTUNG DES GESCHÄFTSFÜHRERS 185

3. KAPITEL: DER GMBH-GESCHÄFTSFÜHRER IM STEUERRECHT

A. EINKOMMENSBESTEUERUNG DER GESCHÄFTSFÜHRERBEZÜGE 189

I. ERFASSUNG DER EINKÜNFTE ALS ARBEITSLOHN 189
    1. Fremdgeschäftsführer 190
    2. Gesellschafter-Geschäftsführer 191

II. ZUSAMMENSETZUNG DER GESCHÄFTSFÜHRERBEZÜGE 193
    1. Laufendes Gehalt 193
    2. Tantiemen 194
        a) Gewinntantiemen 194
        b) Garantie-, Fest- und Umsatztantiemen 199
        c) Tantiemen mit Anpassungsklauseln 201
    3. Anpassung der Geschäftsführerbezüge 202
    4. Nebenleistungen 204
        a) Leistungen nach dem Vermögensbildungsgesetz 204
        b) Schenkung eines GmbH-Anteils 204
        c) Firmenwagen 206

	Seite
d) Gehaltsfortzahlung bei Krankheit und Tod	207
e) Mutterschutz, Erziehungsurlaub	208
f) Urlaub und Urlaubsgeld, Weihnachtsgeld	208
g) Telefonkostenerstattung, Dienstwohnung	210
h) Darlehen	211
i) Abfindungen	211
j) Zuschüsse zur Sozialversicherung	213
k) Zuschläge für Sonntags-, Feiertags- und Nachtarbeit	217
5. Versorgungszusagen	219
a) Pensionszusagen	219
b) Direktversicherung	228
c) Hinterbliebenenversorgung	233
6. Angemessenheit des Geschäftsführergehaltes	234
a) Möglichkeiten der Angemessenheitsprüfung	236
b) Herabsetzung der Bezüge in der Krise und bei Insolvenz der GmbH?	239
III. ERFASSUNG VON BEZÜGEN ALS VERDECKTE GEWINNAUSSCHÜTTUNGEN	240
1. Tatbestand der verdeckten Gewinnausschüttung (§ 8 Abs. 3 Satz 2 KStG)	240
2. Beispiele für verdeckte Gewinnausschüttungen	241
3. Wettbewerbsverbot und verdeckte Gewinnausschüttung	246
4. Zeitpunkt der Erfassung der verdeckten Gewinnausschüttung	250
IV. NACHZAHLUNGSVERBOT	251
1. Beherrschender Gesellschafter-Geschäftsführer	251
2. Minderheits-Gesellschafter-Geschäftsführer	252
3. Änderung der Beteiligungsverhältnisse	253
B. UNENTGELTLICHE TÄTIGKEIT DES GESCHÄFTSFÜHRERS UND VERZICHT AUF BEZÜGE	255
I. UNENTGELTLICHE TÄTIGKEIT	255
1. Aufgrund Gesellschaftsrechts	255
2. Aufgrund einzelvertraglicher Regelung	255
II. VERZICHT AUF BEZÜGE UND PENSIONSZUSAGEN	255
1. Verzicht auf bereits entstandene Ansprüche	256
2. Verzicht auf künftige Ansprüche	256
3. Verzicht auf Pensionszusagen	257

Seite

C. BÜRGSCHAFTSLEISTUNGEN DES GESCHÄFTSFÜHRERS 259

I. FREMDGESCHÄFTSFÜHRER 260

II. GESELLSCHAFTER-GESCHÄFTSFÜHRER 260

4. KAPITEL: DER GMBH-GESCHÄFTSFÜHRER IM SOZIALRECHT

A. SOZIALVERSICHERUNGSPFLICHT, -FREIHEIT DES GMBH-GESCHÄFTSFÜHRERS .. 267

I. SOZIALVERSICHERUNGSPFLICHT DES GMBH-GESCHÄFTSFÜHRERS 267

    1. Krankenversicherung 268

        a) Pflichtversicherung 268

        b) Befreiung von der Krankenpflichtversicherung 269

    2. Rentenversicherung 271

        a) Pflichtversicherung 271

        b) Befreiung von der Rentenpflichtversicherung 271

    3. Arbeitslosenversicherung 271

    4. Unfallversicherung 271

    5. Pflegeversicherung 272

II. SOZIALVERSICHERUNGSFREIHEIT DES GESELLSCHAFTER-GESCHÄFTSFÜHRERS 272

    1. Unmittelbare oder mittelbare Kapitalbeteiligung des Geschäftsführers von 50 % oder mehr 275

    2. Kapitalbeteiligung des Geschäftsführers unter 50 % 277

    3. Kapitalbeteiligung von nahestehenden Personen 280

    4. Besonderheiten bei Gesellschafter-Geschäftsführern einer GmbH & Co. KG 281

III. ZU UNRECHT ENTRICHTETE BEITRÄGE DES GESELLSCHAFTER-GESCHÄFTSFÜHRERS 282

    1. Anspruch auf Erstattung von Sozialversicherungsbeiträgen 282

        a) Erstattung von Krankenversicherungsbeiträgen 283

        b) Erstattung von Rentenversicherungsbeiträgen 283

        c) Erstattung von Arbeitslosenversicherungsbeiträgen 284

        d) Erstattung von Unfallversicherungsbeiträgen 284

        e) Steuerliche Behandlung von erstatteten Sozialversicherungsbeiträgen 284

    2. Verzinsung der Ansprüche auf Beitragserstattung 285

    3. Verjährung der Ansprüche auf Beitragserstattung 286

Seite

- **IV. FREIWILLIGE VERSICHERUNG DES GMBH-GESCHÄFTSFÜHRERS IN DER SOZIALVERSICHERUNG** 287
  1. Freiwillige Krankenversicherung 287
  2. Freiwillige Rentenversicherung 287
     - a) Versicherungspflicht auf Antrag 287
     - b) Freiwillige Versicherung 288
  3. Arbeitslosenversicherung 290
  4. Freiwillige Unfallversicherung 290
  5. Freiwillige Pflegeversicherung 290

- **B. PFLICHTEN DES GMBH-GESCHÄFTSFÜHRERS IM SOZIALRECHT** 293
- **I. MELDE- UND AUSKUNFTSPFLICHTEN** 293
  1. Meldepflichten in der Sozialversicherung 293
     - a) Neuordnung seit 1.1.1989 293
     - b) Kassenzuständigkeit 294
     - c) Verantwortlichkeit des GmbH-Geschäftsführers 294
  2. Auskunftspflichten in der Sozialversicherung 295
     - a) Auskunftspflichten der GmbH 295
     - b) Auskunftspflichten der Arbeitnehmer 296
- **II. BEITRAGSERHEBUNG UND -ABFÜHRUNG** 296
  1. Beitragserhebung 296
     - a) Arbeitsentgelt als Bemessungsgrundlage 296
     - b) Arbeitseinkommen als Bemessungsgrundlage 298
  2. Beitragsabführung 299

ANHANG 301
- **I. MUSTER EINES ANSTELLUNGSVERTRAGES FÜR FREMDGESCHÄFTSFÜHRER** 301
- **II. MUSTER EINES ANSTELLUNGSVERTRAGES FÜR BEHERRSCHENDEN GESELLSCHAFTER-GESCHÄFTSFÜHRER** 308
- **III. MUSTER EINES ANSTELLUNGSVERTRAGES FÜR GESCHÄFTSFÜHRENDEN ALLEINGESELLSCHAFTER** 312
- **IV. MUSTER EINES ANSTELLUNGSVERTRAGES FÜR NICHT BEHERRSCHENDEN GESELLSCHAFTER-GESCHÄFTSFÜHRER** 316
- **V. MUSTER EINES GESCHÄFTSFÜHRER-ANSTELLUNGSVERTRAGES BEI EINER FREIBERUFLER-GMBH** 322

STICHWORTVERZEICHNIS 329

ABKÜRZUNGSVERZEICHNIS

A

a. A.	andere(r) Ansicht
a. a. O.	am angegebenen Ort
ABl.EG	Amtsblatt der Europäischen Gemeinschaft
Abs.	Absatz
Abschn.	Abschnitt
AFG	Arbeitsförderungsgesetz
AG	Aktiengesellschaft, ggf. Die Aktiengesellschaft (Zeitschrift)
AktG	Aktiengesetz
ÄndG	Änderungsgesetz
ANErfG	Arbeitnehmererfindungsgesetz
Anm.	Anmerkung
AnVNG	Angestelltenversicherungs-Neuregelungsgesetz
AnwBl.	Anwaltsblatt
AO	Abgabenordnung
ArbG	Arbeitsgericht
ArbGG	Arbeitsgerichtsgesetz
ArEV	Arbeitsentgeltverordnung
Art.	Artikel
Aufl.	Auflage
AV	Arbeitslosenversicherung
AVG	Angestelltenversicherungsgesetz
Az.	Aktenzeichen

B

BAG	Bundesarbeitsgericht
BayObLG	Bayerisches Oberstes Landesgericht
BayObLGZ	Sammlungen von Entscheidungen des Bayerischen Obersten Landesgerichts in Zivilsachen
BayVBl	Bayerische Verwaltungsblätter
BB	Der Betriebsberater (Zeitschrift)
BdF	Bundesministerium der Finanzen
betr.	betreffend
BetrAVG	Gesetz zur Verbesserung der betrieblichen Altersversorgung
BetrVG	Betriebsverfassungsgesetz
BfA	Bundesversicherungsanstalt für Angestellte
BFH	Bundesfinanzhof
BFHE	Entscheidungen des Bundesfinanzhofs (Zeitschrift)
BFH/NV	Sammlung amtlich nicht veröffentlichter Entscheidungen des Bundesfinanzhofs
BGB	Bürgerliches Gesetzbuch
BGBl.	Bundesgesetzblatt
BGH	Bundesgerichtshof
BGHSt	Entscheidungen des Bundesgerichtshofs in Strafsachen
BGHZ	Entscheidungen des Bundesgerichtshofs in Zivilsachen
BMF	Bundesministerium der Finanzen
BMG	Bundesministerium für Gesundheit
Bp	Betriebsprüfung
BRAO	Bundesrechtsanwaltsordnung
BSG	Bundessozialgericht

Abkürzungsverzeichnis

BSGE	Entscheidungen des Bundessozialgerichts
BStBl	Bundessteuerblatt
BT-Drucks.	Drucksachen des Deutschen Bundestages
Buchst.	Buchstabe
BVerfG	Bundesverfassungsgericht
BVerwG	Bundesverwaltungsgericht
BZRG	Bundeszentralregistergesetz

D

d.h.	das heißt
DAngVers	Die Angestellten-Versicherung (Zeitschrift)
DB	Der Betrieb (Zeitschrift)
DOK	Die Ortskrankenkasse (Zeitschrift)
DStR	Deutsches Steuerrecht (Zeitschrift)
DStRE	Deutsches Steuerrecht-Entscheidungsdienst (Zeitschrift)
DStZ	Deutsche Steuer-Zeitung
DStZ/E	Deutsche Steuer-Zeitung/Eildienst

E

EFG	Entscheidungen der Finanzgerichte (Zeitschrift)
EGH	Ehrengerichtshof; Entscheidungen der Ehrengerichtshöfe der Rechtsanwaltschaft ...
ErbStG	Erbschaftsteuer- und Schenkungsteuergesetz
EStG	Einkommensteuergesetz
EStR	Einkommensteuer-Richtlinien
etc.	et cetera
EU	Europäische Union
EuGH	Europäischer Gerichtshof

F

FA	Finanzamt
Fa.	Firma
f.	folgende
ff.	fortfolgende
FG	Finanzgericht
FGG	Gesetz über die Angelegenheiten der freiwilligen Gerichtsbarkeit
FinMin	Finanzministerium
FN-IDW	Fachnachrichten des Instituts der Wirtschaftsprüfer in Deutschland e.V. für seine Mitglieder
FR	Finanz-Rundschau (Zeitschrift)

G

GastStG	Gaststättengesetz
GesO	Gesamtvollstreckungsordnung
GewErtSt	Gewerbeertragsteuer
GewO	Gewerbeordnung
gez.	gezeichnet
GF	Geschäftsführer
GG	Grundgesetz
ggf.	gegebenenfalls

Abkürzungsverzeichnis

GmbH	Gesellschaft mit beschränkter Haftung
GmbH & Co. KG	Kommanditgesellschaft, deren Komplementär eine GmbH ist
GmbH i. G.	Gesellschaft mit beschränkter Haftung in Gründung
GmbHG	Gesetz betreffend die Gesellschaften mit beschränkter Haftung
GmbHR	GmbH-Rundschau (Zeitschrift)
GrS	Großer Senat
GWB	Gesetz gegen Wettbewerbsbeschränkung
GWG	Geringwertige Wirtschaftsgüter

H

h. M.	herrschende Meinung
Halbs.	Halbsatz
Hess.	Hessen (hessisch)
HFR	Höchstrichterliche Finanzrechtsprechung (Zeitschrift)
HGB	Handelsgesetzbuch
HR B	Handelsregister Abt. B

I

i. A.	im Aufbau
i. d. F.	in der Fassung
i. d. R.	in der Regel
i. G.	in Gründung
InsO	Insolvenzordnung
i. S.	im Sinne
i. V.	in Verbindung
INF	Die Information über Steuer und Wirtschaft (Zeitschrift)

K

KG	Kommanditgesellschaft
KostO	Kostenordnung
KSchG	Kündigungsschutzgesetz
KSt	Körperschaftsteuer
KStG	Körperschaftsteuergesetz
KStR	Körperschaftsteuer-Richtlinien
KV	Krankenversicherung

L

LAG	Landesarbeitsgericht
LG	Landgericht
LM	Lindenmaier/Möhring (Hg.), Nachschlagewerk des Bundesgerichtshofs
LöschG	Gesetz über die Auflösung und Löschung von Gesellschaften und Genossenschaften
LSG	Landessozialgericht
LStDV	Lohnsteuer-Durchführungsverordnung
LStR	Lohnsteuer-Richtlinien
lt.	laut

M

m. E.	meines Erachtens
Mio.	Million

Abkürzungsverzeichnis

MitbestErgG   Gesetz zur Ergänzung des Gesetzes über die Mitbestimmung der Arbeitnehmer in den Aufsichtsräten und Vorständen der Unternehmen des Bergbaus und der Eisen und Stahl erzeugenden Industrie
MitbestG   Mitbestimmungsgesetz
MonMitbestG   Gesetz über die Arbeitnehmer in den Aufsichtsräten und Vorständen der Unternehmen des Bergbaus und der Eisen und Stahl erzeugenden Industrie
MuSchG   Mutterschutzgesetz

N

NE-Metalle   Nicht-Eisen-Metalle
NJW   Neue Juristische Wochenschrift (Zeitschrift)
NJW-RR   NJW-Rechtsprechungs-Report Zivilrecht
Nr.   Nummer
NZA   Neue Zeitschrift für Arbeits- und Sozialrecht

O

OFD   Oberfinanzdirektion
OHG   Offene Handelsgesellschaft
OLG   Oberlandesgericht
OLGZ   Entscheidungen der Oberlandesgerichte in Zivilsachen einschließlich der freiwilligen Gerichtsbarkeit
o. V.   ohne Verfasser
OVG   Oberverwaltungsgericht

P

PflV   Pflegeversicherung
PSV   Pensions-Sicherungsverein

R

RA   Rechtsanwalt
RdNr.   Randnummer
RFH   Reichsfinanzhof
RFHE   Sammlung der Entscheidungen und Gutachten des Reichsfinanzhofs
RKG   Reichsknappschaftsgesetz
Rpfleger   Der Deutsche Rechtspfleger (Zeitschrift)
RV   Rentenversicherung
RVO   Reichsversicherungsordnung
Rz.   Randziffer

S

SG   Sozialgericht
SGB   Sozialgesetzbuch
SGb-A   Die Sozialgerichtsbarkeit Ausgabe A (Zeitschrift)
sog.   sogenannte(r/s)
StB   Der Steuerberater (Zeitschrift)
StBerG   Steuerberatungsgesetz
Stbg   Die Steuerberatung (Zeitschrift)
StEd   Steuer-Eildienst (Zeitschrift)
StEK   Steuererlasse in Karteiform

StGB	Strafgesetzbuch
StPO	Strafprozeßordnung
StQ	Die Quintessenz des Steuerrechts (Zeitschrift)
StRK	Steuerrechtsprechung in Karteiform
StW	Steuer-Warte (Zeitschrift)

T

TreuhG	Treuhandgesetz

U

u. a.	unter anderem
UmwG	Umwandlungsgesetz
UmwStG	Gesetz über steuerliche Maßnahmen bei Änderungen der Unternehmensform
USK	Urteilssammlung für die gesetzliche Krankenversicherung
USt	Umsatzsteuer
UStDV	Umsatzsteuer-Durchführungsverordnung
UStG	Umsatzsteuergesetz

V

VBZ	Veranlagungsbezirk
vGA	verdeckte Gewinnausschüttung
VermBG	Vermögensbildungsgesetz
VGH	Verfassungsgerichtshof Verwaltungsgerichtshof
vgl.	vergleiche
VwGO	Verwaltungsgerichtsordnung

W

WGSVG	Gesetz zur Regelung der Wiedergutmachung nationalsozialistischen Unrechts in der Sozialversicherung
WiB	Wirtschaftsrechtliche Beratung (Zeitschrift)
WiKG	Gesetz zur Bekämpfung der Wirtschaftskriminalität
wistra	Zeitschrift für Wirtschaft, Steuer, Strafrecht
WM	Wertpapier-Mitteilungen (Zeitschrift)
WP-/StB-GmbH	Wirtschaftsprüfer-/Steuerberater-GmbH
WPg	Die Wirtschaftsprüfung (Zeitschrift)
WRP	Wettbewerb in Recht und Praxis (Zeitschrift)

Z

z. B.	zum Beispiel
z. T.	zum Teil
ZfSH/SGB	Zeitschrift für Sozialhilfe und Sozialgesetzbuch
ZGR	Zeitschrift für Unternehmens- und Gesellschaftsrecht
ZHR	Zeitschrift für das gesamte Handelsrecht und Wirtschaftsrecht
ZIP	Zeitschrift für Wirtschaftsrecht
ZPO	Zivilprozeßordnung
ZRP	Zeitschrift für Rechtspolitik

1. KAPITEL
DER GMBH-GESCHÄFTSFÜHRER IM GESELLSCHAFTSRECHT

A. GESCHÄFTSFÜHRER ALS HANDLUNGSORGAN UND DIENSTNEHMER DER GMBH

Ausführendes Organ der GmbH ist der Geschäftsführer. Gemäß § 6 GmbHG muß die GmbH **mindestens einen Geschäftsführer** haben, und zwar schon **vor Eintragung** der Gesellschaft. Dies deshalb, weil zur Anmeldung der GmbH zum Handelsregister nur die Geschäftsführer berechtigt sind und eine Anmeldung nur wirksam ist, wenn sie von sämtlichen Geschäftsführern erklärt wird (§ 78 GmbHG).

1

Es gibt zwar die „geschäftsführerlose" GmbH. Diese kann z.B. entstehen, wenn der Geschäftsführer durch Tod, Abberufung oder Amtsniederlegung weggefallen ist. Dann bleibt zwar die GmbH als juristische Person am Leben, sie kann aber nicht mehr rechtswirksam handeln, Gesellschaftsgläubiger können die geschäftsführerlose GmbH nicht verklagen, ohne vorher die Bestellung eines Geschäftsführers zu betreiben, z.B. Bestellung eines Notgeschäftsführers (analoge Anwendung des § 29 BGB), vgl. dazu auch Gustavus, Probleme mit der GmbH ohne Geschäftsführer, GmbHR 1992 S. 15.

Soll der geschäftsführerlosen GmbH eine **Kündigung** zugestellt werden, so ist eine Zustellung an den Mehrheitsgesellschafter zulässig und wirksam (OLG München, 25.5.1993 – 18 U 7176/92, GmbHR 1994 S. 122).

Bei den nachfolgenden gesellschaftsrechtlichen Ausführungen spielt es keine Rolle, ob der Geschäftsführer für seine GmbH tätig ist oder für die GmbH & Co. KG (Reiserer, Der Geschäftsführer in der GmbH & Co. KG, BB 1996 S. 2461).

I. BESTELLUNG DES GESCHÄFTSFÜHRERS

In **mitbestimmten und montanmitbestimmten Unternehmen** ist als gleichberechtigtes Mitglied des zur gesetzlichen Vertretung des Unternehmens befugten Organs ein Arbeitsdirektor zu bestellen; diese Unternehmen müssen kraft Gesetzes also **mindestens 2** Geschäftsführer haben.

2

Zum Teil schreiben auch Satzungen von GmbHs **mehrere** Geschäftsführer vor. Nach oben ist jedenfalls vom Gesetz her die Zahl der Geschäftsführer unbegrenzt.

Zweckmäßigerweise sollte die **Satzung** die Bestimmung enthalten, daß die GmbH einen oder mehrere Geschäftsführer hat; dann ist die Gesellschafterversammlung in ihren Entscheidungen frei.

> **BEISPIEL:**
>
> Auszug aus einer GmbH-Satzung:
>
> *„(1) Die Gesellschaft hat einen oder mehrere Geschäftsführer. Sind mehrere Geschäftsführer bestellt, so wird die Gesellschaft durch zwei Geschäftsführer gemeinsam oder durch einen Geschäftsführer zusammen mit einem Prokuristen vertreten.*
>
> *(2) Die Gesellschafterversammlung kann jedoch auch beim Vorhandensein von mehreren Geschäftsführern einzelnen Geschäftsführern das Recht der Alleinvertretung einräumen.*
>
> *(3) Die Gesellschafterversammlung kann ferner einzelnen Geschäftsführern Befreiung von den Beschränkungen des § 181 BGB und jedem Wettbewerbsverbot gewähren."*

… 1. KAPITEL: Der GmbH-Geschäftsführer im Gesellschaftsrecht

3 Zu unterscheiden ist zwischen der **Bestellung** und der **Anstellung** des Geschäftsführers.

Durch die Bestellung wird der Geschäftsführer als Organ bevollmächtigt, für die GmbH zu handeln. Die Anstellung behandelt das schuldrechtliche Vertragsverhältnis zwischen GmbH und Geschäftsführer.

1. INHALT DER BESTELLUNG

4 Die GmbH als juristische Person braucht ein Organ, das für sie nach **außen** tätig wird, das sie vertritt. Nach **innen** braucht die GmbH ein Organ, das den geschäftlichen Ablauf, die Geschäftsführung, gewährleistet. Dieses Organ ist der oder sind die Geschäftsführer. Nach außen, gegenüber Dritten, kann das Organ „Geschäftsführer" grundsätzlich nicht beschränkt werden, im Innenverhältnis, was die Geschäftsführung zur GmbH betrifft, unterliegt der Geschäftsführer den Anweisungen des Organs „Gesellschafterversammlung" (= Gesamtheit der Gesellschafter). Die Gesellschafter können nach innen nach freiem Ermessen den Umfang der Geschäftsführung einschränken, erweitern und Befugnisse der Geschäftsführung auf sich selbst übertragen.

Wirksam wird die Bestellung zum Geschäftsführer mit Zugang der Bestellungserklärung an den berufenen Geschäftsführer und dessen Annahme. Dies kann auch **mündlich** geschehen, z.B. mit Verkündung des Abstimmungsergebnisses der Gesellschafterversammlung, wenn der Bestellte anwesend ist und annimmt. Für die Wirksamkeit der Geschäftsführerbestellung kommt es auf die Eintragung des Geschäftsführers in das Handelsregister nicht an.

Die **Handelsregistereintragung** hat nur **deklaratorische Wirkung**. Ist einem Dritten bekannt, daß die Gesellschafter der GmbH eine bestimmte Person zum Geschäftsführer bestellt haben, so kann sich die GmbH darauf berufen, auch wenn die Bestellung noch nicht ins Handelsregister eingetragen ist (OLG Köln, 6.11.1992 – 19 U 109/92, BB 1993 S. 89). Ein Stellvertreter-Zusatz kann nicht in das Handelsregister eingetragen werden (BGH, 10.11.1997 – II ZB 6/97, GmbHR 1998, S. 181).

2. BEFUGNIS ZUR BESTELLUNG

a) BESTELLUNG DURCH DEN GESELLSCHAFTSVERTRAG

5 Gemäß § 6 Abs. 3 Satz 2 GmbHG erfolgt die Bestellung der Geschäftsführer durch den Gesellschaftsvertrag oder nach Maßgabe der Bestimmungen des dritten Abschnitts des Gesetzes (§§ 35 ff. GmbHG). Da die GmbH bereits **vor** Eintragung mindestens einen Geschäftsführer haben muß – der oder die Geschäftsführer müssen die GmbH i.G. beim Registergericht anmelden, ihre Legitimation nachweisen, ihre Unterschrift zeichnen (vgl. §§ 7, 8 GmbHG) –, werden die Geschäftsführer häufig durch den Gesellschaftsvertrag selbst bestellt.

> **BEISPIEL:**
>
> Auszug aus einer GmbH-Satzung:
>
> *„Zu Geschäftsführern werden bestellt: Herr Hans Bauer ..., Herr Gerhard Mann ...; solange die Herren Bauer und Mann Gesellschafter sind, können sie als Geschäftsführer von der Gesellschafterversammlung nur bei Vorliegen eines wichtigen Grundes abberufen werden."*

A. Geschäftsführer als Handlungsorgan und Dienstnehmer der GmbH

Zweckmäßig erscheint die Bestellung von Geschäftsführern im Gesellschaftsvertrag nur im Gründungsstadium und dann, wenn der oder die Gesellschafter zu Geschäftsführern bestellt werden.

Die Bestellung durch den Gesellschaftsvertrag empfiehlt sich also immer dann, wenn dem betreffenden Geschäftsführer ein **gesellschaftsvertragliches Vorrecht** auf die Geschäftsführerbestellung eingeräumt werden soll. Die **Abberufung** eines derartigen Gesellschaftergeschäftsführers bedarf grundsätzlich dessen Zustimmung, es sei denn, daß ein wichtiger Grund vorliegt (§ 38 Abs. 2 GmbHG).

Die Bestellung im Gesellschaftsvertrag bedeutet im Zweifel nur **Bestellung bei Gelegenheit** seines Abschlusses, so daß Abberufung und Neubestellung eines anderen Geschäftsführers keine Änderung der Satzung bedeuten (BGH, 29.9.1955 – II ZR 225/54, BGHZ 18 S. 205) und nicht der Einhaltung der für eine Satzungsänderung gegebenen Vorschriften bedürfen. Allerdings kann in der Satzung ausdrücklich bestimmt werden, daß eine Abberufung des Geschäftsführers nur mit bestimmten Mehrheiten zulässig ist.

6

Sieht die Satzung einer GmbH nicht zwingend eine Gesamtvertretung in der Geschäftsführung vor, muß sich aus der Anmeldung zur Eintragung ergeben, daß bei Bestellung eines einzigen Geschäftsführers dieser die GmbH allein vertritt, da es für die Eintragung in das Handelsregister auf die konkrete Vertretungsbefugnis ankommt (LG Wuppertal, 16.1.1992 – 12 T 9/91, GmbHR 1993 S. 99). Diese Auffassung ergibt sich aus §§ 8 Abs. 4, 10 Abs. 1 Satz 2 GmbHG: In der Anmeldung zum Handelsregister ist anzugeben, welche konkrete Vertretungsbefugnis der Geschäftsführer hat (vgl. auch Westerhold, Vertretung der GmbH und Eintragung in das Handelsregister, GmbHR 1993 S. 85).

Im Gesellschaftsvertrag kann die Befugnis zur Bestellung der Geschäftsführer auch anderen **Organen** (Aufsichtsrat, Beirat), **bestimmten Personen** oder Behörden **übertragen** werden (§ 45 GmbHG).

7

> **BEISPIEL:**
>
> Aus einer GmbH-Satzung:
>
> *„Der Aufsichtsrat hat folgende Aufgaben ...*
>
> *1. ...*
>
> *2. Bestellung und Abberufung der Geschäftsführer*
>
> *3. ..."*

Der Gesellschaftsvertrag kann auch bestimmen, daß jeder oder bestimmte **Gesellschafter zugleich zu Geschäftsführern bestellt** werden müssen; dann erfolgt die Bestellung zwar nicht durch den Gesellschaftsvertrag, aber es besteht ein einklagbares Recht auf Bestellung.

Der Gesellschaftsvertrag kann darüber hinaus vorsehen, daß ein Geschäftsführer seinen **eigenen Nachfolger bestimmen** kann. Dann wird durch den Gesellschaftsvertrag ein Sonderrecht des Bestellten begründet.

> **BEISPIEL:**
>
> Aus einer GmbH-Satzung:
>
> *„Dem Gesellschafter Gerhard Möwe stehen folgende Rechte zu:*
>
> *1. die Geschäftsführer unmittelbar zu ernennen und abzuberufen, die nötigen Anstellungsverträge abzuschließen,*

1. KAPITEL: Der GmbH-Geschäftsführer im Gesellschaftsrecht

> 2. den Geschäftsführern Entlastung zu erteilen,
>
> 3. ...
>
> 4. ...
>
> Der Gesellschafter Gerhard Möwe kann sich auch selbst zum Geschäftsführer bestellen."

Will der mit diesem Sonderrecht ausgestattete Gesellschafter von seinem Bestellungsrecht Gebrauch machen, so muß bei vorgenannter Formulierung kein Beschluß der Gesellschafterversammlung herbeigeführt werden. Die Bestellung des Geschäftsführers durch den Gesellschafter hat unmittelbare Wirkung. Anders wäre es nur, wenn die Satzung dem Gesellschafter nur ein **Präsentationsrecht** einräumen würde; dann müßte die Gesellschafterversammlung den „präsentierten" Geschäftsführer bestellen.

Kann ein Gesellschafter unmittelbar einen Geschäftsführer ernennen, so kann dies **formlos** geschehen. Es empfiehlt sich aber, die Ernennung schriftlich festzuhalten.

> **BEISPIEL:**
>
> „Gemäß § 11 der Satzung der X-GmbH steht mir als Gesellschafter das Recht zu, die Geschäftsführer zu bestellen und abzuberufen. Ich ernenne mich selbst zum alleinvertretungsberechtigten Geschäftsführer.
>
> München, den 2.1.1998
>
> Gerhard Möwe"

8   Die **Schriftform** empfiehlt sich auch deshalb, weil die Bestellung eines Geschäftsführers zum Handelsregister anzumelden ist (§ 39 GmbHG) und dessen Legitimation nachgewiesen werden muß (§ 8 Abs. 1 Nr. 2 GmbHG).

Ist im Gesellschaftsvertrag bestimmt, daß **alle** Gesellschafter zur Geschäftsführung berechtigt sein sollen, so gelten nur die bei **Abschluß** des Gesellschaftsvertrages der GmbH als Gesellschafter angehörenden Personen als bestellte Geschäftsführer (§ 6 Abs. 4 GmbHG).

Wird im Gesellschaftsvertrag einer aus mehreren **Gesellschaftergruppen** bestehenden GmbH je ein Repräsentant einer jeden Gruppe zum Geschäftsführer bestellt, so ist damit regelmäßig noch kein statutarisches Sonderrecht des jeweiligen Geschäftsführers verbunden. Vielmehr kann er jederzeit und frei abberufen werden (OLG Hamm, 8.7.1985 – 8 U 295/83, ZIP 1986 S. 1188 mit Anm. Lutter).

9   Bei der **Einmann-GmbH** kann die Bestellung des Einmann-Gesellschafter-Geschäftsführers ebenfalls durch den Gesellschaftsvertrag erfolgen. Möglich ist aber auch die Bestellung durch Gesellschafterbeschluß (§ 46 Nr. 5 GmbHG). Nur im Gesellschaftsvertrag kann aber die **Befreiung** des Einmann-Gesellschafter-Geschäftsführers vom **Verbot des Selbstkontrahierens** (§ 181 BGB) erfolgen (§ 35 Abs. 4 GmbHG). Fehlt es an einer entsprechenden Satzungsbestimmung, kann sich der Einmann-Gesellschafter-Geschäftsführer das Selbstkontrahieren nur durch **Satzungsänderung** gestatten, nicht dagegen durch Beschluß (BayObLG, 10.4.1981 – BReg. 1 Z 26/81, BB 1981 S. 869).

Nach einer Entscheidung des OLG Frankfurt/M. vom 17.11.1995 (24 U 50/94, WM 1996 S. 723) soll bei Beurkundung des Gesellschaftsvertrages für eine Einmann-GmbH, deren Geschäftsführer der „Einmann" ist, der Notar nicht auf eine

A. Geschäftsführer als Handlungsorgan und Dienstnehmer der GmbH

Befreiung von § 181 BGB hinweisen müssen; eine etwaige Notarhaftung werde überlagert durch die haftungsrechtliche Verantwortlichkeit des Steuerberaters.

Bei der **mitbestimmten GmbH** ist das Recht, die Geschäftsführer durch den Gesellschaftsvertrag zu bestellen, ausgeschlossen (§ 12 MonMitbestG, §§ 31, 30 MitbestG). Hier ist die **Bestellung** der Geschäftsführung **durch** den paritätisch besetzten **Aufsichtsrat zwingend** vorgeschrieben. § 31 MitbestG i. V. mit § 84 AktG schreibt auch vor, daß ein Geschäftsführer nur auf die Dauer von 5 Jahren bestellt werden kann; allerdings ist danach eine erneute Bestellung möglich (Rz. 18).

10

Soweit eine GmbH nicht den Mitbestimmungsgesetzen unterliegt, nach dem Betriebsverfassungsgesetz aber ein Aufsichtsrat zu bilden ist (§ 129 BetrVG, § 77 BetrVG 1952), kann die **Satzung** bestimmen, wer die Geschäftsführer zu bestellen (und abzuberufen) hat. Enthält der Gesellschaftsvertrag hierüber keine Vorschriften, gilt § 46 Nr. 5 GmbHG (Bestellung durch Beschluß der Gesellschafterversammlung ohne Mitwirkung des Aufsichtsrates). § 77 BetrVG 1952 verweist nicht auf § 84 AktG, der die Bestellung des Geschäftsführungsorgans regelt, sondern nur auf § 112 AktG: Der Aufsichtsrat hat bei Gesellschaften, die dem Betriebsverfassungsgesetz unterliegen, nur das Recht, die Gesellschaft bei der Vornahme von Rechtsgeschäften mit den Geschäftsführern zu vertreten.

b) BESTELLUNG DURCH DIE GESELLSCHAFTERVERSAMMLUNG

In der Regel wird es sich empfehlen, den/die Geschäftsführer durch die Gesellschafterversammlung (§ 46 Nr. 5 GmbHG) zu bestellen.

11

> **BEISPIEL:**
>
> Protokoll über die Sitzung der Gesellschafterversammlung der Firma XY-GmbH:
>
> *„Das Stammkapital von insgesamt 400 000 DM ist vertreten:*
>
> | | |
> |---|---:|
> | X mit einem Geschäftsanteil von | 200 000 DM |
> | Y mit einem Geschäftsanteil von | 200 000 DM |
>
> *Die Gesellschafter beschließen einstimmig unter Verzicht auf alle Form- und Fristvorschriften:*
>
> *Zum weiteren Geschäftsführer wird bestellt Herr Simon Kurz, Bauingenieur in München. Der Geschäftsführer Simon Kurz ist einzelvertretungsberechtigt.*
>
> *München, den 8.12.1998*
>
> *Die Gesellschafter X und Y"*

Zukünftig ist das Gesetz zur **Einführung des Euro** vom 9.6.1998 zu beachten (BGBl. I S. 1242). Danach beträgt das Mindeststammkapital 25 000 Euro, der Mindestbetrag einer Stammeinlage 100 Euro. Der Betrag einer Stammeinlage und damit der Nennbetrag eines Geschäftsanteils muß durch 50 Euro teilbar sein (§ 5 Abs. 3 Satz 2 GmbHG). Bei Gründung müssen mindestens 12 500 Euro eingezahlt sein (§ 7 Abs. 2 Satz 2 GmbHG). Jede 50 Euro eines Geschäftsanteils gewähren eine Stimme (§ 47 Abs. 2 GmbHG). Es empfiehlt sich bei Neugründungen **nach dem 1.1.1999** das Stammkapital und die Stammeinlagen in Euro auszudrücken, obwohl bei Gesellschaften, die zwischen dem 1.1.1999 und dem 31.12.2001 zum Handelsregister angemeldet werden, Stammkapital und Stammeinlagen noch auf DM lauten können (§ 86 Abs. 2 GmbHG).

11.1

Dem **Registergericht** ist das schriftliche Protokoll oder eine Abschrift vorzulegen. Weder die Bestellung als Geschäftsführer noch die Begründung der dadurch be-

12

wirkten Bestellung als Organ der GmbH bedürfen aber zu ihrer Wirksamkeit der Eintragung in das Handelsregister.

Das Registergericht ist berechtigt und verpflichtet, die Bestellung eines neuen Geschäftsführers der GmbH zu **prüfen** (§ 12 FGG). Dabei ist das Registergericht befugt, die Prüfung der Anmeldung des neuen Geschäftsführers darauf zu erstrecken, ob der Beschluß über die Bestellung des neuen Geschäftsführers ordnungsgemäß zustande gekommen und ob er insbesondere von den Gesellschaftern der GmbH gefaßt worden ist (OLG Köln, 4.10.1989 – 2 Wx 23/89, GmbHR 1990 S. 82).

13 Die **Gesellschafterversammlung** ist für die Bestellung der Geschäftsführer **immer zuständig**, wenn

- die Bestellung nicht im Gesellschaftsvertrag selbst erfolgt,
- der Gesellschaftsvertrag auch keine anderen Organe, Personen, Behörden etc. mit der Geschäftsführerbestellung beauftragt,
- im Gesellschaftsvertrag zwar ein anderes Organ, andere Personen oder Behörden mit der Geschäftsführung beauftragt sind, die Beauftragten aber diesen Auftrag nicht durchführen können (BGH, 24.2.1954 – II ZR 88/53, BGHZ 12 S. 337).

13.1 Die Gesellschafterversammlung beschließt die Bestellung eines Geschäftsführers mit der **Mehrheit** der abgegebenen Stimmen, wobei je 100 DM des Geschäftsanteils eine Stimme gewähren (§ 47 Abs. 1 und 2 GmbHG; zukünftig gewähren jede 50 Euro eine Stimme), wenn die Satzung nichts anderes vorschreibt. Auch wenn in einer Familien-GmbH die Satzung bestimmt, daß jeder Gesellschafterstamm für sich das Recht hat, einen Geschäftsführer zu bestimmen und den von ihm bestimmten Geschäftsführer abzuberufen, so gilt insoweit gleichwohl innerhalb der einzelnen Stämme das Mehrheitsprinzip (BGH, 25.9.1989 – II ZR 304/88, BB 1989 S. 2132). Sollen Gesellschafter zu Geschäftsführern bestellt werden, so dürfen sie grundsätzlich mitstimmen, und zwar selbst dann, wenn dabei auch die Geschäftsführervergütung festgesetzt wird.

Die Beschlußfassung hat **einstimmig** zu erfolgen, wenn nur 2 gleich hoch beteiligte Gesellschafter vorhanden sind, es sei denn, der Gesellschaftsvertrag schreibt etwas anderes vor, z.B. daß bei Stimmengleichheit die Stimme des Senior-Gesellschafters den Ausschlag geben soll.

Wird bei der Abstimmung in der Gesellschafterversammlung die für einen Beschluß notwendige Mehrheit nicht erreicht und hat die GmbH deshalb überhaupt keinen Geschäftsführer, so ist vom zuständigen Amtsgericht ein **Notgeschäftsführer** zu bestellen (§ 29 BGB analog); allerdings wird das Amtsgericht nur auf **Antrag** tätig. Der Antrag kann aber auch von einem Gläubiger der Gesellschaft gestellt werden (vgl. Rz. 22).

14 Ein **Testamentsvollstrecker**, der Anteilsrechte an der GmbH für Erben verwaltet, darf bei seiner Wahl zum Geschäftsführer unmittelbar oder mittelbar (durch Bestellung eines gemeinsamen Stimmführers) nur mitwirken, wenn der Erblasser oder die Erben ihm dies gestattet haben (BGH, 9.12.1968 – II ZR 57/67, BGHZ 51 S. 209).

14.1 Eine sog. **kombinierte Beschlußfassung** (die nicht an der Gesellschafterversammlung teilnehmenden Gesellschafter stimmen dem Beschluß nachträglich zu) ist bei der Geschäftsführerbestellung nur zulässig, wenn die Satzung dies ausdrücklich vorsieht (OLG München, 19.1.1978 – 1 U 1292/77, BB 1978 S. 471).

Auch der **Einmann-Gesellschafter-Geschäftsführer** kann durch Beschluß bestellt werden (vgl. Rz. 9). Die Einmann-GmbH ist stets beschlußfähig, so daß besondere Fristen nicht eingehalten oder durch Beschluß beseitigt werden müssen (§ 48 Abs. 3 GmbHG). Es ist aber zu beachten, daß unverzüglich nach der Beschlußfassung eine **Niederschrift** aufzunehmen und zu unterschreiben ist.

> **BEISPIEL:**
>
> *„Zur heutigen Gesellschafterversammlung sind erschienen:*
>
> *Hans Hansen   Stammeinlage: 50 000 DM*
>
> *Das Stammkapital von 50 000 DM ist vollständig vertreten. Der Gesellschafter Hans Hansen beschließt: Zum Geschäftsführer wird Hans Hansen bestellt.*
>
> *München, den 2.1.1998*
>
> *Hans Hansen"*

Die Mindeststammeinlage in Euro beträgt 25 000 Euro, der Mindestbetrag einer Stammeinlage 100 Euro. Zu Einzelheiten siehe Kallmeyer, Einführung des „EURO" für die GmbH, GmbHR 1998 S. 963. Vgl. auch Rz. 11.1.

Fehlt es an der **Niederschrift**, so ist der Beschluß nicht ohne weiteres nichtig (Rowedder, ZRP 1979 S. 197; a. A. Lutter, Die GmbH-Novelle und ihre Bedeutung für die GmbH, die GmbH & Co. KG und die Aktiengesellschaft, DB 1980 S. 1322).

Gegenüber Dritten wird sich der Einmann-Gesellschafter-Geschäftsführer bei den erfolgten Ausführungsgeschäften nicht auf die Nichtbeachtung der Formvorschriften berufen können (Ausschußbericht, BT-Drucks. 8/3908 S. 75; K. Schmidt, Grundzüge der GmbH-Novelle, NJW 1980 S. 1775).

Wie jeder Beschluß der Gesellschafterversammlung kann auch der Beschluß, mit dem ein Gesellschafter zum Geschäftsführer bestellt wird, von einem Gesellschafter **angefochten** oder **Klage auf Nichtigkeit** der Bestellung erhoben werden.

Bei einer **Nichtigkeitsklage** vertritt die GmbH im Rechtsstreit derjenige Geschäftsführer, der im Falle des Obsiegens der GmbH als deren Geschäftsführer anzusehen ist (BGH, 10.11.1980 – II ZR 51/80, BB 1981 S. 199). Das gilt auch, wenn bis zur Bestellung des umstrittenen Geschäftsführers ein Notgeschäftsführer im Amt gewesen ist.

c) BESTELLUNG DURCH DEN AUFSICHTSRAT

Grundsätzlich kann die Bestellung eines Geschäftsführers auch dem Aufsichtsrat (Beirat) übertragen werden, auch einem Aufsichtsratsausschuß oder dem Aufsichtsratsvorsitzenden; im Aktienrecht kann die Delegation auf einen Ausschuß etc. nicht erfolgen (§ 107 Abs. 3 i. V. mit § 84 AktG). In allen diesen Fällen muß die Übertragung der Bestellungsbefugnis im Gesellschaftsvertrag vorgesehen sein; sie muß gesellschaftsrechtlich begründet sein. Das Recht der Gesellschafter, Befugnisse der Gesellschafterversammlung einem anderen Organ zu übertragen, folgt aus der gesellschaftlichen Selbstverwaltung (§ 45 Abs. 2 GmbHG). Die Bestellung der Geschäftsführung durch ein vorgenanntes Gremium wird sich bei **großen Gesellschaften** empfehlen, bei denen jährlich nur eine Gesellschafterversammlung stattfindet.

Ist die Bestellung dem Aufsichtsrat (Beirat) übertragen worden, so genügt für die Bestellung des Geschäftsführers die **einfache Mehrheit** der abgegebenen Stimmen, wenn in der Satzung der GmbH oder in der Geschäftsordnung des Aufsichtsrates nicht andere Möglichkeiten vorgeschrieben sind.

18 In **mitbestimmten GmbHs** muß die **Bestellung durch** den **Aufsichtsrat selbst** erfolgen (§ 12 MonMitbestG, §§ 31, 30 MitbestG). Dabei genügt für den Bereich des Montan-Mitbestimmungsgesetzes für die Bestellung die einfache Mehrheit der abgegebenen Stimmen (Rz. 10).

Soweit GmbHs unter das **Mitbestimmungsgesetz** fallen, wurde ein kompliziertes Vierstufenverfahren (3 Abstimmungen, 1 Vermittlungsverfahren) eingeführt (§ 31 MitbestG; Einzelheiten und Beispiele siehe Brandmüller/Küffner, Bonner Handbuch GmbH, Bonn 1981/99, Fach D Rz. 29–32).

Das **Steuerrecht** verlangt, daß die gesetzlichen Vorschriften über die Bestellung von Geschäftsführern und die Änderung von Anstellungsverträgen beachtet werden (BMF, 15.8.1996 – IV B 7 – S 2742 – 60/96, StEK KStG 1977 § 8 Nr. 141). Ist also der Aufsichtsrat zuständig, wird eine Gehaltserhöhung des Geschäftsführers steuerlich nur anerkannt, wenn der Aufsichtsrat die Gehaltserhöhung beschlossen hat.

18.1 Ist die Bestellung durch den Aufsichtsrat erfolgt, dann gelten bei Streitigkeiten zwischen der GmbH und dem Geschäftsführer auch besondere Vertretungsregeln (vgl. BGH, 28.4.1997 – II ZR 282/95, NJW 1997 S. 2324): Es ist immer ausschließlich der Aufsichtsrat als das Bestellungs- und Anstellungsorgan zur Vertretung der Gesellschaft – sei es auf der Passiv- oder der Aktivseite – berufen. Ausdrücklich macht der BGH dies nicht davon abhängig, ob im konkreten Fall die Gefahr einer nicht sachgerechten Wahrnehmung der Belange der Gesellschaft durch das im übrigen zur Vertretung berufene Organ besteht.

d) BESTELLUNG DURCH ERMÄCHTIGTEN GESELLSCHAFTER

19 Der Gesellschaftsvertrag kann bestimmen, daß die Bestellung der Geschäftsführung auf einen Gesellschafter als dessen Sonderrecht übertragen wird. Auch diese Befugnis folgt aus der gesellschaftlichen Selbstverwaltung (BGH, 25.2.1965 – II ZR 287/63, BGHZ 43 S. 261). Ausnahmen gelten auch hier bei der mitbestimmten und montanmitbestimmten GmbH (§§ 30, 31 MitbestG, § 12 MonMitbestG; Rz. 10, 18).

Die Satzung kann auch bestimmen, daß nur **ein** Geschäftsführer von einem bestimmten Gesellschafter ernannt wird.

> **BEISPIEL:**
> „Der Gesellschafter Anton Sahm hat das Recht, von den beiden satzungsgemäß vorgesehenen Geschäftsführern einen Geschäftsführer nach seiner Wahl zu bestellen."

Das Recht der Geschäftsführerbestellung kann auch einem **Gesellschafterstamm** eingeräumt werden.

> **BEISPIEL:**
> „Sowohl der Gesellschafterstamm Sahm als auch der Gesellschafterstamm Müller haben das Recht, je einen Geschäftsführer nach ihrer Wahl zu bestellen."

e) BESTELLUNG DURCH EINE BEHÖRDE

Der Gesellschaftsvertrag kann einer Behörde oder jeder sonstigen Institution (z.B. Industrie- und Handelskammer) das Recht einräumen, einen oder alle Geschäftsführer zu bestellen.

20

Die Übertragung von Befugnissen der Gesellschafterversammlung auf einen **Dritten** ist grundsätzlich möglich. **Ausgenommen** hiervon sind nur Aufgaben, die der Gesellschafterversammlung zwingend vorgeschrieben sind, wie

– Einforderung von Nachschüssen (§ 26 GmbHG),

– Satzungsänderung (§ 53 GmbHG),

– Auflösung der Gesellschaft (§ 60 Nr. 2 GmbHG),

– Ernennung und Abberufung von Abwicklern (§ 66 GmbHG).

Daraus folgt im Umkehrschluß, daß die Bestellung von Geschäftsführern auch außenstehenden Dritten übertragen werden kann.

Von der Bestellung von Geschäftsführern durch Dritte zu unterscheiden ist die sog. **Drittanstellung** (vgl. Fleck, Die Drittanstellung des GmbH-Geschäftsführers, ZHR 149 [1985] S. 387ff.).

21

> **BEISPIEL:**
>
> Die X-GmbH hält sämtliche Anteile der Y-GmbH. Neuer Geschäftsführer der Y-GmbH soll A, ein bisheriger Angestellter der X-GmbH, werden. Die X-GmbH bestellt als Gesellschafterin der Y-GmbH A zu deren Geschäftsführer und erweitert den bisherigen Anstellungsvertrag.
>
> A ist von der Y-GmbH zum Geschäftsführer bestellt worden, angestellt aber bei der X-GmbH. Eine solche Drittanstellung ist zulässig und auch bei der GmbH & Co. KG anzutreffen: Der Geschäftsführer der Komplementär-GmbH kann seinen Anstellungsvertrag auch mit der KG abschließen (vgl. hierzu auch Baums, Der Geschäftsleitervertrag, Köln 1987, S. 89ff.).

f) BESTELLUNG DURCH DAS AMTSGERICHT

Im Gegensatz zum Aktiengesetz (§ 85) enthält das GmbHG keine Vorschriften darüber, was geschehen muß, wenn bei der GmbH das Organ „Geschäftsführung nicht oder nicht mehr vorhanden" ist. Die Rechtsprechung wendet hier **§ 29 BGB analog** an (BGH, 16.6.1952 – IV ZR 131/51, BGHZ 6 S. 232; BayObLG, 7.10.1980 – BReg. 1 Z 24/80, BB 1981 S. 73); die Literatur billigt diese Auffassung (Nachweise bei Hohlfeld, Der Notgeschäftsführer der GmbH, GmbHR 1986 S. 181).

22

Eine Bestellung der/des Geschäftsführer(s) durch das zuständige Amtsgericht (Sitz der GmbH) kommt in Betracht, wenn

– die Gesellschaft überhaupt keinen Geschäftsführer hat (Wegfall durch Tod, keine wirksame Bestellung),

– der Geschäftsführer verhindert ist (Krankheit, Selbstkontrahierungsverbot),

– die Gesellschaft nicht die durch Gesetz oder Satzung vorgeschriebene Zahl von Geschäftsführern hat.

§ 29 BGB analog kommt nur in **dringenden Fällen** zur Anwendung. Ein dringender Fall ist gegeben, wenn ohne Einsetzung eines Notgeschäftsführers einem Beteiligten ein Schaden zu entstehen droht oder eine alsbald erforderliche Handlung nicht vorgenommen werden kann.

Die Gesellschaftsorgane dürfen selbst nicht in der Lage sein, innerhalb einer **angemessenen Frist** einen Geschäftsführer zu bestellen. Hierfür kann unter Umständen genügen, daß sich die Gesellschafter nicht einigen können. Haben die uneinigen Gesellschafter einen Geschäftsführer nicht wirksam abberufen, z.B.

weil der Einberufungsbeschluß zur Gesellschafterversammlung, welche den Geschäftsführer abberief, unwirksam ist, so liegt **kein dringender Fall** für die Bestellung eines Notgeschäftsführers vor (BayObLG, 28.8.1997 – 3 Z BR 1/97, GmbHR 1997 S. 1003).

Treuwidrige und **unzweckmäßige Ausübung** der Geschäftsführertätigkeit reicht für die Bestellung eines Notgeschäftsführers grundsätzlich nicht aus (OLG Frankfurt/M., 5.5.1986 – 20 W 387/85, GmbHR 1986 S. 432).

23 Kann durch eine **andere Maßnahme** der Antragsteller sein Ziel erreichen, so ist von der Bestellung eines Notgeschäftsführers abzusehen (OLG Celle, 6.11.1964 – 9 Wx 4/64, NJW 1965 S. 504: Die Möglichkeit der Bestellung eines Prozeßpflegers nach § 57 ZPO schließt das Interesse an der Bestellung eines Notgeschäftsführers aus.).

> **BEISPIEL:**
>
> 3 von 10 Gesellschaftern wollen eine Gesellschafterversammlung abhalten. Der Geschäftsführer weigert sich aber, diese einzuberufen.
>
> Hier ist für die Einberufung der Gesellschafterversammlung nicht die Bestellung eines Notgeschäftsführers erforderlich, da die 3 Gesellschafter gemäß § 50 Abs. 3 GmbHG selbst die Gesellschafterversammlung einberufen können.

Ähnlich das BayObLG (28.9.1995 – 3 ZBR 225/95, BB 1995 S. 2388): Ist die Einberufung einer Gesellschafterversammlung in absehbarer Zeit möglich und droht bis dahin kein konkreter Schaden, so liegt kein dringender Fall für die Bestellung eines Notgeschäftsführers vor.

24 Das **Verfahren** über die Notbestellung eines Geschäftsführers richtet sich nach dem Gesetz über die freiwillige Gerichtsbarkeit (FGG).

Antragsberechtigt sind die Beteiligten. Das sind diejenigen, deren Rechte und Pflichten durch die Bestellung unmittelbar beeinflußt werden (Gesellschafter, Aufsichtsräte, Gläubiger der GmbH, Behörden wie IHK, Finanzamt, der frühere Geschäftsführer, der seine Löschung im Handelsregister erreichen will, etc.).

Die GmbH-Gesellschafter sind vor der Bestellung des Notgeschäftsführers **zu hören** (Art. 103 Abs. 1 GG).

25 Hinsichtlich der **Person** des Notgeschäftsführers ist das Amtsgericht grundsätzlich frei. Es ist weder an einen Vorschlag des Antragstellers noch der Gesellschafter gebunden. Es muß nur die Voraussetzungen beachten, die Gesetz (§ 6 Abs. 2 GmbHG) und/oder Satzung an den Geschäftsführer stellen.

Sieht die **Satzung** vor, daß die GmbH durch **2 Geschäftsführer** vertreten wird, sind beide bisherigen Geschäftsführer tödlich verunglückt, und bestellt die Gesellschafterversammlung nicht in angemessener Zeit neue Geschäftsführer, so kann in dringenden Fällen die IHK die Bestellung von Notgeschäftsführern beantragen; da die Satzung die Vertretung durch 2 Geschäftsführer vorsieht, müssen 2 Notgeschäftsführer bestellt werden.

Schreibt die **Satzung** für den oder die Geschäftsführer eine bestimmte **Qualifikation** vor, z.B. Dipl.-Ing., Fachrichtung Maschinenbau, so darf das Amtsgericht auch nur eine solche Person zum Geschäftsführer ernennen, welche diese Qualifikation hat (BayObLG, 7.10.1980 – BReg. 1 Z 24/80, BB 1981 S. 73). Das ergibt sich schon daraus, daß ein Notgeschäftsführer vollständig in die Stellung des Geschäftsführers eintritt, für den er bestellt ist. Eine Einschränkung ergibt sich nur insoweit, als eine satzungsmäßige Bestimmung gerade der Grund für die Entstehung des geschäftsführerlosen Zustandes der GmbH ist (Hohlfeld, Der Notgeschäftsführer der GmbH, GmbHR 1986 S. 183).

Bei der Bestellung eines Notgeschäftsführers hat das Amtsgericht zu prüfen, inwieweit die Geschäftsführungsbefugnis des Notgeschäftsführers zu beschränken ist (BayObLG, 12.8.1998 – 3 Z BR 456, 457/97, GmbHR 1998 S. 1123). 26

Das Amtsgericht kann den **Wirkungskreis** des Notgeschäftsführers nur nach innen, **nicht nach außen beschränken** (BayObLG, 6.12.1985 – BReg. 3 Z 116/85, GmbHR 1986 S. 189). Wird der Wirkungskreis des Notgeschäftsführers beschränkt, z.B. auf die Entgegennahme von Zustellungen, die Vertretung der GmbH in gerichtlichen Verfahren, auf die Prüfung der wirtschaftlichen und finanziellen Lage der Gesellschaft, auf die Wahrnehmung von gesetzlichen Verpflichtungen gegenüber Behörden, so betrifft dies ausschließlich die **Geschäftsführungsbefugnis (Innenverhältnis)**. Der bestellte Notgeschäftsführer ist nur der Gesellschaft gegenüber verpflichtet, diese ihm auferlegten Beschränkungen einzuhalten.

Die **Bestellung** des Notgeschäftsführers wird **wirksam mit der Bekanntgabe** des Beschlusses **und** der **Annahme** der Bestellung durch den Bestellten. Gemäß § 16 FGG ist der Beschluß sowohl dem Bestellten als auch der Gesellschaft (Gesellschafter) bekanntzugeben. Der zum Notgeschäftsführer Bestellte kann grundsätzlich die Annahme verweigern, er wird dies insbesondere tun, wenn seine Entlohnung nicht seinen Vorstellungen entspricht und/oder nicht gesichert ist. Das Amtsgericht kann **keine Vergütung** festsetzen (BayObLG, 11.7.1975 – BReg. 2 Z 9/75, BB 1975 S. 1037). Einigen sich Geschäftsführer und Gesellschaft nicht und tritt der Geschäftsführer trotzdem sein Amt an, so kann der Geschäftsführer nicht gemäß § 316 BGB selbst eine angemessene Vergütung bestimmen. Tritt der Geschäftsführer sein Amt an, ohne vorher über seine Vergütung verhandelt zu haben, so kann er von der GmbH ein angemessenes Gehalt beanspruchen: Durch den Amtsantritt (= Annahme der Bestellung) ist zwischen dem Notgeschäftsführer und der GmbH ein Geschäftsführungsvertrag nach §§ 611, 675 BGB zustande gekommen, aufgrund dessen der Notgeschäftsführer einen Anspruch auf eine Vergütung gemäß § 612 BGB gegen die Gesellschaft erwirbt. Diese Rechtslage entspricht § 85 Abs. 3 AktG für die Vergütung eines gerichtlich bestellten Vorstandsmitglieds. 27

Vor Bestellung eines Notgeschäftsführers kann das Amtsgericht von der GmbH einen **Kostenvorschuß** gemäß § 8 KostO anfordern und verlangen, daß diese eine Einverständniserklärung sowie eine Versicherung des vorgeschlagenen Notgeschäftsführers gemäß § 39 Abs. 3 GmbHG vorlegt, daß dieser bereit ist, das Amt zu übernehmen und daß gesetzliche Hinderungsgründe nicht vorliegen (LG Essen, 22.3.1991 – 46 T 1/91, GmbHR 1991 S. 368). 28

Über den **Anspruch** des gerichtlich bestellten Geschäftsführers (Notgeschäftsführer) einer GmbH **auf Vergütung** für seine Tätigkeit oder Ersatz seiner Auslagen ist nicht vom Richter der Freiwilligen Gerichtsbarkeit, sondern im Zivilprozeßweg zu entscheiden (BayObLG, 28.7.1988 – BReg. 3 Z 49/88, DB 1988 S. 1945). 29

3. PERSÖNLICHE VORAUSSETZUNGEN FÜR GESCHÄFTSFÜHRERBESTELLUNG

Es gilt der Grundsatz: Die Leitung einer GmbH erfordert weder eine berufliche Mindestqualifikation noch die Befähigung, die Vertragspflichten der Gesellschaft selbständig und persönlich erfüllen zu können (FG Niedersachsen, 25.8.1998 – VI 275/96, EFG 1999 S. 45). Nur dort, wo Gesetz oder Satzung bestimmte Vorschriften enthalten, sind diese bei der Geschäftsführerbestellung zu beachten. 29.1

1. KAPITEL: Der GmbH-Geschäftsführer im Gesellschaftsrecht

a) GESETZLICHE VORSCHRIFTEN

30 Nur **vollgeschäftsfähige natürliche Personen** können zu Geschäftsführern berufen werden (§ 6 Abs. 2 Satz 1 GmbHG). Damit kann keine juristische Person Geschäftsführerin einer GmbH sein; dasselbe gilt für Personengesamtheiten.

Außerdem ist es unzulässig, ein **Aufsichtsratsmitglied** gleichzeitig zum Geschäftsführer zu bestellen (§ 52 GmbHG i. V. mit § 105 AktG). Möglich ist aber

– die Vertretung des Geschäftsführers durch ein Aufsichtsratsmitglied,

– durch Satzungsgestaltung dem Aufsichtsrat Geschäftsführungsaufgaben zu übertragen.

Die **volle Geschäftsfähigkeit** muß bei der Bestellung vorliegen. Ein Minderjähriger kann, auch vertreten durch seinen gesetzlichen Vertreter und mit Genehmigung des Vormundschaftsgerichts gemäß §§ 112, 113 BGB **nicht** zum Geschäftsführer bestellt werden (OLG Hamm, 13.4.1992 – 15 W 25/92, NJW-RR 1992 S. 1253). Die nach dem **Betreuungsgesetz** vom 12.9.1990 (BGBl. I S. 2002) mögliche Bestellung eines Betreuers hat grundsätzlich keine Auswirkungen auf die Geschäftsfähigkeit (Deutler, „Betreute" als Geschäftsführer – Versicherungen bei der Anmeldung, GmbHR 1992 S. 252). Nur wenn bei einem Betreuten das Vormundschaftsgericht einen sog. **Einwilligungsvorbehalt** ausspricht (§ 1903 BGB), was praktisch einer beschränkten Geschäftsfähigkeit gleichkommt, ist dieser vom Amt des Geschäftsführers ausgeschlossen.

31 Liegt volle Geschäftsfähigkeit vor und wird der Geschäftsführer wirksam bestellt und in das Handelsregister eingetragen, so erlischt das Amt des Geschäftsführers von selbst in dem Zeitpunkt, in dem der Geschäftsführer seine **unbeschränkte Geschäftsfähigkeit verliert** (BayObLG, 16.7.1982 – BReg. 3 Z 74/82, BB 1982 S. 1508; OLG München, 6.7.1990 – 23 U 2079/90, BB 1990 S. 1581).

Hat ein Geschäftsführer seine unbeschränkte Geschäftsfähigkeit verloren, so bedarf es **nach** der **Wiedererlangung** seiner vollen Geschäftsfähigkeit einer erneuten Bestellung zum Geschäftsführer; sein Amt lebt auch nach Wegfall seiner Amtsunfähigkeit nicht von selbst wieder auf (BayObLG, 4.2.1993 – 3 Z BR 6/93, BayObLGZ 1993 Nr. 13).

Hat ein **geschäftsunfähiger**, aber gleichwohl im Handelsregister eingetragener Geschäftsführer einen **Wechsel** für die GmbH unterzeichnet, so kann sich der Geschäftspartner der GmbH bezüglich der Wirksamkeit der Unterschrift nicht auf § 15 Abs. 1 HGB (Registerpublizität) berufen. Die GmbH kann aber verpflichtet sein, nach allgemeinen **Rechtsscheingrundsätzen** die Wechselverbindlichkeit zu erfüllen (BGH, 1.7.1991 – II ZR 292/90, GmbHR 1991 S. 358; Bühler, Zur Rechtsscheinhaftung einer GmbH, GmbHR 1991 S. 356). Sind die Gesellschafter untätig geblieben, obwohl sie bei Anwendung der im Verkehr erforderlich gewesenen Sorgfalt hätten erkennen müssen, daß der Geschäftsführer geschäftsunfähig ist, so haftet die GmbH nach den Grundsätzen der **Rechtsscheinhaftung**.

32 Sowohl Gesellschafter als auch **gesellschaftsfremde Dritte** können zu Geschäftsführern bestimmt werden.

Ausländer können grundsätzlich zu Geschäftsführern einer deutschen GmbH bestellt werden (Einzelheiten siehe Melchior, Ausländer als GmbH-Geschäftsführer, DB 1997 S. 413). Sie müssen keinen Wohnsitz im Inland haben (Bartl, Bestellung eines Ausländers zum Geschäftsführer einer GmbH unter registerrechtlichen Aspekten, BB 1977 S. 571).

A. Geschäftsführer als Handlungsorgan und Dienstnehmer der GmbH

Es muß nur sichergestellt sein, daß der **im Ausland wohnende** Geschäftsführer seinen gesetzlichen Verpflichtungen nachkommt (LG Köln, 6.1.1995 – 87 T 38/94, GmbHR 1995 S. 656).

Das Gesetz stellt im Hinblick auf die Staatsangehörigkeit, den Wohnsitz und den gewöhnlichen Aufenthalt des Geschäftsführers keine besonderen Anforderungen (LG Hildesheim, 7.6.1995 – 11 T 6/95, GmbHR 1995 S. 655). Der **Bestellung** und Eintragung von **Ausländern** als Geschäftsführer steht auch nicht entgegen, daß die ihnen erteilte **Aufenthaltsgenehmigung** sie nur zur Ausübung einer **unselbständigen** Tätigkeit berechtigt (OLG Frankfurt, 14.3.1977 – 20 W 113/77, BB 1977 S. 1169).

Ausländische Geschäftsführer, die nicht EU-Angehörige sind, bedürfen zwar einer Arbeitserlaubnis; diese wird aber nicht vom Registergericht nachgeprüft.

Ausländerrechtliche bzw. ausländerpolizeiliche Aufgaben fallen nicht in den Zuständigkeitsbereich der Registergerichte (Melchior, a. a. O.).

Die Bestellung von **Rechtsanwälten,** Steuerberatern, Steuerbevollmächtigten, Wirtschaftsprüfern und vereidigten Buchprüfern zu Alleingeschäftsführern einer **erwerbswirtschaftlich ausgerichteten GmbH** ist **berufsrechtlich** zu beanstanden (vgl. Ziegler, Rechtsanwälte und Steuerberater als GmbH-Geschäftsführer, Rpfleger 1988 S. 350). Die Registergerichte haben aber keine Möglichkeit, entsprechende Anmeldungen zum Handelsregister abzulehnen.   **33**

Nicht zum Geschäftsführer einer GmbH kann bestellt werden,   **34**

– wer **wegen** eines **Insolvenzdeliktes** i. S. der §§ 283–283d StGB **verurteilt** worden ist, und zwar für die Dauer von 5 Jahren seit Rechtskraft des Urteils (§ 6 Abs. 2 Satz 3 GmbHG).

> **BEISPIEL:**
>
> A ist am 22.5.1996 für 5 Jahre zum Geschäftsführer der B-GmbH bestellt worden. Am 2.3.1998 wird er wegen Verletzung der Buchführungspflicht als Gesellschafter der C-OHG in den Jahren 1990–1994 zu einer Geldstrafe von 100 000 DM verurteilt (§ 283b StGB).
>
> Mit Rechtskraft des Urteils vom 2.3.1998 – wenn keine Berufung eingelegt wird, wird am 2.4.1998 das Urteil rechtskräftig (§ 314 StPO) – verliert A automatisch sein Amt als Geschäftsführer. Meines Erachtens endet zum 2.4.1998 auch das Anstellungsverhältnis. Zwar sind beide Rechtsverhältnisse voneinander zu unterscheiden, endet aber die Geschäftsführertätigkeit kraft Gesetzes, so ist auch für das Anstellungsverhältnis kein Raum mehr (a. A. Deutler, Das neue GmbH-Recht – GmbH-Novelle 1980, Düsseldorf 1980, S. 216, der allenfalls von Fall zu Fall ein Recht zur Kündigung des Anstellungsvertrages aus wichtigem Grund zulassen will).

– wenn **durch gerichtliches Urteil** oder durch die vollziehbare Entscheidung einer Verwaltungsbehörde die **Ausübung eines Berufes oder Gewerbes untersagt** worden ist, wenn der Unternehmensgegenstand der Gesellschaft auch nur teilweise mit dem Gegenstand des Verbotes übereinstimmt, und zwar für die Zeit, für welche das Verbot wirksam ist (§ 6 Abs. 2 Satz 4 GmbHG).   **35**

> **BEISPIEL:**
>
> Gegen den Metzgermeister M, Gesellschafter-Geschäftsführer der M-GmbH, Betrieb einer Metzgerei mit Gastwirtschaft, wird am 4.4.1998 durch die zuständige Verwaltungsbehörde ein Berufsverbot als Metzger ausgesprochen und für sofort vollziehbar erklärt (§ 80 Abs. 2 Nr. 4 VwGO).

1. KAPITEL: Der GmbH-Geschäftsführer im Gesellschaftsrecht

> M legt sowohl gegen die sofortige Vollziehbarkeit als auch gegen das Berufsverbot als solches die zulässigen Rechtsmittel ein. Daraufhin wird die sofortige Vollziehbarkeit aufgehoben. M kann weiterhin als Geschäftsführer tätig bleiben.

35.1 Eine **Handwerksuntersagung** nach § 16 Abs. 3 HandwO ist kein Gewerbeverbot und beinhaltet auch kein Verbot der Betätigung in diesem Handwerk; eine solche Handwerksuntersagung führt keine Amtsunfähigkeit eines Geschäftsführers nach § 6 Abs. 2 Satz 4 GmbHG herbei (vgl. BayObLG, 11.6.1986 – BReg. 3 Z 78/86, GmbHR 1987 S. 20).

36 Das **gegen** eine **GmbH** allein verhängte **Gewerbeverbot** nach § 35 Abs. 1 GewO bewirkt nicht, daß damit auch gegen den Geschäftsführer ein Verbot gewerblicher Betätigung ausgesprochen ist.

Gemäß § 35 Abs. 1 Satz 2 und Abs. 7a GewO kann auch gegen den Vertretungsberechtigten ein Verbot verhängt werden. Ist dies geschehen, so kann die natürliche Person nicht mehr zum Geschäftsführer bestellt werden. Beim Ausspruch der Gewerbeuntersagung bedarf es nicht der Bezeichnung des Gewerbes, das die GmbH ausgeübt hat (BVerwG, 19.12.1995 – 1 C 3/93, BayVBl 1996 S. 537).

37 Eine Geschäftsführerin ist **unzuverlässig** i.S. des § 35 GewO, wenn sie die Leitung der GmbH dem unzuverlässigen Ehemann überläßt (Hess. VGH, 16.6.1993 – 8 UE 533/91, DB 1993 S. 2021). Ist die Geschäftsführerin nicht willens oder nicht in der Lage, den Einfluß ihres Ehemannes, dem bereits bestandskräftig die selbständige Gewerbeausübung untersagt ist, auszuschließen, ist sie selbst unzuverlässig im gewerberechtlichen Sinn (Strohmannverhältnis).

Wurde jemand wegen Betruges (§ 263 StGB) oder Untreue (§ 266 StGB) bestraft, ohne daß **gleichzeitig** eine Verurteilung nach den §§ 283–283d StGB erfolgte, und wird auch kein Berufsverbot (§ 70 StGB) ausgesprochen, so greifen § 6 Abs. 2 Satz 3 und 4 GmbHG nicht ein.

Ein im **Ausland** Bestrafter ist im Inland Verurteilten nach dem Sinn und Zweck des § 6 Abs. 2 Satz 3 GmbHG gleichzustellen.

Nicht ausgeschlossen von einer Bestellung zum Geschäftsführer ist derjenige, der eine eidesstattliche Versicherung (§§ 807, 900 ZPO) abgegeben hat oder gegen den Haft nach § 901 ZPO angeordnet ist.

38 Die Geschäftsführer haben **bei** der **Anmeldung** zum Handelsregister **zu versichern,** daß keine Umstände vorliegen, die ihrer Bestellung nach § 6 Abs. 2 Satz 3 und 4 GmbHG entgegenstehen, und daß sie über ihre unbeschränkte Auskunftspflicht belehrt worden sind (§ 8 Abs. 3 Satz 1 GmbHG). Die Versicherung soll die Einholung einer Auskunft aus dem Zentralregister durch das Registergericht möglichst überflüssig machen (BayObLG, 10.12.1981 – BReg. 1 Z 184/81, BB 1982 S. 200).

Der Geschäftsführer muß die vorgenannte Versicherung **höchstpersönlich** bei der Anmeldung der GmbH zum Handelsregister abgeben; eine Stellvertretung ist nicht zulässig (OLG Düsseldorf, 8.5.1992 – 3 Wx 469/91, GmbHR 1993 S. 98).

Die **Versicherung** ist **mit** einer **Selbstauskunft vergleichbar**, die der Pflichtige dem Gericht einreicht, um das Fehlen gesetzlicher Bestellungshindernisse zu belegen. Sie muß daher einen Inhalt haben, der dem Registergericht die Überzeugung vermittelt, der Versichernde habe alle Bestellungshindernisse gekannt und nach sorgfältiger Prüfung wahrheitsgemäße Angaben gemacht. Bei einer nur auf § 6 Abs. 2 Satz 3 und 4 GmbHG Bezug nehmenden Versicherung sind diese Voraussetzungen nicht gegeben. In diesem Fall ist es nicht auszuschließen, daß der Versichernde seiner Erklärung nicht die erforderliche Bedeutung beimißt und sich daher den Inhalt seiner Angaben nicht in der gebotenen Weise überlegt (BayObLG, 30.8.1983 – BReg. 3 Z 116/83, BB 1984 S. 238).

> **BEISPIEL:**
>
> „Ich versichere, daß
>
> a) ich niemals wegen eines Deliktes nach den §§ 283–283d des Strafgesetzbuches verurteilt worden bin,
>
> b) mir zur Zeit weder durch gerichtliches Urteil noch durch vollziehbare Entscheidung einer Verwaltungsbehörde die Ausübung eines Berufes, Berufszweigs, Gewerbes oder Gewerbezweigs untersagt ist.
>
> Der meine Unterschrift beglaubigende Notar hat mich gemäß § 53 Abs. 2 BZRG darüber belehrt, daß dem Registergericht gegenüber eine unbeschränkte Auskunftspflicht besteht, d.h., daß etwaige Verurteilungen auch dann anzugeben sind, wenn diese nicht in ein Führungszeugnis aufgenommen werden müssen."

Eine Versicherung des Fehlens einschlägiger strafgerichtlicher Verurteilungen (... ich bin also insbesondere nicht wegen einer Straftat nach §§ 283–283d StGB verurteilt worden ...) genügt den an sie zu stellenden Anforderungen. Eine wörtliche Wiederholung der Überschriften der einzelnen Tatbestände der §§ 283–283d StGB ist entbehrlich, da sie insbesondere für den anmeldenden juristischen Laien nicht besonders „griffig" sind (OLG Thüringen, 6.9.1994 – 6 W 311/94, GmbHR 1995 S. 453). **39**

Das Registergericht ist nicht befugt, eine Versicherung des Geschäftsführers dahin zu verlangen, daß **Verurteilungen ausländischer Gerichte** wegen einer Insolvenzstraftat oder Berufsverbote ausländischer Behörden nicht vorliegen (LG Köln, 6.1.1995 – 87 T 38/94, GmbHR 1995 S. 656).

Die einer Anmeldung der GmbH beizufügende **Belehrung** nach § 8 Abs. 3 Satz 2 GmbHG kann auch von einem **ausländischen Notar** vorgenommen werden (siehe Rundschreiben Nr. 39/98 der Bundesnotarkammer, DNotZ 1998 S. 913) oder der im Ausland weilende Geschäftsführer kann **schriftlich** von einem inländischen Notar gemäß § 8 Abs. 3 GmbHG belehrt werden (a. A. Wolff, Schriftliche notarielle Belehrung eines im Ausland weilenden Geschäftsführers?, GmbHR 1998 S. 35).

Unrichtige Erklärungen der/des Geschäftsführer(s) sind **strafbar** (§ 82 Abs. 1 Nr. 4 GmbHG).

Neben den Vorschriften des § 6 Abs. 2 Satz 3 und 4 GmbHG schreiben bestimmte **Berufsgesetze** besondere **Qualifikationen** von Geschäftsführern vor. **40**

Gemäß § 50 Abs. 1 StBerG müssen die Geschäftsführer einer **Steuerberatungs-GmbH** grundsätzlich die Qualifikation als Steuerberater und ein Geschäftsführer seinen Wohnsitz am Sitz der Gesellschaft haben. Neben Steuerberatern können auch Rechtsanwälte, Wirtschaftsprüfer, vereidigte Buchprüfer und Steuerbevollmächtigte Geschäftsführer einer Steuerberatungs-GmbH sein (§ 50 Abs. 2 StBerG; weitere Ausnahmen sind nach § 50 Abs. 3 StBerG möglich), doch muß immer mindestens ein Geschäftsführer Steuerberater sein, und die Zahl der Geschäftsführer nach § 50 Abs. 2 und 3 StBerG darf die Zahl der Steuerberater in der Geschäftsführung nicht übersteigen.

Eine besonders befähigte Person nach § 50 Abs. 3 StBerG kann auch ein Bewerber mit einem ausländischen Studium (Indien) sein.

Sofern ein Bewerber neben den Ausbildungsanforderungen des § 36 StBerG noch zusätzliche Qualifikationen erworben hat, sollen ihm diese bei einer Genehmigung nach § 50 Abs. 3 StBerG nicht schaden (indischer Wirtschaftsprüfer). Der BFH (13.6.1997 – VII R 101/96, Stbg 1997 S. 458) sah deshalb keine Veranlassung diesem Bewerber die Fähigkeit, Geschäftsführer einer Steuerberatungs-GmbH zu sein, abzusprechen es handelte sich um einen indischen Staatsangehörigen, der 1976 sein Studium in Indien mit dem Grad eines Bachelor of Commerce abgeschlossen hatte. Nach einer praktischen Tätigkeit bei einer indischen Wirtschaftsprüfungsgesellschaft legte er dann 1981 die Abschlußprüfung als Chartered Accountant (Wirtschaftsprüfer) ab. Anschließend hat er in Indien als selbständiger Wirtschaftsprüfer gearbeitet.

Die Tätigkeit eines Geschäftsführers einer Steuerberatungs-GmbH ist mit der Tätigkeit eines Rechtsanwalts (§ 7 BRAO) vereinbar (EGH Baden-Württemberg, 1.12.1990 – EGH 14/90 (I), AnwBl. 1991 S. 262).

41 Umgekehrt wird eine Steuerberatungs-GmbH nicht anerkannt, wenn nicht der Nachweis erbracht wird (§ 32 Abs. 3 Satz 2 StBerG), daß die Gesellschaft von einem Steuerberater verantwortlich geführt wird. Ist ein Steuerberater als Geschäftsführer bestellt, ist er aber nur zu $^1/_3$ an der GmbH beteiligt und kann er deshalb von den übrigen, nicht qualifizierten Mehrheitsgesellschaftern jederzeit abberufen werden, enthält der Gesellschaftsvertrag auch keine Bestimmung, die eine unabhängige und weisungsfreie steuerberatende Tätigkeit des geschäftsführenden Steuerberaters garantiert, so fehlt es am Nachweis der verantwortlichen Führung der Steuerberatungs-GmbH durch einen Steuerberater (FG Düsseldorf, 23.1.1989 – 2 K 304/86 StB, EFG 1989 S. 314).

Ähnliches gilt für **Wirtschaftsprüfungsgesellschaften mbH** (§ 28 WPO) und **Buchprüfungsgesellschaften mbH** (§ 130 Abs. 2 i. V. mit § 28 WPO).

Zur Ermächtigung eines Steuerberatungs-Geschäftsführers zur Einzelvertretung einer Wirtschaftsprüfungs-GmbH mit organschaftlicher Gesamtvertretung bei Klageerhebung durch die Gesellschaft als Prozeßbevollmächtigte vgl. BFH vom 30.3.1988 (I R 140/87, BStBl II 1988 S. 836).

42 Zulässig ist nun auch die **Rechtsanwalts-GmbH** (BayObLG, 24.11.1994 – 3 ZBR 115/94, AnwBl. 1995 S. 35). Zu Geschäftsführern der Rechtsanwalts-GmbH dürfen neben Rechtsanwälten nur Angehörige anderer Berufe bestellt werden, mit denen sich Rechtsanwälte nach ihrem Berufsrecht zu gemeinschaftlicher Berufsausübung verbinden können (Ahlers, Die Zulässigkeit der Anwalts-GmbH, AnwBl. 1995 S. 3), also insbesondere Steuerberater, vereidigte Buchprüfer und Wirtschaftsprüfer.

Bei mehreren Geschäftsführern muß die Satzung vorsehen, daß die Anwälte die Mehrheit haben; gemäß § 59f Abs. 4 BRAO müssen die Anwälte als Geschäftsführer bei der Ausübung ihres Rechtsanwaltsberufs unabhängig sein. Unzulässig sind Weisungen durch die Gesellschafter oder vertragliche Bindungen, durch die Gesellschafter auf die Geschäftsführer Einfluß nehmen können (weitere Einzelheiten Kempter/Kopp, Hinweise zur Gestaltung einer Satzung einer Rechtsanwalts-GmbH, BRAK-Mitt. 1998 S. 254).

43 Ein Geschäftsführer einer **Gaststätten-GmbH** hat gemäß § 2 GastStG seine Zuverlässigkeit nachzuweisen; ausreichend ist hierfür die Teilnahme an einem Kurs der zuständigen Industrie- und Handelskammer. Bei einer **Handwerker-GmbH** muß der Geschäftsführer, wenn kein technischer Betriebsleiter vorhanden ist, als

A. Geschäftsführer als Handlungsorgan und Dienstnehmer der GmbH

Qualifikationsnachweis die Meisterprüfung oder ein entsprechendes Ingenieurstudium nachweisen.

b) SATZUNGSVORSCHRIFTEN

Über die **persönliche Qualifikation** kann die Satzung weitere Bestimmungen enthalten.

44

> **BEISPIEL:**
> „Zum Geschäftsführer der Gesellschaft kann nur bestellt werden, wer mindestens 30 Jahre alt ist und ein abgeschlossenes Hochschulstudium hat ..."

Die Satzung kann auch **Beschränkungen** einführen, z.B., daß nur Inländer zu Geschäftsführern bestimmt werden dürfen.

Die Satzung kann auch vorschreiben, daß nur Gesellschafter zu Geschäftsführern bestellt werden können oder ein anderes Organ als die Gesellschafterversammlung den/die Geschäftsführer bestellen soll (Aufsichtsrat/Beirat, außenstehende Dritte, Behörden).

Die Satzung kann auch vorschreiben, daß nach dem **Tode** oder der Amtsniederlegung des Gründungs-Gesellschafter-Geschäftsführers dessen ältester Sohn oder dessen Witwe als Geschäftsführer bestellt werden müssen.

Die Satzung kann an die Qualifikation auch bestimmte **Grundvoraussetzungen** stellen, die entweder für diese GmbH von besonderer Bedeutung sind, oder ganz allgemein ein unternehmerisches Verhalten des zukünftigen Geschäftsführers voraussetzen. Zum Beispiel verlangt die Satzung eines Markenartikel-Unternehmens, daß mindestens einer von 4 Geschäftsführern ein **Werbefachmann** sein muß.

In anderen Gesellschaftsverträgen wird verlangt, daß der Geschäftsführer kurz-, mittel- und langfristig planen und vorausdisponieren kann, innovationsfähig ist etc. (vgl. auch Höhn, Die Anforderungen an die Qualifikation des Geschäftsführers einer GmbH, GmbHR 1987 S. 57). Meines Erachtens ist davon abzuraten, solche **allgemeinen Fähigkeitsvorstellungen** in die Satzung aufzunehmen. Solche Anforderungen sind zwar zweckmäßig, gehören aber allenfalls in eine Stellenbeschreibung und können Kriterien bei der Auswahl des Geschäftsführers sein. Sie haben aber in der Satzung der GmbH keinen Platz.

c) FOLGEN BEI NICHTBEACHTUNG VON PERSÖNLICHEN VORAUSSETZUNGEN

Werden Geschäftsführer unter Verstoß gegen § 6 Abs. 2 Satz 3 oder 4 GmbHG (Rz. 34 ff.) bestellt, so ist die **Bestellung nichtig**.

45

Wird z.B. eine **nicht voll geschäftsfähige Person** zum Geschäftsführer bestellt, so hat auch dies die Nichtigkeit des Bestellungsaktes zur Folge (BayObLG, 16.7.1982 – BReg. 3 Z 74/82, BB 1982 S. 1508).

Erfolgt die **Bestellung durch** ein **unzuständiges Organ,** z.B. durch den Beirat, obwohl diesem überhaupt kein derartiges Recht durch Gesellschaftsvertrag eingeräumt oder durch die Gesellschafterversammlung übertragen wurde, so ist die Bestellung ebenfalls nichtig. Dasselbe gilt, wenn besondere, vom **Gesetz** vorgeschriebene Qualifikationen nicht beachtet wurden.

Die von einem Geschäftsführer, dessen Bestellung nichtig ist, für die GmbH getätigten **Geschäfte** sind **für** die **GmbH wirksam:** Da die Beendigung des Amtes des Geschäftsführers in das Handelsregister einzutragen ist (§ 39 GmbHG), kann die GmbH einem gutgläubigen Dritten die Nichtigkeit der Bestellung oder den Verlust des Geschäftsführeramtes so lange nicht entgegenhalten, als die Beendigung des Amtes nicht in das Handelsregister eingetragen und bekanntgemacht worden ist (§ 15 Abs. 1 HGB). Bis zur Eintragung und Bekanntmachung muß die GmbH die Handlung des „Geschäftsführers" gutgläubigen Dritten gegenüber noch gegen sich gelten lassen (§ 15 Abs. 2 HGB).

46 Daneben kann sich der gutgläubige Dritte auch auf die Grundsätze der **Rechtsscheinhaftung** berufen.

Verletzt der Bestellungsbeschluß nur Qualifikationen, die durch den **Gesellschaftsvertrag** vorgeschrieben wurden, so ist höchstens eine **Anfechtungsklage** gegeben.

d) WIEDERBESTELLUNG EINES GESCHÄFTSFÜHRERS, DER AUS WICHTIGEM GRUND ABBERUFEN WORDEN IST

47 Nach der Rechtsprechung des BGH (28.4.1975 – II ZR 16/73, BGHZ 64 S. 253; 18.10.1976 – II ZR 98/75, BGHZ 68 S. 81) gebietet die gesellschaftsrechtliche **Treuepflicht** allen Gesellschaftern, der **Abberufung** eines Geschäftsführers zuzustimmen, in dessen Person wichtige Gründe vorliegen, die sein Verbleiben in der Organstellung für die Gesellschaft unzumutbar machen. Stimmen, die in einer Gesellschaftsversammlung trotz Vorliegens **wichtiger Gründe** gleichwohl für ein Verbleiben des Geschäftsführers im Amt abgegeben werden, können **rechtsmißbräuchlich** und deshalb nichtig sein. Bei der Feststellung des Beschlußergebnisses sind sie nicht mitzuzählen (vgl. BGH, 9.11.1987 – II ZR 100/87, BB 1988 S. 159). Werden sie gleichwohl mitgezählt und kommt deswegen ein ablehnendes Beschlußergebnis zustande, so ist der Beschluß **anfechtbar**.

48 Geht es um die **Bestellung** eines Geschäftsführers, so gilt nichts anderes. Kein Gesellschafter hat das Recht, Personen, die eine Gefahr für die Gesellschaftsinteressen darstellen und deshalb für die Gesellschaft untragbar sind, in das Amt des Geschäftsführers zu wählen. Er verletzt seine Treuepflicht mit der Folge, daß seine Stimme wegen **Rechtsmißbrauchs** nichtig ist, wenn er gleichwohl für eine Berufung stimmt (BGH, 19.11.1990 – II ZR 88/89, BB 1991 S. 85).

II. ANSTELLUNGSVERTRAG MIT DEM GESCHÄFTSFÜHRER

49 **Bestellung** und **Anstellung** sind, wie bereits dargelegt, nicht identisch, sondern grundsätzlich voneinander **unabhängig.** Beide Rechtsinstitute folgen anderen Rechtsregeln, die Bestellung dem GmbH-Recht, die Anstellung dem Schuldrecht (vgl. auch Miller, Der Anstellungsvertrag des GmbH-Geschäftsführers – rechtliche Einordnung und gesetzliche Mindestkündigungsfrist, BB 1977 S. 723). **Zivilrechtlich** ist die **Bestellung** eines Geschäftsführers für eine GmbH **zwingend**; ein bestellter Geschäftsführer muß **keinen Anstellungsvertrag** haben. So kommt es immer wieder vor, daß ein Gesellschafter-Geschäftsführer oder der Einmann-Gesellschafter-Geschäftsführer zwar wirksam bestellt wurde, ein Anstellungsvertrag aber weder mündlich noch schriftlich abgeschlossen wurde. Diese Geschäftsführer werden dann aufgrund des **Gesellschaftsrechts** tätig (§ 713 BGB), und ihre Pflichten und Rechte richten sich nach den gesetzlichen Auftragsvorschriften (§§ 664–670 BGB). Die **Auftragsvorschriften** sind nicht immer angenehm, weder für die GmbH noch für den Geschäftsführer. So kann dem nach Auftragsrecht tätigen Geschäftsführer die Geschäftsführungsbefugnis – anders als der Widerruf

A. Geschäftsführer als Handlungsorgan und Dienstnehmer der GmbH

der Bestellung (§ 38 GmbHG) – nur beim Vorliegen eines **wichtigen Grundes** entzogen werden. Der Gesellschafter-Geschäftsführer, für den Auftragsrecht gilt, darf nicht zur Unzeit kündigen (§ 671 Abs. 2 BGB).

Eine **Geschäftsbesorgungsvergütung** zugunsten eines beherrschenden Gesellschafter-Geschäftsführers, die erst nach dem jeweiligen Geschäftsjahr festgesetzt wird, führt aufgrund des Nachzahlungsverbots zu einer verdeckten Gewinnausschüttung (FG Berlin, 28.4.1997 – 8263/96, DStRE 1997 S. 920; bestätigt durch BFH, 17.12.1997 – I R 70/97, BStBl II 1998, 545).

Möglich ist auch der Abschluß eines **Beratungsvertrages** (siehe BGH, 23.10.1995 – II ZR 130/94, DStR 1995 S. 1926; Koenig, Steuerrechtliche Zuverlässigkeit von Beraterverträgen zwischen GmbH und Gesellschafter-Geschäftsführern, INF 1996 S. 673; zur Kündigung vgl. Rz. 192). 50

Nach Auffassung des BFH (9.10.1996 – XI R 47/96, BStBl II 1997 S. 255; 7.5.1997 – V R 28/96, BFH/NV 1997 S. 911) ist der Geschäftsführer einer GmbH, auch wenn er Steuerberater ist, nicht selbständig i. S. des Umsatzsteuerrechts und kann daher der GmbH nicht Umsatzsteuer in Rechnung stellen und Vorsteuer geltend machen.

Nur dann, wenn ein Geschäftsführer **unentgeltlich** tätig wird, quasi im **Nebenamt**, ist die Anwendung der **Auftragsvorschriften** (§§ 662–674 BGB) auch **unter steuerrechtlichen Gesichtspunkten** gerechtfertigt. Der unentgeltlich tätige Geschäftsführer kann gemäß § 671 Abs. 1 BGB sein Amt jederzeit kündigen und gekündigt werden.

1. DIE VERTRAGSPARTNER
a) RECHTSVERHÄLTNIS ZWISCHEN GMBH UND DEM GEGEN VERGÜTUNG TÄTIGEN GESCHÄFTSFÜHRER

Wird zwischen der GmbH und dem Geschäftsführer ein Anstellungsvertrag abgeschlossen, so handelt es sich i. d. R. um einen **Dienstvertrag (§§ 611 ff. BGB) mit Geschäftsbesorgungscharakter** (vgl. dazu Fleck, Das Dienstverhältnis der Vorstandsmitglieder und Geschäftsführer von Kapitalgesellschaften in der Rechtsprechung des BGH, WM 1968, Sonderbeilage 3 S. 3). 51

Die Anwendung der §§ 611 ff. BGB bedeutet aber nicht, daß der Geschäftsführer-Anstellungsvertrag mit jedem anderen Arbeitsvertrag, den die GmbH mit anderen Arbeitnehmern abschließt, vergleichbar ist. Unter den Begriff des Dienstvertrages nach § 611 BGB fallen 2 Gruppen von Verträgen, die sowohl nach ihrer Grundlage als auch ihrem Wesen nach verschieden sind (BGH, 11.7.1953 – II ZR 126/52, BGHZ 10 S. 187). Einmal fällt unter § 611 BGB das **Dienstverhältnis der selbständig Tätigen.** Dazu gehört der Anstellungsvertrag von Organen juristischer Personen, also auch der Geschäftsführervertrag. Dieses Dienstverhältnis zeichnet sich dadurch aus, daß ein größeres Maß an Freiheit hinsichtlich der Art und Weise der durchzuführenden Arbeiten gegeben ist und eine eigene wirtschaftliche Verantwortung vorliegt.

Unter § 611 BGB fällt aber auch das sog. **Arbeitsverhältnis**, das dadurch gekennzeichnet ist, daß der Arbeitnehmer innerhalb eines Betriebes zusammen mit anderen Dienstverpflichteten nach den Weisungen und Anordnungen handeln muß und unter ständiger Dienstaufsicht steht, also nach **Zeit, Dauer, Ort** und **Art** der Ausführung einem **Weisungsrecht** unterliegt. Entscheidend für das Arbeitsverhältnis ist ferner, daß der Dienstverpflichtete seine ganze Arbeitskraft zur Verfügung zu stellen hat und daher weitgehend von dem Arbeitgeber abhängig ist.

1. KAPITEL: Der GmbH-Geschäftsführer im Gesellschaftsrecht

Die Unterscheidung der beiden unter § 611 BGB fallenden Vertragsarten – Dienstverhältnis der selbständig Tätigen und Arbeitsverhältnis des Arbeiters/Angestellten – hat weittragende rechtliche Folgen.

Der Dienstvertrag des **selbständig Tätigen**, also auch des Geschäftsführers einer GmbH, ist auf Austausch von Leistung und Gegenleistung gerichtet, damit auf ein Schuldverhältnis, auf welches grundsätzlich die Bestimmungen über **gegenseitige Verträge** (§§ 320 ff. BGB) Anwendung finden.

Das **Arbeitsverhältnis** dagegen ist ein auf der Treuepflicht des Beschäftigten und der Fürsorgepflicht des Unternehmers beruhendes, personenrechtliches **Gemeinschaftsverhältnis**, das zwar einzelne schuldrechtliche Elemente aufweist, auf das aber die Vorschriften des BGB, namentlich diejenigen des gegenseitigen Vertrages, nur insoweit anwendbar sind, als sie sich mit dem gekennzeichneten Wesen des Arbeitsvertrages vereinbaren lassen. Sowohl die Arbeitsrechtsprechung als auch die Rechtsprechung der ordentlichen Gerichte haben deshalb beim Arbeitsverhältnis die Anwendung der §§ 323–326 BGB abgelehnt.

52 Das **Dienstverhältnis** des GmbH-Geschäftsführers, insbesondere des Fremdgeschäftsführers, kann jedoch nach Ausgestaltung und Dauer **einem Arbeitsverhältnis angenähert** sein, so daß bestimmte Schutzvorschriften zugunsten von Arbeitnehmern auch auf Geschäftsführer Anwendung finden können (BGH, 7.12.1987 – II ZR 206/87, BB 1988 S. 290).

> **BEISPIEL:**
>
> Der Fremdgeschäftsführer F wurde mit Wirkung vom 1.1.1993 zum Geschäftsführer der X-GmbH bestellt. Der Anstellungsvertrag wurde für 5 Jahre abgeschlossen; dabei wurde vereinbart, daß sich der Vertrag automatisch um 5 weitere Jahre verlängert, wenn er nicht jeweils vor Ablauf der 5 Jahre unter Beachtung einer 6-monatigen Frist gekündigt wird. Zu Ende 1997 erfolgte von keiner Seite eine Kündigung. Ende 1997 berief die X-GmbH den Geschäftsführer ab. Der Geschäftsführer nahm sich den Widerruf seiner Bestellung so zu Herzen, daß er erkrankte und ab 1.1.1998 nicht mehr für die X-GmbH tätig werden konnte. Dies nahm die X-GmbH zum Anlaß, ab 1.1 1998 auch die Gehaltszahlungen einzustellen, da F infolge Unmöglichkeit seiner Leistungsverpflichtung (§ 275 BGB) jeden Anspruch auf Vergütung verloren habe (§ 323 Abs. 1 BGB).
>
> Zwar ist davon auszugehen, daß auf das Vertragsverhältnis zwischen der X-GmbH und F (§§ 611 ff. BGB) auch die Bestimmungen über gegenseitige Verträge Anwendung finden (§§ 320 ff. BGB). Unter den besonderen Umständen des zu entscheidenden Falles wird man jedoch die Rechtsgrundsätze, wie sie für unselbständige Arbeitnehmer gelten, auch auf Geschäftsführer einer GmbH anwenden müssen. Wenn ein Dienstverhältnis eines selbständig Tätigen nicht nur einmalige, vorübergehende Dienstleistungen zum Gegenstand hat, sondern wenn es sich um ein längere Zeit andauerndes Dienstverhältnis mit regelmäßig wiederkehrenden Leistungen handelt, so ist es anerkannt, daß die beiderseitigen Pflichten sich nicht nur auf die Leistung der Dienste und auf die Zahlung des Lohnes beschränken, sondern daß das Dienstverhältnis, je länger es besteht und bestehen soll, sich dem Arbeitsverhältnis nähert (BGH, 11.7.1953 – II ZR 126/52, BGHZ 10 S. 192). Eine derartige Annäherung führt u.a. dazu, daß die für das Vertragsverhältnis auf Grund des § 242 BGB entwickelten Grundsätze über das Verschulden beim Vertragsschluß und über die positive Vertragsverletzung eingreifen. Hier war F wie andere leitende Angestellte auch fest in dem Betrieb eingegliedert; er stellte seine gesamte Arbeitskraft dem Betrieb zur Verfügung etc. In diesen Fällen ist es geboten, die Grundsätze der §§ 323 ff. BGB nicht anzuwenden. Beruft sich die X-GmbH hierauf, so liegt insoweit eine unzulässige Rechtsausübung (§ 242 BGB) vor. Die X-GmbH hat deshalb das Gehalt auch über den 1.1.1998 weiter zu bezahlen.

Anders wäre nur zu entscheiden, wenn F durch sein Verhalten selbst die Unmöglichkeit seiner Leistung mit verursacht hätte.

A. Geschäftsführer als Handlungsorgan und Dienstnehmer der GmbH

> **BEISPIEL:**
>
> Sachverhalt wie letztes Beispiel, wobei die Bestellung des F deshalb widerrufen wurde, weil F, der vertraglich verpflichtet war, jeden Tag für die X-GmbH tätig zu sein, jeweils freitags nicht im Büro erschien, da er bereits am Donnerstag unmittelbar nach Büroschluß zu seiner Jagdhütte fuhr.
>
> Damit ist F seiner dienstlichen Verpflichtung nicht nachgekommen. Besonderen Schutz verdient F nicht (BGH, 7.12.1987 – II ZR 206/87, BB 1988 S. 290).

Obwohl der GmbH-Geschäftsführer **Organ** der GmbH ist, finden darüber hinaus weitere Vorschriften, die anderen Angestellten zustehen, auch auf ihn Anwendung. So hat der BGH entschieden, daß zumindest der Fremdgeschäftsführer Anspruch auf ein **Zeugnis** (§ 630 BGB) hat (BGH, 9.11.1967 – II ZR 64/67, BGHZ 49 S. 29). 53

Andererseits sind zahlreiche **arbeitsrechtliche Normen** auf Geschäftsführer kraft ausdrücklicher gesetzlicher Bestimmung **nicht** anwendbar wie die Arbeitszeitordnung, das Bundesurlaubsgesetz, das Arbeitsgerichtsgesetz, das Betriebsverfassungsgesetz, das Vermögensbildungsgesetz, das Arbeitnehmererfindungsgesetz, das Schwerbehindertengesetz (das OVG Münster, 16.5.1989 – 13 A 95/87, GmbHR 1990 S. 302, hat es abgelehnt, einen schwerbehinderten Geschäftsführer einer Komplementär-GmbH, der gleichzeitig einen KG-Anteil hielt, auf den Pflichtsatz der Schwerbehinderten-Arbeitsplätze der GmbH & Co. KG anzurechnen; siehe auch Rz. 181).

b) RUHENDES DIENSTVERHÄLTNIS BEI AUFGESTIEGENEN GESCHÄFTSFÜHRERN?

War der neu bestellte Geschäftsführer **bisher Angestellter** der GmbH, so fragt sich, ob dieses Anstellungsverhältnis mit der Bestellung und dem Abschluß des neuen Anstellungsvertrages **erloschen** ist oder ob es nur für die Zeit der Geschäftsführertätigkeit **ruht** und wieder auflebt, wenn die organschaftliche Stellung des Geschäftsführers endet. 54

Das BAG (9.5.1985 – 2 AZR 330/84, BB 1986 S. 1579; 27.6.1985 – 2 AZR 425/84, BB 1986 S. 2270; 12.3.1987 – 2 AZR 336/86, BB 1988 S. 208; 7.10.1993 – 2 AZR 260/93, BB 1994 S. 287) war lange der Meinung, daß ein Angestellter bei seiner Bestellung zum Geschäftsführer nicht ohne weiteres seinen bis dahin erlangten **Bestandsschutz** aufgeben will. Nur bei ausdrücklicher Aufgabe dieser Rechte oder wesentlicher Änderung der Konditionen, z.B. Erhöhung der Vergütung, ging auch das BAG schon bisher von der endgültigen Beendigung des früheren Anstellungsverhältnisses aus.

In seiner Entscheidung vom 7.10.1993 (2 AZR 260/93, BB 1994 S. 287) hat das BAG die vorstehenden Grundsätze eingeschränkt: Sollte der Arbeitnehmer erst **in einem Arbeitsverhältnis erprobt** werden, so ist im Zweifel anzunehmen, daß dieses Arbeitsverhältnis mit Abschluß des Geschäftsführervertrages endet (vgl. hierzu auch Reiserer, Der GmbH-Geschäftsführer im Arbeits- und Sozialrecht, Heidelberg 1995, S. 24). 55

Gleichwohl sollte man vertraglich das **alte Anstellungsverhältnis aufheben** und vereinbaren, daß für das Rechtsverhältnis zwischen GmbH und Geschäftsführer nur noch der neu geschlossene Geschäftsführer-Anstellungsvertrag gilt.

Von vorgenannten Sachverhalten zu unterscheiden sind die Fälle, in denen ein Angestellter der Muttergesellschaft zusätzlich zum Geschäftsführer einer Tochtergesellschaft bestellt wird, er aber weiterhin als Angestellter in der Mutter- 56 gesellschaft tätig ist: Hier ruht nicht sein Arbeitsverhältnis bei der Muttergesellschaft, und er behält aus diesem Arbeitsverhältnis alle Rechte (BAG, 20.10.1995 – 5 AZB 5/95, DStR 1996 S. 275 mit Anm. Eckert); siehe hierzu auch Rz. 136.

2. ZUSTÄNDIG FÜR VERTRAGSABSCHLUSS

a) ZUSTÄNDIGKEIT DER GESELLSCHAFTERVERSAMMLUNG

57 Zuständig für den Abschluß des Anstellungsvertrages mit dem Geschäftsführer ist grundsätzlich die **Gesellschafterversammlung** (§ 46 Nr. 5 GmbHG; BGH, 25.3.1991 – II ZR 169/90, BB 1991 S. 927). Das gilt auch dann, wenn zum Geschäftsführer ein oder alle Gesellschafter bestellt werden. Soll ein Gesellschafter Geschäftsführer werden, so kann er gleichwohl bei seiner Anstellung mitstimmen (BGH, 29.9.1955 – II ZR 225/54, BGHZ 18 S. 205; BFH, 11.12.1991 – I R 49/90, BStBl II 1992 S. 434). Eine Unterzeichnung des Anstellungsvertrages der GmbH mit einem beherrschenden Gesellschafter-Geschäftsführer durch alle Mitgesellschafter ist nicht erforderlich (BFH, 31.5.1995 – I R 64/95, BStBl II 1996 S. 246).

Ob das Selbstkontrahierungsverbot (§ 181 BGB) beim Einmann-Gesellschafter-Geschäftsführer beim Abschluß (oder der Änderung) des Anstellungsvertrages zu beachten ist, ist umstritten (siehe Hildesheim, Das Selbstkontrahierungsverbot nach § 181 BGB in der neueren Rechtsprechung des BFH und der Finanzgerichte zur verdeckten Gewinnausschüttung, DStZ 1998 S. 741). Meines Erachtens fällt der Anstellungsvertrag in die **Annexkompetenz** der Bestellung des Geschäftsführers als Organ (BGH, 25.3.1991 – II ZR 169/90, BB 1994 S. 927; BFH, 31.5.1995 – IR 64/94, BStBl II 1996 S. 246). Damit ist eine ausdrückliche Befreiung von § 181 BGB beim Abschluß des Anstellungsvertrages **nicht** nötig, aus Sicherheitsgründen aber zu empfehlen.

Die **Gesellschafterversammlung** ist auch dann für den Abschluß des Geschäftsführer-Anstellungsvertrages zuständig, wenn ein **fakultativer Aufsichtsrat** nach § 52 GmbHG errichtet wurde, denn die Verweisung in § 52 Abs. 1 GmbHG auf § 112 AktG ist dahin auszulegen, daß sie nur die **Vertretung** durch den Aufsichtsrat gegenüber den Geschäftsführern aufgrund inhaltlicher Anweisung durch die Gesellschafterversammlung umfaßt (Bardorf, Der Gesellschaftereinfluß auf die GmbH-Geschäftsführung nach dem Mitbestimmungsgesetz, Göttingen 1981, S. 27).

58 Schließt **ein GmbH-Gesellschafter** einen Vertrag über die Anstellung eines Geschäftsführers im Namen der Gesellschafterversammlung, **ohne** von den übrigen Gesellschaftern hierzu **ermächtigt zu sein**, so haftet er als Vertreter ohne Vertretungsmacht. Der Vertragspartner darf auf die Vertretungsmacht des Gesellschafters vertrauen (BGH, 9.10.1989 – II ZR 16/89, NJW 1990 S. 387). Zwar führt nach § 179 Abs. 3 Satz 1 BGB jede Fahrlässigkeit zum Ausschluß der Haftung. Der „Geschäftsführer" darf aber auf die Vertretungsmacht eines Gesellschafters vertrauen, wenn dieser erklärt, er habe den Anstellungsvertrag „für die Gesellschaft" unterschrieben. Es ist nicht außergewöhnlich, daß nach interner Beschlußfassung nicht alle Gesellschafter bei Abschluß des Vertrages – also nach außen hin – auftreten; oft wird die Gesellschafterversammlung die Unterzeichnung des Anstellungsvertrages einem einzelnen Gesellschafter oder gar einem bereits vorhandenen Geschäftsführer überlassen.

b) ZUSTÄNDIGKEIT ANDERER ORGANE UND DRITTER

59 Der Abschluß des Anstellungsvertrages kann aber auch anderen Organen **übertragen** werden (§§ 45 Abs. 2, 46 Nr. 5 GmbHG), z.B. dem **Aufsichtsrat**/Beirat,

einem weiteren, bereits bestellten oder angestellten Geschäftsführer etc.; ebenso auf jede andere natürliche oder juristische Person, auch wenn sie sonst keinerlei Bindungen zur GmbH hat (Personalberater, Anwälte, Steuerberater, Hausbank).

Ist durch die Satzung die **Bestellung** einem anderen Organ oder einer anderen Person übertragen worden, so wird hierdurch im Zweifel **nicht** das Recht begründet, auch den **Anstellungsvertrag** abzuschließen.

Kraft Gesetzes vertritt der nach dem **Betriebsverfassungsgesetz** gebildete **Aufsichtsrat** die Gesellschaft beim Abschluß des Anstellungsvertrages (§ 129 BetrVG, § 77 BetrVG 1952, § 112 AktG). Im Gegensatz zur Bestellung, wo die Satzung auch bei einem zu bildenden Aufsichtsrat die Berufung zum Geschäftsführer der Gesellschafterversammlung vorbehalten kann, ist der **Anstellungsvertrag** in diesen Fällen von dem Aufsichtsrat abzuschließen (so wohl auch BGH, 17.4.1958 – II ZR 222/56, BB 1958 S. 497). In der Literatur (Nachweise bei Bardorf, Der Gesellschaftereinfluß auf die GmbH-Geschäftsführung nach dem Mitbestimmungsgesetz, Göttingen 1981, S. 28) wird dagegen überwiegend die Auffassung vertreten, auch für den Anstellungsvertrag sei die Gesellschafterversammlung zuständig, denn man könne nicht Bestellung und Anstellung trennen. Bei **mitbestimmten und montanmitbestimmten GmbHs** muß der Anstellungsvertrag (wie die Bestellung; Rz. 10) immer vom **Aufsichtsrat** abgeschlossen werden.

Bei der **Notbestellung** (§ 29 BGB analog) wird auch zwischen der Gesellschaft und dem Notgeschäftsführer neben der Organstellung ein Schuldverhältnis begründet. Alle aus diesem kraft Gesetzes begründeten Schuldverhältnis erwachsenen Ansprüche des Geschäftsführers (z.B. Vergütungsanspruch) richten sich gegen die GmbH, nicht gegen die Staatskasse (BayObLG, 11.7.1975 – BReg. 2 Z 9/75, BB 1975 S. 1037).

60

Der Geschäftsführer einer GmbH, die **Komplementärin einer KG** ist, kann seinen Anstellungsvertrag auch **mit** der **KG** abschließen (BGH, 1.12.1969 – II ZR 224/67, BB 1970 S. 226 und S. 277; 25.6.1979 – II ZR 219/78, BGHZ 75 S. 209). Dies ändert aber nichts daran, daß der Geschäftsführer der Komplementär-GmbH **kein Arbeitnehmer** und sein Anstellungsverhältnis kein Arbeitsvertrag i.S. des § 613a BGB ist (OLG Hamm, 18.6.1990 – 8 U 146/89, GmbHR 1991 S. 466).

61

c) ANSTELLUNGSVERTRAG UND GESELLSCHAFTSSTATUT

Werden die Geschäftsführer schon bei Gründung der Gesellschaft durch die Gesellschafter berufen, was wegen der Anmeldung zum Handelsregister zweckmäßig ist, so erfolgt die Geschäftsführerbestellung sehr oft im **Gesellschaftsvertrag** selbst. Das ist nicht immer zweckmäßig. Besser ist das in der Praxis oft geübte Verfahren, wonach die Gesellschafter zunächst die GmbH errichten, die Satzung beschließen und anschließend zu ihrer ersten Gesellschafterversammlung zusammentreten und die ersten Geschäftsführer berufen (siehe auch Rz. 5 ff. und Rz. 11 ff.).

62

> **BEISPIEL:**
>
> Aus einer notariellen Urkunde über die Errichtung einer GmbH:
>
> *„Wir errichten hiermit eine Gesellschaft mit beschränkter Haftung. Für das Verhältnis der Gesellschaft und der Gesellschafter gelten die in der anliegenden Satzung niedergelegten Bestimmungen. Diese Satzung bildet einen wesentlichen Bestandteil dieser Urkunde und wird ihr als Anlage 1 beigeheftet.*
>
> *Die Gesellschafter treten anschließend zu ihrer ersten Gesellschafterversammlung zusammen und beschließen einstimmig: Zum ersten Geschäftsführer wird bestellt ..."*

63 Will der Geschäftsführer aber ein durch die **Satzung** eingeräumtes **Sonderrecht auf die Geschäftsführung,** so kann er durch die Satzung berufen und seine Rechte und Pflichten, wie sie sonst im Anstellungsvertrag geregelt sind (Tätigkeitspflicht, Bezüge, Pension, Urlaub etc.), können in der Satzung verankert werden. Insbesondere ein Gesellschafter kann sich auf diese Art und Weise ein Sonderrecht auf das Geschäftsführeramt sichern mit der Folge, daß er nur mit seiner Zustimmung aus dem Geschäftsführeramt abberufen werden kann. Um spätere Streitigkeiten zu vermeiden, sollte aber genau geregelt werden, ob die Berufung des Geschäftsführers durch die Satzung echter Satzungsbestandteil ist oder lediglich eine schuldrechtlich wirkende, in die Satzung aufgenommene Vereinbarung ist.

> **BEISPIEL:**
>
> Aus einer Satzung:
>
> *„A wird bis zu seinem Lebensende zum Geschäftsführer berufen; er kann nur aus wichtigem Grunde als Geschäftsführer abberufen werden. Eine Änderung der Satzung kann nur mit Zustimmung des A vorgenommen werden."*
>
> Hier liegt ein statutarisches Sonderrecht des A auf die Geschäftsführung vor.

d) ZUSTÄNDIGKEIT BEI ÄNDERUNG DES ANSTELLUNGSVERTRAGES

64 Die frühere Rechtsprechung des BGH (19.1.1961 – II ZR 217/58, NJW 1961 S. 507) ging davon aus, daß für **Änderungen** des Anstellungsvertrages des Geschäftsführers seine Mitgeschäftsführer zuständig waren.

65 Diese **Rechtsprechung** hat der BGH **aufgegeben** (BGH, 25.3.1991 – II ZR 169/90, NJW 1991 S. 1680). Danach ist die **Gesellschafterversammlung** auch **für Änderungen** des Dienstvertrages eines Geschäftsführers **zuständig,** die nicht mit der Begründung und Beendigung der Organstellung zusammenhängen, sowie für dessen vertragliche Aufhebung, soweit nach Gesetz oder Satzung keine anderweitige Zuständigkeit bestimmt ist.

66 Die **Finanzverwaltung** (BMF, 16.5.1994 – IV B 7 – S 2742 – 14/94, BStBl I 1994 S. 868) hat aus der geänderten Zivilrechtsprechung die Konsequenzen gezogen: Vertragsänderungen, die nicht von dem zuständigen Organ vorgenommen worden sind, sind zukünftig auch steuerlich nicht mehr anzuerkennen. Das BGH-Urteil vom 25.3.1991 ist auch bei Vereinbarungen über die **Änderung** der Bezüge eines Gesellschafter-Geschäftsführers zu beachten. Ist eine derartige Vereinbarung mit dem Gesellschafter-Geschäftsführer nach den Grundsätzen des BGH-Urteils zivilrechtlich nicht wirksam zustande gekommen, sind vereinbarte Gehaltserhöhungen steuerlich als verdeckte Gewinnausschüttungen anzusehen.

Für **vor dem 1.1.1996 gezahlte Bezüge** werden nicht bereits deshalb die steuerlichen Folgen einer verdeckten Gewinnausschüttung gezogen, weil die zugrundeliegende Vereinbarung nicht den verschärften Anforderungen des BGH-Urteils entspricht.

67 Auch dann, wenn die Zuständigkeit des **Aufsichtsrates** vorgeschrieben ist, können sich die Geschäftsführer die Gehälter nicht gegenseitig erhöhen.

Die Finanzverwaltung zieht auch insoweit die steuerrechtlichen Konsequenzen (BMF, 15.8.1996 – IV B 7 – S 2742 – 60/96, StEK KStG 1977 § 8 Nr. 141): Bei der mitbestimmten GmbH ist auch für Änderungen des Anstellungsvertrages mit den Geschäftsführern der Aufsichtsrat zuständig.

Soweit im Dienstvertrag **Versorgungsbezüge** geregelt sind, gilt der Grundsatz, daß das zuständige Organ, i.d.R. die Gesellschafterversammlung, die **Zusage** erteilt haben muß. Das BMF-Schreiben vom 21.12.1995 (IV B 7 – S 2742 – 68/95, BStBl I 1996 S. 50) sieht eine **Übergangsregelung bis 1.1.1997** für die Fälle vor, in denen der Dienstvertrag ursprünglich **keine Pensionszusage** enthielt, diese aber nachträglich gegeben wird. Wurde in diesen Fällen nicht die Zustimmung des zuständigen Organs bis 31.12.1996 nachgeholt, ist die Pensionsrückstellung gewinnerhöhend aufzulösen. 68

3. FORM DES ANSTELLUNGSVERTRAGES

Der Dienstvertrag mit dem Geschäftsführer bedarf keiner besonderen Form. Der Anstellungsvertrag kann durch konkludentes Handeln zustandekommen oder mündlich abgeschlossen werden (BGH, 27.1.1997 – II ZR 213/95, DStR 1997 S. 459 mit Anm. Goette). Veräußert z.B. der bisherige Gesellschafter-Geschäftsführer seinen Geschäftsanteil mit der Abrede, auch künftig Geschäftsführer der Gesellschaft zu sein, so liegt hierin der stillschweigende Abschluß eines Geschäftsführerdienstvertrages. Der künftige Erwerber des Geschäftsanteils handelt hierbei als Vertreter ohne Vertretungsmacht für die Gesellschaft, die konkludente Genehmigung seines Handelns liegt bereits darin, daß er in der Folgezeit den Veräußerer als Geschäftsführer der Gesellschaft tätig sein läßt. 69

Anerkannt ist auch der **faktische** Anstellungsvertrag (BGH, 16.1.1995 – II ZR 290/93, DStR 1995 S. 652): Hat der Geschäftsführer seine Tätigkeit auf der Grundlage des fehlerhaften Vertrages aufgenommen und geschah dies mit Wissen des für den Vertragsschluß zuständigen Gesellschaftsorgans oder auch nur eines Organmitglieds, ist diese Vereinbarung für die Dauer der Tätigkeit so zu behandeln, als wäre sie mit allen vorgesehenen gegenseitigen Rechten und Pflichten wirksam.

Diese Grundsätze sind für den fehlerhaften Anstellungsvertrag eines Liquidators in gleicher Weise anzuwenden (BGH, 17.9.1998 – IX ZR 237/97, DStR 1998 S. 1800).

Ist eine AG in eine GmbH **umgewandelt** worden und ist der bisherige Vorstand zum Geschäftsführer bestellt worden, dann gilt der alte, mit der AG abgeschlossene Anstellungsvertrag weiter, wenn er nicht ausdrücklich aufgehoben wurde (BGH, 12.5.1997 – II ZR 50/96, NJW 1997 S. 2319).

Aus Beweisgründen bei späteren Meinungsverschiedenheiten und aus **steuerrechtlichen Gründen sollte** der Anstellungsvertrag aber immer **schriftlich** abgeschlossen werden.

Kann der Abschluß eines Dienstvertrages gegenüber dem Finanzamt nicht in allen Punkten nachgewiesen werden, können etwaige Gehalts- und sonstige Zahlungen (Tantieme, Sonderzahlungen) nicht als Betriebsausgaben geltend gemacht werden (BFH, 11.10.1955 – I 47/55 U, BB 1956 S. 295 zum Gesellschafter-Geschäftsführer einer Einmann-GmbH). Insbesondere beim Gesellschafter-Geschäftsführer steht bei fehlendem schriftlichen Anstellungsvertrag nicht fest, ob die Tätigkeit für die GmbH als Gesellschafter oder als Geschäftsführer aufgrund einer Anstellung ausgeübt wird. Es besteht insbesondere für den Geschäftsführer, der zugleich Gesellschafter ist, keine Vermutung dafür, daß der Geschäftsführer Angestellter ist.

Daneben sind Zahlungen an Gesellschafter-Geschäftsführer, die ohne schriftlichen Anstellungsvertrag geleistet werden, **verdeckte Gewinnausschüttungen** (§ 8 Abs. 3 Satz 2 KStG). 70

1. KAPITEL: Der GmbH-Geschäftsführer im Gesellschaftsrecht

Andererseits genügt auch der schriftlich abgeschlossene **Dienstvertrag** nicht den steuerlichen Erfordernissen, wenn er **nicht vollzogen** wird. Vollzogen wird der Anstellungsvertrag unter **steuerlichen Gesichtspunkten** aber nur, wenn regelmäßig die Gehaltszahlung erfolgt. Auch beim Gesellschafter-Geschäftsführer empfehlen sich **monatliche Teilzahlungen**, da die bloße monatliche Buchung des nichtbezahlten Gehalts auf das Darlehnskonto des Gesellschafters u. U. zu einer verdeckten Gewinnausschüttung führen kann.

71 Gerät die GmbH in finanzielle Schwierigkeiten und kommt es deshalb nicht zur Auszahlung der schriftlich vereinbarten Vergütung, so empfiehlt sich zunächst **kein Verzicht** auf die Forderung, sondern **Stundung**, also Ausweis der Schuld in der GmbH-Bilanz. Dann kann ggf. zu einem späteren Zeitpunkt die GmbH dem Geschäftsführer, ohne daß eine verdeckte Gewinnausschüttung vorliegt, eine Zuwendung machen (BFH, 2.5.1974 – I R 194/72, BB 1974 S. 1013).

> **BEISPIEL:**
>
> Dem Gesellschafter-Geschäftsführer A stehen für 1997 insgesamt 100 000 DM an Gehalt zu. Da die GmbH in Zahlungsschwierigkeiten war, bestand der Geschäftsführer A nicht auf Auszahlung der monatlichen Teilbeträge. 1998 vereinbaren GmbH und Geschäftsführer, daß A für die 100 000 DM ein Grundstück von der GmbH übereignet erhält, das einen Verkehrswert laut Schätzgutachten von 100 000 DM hat.
>
> Die Übereignung führt nur dann nicht zu einer verdeckten Gewinnausschüttung, wenn
> – der Gesellschafter-Geschäftsführer auf das Gehalt für 1997 nicht verzichtet hat, sondern den Betrag nur stundete,
> – die GmbH in ihrem Abschluß 1997 das rückständige Gehalt als Verbindlichkeit ausgewiesen hat.

72 Übernimmt ein Geschäftsführer mit seiner Bestellung zugleich einen **Geschäftsanteil**, so ist die **notarielle Form** des § 15 GmbHG zu beachten.

73 Ist im GmbH-Gesellschafter-Geschäftsführer-Anstellungs-Vertrag die sog. **einfache Schriftformklausel** vereinbart („alle Vertragsänderungen bedürfen der Schriftform"), dann wird nach dem I. Senat des BFH (24.1.1990 – I R 157/86, BStBl II 1990 S. 645) eine mündlich abgeschlossene Vereinbarung trotz vereinbarter Schriftform zivilrechtlich wirksam, wenn man davon ausgeht, daß die Vertragsparteien die Bindung an die Schriftformklausel hätten aufgeben wollen. Es ist dann auch kein Raum für die verdeckte Gewinnausschüttung. (Ebenso BFH, 26.2.1992 – I R 39/91, BFH/NV 1993 S. 385.)

74 Bei der sog. **qualifizierten Schriftformklausel** („Vertragsänderungen bedürfen der Schriftform, mündliche Vereinbarungen sind unwirksam") vertritt der gleiche Senat des BFH (31.7.1991 – I S 1/91, BStBl II 1991 S. 933) in einem Aussetzungsverfahren demgegenüber die Auffassung, daß eine mündlich vereinbarte Gehaltserhöhung zivilrechtlich unwirksam und deshalb eine verdeckte Gewinnausschüttung ist (zustimmend Anm. Rößler, DStZ 1992 S. 769; ablehnend Schuhmann, Zur Schriftformklausel mit einem GmbH-Gesellschafter-Geschäftsführer, GmbHR 1993 S. 79).

Der BFH hat in seiner Entscheidung vom 9.4.1997 (I R 52/96, HFR 1997 S. 836) ein Urteil des FG Köln vom 27.11.1995 (13 K 58/95, EFG 1996 S. 1239) aufgehoben, das eine qualifizierte Schriftformklausel ohne weitere Feststellungen auch auf Gehaltsvereinbarungen bezog.

75 Um steuerliche Schwierigkeiten bei solchen Klauseln zu vermeiden (verdeckte Gewinnausschüttung), ist bei Anstellungsverträgen von Gesellschafter-Geschäftsführern ggf. auf solche Klauseln zu verzichten.

A. Geschäftsführer als Handlungsorgan und Dienstnehmer der GmbH

4. INHALT DES ANSTELLUNGSVERTRAGES

Vorweg ist darauf hinzuweisen, daß der Geschäftsführer nicht nur seinen Anstellungsvertrag zu beachten hat, sondern auch die Satzung der GmbH sowie die übrigen allgemein gültigen Rechtsnormen. 76

Zum anderen unterliegt der Geschäftsführer auch permanent den **Weisungen der Gesellschafterversammlung**. Diese Weisungen durch die Gesellschafterversammlung können durch die Satzung und/oder den Anstellungsvertrag beschränkt, m.E. aber niemals ganz ausgeschlossen werden (vgl. hierzu van Venrooy, Beeinträchtigung der dienstvertraglichen Freistellung des GmbH-Geschäftsführers von Weisungen durch den GmbH-Gesellschaftsvertrag und durch Gesellschafterbeschlüsse?, GmbHR 1982 S. 175, und Rz. 79).

Die Gesellschafter könnten durch Beschluß die innere Verfassung der GmbH so gestalten – die Vorschriften des GmbHG dazu sind weitgehend dispositiv –, daß sie sich **jeglicher Einmischung** in die laufenden Geschäfte **enthalten** (vgl. Höhn, Die Geschäftsleitung der GmbH, Köln, 2. Aufl. 1995, S. 41 ff.). Ein solcher Beschluß wäre mit einer Mehrheit von Dreiviertel der abgegebenen Stimmen zu fassen und müßte notariell beurkundet sein (§ 53 Abs. 2 GmbHG). Damit wäre dann in der Satzung die Weisungsfreiheit des Geschäftsführers verankert. Die so verankerte Weisungsfreiheit des Geschäftsführers könnte erst wieder durch einen die Satzung ändernden Beschluß der Gesellschafterversammlung, für den wieder eine Dreiviertel-Mehrheit der abgegebenen Stimmen nötig wäre, erfolgen (§ 53 Abs. 2 GmbHG). Der Geschäftsführer hätte dann das Recht, sein Amt sofort niederzulegen und den Anstellungsvertrag aus wichtigem Grund zu kündigen. Solche Einschränkungen des Weisungsrechts der Gesellschafterversammlung werden vor allem Gesellschafter-Geschäftsführer durchsetzen können oder Geschäftsführer, die wegen ihrer Qualifikation von der Gesellschaft besonders umworben werden.

a) AUFGABEN UND PFLICHTEN

Im Anstellungsvertrag sind zweckmäßigerweise zunächst die Aufgaben und Pflichten des Geschäftsführers zu beschreiben, ggf. unter Hinweis auf die gesetzlichen Vorschriften (siehe dazu die Muster im Anhang, Rz. 875 § 1, 876 § 1). 77

Die Pflichten des Geschäftsführers ergeben sich zunächst aus seiner **Organstellung** als Geschäftsführer. Dazu ist er an die Gesetze, insbesondere das **GmbHG**, und die **Satzung** gebunden, darüber hinaus an eine **Geschäftsordnung**, soweit eine solche vorhanden ist. Bei Erfüllung seiner Pflichten hat er die **Sorgfalt eines ordentlichen Kaufmanns** anzuwenden (§ 43 Abs. 1 GmbHG). 78

Diese Pflichten können durch den **Anstellungsvertrag** präzisiert und erweitert werden. Das Statut der Gesellschaft geht dem Anstellungsvertrag immer vor, soweit es um die Befugnisse des Geschäftsführers geht.

Allerdings kann der Anstellungsvertrag die **Befugnisse** des Geschäftsführers auch **einengen,** z.B. in der Weise, daß die Gesellschafter sich die Zustimmung zu solchen Maßnahmen vorbehalten, die dispositives Gesetzesrecht sind. So ist es möglich, dem Geschäftsführer bestimmte Maßnahmen von vornherein zu verbieten, z.B. Aufnahme von Krediten, Verkauf von Grundstücken, oder sie von einem Zustimmungsvorbehalt abhängig zu machen.

Die Grenze ist dabei § 37 GmbHG, wobei es gleichgültig ist, ob die Einschränkung der Geschäftsführungsbefugnis auf Satzung, Anstellungsvertrag oder Weisung beruht. § 37 Abs. 2 GmbHG findet aber keine Anwendung auf Rechtsbeziehungen, die ein Gesellschafter-Geschäftsführer mit der GmbH selbst eingeht (BGH, 22.6.1997 – II ZR 353/95, HFR 1998 S. 228).

79 An einzelne **Weisungen** der Gesellschafter hat sich der Geschäftsführer ebenso zu halten wie an Bestimmungen der Satzung oder seines Dienstvertrages. Er hat dabei aber immer zu prüfen, ob Einzelanweisungen mit der Satzung vereinbar sind und der GmbH nicht schaden. Kommt er bei dieser Überprüfung zu dem Ergebnis, daß eine **Einzelanweisung nicht im Interesse der GmbH** ist, so ist er gehalten, diese Einzelanweisung nicht auszuführen oder von ihr abzuweichen. In der Praxis wird er in solchen Fällen eine Entscheidung der Gesellschafterversammlung herbeiführen, es sei denn, es ist Gefahr im Verzug und er muß selbst rasch handeln (§ 665 Satz 2 BGB).

Läßt der Geschäftsführer Weisungen außer acht, so kann er sich **schadensersatzpflichtig** machen.

80 An der Spitze seiner **allgemeinen Pflichten,** an die er auch ohne dienstvertragliche Verankerung oder Weisungen gebunden ist, steht für den GmbH-Geschäftsführer seine **Treuepflicht** gegenüber der GmbH. Daraus ableiten läßt sich seine **Verschwiegenheitspflicht** und seine Pflicht, alles zu unterlassen, was der GmbH schaden könnte (Wettbewerbsverbot). Dieses **Wettbewerbsverbot** gilt für die Dauer seines Anstellungsvertrages, unabhängig davon, ob es besonders vereinbart wurde oder nicht. Aus der Treuepflicht des Geschäftsführers ergibt sich, daß er während der Dauer seiner Anstellung keine Geschäfte im eigenen oder fremden Namen oder auf eigene Rechnung tätigen darf, die der GmbH Konkurrenz machen (BGH, 12.6.1989 – II ZR 334/87, WM 1989 S. 1335; 23.9.1985 – II ZR 246/84, GmbHR 1986 S. 42). Das Wettbewerbsverbot hat zum Inhalt, daß dem Geschäftsführer im Geschäftsbereich der GmbH jede Teilnahme am geschäftlichen Verkehr untersagt ist, gleichgültig, ob er dabei im eigenen oder fremden Namen, für eigene oder fremde Rechnung handelt (Röhricht, Das Wettbewerbsverbot des Gesellschafters und des Geschäftsführers, WPg 1992 S. 766). Das schließt auch aus, daß der Geschäftsführer für andere Unternehmen als Handelsvertreter, Handelsmakler oder Kommissionär tätig wird. Ebenso wenig darf der Geschäftsführer seiner GmbH in anderen Unternehmen als Geschäftsführer, Vorstandsmitglied oder in einer anderen Funktion tätig werden, die ihm die Möglichkeit gibt, Einfluß auf deren unternehmerische Entscheidungen zu nehmen. Dasselbe gilt für Beteiligungen.

81 Der Umfang des für den GmbH-Geschäftsführer geltenden Wettbewerbsverbots hängt entscheidend davon ab, wann eine **Tätigkeit im Geschäftsbereich der GmbH** vorliegt. Es gilt der Grundsatz, daß der **Unternehmensgegenstand**, wie er in der Satzung festgelegt ist, den Tätigkeitsbereich der GmbH bestimmt. Hat darüber hinaus die GmbH ihren Tätigkeitsbereich auf Bereiche erweitert, die in der Satzung nicht vorgesehen sind, so gilt das Wettbewerbsverbot für den gesamten **tatsächlichen** Geschäftsbereich. Darüber hinaus kann sich noch ein weitgehendes Wettbewerbsverbot des GmbH-Geschäftsführers aus seinem **Dienstvertrag** ergeben, z.B. wenn es dort heißt, der Geschäftsführer darf überhaupt keine eigenwirtschaftliche Tätigkeit ausüben.

82 Will der Geschäftsführer **eigene Geschäfte** machen, so muß er sich von dem Wettbewerbsverbot **ausdrücklich** (schriftlich) befreien lassen. Diese Befreiung muß für den **beherrschenden** Gesellschafter-Geschäftsführer entweder in der Satzung selbst geschehen oder die Satzung muß eine solche **Befreiungsmöglichkeit (Öffnungsklausel)** vorsehen und durch förmlichen Gesellschafterbeschluß wird dann mit einfacher Mehrheit die Befreiung vom Wettbewerbsverbot ausgesprochen (ebenso Röhricht, Das Wettbewerbsverbot des Gesellschafters und des

Geschäftsführers, WPg 1992 S. 766, 781). Hierbei steht dem um die Befreiung nachsuchenden Gesellschafter gemäß § 47 Abs. 4 GmbHG bei der Abstimmung kein Stimmrecht zu.

> **BEISPIEL:**
>
> Bei einer im Maschinenbau und Handel tätigen GmbH (60 % der Anteile hält der Gesellschafter A, 40 % B) ist A Gesellschafter-Geschäftsführer. Ein vertragliches Wettbewerbsverbot besteht nicht. Gelegentlich kauft und verkauft A auf eigene Rechnung minderwertige Maschinenbauteile, auf die er bei Auslandsgeschäftsreisen stößt, selbst. Auf diese Weise erzielt A in 1987 ein Zusatzeinkommen von 100 000 DM.
>
> A verstößt gegen seine **Treuepflicht** als Geschäftsführer gegenüber der GmbH; außerdem liegt eine verdeckte Gewinnausschüttung vor, weil A die Geschäfte selbst durchführte und die Erträge der GmbH verlorengingen (BFH, 11.2.1987 – I R 177/83, BStBl II 1987 S. 461; 10.6.1987 – I R 149/83, INF 1987 S. 569).

Nur wenn die GmbH aufgrund einer entsprechenden Satzungsvorschrift A diese Geschäfte gestattet, oder aber bei **Zustimmung aller Gesellschafter**, verstößt A nicht gegen seine Geschäftsführerpflichten (zu den Ansichten des BFH und der Finanzverwaltung vgl. Rz. 689 ff.).

Beim **nicht beherrschenden** Gesellschafter-Geschäftsführer genügt – wie beim Fremdgeschäftsführer auch – nach Auffassung der Finanzverwaltung (FinMin Sachsen, 27.1.1994 – 43 – S 2742 – 4, StEK KStG 1977 § 8 Nr. 111) eine Befreiung vom Wettbewerbsverbot durch Regelung im **Anstellungsvertrag**; die Mehrheit der Gesellschafter (nach Stimmrechten) muß zugestimmt haben. **83**

Die Befreiung vom Wettbewerbsverbot kann nicht durch Mitgeschäftsführer erfolgen, da die Tragweite einer solchen Entscheidung über die einer Geschäftsführungsmaßnahme hinausgeht.

Noch nicht abschließend geklärt ist der Fall, daß der Geschäftsführer **schon vor** seiner **Bestellung in Konkurrenzbeziehungen** zu anderen Unternehmen stand. **84**

> **BEISPIEL:**
>
> Ein Steuerberater, der bisher seine Tätigkeit als Einzelunternehmer ausübte, gründet zusammen mit einem weiteren Steuerberater eine GmbH, an der er 60 % der GmbH-Anteile hält und Einzelvertretungsberechtigter, von § 181 BGB befreiter Gesellschafter-Geschäftsführer wird. Seine Einzelkanzlei behält er bei und bringt nur einen Teil seiner Mandate in die GmbH ein, z. B. alle Mandanten, die gewerbliche Einkünfte haben.
>
> Nimmt der Mitgesellschafter die ihm bekannte konkurrierende Tätigkeit des Gesellschafter-Geschäftsführers hin, so bedarf es keiner ausdrücklichen Befreiung vom Wettbewerbsverbot.
>
> Das ergibt sich m. E. aus der analogen Anwendung des § 112 Abs. 2 HGB, wonach die Einwilligung der übrigen Gesellschafter als erteilt gilt, wenn die konkurrierende Tätigkeit eines Gesellschafters widerspruchslos hingenommen wird.

Zum Wettbewerbsverbot vgl. auch Rz. 115 ff. und 689 ff.

Den „Arbeitnehmerpflichten" des Geschäftsführers stehen i. d. R. aber nicht Vergünstigungen gegenüber, wie sie bei Arbeitnehmern selbstverständlich sind. **85**

So hat der Geschäftsführer die **Sorgfalt eines ordentlichen und gewissenhaften Geschäftsführers** (§ 43 Abs. 1 GmbHG) anzuwenden, ohne daß ihm bei **schadensgeneigter Tätigkeit** die von der Rechtsprechung entwickelten Grundsätze zugute kommen würden.

1. KAPITEL: Der GmbH-Geschäftsführer im Gesellschaftsrecht

> **BEISPIEL:**
>
> Der Geschäftsführer A ist im Rahmen einer 4-köpfigen Geschäftsführung ausschließlich für den Vertrieb und die Werbung zuständig. Diese Tätigkeit bedingt eine umfängliche Reisetätigkeit. Mit dem von der GmbH zur Verfügung gestellten firmeneigenen Pkw ist A im Jahr an ca. 200 Tagen unterwegs und legt dabei eine Strecke von ca. 100 000 km zurück. Zum 31.12.1997 wird sein Anstellungsvertrag gekündigt und seine Bestellung als Geschäftsführer widerrufen. Kurz zuvor verursacht A auf einer Geschäftsreise grob fahrlässig einen Verkehrsunfall; an dem firmeneigenen Pkw entsteht ein Totalschaden. Die GmbH fordert von A den Wert des Pkw vor dem Unfall (50 000 DM).
>
> A verweist auf die von der Rechtsprechung entwickelten Grundsätze zur gefahrgeneigten Arbeit (BAG, 29.9.1961 – 1 AZR 505/59, BB 1961 S. 1380) und lehnt jede Zahlung ab, zumindest sei eine Minderung angebracht.
>
> Selbst wenn man davon ausgeht, daß die Tätigkeit des A unter den Begriff der schadensgeneigten Tätigkeit fällt, kann A keine Minderung verlangen, wenn feststeht, daß er schuldhaft seine Sorgfaltspflichten (§ 276 BGB) verletzt hat. Als Organmitglied kann A nicht diese Haftungsminderung in Anspruch nehmen, denn Voraussetzung für die Anwendung dieses von der Rechtsprechung entwickelten Rechtsinstitutes ist, daß eine weisungsgebundene, persönlich abhängige Tätigkeit ausgeübt wird. Das ist aber gerade beim Geschäftsführer einer GmbH, der als selbständig Tätiger einzustufen ist, nicht der Fall.

b) ARBEITSZEIT

86 Im Anstellungsvertrag sollte auch die Frage der Arbeitszeit angesprochen werden, insbesondere beim Fremdgeschäftsführer und nicht beherrschenden Gesellschafter-Geschäftsführer.

Beim Alleingesellschafter, der zugleich Geschäftsführer ist, braucht über die Arbeitszeit nichts gesagt werden oder es heißt nur, der Geschäftsführer ist an eine feste Arbeitszeit nicht gebunden.

Beim nicht beherrschenden Gesellschafter-Geschäftsführer kommt es häufiger vor, daß er zwar an bestimmte Arbeitszeiten nicht gebunden ist, daß er aber bei Bedarf jederzeit zur Verfügung stehen muß.

> **BEISPIEL:**
>
> Aus einem Anstellungsvertrag:
>
> „Der Geschäftsführer ist an bestimmte Arbeitszeiten nicht gebunden, hat jedoch jederzeit, wenn und soweit es das Wohl der Gesellschaft erfordert, zur Verfügung zu stehen."

Auch beim **Fremdgeschäftsführer** findet die **Arbeitszeitordnung** grundsätzlich keine Anwendung, sie kann jedoch vertraglich vereinbart werden, wovon aber abzuraten ist.

Zum Teil wird empfohlen, in den Anstellungsvertrag eine Art **Generalklausel** aufzunehmen:

„Der Geschäftsführer ist an eine bestimmte Arbeitszeit nicht gebunden; er sollte aber nach Möglichkeit die geltenden betrieblichen Arbeitszeiten einhalten und wöchentlich mindestens 50 Stunden anwesend sein."

Sinnvoller als diese Art von Generalklausel scheint es zu sein, wenn man – wie im o.g. Beispiel – im Anstellungsvertrag festlegt, daß der Geschäftsführer zwar an bestimmte Dienststunden nicht gebunden ist, er aber gehalten ist, seine Dienstleistung jederzeit, wenn und soweit es das Wohl der Gesellschaft erfordert, zur Verfügung zu stellen. Zusätzlich sollte man noch vereinbaren, daß der Geschäftsführer seine gesamte Arbeitskraft der GmbH zu widmen hat; damit wird dokumentiert, daß die Vertragspartner von einer gewissen **Mindestzeit** ausgehen.

Die Arbeitszeit kann beim GmbH-Geschäftsführer eine Rolle spielen, wie auch das folgende Beispiel zeigt (vgl. BGH, 7.12.1987 – II ZR 206/87, BB 1988 S. 290): 87

> **BEISPIEL:**
>
> Die X-GmbH kündigt ihrem Geschäftsführer A zum 31.10.1997 fristlos; A klagt auf Zahlung seines Gehaltes bis 31.12.1997. Die X-GmbH rechnet vorsorglich gegen Zahlungsansprüche des A mit einer Schadensersatzforderung auf und begründet diese damit, daß A, der vertraglich verpflichtet gewesen sei, seine gesamte Arbeitskraft zur Verfügung zu stellen, in jeder Woche montags und freitags für die Y-GmbH gearbeitet habe.
>
> Eine Aufrechnung der X-GmbH gegen den unterstellten Zahlungsanspruch des A ist nur möglich, wenn die X-GmbH ihrerseits einen Anspruch auf Schadensersatz wegen Nichterfüllung (§ 325 Abs. 1 Satz 1 BGB) hat oder Rückzahlung der bereits geleisteten Vergütung verlangen kann (§§ 325 Abs. 1 Sätze 1 und 3, 323 Abs. 1 und 3, 812 BGB). Nachdem der BGH die Anwendung der §§ 323 ff. BGB auf den Anstellungsvertrag des A grundsätzlich bejaht, kommt es nur noch darauf an, ob wegen der Beschäftigung des A bei der Y-GmbH dieser seine Arbeitszeit nicht eingehalten hat und der X-GmbH dadurch ein **Schaden** entstanden ist, mit dem sie **aufrechnen** kann.
>
> Einmal war der Geschäftsführer verpflichtet, seine ganze Arbeitskraft der X-GmbH zur Verfügung zu stellen. Daraus, so der BGH, ergibt sich, daß die Vertragspartner bei Abschluß des Anstellungsvertrages von einer bestimmten **Mindestarbeitszeit** ausgegangen sind, in welcher der Geschäftsführer seine Arbeitskraft der X-GmbH zur Verfügung stellen mußte. Normalerweise hat auch der Geschäftsführer seine Arbeitsleistung von Montag bis Freitag zu erbringen. Dadurch, daß der Geschäftsführer montags und freitags nicht gearbeitet hat, hat er diese vereinbarte Arbeitsleistung nicht erbracht; sie kann an den vergangenen Montagen und Freitagen auch nicht mehr nachgeholt werden, so daß seine Leistung unmöglich geworden ist (§ 275 BGB). Die X-GmbH war mit diesem Verhalten des A nicht einverstanden; sie hat es auch nachträglich nicht gebilligt, so daß die X-GmbH von A Schadensersatz wegen Nichterfüllung verlangen kann. Der Schaden beträgt mindestens die Zahlung, die die X-GmbH dem A für die Zeit geleistet hat, in dem dieser nicht in dem Betrieb der X-GmbH anwesend war (montags und freitags).

c) PROBEZEIT UND BEFRISTUNG DES GESCHÄFTSFÜHRERVERTRAGES

Bei der Frage, ob im Anstellungsvertrag eine **Probezeit** vereinbart werden soll, muß man differenzieren: 88

Beim Einmann-Gesellschafter-Geschäftsführer ist die Probezeit ebenso illusorisch wie beim beherrschenden Gesellschafter-Geschäftsführer.

Beim nichtbeherrschenden Gesellschafter-Geschäftsführer und beim Fremdgeschäftsführer kann eine Probezeit im Einzelfall angebracht sein; generell wird man eine Probezeit aber auch hier nicht vereinbaren. Das liegt einmal daran, daß bei einer Probezeit von 3 oder 6 Monaten über die Tätigkeit eines Geschäftsführers wenig gesagt werden kann.

Zum anderen ist das Probearbeitsverhältnis (vorgeschaltet dem unbefristeten Arbeitsvertrag) auf die in abhängiger Stellung beschäftigten Arbeitnehmer zugeschnitten, nicht aber auf die Geschäftsführer, die den selbständig Tätigen i.S. des § 611 BGB zugeordnet werden. So finden auf den unbefristeten Arbeitsvertrag mit vorgeschalteter Probezeit die für einen normalen Arbeitsvertrag geltenden allgemeinen Regelungen und Schutzgesetze Anwendung; Bestimmungen, die für einen frei ausgehandelten Anstellungsvertrag eines Geschäftsführers in der Praxis keine Rolle spielen.

Zweckmäßiger als ein Probearbeitsverhältnis ist es, einen kürzer bemessenen, befristeten Anstellungsvertrag abzuschließen. Ist es üblich, Geschäftsführerverträge ähnlich den Vorstandsverträgen mit ca. 5-jähriger Laufzeit abzuschließen, so erscheint es zweckmäßig, eine **kürzere Befristung** (ca. 1–2 Jahre) zu vereinbaren, wenn man sich noch besser kennenlernen will.

d) BEZÜGE

89 Der Geschäftsführer einer GmbH wird grundsätzlich nur gegen Entgelt tätig; das ergibt sich schon aus § 612 BGB, wonach eine Vergütung als stillschweigend vereinbart gilt, wenn eine Dienstleistung den Umständen nach nur gegen eine Vergütung zu erwarten ist.

Ein Gesellschafter, der nebenbei und/oder vorübergehend die Geschäfte einer GmbH führt, kann aber auch einmal **unentgeltlich** tätig werden; es gilt dann **Auftragsrecht** (§§ 662ff. BGB). Nötig sind klare Vorschriften darüber hinaus wegen § 612 BGB, insbesondere § 612 Abs. 2 BGB, wonach in Ermangelung einer Vergütungsvereinbarung die **übliche Vergütung** zu bezahlen ist; dies hilft nicht weiter und führt in der Praxis zu langwierigen Auseinandersetzungen.

90 Die **Höhe** der Geschäftsführervergütung hängt im Einzelfall von verschiedenen Faktoren ab:

– dem Wert der Dienstleistung (Art und Umfang der Tätigkeit),
– den Ertragsaussichten des eingesetzten Kapitals,
– der Unternehmensgröße.

(Zu den Gehaltsobergrenzen von Geschäftsführern kommunaler Eigen- und Beteiligungsgesellschaften vgl. Borgmann, BayVBl 1997 S. 654)

Aufgrund dieser Tatsachen ist die Vergütung festzusetzen, will man nicht eine der zahlreichen Formeln, z.B. die **Seifenformel**, verwenden: Entgelt = $18 \times \sqrt{Umsatz}$. Der einzige Vorteil einer solchen Formel ist, daß sie einfach und leicht zu verstehen ist.

Hilfreich können auch **statistische Erhebungen** sein. So hat eine Untersuchung der Kienbaum Vergütungsberatung 1997 ergeben (vgl. Tänzer, Aktuelle Geschäftsführer-Vergütung in kleinen GmbH – Angemessene Geschäftsführerbezüge in Unternehmen bis 10 Mio. DM Jahresumsatz, GmbHR 1997 S. 1085; vgl. Richter, Die Angemessenheit der Geschäftsführervergütung, Stbg 1998 S. 131, 182), daß Geschäftsführer der kleinen GmbH (§ 267 Abs. 1 HGB) durchschnittlich 229 000 DM/Jahr verdienen, wobei allerdings die Spanne von 100 000 DM/Jahr bis über 600 000 DM/Jahr reicht.

Ein Drittel der Geschäftsführer verdient danach ein Gehalt unter 170 000 DM, ein weiteres Drittel hat Bezüge zwischen 170 000 und 250 000 DM, das restliche Drittel liegt mit seinem Einkommen über 250 000 DM. Zu den stärksten Bestimmungsfaktoren für die Gehaltshöhe zählt laut Tänzer die **Unternehmensgröße**, ausgedrückt im Umsatz und/oder Beschäftigtenzahl. Bei einem Jahresumsatz von 2 Mio. DM erhielt danach der Geschäftsführer durchschnittlich 190 000 DM/Jahr, bei einem Umsatz von 8 Mio. DM 245 000 DM/Jahr.

Die gute oder schlechte Ertragslage wirkt sich i.d.R. über die ertragsabhängige Tantieme aus. Keine große Rolle spielt laut Tänzer die Zahl der Geschäftsführer.

A. Geschäftsführer als Handlungsorgan und Dienstnehmer der GmbH

Nach einer Umfrage der **Bundessteuerberaterkammer** (vgl. Senger, Das Rechtsinstitut der verdeckten Gewinnausschüttung – Notwendigkeit einer grundlegenden Reform, DStR 1997 S. 1830) betrugen die **Gesamtbezüge** von GmbH-Geschäftsführern in 1995:

Gesamtbezüge TDM p.a. bis	Anzahl Fälle											
	beherrsch. GF			Gesellsch.-GF			FremdGF			alle GF		
	Allein-GF	MitGF	insg.	Allein-GF	MitGF	insg.	Allein-GF	MitGF	insg.	Allein-GF	MitGF	insg.
0	4		4		14	14				4	14	18
10	56	10	66	26	72	98				82	82	164
25	46	13	59	21	55	76	10	3	13	77	71	148
50	120	23	143	42	138	180	24	21	45	186	182	368
75	190	29	219	63	247	310	26	23	49	279	299	578
100	235	23	258	79	193	272	20	12	32	334	228	562
125	188	33	221	51	166	217	26	14	46	265	213	478
150	159	25	184	53	158	211	16	19	35	228	202	430
175	123	24	147	25	104	129	8	13	21	156	141	297
200	108	26	134	22	59	81	12	11	23	142	96	238
250	131	26	157	42	105	147	15	12	27	188	143	331
500	202	43	245	28	141	169	15	38	53	245	222	467
750	30	10	40	6	26	32	1	7	8	37	43	80
1000	15	3	18	1	9	10	2	2	4	18	14	32
1500	6	1	7	1	3	4				7	4	11
2000	2		2		1	1				2	1	3
mehr	3	2	5							3	2	5
Durchschnittswert:	250	250	250	175	175	175	175	250	250	200	200	200
häufigster Wert:	100	500	100	100	75	75	75	500	500	100	75	75

Diese Erhebungen können hilfreich sein, andererseits aber der Finanzverwaltung und Steuerrechtsprechung dazu dienen, die Höhe und die Aufteilung der Vergütungen unter Berufung auf solche Erhebungen nicht anzuerkennen (vgl. BFH, 5.10.1994 – I R 50/94, BStBl II 1995 S. 549; kritisch Niehues, Gehaltstarife für GmbH-Geschäftsführer?, DStR 1995 S. 1576).

Ohne die steuerlichen Aspekte und möglichen Angemessenheitsprüfungen hier vorwegnehmen zu wollen (siehe hierzu Rz. 519 ff.) seien nachfolgend mögliche Jahresbezüge von Geschäftsführern genannt: 91

1. KAPITEL: Der GmbH-Geschäftsführer im Gesellschaftsrecht

Angemessene Geschäftsführer (GF)-Bezüge bei einer Freiberufler-GmbH

Fall:	GmbH-Umsatz DM	GF-Zahl	Vergütung DM	Resteinkommen GmbH DM
1	1,8 Mio.	4	450 000	60 000
2	1,7 Mio.	2	400 000	35 000
3	1,3 Mio.	2	270 000	7 500

Dabei ist sichergestellt, daß das Stammkapital mit 15 %/Jahr verzinst werden kann.

92 Laut **Impulse** (Nr. 4/96 S. 54) verdienten Geschäftsführer im Erhebungszeitraum 1995 je nach Branche und Umsatz:

Einzelhandel

Branche	Jahresgehalt bei einem Umsatz			
	bis 2,5 Mio. DM	bis 5 Mio. DM	bis 7,5 Mio. DM	bis 10 Mio. DM
Auto	116 500	131 900	129 300	141 200
Bau-/Heimwerkermarkt	119 000	126 300	153 800	
Bürobedarf	112 200	113 200	165 600	134 900
Computer	73 100	165 700	146 000	
Lebensmittel	138 800	96 000	85 300	131 800
Möbel	95 000	143 500	143 700	210 200
Photo	140 200	148 100	125 000	
Radio, Fernsehen	91 300	86 400		
Sportartikel	73 700	102 100	149 800	203 000
Textil	99 400	158 500	161 800	190 800
Uhren, Schmuck	113 700	256 600		

Industrie

Branche	Jahresgehalt bei einem Umsatz			
	bis 5 Mio. DM	bis 10 Mio. DM	bis 20 Mio. DM	bis 80 Mio. DM
Brauerei	202 000	235 000	245 000	444 000
Eisen, Blech, Metallwaren	209 000	244 000	305 000	365 000
Eisen, Stahl	–	173 000	225 000	280 000
Elektro	236 000	268 000	292 000	409 000
Feinmechanik, Optik	219 000	241 000	334 000	362 000
Glas	190 000	198 000	276 000	301 000
Gummi, Asbest	184 000	222 000	292 000	320 000
Keramik, Porzellan	181 000	211 000	280 000	314 000
Maschinenbau	221 000	257 000	339 000	375 000

A. Geschäftsführer als Handlungsorgan und Dienstnehmer der GmbH

Branche	Jahresgehalt bei einem Umsatz			
	bis 5 Mio. DM	bis 10 Mio. DM	bis 20 Mio. DM	bis 80 Mio. DM
Mineralöl			352 000	465 000
Nahrung, Genuß	191 000	234 000	279 000	336 000
NE-Metalle	–	216 000	274 000	320 000
Pharma	272 000	280 000	363 000	397 000
Steine, Erden	181 000	203 000	237 000	310 000
Textil, Bekleidung	181 000	223 000	249 000	442 000
Versorgung	144 000	162 000	207 000	253 000
Zellstoff, Papier, Holz	204 000	221 000	239 000	308 000
Zement		195 000	245 000	297 000

Dienstleistungen

Branche	Jahresgehalt bei einem Umsatz			
	bis 5 Mio. DM	bis 10 Mio. DM	bis 20 Mio. DM	bis 80 Mio. DM
Architekturbüro	140 000	164 000	196 000	224 000
Ingenieurbüro	184 000	211 000	222 000	277 000
Steuerberatung	239 000	362 000	423 000	456 000
Touristik	128 000	221 000	237 000	277 000
Unternehmensberatung	225 000	382 000	383 000	397 000
Verlag	129 000	196 000	244 000	290 000
Werbung	104 000	227 000	273 000	276 000
Wohnungswirtschaft	158 000	197 000	208 000	282 000
Zeitarbeit	166 000	199 000	261 000	265 000

(Zur Angemessenheit der Geschäftsführervergütung siehe auch Rz. 519 ff., 656 ff.)

Nach einer Studie des BBE-Verlages (Süddeutsche Zeitung Nr. 206 S. 23 vom 8.9.1998) sollen Geschäftsführer durchschnittlich verdienen im   92.1

	DM/Jahr
– Industriesektor	257 710
– Großhandel	210 400
– Dienstleistungsbereich	195 575
– Einzelhandel	153 048

Der Spitzenverdiener unter den GmbH-Geschäftsführern kommt aus der Umwelttechnik- und Entsorgungsbranche mit 2,5 Mio DM/Jahr.

Die Rechtsprechung zieht bei der Frage, ob Bezüge von Gesellschafter-Geschäftsführern noch angemessen sind, solche Untersuchungen und statistische Erhebungen durchaus heran (vgl. FG Saarland, 17.10.1997 – 1 K 33/95, EFG 1998 S. 395, 398).

Seine **Vergütungsansprüche** gegen die GmbH kann der Geschäftsführer grundsätzlich an Dritte **abtreten** (BGH, 20.5.1996 – II ZR 190/95, DStR 1996 S. 1294). Die   93

1. KAPITEL: Der GmbH-Geschäftsführer im Gesellschaftsrecht

Abtretung ist **nicht** gemäß § 134 BGB i. V. mit § 85 GmbHG nichtig. Gehaltsforderungen eines GmbH-Geschäftsführers unterliegen nicht in gleicher Weise einem Abtretungsverbot wie Honorarforderungen von Ärzten und Rechtsanwälten (BGH, 25.3.1993 – IX ZR 192/92, BGHZ 122 S. 115; 13.5.1993 – IX ZR 234/92, NJW 1993 S. 1912; 17.5.1995 – VIII ZR 94/94, DStR 1995 S. 1360 mit Anm. Goette).

94 Vereinbarte Bezüge können **sittenwidrig** und damit **nichtig** sein (§ 138 BGB). So hat das KG Berlin (12.3.1996 – 14 U 7775/94, GmbHR 1996 S. 613) folgende Regelung eines GmbH-Geschäftsführervertrages für nichtig angesehen:

„Als Vergütung für seine Tätigkeit erhält der Geschäftsführer eine Tantieme mit vorgesehener Quartalsanpassung als Prozentzahl des Jahresüberschusses der ... Der Geschäftsführer erhält auf die Tantieme zu Ende eines jeden Kalendermonats eine Abschlagszahlung von 4500 DM".

Die Besonderheit des Falles lag noch darin, daß dem Geschäftsführer jegliche Nebentätigkeit untersagt war und er seine volle Arbeitskraft der GmbH zur Verfügung stellen mußte. Es lag also eine **Knebelung** vor. Als die GmbH die Vorschüsse mangels Gewinn zurückhaben wollte, bejahte das KG zwar die Nichtigkeit des Anstellungsvertrages, sah aber in dem Vorschuß eine übliche Vergütung (§ 612 Abs. 2 BGB).

Zur Zusammensetzung der Bezüge, Nebenleistungen und steuerlichen Angemessenheit vgl. Rz. 519 ff.

e) VERSORGUNGSZUSAGEN

95 Für den Geschäftsführer haben Versorgungszusagen deshalb besondere Bedeutung, weil er
- über keine oder keine ausreichende Versorgung in der gesetzlichen Sozialversicherung verfügt,
- mit einer individuellen Eigenversorgung nach dem Ausscheiden aus dem Arbeitsleben den bisherigen Lebensstandard nicht halten kann.

96 Die Möglichkeiten des Geschäftsführers, sich **freiwillig** in der **gesetzlichen Sozialversicherung** zu versichern, werden unter Rz. 837 ff. behandelt.

Für die **Eigenvorsorge** kommt die **private Lebensversicherung** in Frage, und zwar auf der Basis von Kapital- oder Rententarifen (gemischte Kapitalversicherung auf den Todes- und Erlebensfall, Rentenversicherung, Risiko-Lebensversicherung etc.). Solche privaten Lebensversicherungen, bei denen der Geschäftsführer Bezugsberechtigter ist, können durch **betriebliche Darlehen** finanziert werden.

97 Als Versorgungszusage kommen die **Pensionszusage** und in beschränktem Umfange auch die **Direktversicherung** in Frage. Am Rande sei noch auf die **Unterstützungs- und Pensionskassen** hingewiesen, die aber nur bei größeren Unternehmen vorkommen (hierzu siehe Brandmüller/Küffner, Bonner Handbuch GmbH, Bonn 1981/99, Fach K Rz. 50–53). Zu der **steuerrechtlichen Behandlung** der rückgedeckten Unterstützungskasse und der Verpfändung der Ansprüche aus den Rückdeckungsversicherungen an die begünstigten Arbeitnehmer vgl. BMF, 7.9.1998 – IV B 2 – S 2144c – 36/98, DStR 1998 S. 1554. Zur **beitragsrechtlichen Behandlung** bei Versorgungszusagen zur Pensionskassenversorgung (§ 1 Abs. 3 BetrAVG) und Unterstützungskassenversorgung (§ 1 Abs. 4 BetrAVG) vgl. o. V. BB 1998 S. 2166).

Nach einer Kienbaum-Untersuchung in 1997 (Tänzer, Aktuelle Geschäftsführervergütung in kleinen GmbH – Angemessene Geschäftsführerbezüge in Unternehmen bis 10 Mio. DM Jahresumsatz, GmbHR 1997 S. 1085; vgl. Richter, Die Angemessenheit der Geschäftsführervergütung, Stbg 1998 S. 131, 182) besteht für 67% der Geschäftsführer in kleinen GmbHs eine betriebliche Altersversorgung, gegenüber 80–90% in mittleren und großen Unternehmen.

Neben der Pensionszusage und einer Direktversicherung kann dem Geschäftsführer (Fremdgeschäftsführer, beherrschendem Gesellschafter-Geschäftsführer) noch eine Art **Versorgungsentgelt** gewährt werden, und zwar i.V. mit der Übernahme der Lohnsteuerlast gemäß § 40b EStG durch die GmbH, z.B. Abschluß einer Lebensversicherung bis zu einem Betrag von 3408 DM/Jahr.

Versorgungszusagen stellen ab
– auf die Vollendung eines bestimmten Lebensalters (in der Regel das 65. Lebensjahr),
– auf die Erwerbs-/Berufsunfähigkeit i.S. des Sozialrechts.

Soweit dem Geschäftsführer eine **Invalidenrente** wegen Erwerbs- oder Berufsunfähigkeit zugesagt wird, kann die einzelvertragliche Regelung ebenso wie eine Versorgungsordnung darauf abstellen, daß eine Invalidenrente nur geschuldet wird, wenn die Invalidität nach Vollendung eines bestimmten Mindestalters, z.B. des 50. Lebensjahres, eintritt (BAG, 20.10.1987 – 3 AZR 208/86, BB 1988 S. 836). Auch soweit das Betriebsrentengesetz auf eine solche einzelvertragliche Regelung Anwendung findet, liegt kein Verstoß gegen dieses Gesetz vor. Dann würde zwar auch die Unverfallbarkeitsregel des § 1 BetrAVG und die Berechnungsvorschrift des § 2 BetrAVG für Anwartschaften auf die Invalidenversorgung gelten. Der Eintritt der Erwerbsunfähigkeit nach einem Mindestalter ist ein zulässiges, dienstzeitunabhängiges Merkmal. 98

• PENSIONSZUSAGEN

Eine Pensionszusage (= Direktzusage, unmittelbare Versorgungszusage) gibt dem Geschäftsführer einen **unmittelbaren Rechtsanspruch** gegen die GmbH auf Zahlung der zugesagten Versorgungsleistungen (Beispiel für eine Versorgungszusage bei Brandmüller/Küffner, Bonner Handbuch GmbH, Bonn 1981/99, Fach K Rz. 46). Die GmbH bildet für die zugesagte Versorgung entsprechende, ihr zunächst Liquidität und Steuerentlastung bringende Rückstellungen. 99

Die Versorgungszusage wird sich daran orientieren, was der Geschäftsführer bei Erreichen der Altersgrenze netto verdient. Eine Versorgungszusage, die dem Geschäftsführer bei Erreichung der Altersgrenze seine letzten Nettobezüge garantiert, ist eine Vollversorgung, ggf. aber auch eine Überversorgung, nämlich dann, wenn der Geschäftsführer zusätzlich Renten aus der gesetzlichen Rentenversicherung bekommt und/oder sich privat lebensversichert hat. In Anlehnung an die Beamtenversorgung erscheint eine Altersrente, die 75% der pensionsfähigen Bezüge erreicht, angemessen (laut Tänzer, a.a.O., beträgt die Altersrente bei der kleinen GmbH im Durchschnitt 50% der letzten Grundbezüge).

Die Rechtsprechung hat bei einem Ehegattenarbeitsverhältnis 75% der letzten Aktivbezüge als Obergrenze für die Rentenbezüge angesehen (BFH, 10.11.1982 – I R 135/80, BStBl II 1983 S. 173), ebenso die Finanzverwaltung (BdF-Erlaß, 4.9.1984 – IV B 1 – S 2176 – 85/84, BStBl I 1984 S. 495).

Diese Typisierung wird in der Literatur vielfach abgelehnt (vgl. z.B. Höfer/Kisters-Kölkes, Zur steuerlichen Anerkennung von Versorgungszusagen an beherrschende Gesellschafter-Geschäftsführer einer GmbH, BB 1989 S. 1157).

Untere Grenze der Pensionszusage dürften die Beträge sein, die mit Hilfe der gesetzlichen Rentenversicherung erreicht werden. 100

1. KAPITEL: Der GmbH-Geschäftsführer im Gesellschaftsrecht

Im Anstellungsvertrag bzw. der Pensionszusage (**mündliche** Versorgungszusagen sind zwar nach dem BGH, 20.12.1993 – II ZR 217/92, BB 1994 S. 164 zivilrechtlich möglich, aber aus Beweis- und Steuergründen nicht empfehlenswert) muß festgelegt werden, welche Bezüge **pensionsfähig** sind. Regelmäßig sind hier nur die erfolgsunabhängigen Bezüge einzubeziehen, nicht erfolgsabhängige Tantiemen, Aufwandsentschädigungen und sonstige geldwerte Vorteile (Dienstwagen, Dienstwohnung etc.).

Bei der Berücksichtigung der Dienstzeit sollte davon ausgegangen werden, daß 30 Dienstjahre nur in den seltensten Fällen erreicht werden. Deshalb ist je nach Alter des Geschäftsführers bei der Pensionszusage der Endanspruch an entsprechend kürzeren Dienstzeiten auszurichten.

101 Beim Tode des Geschäftsführers sollte die Witwe in den Genuß der (verminderten) Pension kommen. Maßgebend ist dann ein bestimmter Prozentsatz (60 % etc.) der Pension, die der Geschäftsführer bezogen hat.

> **BEISPIEL EINER PENSIONSZUSAGE:**
> „Verstirbt der Geschäftsführer, so erhält seine Witwe 60 % der Pensionsbezüge, die dem Geschäftsführer zugesagt wurden."

Streit kann nur über die **Berechnungsgrundlage** entstehen, wenn der Ex-Geschäftsführer außer seiner Pension noch andere Leistungen von der GmbH erhielt, z.B. **Erfindervergütungen**. Das OLG München (23.6.1988 – 24 U 507/86, GmbHR 1989 S. 510) hat dazu entschieden, daß bei der Berechnung der Pension für die Witwe eines beherrschenden Gesellschafter-Geschäftsführers Erfindervergütungen, die nach Ablauf von Patenten weitergezahlt werden, nicht einzubeziehen sind, wenn für die Pensionshöhe die „Jahres-Gesamtbezüge" maßgebend sein sollen.

102 Bei **beherrschenden** Gesellschafter-Geschäftsführern darf die Pensionszusage nicht für eine **zurückliegende Zeit** erteilt werden, da sonst ein Verstoß gegen das **Nachzahlungsverbot** (vgl. Rz. 706 ff.) vorliegt (BFH, 22.3.1972 – I R 117/70, BStBl II 1972 S. 501). Die Zeit, in der der Geschäftsführer als Inhaber oder Gesellschafter der Firma tätig war, darf nicht berücksichtigt werden, auch nicht bei der Angemessenheitsprüfung (BFH, 25.8.1988 – I R 107/84, BFH/NV 1989 S. 195).

103 Zu Pensionsverpflichtungen im **Beitrittsgebiet** vgl. BMF-Schreiben vom 21.6.1991 (IV B 2 – S 2176 – 23/91, BB 1991 S. 1606).

104 Auf den **Fremdgeschäftsführer** findet das Gesetz über eine betriebliche Altersversorgung (Betriebsrentengesetz) uneingeschränkt Anwendung. Das bedeutet u. a. die **Unverfallbarkeit** von Anwartschaften und Ansprüchen (Mindestalter: 35 Jahre), wenn entweder die Versorgungszusage mindestens 10 Jahre bestanden hat oder mindestens 12 Dienstjahre zurückgelegt sind und die Versorgungszusage mindestens 3 Jahre bestanden hat (§ 1 BetrAVG). Die Unverfallbarkeit der Versorgungsanwartschaft garantiert dem ausscheidenden Geschäftsführer bei seinem vorzeitigen Ausscheiden, aus welchen Gründen auch immer, den Erhalt der Versorgung.

Zum Beginn der Unverfallbarkeitsfristen bei sog. **Vorschaltfristen** hat das BAG (21.8.1980 – 3 AZR 143/80, BB 1981 S. 671) entschieden, daß die Zehnjahresfrist immer mit ihrer Vereinbarung zu laufen beginnt. Vorschaltzeiten scheitern an den nach § 17 Abs. 3 Satz 3 BetrAVG zwingenden Unverfallbarkeitsvorschriften, die solche Regeln nach Wortlaut und Sinn verbieten (BAG, 7.7.1977 – 3 AZR 572/76, BB 1977 S. 997 und 1305).

Ist dagegen eine Pensionszusage nur in Aussicht gestellt, und zwar mit dem Zusatz, daß in angemessener Zeit ein Versorgungsvertrag geschlossen wird, dann beginnt die Frist des § 1 Abs. 1 Satz 1 1. Alt. BetrAVG für die Unverfallbarkeit erst mit dem tatsächlichen Abschluß des Versorgungsvertrages zu laufen (LAG Hamm, 2.12.1980 – 6 Sa 806/80, BB 1981 S. 672).

Durch das RentenreformG 1999 vom 16.12.1997 (BGBl. I 1997 S. 2998) ist die **Abfindung** von unverfallbaren Versorgungsanwartschaften (§ 3 Abs. 1 BetrAVG) erweitert worden. Danach haben sowohl die GmbH als auch der Geschäftsführer seit 1.1.1999 ein **einseitiges** Abfindungsrecht, wenn der Monatsbetrag der Rente 1 % oder die einmalige Kapitalleistung 120 % der monatlichen Bezugsgröße (§ 18 SGB IV) nicht überschreitet (1998: 43,40 DM/Monat oder 5208 DM/Monat; 1999: 44,10 DM/Monat oder 5292 DM/Monat). Diese Abfindungsregelung gilt aber nicht bei fortbestehendem Dienstverhältnis.

Im **gegenseitigen Einvernehmen** dürfen GmbH und Geschäftsführer eine Abfindung vereinbaren, soweit die Monatsrente 2 % oder die einmalige Kapitalleistung 240 % der monatlichen Bezugsgröße nicht übersteigt. Werden diese Wertgrenzen eingehalten, so liegt m. E. beim nicht beherrschenden Gesellschafter-Geschäftsführer – der beherrschende Gesellschafter-Geschäftsführer fällt nicht unter das BetrAVG – auch keine verdeckte Gewinnausschüttung vor.

105 Betriebliche Versorgungsmaßnahmen nach dem Betriebsrentengesetz sind nach Erfüllung bestimmter Fristen (Mindestalter 35 Jahre, 10-jähriger Zusage bzw. 3-jähriger Zusage bei 12-jähriger Betriebszugehörigkeit) **insolvenzgesichert**, d. h., bei Insolvenz der GmbH werden die unverfallbaren Anwartschaften vom Pensionssicherungsverein übernommen und die Pension von diesem bezahlt.

106 **Fremdgeschäftsführer** genießen uneingeschränkt den Insolvenzschutz des Betriebsrentengesetzes. **Gesellschafter-Geschäftsführer** fallen in sehr eingeschränktem Maße unter das Betriebsrentengesetz (§ 17 BetrAVG), da dieses Gesetz ein Arbeitnehmerschutzgesetz ist.

§ 17 Abs. 1 Satz 2 BetrAVG erweitert den persönlichen Geltungsbereich des Gesetzes auf solche Personen, die zwar nicht Arbeitnehmer sind, aber ebenfalls Versorgungszusagen aus Anlaß ihrer Tätigkeit für ein – fremdes (BAG, 21.8.1990 – 3 AZR 429/89, BAGE 66 S. 1) Unternehmen – erhalten.

§ 17 Abs. 1 Satz 2 BetrAVG will damit nach der Gesetzesbegründung dem Umstand Rechnung tragen, daß vielfach auch Mitglieder von Gesellschaftsorganen und Selbständige aus Anlaß ihrer Tätigkeit für ein Unternehmen betriebliche Versorgungszusagen erhalten, auf deren inhaltliche Ausgestaltung sie wie Arbeitnehmer wegen der regelmäßig stärkeren Position ihres Vertragspartners keinen oder nur geringen Einfluß nehmen können.

Auch dieser Personenkreis ist zur Wahrung seines bisherigen Lebensstandards häufig auf die betriebliche Versorgung angewiesen. Er soll daher in gleicher Weise wie Arbeitnehmer durch die Vorschriften der §§ 1–16 BetrAVG geschützt werden (BT-Drucks. 7/1281, S. 30).

Wie groß der Einfluß einer Person auf das Unternehmen ist, das ihm die Versorgungszusage erteilt hat, läßt sich daraus ablesen, in welchem Umfang sie dort als Inhaber beteiligt ist und auf die unternehmerische Willensbildung einwirken kann.

Hiervon ausgehend hat der BGH Gesellschafter von juristischen Personen, die ihnen eine Versorgungszusage erteilt hatten, in den Schutz des Betriebsrentengesetzes einbezogen, wenn sie aufgrund einer **unter 50 % liegenden Gesell-**

schaftsbeteiligung nach Vermögen und Einfluß noch nicht so stark mit dem Unternehmen verbunden waren, daß sie es als ihr eigenes betrachten konnten (BGH, 28.4.1980 – II ZR 254/78, BGHZ 77 S. 94, 101 ff.).

107 § 17 Abs. 1 Satz 2 BetrAVG soll darüber hinaus auch dann unanwendbar sein, wenn dem Minderheitsgesellschafter nicht ein Mehrheitsgesellschafter, sondern ein oder mehrere weitere Minderheitsgesellschafter gegenüberstehen. Hier sei jedenfalls dann von einer unternehmergleichen Stellung des Minderheitsgesellschafters auszugehen, wenn er mehr als nur unwesentlich an der Gesellschaft beteiligt sei (BGH, 9.6.1980 – II ZR 255/78, BGHZ 77 S. 233; 25.9.1989 – II ZR 259/88, BGHZ 108 S. 330). Mehrere jeweils minderheitlich beteiligte Gesellschafter, die gemeinsam die Anteilsmehrheit halten, sind bei einem gemeinsamen Vorgehen kraft ihrer Stimmenmehrheit in der Lage, die Entscheidungen in der Gesellschaft unter Ausschluß anderer Gesellschafter zu treffen. Jeder von ihnen soll deshalb nach Auffassung des BGH im Rahmen des § 17 Abs. 1 Satz 2 BetrAVG als Unternehmer behandelt werden.

Das BAG läßt in einer Entscheidung vom 16.4.1997 (3 AZR 869/95, BB 1997 S. 2486) offen, inwieweit es der BGH-Auffassung zur Zusammenrechnung von Anteilen von Minderheitsgesellschaftern folgt. Nach seiner Auffassung steht jedenfalls der Minderheitsgesellschafter-Geschäftsführer unter dem Schutz des BetrAVG, dem ein Minderheitsgesellschafter gegenübersteht, der aufgrund einer Stimmrechtsverteilungsregelung im Gesellschaftsvertrag die Mehrheit der Stimmen auf sich vereint.

Der Geschäftsführer einer GmbH, welcher an dieser Gesellschaft nicht unmittelbar, sondern als Mitglied einer GbR und einer Erbengemeinschaft nur unmittelbar in Höhe von weniger als 8 % beteiligt ist und obendrein die Willensbildung in diesen Gesamthandsgemeinschaften nicht allein bestimmen kann, ist nicht Mitunternehmer, sondern genießt wegen der ihm erteilten Versorgungszusage der Gesellschaft Insolvenzschutz i. S. von § 17 Abs. 1 Satz 2 BetrAVG (BGH, 2.6.1997 – II ZR 181/96, NJW 1997 S. 2882).

In einer GmbH & Co. KG, bei der die GmbH nur die Geschäfte der KG führt und selbst keinen eigenen Betrieb unterhält, werden beide Gesellschaften als wirtschaftliche Einheit betrachtet mit der Folge, daß es für die Frage einer Mehrheitsgesellschaft auf die Beteiligung ankommt, die sich ergibt, wenn die unmittelbare Beteiligung mit der durch die GmbH vermittelten zusammengerechnet wird (BGH, 25.9.1989 – II ZR 259/88, GmbHR 1990 S. 72).

108 Anteile von **Ehegatten** und minderjährigen Kindern sind nicht automatisch den Anteilen des Gesellschafter-Geschäftsführers hinzuzurechnen (BGH, 28.4.1980 – II ZR 254/78, BB 1980 S. 1046).

Beim Insolvenzschutz für Fremdgeschäftsführer und in Ausnahmefällen für Gesellschafter-Geschäftsführer ist aber zu beachten, daß

– nur erdiente Anwartschaften **zeitanteilig**, bezogen auf den Insolvenzstichtag, insolvenzgeschützt sind,

– der **Maximalanspruch** gegen den PSV (Pensions-Sicherungsverein) das 3-fache der im Zeitpunkt der ersten Rentenfälligkeit geltenden **Beitragsbemessungsgrenze** für Monatsbezüge in der gesetzlichen Rentenversicherung beträgt (siehe Rz. 775).

109 Insbesondere für den beherrschenden **Gesellschafter-Geschäftsführer**, dessen Pensionszusage nicht insolvenzgesichert ist, aber auch für die anderen Geschäftsführer, die wegen der Begrenzung ihrer Ansprüche im Insolvenzfall auf das 3-fache der Beitragsbemessungsgrenze nicht ausreichend gesichert erscheinen oder noch keine Unverfallbarkeit vorliegt, empfiehlt sich eine **rückgedeckte Pensionszusage**. Dies bedeutet den Abschluß einer **Rückdeckungsversicherung** durch die GmbH und deren **Verpfändung an den Geschäftsführer** (vgl. hierzu Wichmann, Die rückgedeckte Pensionszusage des beherrschenden Gesellschafter-Geschäftsführers, BB 1988 S. 521 und Reuter, Rückdeckungsversicherung für den Geschäftsführer der GmbH und der GmbH & Co. KG, GmbHR 1994 S. 141).

Eine **Lohnsteuerpflicht** des Gesellschafter-Geschäftsführers entsteht bei der Verpfändung nicht, da das Pfandrecht nur zu einer Befriedigung in der Höhe der jeweils fälligen Rentenrate führt, also keinen Übergang der Verfügungsmacht über die Deckungsmittel insgesamt darstellt.

Im **Insolvenzfall** der GmbH steht dem Geschäftsführer (= Pfandgläubiger) nur ein Anspruch auf Hinterlegung zu, wenn eine unwiderrufliche Versorgungsanwartschaft gegeben und eine wirksame Verpfändung an den zukünftig Versorgungsberechtigten vorliegt (BGH, 10.7.1997 – IX ZR 161/96, BB 1997 S. 2656 mit Anm. Neumann). Der BGH stützt sich auf § 67 KO (vgl. jetzt § 191 InsO) **110**

Voraussetzung für die Wirksamkeit der Verpfändungsvereinbarung ist aber, daß die Sicherungsvereinbarung

- sofort wirksam ist (keine Abhängigkeit von einem zukünftigen Zeitpunkt),
- unbedingt ist (z.B. wäre es schädlich, wenn die Verpfändung nur für den Fall einer Insolvenz zugesagt wäre),
- zu einem Zeitpunkt gegeben wurde, als die GmbH noch zahlungsfähig und nicht überschuldet war.

Liegen diese drei Voraussetzungen vor, ist eine Anfechtung der Verpfändung nach § 133 InsO wegen Gläubigerbenachteiligung auszuschließen. Solange der Versorgungsfall noch nicht eingetreten ist, findet der Mittelzufluß aus der Rückdeckungsversicherung nicht bereits im Insolvenzverfahren statt. Bis zum Versorgungsfall entsteht kein Zahlungsanspruch, sondern mangels Fälligkeit nur ein Anspruch auf Sicherstellung der Versicherungsansprüche, die der Insolvenzverwalter vorrangig zu hinterlegen hat.

Die **Abtretung** der Ansprüche aus der Rückdeckungsversicherung an den Gesellschafter-Geschäftsführer zur Sicherheit empfiehlt sich nicht, da dann die Prämienzahlungen beim Gesellschafter-Geschäftsführer Lohnsteuer auslösen würden.

Beiträge für eine Rückdeckungsversicherung sind **Betriebsausgaben,** das jeweilige, jährliche von der Versicherungsgesellschaft zu errechnende Deckungskapital ist bei der GmbH zu aktivieren. Beim Eintritt des Versicherungsfalles wird die Versicherungssumme an die GmbH ausbezahlt; eine Gewinnerhöhung tritt bei der GmbH nicht ein, da der gebildete Aktivposten aufgelöst wird. **111**

Wird die Pensionszusage an den Gesellschafter-Geschäftsführer von der Finanzverwaltung nicht anerkannt, z.B. weil es an der Ernsthaftigkeit der Zusage fehlt, so wird die Rückdeckungsversicherung bei der GmbH gleichwohl steuerlich anerkannt (BFH, 5.6.1962 – I 221/60 U, BStBl III 1962 S. 416; 4.4.1963 – I 24/61, DB 1963 S. 884). Das ergibt sich schon daraus, daß die Rückdeckungsversicherung eine Versicherung der Gesellschaft ist. Die steuerliche Folge ist, daß der Rückdeckungsanspruch zu aktivieren ist, andererseits die Prämien an das Versicherungsunternehmen sofort abzugsfähige Betriebsausgaben sind. Die Auszahlung der Versicherungssumme führt bei der GmbH zu Betriebseinnahmen. Dabei wird das steuerliche Ergebnis der GmbH nur berührt, soweit die Versicherungsleistung das bereits in der Steuerbilanz aktivierte Deckungskapital übersteigt.

112 Wird über das Vermögen der GmbH das **Insolvenzverfahren** eröffnet, so hat dies auf die **Fortgeltung** einer erteilten Versorgungszusage keinen Einfluß. Der Versorgungsanspruch bestimmt sich nach den in der Versorgungszusage vorgesehenen Voraussetzungen (BAG, 17.1.1980 – 3 AZR 160/79, BB 1980 S. 319). Auch das Eingreifen des gesetzlichen Insolvenzschutzes für Rentenansprüche und für bei Eröffnungen von Insolvenzverfahren unverfallbare Versorgungsanwartschaften ändert nichts daran, daß die **Versorgungszusage fortgilt** (BGH, 20.10.1987 – 3 AZR 200/86, BB 1988 S. 837). Zwar wird der Pensions-Sicherungsverein als Träger der Insolvenzsicherung im Umfang seiner Einstandspflicht gemäß § 9 Abs. 2 Satz 1 BetrAVG (beim Fremdgeschäftsführer und nicht beherrschenden Gesellschafter-Geschäftsführer) Inhaber der Versorgungsanwartschaft. Jedoch bewirkt diese Regelung nicht den **Übergang der gesamten Rentenanwartschaft** mit der Folge, daß der Geschäftsführer aufgrund eines fortbestehenden Arbeitsverhältnisses nicht weitere Ansprüche gegen den Konkursverwalter erwerben könnte. Die Funktion des § 9 Abs. 2 BetrAVG erschöpft sich darin, den **Rückgriffsanspruch** des Trägers der Insolvenzsicherung gegen den Gemeinschuldner zu **sichern**. Unverfallbare Versorgungsanwartschaften sind daher auf den **Zeitpunkt der Eröffnung des Insolvenzverfahrens** abzurechnen, jedoch ist der weiterbeschäftigte Geschäftsführer nicht gehindert, auf der Grundlage seiner Versorgungszusage in eigener Person weitere Versorgungsansprüche zu erdienen. Das gilt auch für den beherrschenden Gesellschafter-Geschäftsführer, der nicht den Schutz des Pensions-Sicherungsvereins genießt.

Zu den **steuerlichen** Problemen, die sich im Zusammenhang mit Pensionszusagen ergeben, siehe Rz. 605 ff.

- DIREKTVERSICHERUNG

113 Die Direktversicherung ist ein durch die GmbH als Versicherungsnehmer und Beitragszahler abgeschlossener **Versicherungsvertrag** zugunsten des Geschäftsführers, entweder in Form der Kapital- oder der Rentenversicherung (§ 1 Abs. 2 BetrAVG; das BVerfG hat mit Beschluß vom 30.1.1978 – 2 BvR 1057/75, DB 1978 S. 403 die Verfassungsmäßigkeit des Betriebsrentengesetzes bejaht).

Als Direktversicherung kommen alle Arten von **Lebensversicherungen** in Betracht, gleichgültig ob es sich um Kapitalversicherungen einschließlich Risikoversicherungen, um Rentenversicherungen oder fondsgebundene Lebensversicherungen handelt. Unfallversicherungen sind keine Lebensversicherungen.

Jedoch gehören im Zusammenhang mit Lebensversicherungen abgeschlossene Unfallzusatzversicherungen und Berufsunfähigkeitszusatzversicherungen ebenso zu den Direktversicherungen wie selbständige Berufsunfähigkeitsversicherungen und Unfallversicherungen mit Prämienrückgewähr, bei denen der Geschäftsführer Anspruch auf Prämienrückgewähr hat.

Die Direktversicherung kann auf Einzelvertrag, Gesamtzusage, Betriebsvereinbarung, Tarifvertrag oder betrieblicher Übung beruhen; beim GmbH-Geschäftsführer wird die Direktversicherung i.d.R. auf einer **Einzelvereinbarung** beruhen.

Dagegen richten sich die Leistungsansprüche des Geschäftsführers nach Versicherungsvertragsrecht.

114 Ansprüche aus einer Direktversicherung sind **unverfallbar** (§ 1 BetrAVG), wenn
– der Geschäftsführer das 35. Lebensjahr vollendet hat
   und
– die Direktversicherung 10 Jahre oder bei 12 Dienstjahren 3 Jahre bestanden hat.

Anders als bei Pensionszusagen besteht kein Dynamisierungsanspruch.

Die **Beiträge** müssen ausschließlich von der GmbH bezahlt werden, eigene Beiträge des Geschäftsführers sind nicht zulässig. Keine Rolle spielt es, ob es sich um eine Versicherung gegen laufenden oder gegen Einmalbeitrag handelt.

Zu **steuerlichen** Fragen der Direktversicherung vgl. Rz. 637 ff.

f) NEBENTÄTIGKEITEN

Geschäfte auf eigene Rechnung (Eigengeschäfte) sind bei einem GmbH-Geschäftsführer grundsätzlich **unzulässig**. Das verbietet schon seine **Treuepflicht** gegenüber der GmbH. Im Anstellungsvertrag sollte diese Verpflichtung des Geschäftsführers, die sich schon aus dem GmbH-Gesetz und der Rechtsprechung des BGH ergibt, nochmals festgeschrieben werden (vgl. auch Rz. 80–85).

115

Der BGH (23.9.1985 – II ZR 246/84, GmbHR 1986 S. 42) hat zum wiederholten Male klargestellt:

„Der Geschäftsführer einer GmbH hat in allen Angelegenheiten, die das Interesse der Gesellschaft berühren, allein deren und nicht den eigenen Vorteil zu suchen; das gilt grundsätzlich auch dann, wenn er privat Kenntnis von einer Geschäftschance erlangt, deren Ausnutzung ihm wirtschaftlich erlauben würde, sich selbständig zu machen."

Damit hat der BGH festgestellt, daß auch **Geschäftschancen** unerlaubte Eigengeschäfte sein können und deren Wahrnehmung wegen § 43 Abs. 1 GmbHG dem Geschäftsführer verboten sein können (vgl. auch Schiessl, Die Wahrnehmung von Geschäftschancen der GmbH durch ihren Geschäftsführer, GmbHR 1988 S. 53).

> **BEISPIEL:**
>
> A ist Geschäftsführer der X-GmbH, die kolbenstangenlose Druckmittelzylinder herstellt und vertreibt. Im Laufe des Jahres 1996 trat ein freischaffender Ingenieur I an A heran und unterbreitete ihm Pläne für ein neuartiges Dichtungssystem, das kostengünstiger war, als die von der X-GmbH verwendeten Dichtungen. A beschloß, die Idee des I wirtschaftlich für eigene Rechnung auszunutzen und kündigte seinen Anstellungsvertrag fristgerecht zum 31.12.1996. Einvernehmlich beendeten darauf A und die X-GmbH das Dienstverhältnis schon zum 30.9.1996. Gleichzeitig vereinbarten sie, daß – mit Ausnahme der Wettbewerbsabrede – wechselseitige, aus welchem Rechtsgrund auch immer, entstandene Ansprüche der Parteien erledigt seien. I meldete noch 1996 seine Erfindung als Patent an. 1997 gründeten dann I und A eine P-GmbH und eine L-GmbH. An beiden GmbHs ist A zur Hälfte beteiligt, und bei der L-GmbH ist er deren alleiniger Geschäftsführer. 1997 meldete die P-GmbH den Druckmittelzylinder des I beim Europäischen Patentamt an. Während die P-GmbH auf den Märkten der X-GmbH nicht tätig wird, ist die L-GmbH mit dem von I erfundenen Druckmittelzylinder Konkurrentin der X-GmbH.
>
> Die X-GmbH verlangt von
>
> – A Schadensersatz und Erstattung der Karenzentschädigung,
> – der L-GmbH mit einer Stufenklage Auskunft über deren Umsätze.
>
> Hilfsweise hat die X-GmbH den A auf Feststellung verklagt, daß er ihr den Schaden zu ersetzen hat, der ihr dadurch entsteht, daß die L-GmbH kolbenstangenlose Zylinder herstellt und vertreibt.

Der BGH hat den Fall am 23.9.1985 nicht selbst entschieden, sondern an das OLG mit bemerkenswerten Ausführungen zurückverwiesen, die die besondere Treuepflicht des A gegenüber der X-GmbH unterstreichen.

1. KAPITEL: Der GmbH-Geschäftsführer im Gesellschaftsrecht

Auszugehen ist davon, daß die Erfindung des I der X-GmbH eine Geschäftschance eröffnet, die ein Geschäftsführer nicht für sich selbst nutzen darf, weil er grundsätzlich den Interessen der X-GmbH den Vorrang vor seinen eigenen Interessen einräumen muß. Hätte A als Geschäftsführer die Angelegenheiten der X-GmbH mit der Sorgfalt eines ordentlichen Kaufmanns (§ 43 Abs. 1 GmbHG) gewahrt, so hätte er die Erfindung des I für die X-GmbH reservieren müssen, denn die X-GmbH hätte

- dadurch zukünftig kostengünstiger produzieren können,

- sich dadurch einen Konkurrenten erspart, dessen kostengünstigeres Dichtungssystem nicht zu dem eigenen, mit höheren Herstellungskosten belasteten System in Wettbewerb trat.

Der BGH folgert hieraus, daß A schon **kraft Gesetzes** (§ 43 Abs. 1 GmbHG) und unabhängig von der aus seinem Anstellungsvertrag ausdrücklich folgenden Verpflichtung, die technische Entwicklung auf den für die X-GmbH interessanten Märkten zu beobachten, sich hätte bemühen müssen, das Geschäft zwischen I und der X-GmbH zustandezubringen.

Dabei kommt es nicht darauf an, ob I seine Erfindung dem A privat oder in dessen Eigenschaft als Geschäftsführer der X-GmbH angetragen hat. Die Verpflichtung eines Geschäftsführers, den Vorteil der GmbH zu wahren und Schäden von ihr abzuwenden, hängt nicht davon ab, ob der Geschäftsführer von den Geschäftschancen seiner Gesellschaft und den ihr drohenden Schäden anläßlich einer dienstlichen oder privaten Besorgung Kenntnis erlangt. Solange der Geschäftsführer bestellt ist, ist seine **Sorgfalts- und Treuepflicht** gegenüber der GmbH **unteilbar**.

Die Pflichtwidrigkeit des A, die Geschäftschance für die X-GmbH nicht genutzt und die Konkurrenz nicht verhindert zu haben, ist auch nicht deshalb gerechtfertigt, weil A die Erfindung des I nicht schon während der Dauer seines aus dem Anstellungsverhältnis zur X-GmbH folgenden Wettbewerbsverbots, sondern erst nach dessen Ablauf für sich nutzen wollte. Es kommt nur auf seine während seiner Amtszeit bestehende Verpflichtung an, die ihm anvertrauten Belange der X-GmbH ohne Rücksicht auf ein persönliches Geschäftsinteresse zu fördern. Dabei muß sein Interesse, sich selbständig zu machen, zurückstehen. Er darf sein Anstellungsverhältnis zwar kündigen und sich einen anderen beruflichen Wirkungskreis suchen. Ein Geschäftsführer darf diesen Wechsel aber nicht **unter Mitnahme einer Geschäftschance** vollziehen, die er für die X-GmbH hätte nutzen können. Auch dabei ist es unerheblich, ob diese Geschäftschance an ihn dienstlich oder privat herangetragen wurde.

116 **Ausnahmsweise** wird man dem Geschäftsführer, insbesondere dem Gesellschafter-Geschäftsführer von kleinen und mittleren GmbHs, die Möglichkeiten von Eigengeschäften einräumen. Man denke z.B. an viele Steuerberatungs- und Wirtschaftsprüfungs-GmbHs, z.T. Einmann-Gesellschaften. Hier ist der Berufsträger i.d.R. auch noch als Einzelberater tätig.

Voraussetzung für Eigengeschäfte ist **handelsrechtlich**, daß

- kein Wettbewerbsverbot im Anstellungsvertrag des GmbH-Geschäftsführers besteht

und

- in der Satzung ausdrücklich Eigengeschäfte zugelassen sind und im Anstellungsvertrag dem Geschäftsführer diese Eigengeschäfte erlaubt werden oder alle Gesellschafter diesen Eigengeschäften zustimmen.

A. Geschäftsführer als Handlungsorgan und Dienstnehmer der GmbH

Vereinbart wird in Anstellungsverträgen regelmäßig, daß der Geschäftsführer der GmbH 117

- seine volle Arbeitskraft und seine gesamten Kenntnisse und Erfahrungen zur Verfügung zu stellen hat,
- jederzeit zur Verfügung stehen muß,
- keine entgeltliche Nebentätigkeit ausüben darf,
- sich nicht an Unternehmen beteiligen darf, die mit der GmbH im Wettbewerb stehen,
- auch nach Ablauf seines Anstellungsvertrages in bestimmten Unternehmen für eine bestimmte Zeit nicht tätig sein darf (nachträgliche Wettbewerbssicherung).

Ärger ergibt sich, wenn bei Abfassung des Anstellungsvertrages des Geschäftsführers nicht über Nebentätigkeiten gesprochen wird. **Außerhalb** des **Unternehmensgegenstandes** kann der Geschäftsführer tätig werden, wenn diese Tätigkeit mit seiner Geschäftsführertätigkeit vereinbar ist. Trotzdem empfiehlt es sich, die Erlaubnis zu einer bestimmten Nebentätigkeit im Anstellungsvertrag zu erwähnen und im übrigen jede weitere Tätigkeit, auch außerhalb des Unternehmensgegenstandes, von der Zustimmung der Gesellschafterversammlung abhängig zu machen. 118

Aus der **Treuepflicht** des Geschäftsführers zur GmbH ergibt sich bereits ein gewisses **Wettbewerbsverbot**. Der Geschäftsführer einer GmbH, deren Unternehmensgegenstand der Betrieb einer Werbeagentur ist, der sich auch als selbständiger Werbeberater betätigt, ohne daß ihm dies durch die Gesellschaft und alle Gesellschafter gestattet worden ist, begeht eine Pflichtverletzung, die einen Schadensersatzanspruch der GmbH begründet (Kion, Die Haftung des GmbH-Geschäftsführers, BB 1984 S. 865).

Ebenso darf ein GmbH-Geschäftsführer sich nicht an einem **Konkurrenzunternehmen** beteiligen, wobei hier bei fehlender vertraglicher Vereinbarung schon fraglich ist, ob ein nur auf der Treuepflicht beruhendes Wettbewerbsverbot immer greift. 119

> **BEISPIEL:**
>
> Der Geschäftsführer einer mittelständischen Chemie-GmbH, in dessen Anstellungsvertrag ein Wettbewerbsverbot nicht ausdrücklich vereinbart ist, beteiligt sich
>
> a) durch Aktienkäufe an der Hoechst-AG,
>
> b) an einer mittelständischen Chemie-OHG mit 25%.
>
> Während die Beteiligung an der Hoechst-AG nicht zu beanstanden ist, muß es die Treuepflicht dem Geschäftsführer verbieten, sich an dem im gleichen Geschäftszweig tätigen mittelständischen Chemie-Unternehmen zu beteiligen, auch wenn kein ausdrückliches Wettbewerbsverbot vereinbart ist.

Da das aus der Treuepflicht sich ergebende Wettbewerbsverbot nur in begrenztem Umfange die GmbH schützt und die §§ 59 ff. HGB auf den Geschäftsführer als Organ der GmbH nicht anzuwenden sind, empfiehlt es sich, in den **Anstellungsvertrag** ein ausdrückliches Wettbewerbsverbot aufzunehmen.

Zu einem Wettbewerbsverbot empfiehlt sich die Vereinbarung einer **Vertragsstrafe**, und zwar deshalb, weil ein Schadensersatz gerade in Wettbewerbsangelegenheiten z. T. der Höhe nach nicht immer beziffert werden kann. 120

1. KAPITEL: Der GmbH-Geschäftsführer im Gesellschaftsrecht

121 **Nachträgliche** (= nachvertraglich wirkende) **Wettbewerbsvereinbarungen,** die nach dem Ausscheiden des Geschäftsführers gelten sollen, müssen ausdrücklich in den Anstellungsvertrag aufgenommen werden, da für die Zeit nach Beendigung des Vertragsverhältnisses kein gesetzliches Wettbewerbsverbot (§§ 74 ff. HGB) gilt (BGH, 7.1.1965 – II ZR 187/63, WM 1965 S. 310; 9.5.1968 – II ZR 158/66, NJW 1968 S. 1717).

Wenn auch immer mehr soziale Schutzvorschriften, die der Gesetzgeber nur für abhängig beschäftigte Arbeitnehmer vorgesehen hat, unter bestimmten Umständen auf Organmitglieder juristischer Personen, z. B. Geschäftsführer von GmbHs, anzuwenden sind, so bleibt die Rechtsprechung bisher dabei, daß die §§ 74 ff. HGB (Voraussetzung für ein Wettbewerbsverbot für Handlungsgehilfen) nicht auf GmbH-Geschäftsführer angewendet werden können (BGH, 26.3.1984 – II ZR 229/83, BB 1984 S. 1381; weitere Nachweise, insbesondere Literaturnachweise, finden sich bei Bauer/Diller, Karenzentschädigung und bedingte Wettbewerbsverbote bei Organmitgliedern, BB 1995 S. 1134). Das bedeutet auch, daß eine **vertragliche Wettbewerbsklausel** mit einem GmbH-Geschäftsführer nicht davon abhängig ist, daß für die Zeit des Wettbewerbsverbots eine **Vergütung** bezahlt wird (§ 74 Abs. 2 HGB).

BEISPIEL:

Eine WP-/StB-GmbH hat mit ihrem Geschäftsführer eine nachvertragliche Mandantenschutzklausel mit Vertragsstrafe und Unterlassung vereinbart: „Der Geschäftsführer verpflichtet sich, nach Beendigung des Dienstverhältnisses ohne ausdrückliche schriftliche Zustimmung der GmbH für die Dauer von 2 Jahren keine Mandate von solchen Auftraggebern zu übernehmen, die während der letzten 3 Jahre vor seinem Ausscheiden zur Klientel der GmbH gehörten." Für den Fall des Verstoßes ist vereinbart, daß der Geschäftsführer eine Vertragsstrafe zu bezahlen hat.

Nachdem der Geschäftsführer ausgeschieden ist, sich selbständig gemacht und ehemalige Mandate der WP-/StB-GmbH übernommen hat, klagt diese die Vertragsstrafe und den Anspruch auf Unterlassung ein. Der ehemalige Geschäftsführer wendet ein, die Mandantenschutzklausel sei schon deshalb unwirksam, weil ihm entsprechend § 74 Abs. 2 HGB keine Entschädigung bezahlt werde.

Der BGH hat in seiner Entscheidung vom 26.3.1984 (II ZR 229/83, BB 1984 S. 1381) die Anwendung des § 74 Abs. 2 HGB verneint und die Vertragsstrafe als wirksam vereinbart angesehen.

Die Norm des § 74 Abs. 2 HGB (Entschädigung für unterlassene Tätigkeiten) sei das Ergebnis einer Abwägung zwischen den berechtigten Interessen des Arbeitgebers, daß die erlangten Kenntnisse und geschäftlichen Beziehungen nicht zu seinem Schaden ausgenutzt werden und dem berechtigten Interesse des Arbeitnehmers, nach Beendigung des Dienstverhältnisses seine Arbeitskraft voll und frei nutzen zu können. Eine allgemeine Übertragung dieser Grundsätze auf Organmitglieder scheitert schon daran, daß diese im Geschäftsverkehr in weit stärkerem Maße mit dem von ihnen geleiteten Unternehmen gleichgesetzt werden, und die Tätigkeiten und Leistungen des Unternehmens (GmbH) im wesentlichen ihnen zuzuschreiben sind. Eine Konkurrenztätigkeit, die ein ausgeschiedener Geschäftsführer anschließend aufnehme, begründe in viel stärkerem Maße als bei einem Arbeitnehmer die Gefahr, daß sein bisheriger Arbeitgeber Schaden erleide. Deshalb finde § 74 Abs. 2 HGB keine Anwendung, es sei denn, es liegen besondere Umstände vor oder § 74 Abs. 2 HGB sei vertraglich vereinbart.

Mit Hilfe des § 138 BGB i.V. mit Art. 2 und Art. 12 GG sei im Einzelfall zu prüfen, ob nachvertragliche Wettbewerbsklauseln für einen Geschäftsführer wirksam seien oder nicht. Für die Aufrechterhaltung dieser Rechtsprechung spreche auch § 85 GmbHG i.d.F. der GmbH-Novelle 1980. Nach dieser Vorschrift sind nur solche Personen bedroht, die ein Geheimnis der Gesellschaft, das ihnen in ihrer **Eigenschaft als Geschäftsführer** (sowie Mitglieder des Aufsichtsrates oder Liquidatoren) bekannt geworden ist, unbefugt offenbaren. Nach § 85

A. Geschäftsführer als Handlungsorgan und Dienstnehmer der GmbH

> GmbHG wird damit für Geschäftsführer – nicht aber für normale Angestellte – eine Art Wettbewerbsverbot ohne zeitliche Einschränkung und ohne Entschädigung begründet.
>
> Deshalb kann die WP-/StB-GmbH die Vertragsstrafe gegen ihren ehemaligen Geschäftsführer auch durchsetzen, soweit dieser Mandanten seines ehemaligen Arbeitgebers betreut.

Unzulässig wäre eine Vertragsbestimmung im Anstellungsvertrag des Geschäftsführers, mit der sich die GmbH **vorbehält**, bei Ausscheiden des Geschäftsführers diesem ein **Wettbewerbsverbot** aufzuerlegen (BAG, 22.5.1990 – 3 AZR 647/88, BB 1991 S. 625). Der Geschäftsführer kann sich bei seinem Ausscheiden auf die **Unverbindlichkeit** berufen. Zweifelhaft erscheint, ob der Geschäftsführer sich wie der normale Arbeitgeber an ein nachträglich ausgesprochenes Wettbewerbsverbot halten und dafür eine Karenzentschädigung beanspruchen kann. 122

Unzulässig sind nur solche Klauseln, die es einem ehemaligen Geschäftsführer verbieten, in bestimmten Gebieten überhaupt tätig zu werden, ohne daß eine Entschädigung bezahlt wird (§ 138 BGB).

Obgleich der BGH also ein nachträgliches Wettbewerbsverbot nicht von der Zahlung einer Entschädigung abhängig macht, kann vertraglich zwischen GmbH und Geschäftsführer eine Zahlung vereinbart werden. Dies kann sich nicht nur bei Fremdgeschäftsführern empfehlen, weil sonst vielleicht § 138 BGB verletzt würde, sondern aus steuerrechtlichen Gründen auch bei Gesellschafter-Geschäftsführern. Dabei kann man abweichend von der Behandlung der Karenzentschädigung nach §§ 74 ff. HGB auch vereinbaren, daß die GmbH das Recht hat, jederzeit auf das Wettbewerbsverbot verzichten zu können mit der Folge, daß dann die Karenzentschädigung entfällt. „Jederzeitiger Verzicht" darf dabei aber nicht bedeuten, daß die GmbH entsprechende Erklärungen von heute auf morgen abgeben kann. Eine gewisse Frist, mindestens 4 Wochen, ist dabei einzuhalten.

Hinsichtlich der **Höhe der Karenzentschädigung** sind die Vertragspartner frei. I.d.R. wird eine Karenzentschädigung längstens für 2 Jahre in Höhe des Festgehaltes ohne Sonder- oder erfolgsorientierte Vergütungen gewährt (steuerlich unterlagen bisher Entgelte, die für ein umfassendes Wettbewerbsverbot bezahlt werden, nur dem halben Steuersatz, BFH, 12.6.1996 – XI R 43/94, BStBl II 1996 S. 516). Nach § 34 Abs. 1 Sätze 2–4 EStG i.d.F. des SteuerentlastungsG 1999/ 2000/2002 vom 24.3.1999 (BGBl. I 1999 S. 402) wird die Steuerbelastung, die durch die außerordentlichen Einkünfte entsteht nicht mehr ermäßigt, nur noch begrenzt.

Es kann auch vereinbart werden, daß dem Geschäftsführer das, was er in der Zwischenzeit verdient oder böswillig zu verdienen unterläßt, auf die Karenzzahlung innerhalb bestimmter Höchstgrenzen angerechnet wird.

Verstößt ein Geschäftsführer gegen ein Wettbewerbsverbot, so kann dies, wie gezeigt, Schadensersatz- und Unterlassungsansprüche sowie Vertragsstrafen auslösen, nicht aber berechtigt es die GmbH, die Bezüge dem Geschäftsführer zu verweigern (BGH, 19.10.1987 – II ZR 47/87, GmbHR 1988 S. 100); eine andere Frage ist es, ob die GmbH mit Schadensersatzansprüchen gegen die Gehaltsforderungen aufrechnen kann. 123

Ein gesetzliches Wettbewerbsverbot für einen ausgeschiedenen Geschäftsführer gibt es nicht (OLG Hamm, 9.11.1988 – 8 U 295/87, GmbHR 1989 S. 259). Zwar hat ein Geschäftsführer auch nach seinem Ausscheiden gewisse nachfolgende Treuepflichten; aus ihnen folgt jedoch **kein nachvertragliches Wettbewerbsverbot.** Ein Wettbewerbsverbot für einen ausgeschiedenen Geschäftsführer kann also nur durch Vertrag begründet werden (vgl. dazu auch Rz. 198). 124

Ein **nachvertragliches gesellschaftsrechtliches** Wettbewerbsverbot eines Gesellschafter-Geschäftsführers kann nach seinem Sinn und Zweck aber dann zum Zuge kommen, wenn allein die Geschäftsführerstellung entfällt, die Gesellschafterstellung aber fortbesteht (BGH, 16.10.1989 – II ZR 2/89, BB 1990 S. 11).

125 Die GmbH kann sich durch **einseitigen Verzicht** von einer nachvertraglichen Wettbewerbsabrede mit dem Gesellschafter-Geschäftsführer lösen mit der Folge, daß nach Ablauf einer Jahresfrist auch die Verpflichtung zur Zahlung einer Karenzentschädigung entfällt; § 75a HGB ist insoweit entsprechend anwendbar (OLG Hamm, 18.3.1991 – 8 U 277/90, GmbHR 1991 S. 367).

g) ERFINDUNGEN

126 Das Gesetz über Arbeitnehmererfindungen (ANErfG) vom 25.7.1957 (BGBl. I S. 756, mehrmals geändert) findet auf den Geschäftsführer keine Anwendung, weil der **Geschäftsführer** als Organ der GmbH arbeitsrechtlich **nicht als Arbeitnehmer** anzusehen ist (Gaul, Die Behandlung von schutzwürdigen Erfindungen durch GmbH-Geschäftsführer, GmbHR 1982 S. 101). Ist der Geschäftsführer als Ingenieur, Techniker oder von seiner Ausbildung her befähigt, Erfindungen zu machen oder an solchen mitzuwirken und ist der Unternehmensgegenstand der GmbH technischer Art, so empfiehlt es sich, **vertraglich** die Anwendung des Arbeitnehmererfindungsgesetzes und der dazu ergangenen Richtlinien vom 20.7.1959 zu vereinbaren (nicht vereinbart werden kann die Zuständigkeit der in §§ 28 ff. ANErfG vorgesehenen Schiedsstelle).

> **BEISPIEL:**
>
> Aus einem Anstellungsvertrag:
>
> *„Für etwaige Diensterfindungen des Geschäftsführers gelten die Bestimmungen des Arbeitnehmererfindungsgesetzes und die hierzu ergangenen Richtlinien."*
>
> oder
>
> *„Erfindungen des Geschäftsführers hat dieser der GmbH zum Abschluß eines Lizenzvertrags gegen marktübliche Bedingungen (unter Zugrundelegung der Vergütung, wie sie bei Arbeitnehmererfindungen im privaten Dienst üblich sind) anzubieten."*

127 Möglich ist es natürlich auch, daß der Geschäftsführer Erfindungen **unentgeltlich** der GmbH zur Verfügung stellen muß. Dann sollte im Anstellungsvertrag vereinbart werden:

„Alle Diensterfindungen des Geschäftsführers sind der GmbH unentgeltlich zur Verfügung zu stellen."

Mit solchen vertraglichen Vereinbarungen ist klargestellt, daß der Geschäftsführer
- gemachte Erfindungen der GmbH zur Verfügung stellen muß,
- dafür nach festen Grundsätzen entschädigt wird.

128 Fehlt es an einer **vertraglichen Vereinbarung**, so ist umstritten, ob der Geschäftsführer eine Erfindung der GmbH anbieten muß oder ob die Erfindung als Ausfluß seiner vertraglichen, gegenüber der GmbH zu erbringenden Leistungspflichten sowieso der GmbH zusteht.

Empfiehlt sich der Hinweis auf die Anwendung des Arbeitnehmererfindungsgesetzes i. d. R., so kann darüber hinaus bei Geschäftsbereichen, in denen Erfindungen der/des Geschäftsführer(s) an der Tagesordnung sind, eine detaillierte, vertragliche Regelung angebracht sein (Beispiel bei Klamroth, Der GmbH-Geschäftsführer-Vertrag, Heidelberger Musterverträge, Heft Nr. 36, 12. Aufl. 1997, § 15).

Die **einkommensteuerrechtliche Behandlung der Erfinder** wird in R 149 EStR 1998 abgegrenzt. Wird die Erfindertätigkeit durch den Geschäftsführer im Rahmen seines Arbeitsverhältnisses ausgeübt, dann wird der Geschäftsführer als freier Erfinder behandelt, soweit er die Erfindung außerhalb seines Arbeitsverhältnisses verwertet. Eine Verwertung außerhalb des Arbeitsverhältnisses ist auch anzunehmen, wenn der Geschäftsführer eine frei gewordene Diensterfindung i. S. von § 8 Abs. 2 ANErfG der GmbH überläßt, sofern der Verzicht der GmbH nicht als Verstoß gegen § 42 AO anzusehen ist.

5. FEHLER DES ANSTELLUNGSVERTRAGES UND DISKREPANZ ZWISCHEN SATZUNG UND ANSTELLUNGSVERTRAG

a) FEHLER DES ANSTELLUNGSVERTRAGES

Ist der Anstellungsvertrag mit Mängeln behaftet, so gelten hierzu die Vorschriften des Bürgerlichen Gesetzbuchs jedenfalls solange, wie der Geschäftsführer seine **Tätigkeit noch nicht aufgenommen** hat.

> **BEISPIEL:**
>
> A wird zum Geschäftsführer der X-GmbH bestellt und schließt am 1.10.1997 mit dem Vorsitzenden des Beirates einen Anstellungsvertrag ab; in dem Anstellungsvertrag wird eine Vergütung von 15 000 DM/Monat vereinbart. Noch vor Dienstbeginn (1.1.1998) wird auf einer Gesellschafterversammlung am 1.12.1997 der Anstellungsvertrag bekannt, und die für den Abschluß von Anstellungsverträgen mit Geschäftsführern ausschließlich zuständige Gesellschafterversammlung beschließt mit Mehrheit, dem A nur ein Gehalt von 10 000 DM/Monat zuzubilligen.
>
> Da der Beiratsvorsitzende nicht zum Abschluß des Dienstvertrages befugt war, ist zwischen der GmbH und A zu 15 000 DM kein wirksamer Anstellungsvertrag zustandegekommen. Es liegt nun an A, ob er das Angebot der Gesellschafterversammlung, Abschluß eines Anstellungsvertrages zu 10 000 DM/Monat, annimmt oder nicht.

Anders wäre zu entscheiden, wenn A bereits seine **Tätigkeit aufgenommen hätte**. Dann wären die für das fehlerhafte Arbeitsverhältnis entwickelten Grundsätze auf den fehlerhaften Anstellungsvertrag des Geschäftsführers anzuwenden (BGH, 6.4.1964 – II ZR 75/62, BGHZ 41 S. 282; 23.10.1975 – II ZR 90/73, BGHZ 65 S. 190).

Das bedeutet: Selbst wenn rechtlich kein wirksamer Anstellungsvertrag zustandegekommen ist, der Geschäftsführer aber seine Tätigkeit aufgenommen hat, so ist der **„faktische" Geschäftsführer entsprechend dem fehlerhaften** (nicht zustandegekommenen, nichtigen, anfechtbaren) **Anstellungsvertrag zu behandeln,** insbesondere zu bezahlen, während umgekehrt der „faktische" Geschäftsführer auch entsprechend haftet (§ 43 GmbHG).

b) DISKREPANZ ZWISCHEN SATZUNG UND ANSTELLUNGSVERTRAG

Enthält der Anstellungsvertrag Bestimmungen, die mit der Satzung nicht zu vereinbaren sind, so geht grundsätzlich die Satzung vor. Dies gilt unbestritten jedenfalls für die **Satzungsbestimmungen,** die **vor Abschluß des Dienstvertrages** bereits in Kraft getreten waren. Das ergibt sich aus § 37 Abs. 1 GmbHG, wonach die Geschäftsführer verpflichtet sind, die Beschränkungen einzuhalten, die durch den Gesellschaftsvertrag festgesetzt sind.

1. KAPITEL: Der GmbH-Geschäftsführer im Gesellschaftsrecht

> **BEISPIEL:**
>
> Nach der Satzung einer GmbH darf ein Geschäftsführer Kredite über 50 000 DM nur mit Zustimmung der Gesellschafterversammlung aufnehmen. In dem vom Aufsichtsrat mit dem Geschäftsführer wirksam abgeschlossenen Anstellungsvertrag ist bestimmt, daß der Geschäftsführer Kredite bis 100 000 DM ohne Zustimmung der Gesellschafterversammlung aufnehmen kann. Hier ist der Geschäftsführer trotz seines Anstellungsvertrages an die 50 000 DM-Grenze der Satzung gebunden, zumal man nicht davon ausgehen kann, daß der Aufsichtsrat die Satzung entsprechend ändern konnte.

Zum gleichen Ergebnis muß man m. E. kommen, wenn die einschränkende **Satzungsbestimmung nach Abfassung des Anstellungsvertrages** in Kraft tritt.

133 Werden durch **Gesellschafterbeschlüsse** dagegen **nachträglich** dienstvertragliche Fragen anders geregelt als im (wirksam) zuvor abgeschlossenen Anstellungsvertrag, so kann sich der Geschäftsführer auf seinen Dienstvertrag berufen.

> **BEISPIEL:**
>
> In dem Anstellungsvertrag des A heißt es, daß er als Geschäftsführer an Dienstzeiten nicht gebunden ist. In einem 2 Jahre nach seinem Dienstantritt gefaßten Beschluß der Gesellschafterversammlung heißt es, daß auch die Geschäftsführer die tariflich festgesetzten Arbeitszeiten zu beachten hätten.
>
> Hier kann sich A auf seinen Anstellungsvertrag berufen und Erfüllung des Vertrages verlangen. Er muß dem Verlangen der Gesellschafter nicht nachkommen und kann ggf. seinen Anstellungsvertrag aus wichtigem Grund kündigen (ebenso van Venrooy, Beeinträchtigung der dienstvertraglichen Freistellung des GmbH-Geschäftsführers von Weisungen durch den GmbH-Gesellschaftsvertrag und durch Gesellschafterbeschlüsse?, GmbHR 1982 S. 175).

134 Auch **einzelne Dienstanweisungen** sind für den Geschäftsführer nur insoweit verbindlich, als sie

– mit dem Wohl der GmbH, insbesondere ihrer Satzung, vereinbar sind

und

– nicht gegen die Rechte des Geschäftsführers aus seinem Anstellungsvertrag verstoßen.

Beim „Wohl" der Gesellschaft ist zu beachten, daß nicht jede wirtschaftlich nachteilige Weisung vom Geschäftsführer ignoriert werden kann. Die Grenze des Weisungsrechts liegt dort, wo greifbar naheliegend die Gefahr einer Insolvenz droht (OLG Frankfurt/M., 7.2.1997 – 24 U 88/95, ZIP 1997 S. 450).

Der Geschäftsführer kann einem Gesellschafterbeschluß oder einer Dienstanweisung, die im Widerspruch zu seinem Anstellungsvertrag stehen und nicht gegen die Satzung verstoßen, jederzeit nachkommen; dann liegt eine vertragliche Abänderung des abgeschlossenen Dienstvertrages vor.

6. NICHTIGKEIT DES ANSTELLUNGSVERTRAGES

135 Der GmbH-Geschäftsführervertrag ist nichtig (§ 134 BGB), wenn er gegen ein **gesetzliches Verbot** verstößt, z. B. gegen § 138 BGB (Sittenwidrigkeit).

Nichtig ist auch der Anstellungsvertrag, wenn der Geschäftsführer keine Tätigkeit entfaltet, gleichwohl eine Vergütung erhält (= verdeckte Gewinnausschüttung) *und* darüber hinaus gegen das Auszahlungsverbot des § 30 GmbHG ver-

stoßen wird und den Gesellschaftern dies bewußt ist (OLG Düsseldorf, 8.6.1989 –
8 U 197/88, GmbHR 1990 S. 134).

Der GmbH-Geschäftsführervertrag kann ein **Scheingeschäft** i. S. des § 117 Abs. 1
BGB und nichtig sein, wenn der Geschäftsführer der GmbH oder andere vertretungsberechtigte Personen mit der Abgabe der Erklärung nur zum Schein einverstanden sind. Entsprechendes gilt für die Kenntnis von einem **Vorbehalt**; zu
denken ist hier an Versorgungszusagen an Gesellschafter-Geschäftsführer, die
ausschließlich nach § 116 BGB aus steuerlichen Gründen gegeben werden, um
den Gewinn der GmbH zu minimieren. Das BAG hat in einer Entscheidung vom
9.1.1990 (3 AZR 617/88, BB 1990 S. 856) gleichwohl eine **Versorgungszusage** für
wirksam erachtet, weil die vertretene GmbH keine Kenntnis von einem Vorbehalt hatte; allein auf deren Kenntnis (§ 166 Abs. 1 BGB) kommt es aber an.

7. GESCHÄFTSFÜHRER-ANSTELLUNGSVERTRAG IM KONZERN

Das GmbH-Konzernrecht, nicht kodifiziert, sondern auf Richterrecht beruhend,
hat vor allem auf haftungsrechtlichem Gebiet hinsichtlich des sog. einfachen und
qualifiziert faktischen Konzerns Schlagzeilen gemacht (BGH, 20.2.1989 – II ZR
167/88, BGHZ 107 S. 7; 23.9.1991 – II ZR 135/90, BGHZ 115 S. 187; 14.12.1992 –
II ZR 298/91, NJW 1993 S. 392). Wenig beachtet wurde bisher, in welche Konfliktsituationen Geschäftsführer geraten können, wenn sie nicht nur in der Muttergesellschaft, sondern auch in Tochter-GmbHs angestellt sind. Das wirft die
grundsätzliche Frage auf, ob ein Geschäftsführer in Personalunion bei mehreren
Konzerngesellschaften zugleich als Geschäftsführer bestellt werden kann und
soll (vgl. Windbichler, Arbeitsrechtliche Vertragsgestaltung im Konzern, Köln
1990; Schneider, Der Anstellungsvertrag des Geschäftsführers einer GmbH im
Konzern, GmbHR 1993 S. 10). Eine solche **Doppel-Geschäftsführung** ist möglich
(BAG, 20.10.1995 – 5 AZB 5/95, DStR 1996 S. 275).

136

Die Gesellschafterversammlung einer Tochter-GmbH sollte dem Abschluß des
Dienstvertrages mit dem Geschäftsführer jedoch vorher zustimmen, wenn dieser
Geschäftsführer zugleich Geschäftsführer der Mutter-GmbH ist. Dann ist bisher
ungeklärt, ob die Anstellung durch die Mutter-GmbH im Gesellschaftsvertrag
der Tochter-GmbH vorgesehen sein muß.

Da der betreffende Geschäftsführer eine Tätigkeitsvergütung für beide Aufgabenbereiche erhält, muß selbstverständlich eine Kostenumlage erfolgen, die
durch entsprechende vertragliche Vereinbarung zwischen Mutter-GmbH und
Tochter-GmbH zu treffen ist.

Jeder Geschäftsführer unterliegt grundsätzlich einem **Wettbewerbsverbot**
(Rz. 115 ff.). Um hier Konflikte zu vermeiden, muß der Geschäftsführer, der in
Personalunion in einem Konzern mehrere Anstellungstätigkeiten ausübt, wirksam von jedem Wettbewerbsverbot befreit werden, auch um steuerliche Folgen
(verdeckte Gewinnausschüttung) zu vermeiden (Rz. 689 ff.).

Nach Buyer (Verdeckte Gewinnausschüttung bei Verletzung der gesellschafter- und mitgliedschaftlichen Treuepflichten – zugleich eine Besprechung des BFH-Urteils vom 30.8.1995 – I R 155/94, GmbHR 1996 S. 98) ist auch im **Konzernbereich** zu unterscheiden zwischen Leistungsverhältnis Gesellschaft – Gesellschafter, dessen formelle Ordnungsmäßigkeit und die Angemessenheit der Leistungen. Nur wenn diese Konditionen einseitig zu Lasten einer Gesellschaft gehen,
kann ein Wettbewerbsverstoß und eine verdeckte Gewinnausschüttung angenommen werden.

137

Hinzu kommt, daß nach dem BMF-Schreiben vom 15.12.1992 (IV B 7 – S 2742 – 123/92, BStBl I 1993 S. 24) im Konzern vorläufig aus der Wettbewerbsrechtsprechung des BFH keine Folgerungen gezogen werden sollen. Soweit jedoch ein unerlaubtes **Drittgeschäft** eines Konzern-Gesellschafter-Geschäftsführers vorliegt, liegt m. E. eine verdeckte Gewinnausschüttung vor.

138 Problematisch ist auch die **Haftung** des Geschäftsführers sowohl gegenüber dem herrschenden Unternehmen als auch gegenüber den Tochtergesellschaften. Gegenüber allen Gesellschaften im Konzern hat er die Sorgfalt eines ordentlichen Geschäftsmannes walten zu lassen. Daraus können Interessenkonflikte entstehen. Dabei ist streitig, ob im Rahmen der Anstellungsverträge zugunsten des Geschäftsführers dessen Haftung ausgeschlossen oder wenigstens gemildert werden kann. Soweit der Schutz der Gläubiger einer GmbH berührt wird, ist eine solche Haftungsfreistellung sicher ausgeschlossen. Darüber hinaus herrscht Vertragsfreiheit, so daß der Geschäftsführer auf diese Haftungsfreistellung in seinem Anstellungsvertrag bestehen sollte; darüber hinaus empfehlen sich entsprechende Gesellschafterbeschlüsse sowohl bei der Mutter als auch bei den Tochtergesellschaften.

Hinsichtlich seiner **Bezüge** muß der Geschäftsführer in seinem Anstellungsvertrag auf eine Regelung drängen, wonach er sich die Einkünfte aus seiner Tätigkeit bei Tochtergesellschaften nicht auf das Gehalt, das er von der Muttergesellschaft bezieht, anrechnen lassen muß. Eine zwingende Anrechnung von Vergütungen im GmbH-Konzern besteht m. E. nicht.

139 Wird ein **Arbeitnehmer zum Geschäftsführer** einer konzernabhängigen Gesellschaft bestellt, so liegt darin allein noch keine (stillschweigende) Aufhebung des Arbeitsverhältnisses mit der Obergesellschaft (BAG, 20.10.1995 – 5 AZB 5/95, BB 1996 S. 274). Folge: Der Anstellungsvertrag mit der Obergesellschaft bleibt auch nach Beendigung der Organstellung als Geschäftsführer bestehen und bei Streitigkeiten aus diesem Vertrag ist das **Arbeitsgericht** zuständig (vgl. dazu auch Knott/Schröter, Der Aufstieg des leitenden Angestellten zum Geschäftsführer der ausgegliederten Konzerngesellschaft – ein arbeitsrechtliches Problem, GmbHR 1996 S. 238).

III. BEENDIGUNG DER GESCHÄFTSFÜHREREIGENSCHAFT

140 Wie bei der Bestellung und Anstellung ist bei der Beendigung der Geschäftsführereigenschaft zu unterscheiden zwischen **Abberufung** des Geschäftsführers als Organ und **Kündigung** des Dienstvertrages. Darüber hinaus wird die Geschäftsführertätigkeit beendet durch gewerberechtliche Untersagung und Amtsniederlegung. Zur „Entlassung" des Geschäftsführers vgl. auch Gehrlein, Die Entlassung eines GmbH-Geschäftsführers, BB 1996 S. 2257.

1. WIDERRUF DER BESTELLUNG

a) JEDERZEIT ODER AUS WICHTIGEM GRUND

141 Die Abberufung ist Sache der **Gesellschafterversammlung** (§ 46 Nr. 5 GmbHG). Wird ein Gesellschafter zu der Gesellschafterversammlung, die über die Abberufung beschließen soll, nicht eingeladen, so ist ein Abberufungsbeschluß nichtig (BayObLG, 28.8.1997 – 3 Z BR 1/97, BB 1997 S. 2546 = DB 1998 S. 68).

Mangels anderweitiger Bestimmung im Gesellschaftsvertrag ist der **Widerruf** der Bestellung des Geschäftsführers **jederzeit**, d. h. fristlos und ohne besonderen

A. Geschäftsführer als Handlungsorgan und Dienstnehmer der GmbH

Grund zulässig (§ 38 Abs. 1 GmbHG). Dabei macht es keinen Unterschied, ob es sich um einen Fremd- oder Gesellschafter-Geschäftsführer handelt. Eine vorherige **Anhörung** des Geschäftsführers mag im Einzelfall zweckmäßig sein, ist rechtlich aber nicht erforderlich. Allerdings hat der BGH in seiner Entscheidung vom 29.11.1993 (II ZR 61/93, DStR 1994 S. 214 mit Anm. Goette) einem mit 49 % beteiligten Gesellschafter-Geschäftsführer nicht nur einen Kündigungsschutz für seinen Anstellungsvertrag, sondern sogar einen **Schutz gegen** die **Abberufung** als Geschäftsführer eingeräumt und dabei davon gesprochen, auch die Abberufung bedürfe einer **sachlichen Rechtfertigung** (gegen diese Entscheidung argumentiert Meilicke, Kündigungs- und Abberufungsschutz für Gesellschafter-Geschäftsführer, DB 1994 S. 1761). Diese BGH-Entscheidung darf m. E. nicht verallgemeinert werden und erklärt sich nur aus der besonderen Situation, in der sich der abberufene Gesellschafter-Geschäftsführer (K) befand: K war mit 49 %, V mit 51 % an einer aus einer **Betriebsaufspaltung** hervorgegangenen GmbH beteiligt. Der Mehrheitsgesellschafter und Geschäftsführer V war **lt. Satzung nur aus wichtigem Grund abberufbar,** nicht jedoch K.

Vor der **Betriebsaufspaltung** waren K und V an einer OHG (spätere Besitzgesellschaft) beteiligt, wobei K nur nach §§ 117, 127 HGB die Geschäftsführungsbefugnis hätte entzogen werden können. Durch die Betriebsaufspaltung hat K deshalb seine Geschäftsführungsposition verschlechtert, wobei der BGH unterschwellig wohl auch gewertet hat, daß der Vater des K das Unternehmen aufgebaut und K darin 20 Jahre als Ingenieur gearbeitet hat. Wegen Verletzung der gesellschaftlichen **Treuepflicht** hat der BGH die Abberufung des K als Geschäftsführer für unwirksam erklärt.

Auch in der **personalistischen GmbH** gilt der Grundsatz der **freien Widerruflichkeit** der Geschäftsführerbestellung; aus einer Regelung im Anstellungsvertrag, wonach das Dienstverhältnis nur aus wichtigem Grund und nur bei Widerruf der Geschäftsführerbestellung gekündigt werden kann, kann **nicht** auf die Einschränkung dieses Grundsatzes geschlossen werden (OLG Stuttgart, 30.3.1994 – 3 U 154/93, GmbHR 1995 S. 229). **142**

Ein Notgeschäftsführer (Rz. 22) kann durch das Registergericht bis zur Neuwahl eines Geschäftsführers nur aus wichtigem Grund, nicht jedoch wegen „Zeitablaufs" (hier: 8 Jahre) abberufen werden (OLG Düsseldorf, 18.4.1997 – 3 Wx 584/96, DB 1997 S. 1071).

In der **Satzung** kann aber festgelegt werden, daß die Abberufung nur bei Vorliegen eines **wichtigen Grundes** erfolgen darf; das kann sowohl für Fremd- als auch Gesellschafter-Geschäftsführer gelten, aber auch auf Gesellschafter-Geschäftsführer beschränkt werden. Die Beschränkung des Widerrufsrechts auf einen wichtigen Grund muß aber eine **satzungsgemäße Grundlage** haben; eine bloß schuldrechtliche Vereinbarung zwischen Gesellschaftern und Geschäftsführern ist nach h. M. nicht ausreichend. **143**

Als **wichtige Gründe** nennt § 38 Abs. 2 Satz 2 GmbHG ausdrücklich grobe Pflichtverletzung oder Unfähigkeit zur ordnungsmäßigen Geschäftsführung. **Fälscht** ein Gesellschafter-Geschäftsführer im Rahmen seiner Tätigkeit **Abrechnungsbelege**, so setzt er damit einen wichtigen Grund für seine Abberufung, selbst wenn ein konkreter Vermögensschaden der GmbH nicht nachzuweisen ist (OLG Hamm, 7.5.1984 – 8 U 22/84, GmbHR 1985 S. 119).

Weitere wichtige Gründe, die einen Widerruf der Bestellung rechtfertigen, können sein: schwerer Vertrauensbruch; unzureichende Buchführung; Verwendung von Gesellschaftsvermögen für eigene Zwecke; Teilnahme an unseriösen Geschäften; andauernde Krankheit; Verletzung der Verschwiegenheitspflicht; Annahme von Schmiergeldern; Zerwürfnis zwischen den Geschäftsführern (vgl. dazu BGH, 27.10.1983 – II ZR 31/83, WM 1984 S. 29; Wolf, Das unheilbare Zerwürfnis als Abberufungsgrund – zugleich eine Besprechung der Entscheidung des LG Karlsruhe v. 29.4.1998 – O 120/96 KfH I, GmbHR 1998 S. 684 –, GmbHR 1998 S. 1163); illoyales Verhalten gegenüber der GmbH und/oder ihren Gesellschaftern (siehe auch Rz. 184 zu wichtigen Gründen bei Kündigung des Anstellungsvertrages).

Wird ein Gesellschafter-Geschäftsführer bei Diskussionen über Geschäftsführungsmaßnahmen in einer **personalistisch** strukturierten GmbH gegenüber seinen Mitgesellschaftern und -geschäftsführern wiederholt und obendrein vor den Augen von Betriebsangehörigen **handgreiflich,** dann rechtfertigt dies seine Abberufung als Geschäftsführer (und die fristlose Kündigung seines Anstellungsverhältnisses; BGH, 24.10.1994 – II ZR 91/94, DStR 1994 S. 1746).

144 Sieht die Satzung vor, daß ein Geschäftsführer nur aus wichtigem Grund abberufen werden kann, so stellt ein **Vertrauensverlust** allein keinen wichtigen Grund zur Abberufung dar (OLG Hamm, 2.11.1988 – 8 U 292/87, GmbHR 1989 S. 257). Allein der Vertrauensentzug durch die Gesellschafter reicht entgegen der Regelung bei der AG (§ 84 Abs. 3 Satz 2 AktG) nicht aus, um den Geschäftsführer einer GmbH abberufen zu können.

Eine allein auf Vertrauensverlust gestützte Abberufung käme einem freien Widerruf gleich, wodurch unzulässigerweise eine Beschränkung der Abberufung aus wichtigem Grund unterlaufen würde. Nur wenn dem Vertrauensentzug zugrunde liegende Tatsachen die Abberufung rechtfertigen und diese nachvollziehbar sind, kann eine Abberufung aus wichtigem Grunde erfolgen.

Ein schwerwiegendes und dauerndes **Zerwürfnis** zwischen GmbH-Geschäftsführern mit der Folge, daß eine für die Ausübung der Geschäftsführung erforderliche vertrauensvolle und konstruktive Zusammenarbeit nicht mehr zu erwarten ist, rechtfertigt die Abberufung aus wichtigem Grund auch ohne Feststellung des Verschuldens an der Zerrüttung der Vertrauensgrundlage.

145 Bei der **Beschlußfassung** über die Abberufung **aus wichtigem Grund** ist der betroffene Gesellschafter-Geschäftsführer **nicht stimmberechtigt** (OLG Düsseldorf, 7.1.1994 – 16 U 104/92, GmbHR 1994 S. 884).

146 Durch die Satzung kann im einzelnen festgelegt werden, was als **wichtiger Abberufungsgrund** zu gelten hat, wobei objektiv der festgelegte Sachverhalt kein wichtiger Grund zu sein braucht.

> **BEISPIEL:**
>
> In einer Satzung (und im Anstellungsvertrag) ist bestimmt, daß der Geschäftsführer immer am Sitz der Gesellschaft zu wohnen hat; bei Veränderungen soll die GmbH berechtigt sein, die Bestellung aus wichtigem Grund zu widerrufen (und das Anstellungsverhältnis zu kündigen).
>
> Verlegt der Geschäftsführer seinen **Wohnsitz** in eine andere Stadt, so kann seine Abberufung erfolgen, obwohl objektiv kein wichtiger Grund vorliegt. Zweifelhaft kann nur sein, ob auch ein wichtiger Grund für die **fristlose Kündigung** des Anstellungsvertrages vorliegt (§ 626 BGB) oder ob der GmbH die Fortsetzung des Anstellungsvertrages bis zum Ablauf der ordentlichen Kündigungsfrist unter Berücksichtigung aller Umstände und unter Abwägung der beiderseitigen Interessen zugemutet werden kann (BGH, 5.6.1975 – II ZR 131/73, GmbHR 1975 S. 200).

A. Geschäftsführer als Handlungsorgan und Dienstnehmer der GmbH

Die **Wirksamkeit der Abberufung** eines Mehrheitsgesellschafter-Geschäftsführers aus wichtigem Grund durch einen Beschluß, den die Gesellschafterminderheit gegen die Stimme des Mehrheitsgesellschafters gefaßt hat, hängt allein vom Vorhandensein des wichtigen Grundes ab, wenn das Abstimmungsergebnis nicht förmlich festgestellt wurde. 147

Ein notarielles Protokoll, das lediglich das Abstimmungsverhalten der einzelnen Gesellschafter beurkundet, ohne das Beschlußergebnis festzustellen, ist keine förmliche Feststellung des Abstimmungsergebnisses (OLG Stuttgart, 13.4.1994 – 2 U 303/93, NJW-RR 1994 S. 811).

Allerdings darf die Gesellschaft mit der Abberufung nicht unbeschränkt lange zuwarten, sonst besteht die Gefahr, daß der Abberufungsgrund verwirkt ist. Das bedeutet jedoch nicht, daß die Abberufung unter allen Umständen sofort auf die Tagesordnung der nächsten Gesellschafterversammlung gesetzt werden muß. Soweit noch nicht geschehen, muß es den Gesellschaftern vielmehr grundsätzlich unbenommen sein, zuvor noch einen letzten Versuch zu unternehmen, mit dem Geschäftsführer auf der nächsten Gesellschafterversammlung zu einer Aussprache und einen Ausgleich zu kommen, und die Entscheidung über eine etwaige Abberufung solange zurückzustellen (BGH, 14.10.1991 – II ZR 239/90, BB 1992 S. 17).

Wird bei einer GmbH, an der **2 Gesellschafter je zur Hälfte beteiligt** sind, ein Gesellschafter-Geschäftsführer abberufen, so hängt die Wirksamkeit der Abberufung allein von der materiellen Rechtslage ab (BGH, 20.12.1982 – II ZR 110/82, BGHZ 86 S. 177; vgl. Wolf, Abberufung und Ausschluß in der Zwei-Mann-GmbH, ZGR 1997 S. 92). 148

Weder § 84 Abs. 3 Satz 4 AktG, wonach der Widerruf der Bestellung eines Vorstandsmitglieds bis zur rechtskräftigen Feststellung seiner Unwirksamkeit wirksam ist, noch die §§ 117, 127 HGB, wonach die Entziehung der Geschäftsführungsbefugnis oder Vertretungsmacht eines OHG-Gesellschafters erst mit der Rechtskraft einer sie bestätigenden Gerichtsentscheidung wirksam wird, sind analog anzuwenden. **Der entstehende Schwebezustand ist hinzunehmen.** Kann das Registergericht im Anmeldungsverfahren nach den §§ 39, 78 GmbHG das Erlöschen der Vertretungsbefugnis des vermeintlich abberufenen Geschäftsführers nicht klären, so müssen die Gesellschafter eine gerichtliche Klärung herbeiführen, den aus dem Fortbestand der Eintragung des abberufenen drohenden Gefahren muß der Gesellschafter, der den anderen abberufen hat, notfalls im Wege der **einstweiligen Verfügung** begegnen (OLG Köln, 26.8.1994 – 2 Wx 24/94, BB 1995 S. 10; OLG Frankfurt/M., 19.9.1998 – 5 W 22/98, GmbHR 1998 S. 1126).

Zum Rechtsschutz bei Abberufung vgl. Rz. 163f.

Wichtige Gründe können ausnahmsweise auch ohne vorherige erneute Beschlußfassung der Gesellschafterversammlung **nachgeschoben** werden, wenn es in einer **Zwei-Mann-GmbH** um die Abberufung des anderen Gesellschafter-Geschäftsführers geht und der Gesellschafter, der den Abberufungsbeschluß allein gefaßt hat, zugleich derjenige ist, der die Gesellschaft in dem über die Wirksamkeit der Abberufung geführten Rechtsstreit vertritt (BGH, 14.10.1991 – II ZR 239/90, BB 1992 S. 17). 149

Die Abberufung wird nur wirksam, wenn der **Widerruf** dem Geschäftsführer auch **zugeht**. 150

Die Auflösung des Anstellungsverhältnisses hat nicht automatisch die Beendigung der Organstellung zur Folge (OLG Frankfurt/M., 18.2.1994 – 10 U 16/93, GmbHR 1994 S. 549). 151

1. KAPITEL: Der GmbH-Geschäftsführer im Gesellschaftsrecht

b) ZUSTÄNDIGKEIT

152 Zuständig für die Abberufung ist die **Gesellschafterversammlung** (§ 46 Nr. 5 GmbHG), es sei denn, der Widerruf ist einem anderen Organ übertragen worden (§ 45 Abs. 2 GmbHG). Unterliegt die GmbH dem Mitbestimmungsgesetz, ist für den Widerruf der Bestellung der **Aufsichtsrat** zuständig (§ 31 Abs. 5 MitbestG), dasselbe gilt für das **Montan-Mitbestimmungsgesetz**. Nach beiden Gesetzen kann die Abberufung auch nur aus **wichtigem Grund** (§ 84 Abs. 3 AktG) erfolgen.

153 Nach § 31 Abs. 5 MitbestG, der auf die Vorschriften über die Bestellung für den Widerruf verweist, ist für den **Widerruf** der Bestellung eine **Mehrheit von $^2/_3$ der Stimmen,** berechnet nach der Ist-Stärke des Aufsichtsrates, erforderlich (§ 31 Abs. 2 MitbestG). Kommt diese Mehrheit nicht zustande, wird nicht einmal die einfache Mehrheit erreicht, so muß man m.E. davon ausgehen, daß damit die Abberufung des Geschäftsführers gescheitert ist (so auch Säcker, Kompetenzstrukturen bei Bestellung und Anstellung von Mitgliedern des unternehmerischen Leitungsorgans, BB 1979 S. 1321 Fußnote 8). Allerdings könnte dieser Auffassung § 27 Abs. 3 MitbestG entgegenstehen, da § 31 Abs. 5 MitbestG auch auf Abs. 3 verweist. Nach dieser Vorschrift hat der in § 27 Abs. 3 MitbestG normierte ständige Ausschuß dem Aufsichtsrat einen Vorschlag für den Widerruf zu machen (§ 31 Abs. 3 MitbestG).

In der anschließenden **2. Beschlußfassung** genügt dann für den Widerruf die absolute Mehrheit, berechnet nach der Ist-Stärke des Aufsichtsrates. Wird bei der zweiten Beschlußfassung die absolute Mehrheit nicht erreicht, so hat bei einer erneuten Abstimmung der Aufsichtsratsvorsitzende 2 Stimmen (§ 31 Abs. 4 Satz 1 MitbestG). Ob diese Prozeduren durchgeführt werden müssen, wenn bei der ersten Beschlußfassung nicht einmal die einfache Mehrheit erreicht wird, bleibt einer gerichtlichen Entscheidung vorbehalten (vgl. Riegger, Zum Widerruf der Bestellung in mitbestimmten Unternehmen, NJW 1988 S. 2991).

154 Ist einem anderen Organ, z.B. einem **Aufsichtsrat,** Beirat, die **Bestellung** der Geschäftsführer **übertragen**, so ist im Zweifel anzunehmen, daß dieses Organ auch für die **Abberufung zuständig** ist.

155 Bei Zuständigkeit der **Gesellschafterversammlung** gilt der Grundsatz der **einfachen Stimmenmehrheit**, wenn der Gesellschaftsvertrag keine anderen Mehrheiten vorsieht. So kann z.B. der Gesellschaftsvertrag bestimmen, daß ein Geschäftsführer nur mit $^7/_8$-Mehrheit der abgegebenen Stimmen abberufen werden kann und daß die Gesellschafterversammlung nur beschlußfähig ist, wenn mindestens $^7/_8$ aller vorhandenen Stimmen anwesend sind (OLG München, 14.6.1956 – 6 U 953/56, BB 1956 S. 938).

156 Bestimmt die GmbH-Satzung, daß die einzelnen **Gesellschafterstämme** die ihnen eingeräumten Rechte, z.B. den jeweils von ihnen bestimmten Geschäftsführer abzuberufen, nur gemeinschaftlich und einheitlich ausüben können, so ist damit noch nicht geregelt, ob innerhalb des Stammes das **Mehrheits- oder Einstimmigkeitsprinzip** gelten soll; soll ein einstimmiger Beschluß erfolgen, muß sich dies aus der Satzung besonders ergeben (BGH, 25.9.1989 – II ZR 304/88, GmbHR 1990 S. 75). Die vorgenannte Entscheidung des BGH steht nicht im Widerspruch zu einem Urteil des OLG Düsseldorf vom 8.6.1989 (6 U 223/88, NJW 1990 S. 1122), bei dem es um das Verhältnis zweier **Familienstämme** zueinander ging:

Hat in einer GmbH mit Gesellschaftern zweier Familienstämme jeder Familienstamm das in der Satzung vorgesehene Recht, der Gesellschafterversammlung einen Geschäftsführer zu benennen (sog. **Präsentationsrecht**), so hat jeder Familienstamm das Recht, die **Abberufung** des auf seine Benennung bestellten Geschäftsführers zu verlangen. Der jeweils andere Familienstamm ist in einem solchen Falle verpflichtet, für die Abberufung des Geschäftsführers und die Kündigung seines Anstellungsvertrages zu stimmen, es sei denn, es liegt ein wichtiger Grund im Gesellschaftsinteresse für die Verweigerung der Zustimmung vor.

Ist eine **GmbH & Co. KG** Alleingesellschafterin der GmbH, so faßt den Abberufungs- und Kündigungsbeschluß der Geschäftsführer der Komplementär-GmbH (BGH, 27.3.1995 – I ZR 140/93, BB 1995 S. 1102). Dieser bedarf nicht der Protokollierung des Gesellschafterbeschlusses nach § 48 Abs. 3 GmbHG, wenn die Kündigung schriftlich ausgesprochen und damit der Sinn der Vorschrift, Sicherheit über den Inhalt eines von der Einpersonen-Gesellschaft gefaßten Beschlusses zu schaffen, beachtet wurde. 157

Der Widerruf der Bestellung ist grundsätzlich **formfrei**. Wurde aber einem Gesellschafter-Geschäftsführer die Geschäftsführerbefugnis als satzungsgemäß verbrieftes Sonderrecht eingeräumt („Geschäftsführung bis zum Lebensende"), so kann eine Abberufung nur mit $^3/_4$-Mehrheit und bei notarieller Beurkundung erfolgen (satzungsändernder Beschluß, § 53 Abs. 2 GmbHG). 158

Soll ein Gesellschafter-Geschäftsführer abberufen werden und ist die Gesellschafterversammlung dafür zuständig, so darf der **betroffene Gesellschafter-Geschäftsführer** als Gesellschafter **mit abstimmen**; er ist insbesondere durch § 47 Abs. 4 GmbHG nicht gehindert, über seine Abberufung mit abzustimmen. § 47 Abs. 4 GmbHG bezieht sich nur auf Rechtsgeschäfte, die die Gesellschaft mit Dritten abschließt, greift dort nicht ein, wo der Gesellschafter sein Mitgliedschaftsrecht ausübt (BGH, 29.9.1955 – II ZR 225/54, BGHZ 18 S. 205; so auch OLG Düsseldorf, 13.7.1989 – 8 U 187/88 und 31/89, ZIP 1989 S. 1554). 159

Ist in der **Satzung** festgeschrieben, daß ein Geschäftsführer nur aus **wichtigem Grund** abberufen werden darf (zulässig gemäß § 38 Abs. 2 GmbHG), so darf ein Gesellschafter-Geschäftsführer in der Gesellschafterversammlung **nicht mit abstimmen**. Seine Mitwirkung würde dem allgemeinen Grundsatz widersprechen, daß ein Gesellschafter regelmäßig vom Stimmrecht ausgeschlossen ist, wenn gegen ihn gesellschaftsrechtlich bedeutsame Maßnahmen ergriffen werden (BGH, 16.3.1961 – II ZR 190/59, BGHZ 34 S. 367; ebenso OLG Düsseldorf, 7.1.1994 – 16 U 104/92, GmbHR 1994 S. 884 und OLG Stuttgart, 13.4.1994 – 2 U 303/93, GmbHR 1995 S. 228). Auch bei der **personalistischen GmbH** hat der Gesellschafter-Geschäftsführer bei der Abberufung aus wichtigem Grund kein Stimmrecht (OLG Stuttgart, 30.3.1994 – 3 U 154/93, GmbHR 1995 S. 229). 160

Für die GmbH folgt das außerdem aus § 38 Abs. 2 GmbHG. Danach kann die Befugnis der Gesellschaft, die Bestellung eines Geschäftsführers aus wichtigem Grunde jederzeit zu widerrufen, **durch** den **Gesellschaftsvertrag nicht ausgeschlossen** werden. Sinn und Zweck des § 38 Abs. 2 GmbHG greift ebenso Platz, wenn die Beteiligungsverhältnisse in einer GmbH so liegen, daß das Recht der Gesellschaft, sich aus wichtigem Grunde eines Gesellschafter-Geschäftsführers zu entledigen, durch dessen Gegenstimmen vereitelt werden könnte. Auch die **Mehrheitsbeteiligung** kann kein Freibrief für eine pflichtwidrige oder sonst untragbare Geschäftsführung sein. Deshalb darf der betroffene Gesellschafter-Geschäftsführer, wenn über seine Abberufung aus einem von den Mitgesellschaftern behaupteten wichtigen Grund Beschluß gefaßt wird, selbst nicht mitstimmen (BGH, 21.4.1969 – II ZR 200/67, NJW 1969 S. 1483).

Zu der **Gesellschafterversammlung,** in der über die Abberufung des Gesellschafter-Geschäftsführers aus wichtigem Grund abzustimmen ist, ist der **Gesellschafter-Geschäftsführer zu laden** (BGH, 28.1.1985 – II ZR 79/84, GmbHR 1985 161

S. 256), und zwar schon deshalb, weil ggf. in der Gesellschafterversammlung ohne Vorliegen eines wichtigen Grundes abgestimmt wird und dann der Gesellschafter-Geschäftsführer mit abstimmen dürfte.

162 Ist **in der Satzung** im einzelnen aufgeführt, über welche Gegenstände die Gesellschafterversammlung beschließt und ist dabei die **Abberufung** von Geschäftsführern **nicht erwähnt**, heißt es aber in der Satzung „alle anderen Entschließungen treffen, soweit die Satzung nichts anderes bestimmt, die Geschäftsführer", so kann die Abberufung eines Mitgeschäftsführers durch die vertretungsberechtigten Geschäftsführer gleichwohl unzulässig sein, insbesondere dann, wenn die Abberufung eines Geschäftsführers gegen den **mutmaßlichen** oder **bekannten Willen** der Gesellschafter erfolgt (OLG Frankfurt, 19.1.1988 – 5 U 3/86, GmbHR 1989 S. 254).

c) WIRKUNG DER ABBERUFUNG

163 Der Abberufungsbeschluß wird wirksam **mit Erklärung gegenüber dem betroffenen** Gesellschafter.

Besonders problematisch ist die Abberufung eines Gesellschafter-Geschäftsführers in einer **zweigliedrigen GmbH**. Hier bedarf es einer Abwägung aller Umstände, die bei objektiver Betrachtung für einen Vertrauensentzug und eine darauf gestützte Entlassung aus **wichtigem Grund** maßgebend sein können. Hierbei kann auch eine Rolle spielen, wie lange der Geschäftsführer schon für die GmbH tätig gewesen ist und ob er sich in dieser Zeit sonst einwandfrei verhalten hat (BGH, 14.10.1968 – II ZR 84/67, BB 1968 S. 1453).

Auch bei der zweigliedrigen GmbH darf der aus wichtigem Grund abzuberufende Gesellschafter-Geschäftsführer nicht mitstimmen, wobei umstritten ist, ob der Abberufungsbeschluß sofort wirksam wird oder nicht (vgl. dazu BGH, 20.12.1982 – II ZR 110/82, GmbHR 1983 S. 149).

Die größte Rechtssicherheit bestünde, wenn entweder § 84 Abs. 3 Satz 4 AktG (der Beschluß ist wirksam, bis seine Unwirksamkeit festgestellt ist) oder §§ 117, 127 HGB (der Beschluß wird erst wirksam, wenn dies durch das Gericht festgestellt ist) **analog** anzuwenden wären. Beide Wege werden in der Literatur und Rechtsprechung teils befürwortet, teils abgelehnt. Der abberufene Geschäftsführer kann durch eine **einstweilige Verfügung** erreichen, sofort weiter tätig bleiben zu dürfen (OLG Celle, 1.4.1981 – 9 U 195/80, GmbHR 1981 S. 264 gegen OLG Braunschweig, 18.8.1976 – 3 U 30/76, GmbHR 1977 S. 61; a. A. auch OLG Stuttgart, 18.2.1997 – 20 W 11/97, GmbHR 1997 S. 312).

Wird in einem Geschäftsführer-Dienstvertrag die Regelung getroffen, daß der Geschäftsführer ohne Angaben von Gründen unter Fortzahlung seiner Bezüge von seiner Tätigkeit freigestellt werden kann und wird dieser durch Gesellschafterbeschluß ordnungsgemäß abberufen, so ist für eine einstweilige Verfügung auf Weiterbeschäftigung kein Grund ersichtlich (LG Köln, 9.9.1997 – 3 O 406/97, GmbHR 1997 S. 1104).

164 Ihm steht ferner das Recht auf Erhebung einer **Anfechtungsklage** (Nichtigkeitsklage) zu. Erhebt der Geschäftsführer Klage, so muß die GmbH das Recht haben, im Wege einer einstweiligen Verfügung den Geschäftsführer auszuschalten.

Beim Fremdgeschäftsführer oder einem nur gering beteiligten Gesellschafter-Geschäftsführer wird in der Literatur z. T. (Fleck, Zur Abberufung des GmbH-Geschäftsführers, GmbHR 1970 S. 221 ff.) die Auffassung vertreten, § 84 Abs. 3 Satz 4 AktG sei analog anzuwenden, mit der Folge, daß der Beschluß wirksam

A. Geschäftsführer als Handlungsorgan und Dienstnehmer der GmbH

ist, bis seine Unwirksamkeit festgestellt ist. Die andere Möglichkeit wäre, daß der Geschäftsführer **Feststellungsklage** erhebt, mit dem Antrag festzustellen, daß seine Organstellung fortdauert.

Zum Rechtsschutz bei Abberufung des GmbH-Geschäftsführers vgl. auch Vorwerk, GmbHR 1995 S. 266.

Wird **nachträglich** durch Urteil **festgestellt, daß** die Abberufung **unwirksam** war, so ist der Geschäftsführer so zu stellen, wie er stehen würde, wenn er nicht abberufen worden wäre. Er ist grundsätzlich in seine alte Position einzusetzen, es sei denn, daß dies den Gesellschaftern nicht mehr zumutbar ist oder sich die wirtschaftlichen Verhältnisse entscheidend geändert haben.

Die Abberufung des Geschäftsführers hat **nicht** die **Beendigung des Anstellungsvertrages** zur Folge, auch nicht die Abberufung aus wichtigem Grund, es gilt vielmehr § 626 Abs. 2 BGB. Umgekehrt endet aber die Organstellung des Geschäftsführers ohne besondere Abberufung, wenn sein Dienstvertrag beendet wird. Die Abberufung ist zum Handelsregister **anzumelden**. **165**

Wird **einer von 2** gemeinschaftlich vertretungsberechtigten Geschäftsführern **abberufen** und dies durch den verbleibenden Geschäftsführer sowie den gemeinschaftlich vertretungsberechtigten Prokuristen zum Handelsregister angemeldet, so ist diese Anmeldung mangels wirksamer Vertretung der GmbH (vgl. §§ 39 Abs. 1, 78 GmbHG) unwirksam (LG Wuppertal, 5.3.1991 – 11 T 2/91, GmbHR 1992 S. 380). Entweder muß die Satzung vorher geändert werden, so daß ein Geschäftsführer allein vertretungsberechtigt ist, oder es muß wieder ein zweiter Geschäftsführer bestellt werden, ggf. ein Notgeschäftsführer. Jedenfalls darf die Geschäftsführung als Organ nicht von einem Dritten, auch nicht von einem Prokuristen, abhängig sein.

2. GEWERBERECHTLICHE UNTERSAGUNG

Gemäß § 35 Abs. 1 GewO kann die Ausübung eines Gewerbes untersagt werden, wenn Tatsachen vorliegen, welche die **Unzuverlässigkeit** des Gewerbetreibenden oder einer mit der Leitung des Gewerbebetriebes beauftragten Person dartun. Abs. 7a dieser Vorschrift besagt darüber hinaus, daß die Untersagung auch gegen Vertretungsberechtigte, also z.B. GmbH-Geschäftsführer, ausgesprochen werden kann. Für die Einleitung des Untersagungsverfahrens gegen den Geschäftsführer gemäß § 35 Abs. 7a GewO ist die Anhängigkeit eines Untersagungsverfahrens gegen die GmbH notwendige Voraussetzung. Durch § 35 Abs. 7a GewO ist die Möglichkeit gegeben, die Untersagung auch auf Geschäftsführer zu erstrecken. Durch die in § 35 Abs. 7a Satz 3 GewO enthaltene Verweisung auf die in Abs. 1 Satz 2 enthaltenen Regelungen ist die Behörde berechtigt, dem Geschäftsführer auch die Tätigkeit als Vertretungsberechtigten anderer Gewerbetreibender sowie die selbständige Ausübung aller Gewerbe zu untersagen. **166**

Die Untersagung nach § 35 Abs. 7a GewO steht wie die erweiterte Gewerbeuntersagung (§ 35 Abs. 1 Satz 2 GewO) im **Ermessen** der Behörde. Diesem Ermessen genügt die Behörde, wenn sie die gegenüber dem Geschäftsführer erlassene Untersagungsverfügung auf die Erwägung stützt, es sei hinreichend wahrscheinlich, daß dieser trotz gewerberechtlicher Unzuverlässigkeit das Gewerbe künftig selbständig ausüben werde (VGH Baden-Württemberg, 25.2.1993 – 14 S 2577/92, BB 1993 S. 1322).

Für die **Einleitung eines Untersagungsverfahrens** gegen den Geschäftsführer einer GmbH als Vertretungsberechtigten reicht es nicht aus, daß ein Untersa- **167** gungsverfahren gegen die Gesellschaft anhängig ist; die GmbH muß vielmehr ein Gewerbe tatsächlich (noch) ausüben, wobei Gewerbetreibender i.S. von § 35 Abs. 1 und 7a GewO auch eine Liquidationsgesellschaft sein kann (OVG Nordrhein-Westfalen, 14.10.1992 – 4 A 938/91, BB 1993 S. 316).

Ist dem Ehemann bestandskräftig die selbständige Gewerbeausübung untersagt, so kann die zur Geschäftsführerin bestellte Ehefrau ebenfalls unzuverlässig sein, da die Möglichkeit besteht, daß der Ehemann weiterhin tatsächlichen Einfluß auf den Gewerbebetrieb nimmt (Hess. VGH, 16.6.1993 – 8 UE 533/91, DB 1993 S. 2021).

3. AMTSNIEDERLEGUNG

168 **Im Gesetz** ist die Amtsniederlegung durch den Geschäftsführer einer GmbH **nicht geregelt**. Deshalb kann ein Geschäftsführer nicht ohne jeden Grund seine Geschäftsführertätigkeit beenden, da sonst die GmbH, wenigstens vorübergehend, handlungsunfähig würde (Khatib-Shahidi/Bögner, Die rechtsmißbräuchliche oder zur Unzeit erklärte Amtsniederlegung des Geschäftsführers einer GmbH, BB 1997 S. 1161).

Ein Geschäftsführer einer GmbH kann seine Organstellung aber wirksam beenden, indem er seine Geschäftsführung **aus wichtigem Grund** niederlegt. Die Amtsniederlegung aus wichtigem Grund kann durch die Satzung nicht ausgeschlossen werden. Die Amtsniederlegung kann in Verbindung mit der ordentlichen oder außerordentlichen Kündigung des Dienstvertrages erfolgen; der Geschäftsführer kann aber auch sein Amt niederlegen, ohne zugleich das Anstellungsverhältnis fristlos kündigen zu müssen (BGH, 9.2.1978 – II ZR 189/76, NJW 1978 S. 1435).

169 **Wichtige Gründe** können für einen Geschäftsführer u.a. sein: Störung des Vertrauensverhältnisses zu den Gesellschaftern oder seinen Mitgeschäftsführern; Einengung der Freiräume des Geschäftsführers durch Satzungsänderungen oder Gesellschafterbeschlüsse; Entscheidungen der Gesellschafterversammlung, die nach Meinung des Geschäftsführers nicht tragbar sind, etc. (weitere wichtige Gründe bei Höhn, Die Geschäftsleitung der GmbH, Köln 1987, S. 180 ff.).

Der **drohende Zusammenbruch** der GmbH ist **kein** wichtiger Grund, um das Geschäftsführeramt niederzulegen (OLG Koblenz, 26.5.1994 – 6 U 455/91, GmbHR 1995 S. 730). Die unberechtigte Amtsniederlegung rechtfertigt regelmäßig die fristlose Kündigung des Anstellungsvertrages (OLG Celle, 31.8.1994 – 9 U 118/93, GmbHR 1995 S. 728).

170 Die **aus wichtigen Gründen erklärte Amtsniederlegung** eines Geschäftsführers ist, auch wenn über die objektive Berechtigung dieser Gründe gestritten wird, **sofort wirksam** (BGH, 14.7.1980 – II ZR 616/79, NJW 1980 S. 2415).

Der Geschäftsführer sollte insbesondere bei bevorstehender Insolvenz seine **Abmeldung** beim Handelsregister **selbst vornehmen,** d.h., als letzte Geschäftsführerhandlung meldet er seine Amtsniederlegung an. In diesem Fall kann allerdings die Beendigung der Geschäftsführung erst mit Wirkung ab Eintragung im Handelsregister angemeldet werden.

Früher war umstritten, ob der einzige Geschäftsführer wirksam ohne wichtigen Grund sein Amt niederlegen konnte. Nach Entscheidungen des BGH vom 8.2.1993 (II ZR 58/92, BGHZ 121 S. 257) und vom 26.6.1995 (II ZR 109/94, GmbHR 1995 S. 653) ist die Amtsniederlegung eines Geschäftsführers auch dann sofort wirksam, wenn sie nicht auf einem angeblichen wichtigen Grund gestützt ist (ebenso OLG Frankfurt/M., 16.6.1993 – 20 W 178/93, GmbHR 1993 S. 738 und BayObLG, 13.1.1994 – 3 Z BR 311/93, GmbHR 1994 S. 259 zur Amtsniederlegung eines Liquidators). Die Frage, ob ein wichtiger Grund vorliegt oder nicht, spielt also für die Wirksamkeit der Amtsniederlegung keine Rolle. Sie ist nur zu prüfen, wenn es darum geht, ob der Geschäftsführer schadenersatzpflichtig ist oder nicht, insbesondere dann, wenn die Niederlegung in der Krise erfolgt (vgl. dazu Trölitzsch, Die Amtsniederlegung von Geschäftsführern in der Krise der GmbH, GmbHR 1995 S. 857).

4. KÜNDIGUNG DES ANSTELLUNGSVERTRAGES

Es wurde bereits darauf hingewiesen, daß die Abberufung nicht die Beendigung des Anstellungsvertrages zur Folge hat und zwar selbst dann nicht, wenn der Widerruf der Bestellung aus wichtigem Grund erfolgte. Der Anstellungsvertrag ist also gesondert zu kündigen (neben der Kündigung kann der Anstellungsvertrag auch durch Zeitablauf, Tod, Amtsniederlegung beendet werden). 171

Nach der heute gültigen **Trennungstheorie** hat der Geschäftsführer eine **Doppelstellung** inne: Er ist Organ (Vertreter der GmbH) **und** Dienstverpflichteter (Hümmrich, Grenzfall des Arbeitsrechts: Kündigung des GmbH-Geschäftsführers, NJW 1995 S. 1177; Reiserer, Die ordentliche Kündigung des Dienstvertrags des GmbH-Geschäftsführers, DB 1994 S. 1822).

Werden 2 GmbHs miteinander **verschmolzen**, so hat dies zur Folge, daß die mit den Geschäftsführern bestehenden Anstellungsverträge automatisch auf die übernehmende GmbH übergehen. Das ergibt sich daraus, daß die Verschmelzung einer GmbH auf eine andere GmbH eine **Gesamtrechtsnachfolge** darstellt.

Bei der Beendigung des Dienstverhältnisses spielt die **Altersgrenze** eine gewisse Rolle. Seit 1.1.1994 ist es wieder möglich zu vereinbaren, daß ab einer bestimmten Altersgrenze, z.B. 65. Lebensjahr, der Dienstvertrag ohne Kündigung automatisch endet (§ 41 Abs. 4 Satz 3 SGB VI); dies ist mit dem Grundgesetz vereinbar (BAG, 11.6.1997 – 7 AZR 186/96, NJW 1998 S. 630). 172

Die **Kündigung** des Anstellungsvertrages des Geschäftsführers A unterliegt **als Sozialakt** nicht dem (Mit-)Geschäftsführer B, sondern den Gesellschaftern. Die organschaftliche Vertretungsmacht eines Geschäftsführers umfaßt nicht die Abberufung des anderen und nicht die mit der Abberufung verbundene Kündigung seines Vertrages oder die mit der Kündigung verbundene Abberufung. Wenn auch die Abberufung eines Geschäftsführers nicht gleichzeitig notwendig zur Beendigung des Anstellungsvertrages führt, so ist doch eine **Kündigung** des Anstellungsvertrages **zugleich** als **Abberufung** des Geschäftsführers zu sehen. Eine wirksame Kündigung des Dienstverhältnisses entzieht regelmäßig der Organstellung den Boden, weil ein Geschäftsführer im allgemeinen nicht ohne Vertragsgrundlage weiterarbeiten wird (BGH, 24.11.1980 – II ZR 182/79, BGHZ 79 S. 38). Machen die GmbH und der Geschäftsführer in dem Anstellungsvertrag dessen Beendigung von dem **Widerruf** des Organverhältnisses abhängig, so tritt diese **auflösende Bedingung** nur dann ein, wenn der Widerruf der Bestellung rechtmäßig erfolgt (OLG Düsseldorf, 20.2.1992 – 6 U 118/91, DStR 1992 S. 1139); die Nichtigkeit des Abberufungsbeschlusses kann jedoch nicht mehr geltend gemacht werden, wenn der Beschluß in das Handelsregister eingetragen ist und seitdem 3 Jahre verstrichen sind. Eine Kündigung, die im Zusammenhang mit der Abberufung erfolgt, setzt einen wirksamen **Gesellschafterbeschluß** voraus. Steht die Kündigung des Anstellungsverhältnisses in einem inneren und zeitlichen Zusammenhang mit der Abberufung des Geschäftsführers, so fällt nicht nur die Beschlußfassung, sondern auch die Abgabe der Kündigungserklärung in die 173

1. KAPITEL: Der GmbH-Geschäftsführer im Gesellschaftsrecht

Zuständigkeit der Gesellschafterversammlung, weil es dabei um eine körperschaftliche Regelung geht (OLG Köln, 21.2.1990 – 13 U 195/89, GmbHR 1991 S. 156). Die Gesellschafter können sich zur Erklärung der Kündigung eines Bevollmächtigten bedienen. Fehlt ein wirksamer Gesellschafterbeschluß, ist die Kündigung unwirksam. Eine rückwirkende Genehmigung durch die Gesellschafter ist, wenn ein Beschluß fehlte, nicht möglich.

174 Die Vereinbarung im Anstellungsvertrag, wonach der **Widerruf** der Bestellung als **wichtiger Kündigungsgrund** gilt, führt nur dazu, daß eine Kündigung unter Wahrung der gesetzlichen Mindestfrist möglich ist, wenn der Geschäftsführer an der Gesellschaft nicht unwesentlich beteiligt ist und seinen Lebensunterhalt wesentlich aus der Dienstleistung für die Gesellschaft bezieht (OLG München, 8.6.1994 – 7 U 4606/93, DB 1994 S. 1972).

175 Neben der Kündigung können GmbH und Geschäftsführer auch den **Anstellungsvertrag** (und die Bestellung) im gegenseitigen Einverständnis **aufheben**. Wird dabei dem Geschäftsführer eine Abfindung versprochen, diese aber nicht bezahlt und tritt der Geschäftsführer dann von dem Abfindungsvertrag zurück, so führt dies nicht zum Wiederaufleben des Geschäftsführeramtes (OLG Schleswig, 13.2.1992 – 5 U 173/90, DStR 1992 S. 1816).

Das **mündliche Angebot** des Geschäftsführers zu seiner **Vertragsaufhebung** an ein einzeln anwesendes Mitglied eines mehrköpfigen Aufsichtsrats ist kein Angebot unter Anwesenden i.S. des § 147 Abs. 1 BGB, das nur sofort angenommen werden kann. Es ist vielmehr, wenn das anwesende Aufsichtsratsmitglied annimmt, ein schwebend unwirksamer Vertrag, der gemäß § 177 Abs. 1 BGB durch Genehmigung des Gesamtaufsichtsrats wirksam wird (OLG Frankfurt/M., 8.11.1995 – 5 U 269/93, BB 1995 S. 2440).

a) KÜNDIGUNGSVORSCHRIFTEN UND -FRISTEN

176 Der Anstellungsvertrag ist i.d.R. ein **Dauerarbeitsverhältnis** mit z.T. festen Bezügen, so daß sich seine Kündigung nach den §§ 621, 622 BGB richtet und nicht nach § 627 BGB. Dabei kommt § 622 BGB (Arbeitsverhältnis) für den Fremdgeschäftsführer und § 621 BGB für den Gesellschafter-Geschäftsführer zur Anwendung.

Wenn auch § 622 BGB grundsätzlich nur für den Fremdgeschäftsführer gilt, so schließt dies nicht aus, daß einzelne Bestimmungen dieser Vorschrift auch auf **Gesellschafter-Geschäftsführer** angewandt werden können (BGH, 26.3.1984 – II ZR 120/83, BB 1984 S. 1892).

177 Nach § 622 Abs. 1 BGB i.d.F. des Kündigungsfristengesetzes vom 7.10.1993 (BGBl. I S. 1668) kann dem **Fremdgeschäftsführer,** wenn vertragliche längerfristige Regelungen fehlen, mit einer Frist von 4 Wochen gekündigt werden, wobei die Kündigung entweder nur zum 15. oder zum Ende des Monats erfolgen kann.

Die Kündigungsfrist verlängert sich nach § 622 Abs. 2 BGB für schon länger bestehende Arbeitsverhältnisse. Das gilt allerdings **nur für die Kündigung durch den Arbeitgeber**. Der Arbeitnehmer kann auch bei länger bestehendem Arbeitsverhältnis mit der Grundkündigungsfrist kündigen.

Die verlängerte Kündigungsfrist beträgt, wenn das Arbeitsverhältnis in dem Betrieb oder Unternehmen

– 2 Jahre bestanden hat, 1 Monat zum Ende eines Kalendermonats,
– 5 Jahre bestanden hat, 2 Monate zum Ende eines Kalendermonats,
– 8 Jahre bestanden hat, 3 Monate zum Ende eines Kalendermonats,

- 10 Jahre bestanden hat, 4 Monate zum Ende eines Kalendermonats,
- 12 Jahre bestanden hat, 5 Monate zum Ende eines Kalendermonats,
- 15 Jahre bestanden hat, 6 Monate zum Ende eines Kalendermonats und
- 20 Jahre bestanden hat, 7 Monate zum Ende eines Kalendermonats.

Bei der Berechnung der **Beschäftigungsdauer** werden Zeiten, die vor der Vollendung des 25. Lebensjahres liegen, nicht berücksichtigt.

Maßgebend ist die Dauer des Bestehens des Arbeitsverhältnisses zum **gleichen Arbeitgeber.** Nicht erforderlich ist, daß der Arbeitnehmer während der ganzen Zeit im gleichen Betrieb gearbeitet hat. Weiter kommt es auf den **Tag des Zuganges der Kündigung** an, nicht aber auf den Tag, an dem das Arbeitsverhältnis enden soll.

Der Geschäftsführer hat regelmäßig einen sog. freien Dienstvertrag.

Die verlängerte Kündigungsfrist des § 622 Absatz 2 BGB findet auf freie Dienstverträge jedenfalls dann keine Anwendung, **wenn die Parteien eine 3-monatige Kündigungsfrist vereinbart** haben (LAG Berlin, 30.6.1997 – 9 Sa 43/97, GmbHR 1997 S. 839).

Nach der Entscheidung des BAG vom 28.4.1994 (2 AZR 730/93, GmbHR 1994 S. 629) kann in dem Geschäftsführervertrag wirksam vereinbart werden, daß zu einer fristgerechten Kündigung die **vorherige Zustimmung der Gesellschafterversammlung** eingeholt wird. Eine solche Regelung stellt keine unzulässige Beschränkung der Vertretungsbefugnis dar.

Der GmbH-Geschäftsführer fällt grundsätzlich nicht unter das **Kündigungsschutzgesetz**: Nach § 14 Abs. 1 Nr. 1 KSchG gilt dieses Gesetz nicht für Organmitglieder.

Keine Anwendung auf den Geschäftsführer einer GmbH finden auch die Kündigungsschutzvorschriften des **Schwerbehindertengesetzes** (OLG Hamm, 2.6.1986 – 8 U 298/85, GmbHR 1987 S. 307). Ein schwerbehinderter GmbH-Geschäftsführer ist nicht Arbeitnehmer im arbeitsrechtlichen Sinne, und nur auf diesen Personenkreis findet das Schwerbehindertengesetz Anwendung, sondern er nimmt die Funktionen eines Arbeitgebers wahr. Selbst der wirtschaftlich von der GmbH abhängige schwerbehinderte Fremdgeschäftsführer kann die Kündigungsvorschriften des Schwerbehindertengesetzes nicht in Anspruch nehmen, selbst wenn ein Konkurs- oder Insolvenzverwalter die Verfügungsbefugnis bei der GmbH übernommen hat.

Das BSG hat mit Urteil vom 30.9.1992 (11 RAr 79/91, GmbHR 1993 S. 357) entschieden, daß der schwerbehinderte alleinige Gesellschafter-Geschäftsführer einer Komplementär-GmbH, der als gleichzeitig mehrheitlich beteiligter Kommanditist einer GmbH & Co. KG für diese als Organ bzw. gesetzlicher Vertreter selbständig tätig ist, bei der Berechnung der **Pflichtarbeitsplätze** für Schwerbehinderte nicht anzurechnen ist (ebenso VGH Hessen, 19.9.1996 – UE 3009/94, ZFSH/SGB 1997 S. 226).

Ein schwerbehinderter Geschäftsführer einer GmbH wird jedenfalls dann nicht auf einem Arbeitsplatz i.S. des § 7 Abs. 1 SchwbG beschäftigt, wenn er alleiniger Geschäftsführer und zugleich Mitgesellschafter mit einer nicht unwesentlichen Einlage ist (siehe auch Rz. 53).

Nach einer Entscheidung des BVerwG (24.2.1994 – 5 C 44/92, GmbHR 1995 S. 52) ist ein schwerbehinderter Geschäftsführer einer GmbH dann nicht auf einem Arbeitsplatz i.S. des § 7 Abs. 1 SchwbG beschäftigt, wenn er zugleich

Mehrheitsgesellschafter der GmbH ist (ebenso BVerwG, 25.7.1997 – 5 C 16/16, NZA 1997 S. 1166).

182 Das LG München I hat in einem rechtskräftigen Urteil vom 18.12.1991 (3 O 6702/91) einen Minderheits-Gesellschafts-Geschäftsführer, der vor seiner Bestellung zum Geschäftsführer Angestellter der GmbH war, die Kündigungsschutzvorschriften des Schwerbehindertengesetzes zugebilligt, da sein früherer Arbeitsvertrag nicht ausdrücklich aufgehoben wurde und auch bei der Gehaltszahlung durch die Bestellung zum Geschäftsführer keine Änderung eintrat. Gegen diese Auffassung spricht die **Rechtsprechung** des BGH (z.B. 29.1.1981 – II ZR 92/80, BGHZ 79 S. 291), daß ein Geschäftsführer, der gegen Entgelt tätig wird, einen Anstellungsvertrag abschließt, der als Dienstvertrag zu qualifizieren ist, welcher eine Geschäftsbesorgung zum Gegenstand hat (§§ 611, 675 BGB). Der BGH verneint im Falle der Entgeltlichkeit einen Arbeitsvertrag mit der Begründung, der Geschäftsführer nehme als Vertretungsorgan der GmbH Arbeitgeberfunktionen wahr. Das BAG vertrat dagegen die Auffassung, daß der GmbH-Geschäftsführer auch Arbeitnehmer oder arbeitnehmerähnliche Person sein kann (BAG, 10.7.1980 – 3 AZR 68/79, AP Nr. 1 zu § 5 ArbGG 1979). Das BAG war der Ansicht, daß im Falle der Bestellung eines Angestellten einer GmbH zum Geschäftsführer, wenn sich an den Vertragsbedingungen im übrigen nichts ändert, im Zweifel das bisherige Arbeitsverhältnis als ruhendes neben dem Dienstverhältnis und der darauf beruhenden Organstellung fortbesteht und durch die Abberufung das Arbeitsverhältnis wieder auf seinen ursprünglichen Inhalt zurückgeführt wird (ebenso BAG, 13.5.1992 – 5 AZR 344/91, GmbHR 1993 S. 35).

Die Vermutung der BAG-Rechtsprechung (9.5.1985 – 2 AZR 330/84, BB 1986 S. 1579 und 12.3.1987 – 2 AZR 336/86, BB 1988 S. 208), daß ein Angestellter, der zum Geschäftsführer berufen wird, im Zweifel seinen bisher erworbenen Bestandsschutz nicht aufgeben will, galt schon bisher dann nicht, wenn jemand zunächst **Angestellter im Probeverhältnis** war und dann als Geschäftsführer berufen wurde (BAG, 7.10.1993 – 2 AZR 260/93, BB 1994 S. 287).

183 Bei Anstellungsverträgen mit einer Laufzeit von **mehr als 5 Jahren** oder auf **Lebenszeit** gilt für den Geschäftsführer § 624 BGB: Nach Ablauf von 5 Jahren kann er den Anstellungsvertrag mit einer Frist von 6 Monaten kündigen (vgl. auch Bauer, Kündigung und Kündigungsschutz vertretungsberechtigter Organmitglieder, BB 1994 S. 855).

Das Anstellungsverhältnis kann gemäß § 626 Abs. 1 BGB auch **ohne Einhaltung einer Kündigungsfrist aus wichtigem Grund** gekündigt werden.

Dabei muß ein wichtiger Grund, der zum Widerruf der Bestellung berechtigt (z.B. Vertrauensentzug durch den Alleingesellschafter), nicht gleichzeitig ein wichtiger Grund i.S. des § 626 Abs. 1 BGB sein (BGH, 20.10.1954 – II ZR 280/53, BGHZ 15 S. 71). Ein **geringfügiges Verschulden,** das zum Vertrauensentzug und zur Abberufung geführt hat, reicht nicht aus, um das Anstellungsverhältnis fristlos aufzulösen.

Bei der Frage, ob eine zur Kündigung berechtigende Pflichtverletzung des Geschäftsführers vorliegt, ist nicht darauf abzustellen, ob subjektiv die Gesellschaft oder der Beirat das Verhalten als vertrauenzerstörend empfunden hat. Vielmehr ist entscheidend, ob dieses **Verhalten objektiv geeignet** war, aus der Sicht der Gesellschaft die Vertrauensgrundlage für eine weitere Zusammenarbeit zu entziehen.

Eine solche Pflichtverletzung ist nicht gegeben, wenn der Geschäftsführer ein für den Beirat der **mitbestimmten GmbH** bestimmtes Schreiben, in dem die Beden-

A. Geschäftsführer als Handlungsorgan und Dienstnehmer der GmbH

ken der Geschäftsführung gegen eine geplante Teilverlegung der Produktion ins Ausland geäußert werden, dem Betriebsratsvorsitzenden übergibt (OLG Köln, 7.1.1992 – 22 U 150/91, GmbHR 1992 S. 674).

Ein wichtiger Grund liegt nur vor, wenn der GmbH bei Abwägung aller Umstände die **Weiterbeschäftigung** des Geschäftsführers in seiner bisherigen Stellung bis zum Ablauf der ordentlichen Kündigungsfrist **nicht zuzumuten** ist (BGH, 23.10.1995 – II ZR 130/94, WM 1995 S. 2064). **184**

Als **außerordentliche Kündigungsgründe** sind u. a. anerkannt worden:

- Selbstbeurlaubung (LAG Köln, 29.3.1994 – 8 Sa 1152/93, BB 1994 S. 1504),
- Krankheitsandrohung (BAG, 5.11.1992 – 2 AZR 147/92, BB 1993 S. 434),
- krankheitsbedingte Unfähigkeit, die Arbeit fortzusetzen (BAG, 9.9.1992 – 2 AZR 1990/92, BB 1993 S. 291),
- Hinauszögerung der Genesung (BAG, 11.11.1965 – 2 AZR 69/65, BB 1966 S. 81 und Anm. Diekhoff, S. 1145),
- häufige Unpünktlichkeit (BAG, 17.3.1988 – 2 AZR 576/87, BB 1989 S. 289),
- Handgreiflichkeiten des Geschäftsführers (BGH, 24.10.1994 – II ZR 91/94, DStR 1994 S. 1746),
- Verstoß gegen Verschwiegenheitspflicht (BAG, 4.4.1974 – 2 AZR 452/73, BB 1974 S. 739),
- alkoholbedingte dauernde Unfähigkeit des Geschäftsführers, seinen Pflichten nachzukommen (BAG, 14.11.1984 – 7 AZR 474/83, BB 1985 S. 867),
- schwerwiegendes und dauerndes Zerwürfnis zwischen Geschäftsführern (OLG Düsseldorf, 7.1.1994 – 16 U 104/92, GmbHR 1994 S. 884; BGH, 27.10.1983 – II ZR 31/83, WM 1984 S. 29),
- Auszahlung einer Tantieme bei fehlendem Gesellschafterbeschluß (OLG Hamm, 24.6.1994 – 25 U 149/90, GmbHR 1995 S. 732, durch Beschluß vom 3.7.1995 – II ZR 187/94 wurde die Revision nicht zur Entscheidung angenommen),
- unberechtigter Einsatz von Materialien und Arbeitskräften der GmbH für den Bau seines Privathauses durch den Geschäftsführer (BGH, 2.6.1997 – II ZR 101/96, DStR 1997 S. 1338).

Verweigert der Geschäftsführer den Gesellschaftern **Auskünfte**, so ist dies ein Grund zur fristlosen Kündigung des Anstellungsvertrages des Geschäftsführers (OLG Frankfurt/M., 24.11.1992 – 5 U 67/90, DB 1993 S. 2324). **185**

Verletzt der Geschäftsführer seine Pflicht aus § 49 Abs. 3 GmbHG **(Einberufung einer Gesellschafterversammlung bei Verlust des halben Stammkapitals)**, so ist dies grundsätzlich ein wichtiger Grund, der zur fristlosen Kündigung des Anstellungsvertrages berechtigt; hat jedoch der die GmbH beherrschende Gesellschafter den Geschäftsführer im Innenverhältnis von seiner Überwachungsaufgabe freigestellt, so fehlt es i. d. R. **am wichtigen Grund** für eine **fristlose** Kündigung (BGH, 20.2.1995 – II ZR 9/94, BB 1995 S. 975).

Wird die **Geschäftsführungsbefugnis** eines Geschäftsführers unzulässig **beschränkt**, so berechtigt dies den Geschäftsführer zur fristlosen Kündigung eines Anstellungsvertrages (OLG Frankfurt/M., 17.12.1992 – 26 U 54/92, GmbHR 1993 S. 288).

Erhält ein Geschäftsführer **3 Monate kein Gehalt**, so kann er die Leistung weiterer Dienste verweigern; seine Arbeitsverweigerung stellt in diesem Falle **keinen**

wichtigen Grund für die außerordentliche Kündigung des Anstellungsvertrages dar (OLG Hamm, 25.4.1994 – 8 U 188/93, NJW-RR 1995 S. 1187).

Kein Grund zur fristlosen Kündigung liegt vor, wenn der Geschäftsführer einer gemeinnützigen Wohnungsbau-GmbH eigenes Vermögen in Werten anlegt, mit denen auch die Gesellschaft handelt. Ein Verstoß liegt vielmehr nur dann vor, wenn der Geschäftsführer die Absicht hat, die Anlage alsbald mit Gewinn weiterzuveräußern, oder wenn die Zahl der erworbenen Objekte nach dem Rahmen der Befriedigung privater Bedürfnisse deutlich überschritten wird; bei 2 Hausgrundstücken, deren eines zudem selbst bewohnt werden soll, ist diese Voraussetzung regelmäßig nicht gegeben (BGH, 17.2.1997 – II ZR 278/95, DStR 1997 S. 1053 mit Anm. Goette).

Vereinbaren die Parteien in einem befristeten Arbeitsverhältnis beiderseits ein Kündigungsrecht aus bestimmten, als wichtig bezeichneten Gründen mit einer Kündigungsfrist, die der tariflichen bzw. gesetzlichen Kündigungsfrist entspricht oder diese übersteigt, so wird damit, falls nicht Anhaltspunkte für einen abweichenden Parteiwillen vorliegen, nicht die fristlose Kündigung nach § 626 BGB ausgeschlossen, sondern das Recht zur ordentlichen Kündigung vereinbart (BAG, 25.2.1998 – 2 AZR 279/97, NJW 1998 S. 3515).

186 Bei der Kündigung aus wichtigem Grund ist aber § 626 Abs. 2 BGB zu beachten, wonach die Kündigung nur **innerhalb von 2 Wochen** ab Kenntnis des Kündigungsgrundes erfolgen kann. Diese Frist ist eine materiellrechtliche **Ausschlußfrist**. Ihre Versäumung führt zur Unwirksamkeit der außerordentlichen Kündigung wegen Fehlens des wichtigen Grundes. Dabei kommt es nicht auf den Zeitpunkt der Kenntnis eines Gesellschafters an. Vielmehr beginnt die 2-Wochen-Frist erst zu laufen, wenn alle Gesellschafter von den Kündigungsgründen erfahren haben und Gelegenheit hatten, in einer Gesellschafterversammlung den Beschluß zu fassen und ihn dem Geschäftsführer zugehen zu lassen:

„Die Frist zur Kündigung des GmbH-Geschäftsführers aus wichtigem Grund beginnt bei Zuständigkeit der Gesellschafterversammlung, spätestens, wenn alle Gesellschafter Kenntnis von den Kündigungstatsachen erlangt haben, und endet zwei Wochen danach, sofern die Gesellschafterversammlung innerhalb dieser Frist gesetz- und satzungsmäßig zusammentritt, wirksam beschließen und die Kündigungserklärung dem Geschäftsführer zugehen kann" (BGH, 17.3.1980 – II ZR 178/79, NJW 1980 S. 2411. Ebenso: BGH, 2.6.1997 – II ZR 101/96, DStR 1197 S. 1338).

Wird die Einberufung der Gesellschafterversammlung von ihren einberufungsberechtigten Mitgliedern nach Kenntniserlangung von dem Kündigungssachverhalt unangemessen verzögert, so muß sich die Gesellschaft hinsichtlich des Fristbeginns so behandeln lassen, als wäre die Gesellschafterversammlung mit der billigerweise zumutbaren Beschleunigung einberufen worden (BGH, 15.6.1998 – II ZR 318/96, DStR 1998 S. 1101 mit Anm. Goette = NJW 1998 S. 3274).

Sieht der Gesellschaftsvertrag eine **längere Einberufungsfrist** vor, z.B. 4 Wochen Ladungsfrist für die Einberufung einer Gesellschafterversammlung, so können sich bezüglich der 2-Wochen-Frist des § 626 Abs. 2 BGB Probleme ergeben. Wird eine außerordentliche Gesellschafterversammlung wegen der Frist des § 626 Abs. 2 BGB ohne Nichtbeachtung der 4-Wochen-Frist einberufen, so kann sich insbesondere der betroffene Gesellschafter-Geschäftsführer nicht auf die Nichteinhaltung der Ladungsfrist berufen. Möglich wäre m.E. in solchen Fällen auch die Ausdehnung der 2-Wochen-Frist des § 626 Abs. 2 BGB.

A. Geschäftsführer als Handlungsorgan und Dienstnehmer der GmbH

Die für die Kündigung gegenüber einem Geschäftsführer zuständigen Gesellschafter einer GmbH brauchen sich die **Kenntnis eines Mitgeschäftsführers** vom Kündigungssachverhalt nicht zurechnen zu lassen (BGH, 9.11.1992 – II ZR 234/91, BB 1992 S. 2453). Zwar ist auch anerkannt, daß jeder Geschäftsführer die anderen in gewissem Umfang auch dann zu überwachen hat, wenn die Geschäftsführungsaufgaben ressortmäßig aufgeteilt sind. Das betrifft aber nur die Frage der Mithaftung für die Fehler der anderen nach § 43 GmbHG. Eine Art Personalaufsicht übt der Geschäftsführer über seine Mitgeschäftsführer nicht aus.

187

Kenntnis ist nicht der bloße Verdacht unlauterer Machenschaften, sondern es müssen Tatsachen feststehen. Der Kündigungssachverhalt muß der Gesellschafterversammlung bekannt sein, so daß ihr eine Entscheidung möglich ist, ob die Fortsetzung des Anstellungsverhältnisses zumutbar ist oder nicht. Zu den für die Kündigung maßgebenden Tatsachen gehören sowohl die für als auch gegen die Kündigung sprechenden Umstände (vgl. dazu auch Lüders, Beginn der 2-Wochen-Frist des § 626 Abs. 2 BGB bei Kenntniserlangung durch Organmitglieder, BB 1990 S. 790; BGH, 26.2.1996 – II ZR 114/95, GmbHR 1996 S. 452).

Insbesondere bei der **Verdachtskündigung** kann die Frist niemals vor der Anhörung des betroffenen Geschäftsführers zu laufen beginnen (BAG, 6.7.1972 – 2 AZR 386/71, NJW 1973 S. 214). Die **Ausschlußfrist** des § 626 Abs. 2 BGB ist solange **gehemmt**, wie die Gesellschafterversammlung aus verständigen Gründen mit der gebotenen Eile noch Ermittlungen über den Kündigungssachverhalt anstellt und der Geschäftsführer dies erkennen kann (BGH, 26.2.1996 – II ZR 114/95, DStR 1996 S. 676 mit Anm. Goette).

188

Nimmt der Geschäftsführer eigenmächtig **Urlaub,** so beginnt die Ausschlußfrist des § 626 Abs. 2 BGB erst mit Beendigung des Urlaubs, zu dem Zeitpunkt also, in dem der Geschäftsführer **zurückkehrt** (BAG, 25.2.1983 – 2 AZR 298/81, BB 1983 S. 1922; vgl. hierzu auch Gerauer, Nochmals: Beginn der Ausschlußfrist des § 626 BGB bei Dauertatbeständen, BB 1988 S. 2032; Kapischke, Nochmals: Beginn der Ausschlußfrist des § 626 Abs. 2 BGB, BB 1989 S. 1061).

Nach Ausspruch der außerordentlichen Kündigung bekanntgewordene **weitere Kündigungsgründe** müssen nicht wieder innerhalb eines 2-Wochen-Zeitraums nach Bekanntwerden nachgeschoben werden (BAG, 4.6.1997 – 2 AZR 362/96, DStR 1997 S. 2039).

Eine fristlose Kündigung muß als außerordentliche **erklärt** werden und die Erklärung muß für den Geschäftsführer zweifelsfrei den Willen der GmbH erkennen lassen, von dieser Kündigungsmöglichkeit Gebrauch zu machen (OLG Frankfurt/M., 19.1.1988 – 5 U 3/86, GmbHR 1989 S. 254).

189

Zuständig für die Kündigung des Anstellungsvertrages – auch mit einem Gesellschafter-Geschäftsführer – ist die **Gesellschafterversammlung,** wenn die Kündigung mit der Abberufung eng zusammenhängt; das kommt insbesondere bei Vorliegen eines wichtigen Grundes in Betracht (OLG Düsseldorf, 13.7.1989 – 8 U 187/88 und 31/89, GmbHR 1989 S. 468).

Die Kündigung ist – ebenso wie der Widerruf der Bestellung – **formfrei.** Besteht für einen Gesellschafter-Geschäftsführer aber ein satzungsgemäß verbrieftes Recht auf Geschäftsführung, so bedarf auch der Kündigungsbeschluß der Gesellschafterversammlung der notariellen Beurkundung und einer $^3/_4$-Mehrheit (§ 53 Abs. 2 GmbHG).

Bei einer unwirksamen Kündigung kommt die GmbH in **Annahmeverzug,** wenn der Geschäftsführer seine Dienste weiterhin anbietet. Bei Annahmeverzug der GmbH bleibt der Vergütungsanspruch des Geschäftsführers erhalten (§ 615

190

BGB). Nur wenn der unwirksam gekündigte Geschäftsführer der Kündigung widerspricht und tatsächlich oder wörtlich seine Arbeitsleistung der GmbH anbietet, kann er Vergütungen verlangen (OLG Koblenz, 7.10.1993 – 6 U 547/91, GmbHR 1994 S. 887). Dies gilt auch dann, wenn die GmbH den Anstellungsvertrag gekündigt hat und der Geschäftsführer gegen die aus Rechtsgründen unwirksame Kündigung dadurch Protest erhoben hat, daß er eine **einstweilige Verfügung** beantragt hat, mit der einem der beiden anderen Gesellschafter ein bestimmtes Abstimmungsverhalten auf einer bereits einberufenen Gesellschafterversammlung bei der Beschlußfassung über die Abberufung des Geschäftsführers untersagt worden ist (OLG Frankfurt/M., 3.12.1992 – 26 U 100/91, GmbHR 1993 S. 291).

191 Problematisch ist, **welche Dienste** der abberufene und gekündigte Geschäftsführer **anbieten** muß, um die GmbH in Annahmeverzug zu setzen. Nach seinem Anstellungsvertrag muß er nur die vereinbarte Geschäftsführertätigkeit anbieten (Kothe-Heggemann/Dahlbender, Ist der GmbH-Geschäftsführer nach Abberufung weiterhin zur Arbeitsleistung verpflichtet?, GmbHR 1996 S. 650). Lehnt er andere Aufgaben ab, kommt die GmbH dennoch in Annahmeverzug und ist damit verpflichtet, die Vergütung in vollem Umfang fortzuzahlen (z.T. a.A.: OLG Karlsruhe, 25.8.1995 – 15 U 286/94, GmbHR 1996 S. 208).

191.1 Wann kann eine unwirksame außerordentliche Kündigung in eine ordentliche Kündigung **umgedeutet** (§ 140 BGB) werden?

Es ist in der Rechtsprechung anerkannt, daß die Umdeutung der außerordentlichen Kündigung eines Dienstverhältnisses in eine ordentliche Kündigung dann vorgenommen werden kann, wenn nach der Sachlage anzunehmen ist, daß die ordentliche Kündigung dem Willen des Kündigenden entspricht und dieser Wille in seiner Erklärung für den Empfänger der Kündigung erkennbar zum Ausdruck kommt (BGH, 28.1.1985 – II ZR 79/84, GmbHR 1985 S. 256).

Da die Kündigung des Dienstvertrags eines Geschäftsführers in den ausschließlichen Zuständigkeitsbereich der **Gesellschafterversammlung** fällt, ist es erforderlich, daß der Beschluß der Gesellschafter ihren Willen zum Ausdruck bringt, es solle nicht nur eine fristlose, sondern auch eine fristgemäße Kündigung ausgesprochen werden. Dieser Wille muß sich darüber hinaus aus der dem Empfänger der Kündigungserklärung gegenüber abgegebenen Erklärung ergeben (BGH, 8.9.1997 – II ZR 165/96, DStR 1997 S. 2036 mit Anm. Goette). Spricht ein Mitgeschäftsführer die unwirksame fristlose Kündigung aus, kann diese in eine fristgerechte Kündigung umgedeutet werden, wenn ein entsprechender Wille der Gesellschafterversammlung vorliegt *und* dieser Wille gegenüber dem Empfänger der Kündigung auch erkennbar geworden ist.

192 Hat der Geschäftsführer anstelle eines Anstellungsvertrages mit der GmbH einen **Beratungsvertrag** (2-monatige Kündigungsfrist) abgeschlossen, so kann die GmbH nach Abberufung des Geschäftsführers als Organ den Beratungsvertrag nicht sofort beenden; vielmehr bedarf es zur Rechtfertigung einer außerordentlichen Kündigung einer umfassenden Abwägung aller Umstände des Einzelfalls, die es der GmbH unzumutbar machen, die Frist für die ordentliche Kündigung abzuwarten (BGH, 23.10.1995 – II ZR 130/94, DStR 1995 S. 1926; zum Abschluß eines Beratungsvertrages vgl. Rz. 50).

b) RECHTSWEG BEI KÜNDIGUNGSSTREITIGKEITEN

193 Streitpunkt ist immer wieder, welches Gericht **sachlich zuständig** ist, wenn ein Geschäftsführer die fristlose oder fristgemäße Kündigung seines Anstellungsver-

trages nicht hinnehmen will. Grundsätzlich sind die **ordentlichen Gerichte** und nicht die Arbeitsgerichte sachlich zuständig.

Sowohl für die einstweilige Verfügung auf Weiterbeschäftigung als Geschäftsführer als auch für Hilfsanträge auf Beschäftigung in einer geschäftsführerähnlichen Position oder in der Position eines Betriebsleiters sind die ordentlichen Gerichte zuständig (LG Köln, 9.9.1997 – 3 O 406/97, GmbHR 1997 S. 1104).

Nach § 2 Abs. 1 Nr. 3 ArbGG sind die Arbeitsgerichte in bestimmten bürgerlichen Streitigkeiten zwischen Arbeitgebern und Arbeitnehmern zuständig, z.B. über das Bestehen oder Nichtbestehen von Arbeitsverhältnissen. § 5 ArbGG definiert den Begriff des Arbeitnehmers. Danach gelten als Arbeitnehmer nicht solche Personen, die in Betrieben einer juristischen Person kraft Gesetzes oder Satzung zur Vertretung der juristischen Person berufen sind. Deshalb sind für Klagen aus dem Dienstverhältnis grundsätzlich nicht die Arbeitsgerichte, sondern die ordentlichen Gerichte zuständig, und zwar selbst dann, wenn der GmbH-Geschäftsführer im Innenverhältnis derart eingeschränkt oder sozial abhängig ist, daß sein Status kaum von dem eines normalen Angestellten unterscheidet (Schwab, Das Dienstverhältnis des GmbH-Geschäftsführers insbesondere unter arbeitsrechtlichen Aspekten, NZA 1987 S. 839 mit Rechtsprechungsnachweisen). Die Zuständigkeit der ordentlichen Gerichte gilt unabhängig davon, ob der Geschäftsführer gleichzeitig Gesellschafter oder sonstwie an der GmbH finanziell beteiligt ist (Grunsky, Rechtswegzuständigkeit bei Kündigung des Anstellungsvertrages eines GmbH-Geschäftsführers, ZIP 1988 S. 76).

Die ordentlichen Gerichte sind auch zuständig, wenn nur ein Dienstvertrag abgeschlossen wurde, die Bestellung als Geschäftsführer (Organ) aber unterblieb (BAG, 25.6.1997 – 5 AZB 41/96, GmbHR 1997 S. 837).

Der Geschäftsführer der **Vor-GmbH** oder der Stellvertreter des Geschäftsführers sind wie der Geschäftsführer zu behandeln, also auch hier Zuständigkeit der ordentlichen Gerichte (Bongen/Renaud, Gerichtliche Zuständigkeit für Rechtsstreitigkeiten des Geschäftsführers mit der GmbH, GmbHR 1992 S. 797; BAG, 13.5.1996 – 5 AZR 27/95, BB 1996 S. 1774).

194

Das soll auch bei der **Vorgründungsgesellschaft** gelten, die BGB-Gesellschaft oder OHG ist. Denn der Geschäftsführer übt für die Vorgründungsgesellschaft genauso wie für die spätere GmbH selbst Arbeitgeberfunktionen aus, die die Ausgliederung aus dem Bereich der Arbeitnehmer entsprechend § 5 Abs. 1 Satz 3 ArbGG rechtfertigen.

Nur wenn der Geschäftsführer nicht in einem Dienstverhältnis zur GmbH steht, sondern zu einem Dritten, kann die Zuständigkeit der **Arbeitsgerichte** begründet werden, z.B. der Geschäftsführer einer GmbH & Co. KG hat seinen Dienstvertrag mit der KG abgeschlossen und ist an der GmbH nicht oder nur geringfügig beteiligt (ArbG Düsseldorf, 5.6.1997 – 9 Ca 2709/97, GmbHR 1997 S. 1105). Dagegen ist das ordentliche Gericht zuständig für Rechtsstreitigkeiten des Geschäftsführers der Komplementär-GmbH aus seinem Anstellungsvertrag (OLG Hamm, 27.3.1998 – 8 W 2/98, NZA-RR 1998 S. 372).

Der Rechtsweg zum Arbeitsgericht ist auch gegeben, wenn der Geschäftsführer der Tochter-GmbH seinen Dienstvertrag mit der Muttergesellschaft abgeschlossen hat (OLG Frankfurt/M., 5.6.1997 – 5 W 4/97, GmbHR 1997 S. 1106): Der Geschäftsführer der Tochter-GmbH ist kein Organ der Muttergesellschaft.

Auch bei Bestehen eines **Doppelarbeitsverhältnisses** kann ausnahmsweise die Zuständigkeit der Arbeitsgerichte gegeben sein. War ein Geschäftsführer früher Angestellter der GmbH und besteht dieses frühere Arbeitsverhältnis auch nach

195

1. KAPITEL: Der GmbH-Geschäftsführer im Gesellschaftsrecht

der Bestellung zum Geschäftsführer als **ruhendes Arbeitsverhältnis** fort, so sind die Arbeitsgerichte für die Entscheidung über die gegen die Kündigung des Arbeitsverhältnisses erhobene Klage auch dann sachlich zuständig, wenn die Kündigung gleichzeitig mit der Abberufung als Geschäftsführer ausgesprochen wird (BAG, 12.3.1987 – 2 AZR 336/86, BB 1988 S. 208; 20.10.1995 – 5 AZB 5/95, BB 1996 S. 274; 18.12.1996 – 5 AZB 25/96, BB 1997 S. 636; Weber, Rechtswegfragen bei Streitigkeiten aus Geschäftsführer-Dienstverträgen, GmbHR 1997 R 133; Eckert, Ernennung eines Arbeitnehmers zum Geschäftsführer – Weiterbestand der Arbeitnehmer-Schutzrechte?, DStR 1997 S. 1055: Besprechung des BAG-Beschlusses v. 10.12.1996 – 5 AZB 20/96; Eckert, Nochmals: Zuständigkeit. Arbeitsgerichte bei Zweifel über Arbeitnehmereigenschaft, DStR 1997 S. 1056: Besprechung der BAG-Beschlüsse v. 10.12.1996 – 5 AZB 20/96 und 18.12.1996 – 5 AZB 25/96; Eckert, GmbH-Geschäftsführer: Zuständigkeit der allgemeinen Zivilgerichte oder der Arbeitsgerichte?, DStR 1996 S. 275).

> **BEISPIEL:**
>
> A war zunächst Prokurist der X-GmbH mit einem Gehalt von 7 000 DM/Monat. Zum 1.1.1997 wird er zum Geschäftsführer berufen, ohne daß bei seiner Bezahlung und sonstigen Ansprüchen gegen die GmbH Änderungen eintreten. Zum 30.6.1997 wird er als Geschäftsführer abberufen.

Wird ein Angestellter zum Geschäftsführer einer GmbH berufen, ohne daß sich an den Vertragsbedingungen im übrigen etwas ändert, und fehlt es in einem solchen Fall an einer ausdrücklichen oder konkludenten Vereinbarung, so ist im Zweifel anzunehmen, daß er mit der Bestellung zum Vertretungsorgan nicht endgültig den **bisher erworbenen Bestandsschutz** seines Arbeitsverhältnisses aufgeben wollte, ohne dafür einen finanziellen Ausgleich durch eine höhere Vergütung zu erhalten. In dem Verlust des gesetzlichen Kündigungsschutzes liegt ein schwerwiegender Rechtsnachteil, der allein durch die Bestellung zum Vertretungsorgan nicht aufgewogen wird, da diese Bestellung jederzeit widerrufen werden und die Kündigung des ihr zugrunde liegenden Dienstverhältnisses die Rechtsbeziehungen zu der GmbH ohne Entschädigung beenden kann (BAG, 9.5.1985 – 2 AZR 330/84, BB 1986 S. 1579).

Treffen die Vertragspartner anläßlich der Bestellung des bisherigen Angestellten zum Geschäftsführer besondere Vereinbarungen, vereinbaren sie insbesondere einen Risikoausgleich für den erheblich geminderten Bestandsschutz durch eine über die Anpassung an allgemeine Einkommenssteigerungen deutlich hinausgehende Erhöhung der Bezüge, so kann darin die konkludente Beendigung des bisherigen Arbeitsverhältnisses und die Begründung eines freien Dienstverhältnisses gesehen werden (BAG, 27.6.1985 – 2 AZR 425/84, BB 1986 S. 2270). Ändern sich dagegen die bisherigen Vertragsbedingungen nicht oder nur unwesentlich, so ist im Zweifel anzunehmen, daß der Arbeitnehmer nicht in die Aufhebung seines Arbeitsverhältnisses einwilligen will. Dazu bedarf es dann einer ausdrücklichen Vereinbarung zwischen der GmbH und ihrem nunmehrigen Geschäftsführer. Fehlt es daran und kommt es zur Kündigung, so sind für den Kündigungsrechtsstreit weiterhin die Arbeitsgerichte zuständig (a.A. Grunsky, Rechtswegzuständigkeit bei Kündigung des Anstellungsvertrages eines GmbH-Geschäftsführers, ZIP 1988 S. 76).

196 Wenn die Organstellung eines GmbH-Geschäftsführers im Fall der **Verschmelzung** mit einer anderen GmbH erlischt und der Anstellungsvertrag (vgl. seit 1.1.1995 § 20 Abs. 1 Nr. 1 UmwG) auf die übernehmende GmbH übergeht, sind für den Rechtsstreit und die Kündigung des Anstellungsvertrags die Gerichte für

Arbeitssachen nur dann zuständig, wenn neben dem Anstellungsverhältnis ein gleichzeitig übergegangenes **Arbeitsverhältnis ruhend** fortbestanden hat (BAG, 21.2.1994 – 2 AZB 28/93, BB 1994 S. 1224).

Eine GmbH, die der Montan-Mitbestimmung unterliegt und in eine AG umgewandelt wird, wird in einem Rechtsstreit mit dem früheren Geschäftsführer durch den **Aufsichtsrat** vor dem ordentlichen Gericht vertreten (BGH, 28.4.1997 – II ZR 282/95, NJW 1997 S. 2324 = DStR 1997 S. 1174 mit Anm. Goette).

5. NACHVERTRAGLICHE PFLICHTEN

Auch wenn im Anstellungsvertrag über Pflichten des Geschäftsführers nach Beendigung seiner Tätigkeit keine besonderen Bestimmungen enthalten sind, so ist es selbstverständlich, daß der Geschäftsführer alle **Unterlagen**, die der GmbH gehören, herausgeben muß. Dies kann streitig sein bei **Geschenken**, die der Geschäftsführer von Geschäftsfreunden erhalten hat. Auch ohne vertragliche Regelung hat der Geschäftsführer eine **Verschwiegenheitspflicht**; er hat alles zu unterlassen, was der GmbH schaden könnte (OLG Hamm, 7.11.1984 – 8 U 8/84, GmbHR 1985 S. 157). Er darf nicht an die Öffentlichkeit gehen, auch wenn er glaubt, Mißstände in der Gesellschaft anprangern zu müssen. Etwaige Mißstände und Unregelmäßigkeiten, die er nicht kraft seines Amtes abstellen konnte, muß er dem Aufsichtsrat oder der Gesellschafterversammlung zur Kenntnis bringen. Diese Pflicht trifft den Geschäftsführer auch noch nach Abberufung als Organ. **197**

Ist für einen Geschäftsführer **vertraglich** kein Wettbewerbsverbot für die Zeit nach Beendigung seiner Tätigkeit vereinbart, so besteht auch **kein gesetzliches Wettbewerbsverbot** (OLG Hamm, 9.11.1988 – 8 U 295/87, GmbHR 1989 S. 259). Zwar hat ein Geschäftsführer auch nach seinem Ausscheiden gewisse **Treuepflichten**; aus ihnen folgt jedoch kein nachvertragliches Wettbewerbsverbot (LG Bochum, 23.4.1991 – 15 O 69/91, GmbHR 1992 S. 670; vgl. Rz. 124). **198**

Ist ein **nachvertragliches Wettbewerbsverbot** zwischen Geschäftsführer und GmbH vereinbart, so ist eine Karenzentschädigung (§ 74 HGB) keine Wirksamkeitsvoraussetzung (BGH, 26.3.1984 – II ZR 229/83, BGHZ 91 S. 1). Ein nachvertragliches Wettbewerbsverbot muß aber **räumlich** (vgl. BGH, 17.11.1997 – II ZR 327/96, DStR 1997 S. 2038 mit Anm. Goette), **gegenständlich** und **zeitlich** (maximal 2 Jahre) beschränkt sein (BGH, 14.7.1997 – II ZR 238/96, DStR 1997 S. 1413). Ein umfassendes nachvertragliches Wettbewerbsverbot kann auch sittenwidrig sein (OLG Düsseldorf, 23.10.1996 – 15 U 162/95, GmbHR 1998 S. 180).

Zum nachvertraglichen Wettbewerbsverbot des Geschäftsführers einer Steuerberatungs-GmbH vgl. Wissmann, INF 1994 S. 280. Werden aufgrund eines nachvertraglichen Wettbewerbsverbotes Zahlungen von der GmbH an den Geschäftsführer geleistet, dann handelt es sich um eine **Entschädigung** i.S. des § 24 Nr. 1 Buchst. b i.V. mit § 22 Nr. 3 EStG, woraufhin der halbe Steuersatz nach § 34 Abs. 1 EStG zu gewähren war (BFH, 12.6.1996 – XI R 43/94, BStBl II 1996 S. 516; Hutter, Karenzentschädigung für eine umfassende Wettbewerbsenthaltung als Entschädigung i.S. von § 24 Nr. 1b EStG, DStZ 1996 S. 641). § 34 Abs. 1 EStG i.d.F. des SteuerentlastungsG 1999/2000/2002 vom 24.3.1999 (BGBl. I 1999 S. 402) hat den halben Steuersatz beseitigt und begrenzt nur noch die Mehrbelastung bis zum Bereich der oberen Proportionalzone.

Legt der Gesellschafter sein **Geschäftsführeramt vorzeitig nieder,** behält er aber seine Gesellschafterstellung, so kann dies im Wege der Vertragsauslegung zu einem nachträglichen Wettbewerbsverbot führen (BGH, 16.10.1989 – II ZR 2/89, BB 1990 S. 11). **199**

1. KAPITEL: Der GmbH-Geschäftsführer im Gesellschaftsrecht

199.1 Die bloße Aufhebung des Anstellungsvertrages und die dabei getroffene Regelung, daß sämtliche Ansprüche „aus dem Anstellungsverhältnis und aus Anlaß von dessen Beendigung erledigt" sein sollten, läßt wegen der erst nach Beendigung des Anstellungsverhältnisses eintretenden Wirkung eines Wettbewerbsverbotes und der daran geknüpften Karenzentschädigung keinen sicheren Schluß darauf zu, daß keine Ansprüche mehr geltend gemacht werden sollen; was die Parteien „erledigen" wollten, ist vielmehr unter Berücksichtigung aller Umstände gemäß §§ 133, 157 BGB festzustellen (OLG Köln, 25.3.1997 – 22 U 225/96, GmbHR 1997 S. 743).

199.2 Der Geschäftsführer einer GmbH, dem von der GmbH für den Fall der Beendigung des Dienstverhältnisses vor Erreichen der Altersgrenze eine laufende monatliche Zuwendung zugesagt worden ist, braucht sich die von einem anderen Dienstherrn aus Anlaß der Beendigung des Dienstvertrages mit diesem gezahlte Abfindung jedenfalls dann nicht auf die laufende Zuwendung anrechnen zu lassen, wenn eine ausdrückliche Vereinbarung dieses Inhalts nicht getroffen worden ist (OLG Düsseldorf, 15.11.1990 – 6 U 54/90, GmbHR 1991 S. 365).

Der Geschäftsführer muß sich bei einer Liquidation auch nicht zum Liquidator bestellen lassen. Seine Bestellung kann nicht gegen seinen Willen und nicht ohne vorherige Anhörung erfolgen (LG Köln, 9.12.1988 – 87 T 25/88, GmbHR 1990 S. 268).

B. AUFGABENBEREICH UND KOMPETENZEN DES GESCHÄFTSFÜHRERS

Dem oder den Geschäftsführern obliegt die gesamte kaufmännische und technische **Geschäftsleitung** (§§ 35 ff. GmbHG). Sie **vertreten** die Gesellschaft gerichtlich und außergerichtlich (§ 35 Abs. 1 GmbHG). 200

I. GESCHÄFTSFÜHRUNG

Die Geschäftsführung betrifft im **Innenverhältnis** die Frage, in welcher Art und Weise und in welchem Umfang der Geschäftsführer für die GmbH tätig zu sein und Geschäfte voranzutreiben und abzuschließen hat. 201

1. INHALT UND UMFANG DER GESCHÄFTSFÜHRUNGSBEFUGNIS

Dem Geschäftsführer obliegt die **gesamte Leitung des Betriebes** der GmbH. Er hat dafür zu sorgen, daß die GmbH alle persönlichen und sachlichen Mittel hat, die einen reibungslosen, effizienten und gewinnorientierten Betriebsablauf garantieren; er hat den Geschäftsablauf zu überwachen. 202

Der **Inhalt** der Geschäftsführung richtet sich nach dem **Unternehmensgegenstand.** In der Dienstleistungs-GmbH werden die Geschäftsführungsaufgaben anders zu gewichten sein als bei einer Produktions- oder Vertriebs-GmbH; bei der Handwerks-GmbH bilden sich für die Geschäftsführung andere Schwerpunkte als bei der Großhandels-GmbH.

Die Geschäftsführungsbefugnis des Geschäftsführers ist grundsätzlich **umfassend.** Das gesamte Unternehmen hat er zu betreuen, und zwar sowohl den kaufmännischen, den technischen wie auch den sozialen Bereich.

Dabei ist heute jedoch h.M., daß damit keine allumfassende Geschäftsführungskompetenz gemeint ist. Schon aus § 46 GmbHG ergibt sich, daß besonders wichtige Angelegenheiten den Gesellschaftern vorbehalten sind. Alles was **Unternehmenspolitik** betrifft, ist Sache der Gesellschafter. Damit beschränkt sich, wenn Satzung und Anstellungsvertrag nichts Gegenteiliges beinhalten, die Geschäftsführungsbefugnis auf die **gewöhnlichen Rechtsgeschäfte** der laufenden Geschäftsführung.

Soweit ersichtlich, fehlt hierzu bisher aber eine höchstrichterliche Entscheidung. Deshalb ist es zweckmäßig, die Beschränkung auf Handlungen, die der gewöhnliche Geschäftsbetrieb mit sich bringt, in Satzung und Anstellungsvertrag, ggf. mit einem Zustimmungskatalog, zu verankern.

> **BEISPIEL:**
>
> Aus einem Anstellungsvertrag:
>
> *„Der Geschäftsführer führt die Geschäfte der Gesellschaft und hat die verantwortliche Leitung des gesamten Geschäftsbetriebes.*
>
> *Die Befugnis des Geschäftsführers erstreckt sich auf alle Handlungen, die der gewöhnliche Betrieb des Handelsgewerbes der Gesellschaft mit sich bringt. Insbesondere zur Vornahme folgender Rechtsgeschäfte bedarf der Geschäftsführer der Zustimmung der Gesellschafterversammlung:*
>
> *..."*

203 Die durch Satzung, Anstellungsvertrag oder Weisungen der Gesellschafter sich ergebenden **Beschränkungen** können soweit gehen, daß im Innenverhältnis die Geschäftsführer jede Einzelentscheidung nur nach Rücksprache mit Gesellschaftern treffen können. Solche Beschränkungen greifen aber dort nicht, wo Geschäftsführer ihren gesetzlichen Verpflichtungen überhaupt nicht mehr ohne Einwilligung eines anderen Organs nachkommen können.

> **BEISPIEL:**
>
> Der Dipl.-Ing. A ist Geschäftsführer der Turbinen-GmbH. Die Buchführung der GmbH wird über einen Steuerberater durch die DATEV erstellt. Im Anstellungsvertrag des Geschäftsführers heißt es unter *„Beschränkungen des Geschäftsführers: ... Der Geschäftsführer ist für die Buchhaltung der GmbH nicht verantwortlich; er kann ohne Zustimmung der Gesellschafterversammlung dem beauftragten Steuerberater keine Weisungen erteilen ..."*
>
> Im März 1996 wurden mehrere Geschäftsvorfälle nicht erfaßt. In einem sich daraus ergebenden Steuerstrafverfahren verteidigt sich A mit dem Hinweis auf die Regelung des Anstellungsvertrages.
>
> Gemäß § 41 Abs. 1 GmbHG ist der Geschäftsführer verpflichtet, für eine ordnungsgemäße Buchführung und Rechnungslegung zu sorgen. Hierzu gehört, daß die maßgeblichen handels- und steuerrechtlichen Grundsätze beachtet werden, z.B. vollständige und zeitnahe Erfassung aller Geschäftsvorfälle. Der Geschäftsführer muß die Buchführung nicht selbst durchführen, er hat aber eine Überwachungspflicht gegenüber seinen Erfüllungsgehilfen. Diese Überwachungspflicht kann nicht durch vertragliche Vereinbarungen auf Dritte übertragen werden.

204 Im **Steuerstrafverfahren** können die Beschränkungen, denen der Geschäftsführer hinsichtlich der Buchhaltung unterworfen wurde, nicht den objektiven Tatbestand der Steuerhinterziehung beseitigen, sondern allenfalls beim Schuldvorwurf oder der Strafzumessung Bedeutung erlangen.

205 Soweit **zustimmungsbedürftige Geschäfte** auch in der **Satzung** verankert sind, können sie nur durch Mehrheitsbeschluß der Gesellschafter, der notariell beurkundet werden muß (Satzungsänderung), geändert werden.

Sind solche zustimmungsbedürftigen Geschäfte nur im **Anstellungsvertrag** enthalten, kann durch einfachen Gesellschafterbeschluß dieser Katalog geändert werden; ist damit eine weitere Beschränkung des Geschäftsführers verbunden, so muß er als Vertragspartner zustimmen, ggf. kann er den Anstellungsvertrag kündigen.

Der Anstellungsvertrag kann weitere Einschränkungen als die Satzung, nicht aber geringere Voraussetzungen als die Satzung enthalten.

a) JÄHRLICH WIEDERKEHRENDE AUFGABEN DES GESCHÄFTSFÜHRERS

206 Die nachfolgend aufgezählten Tätigkeiten erheben keinen Anspruch auf Vollständigkeit, sondern stellen nur einige Beispiele der Aufgaben dar, die ein Geschäftsführer zu erledigen hat.

- ABGABE DER MONATLICHEN LOHNSTEUER-/UMSATZSTEUERVORANMELDUNGEN

207 Gemäß § 38 Abs. 3 EStG hat jeder **Arbeitgeber** die Lohnsteuer **für Rechnung des Arbeitnehmers** bei jeder Lohnzahlung vom Arbeitslohn einzubehalten, bestimmte Aufzeichnungspflichten (Lohnkonto) zu beachten (§ 41 EStG) und spätestens am 10. Tag nach Ablauf eines jeden Lohnsteuer- und Anmeldungszeitraumes die Lohnsteuer an das zuständige Finanzamt abzuführen (§ 41a Abs. 1 EStG).

Dabei ist **Lohnsteuer-Anmeldungszeitraum** grundsätzlich der Kalendermonat (§ 41a Abs. 2 Satz 1 EStG), wobei jeweils eine **Schonfrist** von 5 Tagen besteht (§ 240 Abs. 3 AO); dies gilt seit 1.1.1994 nicht mehr bei Scheckzahlungen (§ 240 Abs. 3 Satz 2 AO).

Ähnliches gilt für die **Umsatzsteuervoranmeldungen** (§§ 16 ff. UStG). Die **GmbH als Steuerschuldnerin** hat bis zum 10. Tag nach Ablauf jeden Kalendermonats eine Voranmeldung nach amtlich vorgeschriebenem Vordruck abzugeben, in der sie die Steuer für den Voranmeldungszeitraum selbst zu berechnen hat (§ 18 Abs. 1 UStG).

Die vorgenannten Pflichten treffen die **GmbH** als **Haftende** (Lohnsteuer) bzw. **Steuerschuldnerin** (Umsatzsteuer). Da die GmbH zwar **Steuerrechtssubjekt**, aber nicht selbst handlungsfähig ist, verpflichtet § 34 AO die **gesetzlichen Vertreter** von juristischen Personen, bei der GmbH die **Geschäftsführer**, so zu handeln, wie das handlungsunfähige Steuerrechtssubjekt handeln müßte, wenn es handlungsfähig wäre.

Der **Geschäftsführer** der GmbH wird gemäß § 34 AO nicht selbst Steuerschuldner der Umsatzsteuer, er hat nur die steuerlichen Pflichten der GmbH zu erfüllen.

Die Steuerpflichten, hier Anmeldung und Abführung der Lohn- und Umsatzsteuer, sind **öffentlich-rechtlicher Natur** und können durch privatrechtliche Vereinbarungen nicht abbedungen werden.

Die Pflicht des Geschäftsführers gegenüber dem Finanzamt endet erst, wenn er aus seinem Amt scheidet (vgl. hierzu auch Hein, Haftet der GmbH-Geschäftsführer für Steuern, die erst nach Niederlegung seines Amtes fällig werden?, DStR 1988 S. 65) oder wenn über das Vermögen der GmbH das Insolvenzverfahren eröffnet wird: Gemäß § 80 InsO geht das Verwaltungs- und Verfügungsrecht des Geschäftsführers auf den **Insolvenzverwalter** über.

Besteht **Gesamtvertretung**, so ändert dies grundsätzlich nichts an der Verpflichtung jedes einzelnen Geschäftsführers, die steuerlichen Pflichten der GmbH zu erfüllen. **208**

Werden die Voranmeldungen zu den angegebenen Terminen nicht abgegeben, so liegt objektiv eine **Steuerhinterziehung** (§ 370 Abs. 1 Nr. 1 und 2 AO) oder eine **leichtfertige Steuerverkürzung** (§ 378 Abs. 1 AO) vor. **209**

- VORBEREITUNG UND ERSTELLUNG DES JAHRESABSCHLUSSES UND DES LAGEBERICHTES BIS 31.3./ 30.6.

Gemäß § 264 Abs. 1 Satz 2 HGB haben die **Geschäftsführer** in den ersten 3 Monaten des Geschäftsjahres den **Jahresabschluß** (= Bilanz, Gewinn- und Verlustrechnung, Anhang) und den **Lagebericht** für das vergangene Geschäftsjahr **aufzustellen**; ist Geschäftsjahr gleich Kalenderjahr, so hat diese Aufstellung bis 31.3. eines jeden Jahres zu erfolgen. Für **kleine GmbHs (§ 267 Abs. 1 HGB)** verlängert sich diese Frist um maximal 3 Monate, wenn dies mit einem ordnungsgemäßen Geschäftsgang vereinbar (§ 264 Abs. 1 Satz 3 HGB) ist. Damit ist nicht gesagt, daß durch die Satzung die **Frist** von vornherein bis 30.6. **verlängert** werden könnte (BayObLG, 5.3.1987 – BReg. 3 Z 29/87, BB 1987 S. 869) oder der Geschäftsführer bei der kleinen GmbH immer die 6-Monatsfrist für die Aufstellung des Jahresabschlusses und des Lageberichtes ausnutzen könnte. Nur dann, wenn dies einem **ordnungsgemäßen Geschäftsgang** entspricht, läßt das Gesetz bei der kleinen GmbH (§ 267 Abs. 1 HGB) einen **Aufstellungszeitraum** bis zu 6 Monaten zu. Der Begriff „ordnungsgemäßer Geschäftsgang" stellt einen unbe- **210** stimmten Rechtsbegriff dar (BFH, 6.12.1983 – VIII R 110/79, BStBl II 1984 S. 227). Für seine Bestimmung sind zunächst der Sinn und Zweck der befristeten Aufstellung heranzuziehen: Der begrenzte Zeitraum für die Aufstellung des Jahresabschlusses und des Lageberichtes stellt einen **Schutz zugunsten der Gesellschafter** dar, denen die Geschäftsführer Rechenschaft abzulegen haben, aber auch zugunsten **der Gesellschaftsgläubiger**. Weiter läßt der Begriff die Berücksichtigung der besonderen Verhältnisse in den Unternehmungen zu, die es angezeigt erscheinen lassen können, sich zur Aufstellung der Hilfe **Dritter**, z.B. der Angehörigen der steuerberatenden und wirtschaftsprüfenden Berufe, zu bedienen. Die Geschäftsführer der kleinen GmbH (§ 267 Abs. 1 HGB) haben also in jedem Jahr zu prüfen, ob es noch einem ordnungsgemäßen Geschäftsgang entspricht, die Aufstellungsarbeiten über die 3-Monats-Grundfrist hinauszögern zu können oder nicht. Insbesondere bei Ertrags- und Umsatzeinbrüchen im vergangenen Jahr werden auch kleine GmbHs die 3-Monatsfrist nicht überschreiten dürfen.

211 Die sich aus § 264 Abs. 1 HGB ergebenden **Aufstellungspflichten obliegen jedem einzelnen Geschäftsführer** ohne Rücksicht auf einen möglicherweise bestehenden Geschäftsverteilungsplan.

Der Jahresabschluß ist zu **datieren** und von allen Geschäftsführern zu **unterzeichnen** (§ 245 HGB, § 41 GmbHG).

212 Die **nicht zeitgerechte Aufstellung** des Jahresabschlusses kann die Ordnungsmäßigkeit der Buchführung gefährden und damit **steuerliche Folgen** haben (z.B. verdeckte Gewinnausschüttungen). Die nicht zeitgerechte Aufstellung des Jahresabschlusses kann auch **strafrechtliche Folgen** haben. So bestimmt § 283b Abs. 1 Nr. 3 Buchst. b StGB, daß mit Freiheitsstrafe bis zu 2 Jahren oder mit Geldstrafe bestraft wird, wer es unterläßt, die Bilanz in der vorgeschriebenen Zeit aufzustellen (vgl. hierzu auch BGH, 20.12.1978 – 3 StR 408/78, BGHSt 28 S. 231). Insbesondere bei einem späteren Zusammenbruch des Unternehmens kann die Strafbarkeit des Geschäftsführers wegen verspäteter Bilanzaufstellung aktuell werden (OLG Hamburg, 31.10.1986 – 2 Ss 98/86, GmbHR 1987 S. 273; vgl. auch Paa, Rechtsfolgen verspäteter Aufstellung von Jahresabschlüssen, INF 1998 S. 277; Rauch, Konsequenzen der unterlassenen Pflichtprüfung, BB 1997 S. 35).

212.1 Bei **Insolvenz** der GmbH obliegen die handelsrechtlichen Bilanzierungspflichten nicht dem Geschäftsführer, sondern dem Insolvenzverwalter (vgl. KG Berlin, 3.6.1997 – 1 W 8260/95, GmbHR 1997 S. 897).

- RECHTZEITIGE BESTELLUNG EINES ABSCHLUSSPRÜFERS

213 **Nach Aufstellung des Jahresabschlusses** und des Lageberichtes durch die Geschäftsführer haben diese die Unterlagen durch einen Abschlußprüfer (Wirtschaftsprüfer, bei mittleren GmbHs auch vereidigte Buchprüfer) prüfen zu lassen; nur kleine GmbHs (§ 267 Abs. 1 HGB) brauchen Jahresabschluß und Lagebericht nicht prüfen zu lassen (§ 316 Abs. 1 Satz 1 HGB). Hat **keine Prüfung** stattgefunden, so kann der Jahresabschluß nicht festgestellt werden (§ 316 Abs. 1 Satz 2 HGB; vgl. auch Rauch, Konsequenzen der unterlassenen Pflichtprüfung einer GmbH, BB 1997 S. 35).

Der Abschlußprüfer wird normalerweise durch die **Gesellschafterversammlung** gewählt (§ 318 Abs. 1 Satz 1 HGB). Im **Gesellschaftsvertrag** der GmbH kann aber auch ein anderes Organ mit der Bestellung des Abschlußprüfers beauftragt werden. Der Abschlußprüfer sollte möglichst frühzeitig bestellt werden und nicht nach Aufstellung der Bilanz, damit er bei der Inventur anwesend sein kann.

B. Aufgabenbereich und Kompetenzen des Geschäftsführers

- VORLAGE DES JAHRESABSCHLUSSES UND LAGEBERICHTES AN DIE GESELLSCHAFTER

Unverzüglich nach Aufstellung und ggf. Prüfung durch den Abschlußprüfer haben die Geschäftsführer den Jahresabschluß und den Lagebericht (ggf. den Prüfungsbericht) den Gesellschaftern **zur Feststellung vorzulegen** (§ 42a Abs. 1 Satz 1 und 2 GmbHG). Hat die GmbH einen Aufsichtsrat, so ist auch dessen Bericht unverzüglich der Gesellschafterversammlung vorzulegen.

214

Die Gesellschafter haben spätestens bis zum Ablauf der ersten **8 Monate über die Feststellung** des Jahresabschlusses und über die Ergebnisverwendung **zu beschließen** (§ 42a Abs. 2 GmbHG); ist die GmbH eine kleine GmbH i. S. des § 267 Abs. 1 HGB, so verlängert sich diese Frist bis zum Ablauf von 11 Monaten.

Darüber hinaus ist es Aufgabe der Geschäftsführer, auch die **sonstigen Gesellschafterversammlungen** einzuberufen (§ 49 Abs. 1 GmbHG).

- OFFENLEGUNG DES JAHRESABSCHLUSSES BIS 30.9./31.12.

Nach § 325 Abs. 1 HGB haben die Geschäftsführer jährlich innerhalb der ersten **9 Monate** den Jahresabschluß nebst Lagebericht, den Bericht des Aufsichtsrats – soweit vorhanden – und den Vorschlag für die Verwendung des Ergebnisses und den Beschluß über die Verwendung – soweit sie sich nicht aus dem Jahresabschluß ergeben – beim **Handelsregister** einzureichen.

215

Erfolgt diese Niederlegung nicht, kann das Registergericht ein **Zwangsgeld** nach § 335 Satz 1 Nr. 6 HGB i. V. mit Satz 2 nur festsetzen, wenn ein Gesellschafter, ein Gläubiger oder der Gesamtbetriebsrat/Betriebsrat dies beantragt. Auf Vorlage des OLG Düsseldorf vom 22.11.1995 (3 Wx 25/95, GmbHR 1996 S. 124) hat der EuGH am 4.12.1997 (Rs. C-97/96, GmbHR 1997 S. 1150) entschieden:

„*Art. 6 der Ersten Richtlinie 68/151/EWG vom 9.3.1968 ist dahin auszulegen, daß er den Rechtsvorschriften eines Mitgliedstaates entgegensteht, die nur den Gesellschaftern, den Gläubigern und dem Gesamtbetriebsrat/Betriebsrat das Recht einräumen, Zwangsgelder zu verhängen.*"

Jeder Geschäftsführer sollte deshalb ab sofort den Offenlegungsverpflichtungen nach § 325 HGB nachkommen, wenn auch nicht übersehen werden darf, daß die unzureichende Umsetzung des Art. 6 der Richtlinie 68/151/EWG vom 9.3.1968 (ABl. EG 1968 Nr. L 65 S. 8) auch nach Ansicht des EuGH keine Rechte des einzelnen begründet. Die bisherige unzureichende Umsetzung des Art. 6 kann nur Schadenersatzpflichten gegen die Bundesrepublik Deutschland begründen (vgl. Hirte, Daihatsu: Durchbruch für die Publizität, NJW 1999 S. 36).

Kleine GmbHs müssen nur die Bilanz und den Anhang, eventuell den Ergebnisverwendungsbeschluß, einreichen, und zwar spätestens vor Ablauf von 12 Monaten des dem Bilanzstichtag nachfolgenden Geschäftsjahres (§ 326 HGB).

Darüber hinaus haben die Geschäftsführer **unverzüglich** nach Einreichung der Unterlagen beim Registergericht im Bundesanzeiger **bekanntzumachen,** bei welchem Handelsregister und unter welcher Nummer die genannten Unterlagen eingereicht wurden (§ 325 Abs. 1 Satz 2 HGB). **Große GmbHs** (§ 267 Abs. 3 HGB) müssen Jahresabschluß und Lagebericht **zuerst** im Bundesanzeiger **bekanntmachen** und anschließend die Bekanntmachung zusammen mit den Unterlagen beim Handelsregister einreichen.

- EINREICHUNG DER GESELLSCHAFTERLISTE BIS 30.9./31.12.

Gemäß § 40 Abs. 1 Satz 1 GmbHG haben die Geschäftsführer nach jeder Veränderung in den Personen der Gesellschafter oder des Umfangs ihrer Beteiligung

216

unverzüglich eine von ihnen unterschriebene Gesellschafterliste beim Handelsregister einzureichen, aus welcher Name, Vorname, Geburtsdatum und Wohnort der Gesellschafter sowie ihre Stammeinlagen zu entnehmen sind. Nach § 40 Abs. 2 GmbHG haften Geschäftsführer den Gläubigern der Gesellschaft für den Schaden, der daraus entstanden ist, daß sie die ihnen nach Absatz 1 obliegende Pflicht verletzt haben, als Gesamtschuldner.

Zur Frage, ob § 40 GmbHG ein Schutzgesetz i. S. des § 823 Abs. 2 BGB ist, vgl. Haase, BB 1996 S. 2309.

- PRÜFUNG UND DURCHFÜHRUNG DER GESELLSCHAFTERBESCHLÜSSE

217   Die Gesellschafterversammlung faßt Beschlüsse; es wird aber regelmäßig Aufgabe der Geschäftsführung sein, die Gesellschafterbeschlüsse **auszuführen**.

Vor der Ausführung der Gesellschafterbeschlüsse müssen die Geschäftsführer aber prüfen, ob der Beschluß rechtmäßig zustandegekommen ist, ob er rechtswidrig, nämlich nichtig und anfechtbar ist.

Ist ein **Beschluß rechtswidrig**, so darf er nicht ausgeführt werden; bestehen Zweifel, so ist ggf. nochmals die Gesellschafterversammlung damit zu befassen.

Satzungsändernde Beschlüsse sind von den Geschäftsführern beim Handelsregister **anzumelden** (§§ 53, 54 GmbHG).

Beschließt die Gesellschafterversammlung über die Gewinnausschüttung (§ 29 GmbHG) und Gewinnverteilung (§ 46 Nr. 1 GmbHG), so besteht mit dem **Verteilungsbeschluß** für jeden einzelnen Gesellschafter ein **Gläubigerrecht** entsprechend seinem Gewinnanteil; der Geschäftsführer hat dann die entsprechenden Auszahlungen vorzunehmen.

- ABGABE DER JAHRESSTEUERERKLÄRUNGEN

218   Wie bei der Lohnsteuer- und Umsatzsteuervoranmeldung trifft den Geschäftsführer als gesetzlichen Vertreter der GmbH die **Pflicht**, für die rechtzeitige Erstellung und Abgabe der Jahressteuererklärungen zu sorgen (§ 34 AO). Im einzelnen ergibt sich aus den jeweiligen Steuergesetzen, zu welchem Zeitpunkt der Geschäftsführer zur Abgabe einer oder mehrerer Steuererklärungen für die GmbH verpflichtet ist (z. B. § 149 Abs. 1 AO i. V. mit § 56 EStDV, § 49 Abs. 1 KStG). Daneben ist zur Abgabe einer Steuererklärung auch verpflichtet (§ 149 Abs. 1 Satz 2 AO), wer hierzu von der Finanzbehörde aufgefordert wird (= Zusendung eines Erklärungsvordruckes). Haben die Gesellschafter den Jahresabschluß nicht festgestellt, weil sie untereinander zerstritten sind, muß der Geschäftsführer die Jahressteuererklärungen gleichwohl rechtzeitig beim Finanzamt einreichen, sollte aber darauf hinweisen, daß der den Steuererklärungen zugrundeliegende Jahresabschluß noch nicht festgestellt ist. Weitere Einzelheiten siehe Brandmüller/Küffner, Bonner Handbuch GmbH, Bonn 1981/99, Fach D Rz. 236–239.

b) VOM GESCHÄFTSFÜHRER IM AUGE ZU BEHALTENDE EREIGNISSE

219   Nachfolgend sind einzelne Tatbestände zusammengestellt, welche in der Praxis immer wieder vorkommen und die von den Geschäftsführern besonders zu beachten sind. Es gehört zur **Sorgfalt eines ordentlichen Geschäftsmannes** (§ 43 Abs. 1 GmbHG), alle für den Bestand der GmbH **wesentlichen Ereignisse** zu registrieren und ggf. Gegenmaßnahmen einzuleiten.

B. Aufgabenbereich und Kompetenzen des Geschäftsführers

- TÄTIGKEITEN DES GESCHÄFTSFÜHRERS VOR EINTRAGUNG IN DAS HANDELSREGISTER

Gemäß § 11 GmbHG **besteht die Gesellschaft als GmbH** vor Eintragung in das Handelsregister **nicht** (§ 11 Abs. 1 GmbHG). Der Geschäftsführer, der i. d. R. aber bereits vorher bestellt wird, muß schon vor der Registereintragung tätig werden, z. B. ein Bankkonto eröffnen, Mietverträge abschließen etc. Hier **haftet** der Geschäftsführer **persönlich** (§ 11 Abs. 2 GmbHG), allerdings nur bis zur Eintragung in das Handelsregister. Kommt es nicht zur Eintragung, weil die Gesellschaft schon vorher zahlungsunfähig wird, so bleibt der Geschäftsführer persönlich haftbar. Um dies zu vermeiden, sollte er zumindest bei größeren Geschäften vorher mit den Gesellschaftern eine **Schuldübernahme** vereinbaren, und wenn diese an der Zustimmung des Gläubigers scheitert (§ 415 BGB), zumindest einen Schuldbeitritt der Gesellschafter verlangen. 220

- UMSTELLUNG DER GMBH AUF DIE NEUEN EURO-VORSCHRIFTEN DES GMBHG

Das Euro-EinführungsG vom 9.6.1998 (BGBl. I S. 1242) enthält verschiedene Änderungen des GmbHG (zur Gründung einer GmbH nach dem 1.1.1999 siehe Rz. 11.1). 220.1

Nach § 86 GmbHG n. F. gelten für Gesellschaften, die vor dem 1.1.1999 im Handelsregister eingetragen oder vor diesem Zeitpunkt angemeldet wurden, zunächst die alten Vorschriften über Mindestbetrag des Stammkapitals und der Stammeinlagen und deren Teilhaber weiter, und zwar selbst dann, wenn diese Gesellschaften den Betrag ihres Stammkapitals und die Nennbeträge der Geschäftsanteile in Euro umrechnen. Dazu bedarf es aber eines Gesellschafterbeschlusses (einfache Stimmenmehrheit, § 86 Abs. 3 Satz 1 GmbHG), notarielle Beurkundung ist nicht nötig. Die Anmeldung dieses Umrechnungsbeschlusses muß aber notariell beglaubigt werden (Art. 45 Abs. 1 Satz 1 EGHGB). Eine bloße Umstellung des Stammkapitals und der Geschäftsanteile vor dem 31.12.2001 ist m. E. nicht zweckmäßig (vgl. Kallmeyer, Einführung des „Euro" für die GmbH, GmbHR 1998 S. 963; ferner Wilms/Jochum, Die Einführung des Euro, 2. Aufl. 1998).

Auf jeden Fall muß aber der Geschäftsführer beachten, daß nach dem 31.12.2001 eine Registersperre entsteht: Eine Änderung des Stammkapitals nach diesem Zeitpunkt kann nur eingetragen werden, wenn nach § 86 Abs. 1 Satz 4 GmbHG

- zugleich das Kapital auf Euro umgestellt wird
- und die in Euro berechneten Nennbeträge der Geschäftsanteile auf einen durch 10 teilbaren Betrag, mindestens 50 Euro gestellt werden (Schneider, Die Anpassung des GmbH-Rechts bei Einführung des Euro, NJW 1998 S. 3158).

- BEOBACHTUNG VON KONKURRENZUNTERNEHMEN

Konkurrenz belebt nicht nur das Geschäft, sondern kann für Mitbewerber auch tödlich sein. Deshalb gehört es zu den **Pflichten** eines jeden Geschäftsführers, Konkurrenzunternehmen im In- und Ausland zu beobachten, die Güte und die Preise von deren Produkten zu überprüfen und mit den eigenen Erzeugnissen/Preisen zu vergleichen. Unlautere oder unzulässige Werbemaßnahmen der Konkurrenz, deren Firmierung, Personalabwerbung, Personalpolitik gehören ebenso hierher wie Zusammenschlüsse der Konkurrenz, Vereinbarung von zulässigen Kartellen (§§ 2–8 GWB) etc. 221

- BUCHFÜHRUNG (§ 41 GMBHG)

Zu den Aufgaben der Geschäftsführung gehört die **ordnungsgemäße Buchführung** (§ 238 HGB). Alle Geschäftsführer sind für die **Einhaltung** der Grundsätze, 222 wie sie in den §§ 238ff. HGB niedergelegt sind, verantwortlich, nicht nur der kaufmännische Geschäftsführer oder der Buchhaltungsleiter.

Bei mehreren Geschäftsführern ist es zulässig, im Wege der **Geschäftsverteilung** auf einen Geschäftsführer bestimmte Aufgaben zu delegieren. Die übrigen Geschäftsführer haben ihn dann jedoch kontinuierlich und angemessen zu überwachen. Sie müssen sich deshalb, aber auch im Hinblick auf § 64 GmbHG (Insolvenzantragspflicht), über die **Buchführung informieren**. Wird einem Mitgeschäftsführer diese Information systematisch vorenthalten, ist ein gedeihliches, gesetzestreues Arbeiten für ihn unmöglich; dies stellt einen wichtigen Grund für eine Kündigung dar (BGH, 26.6.1995 – II ZR 109/94, NJW 1995 S. 2850).

Ergibt sich bei unzuverlässiger Buchführung aus den vorhandenen Buchungen und Buchungsunterlagen ein Fehlbetrag, und kann dieser nicht aufgeklärt werden, so geht dieser **zu Lasten des Geschäftsführers**, und er hat den Fehlbetrag der Gesellschaft zu ersetzen (BGH, 9.5.1974 – II ZR 50/72, NJW 1974 S. 1468). Denn bei ordnungsgemäßer Buchführung könnte die GmbH die einzelnen Geschäftsvorfälle nachprüfen und feststellen, ob und gegen wen ihr noch Ansprüche zustehen.

Ordnungsgemäß ist eine Buchhaltung nur, wenn die in den §§ 238ff. HGB niedergelegten Grundsätze beachtet sind; für die GmbH als Kapitalgesellschaft sind weiter die §§ 264ff. HGB zu beachten.

223 Die **Buchführungspflicht** der Gesellschaft **beginnt** nicht erst mit der Eintragung ins Handelsregister, sondern schon **mit Geschäftsaufnahme**. Die zivilrechtliche Unterscheidung in Vorgründungsgesellschaft (siehe Brandmüller/Küffner, Bonner Handbuch GmbH, Bonn 1981/99, Fach B Rz. 540ff.), Vor-GmbH und GmbH gilt in dieser Schärfe nicht für die Buchführungspflicht und das Steuerrecht.

224 Vor-GmbH (ab notarieller Beurkundung des Gesellschaftsvertrages) *und* die in das Handelsregister eingetragene Gesellschaft sind hinsichtlich der Buchführungspflicht und der steuerlichen Rechtsfähigkeit identisch. Dabei muß die Buchführungspflicht und die steuerliche Rechtsfähigkeit nicht mit dem Abschluß des Gesellschaftsvertrages in notarieller Form beginnen; entscheidend ist vielmehr, daß die Gesellschaft eine **nach außen** erkennbare geschäftliche Tätigkeit, die nicht satzungsgemäß sein muß, entfaltet. Dabei wird aber von der Praxis immer anerkannt, daß die Kosten der Gründung der GmbH Betriebsausgaben sind, obwohl dies dogmatisch nur schwer zu begründen ist.

Die Vor-GmbH unterliegt genau wie die eingetragene Gesellschaft der **Körperschaftsteuer**. Es empfiehlt sich bei Gesellschafter-Geschäftsführern, den Anstellungsvertrag auch sofort mit der notariellen Beurkundung der Satzung oder unmittelbar danach abzuschließen, da bei späterem Abschluß, z.B. erst bei Eintragung der GmbH in das Handelsregister, das **steuerliche Rückwirkungsverbot** eingreifen würde mit der Folge, daß trotzdem bezahlte Vergütungen verdeckte Gewinnausschüttungen wären.

225 **Vor** Abschluß des **notariellen Gesellschaftsvertrages** existiert die Gesellschaft als Körperschaft nicht. Steuerlich ist sie als BGB-Gesellschaft anzusehen, für die § 15 Abs. 1 Satz 1 Nr. 2 EStG gilt. Tätigt sie in dieser Phase Geschäfte, besteht gleichwohl **Buchführungspflicht** (§§ 238ff. HGB), wobei allerdings die §§ 264ff. HGB keine Anwendung finden.

Auch wenn es nicht zur Eintragung der Vor-GmbH kommt, wird die Gründergesellschaft als BGB-Gesellschaft angesehen mit der Folge, daß der Gesellschafter-Geschäftsführer trotz Bestellung und Anstellungsvertrag keine Einkünfte aus nichtselbständiger Arbeit hat, sondern aus Gewerbebetrieb (§ 15 Abs. 1 Satz 1 Nr. 2 EStG).

B. Aufgabenbereich und Kompetenzen des Geschäftsführers

- LAUFENDE ÜBERWACHUNG VON KREDITGESCHÄFTEN

> **BEISPIEL:**
>
> Der Geschäftsführer einer GmbH, die gußeiserne Formstücke herstellt, räumt über ein Jahr einer GmbH & Co. KG ungesicherte Warenkredite bis zu 500 000 DM ein. Als die GmbH & Co. KG zahlungsunfähig wird, entsteht der GmbH ein Schaden von 400 000 DM. Der Geschäftsführer kann von der GmbH in Anspruch genommen werden (§ 43 Abs. 1 GmbHG), wenn er nicht nachweist, daß er die Sorgfalt eines ordentlichen Geschäftsmannes bei den Warenkrediten beachtet hat (LG Hagen, 22.4.1976 – 12 HO 180/75, BB 1976 S. 1092).

226

Vgl. hierzu auch Scharpf, Die Sorgfaltspflichten des Geschäftsführers einer GmbH. Pflicht zur Einrichtung eines Risikomanagement- und Überwachungssystems aufgrund der geplanten Änderung des AktG auch für den GmbH-Geschäftsführer, DB 1997 S. 737.

Kreditverträge zugunsten eines Dritten darf der Geschäftsführer nicht abschließen; dies würde eine Verletzung seiner Treuepflichten bedeuten (OLG Hamm, 18.11.1996 – 31 U 42/96, BB 1997 S. 1062).

- VORAUSSCHAUENDE LIQUIDITÄTSPLANUNG

> **BEISPIEL:**
>
> Eine Betriebs-GmbH (zur Betriebsaufspaltung vgl. Brandmüller, Betriebsaufspaltung – die aktuelle Rechtsform, Freiburg 1983/1997) hat zum 31.12.1997 folgende **Bilanz** aufgestellt:
>
> | AKTIVA | | PASSIVA | |
> |---|---|---|---|
> | | DM | | DM |
> | Umlaufvermögen | 850 000 | Stammkapital | 150 000 |
> | Verlust | 50 000 | Verbindlichkeiten | 750 000 |
> | | 900 000 | | 900 000 |
>
> Im September 1997 hat bei der GmbH eine Außenprüfung stattgefunden. Der Bp-Bericht wurde der GmbH im März 1998 nach der Bilanzerstellung zugesandt. Aufgrund der Außenprüfung hat die GmbH mit Steuernachzahlungen von ca. 280 000 DM zu rechnen. Der Geschäftsführer muß, um eine Überschuldung der GmbH zu vermeiden, die Gesellschafter zu einer **Kapitalerhöhung** veranlassen (gegen Einlagen, §§ 53, 55 GmbHG).

227

- ÜBERWACHUNG DES GESCHÄFTSVERKEHRS

Die Überwachung des Geschäftsverkehrs erfordert von den Geschäftsführern u.a. die Kontrolle des täglichen **Postein- und -ausgangs**.

228

Auf allen **Geschäftsbriefen** der GmbH, die an einen bestimmten Empfänger gerichtet werden, müssen (§ 35a GmbHG)

- die Rechtsform (GmbH),
- der Sitz der Gesellschaft (z.B. München),
- das Registergericht des Sitzes der Gesellschaft (z.B. Amtsgericht München),
- die Nummer, unter der die Gesellschaft im Handelsregister eingetragen ist (z.B. HR B 4701),
- die Namen der Geschäftsführer (z.B. Otmar Huber, Alex Brunner),
- bei Bestehen eines Aufsichtsrates, der Vorsitzende des Aufsichtsrates (z.B. Gerhard Braun)

angegeben werden.

Beachtet die Geschäftsführung § 35a GmbHG nicht, kann gegen die Geschäftsführer durch das Registergericht ein **Zwangsgeld** festgesetzt werden (§ 79 GmbHG).

229 Im eigenen Interesse müssen die Geschäftsführer darauf achten, daß bei **Unterzeichnung** von Schriftstücken verpflichtenden Charakters, wie Wechsel, Schecks etc., auch der **GmbH-Zusatz** angebracht wird, damit sie nicht persönlich haften (OLG Frankfurt/M., 13.1.1981 – 5 U 131/80, BB 1981 S. 519 und 10.3.1981 – 5 U 168/80, DB 1981 S. 2069).

Auch im **mündlichen** und **schriftlichen Geschäftsverkehr** ist gegenüber dem Vertragspartner offenzulegen, daß immer **für** die GmbH gehandelt wird. Geschieht dies nicht, wird z. B. der GmbH-Zusatz bei Bestellungen weggelassen, so kann nach den Grundsätzen der **Rechtsscheinhaftung** der Geschäftsführer selbst haften (BGH, 1.6.1981 – II ZR 1/81, NJW 1981 S. 2569).

- GELTENDMACHUNG VON ANSPRÜCHEN DER GESELLSCHAFT GEGEN DIE GESELLSCHAFTER

230 **Kraft Gesetzes** haben die Gesellschafter u. a. die Pflicht, ihre Stammeinlagen zu erbringen (§§ 19ff. GmbHG), verbotswidrige Auszahlungen von Gesellschaftsvermögen zurückzuerstatten (§§ 30, 31, 32, 34 Abs. 3 GmbHG) etc. Hier ist es Pflicht der Geschäftsführer, diese Rechte der GmbH gegenüber ihren Gesellschaftern auch durchzusetzen.

- BEACHTUNG VON GESETZESÄNDERUNGEN, WELCHE DIE GMBH BETREFFEN

231 **Bevorstehende** und **erfolgte** Gesetzesänderungen sind von den Geschäftsführern gleichermaßen zu beachten.

- ANMELDUNG EINER ZWEIGNIEDERLASSUNG

231.1 Errichtet eine GmbH im Inland eine Zweigniederlassung, so hat dies der Geschäftsführer beim Registergericht der Hauptniederlassung anzumelden (§ 13 HGB). Bei Sitz im Ausland ist zusätzlich § 13g HGB zu beachten.

2. EINZEL- ODER GESAMTGESCHÄFTSFÜHRUNG

232 Im Gegensatz zum **Personengesellschaftsrecht**, das auch bei mehreren Geschäftsführern grundsätzlich von der **Einzelgeschäftsführungsbefugnis** ausgeht (§ 115 HGB), ist bei der **GmbH** beim Vorhandensein mehrerer Geschäftsführer von der **Gesamtgeschäftsführung** auszugehen (§ 35 Abs. 2 GmbHG analog).

Man sollte darauf achten, daß bei **Gesamtgeschäftsführung** (Innenverhältnis) auch **Gesamtvertretungsmacht** (Außenverhältnis) besteht und umgekehrt. Auch bei Gesamtgeschäftsführung sollte eine **Aufteilung der verschiedenen Unternehmensbereiche** erfolgen. Das Gesetz selbst sagt über eine mögliche Aufteilung der Geschäftsführungsbefugnis nichts.

233 Die Aufteilung kann durch einen **Geschäftsverteilungsplan** erfolgen, durch entsprechende Bestimmungen in den Geschäftsführerverträgen, durch einen Beschluß der Gesellschafterversammlung, aber auch durch Absprachen zwischen den Geschäftsführern, wenn eine Ermächtigung durch die Gesellschafter vorliegt (ein Beispiel für einen Geschäftsverteilungsplan findet sich bei Brandmüller/Küffner, Bonner Handbuch GmbH, Bonn 1981/1999, Fach D Rz. 163–170).

Die **bloße tatsächliche Aufteilung** der Geschäfte aufgrund interner Absprachen der Geschäftsführung ist im Hinblick auf die **Haftungsfolgen** für jeden einzelnen Geschäftsführer nicht akzeptabel; hier würde es bei der **Solidarhaftung** aller Ge-

B. Aufgabenbereich und Kompetenzen des Geschäftsführers

schäftsführer (§ 43 Abs. 2 GmbHG) bleiben (BFH, 26.4.1984 – V R 128/79, GmbHR 1985 S. 30 mit Anm. Wilcke S. 309; 4.3.1986 – VII S 33/85, GmbHR 1986 S. 288).

Bei **Gesamtgeschäftsführung** ist jedes Mitglied der Geschäftsführung verpflichtet, über die ordnungsgemäße Erfüllung aller Geschäftsführungsaufgaben zu wachen und ggf. seine **Mitgeschäftsführer** auf deren Fehler aufmerksam zu machen. Kann er sich nicht durchsetzen und wird ein von ihm aufgedeckter Mangel nicht abgestellt, hat er eine **Gesellschafterversammlung einzuberufen** (§ 49 Abs. 2 GmbHG). Unternimmt er nichts und entsteht der GmbH ein Schaden, so haftet er der GmbH für sein **Unterlassen**. — 234

Bei Gesamtgeschäftsführung muß innerhalb der Geschäftsführung eine **gemeinsame Willensbildung** erfolgen. Formale Vorschriften enthält das Gesetz nicht; das AktG spricht davon, daß Vorstandsbeschlüsse gemeinschaftlich zu fassen und damit grundsätzlich einstimmig zu fassen sind (§ 77 Abs. 1 AktG). Im **GmbH-Recht** wird man, sofern Satzungsvorschriften fehlen, davon ausgehen können, daß **Mehrheitsbeschlüsse** genügen.

Kommt es bei Gesamtgeschäftsführung zu **Meinungsverschiedenheiten** und liegt ein Mehrheitsbeschluß vor, so muß sich der unterlegene Geschäftsführer grundsätzlich der Mehrheitsentscheidung fügen; er hat **kein Vetorecht**, es sei denn, der Geschäftsverteilungsplan oder die Satzung räumen ihm ein solches ausdrücklich ein.

Kommt der unterlegene Geschäftsführer zu der Auffassung, der ihn überstimmende Beschluß sei **mit der Sorgfalt eines ordentlichen Geschäftsmannes nicht zu vereinbaren**, so muß er versuchen, seine Geschäftsführerkollegen zur Rücknahme des Beschlusses zu bewegen; gelingt dies nicht, so muß er die **Gesellschafter informieren** und ggf. die Gesellschafterversammlung einberufen (§ 49 Abs. 2 GmbHG).

Er kann, wenn er auch bei den Gesellschaftern nicht durchdringt, sein **Geschäftsführeramt aus wichtigem Grund niederlegen**. Nötig ist dies nicht, da er sich durch die Information an die Gesellschafter **entlastet** hat (Roth/Altmeppen, GmbHG, München, 3. Aufl. 1997, § 43 Rz. 49). Die aus wichtigem Grund erklärte Amtsniederlegung eines Geschäftsführers ist auch dann sofort wirksam, wenn über die objektive Berechtigung dieses Grundes Streit besteht (BGH, 14.7.1980 – II ZR 161/79, NJW 1980 S. 2415). Trotz Amtsniederlegung kann der Anstellungsvertrag des Geschäftsführers weiter bestehen. Es besteht kein vernünftiger Grund zu der Annahme, daß der Geschäftsführer auf seine Ansprüche aus dem Anstellungsvertrag verzichten müßte, wenn ihn die GmbH in zurechenbarer Weise gezwungen hat, seine Organstellung aufzugeben (BGH, 9.2.1978 – II ZR 189/76, BB 1978 S. 520). — 235

Tiefgreifende Auseinandersetzungen mit einem Mitgeschäftsführer können für den Geschäftsführer einen wichtigen Grund zur **fristlosen Kündigung** seines Anstellungsverhältnisses darstellen (§ 626 Abs. 1 BGB). Das gilt insbesondere dann, wenn der Mitgeschäftsführer unberechtigte Vorwürfe erhebt (BGH, 9.3.1992 – I ZR 102/91, BB 1992 S. 801). — 236

Bei der Willensbildung kann es auch zu **Patt-Situationen** kommen, insbesondere bei **zweigliedriger** Geschäftsführung. Jeder Geschäftsführer hat dann zu prüfen, ob er sich damit abfinden kann, oder ob es die Sorgfalt eines ordentlichen Geschäftsmannes erfordert, die Gesellschafter **zu informieren** und ggf. die Gesellschafterversammlung einzuberufen (§ 49 Abs. 2 GmbHG).

Trotz **Gesamtgeschäftsführung** (und -vertretung) kann laut Satzung die Gesellschafterversammlung ermächtigt werden, bestimmten Geschäftsführern **Einzelgeschäftsführungsbefugnis** einzuräumen. Von diesem Vorbehalt wird in der Praxis insbesondere zugunsten von Gesellschafter-Geschäftsführern Gebrauch gemacht.

3. ZUSTIMMUNGSBEDÜRFTIGE GESCHÄFTE

237 Es wurde bereits darauf hingewiesen, daß die h.M. heute davon ausgeht, daß die **Geschäftsführungsbefugnis sich auf die gewöhnlichen Rechtsgeschäfte beschränkt** (nach außen kann die Vertretungsmacht nicht eingeschränkt werden, § 37 Abs. 2 Satz 1 GmbHG). Trotzdem findet man vielfach in Anstellungsverträgen (und Satzungen) Formulierungen wie *„... Geschäfte, die den gewöhnlichen Geschäftsbetrieb überschreiten, bedürfen der Zustimmung der Gesellschafter ..."* oder *„Die Befugnis des Geschäftsführers erstreckt sich auf alle Handlungen, die der gewöhnliche Betrieb des Handelsgewerbes der Gesellschaft mit sich bringt. Zur Vornahme von Handlungen, die darüber hinausgehen, ist ein Gesellschafterbeschluß erforderlich. Hierzu zählen insbesondere die folgenden Rechtsgeschäfte ..."*

Solche Formulierungen sind zulässig; unzulässig kann es m.E. sein, wenn **Zustimmungsvorbehalte** zu gewöhnlichen Rechtsgeschäften gemacht werden und damit die Stellung des Geschäftsführers völlig verändert wird, er dann nicht mehr Organ, sondern nur noch Angestellter ist.

238 Ob man **Zustimmungskataloge** überhaupt in Anstellungsverträge aufnehmen sollte, hängt von verschiedenen Faktoren ab, z.B. von der Person des Geschäftsführers. Bei der Einmann-GmbH und der Familien-GmbH erübrigen sich solche Kataloge für den Einmann- und den beherrschenden Gesellschafter-Geschäftsführer.

Beim reinen **Fremdgeschäftsführer** kann es sich empfehlen, neben der Generalklausel, daß keine außergewöhnlichen Geschäfte ohne Zustimmung der Gesellschafterversammlung (des Aufsichtsrates) getätigt werden dürfen, beispielsweise solche außergewöhnlichen Geschäfte aufzulisten. Verstößt der Fremdgeschäftsführer gegen solche Klauseln, so ist das Rechtsgeschäft zwar gültig, es liegt aber ein wichtiger Grund für seine Entlassung vor.

> **BEISPIEL:**
>
> Aus einem Anstellungsvertrag:
>
> *„Zur Vornahme von Handlungen, die über den gewöhnlichen Geschäftsbetrieb hinausgehen, ist die vorherige Zustimmung der Gesellschafterversammlung erforderlich; hierzu zählen insbesondere folgende Rechtsgeschäfte:*
>
> *- Erwerb, Veräußerung, Belastung von Grundstücken;*
> *- Veräußerung von wesentlichen Teilen des Unternehmens oder des Unternehmens im ganzen;*
> *- Aufnahme eines neuen Geschäftszweiges;*
> *- Übernahme von Bürgschaften und Eingehung von Wechselverbindlichkeiten sowie Inanspruchnahme von Krediten von mehr als 100 000 DM im Einzelfall;*
> *- Erteilung und Widerruf von Prokuren."*

4. GESELLSCHAFTERVERSAMMLUNG UND GESCHÄFTSFÜHRER

239 Die **Gesellschafterversammlung** (§§ 45 ff. GmbHG) ist das **oberste Organ** der GmbH. **Ausnahmsweise** ist die Gesellschafterversammlung zugleich **Vertretungs-**

B. Aufgabenbereich und Kompetenzen des Geschäftsführers

organ, z.B. bei einer Bestellung der Geschäftsführer, bei Übernahme einer Stammeinlage bei Kapitalerhöhung etc. Die Grenzen für die Befugnisse der Gesellschafterversammlung einerseits und der Geschäftsführer andererseits sind nicht einheitlich abzustecken, weil die im Gesetz (§ 46 GmbHG) der Gesellschafterversammlung eingeräumten Befugnisse weitgehend ebenso dispositiv sind wie die gesetzlichen Befugnisse der Geschäftsführer.

a) EINBERUFUNG DER GESELLSCHAFTERVERSAMMLUNG

Unter anderem ist es **Aufgabe der Geschäftsführer,** die Gesellschafterversammlung vorzubereiten und einzuberufen. Dabei kommt es nicht darauf an, ob Gesamtgeschäftsführungsbefugnis besteht oder Einzelgeschäftsführungsbefugnis; **jeder Geschäftsführer** ist **für sich alleine befugt** und ggf. verpflichtet, die Gesellschafterversammlung einzuberufen (§ 49 Abs. 1 GmbHG). 240

Die Einberufungsgründe können beruhen auf

- der GmbH-Satzung,
- dem Gesetz, z.B. Feststellung des Jahresabschlusses, Satzungsänderung, Auflösung, Liquidation, Verlust der Hälfte des Stammkapitals (§ 49 Abs. 3 GmbHG),
- zwingenden Erfordernissen der Gesellschaft (§ 49 Abs. 2 GmbHG: *„... wenn es im Interesse der Gesellschaft erforderlich erscheint ..."*).

Die **Gesellschafter können** die Gesellschafterversammlung grundsätzlich nicht selbst einberufen. Gemäß § 50 Abs. 1 GmbHG können Gesellschafter, die mindestens 10 % des Stammkapitals halten, die **Einberufung** der Gesellschafterversammlung **verlangen**. Kommt der Geschäftsführer dem Verlangen eines Gesellschafters nach und beruft er zu einem bestimmten Zeitpunkt eine Gesellschafterversammlung ein, so kann er, wenn er plötzlich Bedenken bekommt, die zu einem bestimmten Zeitpunkt festgesetzte Gesellschafterversammlung auch wieder **absagen** (OLG Hamburg, 18.4.1997 – 11 U 29/97, GmbHR 1997 S. 795).

Kommt die Geschäftsführung dem Gesellschafter-Verlangen nicht nach, obwohl die vom Gesetz aufgestellten Anforderungen erfüllt sind, dann können diese Gesellschafter die Gesellschafterversammlung selbst einberufen (**Selbsthilferecht der Gesellschafter**, § 50 Abs. 3 GmbHG).

Liegen die Voraussetzungen des § 50 Abs. 3 GmbHG nicht vor und entscheidet die Gesellschafterversammlung nach Einberufung durch die Gesellschafter, so sind alle gefaßten Beschlüsse nichtig (§ 241 Nr. 1 AktG analog; BGH, 7.2.1983 – II ZR 14/82, GmbHR 1983 S. 267; KG Berlin, 4.3.1997 – 14 U 6988/96, GmbHR 1997 S. 1001).

Durch das Einberufungsrecht der Geschäftsführer ist diesen schon in der **Vorbereitungsphase** eine gewisse Gestaltungsmöglichkeit gegeben.

Die Einberufung selbst hat bei fehlenden gesellschaftsvertraglichen Vereinbarungen durch **eingeschriebenen Brief** an jeden Gesellschafter unter Beachtung einer **Frist von einer Woche** zu erfolgen (§ 51 GmbHG, Fristberechnung gemäß §§ 187 Abs. 1, 188, 193 BGB).

Regelmäßig sind **in der Einladung Ort**, **Tag** und **Uhrzeit** anzugeben, ebenso die **Tagesordnungspunkte**. Durch Aufnahme eines Tagesordnungspunktes „Verschiedenes" können auch zunächst nicht vorgesehene Themen behandelt, aber keine Beschlüsse gefaßt werden, es sei denn, es sind alle Gesellschafter anwesend und es besteht Einstimmigkeit. Somit können **nachträglich** Gegenstände zur Beschlußfassung durch eingeschriebenen Brief nur auf die Tagesordnung gesetzt werden, wenn zwischen dem Tag der Absendung und dem Tag, an dem die 241

Gesellschafterversammlung stattfindet, eine Frist von 3 Tagen liegt (§ 51 Abs. 4 GmbHG).

Grundsätzlich haben die Geschäftsführer die Gesellschafterversammlung an dem **Sitz** der Gesellschaft einzuberufen und zu den **üblichen Geschäftszeiten**; die Einberufung auf einen Sonntag kann das Teilnahmerecht eines Gesellschafters verletzen (LG Darmstadt, 25.11.1980 – 15 O 446/80, BB 1981 S. 72).

242 Die Gesellschafterversammlung **ist** von den Geschäftsführern immer dann **einzuberufen**, wenn es das Interesse der Gesellschaft erforderlich macht (§ 49 Abs. 2 GmbHG) oder das Gesetz oder der Gesellschaftsvertrag dies zwingend vorschreiben. Ein im GmbHG z.B. ausdrücklich geregelter Einberufungsgrund ist gegeben (§ 49 Abs. 3 GmbHG), wenn die **Hälfte des Stammkapitals verloren** ist: Die Aktiva erreichen nach Abzug der Schulden nur noch die Hälfte des Stammkapitals. Der Geschäftsführer muß dabei im Rahmen seiner Pflichten mit der Sorgfalt eines ordentlichen Geschäftsmannes prüfen, ob dieser Fall eingetreten ist oder nicht. Die Verpflichtung nach § 49 Abs. 3 GmbHG setzt nicht erst dann ein, wenn eine Jahres- oder Zwischenbilanz vorliegt; der Geschäftsführer hat vielmehr die wirtschaftliche Lage der GmbH laufend zu beobachten und sich bei Anzeichen einer kritischen Entwicklung einen Überblick über den Vermögensstand zu verschaffen (BGH, 20.2.1995 – II ZR 9/94, BB 1995 S. 975).

Ist der halbe Verlust des Stammkapitals noch **aus** gesetzlichen oder freien offenen oder stillen **Rücklagen zu decken**, so besteht **keine Einberufungspflicht** des Geschäftsführers (BGH, 9.10.1958 – II ZR 348/56, BB 1958 S. 1181 zu § 83 Abs. 1 AktG a. F.). Statt der Einberufung der Gesellschafterversammlung nach § 49 Abs. 3 GmbHG können die Geschäftsführer auch das schriftliche Verfahren nach § 48 Abs. 2 GmbHG wählen und den Gesellschaftern **schriftlich** den Verlust des halben Stammkapitals anzeigen.

243 **Zusammenfassend** läßt sich sagen, daß die Gesellschafterversammlung insbesondere einzuberufen ist

- zum Zwecke der Feststellung des Jahresabschlusses (§ 46 Nr. 1 GmbHG),
- bei der Einforderung von Einzahlungen auf Stammeinlagen (§ 46 Nr. 2 GmbHG),
- bei der geplanten Rückzahlung von Nachschüssen (§ 46 Nr. 3 GmbHG),
- für die Teilung und Einziehung von Geschäftsanteilen (§ 46 Nr. 4 GmbHG),
- für die Bestellung und Abberufung von Geschäftsführern sowie für deren Entlastung (§ 46 Nr. 5 GmbHG),
- für die Festlegung und Durchführung von Maßregeln zur Prüfung und Überwachung der Geschäftsführung (§ 46 Nr. 6 GmbHG),
- für die Bestellung von Prokuristen und Handlungsbevollmächtigten (§ 46 Nr. 7 GmbHG),
- bei der beabsichtigten Geltendmachung bestimmter Ersatzansprüche (§ 46 Nr. 8 GmbHG),
- bei Verlust des halben Stammkapitals (§ 49 Abs. 3 GmbHG),
- bei der Einforderung von Nachschüssen (§ 26 GmbHG),
- bei Satzungsänderungen (§ 53 GmbHG),
- bei Auflösung und Liquidation (§§ 60, 66 GmbHG),
- wenn Gesellschafter, deren Geschäftsanteile mindestens 10 % des Stammkapitals ausmachen, die Einberufung der Gesellschafterversammlung verlangen (§ 50 Abs. 1 GmbHG).

B. Aufgabenbereich und Kompetenzen des Geschäftsführers

b) TEILNAHME AN DER GESELLSCHAFTERVERSAMMLUNG

Einzuladen von der Geschäftsführung – hat die GmbH einen Aufsichtsrat, so ist dieser neben der Geschäftsführung gemäß § 52 GmbHG i. V. mit § 111 Abs. 3 AktG zur Einberufung der Gesellschafterversammlung befugt – sind alle bei der GmbH ordnungsgemäß gemeldeten Gesellschafter (§ 16 GmbHG), also auch nicht stimmberechtigte Gesellschafter.

244

Der **Geschäftsführer** ist **zur Teilnahme** an der Gesellschafterversammlung **verpflichtet.** Er hat den Gesellschaftern Bericht zu erstatten und die gewünschten Auskünfte zu geben.

Bereits **vor der Gesellschafterversammlung** hat er ggf. Unterlagen den Gesellschaftern zur Verfügung zu stellen, damit diese sich auf die Gesellschafterversammlung entsprechend vorbereiten können. Hat die Gesellschafterversammlung über den Jahresabschluß zu beschließen, so ist dieser vorweg zu übersenden, und zwar einschließlich Lagebericht und Prüfungsbericht (OLG Frankfurt/M., 10.6.1977 – 24 U 154/76, BB 1977 S. 1016).

Umstritten ist, ob der Geschäftsführer ein **Recht auf Teilnahme** an der Gesellschafterversammlung hat. Ist der Geschäftsführer zugleich Gesellschafter, so folgt sein Teilnahmerecht schon aus seiner Gesellschaftereigenschaft. Einem Fremdgeschäftsführer kann die Gesellschafterversammlung nach h. M. (Sudhoff/Sudhoff, Rechte und Pflichten des Geschäftsführers einer GmbH und einer GmbH & Co., Köln, 14. Aufl. 1994, S. 93) die Teilnahme verweigern.

Ist der **Geschäftsführer zugleich Gesellschafter,** so kann er in der Gesellschafterversammlung auch mitstimmen. Es entspricht ständiger Rechtsprechung, daß jeder Gesellschafter an Abstimmungen auch dann teilnehmen kann, wenn es um seine eigene Person geht (BGH, 21.4.1969 – II ZR 200/67, NJW 1969 S. 1483; 20.12.1982 – II ZR 110/82, NJW 1983 S. 938; 27.10.1986 – II ZR 240/85, BB 1987 S. 503). Nur wenn die **Abberufung** eines Gesellschafter-Geschäftsführers **aus wichtigem Grund** erfolgen soll, kann der Gesellschafter-Geschäftsführer nicht mitstimmen.

245

Der **Versammlungsleiter** der Gesellschafterversammlung wird entweder von der Versammlung gewählt, oder bereits das Statut bestimmt den Versammlungsleiter. Ist letzteres nicht der Fall und können sich die Gesellschafter nicht einigen, so hat der Geschäftsführer die **Leitung** der Gesellschafterversammlung zu übernehmen.

246

Eine **Protokollierung** ist bei der GmbH grundsätzlich nicht vorgeschrieben, aber dem Geschäftsführer, sofern er Versammlungsleiter ist, dringend zu empfehlen.

Liegt eine **Einmann-GmbH** vor, so muß unverzüglich nach der Beschlußfassung ein Protokoll aufgenommen und unterschrieben werden (§ 48 Abs. 3 GmbHG).

c) AUSKUNFTS- UND EINSICHTSRECHTE DER GESELLSCHAFTER

Gemäß § 51a GmbHG, gültig seit 1.1.1981, hat jeder Gesellschafter **ohne Begründung** das Recht auf Auskunft über die Verhältnisse der GmbH und auf Einsicht in deren Bücher und Schriften. Das Auskunfts- und Einsichtsrecht richtet sich gegen die Gesellschaft, ist jedoch **von den Geschäftsführern zu erfüllen** (OLG Karlsruhe, 8.2.1984 – 15 W 42/83, GmbHR 1985 S. 59). Die Geschäftsführung wird entsprechend ihrer Funktion als Vertretungsorgan der GmbH (§ 35 GmbHG) nur als ausführendes Organ der Informationsverpflichtung tätig.

247

Der Gesellschafter, der ein Auskunfts- und/oder Einsichtsrecht geltend macht, braucht hierfür **keinen wichtigen Grund** anzugeben (OLG Stuttgart, 8.2.1983 – 8 W 496/82, BB 1983 S. 677). Insbesondere erscheint die Auffassung von K.

Schmidt (Grundzüge der GmbH-Novelle, NJW 1980 S. 1769) zweifelhaft, daß § 51a Abs. 1 GmbHG als ungeschriebenes Tatbestandsmerkmal ein „Informationsbedürfnis" enthalte, jeder Auskunft oder Einsicht verlangende Gesellschafter also dieses Informationsbedürfnis nachweisen müsse. M.E. ist das Informationsbedürfnis eines Gesellschafters immer zu unterstellen und die Gesellschaft muß ggf. nachweisen, daß der Gesellschafter mit der Ausübung seines Informationsrechtes **mißbräuchlich** handelt.

Das Auskunfts- und Einsichtsrecht kann gemäß § 51a Abs. 3 GmbHG durch den Gesellschaftsvertrag oder einen Gesellschafterbeschluß **nicht abbedungen** werden. Der Gesellschafter kann auch nicht auf eine Auskunft in der Gesellschafterversammlung verwiesen werden (OLG Köln, 18.2.1986 – 22 W 56/85, BB 1986 S. 1332). Die Satzung kann aber nähere Bestimmungen über das Prozedere treffen, z.B. ob der Auskunft oder Einsicht verlangende Gesellschafter sich vertreten oder einen Sachverständigen beiziehen kann etc.

Der Gesellschafter kann Auskunft und Einsicht hinsichtlich **aller Angelegenheiten der Gesellschaft** verlangen; das sind nicht nur die laufenden Geschäfte, sondern auch die beabsichtigte Geschäftspolitik, d.h. alles, was für die Kontroll-, Gewinn- und Vermögensinteressen des Gesellschafters von Bedeutung sein kann.

Die Auskunft bzw. Einsicht ist bei Vorliegen der Voraussetzungen **unverzüglich** und **vollständig** zu gewähren.

Das Einsichtsrecht schließt einen **Anspruch auf** die **Übersendung von Fotokopien und Büchern** aus (OLG Köln, 26.4.1985 – 24 W 54/84, BB 1985 S. 1583). Der Gesellschafter hat aber das Recht, sich bei der Einsichtnahme nach seinen Vorstellungen und auf seine Kosten Notizen und Fotokopien anzufertigen.

248 Nach § 51a Abs. 2 GmbHG dürfen die Geschäftsführer Auskunft und/oder Einsicht **verweigern**, wenn zu besorgen ist, daß der Gesellschafter sie zu gesellschaftsfremden Zwecken verwenden und dadurch der Gesellschaft ein nicht unerheblicher Schaden zugefügt wird. Das ist bereits dann der Fall, wenn die Gefahr einer zweckwidrigen Verwendung der Auskunft und dadurch eine Schadensgefahr für die GmbH besteht, z.B., weil der auskunftverlangende Gesellschafter ein **Konkurrenzunternehmen** betreibt (OLG Karlsruhe, 11.12.1984 – 11 W 135/84, GmbHR 1985 S. 362). Die Geschäftsführung darf aber gegenüber dem Gesellschafter die Weigerung erst aussprechen, wenn vorher ein entsprechender Gesellschafterbeschluß ergangen ist; bei dieser Beschlußfassung hat der Auskunft oder Einsicht verlangende Gesellschafter kein Stimmrecht. Im Gesetz sind die Verweigerungsgründe abschließend aufgeführt. Auf weitere, außergewöhnliche Verweigerungsgründe kann sich die Geschäftsführung grundsätzlich nicht berufen. Nur dort, wo der Grundsatz von Treu und Glauben durch den auskunftsuchenden Gesellschafter verletzt wird, wird man noch ein **Informationsverweigerungsrecht** anerkennen müssen (Lutter, Die GmbH-Novelle und ihre Bedeutung für die GmbH, die GmbH & Co. KG und die Aktiengesellschaft, DB 1980 S. 1317), ebenso dann, wenn sich der Geschäftsführer durch die Auskunftserteilung **strafbar** machen würde (Deutler, Änderungen des GmbH-Gesetzes und anderer handelsrechtlicher Vorschriften durch die GmbH-Novelle 1980, GmbHR 1980 S. 145).

§ 51a GmbHG wird heute allgemein als zu weitgehend angesehen. Begrenzt wird § 51a GmbHG durch das **Obstruktionsverbot** (vgl. auch Müller, Schranken des Informationsrechts nach § 51a GmbHG, GmbHR 1987 S. 87).

249 „**Angelegenheiten der Gesellschaft**" können auch die eines Tochterunternehmens sein, wenn sie für die Muttergesellschaft von objektiver Wichtigkeit sind (OLG Köln, 26.4.1985 – 24 W 54/84, BB 1985 S. 1583). Im übrigen kann man aber nicht davon ausgehen, daß ein Gesellschafter innerhalb eines **Konzerns** ein umfassendes, alle Konzerngesellschaften betreffendes Informationsrecht hat (LG Bielefeld, 28.5.1985 – 10 O 37/85, GmbHR 1985 S. 365).

Bei der **Betriebsaufspaltung** hat der Gesellschafter der Besitzgesellschaft, der nicht gleichzeitig Gesellschafter der Betriebs-GmbH ist, bei letzterer kein Einsichtsrecht (OLG Karlsruhe, 26.7.1984 – 4 W 70/84, BB 1984 S. 2016). **250**

Wird ein Einsichts- und Auskunftsrecht verweigert, so kann ein Gesellschafter dagegen gemäß § 51b GmbHG, der auf § 132 AktG verweist, vorgehen. Sachlich, funktional und örtlich zuständig ist das Landgericht, Kammer für Handelssachen, am Sitz der GmbH (Einzelheiten siehe Driesen, Gerichtliche Zuständigkeit für Informationserzwingungsverfahren nach § 51b GmbHG, GmbHR 1987 S. 103). **251**

Umstritten ist, ob bei Streitigkeiten über das Informations- und Auskunftsrecht der Gesellschafter ein Schiedsgericht tätig werden kann, das in der Satzung vereinbart ist (verneinend LG Mönchengladbach, 15.1.1986 – 7 O 221/85, GmbHR 1986 S. 390).

Verweigert der Geschäftsführer die Auskunft, weil zu befürchten ist, daß der Gesellschafter die Auskunft zu gesellschaftsfremden Zwecken mißbraucht und der GmbH dadurch ein Schaden entsteht (§ 51a Abs. 2 Satz 1 GmbHG) und fassen die Gesellschafter einen entsprechenden Verweigerungsbeschluß (§ 51a Abs. 2 Satz 2 GmbHG) (vgl. Rz. 248), so hat der Auskunft verlangende Gesellschafter nur das **Antragsrecht auf gerichtliche Entscheidung** nach § 51b GmbHG. Eine Anfechtungsklage gegen den Verweigerungsbeschluß ist unzulässig (BGH, 7.12.1987 – II ZR 86/87, BB 1988 S. 229).

d) ÜBERWACHUNG DER GESCHÄFTSFÜHRUNG DURCH DIE GESELLSCHAFTERVERSAMMLUNG

Gemäß § 46 Nr. 6 GmbHG ist es Aufgabe der Gesellschafter, Maßregeln zur Prüfung und Überwachung der Geschäftsführung zu treffen. Dieses Recht der Gesellschafter ist aber nicht zwingend und kann durch Gesellschaftsvertrag abbedungen und auf andere Organe übertragen werden. **252**

> **BEISPIEL:**
>
> Aus einer GmbH-Satzung:
>
> „Die Gesellschaft hat einen Aufsichtsrat, der aus 3 Mitgliedern besteht ... Der Aufsichtsrat bestellt die Geschäftsführer und berät und **überwacht** die Geschäftsführung."

Dabei kann sich die Gesellschafterversammlung die Kontrolle über bestimmte Akte der Geschäftsführung selbst vorbehalten.

Die Überwachung erstreckt sich immer nur auf die Geschäftsführer, nicht auf die den Geschäftsführern unterstellten Mitarbeiter. Solche Überwachungen, z. B. Stichprobenkontrollen, muß der Geschäftsführer hinnehmen, auch wenn sein Anstellungsvertrag hierüber keine Bestimmungen enthält. Die Überwachung ist keine Einmischung, kein Eingriff in die Geschäftsführung und kann u. a. beinhalten

– die Zusammenarbeit zwischen den Geschäftsführern,
– die Organisation der Geschäftsführung,
– die Überprüfung der Leistungen der Geschäftsführer.

Ob die Gesellschafter von ihrem Überwachungsrecht **Gebrauch machen**, steht grundsätzlich in ihrem Belieben. Ausnahmsweise kann eine Pflicht der Gesell- **253**

1. KAPITEL: Der GmbH-Geschäftsführer im Gesellschaftsrecht

schafter zur Überwachung bestehen, z.B., wenn es um die Einhaltung öffentlich-rechtlicher Vorschriften (z.B. der Unfallverhütungsvorschriften) geht (Höhn, Die Geschäftsleitung der GmbH, Köln, 2. Aufl. 1995, S. 257).

II. VERTRETUNG

254 Die Vertretung betrifft das Auftreten des Geschäftsführers nach **außen**, sein Verhältnis zu den Kunden, Lieferanten, Geschäfts- und Vertragspartnern.

1. INHALT UND UMFANG DER VERTRETUNGSMACHT

255 Die Vertretungsbefugnis der Geschäftsführer ist **unbeschränkt** und **unbeschränkbar** (§ 37 Abs. 2 GmbHG). Die Vertretungsmacht erstreckt sich grundsätzlich auf **sämtliche Rechtshandlungen**. Die Beschränkung der Vertretungsmacht eines Geschäftsführers auf bestimmte Geschäfte oder auf eine Filiale ist im Außenverhältnis **unzulässig**.

§ 37 Abs. 2 GmbHG ist wie die parallelen Vorschriften etwa des § 126 Abs. 2 HGB, des § 82 Abs. 1 AktG, des § 27 Abs. 2 GenG oder des § 50 Abs. 1 HGB Ausdruck des Prinzips, daß der Handelsverkehr auf dem Gebiet der rechtsgeschäftlichen und organschaftlichen Vertretungsbefugnis klare Verhältnisse erfordert. Für den Dritten, der auf diesem Gebiet mit einem Vertreter ein Rechtsgeschäft abschließt oder Erklärungen entgegennimmt, ist es, wenn nicht praktisch undurchführbar, so jedenfalls unzumutbar, sich in jedem Einzelfall über den Umfang der Vertretungsbefugnis des anderen Teils zu informieren. Aus diesem Grund hat der Gesetzgeber gerade bei den Handelsgesellschaften den Umfang der organschaftlichen Vertretungsbefugnis zwingend festgelegt (BGH, 23.6.1997 – II ZR 353/95, BB 1997 S. 1808).

Wer die GmbH zu vertreten hat und **wie** er sie vertreten darf, ist in das **Handelsregister** einzutragen. Nach außen gilt deshalb nur, was sich aus dem Handelsregister entnehmen läßt. Alle Vereinbarungen, Absprachen etc. zwischen Gesellschafter und Geschäftsführer wirken nur im Innenverhältnis, nicht aber gegenüber fremden Dritten.

Von der Vertretungsmacht gedeckt sind auch **satzungswidrige Rechtsgeschäfte** wie Veräußerung des ganzen Unternehmens, Bestellung von Prokuristen und Handlungsbevollmächtigten entgegen § 46 Nr. 7 GmbHG, Erwerb und Veräußerung von Grundstücken etc.

256 **Durch Gesetz eingeschränkt** ist das Vertretungsrecht der Geschäftsführer einer GmbH, wenn diese unter das Mitbestimmungsgesetz bzw. das Montan-Mitbestimmungsgesetz fällt, bei der Ausübung von Beteiligungsrechten: Nach § 32 MitbestG können die Geschäftsführer bestimmte Rechtsgeschäfte, z.B. Vermögensübertragung auf ein anderes Unternehmen bei Verschmelzung, Umwandlung etc., nicht ohne einen entsprechenden Aufsichtsratsbeschluß durchführen, ähnliches gilt nach § 15 MitbestErgG.

Kraft Gesetzes können Geschäftsführer auch nicht tätig werden, wenn ein **zwingender Gesetzesvorbehalt zugunsten** der **Gesellschafter** besteht; z.B. können die Geschäftsführer keine Nachschüsse einfordern (§ 26 Abs. 1 GmbHG) oder die Auflösung der Gesellschaft betreiben (§ 60 Abs. 1 Nr. 2 GmbHG).

Eine **Beschränkung** der Vertretungsmacht der Geschäftsführer ist nach h.M. auch in den Fällen gegeben, in denen eine **GmbH der Leitung eines anderen Unternehmens unterstellt** (Beherrschungsvertrag) oder ein **Gewinnabführungs-**

vertrag abgeschlossen werden soll (Rowedder/Fuhrmann/Koppensteiner, GmbHG, München, 3. Aufl. 1997, § 37 Rz. 49). Das ergibt sich für den Gewinnabführungsvertrag schon daraus, daß nach § 29 GmbHG eine vom Gesetz abweichende Gewinnverwendung nur durch die **Satzung** festgelegt werden kann.

Nur bei der **Einmann-Gesellschaft** kann von einer entsprechenden Satzungsänderung abgesehen werden (LG Hamburg, 25.4.1984 – 64 T 6/84, GmbHR 1984 S. 185): In einer Einmann-GmbH liegt Abschluß und Billigung eines Gewinnabführungsvertrages in der freien Entscheidung des alleinigen Gesellschafters über die Verwendung der Erträge (§§ 29, 46 Nr. 1 GmbHG).

Der Gesichtspunkt des **Verkehrsschutzes** begrenzt die Anwendbarkeit des § 37 GmbHG. Deswegen findet z.B. § 37 Abs. 2 GmbHG keine Anwendung auf die Rechtsbeziehungen, die ein Gesellschafter mit der Gesellschaft selbst eingeht. **257**

Macht die Gesellschafterversammlung einen **Zustimmungsvorbehalt** – der eigentlich auch nur intern wirkt – zum Gegenstand einer Vereinbarung mit Dritten, so wird die Vertretungsmacht der Geschäftsführer dadurch beschränkt (BGH, 23.6.1997 – II ZR 353/95, GmbHR 1997 S. 836).

Die uneingeschränkte Vertretungsmacht des Geschäftsführers gilt dort nicht mehr, wo der Geschäftsführer einverständlich mit einem außenstehenden Dritten zusammenwirkt (**Kollusion**), um die GmbH zu schädigen (John, Zum Mißbrauch der Vertretungsmacht durch Gesellschaftsorgane, GmbHR 1983 S. 90; BGH, 17.5.1988 – VI ZR 233/87, NJW 1989 S. 26; OLG Hamm, 18.11.1996 – 31 U 42/96, GmbHR 1997 S. 999). **258**

> **BEISPIEL:**
>
> Der Geschäftsführer A der Brillanten-GmbH veräußert ein Rubinarmband, das 60 000 DM wert ist, für 10 000 DM an den Käufer B, der ihm unter der Hand 20 000 DM zurückgibt, die A privat verbraucht. Als die Gesellschafter den Schwindel entdecken, verlangen sie von B das Rubinarmband zurück.
>
> Da A im **Zusammenwirken** mit B sein Vertretungsrecht mißbraucht hat, hat er als vollmachtloser Vertreter gehandelt, so daß überhaupt kein wirksamer Kaufvertrag zwischen der GmbH und B zustandegekommen ist (§ 138 BGB); die GmbH kann deshalb das Rubinarmband zurückverlangen.

Schwieriger sind die Fälle der **Quasi-Kollusion** zu entscheiden; dies sind die Fälle, in denen der Geschäftsführer vorsätzlich die GmbH schädigen will, der Dritte zwar nicht bewußt mit dem Geschäftsführer zusammenwirkt, aber für ihn ohne weiteres die Schädigungsabsicht des Geschäftsführers zu erkennen sein müßte. Ohne daß hierfür eine gesicherte Rechtsprechung vorliegt, wird der GmbH ein Rückforderungsrecht nach den §§ 177 ff. BGB oder Treu und Glauben (§ 242 BGB) oder dem Rechtsinstitut der culpa in contrahendo (Verschulden bei Vertragsabschluß) zugebilligt. **259**

Die **Prozeßführungsbefugnis** des GmbH-Geschäftsführers kann gemäß § 35 Abs. 1 GmbHG nicht beschränkt werden; es heißt im Gesetz ausdrücklich, daß der Geschäftsführer die GmbH auch vor Gericht vertritt. Nun finden sich z.T. in GmbH-Satzungen Bestimmungen, wonach Geschäftsführer gerichtliche Verfahren nur mit Zustimmung der Gesellschafter einleiten dürfen. M.E. sind solche allgemeinen Bestimmungen nicht geeignet, dem Geschäftsführer die Prozeßführungsbefugnis abzusprechen. Für das Gericht ist es nicht zumutbar, jeweils nachzuprüfen, ob der Geschäftsführer laut Satzung einen Prozeß beginnen darf oder nicht. Zum Teil wird die Auffassung vertreten, daß jedenfalls dann, wenn der Geschäftsführer bei einer entsprechenden Satzungsbestimmung einen **Prozeß** **260** gegen einen **Gesellschafter** führen will, ihm die Prozeßführungsbefugnis fehlt (so Beise, Beschränkung der Prozeßführungsmacht des GmbH-Geschäftsführers in Ausnahmefällen, GmbHR 1987 S. 259). Der BGH hat für die OHG entschieden (BGH, 20.9.1962 – II ZR 209/61, BGHZ 38 S. 26), daß der Grundsatz der unbeschränkten Vertretungsmacht eines vertretungsberechtigten Gesellschafters nicht gilt für den Rechtsverkehr zwischen der Gesellschaft und dem einzelnen Gesellschafter; erhebt er trotzdem Klage gegen den Gesellschafter einer Personenhandelsgesellschaft, so handelt er als Vertreter ohne Vertretungsmacht.

Meines Erachtens aber ist zweifelhaft, ob diese Grundsätze auf die GmbH übertragen werden können. Wegen der Haftungsbeschränkung kann bei der GmbH eine andere Interessenlage bestehen, so daß m.E. auch in Ausnahmefällen die Prozeßführungsbefugnis des Geschäftsführers auch gegenüber Gesellschaftern nicht eingeschränkt werden kann.

261 Ist gegen einen Geschäftsführer ein uneingeschränktes, rechtskräftiges zivilrechtliches **Tätigkeitsverbot** von ungewisser Dauer ausgesprochen worden, so erlischt für die Geltungsdauer des Verbotes seine Vertretungsmacht (BayObLG, 23.3.1989 – BReg. 3 Z 148/88, BB 1989 S. 1009). Seine Eintragung im Handelsregister ist deshalb grundsätzlich von Amts wegen zu löschen, um die Schutzwirkung des § 15 Abs. 3 HGB für Dritte zu beseitigen; das gilt uneingeschränkt insbesondere dann, wenn die GmbH in dem Rechtsstreit, in dem das Tätigkeitsverbot für den Geschäftsführer ausgesprochen wurde, als Partei beteiligt war.

Gibt der GmbH-Geschäftsführer Erklärungen nicht in seiner Eigenschaft als Geschäftsführer ab, sondern für sich persönlich (**im eigenen Namen**), so **haftet** die GmbH für diese Erklärungen **nicht** (BGH, 12.2.1990 – II ZR 134/89, BB 1990 S. 730).

2. EINZEL- ODER GESAMTVERTRETUNG

262 Nach dem Gesetz wird die GmbH „durch *die* Geschäftsführer" vertreten (§ 35 Abs. 1 GmbHG). Es besteht dem **Grundsatz** nach also **Gesamtvertretung**. Sind 4 Geschäftsführer bestellt und enthält die Satzung keine besonderen Vorschriften über die Vertretung, so wird die GmbH durch alle 4 Geschäftsführer vertreten; Erklärungen und Zeichnungen müssen durch alle 4 Geschäftsführer erfolgen (§ 35 Abs. 2 Satz 2 GmbHG). Ist gegenüber der GmbH eine **Erklärung** abzugeben, so genügt es, wenn diese **an einen** Geschäftsführer erfolgt (§ 35 Abs. 2 Satz 3 GmbHG).

Aber auch bei den von der GmbH abzugebenden Willenserklärungen müssen die 4 Geschäftsführer nicht immer gleichzeitig handeln. Sie können sich untereinander **bevollmächtigen** (mündlich, schriftlich, ausdrücklich, stillschweigend), damit nicht alle 4 Geschäftsführer tätig werden müssen, sondern ggf. nur 2 (BGH, 6.3.1975 – II ZR 80/73, BGHZ 64 S. 72). Dabei können gesamtvertretungsberechtige Geschäftsführer sich gegenseitig und so bevollmächtigen, daß jeder für bestimmte Geschäfte allein tätig werden kann. Damit erreichen Geschäftsführer, denen nur Gesamtvertretungsmacht eingeräumt wurde, daß sie **für bestimmte Geschäfte** allein die GmbH vertreten können (BAG, 18.12.1980 – 2 AZR 980/78, NJW 1981 S. 2374).

> **BEISPIEL:**
>
> A, Angestellter der X-GmbH, wird fristlos gekündigt. Das Kündigungsschreiben ist von dem Geschäftsführer B unterzeichnet. Laut Handelsregister wird die X-GmbH von den Geschäftsführern B und C gemeinsam vertreten.

> B. Aufgabenbereich und Kompetenzen des Geschäftsführers

> Die Kündigung ist, wenn die sonstigen Voraussetzungen für eine fristlose Kündigung vorliegen, wirksam, denn C konnte B intern bevollmächtigen, die Kündigung auch in seinem Namen auszusprechen.

Diese auf einer Vollmacht beruhende Ermächtigung, bestimmte Geschäfte allein abschließen zu können, läßt aber die Organstellung der einzelnen Geschäftsführer unberührt. Deshalb ist es m. E. unzulässig, daß bei Gesamtvertretung sich die Geschäftsführer bevollmächtigen können, alle Geschäfte jeweils allein abschließen zu können. Dies wäre eine **Umgehung** des Grundsatzes der Gesamtvertretung, wie er im Gesetz festgeschrieben ist.

Allerdings ist es möglich, daß durch die **Gesellschafterversammlung** einem Geschäftsführer Einzelvertretungsbefugnis eingeräumt wird, wenn die Satzung dies vorsieht. **263**

Sieht die Satzung ein Alleinvertretungsrecht für jeden Geschäftsführer vor, beschließt die Gesellschafterversammlung ohne notarielle Beurkundung gemeinschaftliche Vertretung, so ist dieser Beschluß nichtig (OLG Hamm, 3.6.1992 – 8 U 272/91, BB 1992 S. 2312). Gesellschafter können zwar Beschlüsse fassen, die – auch wenn sie die Satzung nicht allgemein ändern wollen – diese im Einzelfall durchbrechen. Ein Gesellschafterbeschluß, der eine zum Satzungsinhalt in Widerspruch stehende Regelung trifft, ohne die Satzung generell ändern zu wollen, bedarf jedoch der notariellen Beurkundung gemäß § 53 GmbHG. Fehlt die notarielle Beurkundung, so hat dieser Mangel die Nichtigkeit des Beschlusses zur Folge.

Wenn sich auch die gesamtvertretungsberechtigten Geschäftsführer zu bestimmten Geschäften **gegenseitig bevollmächtigen** können und solche Vollmachten grundsätzlich keiner besonderen Form bedürfen, so müssen die Geschäftsführer, soll eine Bevollmächtigung vorliegen, **insgesamt** entsprechende **Willensentschließungen** fassen. Für eine **Duldungsvollmacht** reicht dabei das Kenntniserlangen durch den Vertretenen nicht aus; der Vertretene muß selbst eine entsprechende Willensentschließung kundtun (BGH, 16.11.1987 – II ZR 92/87, GmbHR 1988 S. 101). **264**

> **BEISPIEL:**
>
> K gewährt einer GmbH ein Darlehen von 200 000 DM; Geschäftsführer der GmbH sind B und J. Der Darlehensvertrag wurde nur von B unterschrieben, obwohl B und J nur gesamtvertretungsberechtigt waren. J hat B nicht ausdrücklich bevollmächtigt, dessen Tun aber auch nicht widersprochen. K verlangt nach 6 Monaten die vereinbarten 12 % Zinsen.
>
> Für die Frage, ob zwischen K und der GmbH ein wirksamer Darlehensvertrag zustande kam, kommt es darauf an, ob B wirksam zum Abschluß des Darlehensvertrages bevollmächtigt war. Durch das Nichtstun des J ist eine wirksame stillschweigende Vollmacht oder Duldungsvollmacht nicht entstanden.

Würde man eine **Duldungsvollmacht** annehmen, so käme dies der Umwandlung der bisherigen Gesamtgeschäftsführungsbefugnis in eine Einzelgeschäftsführungsbefugnis gleich. Eine solche Umwandlung kann nur durch einen der Satzung entsprechenden **Gesellschafterbeschluß** nach § 46 Nr. 5 GmbHG vollzogen werden, nicht aber dadurch, daß der Mitgeschäftsführer die Wahrnehmung seiner Funktionen dem anderen Geschäftsführer überträgt. Denn die Befugnis zur organschaftlichen Willensbildung und Willenserklärung und die damit verbundene Verantwortung sind nicht übertragbar. Zwar kann der Geschäftsführer einer GmbH eine Generalhandlungsvollmacht i.S. des § 54 HGB nach außen **265** wirksam erteilen (BGH, 14.2.1974 – II ZB 6/73, BGHZ 62 S. 166). Auch dadurch kann jedoch die Gesamtgeschäftsführungsbefugnis nicht umgewandelt werden. Denn außer der Bestellung zum Geschäftsführer mit Alleinvertretungsmacht durch einen satzungsgerechten Beschluß der Gesellschafter nach § 46 Nr. 5 GmbHG erlaubt das Gesetz nur eine **Ermächtigung** des Mitgeschäftsführers **zur Vornahme bestimmter Geschäfte** oder bestimmter Arten von Geschäften (§ 125 Abs. 2 Satz 2 HGB, § 78 Abs. 4 AktG; BGH, 8.5.1978 – II ZR 209/76, GmbHR 1979 S. 271).

266 Umstritten ist, ob sich bei **Wegfall eines von 2 gesamtvertretungsberechtigten gesetzlichen Vertretern** die Vertretungsmacht des Verbliebenen zu einer Alleinvertretungsbefugnis erweitert. Der BGH (9.5.1960 – II ZB 3/60, BB 1960 S. 880) bemerkt: *„Hat eine GmbH, deren Gesellschaftsvertrag vorsieht, daß die Gesellschaft durch einen oder mehrere Geschäftsführer vertreten wird, zwei gemeinschaftlich vertretungsberechtigte Geschäftsführer und wird einer davon abberufen, so ist der andere alleinvertretungsberechtigt, auch wenn der abberufene Geschäftsführer im Handelsregister noch nicht gelöscht ist."*

Aus dieser Entscheidung kann man nicht allgemein folgern, daß bei Wegfall, z. B. durch Tod eines Geschäftsführers, der verbliebene Geschäftsführer automatisch alleinvertretungsberechtigt wird. In der BGH-Entscheidung vom 9.5.1960 sah einmal die **Satzung** auch **Alleinvertretung** vor, zum anderen wurde der zweite Gesellschafter abberufen.

In einer späteren Entscheidung hat der BGH (12.12.1960 – II ZR 255/59, BGHZ 34 S. 27) diese Frage ausdrücklich **offengelassen** und auf die Satzung abgestellt: *„Die Satzung kann möglicherweise so ausgelegt werden, daß ein Geschäftsführer alleinvertretungsberechtigt sein soll, wenn der Mitgeschäftsführer endgültig wegfällt, also stirbt, abberufen wird oder aus einem anderen Grunde ausscheidet, also nicht mehr als Geschäftsführer vorhanden ist ..."*

In der Literatur (Rowedder/Fuhrmann/Koppensteiner, GmbHG, München, 3. Aufl. 1997, § 35 Rz. 49) und in der übrigen Rechtsprechung (OLG Hamburg, 11.9.1987 – 11 W 55/87, GmbHR 1988 S. 67) wird das **Alleinvertretungsrecht** des verbliebenen Gesellschafters überwiegend **verneint**.

Bei der bloßen **Verhinderung** (Krankheit) des Mitgeschäftsführers kann – wie gezeigt – durch Vollmacht für bestimmte Geschäfte dem verbliebenen Geschäftsführer ein Alleinvertretungsrecht eingeräumt werden. Fällt aber der Mitgeschäftsführer völlig weg, sollte der verbliebene Geschäftsführer einen Beschluß der Gesellschafterversammlung über seine Vertretungsmacht herbeiführen.

267 Von der gegenseitigen Bevollmächtigung der Geschäftsführer zu unterscheiden ist der Fall, daß der Geschäftsführer einem **Dritten**, der nicht Geschäftsführer ist, Vollmacht zur **Vertretung der GmbH** erteilt. Die Befugnis des Geschäftsführers zur organschaftlichen Willensbildung und -erklärung und die damit verbundene Verantwortung sind **unübertragbar**. Infolgedessen kann der Geschäftsführer seine Vertretungsmacht nicht **im ganzen** durch einen anderen ausüben lassen (BGH, 18.10.1976 – II ZR 9/75, BB 1976 S. 1577). Selbst wenn die Gesellschafter dies bestimmen, kann ein Geschäftsführer einem Dritten nicht **Generalvollmacht** erteilen, auch wenn sie zeitlich begrenzt und widerruflich ist. Das ergibt sich auch daraus, daß der Geschäftsführer bestimmte **öffentliche Pflichten** hat (Insolvenzantragspflicht nach § 64 GmbHG etc.), die neben dem Interesse der Gesellschaft zugleich dem Schutz der Gesellschaftsgläubiger vor weiterer Verminderung der zu ihrer Befriedigung noch vorhandenen Vermögensmasse dienen.

268 Das GmbHG kennt nicht die sog. **unechte Gesamtvertretung**: Ein Geschäftsführer vertritt die GmbH zusammen mit einem Prokuristen. Die Praxis läßt diese

unechte Gesamtvertretung, wenn auch mit einer Einschränkung, grundsätzlich zu (Tillmann, Der Geschäftsführervertrag der GmbH und der GmbH & Co., Köln, 4. Aufl. 1986, Rz. 27). Die Einschränkung besteht darin, daß unabhängig von der Vertretungsbefugnis mit einem Prokuristen jeder Geschäftsführer allein oder zusammen mit einem anderen Geschäftsführer die GmbH vertreten können muß.

Nicht zulässig ist damit
- die Bindung von 2 oder mehr Geschäftsführern an das Votum eines Prokuristen (2 Geschäftsführer müssen in der Lage sein, eine GmbH auch ohne einen Prokuristen zu vertreten);
- die Bindung eines Alleingeschäftsführers an die Mitwirkung eines Prokuristen;
- die Gesamtvertretung durch 2 Prokuristen mit denselben Rechten wie 2 Geschäftsführer; wäre dies zulässig, würde die Vertretung nach § 35 GmbHG ausgehöhlt. Hiervon zu unterscheiden ist die **Gesamtprokura** nach § 48 Abs. 2 HGB: Dort geht es aber nicht um die organschaftliche Vertretung.

Die **unechte Gesamtvertretung** bewirkt eine Erweiterung der Vertretungsbefugnis des Prokuristen und ist (BGH, 14.2.1974 – II ZB 6/73, BGHZ 62 S. 166) im vorgenannten Rahmen zulässig. 269

> **BEISPIEL:**
>
> A ist alleiniger Geschäftsführer der X-GmbH; dem technischen Leiter B wird Prokura erteilt, und zwar dergestalt, daß er die Gesellschaft mit dem Geschäftsführer oder einem weiteren Prokuristen – ein solcher ist bisher nicht bestellt – vertreten kann.
>
> Obwohl B ohne den Geschäftsführer nicht vertreten kann, wohl aber A, ist die **sog. halbseitige Vertretung** zulässig.

Zulässig ist auch die **gemischte** Gesamtprokura: Ein Prokurist ist berechtigt, die GmbH in Gemeinschaft mit einem **gesamtvertretungsberechtigten Geschäftsführer** zu vertreten (BGH, 6.11.1986 – V ZB 8/86, GmbHR 1987 S. 301). 270

Vertritt der Prokurist zusammen mit einem Geschäftsführer die GmbH, so können beide zusammen wirksam Betriebsgrundstücke veräußern, während dies Prokuristen alleine gemäß § 49 Abs. 2 HGB untersagt ist.

Die GmbH, die nur **einen** Geschäftsführer bestellt hat, wird durch diesen **allein** vertreten.

Ist im **Handelsregister** das **Alleinvertretungsrecht** eines Geschäftsführers eingetragen, hat sich dieser aber gegenüber den Gesellschaftern verpflichtet, die GmbH nur zusammen mit einem weiteren Geschäftsführer zu vertreten, so sind die vom alleinvertretungsberechtigten Geschäftsführer allein getätigten Rechtshandlungen dennoch gültig; die GmbH hat ggf. nur einen Schadensersatzanspruch gegen den Geschäftsführer und kann den Geschäftsführer abberufen und seinen Anstellungsvertrag aus wichtigem Grund fristlos kündigen.

3. KOMPETENZABGRENZUNG GEGENÜBER ANDEREN ORGANEN

Nach § 35 Abs. 1 GmbHG wird die GmbH **bei allen Rechtsgeschäften gegenüber Dritten ausschließlich von den Geschäftsführern vertreten.** Diese Regelung, die zwingend ist und auch durch die Satzung nicht abbedungen werden kann, ist im Interesse der Verkehrssicherheit notwendig: Eine Prüfung, ob z.B. ein wirksamer Gesellschafterbeschluß vorliegt, wäre für einen außenstehenden Dritten nicht ohne weiteres möglich. Damit sind auch Rechtsgeschäfte, die für die Gesellschaft 271 besonders bedeutsam sind, immer von den Geschäftsführern abzuschließen, auch wenn intern die Zustimmung der Gesellschafterversammlung oder eines anderen Organs (Aufsichtsrat, Beirat) vorgesehen ist. Aus § 46 GmbHG, der für gewisse grundlegende Rechtshandlungen die Zuständigkeit der Gesellschafterversammlung vorsieht, läßt sich insoweit nichts Gegenteiliges herleiten. So betrifft § 46 Nr. 7 GmbHG (Erteilung der Prokura und der Handlungsvollmacht) ausschließlich das **Innenverhältnis**. Das bedeutet, daß bei der GmbH die **Prokura** ausschließlich durch die **Geschäftsführer erteilt** wird; daß die Gesellschafterversammlung der Prokuraerteilung zustimmen muß, gilt nur im Innenverhältnis und ist vom Registergericht nicht zu prüfen (BGH, 14.2.1974 – II ZB 6/73, BGHZ 62 S. 166).

272 **Zwingend** der Gesellschafterversammlung sind nur vorbehalten
- Vertragsänderungen nach § 53 GmbHG,
- Einforderung von Nachschüssen nach § 26 Abs. 1 GmbHG,
- Auflösung (§ 60 Abs. 1 Nr. 2 GmbHG), Verschmelzung und Umwandlung (§ 24 UmwG),
- Fortsetzung aufgelöster Gesellschaften,
- Beschlußfassung darüber, ob andere Personen als die Geschäftsführer oder die im Gesellschaftsvertrag genannten Personen Liquidatoren sein sollen,
- Abberufung von Liquidatoren (§ 66 Abs. 3 GmbHG).

273 Die **Allzuständigkeit** der Geschäftsführer gilt **Dritten gegenüber.** Gegenüber anderen Organen der GmbH kann diese Allzuständigkeit der Geschäftsführer im **Innenverhältnis** eingeschränkt sein. Durch Gesetz ist diese Allzuständigkeit der Geschäftsführer eingeschränkt, z.B. durch § 46 GmbHG. In § 46 GmbHG sind die Geschäfte nach Maßnahmen aufgeführt, die der **Gesellschafterversammlung** vorbehalten sind. Wie bereits dargelegt, kann die Gesellschafterversammlung aber auch im Innenverhältnis sich ihrer aus § 46 GmbHG fließenden Rechte begeben und diese Aufgaben weitgehend auf die Geschäftsführer übertragen.

Auch durch den **Anstellungsvertrag** (und die Satzung) können sich die Gesellschafter im Innenverhältnis bestimmte Geschäfte vorbehalten (= zustimmungsbedürftige Geschäfte).

In **Gesellschaftsverträgen** findet man vielfach Bestimmungen, wonach bestimmte **Kompetenzen** einem freiwillig installierten Organ (Aufsichtsrat, Beirat, Verwaltungsrat) **übertragen** wurden, z.B. der Beirat muß bestimmten Rechtsgeschäften (Grundstückskäufen, Einstellung von Prokuristen etc.) zustimmen. Im **Außenverhältnis** bleibt es trotz solcher Übertragungen bei der ausschließlichen Vertretung der GmbH durch die Geschäftsführer: Die Gesellschafterversammlung kann nicht ein anderes Organ anstelle der Geschäftsführer mit der Vertretung der Gesellschaft beauftragen.

274 Eine **Ausnahme** gibt es nur bei der Vertretung der GmbH gegenüber den Geschäftsführern: Ist nach dem Gesellschaftsvertrag ein Aufsichtsrat bestellt, so gilt nach § 52 GmbHG auch § 112 AktG, soweit der Gesellschaftsvertrag nichts anderes bestimmt, mit der Folge, daß der **Aufsichtsrat** die **GmbH gegenüber** den **Geschäftsführern** gerichtlich und außergerichtlich **vertritt**. Durch die Satzung kann jedoch etwas anderes bestimmt werden, es sei denn, es liegt eine **mitbestimmte GmbH** (§ 77 Abs. 1 BetrVG 1952, § 25 Abs. 1 Nr. 2 MitbestG) vor: Hier ist die **Vertretung durch den Aufsichtsrat** den Geschäftsführern gegenüber **zwingend** vorgeschrieben.

Der Wortlaut des § 112 AktG könnte darauf hindeuten, daß die ausschließliche Befugnis des Aufsichtsrats, die Gesellschaft in Rechtsstreitigkeiten mit den Geschäftsführern zu vertreten, sich auf **im Amt** befindliche Geschäftsführer beschränkt. Nach Auffassung des BGH (20.4.1990 – II ZR 86/89, BB 1990 S. 729) widerspräche eine solche Auslegung dem gesetzlichen Zweck, eine unbefangene Vertretung der Gesellschaft sicherzustellen, die von fremden Erwägungen unbeeinflußt ist und sachliche Gesellschaftsbelange wahrt. Deshalb vertritt bei der GmbH der (fakultative) Aufsichtsrat diese auch im Rechtsstreit mit **ausgeschiedenen** Geschäftsführern.

Ist jemand **Aufsichtsratsmitglied,** so kann er **nicht gleichzeitig Geschäftsführer** sein und umgekehrt. Dies gilt auch, wenn die GmbH freiwillig einen Aufsichtsrat (fakultativer Aufsichtsrat) installiert hat (OLG Frankfurt/M., 7.7.1981 – 20 W 267/81, GmbHR 1982 S. 159). § 52 GmbHG verweist auf § 105 AktG. Nach dieser Vorschrift kann ein Aufsichtsratsmitglied nicht zugleich Vorstandsmitglied sein. Nun kann § 105 AktG wie alle Verweisungsvorschriften durch die GmbH-Satzung zwar abbedungen werden. Aber das für die GmbH geltende **Organisationsprinzip**, wonach die Tätigkeit als Geschäftsführer und die als Aufsichtsrat **unvereinbar** sind, kann nicht abbedungen werden, wenn einem Organ Aufsichtsfunktionen gegenüber dem anderen Organ eingeräumt wurden.

275

Eine Ausnahme ist nur für einen begrenzten Zeitraum als Stellvertreter zulässig (§ 105 AktG), um fehlende Geschäftsführer zu bestellen.

Für das **Amtslöschungsverfahren** – der Löschung einer GmbH als vermögenslos – gilt die Gesellschaft als fortbestehend und wird von ihren **bisherigen gesetzlichen Vertretern** vertreten.

276

Eine Ersatzzustellung der Löschungsankündigung an die gesetzlichen Vertreter der Gesellschaft durch Niederlegung zur Post unter deren Wohnanschrift ist nur wirksam, wenn die Gesellschaft kein besonderes Geschäftslokal hat (BayObLG, 4.6.1997 – 3 Z BR 44/97, GmbHR 1997 S. 1003).

Keine Kompetenz haben die Geschäftsführer mehr nach **Löschung** der GmbH im Handelsregister **wegen Vermögenslosigkeit** (BGH, 18.4.1985 – IX ZR 75/84, GmbHR 1985 S. 325). Stellt sich nach der Löschung der GmbH heraus, daß diese noch Ansprüche hat, so können nicht die früheren Geschäftsführer diese geltend machen: Nach Löschung einer GmbH von Amts wegen findet keine Liquidation statt (§ 2 Abs. 1 Satz 2 LöschG). Damit ist die Vertretungsbefugnis der früheren Geschäftsführer beendet. Die GmbH kann dann nur durch einen **neuen**, vom Gericht ernannten **Liquidator** rechtserhebliche Erklärungen abgeben (§ 2 Abs. 3 LöschG).

Selbst für Fälle, in denen eine Liquidation stattgefunden, der Abwickler ihre Beendigung angezeigt hatte und dann erst die GmbH im Handelsregister gelöscht worden ist, hat der BGH (23.2.1970 – II ZB 5/69, BGHZ 53 S. 264) entschieden, daß die **Vertretungsbefugnis** der früheren Abwickler **nicht wieder auflebt**, sondern das Gericht neue Liquidatoren bestellen muß, wenn sich eine neue Abwicklung als notwendig erweist.

Diese Rechtsprechung stützt sich auf die **analoge** Anwendung des § 273 Abs. 4 AktG (vgl. auch Anm. Fleck zu BGH, 23.2.1970 – II ZB 5/69, LM zu § 74 GmbHG Nr. 2).

4. BEFREIUNG VOM VERBOT DES SELBSTKONTRAHIERENS (IN-SICH-GESCHÄFTE)

a) NOTWENDIGKEIT DER BEFREIUNG VOM VERBOT DES SELBSTKONTRAHIERENS

Niemand kann mit **sich selbst** Geschäfte abschließen (§ 181 BGB). Auch der Geschäftsführer als gesetzlicher Vertreter der GmbH kann nicht im Namen der GmbH mit sich im eigenen Namen ein Rechtsgeschäft abschließen, es sei denn, das Rechtsgeschäft besteht ausschließlich in der Erfüllung einer Verbindlichkeit.

277

1. KAPITEL: Der GmbH-Geschäftsführer im Gesellschaftsrecht

> **BEISPIEL:**
>
> A ist Geschäftsführer der X-GmbH. Die X-GmbH, vertreten durch A, veräußert an A ein ihr gehörendes Grundstück.
>
> Nach § 181 BGB ist ein solches Rechtsgeschäft unzulässig, es sei denn, der Geschäftsführer ist von den Beschränkungen des § 181 BGB wirksam befreit.

Noch nicht endgültig entschieden ist die Frage, ob § 181 BGB Anwendung findet, wenn ein nicht von § 181 BGB befreiter Geschäftsführer einem **Dritten Vollmacht** erteilt, und der Dritte dann die GmbH bei Geschäften mit dem Geschäftsführer vertritt.

> **BEISPIEL:**
>
> Der Geschäftsführer A, der nicht von § 181 BGB befreit ist, kauft von der GmbH ein Grundstück. Die GmbH wird von 2 Prokuristen vertreten.
>
> Diesen Kaufvertrag wird man in Anlehnung an die BGH-Entscheidung vom 13.6.1984 (VIII ZR 125/83, BGHZ 91 S. 334) als **wirksam** ansehen müssen, da die Prokuristen nicht als Unterbevollmächtigte des Geschäftsführers anzusehen sind, sondern ihre Vertretungsaufgabe in eigener Verantwortung gegenüber der GmbH erfüllen. Dabei spielt es keine Rolle, daß die Prokura für die GmbH durch den Geschäftsführer erteilt wird.

278 Der BGH hat in einer Entscheidung vom 6.3.1975 (II ZR 80/73, BGHZ 64 S. 72; vgl. hierzu Anm. Fleck, LM zu § 181 BGB Nr. 18) auch bei einer **Bevollmächtigung eines Mitgeschäftsführers** § 181 BGB nicht als verletzt angesehen: *„Einer von zwei gesamtvertretungsberechtigten Geschäftsführern, der mit der Gesellschaft einen Vertrag abschließen will, kann den anderen Geschäftsführer wirksam zur Alleinvertretung der Gesellschaft ermächtigen."*

Entscheidend war aber hierbei, daß der bevollmächtigte Geschäftsführer von vornherein kraft Bestellung eine gesetzliche Vertretungsmacht besaß. M.E. würde ein Verstoß gegen § 181 BGB vorliegen, wenn der Geschäftsführer irgendeinen Angestellten der GmbH bevollmächtigen würde, die GmbH bei einem Geschäft mit dem Geschäftsführer zu vertreten. § 181 BGB greift auch ein, wenn der **alleinige Geschäftsführer** ein der GmbH gehörendes Grundstück an sich selbst veräußert und sich dabei auf der **Erwerberseite** von seiner **Ehefrau** vertreten läßt (OLG Hamm, 2.10.1980 – 15 W 117/80, BB 1980 S. 1659).

279 Liegt ein Fall des § 181 BGB vor, wenn ein Elternteil, der gleichzeitig seine minderjährigen Kinder vertritt, sich zum Geschäftsführer bestellt? Dies ist umstritten und vom BGH noch nicht entschieden.

> **BEISPIEL:**
>
> Alleinige Gesellschafter einer GmbH sind die Eheleute S, Herr S zu 51% und Frau S zu 49%. Im August 1998 ist Herr S verstorben. Seinen Geschäftsanteil erben in gesetzlicher Erbfolge seine Ehefrau zu $\frac{1}{2}$ und seine beiden minderjährigen Kinder zu je $\frac{1}{4}$. Anläßlich einer Gesellschafterversammlung zur Bestellung eines neuen Geschäftsführers hat Frau S ihre minderjährigen Kinder vertreten und sich selbst zur alleinigen Geschäftsführerin bestellt. Laut Satzung kann jeder Geschäftsführer von § 181 BGB befreit werden. Gemäß §§ 1629 Abs. 2, 1795 Abs. 2, 181 BGB sind den gesetzlichen Vertretern In-Sich-Geschäfte verboten. Der gesetzliche Vertreter ist an der Vornahme eines Rechtsgeschäfts gehindert, wenn er auf beiden Seiten des Rechtsgeschäfts beteiligt ist.

B. Aufgabenbereich und Kompetenzen des Geschäftsführers

Wäre also die Bestellung eines Ergänzungspflegers erforderlich? M.E. ja, denn die Bestellung eines Geschäftsführers ist zwar keine Satzungsänderung, aber ein so tiefgreifender Eingriff in die Sphäre der GmbH, der Konfliktsituationen auslösen kann und mehr als einen einfachen Gesellschafterbeschluß darstellt. Die Folge eines Verstoßes gegen § 181 BGB ist zwar zivilrechtlich nur ein Anfechtungsgrund, **steuerlich** ist die Bestellung aber unwirksam.

Eine vormundschaftsgerichtliche Genehmigung war nicht erforderlich: Da schon für einen satzungsändernden Gesellschafterbeschluß bei Beteiligung Minderjähriger keine vormundschaftsgerichtliche Genehmigung nach § 1822 Nr. 3 BGB erforderlich ist, ist erst recht eine solche nicht erforderlich, wenn es sich wie hier um einen bloßen Gesellschafterbeschluß handelt, der eine Geschäftsführerbestellung betrifft.

Die Befreiung vom Verbot des § 181 BGB ist regelmäßig generell in der **Satzung** vorzusehen. 280

> **BEISPIEL:**
>
> Aus einem Gesellschaftsvertrag:
> „Jeder Geschäftsführer kann von den Beschränkungen des § 181 BGB befreit werden."

Jeder Geschäftsführer kann dann durch einfachen Gesellschafterbeschluß von den Beschränkungen des § 181 BGB befreit werden, wenn dies im Gesellschaftsvertrag vorgesehen ist (OLG Zweibrücken, 30.12.1981 – 3 W 82/81, OLGZ 1983 S. 36).

Ist in der Satzung die Befreiung von § 181 BGB nicht allgemein ausgesprochen, so ist in der **nachträglichen Befreiung** des Geschäftsführers eine **Satzungsänderung** zu sehen, die nur wirksam wird, wenn die §§ 53, 54 GmbHG beachtet werden ($^3/_4$-Mehrheit, notarielle Beurkundung, Anmeldung und Eintragung der Satzungsänderung).

Die Befreiung eines Geschäftsführers von § 181 BGB ist zum **Handelsregister** anzumelden und einzutragen (BGH, 28.2.1983 – II ZB 8/82, BGHZ 87 S. 59 = GmbHR 1983 S. 269; OLG Frankfurt, 3.12.1982 – 20 W 819/82, NJW 1983 S. 944). 281

Ist die Befreiung des Geschäftsführers von § 181 BGB nur in **beschränktem Umfang**, für bestimmte Arten von Geschäften mit nur bestimmten Personen oder Gesellschaften, erteilt (... die Geschäftsführer A sind bei Geschäften mit der Fa. B vom Verbot des § 181 BGB befreit ...), dann ist die Befreiung von § 181 BGB (... bei jedem Geschäftsführer die Befreiung von den Beschränkungen des § 181 BGB, soweit die Satzung dies vorsieht ...) beim Handelsregister anzumelden und einzutragen (OLG Düsseldorf, 1.7.1994 – 3 Wx 20/93, GmbHR 1995 S. 51 = BB 1995 S. 10).

Nicht eintragungsfähig ist die Befreiung von § 181 BGB **für ein einzelnes konkretes Rechtsgeschäft**.

Nicht wirksam beschlossen und eingetragen werden kann, daß der **Geschäftsführer** von § 181 BGB befreit sein soll, wenn er **alleiniger Gesellschafter** ist (BGH, 28.2.1983 – II ZB 8/82, BGHZ 87 S. 59 = GmbHR 1983 S. 269). Das ergibt sich daraus, daß das Handelsregister hinsichtlich der Zahl der Gesellschafter keine Aussagen macht; um beurteilen zu können, ob dem jeweiligen Geschäftsführer Geschäfte mit sich selbst gestattet sind, müßten unzulässigerweise Umstände außerhalb der Satzung und des Handelsregisters herangezogen werden, die dem Rechtsverkehr nicht ohne weiteres zugänglich sind. Ein derartiger Eintrag würde 282 damit gegen § 54 Abs. 2 i. V. mit § 10 Abs. 1 GmbHG verstoßen, wonach es für die Änderung der Vertretungsbefugnis nicht einmal genügt, daß auf die dem Gericht eingereichten Urkunden Bezug genommen wird. Der Umfang der Vertretungsbefugnis muß sich aus dem Register selbst ergeben.

Daraus folgt auch, daß keine Satzungsbestimmung möglich ist, wonach im Fall der **Liquidation** alle oder namentlich bestimmte Liquidatoren von der Beschränkung des § 181 BGB auch dann befreit sind, wenn es sich im Zeitpunkt der Auflösung der GmbH um eine Einmann-GmbH handelt.

Die im Gesellschaftsvertrag festgelegte Freistellung des Geschäftsführers von § 181 BGB gilt nicht für dessen Rechtsstellung als Liquidator, wenn darüber eine Regelung im Gesellschaftsvertrag fehlt (OLG Hamm, 2.1.1997 – 15 W 195/96, DB 1997 S. 1127).

283 § 181 BGB findet Anwendung, wenn sich ein Gesellschafter, der von anderen Gesellschaftern zu ihrer Vertretung in Gesellschafterversammlungen **bevollmächtigt** ist, mit den Stimmen seiner Vollmachtgeber zum Geschäftsführer der Gesellschaft bestellt (BGH, 24.9.1990 – II ZR 167/89, BB 1991 S. 85).

Entscheidend ist nach dem **Normzweck** des § 181 BGB, ob die Ausübung der übertragenen Stimmrechte zwischen bevollmächtigtem Gesellschafter und vollmachtgebenden Gesellschaftern die Gefahr eines Interessenkonfliktes und damit der Schädigung dieser Gesellschafter in sich birgt. Dabei spielt es nach dem Normzweck des § 181 BGB keine Rolle, ob der Bevollmächtigte für sich mit den Stimmen seiner Vollmachtgeber selber abstimmt oder dies im Wege der **Unterbevollmächtigung** tut. Die im Vordergrund stehende Gefahr, die kollidierenden Interessen eigennützig zu bewerten, wird durch die Einschaltung eines Untervertreters nicht beseitigt.

b) IN-SICH-GESCHÄFTE BEI DER EINMANN-GMBH

284 Auch der geschäftsführende Alleingesellschafter ist den **Beschränkungen** des § 181 BGB **unterworfen** (§ 35 Abs. 4 GmbHG). Die frühere Rechtsprechung (BGH, 19.4.1971 – II ZR 98/68, BGHZ 56 S. 97), die § 181 BGB nicht auf Rechtsgeschäfte des geschäftsführenden Alleingesellschafters anwandte, ist damit seit dem 1.1.1981 **überholt** (Gesetz vom 4.7.1980, BGBl. I S. 836; vgl. auch Hildesheim, Das Selbstkontrahierungsverbot nach § 181 BGB in der neueren Rechtsprechung des BFH und der Finanzgerichte zur verdeckten Gewinnausschüttung, DStZ 1998 S. 741).

Eine **Abtretung** von Ansprüchen der GmbH an den Allein-Gesellschafter-Geschäftsführer kann deshalb ohne Gestattung des In-Sich-Geschäfts in der Satzung der Gesellschaft nicht wirksam erfolgen; ebensowenig kann der alleinige Gesellschafter diese Abtretung ohne entsprechende Satzungsregelung nachträglich genehmigen (OLG Hamm, 19.5.1992 – 29 U 161/91, GmbHR 1992 S. 669).

Wie kann der einzige Gesellschafter und Geschäftsführer **von** den **Beschränkungen** des § 181 BGB **befreit** werden? § 35 Abs. 4 GmbHG ist kein zwingendes Recht. Durch die **Satzung** kann diese gesetzliche Vorschrift ausgeschaltet werden. Ein Notar ist bei Beurkundung einer Satzung nicht verpflichtet, auf die Möglichkeit der Befreiung hinzuweisen (OLG Frankfurt/M., 17.11.1995 – 24 U 50/94, WM 1996 S. 723).

Rechtsgeschäfte mit sich selbst kann der geschäftsführende Alleingesellschafter deshalb tätigen, wenn

– ihm dies **von vornherein** im Gesellschaftsvertrag oder

– **nachträglich** durch Änderung der Satzung gestattet wurde *(„Die Geschäftsführer sind von den Beschränkungen des § 181 BGB befreit.")*.

Ein einfacher Gesellschafterbeschluß genügt nicht (OLG Köln, 2.10.1992 – 2 Wx 33/92, GmbHR 1993 S. 37); er ist wegen **Formmangels** (§ 53 GmbHG) unwirksam und daher nicht eintragungsfähig.

Schließt der alleinige Gesellschafter-Geschäftsführer im Namen der Gesellschaft mit sich selbst Rechtsgeschäfte ab, ohne wirksam von den Beschränkungen des § 181 BGB befreit zu sein, so handelt er insoweit ohne Vertretungsmacht. Die Rechtsgeschäfte sind zunächst schwebend unwirksam, § 177 Abs. 1 BGB. Die nachträgliche Zustimmung (Genehmigung) wirkt grundsätzlich auf den Zeitpunkt der Vornahme des Rechtsgeschäfts zurück, § 184 Abs. 1 BGB. Eine Genehmigung wird schon immer dann anzunehmen sein, wenn der alleinige Gesellschafter-Geschäftsführer nach Abschluß des Vertrages in rechtswirksamer Weise von den Beschränkungen des § 181 BGB befreit wird; die Genehmigung des einzelnen Rechtsgeschäfts ist mithin in diesen Fällen nicht erforderlich. Für die Erteilung der Genehmigung sieht das Gesetz keine Frist vor. Sie kann auch noch nach Jahren erteilt werden, es sei denn, es ist Verwirkung eingetreten (BFH, 23.10.1996 – I R 71/95, GmbHR 1997 S. 34).

Auch die Freistellung eines Alleingesellschafters und Alleingeschäftsführers von § 181 BGB ist gemäß § 10 Abs. 1 Satz 2 GmbHG in das **Handelsregister** einzutragen. Hierbei darf jedoch nicht auf die Eigenschaft als einziger Gesellschafter abgestellt werden; die Befreiung hat sich vielmehr entweder auf jeden oder einen konkret bestimmten Geschäftsführer zu beziehen (BGH, 28.2.1983 – II ZB 8/82, BGHZ 87 S. 59).

Daß dem Geschäftsführer, der gleichzeitig Einmann-Gesellschafter ist, In-Sich-Geschäfte nur gestattet sind, wenn dies im ursprünglichen oder geänderten Gesellschaftsvertrag vereinbart ist, hat seinen Sinn letztlich in der **Publizität** (BayObLG, 22.5.1987 – BReg. 3 Z 163/86, BB 1987 S. 1482). Es werden nämlich bei einer solchen Befreiung Vermögensverlagerungen zwischen dem Alleingesellschafter und der GmbH ermöglicht. Dies muß **verlautbart** werden. Gläubiger der Gesellschaft müssen sich auf diese Möglichkeit einstellen können, da sie das Recht haben, den im Sonderband der Handelsregisterakten befindlichen Gesellschaftsvertrag einzusehen.

Das **BayObLG** hatte in einer Entscheidung vom 21.9.1989 (BReg. 3 Z 5/89, GmbHR 1990 S. 213) angenommen, daß bei „Umwandlung" einer mehrgliedrigen GmbH in eine eingliedrige GmbH trotz der ursprünglichen Befreiung des Geschäftsführers von § 181 BGB vorgenommene In-Sich-Geschäfte **unwirksam** sind.

Der **BGH** (8.4.1991 – II ZB 3/91, NJW 1991 S. 1731) und der **BFH** (13.3.1991 – I R 1/90, BStBl II 1991 S. 597) haben sich der Entscheidung des BayObLG **nicht** angeschlossen. Nach ihrer Auffassung erlischt die dem Geschäftsführer einer mehrgliedrigen GmbH durch die Satzung erteilte und im Handelsregister eingetragene Befreiung vom Verbot des Selbstkontrahierens bei „Umwandlung" einer mehrgliedrigen in eine Einmann-GmbH nicht.

c) STEUERLICHE AUSWIRKUNGEN BEIM VERSTOSS GEGEN DAS SELBSTKONTRAHIERUNGSVERBOT

Ohne Befreiung vom Selbstkontrahierungsverbot des § 181 BGB sind die Geschäfte des Einmann-Gesellschafter-Geschäftsführers **schwebend unwirksam**. Der Geschäftsführer kann also keinen Geschäftsführervertrag mit sich selbst abschließen.

1. KAPITEL: Der GmbH-Geschäftsführer im Gesellschaftsrecht

> **BEISPIEL:**
>
> Der Einmann-Gesellschafter-Geschäftsführer A bewilligt sich ein Gehalt von 120 000 DM/Jahr ab Gründung der GmbH (1.1.1996). In der Satzung der GmbH ist ihm keine Befreiung von § 181 BGB erteilt.
>
> Entsprechend dieser Regelung überweist die GmbH monatlich 10 000 DM auf das Konto des A. Eine 1998 durchgeführte Betriebsprüfung erkennt die monatlich an A gezahlten 10 000 DM nicht als Betriebsausgaben an, sondern nimmt verdeckte Gewinnausschüttungen an.

287 Die Steuerrechtsprechung (z. B. BFH, 21.7.1976 – I R 178/75, BStBl II 1976 S. 760) verlangt seit jeher, daß Abschluß und Zeitpunkt von Vereinbarungen, die beherrschende Gesellschafter-Geschäftsführer einer GmbH mit sich selbst schließen, rechtlich **zulässig** und nach **außen deutlich erkennbar gemacht sein müssen** (s. aber Rz. 289). Leistungen, die die GmbH unter Verstoß gegen § 181 BGB dem Gesellschafter-Geschäftsführer erbringt, sind nach der BFH-Entscheidung vom 23.10.1996 (I R 71/95, BFHE 181 S. 328) nicht notwendigerweise eine verdeckte Gewinnausschüttung. Es ist zulässig, durch nachträglichen Gesellschafterbeschluß die zivilrechtliche Unwirksamkeit zu heilen. Nach Wassermeyer (Rund um den GmbH-Geschäftsführer, Stbg 1997 S. 529, 530) muß der zivilrechtlich unwirksame Vertrag aber tatsächlich durchgeführt sein, wobei es auf den Zeitpunkt seiner nachträglichen Genehmigung nicht ankommt. Ebenso der BFH in seinem Urteil vom 11.2.1997 (I R 48/96, HFR 1997 S. 929): Der Genehmigung (nachträglicher Gesellschafterbeschluß) steht das Rückwirkungsverbot (vgl. Rz. 706) nicht entgegen. Dies wäre nur dann der Fall, wenn die eigentliche vertragliche Vereinbarung im Zuwendungszeitpunkt gefehlt hat und erst zu einem späteren Zeitpunkt nachgeholt wird.

Rechtsgeschäfte des Geschäftsführers einer GmbH mit sich selbst als Geschäftsführer einer weiteren GmbH (sog. Mehrvertretung) müssen, um für den Rechtsverkehr Beachtung zu finden, i. d. R. durch eine schriftliche Aufzeichnung belegt sein, aus der sich Inhalt und Zeitpunkt des Geschäfts einwandfrei ergeben (FG Baden-Württemberg, 17.5.1993 – 9 K 4/86, GmbHR 1994 S. 198 unter Berufung auf BGH, 8.3.1991 – V ZR 25/90, NJW 1991 S. 1730).

288 War der Alleingesellschafter-Geschäftsführer vor Inkrafttreten des § 35 Abs. 4 GmbHG (1.1.1981) rechtswirksam von den Beschränkungen des § 181 BGB befreit, so sind Leistungen der Gesellschaft aufgrund später abgeschlossener In-Sich-Geschäfte nicht allein deshalb verdeckte Gewinnausschüttungen, weil die Befreiung erst nach Abschluß dieser Geschäfte in der Satzung geregelt und im Handelsregister eingetragen wurde (BFH, 17.9.1992 – I R 89–98/91, BB 1992 S. 2493).

289 Ist ein Geschäftsführer durch wirksamen Gesellschafterbeschluß von den Beschränkungen des § 181 BGB befreit, ist aber keine Eintragung der Befreiung ins Handelsregister erfolgt, so führt die fehlende Handelsregistereintragung nicht zu einer verdeckten Gewinnausschüttung (BFH, 31.5.1995 – I R 64/94, BStBl II 1996 S. 246).

2. KAPITEL
HAFTUNG UND STRAFRECHTLICHE VERANTWORTLICHKEIT DES GESCHÄFTSFÜHRERS

A. HAFTUNG DES GESCHÄFTSFÜHRERS

Der Geschäftsführer ist vielfältigen **Haftungsrisiken** ausgesetzt (vgl. Lutter, Haftungsrisiken des Geschäftsführers einer GmbH, GmbHR 1997 S. 239; Goette, Die Haftung des GmbH-Geschäftsführers in der Rechtsprechung des BGH, DStR 1998 S. 1308). Jeder Geschäftsführer muß sich darüber klar sein, daß er aus vielfältigen Gründen von der Gesellschaft und/oder von Dritten in Anspruch genommen werden kann, z. B. wegen schlechter Geschäftsführung, Haftung aus unerlaubter Handlung, wenn er den gepfändeten und einbehaltenen Teil eines Arbeitslohnes nicht oder nicht rechtzeitig abführt etc. Zum Teil sind Rechtsfragen bei Haftungsfällen ungeklärt, z. B., ob der GmbH-Geschäftsführer, der mit seinem selbstgesteuerten Dienstwagen einen Unfall verursacht, der GmbH gegenüber haftet oder ob er sich auf die Grundsätze **der gefahrgeneigten Arbeit** berufen kann, was die h. M. noch immer ablehnt (vgl. Pullen, Anwendbarkeit der Grundsätze gefahrgeneigter Arbeit auf den GmbH-Geschäftsführer, BB 1984 S. 989). Dabei ist es für ihn ein schwacher Trost, daß Schadensersatzleistungen für ihn steuerlich Werbungskosten sind und damit sein steuerpflichtiges Einkommen mindern. Die Haftung des Geschäftsführers gegenüber der GmbH kann sich aus seinem Vertragsverhältnis (Dienstvertrag, Auftrag) und gesetzlichen Bestimmungen (z. B. § 43 GmbHG) ergeben. (Zur umweltrechtlichen Haftung vgl. Schulz, DB 1996 S. 1663.)

290

Bei **Klagen** gegen den Geschäftsführer ist grundsätzlich das Gericht seines Wohnsitzes zuständig (allgemeiner Gerichtsstand gemäß § 13 ZPO). Wird der Geschäftsführer aus **unerlaubter Handlung** in Anspruch genommen (Rz. 344, 366), ist das Gericht zuständig, in dessen Bezirk die Handlungen begangen worden sind (§ 32 ZPO), das ist dann i. d. R. das Gericht, in dessen Bezirk die GmbH ihren Sitz hat. Soweit **vertragliche Ansprüche** gegen den Geschäftsführer eingeklagt werden, kommt der Erfüllungsort für die Dienstleistungen aufgrund des Anstellungsvertrages in Betracht, also ebenfalls der Sitz der GmbH.

291

Für auf § 43 Abs. 2 GmbHG gestützte Ansprüche wegen fehlerhafter Erfüllung von Geschäftsführerpflichten ist der Gerichtsstand des Erfüllungsortes (§ 29 Abs. 1 ZPO) am Sitz der Gesellschaft begründet (BGH, 10.2.1992 – II ZR 23/91, BB 1992 S. 726).

Für die Klage eines Gesellschafters gegen den Geschäftsführer auf Schadensersatz bedarf es eines zustimmenden **Gesellschafterbeschlusses** nach § 46 Nr. 8 GmbHG. Ist durch den Gesellschafterbeschluß die Geltendmachung von Ersatzansprüchen gegen den Geschäftsführer abgelehnt worden, so ist der Gesellschafter, der gleichwohl Ansprüche gegen den Geschäftsführer verfolgen möchte, gehalten, den Beschluß zunächst **anzufechten**; die Wirksamkeit des Beschlusses kann nicht als Vorfrage in dem Schadensersatzprozeß geprüft werden (OLG Köln, 5.11.1992 – 18 U 50/92, GmbHR 1993 S. 816).

Zur Haftungsproblematik der Geschäftsführer bei Übernahme von GmbH-Anteilen, insbesondere in den neuen Bundesländern, vgl. Wittkowski, Haftung und Haftungsvermeidung beim Management Buy-Out einer GmbH, GmbHR 1990 S. 544.

292

Gegen mögliche Haftungsrisiken kann sich ein Geschäftsführer **versichern**. Die Versicherer gewähren Versicherungsschutz für den Fall, daß Geschäftsführer „wegen einer Pflichtverletzung bei Ausübung der versicherten Tätigkeit aufgrund gesetzlicher Haftpflichtbestimmungen privatrechtlichen Inhalts für einen Vermögensschaden haftpflichtig gemacht werden."

2. KAPITEL: Haftung und strafrechtliche Verantwortlichkeit

I. HAFTUNG BIS ZUR EINTRAGUNG

1. HANDELNDENHAFTUNG FÜR DIE VOR-GMBH

293 **Nach Abschluß des notariellen Gesellschaftsvertrages** und vor Eintragung der Vor-GmbH in das Handelsregister besteht gegen den Geschäftsführer die Handelndenhaftung des § 11 Abs. 2 GmbHG. Diese Handelndenhaftung greift aber im **Innenverhältnis** zu Lasten des Geschäftsführers **nicht** ein, soweit er nur Geschäfte vornimmt, um die Entstehung der Gesellschaft (Eintragung) zu erreichen. Im **Außenverhältnis** haftet der handelnde Geschäftsführer aber immer **bis zur Eintragung** (zur Frage, inwieweit der Geschäftsführer bei seiner Inanspruchnahme Regreßansprüche gegen die Gesellschafter geltend machen kann, vgl. Roth, Die Gründerhaftung im Recht der Vor-GmbH, ZGR 1984 S. 597, und Schmidt, Der Regreßanspruch des Fremdgeschäftsführers gegen die Gesellschafter der Vor-GmbH, GmbHR 1988 S. 129).

Die in § 11 Abs. 2 GmbHG bestimmte Handelndenhaftung greift nicht ein, solange nicht der Gesellschaftsvertrag oder die Errichtungserklärung notariell beurkundet worden ist (BGH, 7.5.1984 – II ZR 276/83, GmbHR S. 316 = NJW 1984 S. 2164); damit wurde die bisherige Rechtsprechung, die Handelndenhaftung könne auch schon im Vorgründungsstadium (= Vorgründungsgesellschaft) entstehen, aufgegeben.

294 Nach einer Entscheidung des OLG Frankfurt/M. vom 6.1.1994 (1 U 174/91, GmbHR 1994 S. 708) haftet der Gesellschafter-Geschäftsführer für **Sozialversicherungsbeiträge** von Arbeitnehmern einer Vor-GmbH nach § 28e Abs. 1 SGB IV. Daran ändere die spätere Eintragung der GmbH in das Handelsregister nichts; § 11 Abs. 2 GmbHG gelte nur für **rechtsgeschäftliches** oder rechtsgeschäftsähnliches Handeln.

2. WIRKSAME GESCHÄFTSFÜHRERBESTELLUNG

295 Die Handelndenhaftung des § 11 Abs. 2 GmbHG kommt nur in Betracht, wenn der Geschäftsführer wirksam bestellt ist oder die Angelegenheiten **faktisch** wie ein Geschäftsführer wahrnimmt (OLG Hamburg, 18.10.1985 – 11 U 92/85, GmbHR 1986 S. 230 = NJW-RR 1986 S. 116).

Die Handelndenhaftung des Geschäftsführers gemäß § 11 Abs. 2 GmbHG setzt darüber hinaus immer eine **aktive Einflußnahme** auf die konkrete Geschäftstätigkeit voraus. Allein die Stellung als Geschäftsführer und das generelle Einverständnis mit der Aufnahme der Geschäftstätigkeit für die Vor-GmbH vermögen die Handelndenhaftung nicht zu begründen (OLG Hamburg, 18.10.1985 – 11 U 92/85, GmbHR 1986 S. 230 = NJW-RR 1986 S. 116).

Die Organhaftung des § 11 Abs. 2 GmbHG trifft den Geschäftsführer nicht nur bei unmittelbarem Handeln, sondern auch bei **mittelbarer Tätigkeit** (BGH, 9.2.1970 – II ZR 182/68, BGHZ 53 S. 206). Deshalb haftet der Geschäftsführer auch, wenn er einen **Bevollmächtigten** für sich handeln läßt.

Die Haftung nach § 11 Abs. 2 GmbHG setzt also nicht voraus, daß der Geschäftsführer in eigener Person nach außen rechtsgeschäftlich tätig wird; es genügt vielmehr, daß er durch eine andere von ihm bevollmächtigte Person handelt.

Aber: Die Haftung des handelnden Geschäftsführers geht nicht weiter, als die Haftung der Gesellschaft ginge, wenn sie bei Vertragsabschluß bereits eingetragen wäre. Deshalb haftet der gesamtvertretungsberechtigte Geschäftsführer einer werdenden GmbH nicht für das Handeln eines gemeinsamen Bevollmächtigten, wenn dessen Vollmacht wegen Geschäftsunfähigkeit des anderen Gesamtvertreters nichtig ist (BGH, 9.2.1970 – II ZR 137/69, BGHZ 53 S. 210).

3. UMFANG DER HAFTUNG

Im Rahmen der Handelndenhaftung haftet der Geschäftsführer z. B. für **Lohnansprüche** eines für die Vorgesellschaft tätigen Arbeitnehmers (LAG Berlin, 29.10.1984 – 9 Sa 80/84, GmbHR 1985 S. 218); eine Haftung des Geschäftsführers (für Lohnansprüche) besteht aber **nicht** im Rahmen der **Vorgründungsgesellschaft**, das ist die Gesellschaft bis zum Abschluß des notariellen Vertrages (BGH, 7.5.1984 – II ZR 276/83, GmbHR 1984 S. 316 = NJW 1984 S. 2164). Mit der notariellen Beurkundung des Gesellschaftsvertrages gehen Verbindlichkeiten (und Rechte) der Vorgründungsgesellschaft nicht automatisch auf die Vor-GmbH über, sondern müssen durch besonderes Rechtsgeschäft auf diese übertragen werden (LG Düsseldorf, 21.11.1985 – 9 O 212/85, GmbHR 1986 S. 235); der Geschäftsführer der Vor-GmbH ist daher gut beraten, wenn er nur solche Übernahmen vornimmt, die nicht zu einer Haftung für ihn führen können.

296

Ändert die GmbH nach Übernahme eines Teils der Geschäftsanteile durch einen neuen Gesellschafter die Firma, den Gegenstand des Unternehmens und bestellt sie einen **neuen Geschäftsführer** und meldet dies zum Handelsregister an, so haftet der neue Geschäftsführer nicht gemäß § 11 Abs. 2 GmbHG persönlich für Rechtsgeschäfte, die er noch **vor Eintragung** der Änderungen namens der GmbH unter ihrer neuen Firma abschließt (OLG Koblenz, 19.1.1989 – 6 U 1221/87, BB 1989 S. 315).

Die Haftung des handelnden Geschäftsführers bestimmt sich nach dem namens der Gesellschaft abgeschlossenen Vertrag. **Einwendungen** und **Einreden** der Gesellschaft können dabei auch vom Geschäftsführer geltend gemacht werden, denn die Gläubiger sollen rechtlich nicht schlechter, aber auch nicht besser stehen, als wäre die GmbH bereits entstanden.

Die **Haftung** des Geschäftsführers aus Geschäften, die er mit Ermächtigung aller Gründer im Namen der Gesellschaft abgeschlossen hat, **erlischt mit der Eintragung** der GmbH; dabei spielt es keine Rolle, ob eine Bar- oder Sachgründung vorliegt (BGH, 16.3.1981 – II ZR 59/80, NJW 1981 S. 1452). Der Grund liegt darin, daß § 11 Abs. 2 GmbHG dem Gläubiger nur eine Notlösung bieten will, wenn die GmbH nicht eingetragen wird, oder das in ihrem Namen eingegangene Geschäft nicht gegen sich gelten läßt (OLG Karlsruhe, 14.3.1980 – 10 U 187/79, Die Justiz 1980 S. 383). Mit der Eintragung der Vor-GmbH erhält der Gläubiger aber einen Schuldner, mit dem er von Anfang an das Geschäft abschließen wollte.

297

Erklärt ein Gründungsgesellschafter-Geschäftsführer **einseitig** formlos seinen **Austritt** aus der Vor-GmbH und wird daraufhin ohne seine Beteiligung von den verbleibenden Gesellschaftern erneut ein Gesellschaftsvertrag zur Gründung der GmbH geschlossen, so haftet der ausscheidende Gesellschafter nach Eintragung der GmbH ins Handelsregister als Handelnder gemäß § 11 Abs. 2 GmbHG persönlich, zumindest für solche Geschäfte der ersten Vor-GmbH, die im Rahmen seiner **Geschäftsführung** mit Ermächtigung aller Gründer bis zur Gründung der zweiten, neuen Vor-GmbH abgeschlossen worden sind (BGH, 17.1.1983 – II ZR 89/82, ZIP 1983 S. 299).

298

Bei einem **Mantelkauf** (vgl. Brandmüller/Küffner, Bonner Handbuch GmbH, Bonn 1981/99, Fach J Rz. 1000–1044) ist § 11 Abs. 2 GmbHG entsprechend anwendbar, so daß auch hier eine Geschäftsführerhaftung entstehen kann (LG

299

Hamburg, 18.4.1985 – 2 S 199/84, BB 1985 S. 1286; OLG Hamburg, 15.4.1983 – 11 U 43/83, ZIP 1983 S. 570).

300 Die Vorschläge von Jula (Gestaltungsmöglichkeiten des Geschäftsführers einer GmbH i. G. zum Ausschluß oder zur Abschwächung der Handelndenhaftung, BB 1995 S. 1597), nach denen der Geschäftsführer seine Haftung ausschließen kann – **individualvertraglicher** oder **formularmäßiger Haftungsausschluß** –, dürften in der Praxis nicht durchsetzbar sein.

II. ANMELDUNG DER GMBH UND GRÜNDUNGSHAFTUNG

1. ANMELDUNG ZUM HANDELSREGISTER

301 Gemäß § 7 Abs. 1 GmbHG ist die Gesellschaft bei dem Amtsgericht (§ 8 HGB, § 125 FGG), in dessen Bezirk sie ihren Sitz hat, durch den **Geschäftsführer** (§ 78 GmbHG) zur Eintragung in das Handelsregister anzumelden. Nach § 7 Abs. 2 GmbHG *darf* bei der **Bargründung** die Anmeldung erst erfolgen, wenn

- auf jede Stammeinlage mindestens ein Viertel einbezahlt ist,
- auf das Stammkapital mindestens 12 500 Euro (oder 25 000 DM) einbezahlt sind,
- bei der Einmann-GmbH, die mit dem Mindeststammkapital von 25 000 Euro (oder 50 000 DM) gegründet wird, 12 500 Euro (oder 25 000 DM) einbezahlt sind, und für die weitere, nicht einbezahlte Hälfte Sicherheit bestellt ist.

Bei Gesellschaften, die zwischen dem 1.1.1999 und dem 31.12.2001 zum Handelsregister angemeldet werden, kann das Stammkapital noch auf DM lauten (§ 86 Abs. 2 GmbHG) (vgl. dazu auch Rz. 11.1).

Das Vorliegen dieser Voraussetzungen muß von allen Geschäftsführern versichert werden (§ 8 Abs. 2 GmbHG). Die Geschäftsführer haben also beispielsweise **zu versichern**:

> **BEISPIEL 1:**
>
> Stammkapital 25 000 Euro (bzw. 50 000 DM) (A und B haben je eine Stammeinlage von 12 500 Euro [bzw. 25 000 DM] übernommen):
>
> *„Wir versichern, daß auf jede Stammeinlage mindestens ein Viertel geleistet ist, und zwar auf die Stammeinlage des Gesellschafters A ein Betrag von 3 125 Euro (bzw. 6 250 DM), auf die Stammeinlage des Gesellschafters B ein Betrag von 9 375 Euro (bzw. 18 750 DM), insgesamt also 12 500 Euro (bzw. 25 000 DM), und endgültig zu unserer freien Verfügung stehen."*
>
> **BEISPIEL 2:**
>
> Stammkapital 100 000 Euro (bzw. 200 000 DM) (A und B haben je eine Stammeinlage von 50 000 Euro [bzw. 100 000 DM] übernommen):
>
> *„Wir versichern, daß auf jede Stammeinlage ein Viertel einbezahlt wurde und die Beträge zu unserer freien Verfügung stehen."*

Im Beispiel 2 ist ein besonderer Hinweis auf die **Mindesteinzahlung** nicht nötig, da bei einem Stammkapital von über 50 000 Euro (bzw. 100 000 DM) der Mindestbetrag von 12 500 Euro (bzw. 25 000 DM) immer erreicht wird.

302 Wird die GmbH nur durch eine Person errichtet **(Einmann-GmbH)**, so ist zu unterscheiden:

Wird das Stammkapital voll erbracht, so genügt die Versicherung des Geschäftsführers:

„Ich versichere, daß das Stammkapital voll erbracht ist und mir zu meiner vollen Verfügung steht."

Ist das Stammkapital nicht voll erbracht, so ist bei der 25000 Euro- (bzw. 50000 DM-)GmbH zusätzlich zu versichern, daß für die nicht erbrachten Beträge **Sicherheit** geleistet wurde.

Erfolgt eine **Sachgründung,** so sind gemäß § 7 Abs. 3 GmbHG die Sacheinlagen **vor Anmeldung** der Gesellschaft zur Eintragung in das Handelsregister *„so an die Gesellschaft zu bewirken, daß sie endgültig zur freien Verfügung der Geschäftsführer stehen."* 303

Die Geschäftsführer haben in der Anmeldung dann zu versichern, daß die zu leistenden Sacheinlagen erbracht wurden.

2. VERSCHÄRFTE HAFTUNG BEI FALSCHER VERSICHERUNG

Ist die Versicherung der Geschäftsführer gegenüber dem Registergericht falsch, ist z.B. die Geld- oder Sachleistung nicht oder nicht vollständig erfolgt, greift die **Gründungshaftung** nach **§ 9a Abs. 1 GmbHG** ein. Nach § 9a GmbHG hat die GmbH den Anspruch, durch die Gesellschafter *und* die Geschäftsführer **(Gesamtschuldner)** so gestellt zu werden, als wenn die Versicherungen der Geschäftsführer richtig gewesen wären. 304

Die Haftung nach § 9a GmbHG wegen falscher Angaben trifft nur denjenigen, der zum Zeitpunkt der Eintragung noch der GmbH angehörte, sei es als Gesellschafter oder als Geschäftsführer; die Haftung gemäß § 43 GmbHG tritt demgegenüber zurück (OLG Rostock, 2.2.1995 – 1 U 191/94, BB 1995 S. 1920).

Von einer Haftung wird der Geschäftsführer nur **frei** (§ 9a Abs. 3 GmbHG), wenn er darlegen und beweisen kann, daß er die Unrichtigkeit nicht kannte und bei Anwendung der objektiv gebotenen Sorgfalt auch nicht erkennen konnte. Kann er dies nicht, haftet er z.B. wegen des Fehlens eines Teils der Einlage für diese Differenz (= Differenzhaftung): Der Geschäftsführer haftet neben den Gesellschaftern mit seinem eigenen Vermögen für die Kapitalaufbringung. Dies gilt auch, soweit die GmbH Einlagen erstattet hat und dies nicht, wie vorgeschrieben, in der Satzung **verankert** wurde (BGH, 20.2.1989 – II ZB 10/88, BGHZ 107 S. 1). Im übrigen hat der Geschäftsführer für alle Schäden aufzukommen, die aus seinen unrichtigen Angaben entstehen. 304.1

Eine Haftung des Geschäftsführers aus § 9a GmbHG wegen wahrheitswidriger **Erklärung** gegenüber dem Registergericht, daß die **Stammeinlagen einbezahlt** seien, erlischt, wenn die Gesellschafter die Einlagen später einbezahlen (OLG Düsseldorf, 10.3.1995 – 17 U 130/94, GmbHR 1995 S. 582). 304.2

Der Ersatzanspruch der GmbH gegen die Geschäftsführer und die Gesellschafter **verjährt** in 5 Jahren (§ 9b Abs. 2 Satz 1 GmbHG). Die Verjährung beginnt mit der Eintragung der Gesellschaft in das Handelsregister oder, wenn die zum Ersatz verpflichtende Handlung später begangen worden ist, mit der Vornahme der Handlung. 305

Der Gründungshaftung nach § 9a Abs. 1 GmbHG entspricht die **Kapitalerhöhungshaftung** der Geschäftsführer nach § 57 Abs. 4 GmbHG. Erfolgt eine Kapitalerhöhung z.B. durch **Sacheinlagen**, so hat der Geschäftsführer auch für den angegebenen **Wert** der Sacheinlage einzustehen. 306

III. HAFTUNG NACH § 43 GMBHG

1. HAFTUNG NACH § 43 ABS. 2 GMBHG

307 Nach § 43 Abs. 1 GmbHG haben die Geschäftsführer in den Angelegenheiten der GmbH die **Sorgfalt eines ordentlichen Geschäftsmannes** anzuwenden. Tun sie das nicht, verletzen sie ihre Obliegenheiten; sie haften dann der Gesellschaft solidarisch für den entstandenen Schaden (§ 43 Abs. 2 GmbHG, sog. **Organhaftung**).

Für die Anwendung des § 43 Abs. 2 GmbHG kommt es nicht darauf an, ob ein Anstellungsvertrag abgeschlossen wurde oder nicht, ob der Geschäftsführer ein Entgelt bekommt oder nicht, ob seine Bestellung im Handelsregister eingetragen wurde (BGH, 21.4.1994 – II ZR 65/93, GmbHR 1995 S. 128) oder nicht.

Der Hinweis in § 43 Abs. 1 GmbHG, daß der Geschäftsführer die Sorgfalt eines ordentlichen Geschäftsmannes anzuwenden hat, bedeutet u. a., daß der Geschäftsführer

– die Geschäfte der GmbH auf Dauer gewinnbringend führen muß,

– den Namen und Ruf der GmbH nicht schädigen, sondern verbessern muß,

– zwar unternehmerisch handeln muß, aber nicht jedes Geschäftsrisiko eingehen darf,

– Eigeninteresse hintanstellen und bei Interessenkollisionen immer den Vorteil der GmbH wahren muß, auch wenn er dadurch persönlich Nachteile erleidet.

308 Gewährt der Geschäftsführer seiner **Ehefrau** aus dem Vermögen der GmbH ein **Arbeitnehmerdarlehen**, so verletzt er seine Pflichten nach § 43 Abs. 1 GmbHG und haftet der GmbH für den dadurch entstandenen Schaden, wenn ein zur Familie des Geschäftsführers nicht gehörender Arbeitnehmer ein solches Darlehen nicht erhalten hätte (OLG Düsseldorf, 1.12.1994 – 13 U 5/94, GmbHR 1995 S. 227).

308.1 Schließt der Geschäftsführer mit einem Dritten einen **Beratungsvertrag** ab und wendet dabei nicht die Sorgfalt eines ordentlichen Kaufmanns an, so hat er für einen der GmbH entstehenden Schaden, z. B. zu hohe Honorare, einzustehen (BGH, 9.12.1996 – II ZR 240/95, HFR 1997 S. 698; vgl. hierzu auch Gehrlein, Beweislast für Sorgfaltspflichtverletzungen von Geschäftsleitern, NJW 1997 S. 1905).

309 **Verschlechtern** sich die wirtschaftlichen Verhältnisse einer Gesellschaft wesentlich, so kann ein Organmitglied aufgrund der von ihm als solchem geschuldeten Treuepflicht gehalten sein, einer Herabsetzung seiner Bezüge zuzustimmen (BGH, 15.6.1992 – II ZR 88/91, BB 1992 S. 1583; vgl. auch Rz. 669). Das Aktienrecht sieht dies ausdrücklich vor (§ 87 Abs. 2 AktG). Für GmbH-Geschäftsführer gilt im Grundsatz aus ihrer Treuepflicht heraus nichts anderes. Ein Geschäftsführer muß deshalb zu Unrecht erhaltene Gehälter ganz oder teilweise zurückzahlen, eventuell auch **Schadensersatz** leisten (vgl. auch Rz. 669 f.).

310 Soweit der Geschäftsführer **einziger Gesellschafter** ist, folgt aus dieser Stellung heraus noch keine Ersatzpflicht gegenüber der GmbH aus § 43 Abs. 2 GmbHG (BGH, 28.9.1992 – II ZR 299/91, GmbHR 1993 S. 38). Das gilt auch bei der Vor-GmbH (OLG Köln, 1.3.1995 – 2 U 110/94, BB 1995 S. 793).

311 Bei § 43 Abs. 2 GmbHG ist anerkannt, daß die Haftung des Geschäftsführers ausgeschlossen ist, soweit er auf ausdrückliche **bindende Weisung** der Gesellschafter handelt. Bei Weisungen des Alleingesellschafters einer Ein-Personen-Gesellschaft bedarf es dazu keines förmlichen Gesellschafterbeschlusses. Entsprechendes gilt,

A. Haftung des Geschäftsführers

wenn der alleinige Gesellschafter zugleich als Geschäftsführer der GmbH handelt.

Die Organhaftung ist **Verschuldenshaftung,** d.h., eine Haftung tritt nur ein, wenn der Geschäftsführer vorsätzlich oder fahrlässig (§ 276 BGB) einen Schaden **verursacht** hat. Nach § 276 Abs. 2 BGB kann die Haftung für Fahrlässigkeit vertraglich ausgeschlossen werden. Kann also ein Geschäftsführer bei Bestellung zum Geschäftsführer verlangen, daß vertraglich vereinbart wird, daß „er nur" für grobe Fahrlässigkeit und Vorsatz haftet? Zunächst muß man sich klar werden, daß **öffentlich-rechtliche Ansprüche** nicht eingeschränkt werden können, z.B. die Lohn- und Umsatzsteuerhaftung des Geschäftsführers; öffentlich-rechtliche Rechtsverhältnisse sind der Disposition von Privatpersonen entzogen: Aber auch in dem Rechtsverhältnis zwischen Geschäftsführer und GmbH ist bis heute nicht abschließend geklärt, ob die Haftung für leichte Fahrlässigkeit ausgeschlossen werden kann oder nicht (Nachweise bei Felix, Die Risiken des GmbH-Geschäftsführers als Tätigkeitsfeld der Steuerberatung, DStZ 1987 S. 455).

312

Eine **Vertragsklausel**, wonach der Geschäftsführer nur für Vorsatz und grobe Fahrlässigkeit haftet, schadet jedenfalls nicht, und ein Geschäftsführer sollte versuchen, sie gegenüber der GmbH durchzusetzen.

War der Geschäftsführer früher als Angestellter in der GmbH tätig, so hat er als Geschäftsführer, soweit vertraglich nicht Gegenteiliges vereinbart ist, für jegliches fahrlässige Verschulden einzustehen, nicht nur für grobe Fahrlässigkeit (BGH, 11.3.1996 – II ZR 230/94, DStR 1996 S. 1214).

Gemäß § 278 BGB hat der Geschäftsführer aber nicht nur für eigenes Verschulden einzustehen, sondern er haftet auch für ein **Verschulden von Mitarbeitern**, deren er sich bedient (BGH, 31.4.1954 – II ZR 57/53, NJW 1954 S. 1158).

313

Die **Beweislast** für ein Nichtverschulden **trifft den Geschäftsführer** (Beweislastumkehr; BGH, 9.6.1980 – II ZR 187/79, GmbHR 1980 S. 298).

Der Geschäftsführer kann **einzelne Aufgaben** auf nachgeordnete Mitarbeiter **übertragen** (vgl. Sina, Voraussetzungen und Wirkungen der Delegation von Geschäftsführer-Verantwortung in der GmbH, GmbHR 1990 S. 65); nicht möglich ist die Übertragung bestimmter öffentlich-rechtlicher Aufgaben des Geschäftsführers wie z.B. die Insolvenzantragspflicht bei Zahlungsunfähigkeit oder Überschuldung der GmbH, Meldepflichten gegenüber dem Handelsregister etc.

Die Delegation von Aufgaben auf entsprechend qualifizierte Mitarbeiter ist grundsätzlich **formfrei**; im **Steuerrecht** wird ausdrücklich **Schriftform** verlangt (BFH, 26.4.1984 – V R 128/79, BStBl 1984 II S. 776).

Darüber hinaus muß der Geschäftsführer die Pflichtmäßigkeit seines Verhaltens beweisen.

Die GmbH trägt die **Beweislast** für einen ihr entstandenen Schaden und dessen Verursachung durch ein Verhalten des Geschäftsführers (von Gerkan, Die Beweislastverteilung beim Schadensersatzanspruch der GmbH gegen ihren Geschäftsführer, ZHR 154 (1990) S. 39; siehe auch Rz. 322).

314

Soweit das **Finanzamt** den Geschäftsführer als Haftungsschuldner für Steuern in Anspruch nimmt, trifft das Finanzamt die **objektive Beweislast**.

Exkulpieren kann sich der Geschäftsführer nur, wenn er auf Weisung der Gesellschafterversammlung gehandelt hat. Das ergibt sich daraus, daß der GmbH-Geschäftsführer, anders als der Vorstand einer Aktiengesellschaft (§ 76 Abs. 1 AktG), die GmbH nicht unter eigener Verantwortung leitet, sondern er ist im

315

Rahmen von Gesetz, Satzung und guten Sitten an die Weisungen der Gesellschafter gebunden (BGH, 14.12.1959 – II ZR 187/57, BGHZ 31 S. 258).

Eine **Weisung** der Gesellschafter kann einen Geschäftsführer aber dann nicht exkulpieren, wenn

– eine Handlung gegen das Auszahlungsverbot des § 30 GmbHG verstößt oder eine unerlaubte Rückgewähr kapitalersetzender Darlehen vorliegt,

– die Weisung wegen Verstoßes gegen ein sonstiges gesetzliches Verbot oder die guten Sitten verstößt und damit nichtig ist (vgl. dazu Fleck, Mißbrauch oder Vertretungsmacht oder Treubruch des mit Einverständnis aller Gesellschafter handelnden GmbH-Geschäftsführers aus zivilrechtlicher Sicht, ZGR 1990 S. 31).

Wird der Geschäftsführer von der GmbH in Anspruch genommen, so kann er nicht einwenden, die Gesellschafterversammlung habe ihn schlecht ausgewählt oder nicht genügend überwacht (BGH, 14.3.1983 – II ZR 103/82, NJW 1983 S. 1856). Ein Versäumnis der Gesellschafter auf Überwachung entlastet den Geschäftsführer, der eigene Pflichten versäumt hat, nicht von seiner vollen Haftung gegenüber der GmbH.

316 Nicht einwenden kann ein Geschäftsführer grundsätzlich ein **Mitverschulden eines weiteren Geschäftsführers**. Der Geschäftsführer bildet im Verhältnis zur GmbH mit allen anderen Geschäftsführern zusammen eine Haftungsgemeinschaft und haftet gesamtschuldnerisch auf den gesamten Schaden (BFH, 26.4.1984 – V R 128/79, BStBl II 1984 S. 776).

Eine **Geschäftsverteilung** zwischen mehreren Geschäftsführern ist zwar möglich; einzelnen Geschäftsführern können bestimmte Bereiche **zugewiesen** werden, wenn

– der Entscheidungsbereich nicht zwingend in der Verantwortlichkeit des Gesamtgremiums der Geschäftsführer bleiben muß (z.B. Geschäftspolitik),

– der zuständige Geschäftsführer die erforderliche persönliche und fachliche Qualifikation besitzt,

– eine eindeutige schriftliche Klarstellung erfolgt, welcher Geschäftsführer für welchen Bereich zuständig ist (z.B. Zuweisung steuerlicher Pflichten).

Liegt eine wirksame Zuweisung vor, z.B. für alle steuerlichen Pflichten ist der kaufmännische Geschäftsführer zuständig, dann haften die anderen Geschäftsführer nicht mehr für fehlerhafte Maßnahmen oder Unterlassungen des zuständigen Geschäftsführers. Aber: Jeder Geschäftsführer hat seine Mitgeschäftsführer zu **überwachen**, sich regelmäßig zu **informieren**. Erkennt der Geschäftsführer die Verletzung gesetzlicher Pflichten durch den nach der Geschäftsverteilung zuständigen Mitgeschäftsführer, so muß er eingreifen und dafür sorgen, daß z.B. rückständige Steuern bezahlt werden.

317 Eine Geschäftsführerhaftung nach § 43 Abs. 2 GmbHG kann sich auch bei fehlerhaftem **Gewinnabführungsvertrag** ergeben (Autenrieth, Geschäftsführerhaftung bei fehlerhaftem Gewinnabführungsvertrag, GmbHR 1990 S. 113).

> **BEISPIEL:**
>
> Die A-GmbH (Organträger) schließt mit der B-GmbH (Organ) einen Gewinnabführungs- und Verlustübernahmevertrag ab, ohne daß der Gesellschafterversammlungsbeschluß der beherrschenden GmbH notariell beurkundet und in das Handelsregister eingetragen worden wäre.

Der BGH (24.10.1988 – II ZB 7/88, BGHZ 105 S. 325) hat dazu entschieden, daß, wenn notarielle Beurkundung und/oder Handelsregistereintragung nicht vorliegen, der Unternehmensvertrag unwirksam ist. Er wird jedoch nach den Grundsätzen der fehlerhaften Gesellschaft gleichwohl als wirksam behandelt, solange er von den Beteiligten als wirksam behandelt wird. Kann aber der Geschäftsführer des Organträgers, der einen Verlust des Organs aufgrund eines unwirksamen Vertrages übernimmt, ggf. von den Gläubigern des Organträgers oder den Gesellschaftern in Anspruch genommen werden? M.E. ergibt sich seine Haftung aus § 43 Abs. 2 GmbHG.

Will die GmbH einen Geschäftsführer in Anspruch nehmen, so muß sie zunächst einen entsprechenden **Beschluß der Gesellschafterversammlung** herbeiführen (§ 46 Nr. 8 GmbHG). **318**

Die Verfolgung von Ersatzansprüchen gegen Geschäftsführer ist deshalb von einem Beschluß der Gesellschafter abhängig, weil es dem obersten Gesellschaftsorgan vorbehalten und nicht dem Entschluß der Geschäftsführer überlassen werden sollte, ob ein Geschäftsführer wegen Pflichtverletzung belangt und die damit verbundene Offenlegung innerer Gesellschaftsverhältnisse trotz der für Ansehen und Kredit der Gesellschaft möglicherweise abträglichen Wirkung in Kauf genommen sowie die Vertretung der Gesellschaft für diesen Fall besonders geregelt werden soll. Diese Gesichtspunkte treffen sowohl auf den noch im Amt befindlichen als auch auf den bereits ausgeschiedenen Geschäftsführer zu.

Die inneren Gesellschaftsverhältnisse werden nicht nur dann offengelegt, wenn die Ersatzansprüche gegen den Geschäftsführer im Wege der **Klage** geltend gemacht werden, sondern auch im Fall der Primäraufrechnung durch die Gesellschaft. Nach der von dem Gesetzgeber mit dem Beschlußerfordernis des § 46 Nr. 8 GmbHG verfolgten Intention, daß ohne den Willen der Gesellschafterversammlung innere Angelegenheiten der Gesellschaft nicht nach außen getragen werden sollen, muß der Beschluß, den Geschäftsführer auf Schadensersatz in Anspruch zu nehmen, die ihm vorgeworfene Pflichtverletzung und die betreffende Angelegenheit hinreichend genau umreißen (OLG Düsseldorf, 18.8.1994 – 6 U 185/93, BB 1995 S. 11).

Soll ein Gesellschafter-Geschäftsführer in Anspruch genommen werden, so hat der Gesellschafter-Geschäftsführer in der Gesellschafterversammlung **kein Stimmrecht** (§ 47 Abs. 4 GmbHG).

Die **Nichtgeltendmachung eines Schadensersatzanspruchs** der GmbH gegen ihren Gesellschafter-Geschäftsführer nach § 43 Abs. 2 GmbHG kann eine verdeckte Gewinnausschüttung darstellen (BFH, 14.9.1994 – I R 6/94, HFR 1995 S. 207). Keine verdeckte Gewinnausschüttung liegt aber vor, wenn die Gesellschafter mit dem den Schaden auslösenden Rechtsgeschäft von Anfang an einverstanden waren. **319**

2. HAFTUNGSVERSCHÄRFUNG NACH § 43 ABS. 3 GMBHG

Eine Haftungsverschärfung beinhaltet § 43 Abs. 3 GmbHG. Danach sind verboten **320**
– Zahlungen aus dem Stammkapital an Gesellschafter

und

– Erwerb eigener, nicht voll eingezahlter Geschäftsanteile.

Hier besteht für den Geschäftsführer ein **absolutes Gebot**; keine Weisung der Gesellschafterversammlung, keine vertragliche Vereinbarung kann ihn hier entlasten.

Erteilt die Gesellschafterversammlung dem Geschäftsführer **Weisungen** entgegen § 30 GmbHG, Auszahlungen vorzunehmen, so können solche Weisungen den Geschäftsführer von seiner Haftung schon deshalb nicht befreien, weil auch die Gesellschafter die im § 30 GmbHG gezogenen Grenzen nicht überspringen können. Die Gesellschafter selbst können nur unter den Voraussetzungen des § 826 BGB schadensersatzpflichtig werden (BGH, 14.12.1959 – II ZR 187/57, BGHZ 31 S. 258).

321 Für die Fälle, in denen Rückzahlungen aus dem Stammkapital erfolgen (§ 30 GmbHG), besteht neben der Haftung der Geschäftsführer aus § 43 Abs. 3 GmbHG gegenüber der Gesellschaft eine weitere Geschäftsführer-Haftung nach § 31 Abs. 6 GmbHG gegenüber den Gesellschaftern: Grundsätzlich müssen die Gesellschafter, die **Zahlungen aus** dem **Stammkapital** erhalten, die erhaltenen Beträge zurückzahlen (§ 31 Abs. 1 GmbHG). Die übrigen Gesellschafter haften im Verhältnis ihrer Geschäftsanteile für diese aus dem Stammkapital geleisteten Beträge. Trifft den Geschäftsführer ein Verschulden bei der Auszahlung dieser Beträge, so muß er den **Gesellschaftern Ersatz leisten**.

3. VERJÄHRUNG, ENTLASTUNG UND BEWEISLAST

322 Die Haftung, auch die verschärfte Haftung nach § 43 Abs. 3 GmbHG, **verjährt** in 5 Jahren nach dem Eintritt des Schadenereignisses (§ 43 Abs. 4 GmbHG).

Die Vorschrift des § 43 GmbHG nimmt die vertragliche Grundlage, die zur Haftung des GmbH-Geschäftsführers auf Leistung von Schadensersatz führt, als Spezialregelung in sich auf. Schadensersatzansprüche aus Geschäftsführervertrag unterliegen deshalb der Verjährung nach § 43 Abs. 4 GmbHG (BGH, 12.6.1989 – II ZR 334/87, INF 1990 S. 94).

323 Mit der **Entlastung** (§ 46 Nr. 5 GmbHG) durch die Gesellschafterversammlung entfallen **erkennbare** Schadensersatzansprüche gegen die Geschäftsführer (OLG München, 26.11.1996 – 18 U 1949/96, GmbHR 1997 S. 847). Ansprüche gegen den Geschäftsführer, die auf strafbaren Handlungen beruhen, erlöschen nicht. Der Geschäftsführer hat aber keinen mit einer Leistungsklage durchsetzbaren Anspruch auf Entlastung (BGH, 20.5.1985 – II ZR 165/84, BGHZ 94 S. 324). Der Geschäftsführer kann eine **negative Feststellungsklage** erheben, aber nur insoweit, als die Gesellschafter den Geschäftsführer wegen konkret bezeichneter Pflichtverletzungen und daraus entstehender Ersatzansprüche nicht entlasten; eine weitergehende Feststellung, daß der Gesellschaft aus einer Entlastungsperiode auch sonstige Ansprüche, derer sie sich nicht berühmt hat, nicht zustehen, kommt daneben nicht in Betracht (vgl. auch Ahrens, Vom Ende der Entlastungsklage des GmbH-Geschäftsführers und einem Neubeginn des BGH – Zugleich ein Beitrag zur negativen Feststellungsklage –, ZGR 1987 S. 130).

Eine Entlastung eines Geschäftsführers durch die Gesellschafterversammlung ist **ermessensfehlerhaft**, wenn der Geschäftsführer einzelne Gesellschafter zu Lasten der GmbH bevorzugt behandelt hat, z.B. Geschäftschancen der GmbH nicht wahrgenommen hat (OLG München, 24.10.1997 – 23 U 2392/97, GmbHR 1997 S. 1103).

324 Die Gesellschaft hat die Schadenverursachung durch die Pflichtverletzung des Geschäftsführers zu **beweisen**. Der Geschäftsführer kann sich dadurch exkulpieren (BGH, 15.10.1962 – II ZR 194/61, NJW 1964 S. 46), daß ihn kein Verschulden trifft (vgl. auch von Gerkan, Die Beweislastverteilung beim Schadensersatzanspruch der GmbH gegen ihren Geschäftsführer, ZHR 154 (1990) S. 39; siehe auch Rz. 313).

Ist der Verbleib von Gesellschaftsmitteln, die der Geschäftsführer für die GmbH eingenommen hat, aufgrund **nicht ordnungsgemäßer**, von ihm zu verantwortender **Buch- und Kassenführung** für die GmbH nicht mehr klärbar, so ist es, auch wenn sich aus den Büchern kein Kassenfehlbestand ergibt, Sache des Geschäftsführers, nachzuweisen, daß er diese Mittel pflichtgemäß an die GmbH abgeführt hat (BGH, 26.11.1990 – II ZR 223/89, GmbHR 1991 S. 101).

IV. HAFTUNG BEI INSOLVENZ DER GMBH

Die GmbH ist insolvenzfähig (§ 11 InsO); gegen die GmbH findet das Insolvenzverfahren bei Zahlungsunfähigkeit und/oder Überschuldung statt (§ 64 GmbHG).

Einen Überblick über die Haftungsrisiken und mögliche Strafen gibt Hörtnagl, Die GmbH in der Krise – Pflichten und Risiken für den Geschäftsführer, INF 1996 S. 528.

1. INSOLVENZVERSCHLEPPUNGSHAFTUNG NACH § 64 ABS. 2 GMBHG

Das Insolvenzverfahren findet grundsätzlich nur auf Antrag statt. Ein Geschäftsführer hat bei Zahlungsunfähigkeit und/oder Überschuldung ohne schuldhaftes Zögern, spätestens aber innerhalb von 3 Wochen Antrag auf Eröffnung des Insolvenzverfahrens zu stellen (§ 64 Abs. 1 GmbHG). Für den Geschäftsführer der GmbH & Co. KG ergibt sich dies aus § 130a HGB.

Kommt er dieser Verpflichtung nicht nach, so macht er sich strafbar (§ 84 GmbHG) und haftet den Gläubigern, ggf. auch den Gesellschaftern, auf Schadensersatz.

Gleichgültig ist es für die Antragspflicht eines jeden Geschäftsführers, ob Einzel- oder Gesamtvertretung besteht. **Jeder einzelne Geschäftsführer ist bei Zahlungsunfähigkeit und/oder Überschuldung zum Insolvenzantrag verpflichtet**, auch der faktische Geschäftsführer (BayObLG, 20.2.1997 – 5 St RR 159/96, NJW 1997 S. 1936).

Die Antragspflicht des Geschäftsführers besteht auch dann noch, wenn ein Dritter, z.B. die AOK, Antrag auf Eröffnung des Insolvenzverfahrens gestellt hat.

Meines Erachtens erlischt die Insolvenzantragspflicht mit dem Ausscheiden/der Amtsniederlegung des Geschäftsführers; es wird jedoch die Auffassung vertreten, daß ein Geschäftsführer noch nach seinem Ausscheiden einen Insolvenzantrag stellen muß, sofern – immer Zahlungsunfähigkeit und/oder Überschuldung der GmbH vorausgesetzt – sein Nachfolger keinen entsprechenden Antrag stellt (Sudhoff/Sudhoff, Rechte und Pflichten des Geschäftsführers einer GmbH und einer GmbH & Co., Köln, 14. Aufl. 1994, S. 103).

Leistet der Geschäftsführer nach Eintritt der Zahlungsunfähigkeit oder Überschuldung **Zahlungen**, gleichgültig, ob innerhalb oder außerhalb der 3-Wochen-Frist des § 64 Abs. 1 GmbHG, dann ist er der GmbH zum Ersatz dieser Zahlungen verpflichtet, es sei denn, es handelt sich um Zahlungen, die mit der Sorgfalt eines ordentlichen Kaufmanns vereinbar sind (§ 64 Abs. 2 GmbHG).

Dabei besteht heute Einigkeit, daß der Begriff „Zahlungen" alle **Geschäfte** umfaßt, die nach Eintritt der Insolvenzreife vorgenommen werden und die die Insolvenzmasse mindern oder die bei Neugeschäften Gläubigern, etwa Warenlieferanten, dadurch Schaden zufügen, daß die gelieferten Waren oder erbrachten Dienstleistungen von der Gesellschaft nicht mehr bezahlt werden können, die Forderungen damit zu Insolvenzforderungen werden.

Auch der **Abbuchungsvorgang** vom Konto einer überschuldeten GmbH ist als Zahlung i. S. des § 64 Abs. 2 GmbHG anzusehen und dem Geschäftsführer – der die Abbuchung gegenüber der Bank hätte widerrufen können – verantwortlich zuzurechnen (LG Köln, 12.7.1989 – 9 S 43/89, GmbHR 1990 S. 136).

329 **Nach Eintritt** der **Zahlungsunfähigkeit/Überschuldung** haftet der Geschäftsführer nach § 64 Abs. 2 GmbHG auch für die Einreichung eines **Kundenschecks** auf ein **debitorisches Konto** (OLG Hamburg, 21.4.1995 – 11 U 195/93, GmbHR 1995 S. 521); er hätte bei einem anderen Kreditinstitut ein neues Konto eröffnen und den Kundenscheck dort einziehen lassen müssen.

Ebenso hat der Gesellschafter-Geschäftsführer Leistungen an die GmbH zurückzugewähren, die er durch Verrechnung gegen eine nicht fällige eigene Forderung im Zeitraum von 10 Tagen vor Stellung des Insolvenzantrags erlangt hat. Er haftet nach § 64 Abs. 2 Satz 1 GmbHG der GmbH auf Rückgewähr von Leistungen, die er nach Feststellung der Überschuldung an Gesellschaftsgläubiger erbracht hat (BGH, 6.3.1995 – II ZR 111/94, DStR 1995 S. 1278).

330 **Zulässig** sind nur solche Zahlungen, die mit der Sorgfalt eines ordentlichen Kaufmanns vereinbar sind, z. B. Geschäftsraummiete, Löhne, Sozialabgaben, Telefonkosten.

Beurteilungsmaßstab dafür, ob Zahlungen nach § 64 Abs. 2 Satz 2 GmbHG mit der Sorgfalt eines ordentlichen Geschäftsmannes vereinbar sind, ist ausschließlich das individuelle Gläubigerinteresse sowie das öffentliche **Interesse am Bestand überlebensfähiger Betriebe**, nicht der Gesellschaftszweck. Eine Zahlung ist jedenfalls dann nicht nach § 64 Abs. 2 Satz 2 GmbHG zulässig, wenn sie lange Zeit nach Eintritt der Überschuldung und nur wenige Tage vor dem mit Zahlungsunfähigkeit begründeten Insolvenzantrag erfolgt (OLG Hamburg, 7.4.1995 – 11 U 195/93, WiB 1995 S. 998).

Nicht zulässig sind m. E. Zahlungen an Ruhegeldempfänger, da diese im Insolvenzfall Ansprüche gegen den Pensionssicherungsverein haben.

331 Eine Haftung nach § 64 Abs. 2 GmbHG setzt **Verschulden** des Geschäftsführers voraus. Der Geschäftsführer muß schuldhaft die Zahlungsunfähigkeit und/oder Überschuldung nicht erkennen oder trotz Kenntnis ignorieren.

Für den Ersatzanspruch nach § 64 Abs. 2 GmbHG genügt fahrlässiges Verhalten des Geschäftsführers (LG Köln, 12.7.1989 – 9 S 43/89, GmbHR 1990 S. 136; OLG Hamburg, 7.4.1995 – 11 U 195/93, WiB 1995 S. 998).

Der Vortrag des Geschäftsführers, er habe sich noch nach eingetretener Überschuldung der GmbH für diese **verbürgt,** reicht nicht aus, um darzulegen, daß die Insolvenz für ihn nicht erkennbar war (OLG Düsseldorf, 30.7.1992 – 6 U 251/91, GmbHR 1993 S. 159).

Das Verschulden des Geschäftsführers wird regelmäßig **vermutet,** wenn der Geschäftsführer in Kenntnis der Insolvenzreife Zahlungen aus dem Gesellschaftsvermögen geleistet hat. Nach der Rechtsprechung (z. B. BGH, 18.3.1974 – II ZR 2/72, NJW 1974 S. 1088) genügt es zur Begründung des Anspruchs aus § 64 Abs. 2 GmbHG, daß die Gesellschaft bzw. der Insolvenzverwalter darlegt, daß ein zwischen Insolvenzreife und Insolvenzantrag gezahlter Betrag in der Insolvenzmasse fehlt. Sache des Geschäftsführers ist es dann, sein fehlendes Verschulden darzulegen und zu beweisen.

Diese **Verschuldensvermutung** besteht aber **nicht,** wenn ein alleinvertretungsberechtigter Geschäftsführer auf Ersatz von Zahlungen in Anspruch genommen wird, die der andere alleinvertretungsberechtigte Geschäftsführer nach Eintritt der Insolvenzreife geleistet hat (OLG Düsseldorf, 6.2.1992 – 6 U 17/91, DB 1992 S. 937). Dagegen spricht schon der Umstand, daß der Grund für die Vermutung, nämlich die „Beweisnähe" des in Anspruch genommenen Geschäftsführers, beim Handeln eines anderen Geschäftsführers gerade nicht gegeben ist.

Zahlungsunfähigkeit bedeutet, daß die GmbH aus Mangel an flüssigen Mitteln, voraussichtlich dauernd, fällige Verbindlichkeiten nicht mehr erfüllen kann. (§ 17 Abs. 2 InsO). 332

Der Insolvenzgrund „Zahlungsunfähigkeit" wird nur **beseitigt,** wenn die GmbH auch die Bezahlung der übrigen Rechnungen wieder aufnimmt. Dabei kann sie auch hier Ratenzahlungen vereinbaren.

Überschuldung liegt vor, wenn die echten Passiva die Aktiva übersteigen. Überschuldung ist nicht gleichzusetzen mit einer **Unterbilanz** (= die in einer Bilanz nach Abzug der Schulden ausgewiesenen Aktiva erreichen nicht den Nennbetrag des Stammkapitals, § 19 Abs. 2 InsO). 333

Ob die echten Passiva die Aktiva übersteigen oder nicht, ist durch einen Überschuldungsstatus festzustellen. Im Überschuldungsstatus sind die **wahren Werte** der einzelnen Wirtschaftsgüter anzusetzen. Dabei ist streitig, ob **Fortführungs-** oder **Liquidationswerte** anzusetzen sind.

Wird von der Fortführung der GmbH ausgegangen, sind m. E. die wahren Werte unter Berücksichtigung des weiteren Bestehens der GmbH (Fortführungswerte) anzusetzen. Bei Zugrundelegung von Liquidationswerten wären viele GmbHs überschuldet.

Auf der **Aktivseite** sind alle Vermögenswerte anzusetzen, die, ein Insolvenzverfahren unterstellt, verwendbar wären. Zu den Aktiva gehören auch Ansprüche der GmbH gegen ihre Gesellschafter, z.B. rückständige Stammeinlagen, Darlehen etc. 334

Geht man von den Fortführungswerten aus, so können auch Kundschaft und die Firma zu den Aktiva gehören.

Hier zeigt sich, daß es bei einer tätigen Gesellschaft nicht auf die Liquidationswerte ankommen kann; denn bei Liquidationswerten müßten Kundschaft und Firma außer Betracht gelassen werden.

Auf der **Passivseite** sind die Verbindlichkeiten anzusetzen, die, ein Insolvenzverfahren unterstellt, auch Insolvenzforderungen begründen würden. 335

Damit sind der Nennbetrag des Stammkapitals und sonstige unechte Passivposten unberücksichtigt zu lassen (BGH, 4.5.1959 – VII ZB 23/58, BB 1959 S. 754):

Das Stammkapital ist in der Jahresbilanz nur deshalb unter die Passiva aufzunehmen, weil ein dem Stammkapital entsprechender Wert von der Gewinnverteilung ausgeschlossen bleiben soll; das gleiche gilt für offene Rücklagen. Ansprüche der Gesellschafter auf Dividende, Mietzinsen etc. sind als Verbindlichkeiten anzusetzen, ebenso stille Einlagen. **Kapitalersetzende Darlehen** (§§ 30, 31, 32a, 32b GmbHG) sind im Insolvenzfall haftendes Eigenkapital und deshalb keine Verbindlichkeiten (OLG München, 17.2.1966 – 6 U 1632/61, NJW 1966 S. 2366).

Der BGH hat sich in seinem Dornier-Urteil vom 13.7.1992 (II ZR 269/91, BB 1992 S. 1898) für eine **zweistufige Überschuldungsprüfung** ausgesprochen: *„Eine Überschuldung der Gesellschaft i. S. von § 63 Abs. 1 GmbHG liegt grundsätzlich nur dann vor, wenn das Vermögen der Gesellschaft bei Ansatz von Liquidationswerten die bestehenden Verbindlichkeiten nicht decken würde (rechnerische* 336

2. KAPITEL: Haftung und strafrechtliche Verantwortlichkeit

Überschuldung) und die Finanzkraft der Gesellschaft mittelfristig nicht zur Fortführung des Unternehmens ausreicht" (Überlebens- oder Fortbestandsprognose).

337 In der Praxis wird sehr selten ein Insolvenzantrag wegen Überschuldung durch einen Geschäftsführer gestellt: Ein Gläubiger kann die Überschuldung bei der Schuldner-GmbH nicht erkennen, der Geschäftsführer will sie nicht erkennen (Uhlenbruck, Die Überschuldungsprüfung durch den GmbH-Geschäftsführer nach der Formel von der Quadratur des Kreises?, GmbHR 1996 R 53).

338 Die 3-Wochen-Frist beginnt mit Kenntnis des Geschäftsführers vom Insolvenzgrund. Dabei ist zu beachten, daß der **Geschäftsführer** einer GmbH **sich dauernd davon überzeugen muß, daß ein Insolvenzgrund nicht vorliegt** (Uhlenbruck, Die Pflichten des Geschäftsführers einer GmbH oder GmbH & Co. KG in der Krise des Unternehmens, BB 1985 S. 1277). Diese Verpflichtung führt zwar nicht zu einer permanenten Eigenprüfung. Der Geschäftsführer hat aber die Pflicht zur Sonderprüfung, wenn sich Anhaltspunkte für das Vorliegen eines Insolvenzgrundes ergeben.

339 Leistet der Geschäftsführer im Überschuldungsstadium Zahlungen an Geschäftspartner, mit denen die GmbH schon bisher im Geschäftsverkehr stand, von diesen u. U. sogar vor Monaten bisher nicht bezahlte Waren erhalten hat (Altgläubiger), so löst dies bereits die **Schadensersatzpflicht** nach § 64 Abs. 2 GmbHG aus, wenn durch diese Zahlung die zukünftige Insolvenzmasse geschmälert würde.

Echte Leistungsaustauschgeschäfte (Vereinbarung Zug um Zug) fallen nicht unter § 64 Abs. 2 GmbHG, es sei denn, die gelieferte Ware ist überteuert.

340 Leistungen an **Neugläubiger**, dies sind Geschäftspartner, mit denen erst nach Eintritt der Insolvenz Aufträge abgewickelt werden, fallen ebenfalls unter § 64 Abs. 2 GmbHG (BGH, 16.12.1958 – VI ZR 245/57, BGHZ 29 S. 100).

Bei der Inanspruchnahme nach § 64 Abs. 2 GmbHG kann der Geschäftsführer nicht einwenden, ein Gesellschafter habe in Erwartung günstiger Geschäfte einer Insolvenzanmeldung ständig widersprochen.

Ein Geschäftsführer sollte sich von Gesellschaftern also nicht beeinflussen lassen, wenn er zu der Überzeugung kommt, die GmbH ist überschuldet und/oder zahlungsunfähig, da er die alleinige Verantwortung trägt. Die Gesellschafter können keine privaten Interessen geltend machen, die ihnen nach Gesellschaftsrecht nicht zustehen (OLG Köln, 22.10.1974 – 2 W 107/74, BB 1974 S. 1604).

341 Der aus § 64 Abs. 2 GmbHG auf Ersatz in Anspruch genommene Geschäftsführer ist nicht berechtigt, die Erfüllung dieser Verpflichtung gegenüber der Masse mit der Begründung zu verweigern, der Insolvenzverwalter der Gesellschaft habe es unterlassen, aussichtsreiche Anfechtungsrechte gegen die Zahlungsempfänger geltend zu machen (BGH, 18.12.1995 – II Z R 277/94, HFR 1996 S. 681).

Vgl. dazu auch Müller, Die Haftung des GmbH-Geschäftsführers aus § 64 GmbHG bei unterlassener Konkursanfechtung, ZIP 1996 S. 1153.

342 Die **Verjährung** von Schadensersatzansprüchen gegen den Geschäftsführer nach § 64 Abs. 2 GmbHG beginnt mit dem Zeitpunkt der verbotswidrigen Zahlung (LG Waldshut-Tiengen, 28.7.1995 – 2 O 55/92, NJW-RR 1996 S. 105).

2. VERHÄLTNIS DER HAFTUNG NACH § 64 ABS. 2 ZU § 43 ABS. 2 GMBHG

343 Neben der Haftung aus § 64 Abs. 2 GmbHG kann die Haftung aus § 43 Abs. 2 GmbHG in Frage kommen.

Allerdings haben beide Vorschriften unterschiedliche Voraussetzungen und Folgen.

Bei § 43 Abs. 2 GmbHG muß die GmbH den eigenen Schaden beweisen und der Geschäftsführer kann sich auf Weisungen der Gesellschafter berufen und sich dadurch ggf. entlasten (§ 43 Abs. 3 GmbHG).

> **BEISPIEL:**
>
> A ist Geschäftsführer der X-GmbH und ist mit 40 % als Gesellschafter beteiligt; 60 % der GmbH-Anteile hält B. Obwohl die X-GmbH ab Januar 1999 zahlungsunfähig ist, stellt A zunächst keinen Insolvenzantrag, da B einer Anmeldung widerspricht und Geld in Aussicht stellt. Im März 1999 stellt dann A den Insolvenzantrag trotz entgegenstehender Weisung des B.
>
> Der Insolvenzverwalter will A nach § 43 Abs. 2 GmbHG und nicht wegen § 64 Abs. 2 GmbHG schadensersatzpflichtig machen.
>
> Eine Inanspruchnahme des A nach § 64 Abs. 2 GmbHG wäre möglich. § 64 Abs. 2 GmbHG schließt § 43 Abs. 2 GmbHG grundsätzlich nicht aus, denn § 64 Abs. 2 GmbHG begründet einen Ersatzanspruch eigener Art, der sich nach Ziel und Inhalt von dem allgemeinen Schadensersatzanspruch nach § 43 Abs. 2 GmbHG unterscheidet (BGH, 18.3.1974 – II ZR 2/72, BB 1974 S. 855 mit Anm. Klamroth).

Obwohl auch der Ersatzanspruch nach § 64 Abs. 2 GmbHG allein der Gesellschaft zusteht, handelt es sich bei ihm der Sache nach um eine Haftung gegenüber der Gläubigergesamtheit, die bei verspäteter Antragstellung durch eine Verminderung der Insolvenzmasse infolge zwischenzeitlicher Befriedigung einzelner Gläubiger benachteiligt ist, wogegen die GmbH selbst keinen Schaden erleidet, soweit lediglich ihre Schulden bezahlt werden.

Demgegenüber regelt § 43 Abs. 2 GmbHG allgemein die Haftung der Geschäftsführer bei Verletzung ihrer Pflichten aus dem zwischen ihnen und der Gesellschaft bestehenden Rechtsverhältnis.

Da im Beispielsfall die Gesellschafterversammlung (Mehrheitsgesellschafter B) dem Geschäftsführer Weisung erteilt hat, keinen Insolvenzantrag zu stellen, kann der Geschäftsführer von dem Insolvenzverwalter aus § 43 Abs. 2 GmbHG auch nicht in Anspruch genommen werden.

3. INSOLVENZVERSCHLEPPUNGSHAFTUNG NACH § 823 ABS. 2 BGB I. V. MIT INSOLVENZSTRAFTATEN

a) HAFTUNG GEGENÜBER GLÄUBIGERN

Die Haftung des Geschäftsführers nach § 64 Abs. 2 GmbHG besteht gegenüber der GmbH. Daneben haftet der Geschäftsführer nach § 823 Abs. 2 BGB, § 64 Abs. 1 GmbHG gegenüber Gläubigern der GmbH (BGH, 16.12.1958 – VI ZR 245/57, BGHZ 29 S. 100).

344

Nach § 64 Abs. 1 GmbHG hat der Geschäftsführer die Eröffnung des Insolvenzverfahrens bei Zahlungsunfähigkeit oder Überschuldung der Gesellschaft unverzüglich („ohne schuldhaftes Zögern") zu beantragen. Die sich daraus ergebende Haftung des Geschäftsführers ist jedenfalls gegenüber denjenigen Gläubigern, die ihre Forderung bereits vor dem Zeitpunkt erworben haben, in dem der Insolvenzantrag hätte gestellt werden müssen, auf den Betrag beschränkt, um den sich die Insolvenzquote, die sie bei rechtzeitiger Insolvenzanmeldung erhalten hätten, durch Verzögerung der Antragstellung verringert (sog. Quotenschaden). Der Geschäftsführer hat den auf diese Weise errechneten Gesamtgläubigerschaden zu ersetzen, und zwar wenn ein Insolvenzverfahren stattfindet, durch Zahlung in die Insolvenzmasse (BGH, 6.6.1994 – II ZR 292/91, NJW 1994 S. 2220). In den Schutzbereich des § 823 Abs. 2 BGB und des § 64 Abs. 1 GmbHG sind auch die **Neugläubiger** einbezogen; das sind Gläubiger, die ihre Forderung erst nach Eintritt der Insolvenzreife erworben haben (BGH, 16.12.1958 – VI ZR 245/57, BGHZ 29 S. 100; 3.2.1987 – VI ZR 268/85, BGHZ 100 S. 19; 18.6.1979 – VII ZR 84/78, NJW 1979 S. 2198).

345 Nach der älteren Rechtsprechung sollten diese Neugläubiger nur den **Quotenschaden** ersetzt erhalten. Für dessen Berechnung sollte der Zeitpunkt maßgebend sein, in dem die jeweilige Forderung entstanden ist. Auch das BAG folgte dieser Rechtsprechung (BAG, 24.9.1974 – 3 AZR 589/73, NJW 1975 S. 708).

Der II. Zivilsenat des BGH hat in zwei neueren Beschlüssen vom 1.3.1993 (II ZR 292/91, BB 1993 S. 2467) und vom 20.9.1993 (II ZR 292/91, BB 1993 S. 2469) zur bis dahin geltenden ständigen Rechtsprechung zur Behandlung der sog. „Neugläubiger" Stellung genommen und wendet sich dagegen, die **Neugläubigerforderungen** auf den sog. **Quotenschaden** zu beschränken. Diese Begrenzung lasse sich nicht mit dem Grundsatz der Gleichbehandlung der Insolvenzgläubiger rechtfertigen.

Nachdem die Zuständigkeit zur Entscheidung über Ansprüche aus unerlaubter Handlung durch Verletzung von gesellschaftsrechtlichen Schutzgesetzen auf den II. Zivilsenat des BGH überging, hat dieser mit Zustimmung aller übrigen BGH-Senate und des BAG am 6.6.1994 (II ZR 292/91, NJW 1994 S. 2220 = BGHZ 126, 181) entschieden: Die Neugläubiger, die ihre Forderungen gegen die GmbH nach dem Zeitpunkt erworben haben, zu dem Insolvenzantrag hätte gestellt werden müssen, haben gegen die insoweit schuldhaft pflichtwidrig handelnden Geschäftsführer einen Anspruch auf Ausgleich des **vollen** – nicht durch den „Quotenschaden" begrenzten – **Schadens,** der ihnen dadurch entsteht, daß sie in Rechtsbeziehungen zu einer überschuldeten oder zahlungsunfähigen GmbH getreten sind.

Da – so der BGH – mit der in § 64 Abs. 1 GmbHG angeordneten Insolvenzantragspflicht auch der Zweck verfolgt wird, ein Unternehmen mit beschränktem Haftungsfonds vom Geschäftsverkehr auszuschließen und dadurch schon präventiv zu verhindern, daß Dritte in ihren Vermögensinteressen dadurch gefährdet werden oder Schaden erleiden, daß sie mit einer insolvenzreifen GmbH noch in Vertragsbeziehungen treten, hat bei Vorliegen der Voraussetzungen des § 823 Abs. 2 BGB und des § 64 Abs. 1 GmbHG der Neugläubiger einen Anspruch darauf, so gestellt zu werden, als hätte er den Vertrag mit dem insolvenzreifen Unternehmen nicht geschlossen (ebenso BGH, 7.11.1994 – II ZR 108/93, NJW 1995 S. 398).

Das OLG Naumburg (6.2.1997 – 7 U 105/96, GmbHR 1998 S. 183) hat die Haftung eines Geschäftsführers für Warenlieferungen nach Eintritt der Insolvenzreife in vollem Umfang bejaht: Diese „Neugläubiger" können ihren Vertrauensschaden ersetzt verlangen, d.h., sie müssen so gestellt werden, als wäre die Lieferung nicht erfolgt (= negatives Interesse).

Das negative Interesse besteht aber nicht nur in den Verkaufspreisen, sondern in einer an den Herstellungs- und Vertriebskosten orientierten Entschädigung in Geld, d.h., auch die Vertriebs- und Distributionskosten sind in die Schadensberechnung einzubeziehen.

Vgl. zum Neugläubiger auch Literatur in Rz. 368.

A. Haftung des Geschäftsführers

Nach Auffassung von Fett (Haftung des Geschäftsführers einer GmbH für steuerlichen Schaden aufgrund eines verspäteten Antrags auf Eröffnung des Konkurs-/Gesamtvollstreckungsverfahrens, DStZ 1995 S. 112) haftet der GmbH-Geschäftsführer aufgrund des BGH-Urteils vom 6.6.1994 (II ZR 292/91, NJW 1994 S. 2220 = BGHZ 126, 181) nach § 64 Abs. 1 GmbHG i.V. mit § 69 AO auch für den **steuerlichen** Schaden, der durch eine verspätete Insolvenzantragstellung entstanden ist.

Zur Berechnung des Quotenschadens der Altgläubiger bei Aus- bzw. Absonderungsrecht vgl. BGH, 28.4.1997 – II ZR 20/96, DStR 1997 S. 1613 mit Anm. Goette.

Weitere mögliche **Gläubigeransprüche** gegen den Geschäftsführer können sich aus §§ 826, 823 Abs. 2 BGB, § 263 StGB ergeben (Lambsdorff/Gilles, Zur Haftung der GmbH-Geschäftsführer bei unterlassenem oder verzögertem Konkursantrag, NJW 1966 S. 1551). **346**

So kann der Geschäftsführer nach **§ 826 BGB** haften, wenn der Inhalt einer von der GmbH herausgegebenen Informationsbroschüre über Warentermingeschäfte die Anleger unzureichend aufklärt (OLG Düsseldorf, 3.6.1993 – 10 U 168/92, GmbHR 1993 S. 811; vgl. auch BGH, 10.2.1992 – II ZR 23/91, DStR 1992 S. 549).

Ebenso haftet der Geschäftsführer persönlich nach § 826 BGB, wenn das wirtschaftliche Ergebnis aufgrund der ihm bekannten Salden- und Summenlisten die Begleichung von Verbindlichkeiten der GmbH wahrscheinlich nicht möglich erscheinen läßt und er es gleichwohl unterläßt, bei Vertragsverhandlungen hierauf hinzuweisen (OLG Celle, 19.11.1993 – 4 U 46/91, GmbHR 1994 S. 467).

Der Geschäftsführer haftet nach **§ 823 Abs. 2 BGB i.V. mit § 266a StGB** für nicht abgeführte **Sozialversicherungsbeiträge** von ausbezahlten Löhnen und Gehältern (BGH, 15.10.1996 – VI ZR 319/95, BGHZ 133 S. 370; 21.1.1997 – VI ZR 338/95, BGHZ 134 S. 304). Danach ist der Geschäftsführer einer GmbH Arbeitgeber i.S. von § 266a StGB und hat, ohne sich durch eine interne Zuständigkeitsverteilung von dieser Pflicht befreien zu können, dafür Sorge zu tragen, daß die Arbeitnehmerbeiträge zur Sozialversicherung bei Fälligkeit ordnungsgemäß an die zuständige Einzugsstelle abgeführt werden. Dazu gehört, daß die notwendigen Mittel rechtzeitig zurückgelegt werden, damit am Fälligkeitstag die öffentlich-rechtliche Pflicht erfüllt werden kann; die Befriedigung anderer Gesellschaftsgläubiger muß nach der höchstrichterlichen Rechtsprechung demgegenüber u.U. zurückstehen. Sofern die finanzielle Lage der GmbH so angespannt ist, daß nicht einmal eine derartige Rücklagenbildung möglich ist, muß der Geschäftsführer die Löhne der Arbeitnehmer entsprechend kürzen und darf nur so viel auszahlen, daß ihm hinreichende finanzielle Mittel verbleiben, um die auf die ausgezahlten Löhne entfallenden Arbeitnehmerbeiträge zur Sozialversicherung bestimmungsgemäß abführen zu können. **347**

Nicht so weitgehend OLG Celle vom 29.11.1995 (9 U 51/95, GmbHR 1996 S. 51). Danach ist ein „**Vorenthalten**" i.S. von § 266a StGB nicht bereits verwirklicht, wenn lediglich die Zahlung der Sozialversicherungsbeiträge unterblieben ist; erforderlich ist vielmehr, daß die GmbH trotz Zahlungsfähigkeit nicht bezahlt hat. Eine Pflicht des Geschäftsführers, so das OLG Celle, für den Eintritt der Fälligkeit der Sozialversicherungsbeiträge die erforderlichen Geldbeträge zur Verfügung zu halten, lasse sich weder aus dem Zivilrecht noch aus dem Strafrecht ableiten (vgl. dazu auch Rönnau, Die Strafbarkeit des Arbeitgebers gemäß § 266a Abs. 1 StGB in der Krise des Unternehmens, wistra 1997 S. 13). **348**

„Vorenthalten" i.S. des § 266a StGB (Schutzgesetz i.S. des § 823 Abs. 2 BGB) bedeutet objektiv, daß Sozialversicherungsbeiträge bei Fälligkeit nicht abgeführt **348.1**

2. KAPITEL: Haftung und strafrechtliche Verantwortlichkeit

werden (BGH, 1.10.1991 – VI ZR 374/90, GmbHR 1992 S. 170). Hinzu kommen muß subjektiv ein **Vorenthaltungsvorsatz**, nämlich der Wille, die Abführung der Sozialversicherungsbeiträge bei Fälligkeit zu unterlassen. Dieser Vorsatz muß sich auch auf die rechtlichen Voraussetzungen der Fälligkeit von Beitragsverpflichtungen beziehen (OLG Frankfurt/M., 9.12.1994 – 24 U 254/93, GmbHR 1995 S. 228). Nach Auffassung des OLG Düsseldorf (18.7.1997 – 22 U 269/96, GmbHR 1997 S. 900) ist der Geschäftsführer auch dann zur Abführung der Arbeitnehmerbeiträge verpflichtet, wenn die Löhne an die Arbeitnehmer ganz oder teilweise nicht ausgezahlt worden sind; soweit er annimmt, für nicht ausgezahlte Löhne keine Arbeitnehmeranteile abführen zu müssen, unterliegt er allenfalls einem vermeidbaren Verbotsirrtum, der ihn nicht entschuldigt.

Das sozialgerichtliche Verfahren gegen den Leistungsbescheid des Sozialversicherungsträgers wegen rückständiger Sozialversicherungsbeiträge hindert diesen nicht, gegen den GmbH-Geschäftsführer im zivilrechtlichen Verfahren deliktische Ansprüche geltend zu machen (OLG Köln, 23.8.1996 – 11 U 19/96, GmbHR 1997 S. 308): Keine Sperrwirkung der sozialgerichtlichen Anfechtungsklage für Zivilprozeß.

Während das sozialgerichtliche Verfahren gemäß § 95 SGG den Leistungsbescheid als belastenden Hoheitsakt zum Gegenstand hat, geht es im zivilrechtlichen Verfahren um einen Streit auf anderer Ebene. Die geltend gemachten deliktischen Ansprüche betreffen Rechtsfolgen aus einem Verhältnis privatrechtlicher Gleichordnung.

An dieser prinzipiell unterschiedlichen Ausgangslage des sozialgerichtlichen und des zivilgerichtlichen Verfahrens ändert sich auch nichts dadurch, daß beide Verfahren die rückständigen Sozialversicherungsbeiträge einer GmbH für denselben Zeitraum betreffen. Im sozialgerichtlichen Verfahren ist der Streitgegenstand insofern auf den die Beitragsrückstände erfassenden Verwaltungsakt eingeengt.

349 **Sozialversicherungsbeiträge** sind Verbindlichkeiten **kraft Gesetzes**, was die Handelndenhaftung nach § 11 Abs. 2 GmbHG ausschließt (OLG Saarbrücken, 17.1.1992 – 4 U 175/90, GmbHR 1992 S. 307).

349.1 Zur **Haftungsüberleitung** bei Vorenthaltung von Sozialversicherungsbeiträgen durch den Geschäftsführer einer GmbH i. A. **auf die Treuhandanstalt** vgl. BGH, 15.9.1997 – II ZR 170/96, DStR 1997 S. 1896. Laut BGH erstreckt sich die Überleitung der Haftung für Schäden aus Pflichtverletzungen des vorläufigen Geschäftsführers einer GmbH i. A. auf die Treuhandanstalt nach § 16 Abs. 2 Satz 2 TreuhG zeitlich bis zum Abschluß des Aufbaustadiums, d. h. i. d. R. bis zur Löschung des Zusatzes „im Aufbau". Von dieser gesetzlichen Haftungsüberleitung kann sich die Treuhandanstalt nicht vorzeitig durch die Bestellung eines „endgültigen" Geschäftsführers für die GmbH i. A. befreien. (Vgl. auch Bergmann, Die persönliche Haftung von Geschäftsführern und Gesellschaftern der GmbH für nicht abgeführte Sozialversicherungsbeiträge, INF 1997 S. 240.)

Ein Geschäftsführer, der es nach Eintritt der Krise unterläßt, die **Buchhaltung** daraufhin zu überprüfen, daß die Arbeitnehmeranteile der Sozialversicherungsbeiträge entrichtet worden sind, nimmt es billigend in Kauf bzw. findet sich damit ab, daß etwa noch vorhandene finanzielle Mittel nicht rechtzeitig zum Zweck der Beitragsentrichtung verwendet wurden und damit in die Insolvenzmasse fallen. Deshalb haftet er persönlich nach § 823 Abs. 2 BGB i. V. mit § 266a StGB (OLG Düsseldorf, 6.11.1992 – 22 U 104/92, GmbHR 1993 S. 812).

350 Auch wenn nach dem Organisationsplan einer GmbH einer von **mehreren GmbH-Geschäftsführern** für die Abführung der Sozialversicherungsbeiträge der

Arbeitnehmer zuständig ist, verbleibt den übrigen Geschäftsführern die Pflicht zu dessen Überwachung. Ein GmbH-Geschäftsführer, der den mit ihm auf gleicher Stufe stehenden zuständigen Mitgeschäftsführer zu einem Zeitpunkt, in dem noch entsprechende Mittel vorhanden sind, auffordert, die Beitragsrückstände umgehend auszugleichen, darf darauf vertrauen, daß dieser nunmehr das Nötige veranlaßt (OLG Düsseldorf, 12.11.1993 – 22 U 90/93, GmbHR 1994 S. 403); insoweit scheidet eine Haftung dieses Geschäftsführers nach § 823 Abs. 2 BGB, §§ 266a, 14 StGB aus.

Bei einer **mehrgliedrigen Geschäftsführung** kann für die Abführung von Arbeitnehmerbeiträgen nur der Geschäftsführer in Anspruch genommen werden, der geschäftsplanmäßig oder faktisch mit Personal- und Sozialversicherungsbeiträgen befaßt war (OLG Frankfurt/M., 9.12.1994 – 24 U 254/93, GmbHR 1995 S. 228). Der Geschäftsführer kann die ihn treffenden Pflichten im Sozialversicherungsbereich auf einen Dritten, z.B. einen Prokuristen, übertragen; § 266a StGB steht einer solchen Übertragung nicht entgegen.

Ebensowenig ist das Vorenthalten von Arbeitnehmeranteilen zur Sozialversicherung nicht strafbar und führt daher nicht zur persönlichen Haftung des Geschäftsführers, wenn die GmbH zahlungsunfähig und der Geschäftsführer daher nicht in der Lage ist, die Beiträge zum Fälligkeitszeitpunkt zu zahlen; der Tatbestand ist auch dann nicht erfüllt, wenn die Zahlungsunfähigkeit darauf beruht, daß der Geschäftsführer sämtliche liquide Mittel zur Bezahlung der Arbeitnehmer verwendet hat und deshalb die Sozialversicherungsbeiträge nicht mehr leisten kann (OLG Düsseldorf, 18.6.1993 – 22 U 9/93, GmbHR 1994 S. 404). Das ergibt sich daraus, daß § 266a Abs. 1 StGB ein echtes Unterlassungsdelikt ist und dessen Tatbestand dann nicht verwirklicht ist, wenn und soweit dem Täter die geschuldete Beitragsleistung unmöglich war. Ein Fall der Handlungsunfähigkeit ist dabei grundsätzlich die Zahlungsunfähigkeit. Denn wenn die Zahlungsunfähigkeit bereits vor Beitragsfälligkeit eingetreten ist, kann dem Geschäftsführer deshalb kein Vorwurf gemacht werden (LG Leipzig, 6.11.1996 – O 4396/96, NZS 1997 S. 471). 351

In Betracht kommt dann auch eine Haftung aus **Verschulden bei Vertragsabschluß** (culpa in contrahendo); z.B. läßt der Geschäftsführer bei Vertragsverhandlungen einen Lieferanten über die Zahlungunfähigkeit der GmbH im Unklaren. 352

Weder der Umstand, daß der für die GmbH handelnde Geschäftsführer deren alleiniger Gesellschafter ist noch die Tatsache, daß er sich für Kreditschulden der Gesellschaft verbürgt oder andere Sicherheiten stellt, begründet ein wirtschaftliches Eigeninteresse des Geschäftsführers, das es rechtfertigen könnte, ihn „gleichsam in eigener Sache" handelnd persönlich für vorvertragliches Verschulden haften zu lassen (BGH, 7.11.1994 – II ZR 108/93, NJW 1995 S. 398; ebenso 6.6.1994 – II ZR 292/91, NJW 1994 S. 2220).

Nimmt der Geschäftsführer an Vertragsverhandlungen nicht persönlich teil und wird die GmbH später insolvent, so liegen die Voraussetzungen für eine Haftung aus Verschulden bei Vertragsschluß nicht vor (OLG Stuttgart, 30.1.1990 – 10 U 28/89, GmbHR 1990 S. 397).

b) HAFTUNG GEGENÜBER DER GMBH

Neben der Haftung aus § 64 Abs. 2 GmbHG haftet der Geschäftsführer der GmbH auch aus unerlaubter Handlung aus § 823 Abs. 2 BGB i.V. mit § 64 Abs. 1 GmbHG (Schutzgesetz: Nichtanzeige der Insolvenzreife) oder i.V. mit § 49 Abs. 3 353

GmbHG (Schutzgesetz: Nichtanzeige bei Verlust des halben Stammkapitals) oder aus § 826 BGB (BGH, 14.12.1959 – II ZR 187/57, BGHZ 31 S. 258).

Der Geschäftsführer einer in Insolvenz geratenen GmbH hat privat vereinnahmte Kundengelder gemäß § 41 Abs. 1, § 43 Abs. 2 GmbHG und § 823 Abs. 2 BGB i.V. mit § 246 StGB insoweit zur Insolvenzmasse zu erstatten, als er ihre ordnungsgemäße Weiterleitung zum Gesellschaftsvermögen infolge seiner unzulänglichen Buchführung nicht nachweisen kann; die Unaufklärbarkeit der Fehlbeträge geht nicht zu Lasten des klagenden Insolvenzverwalters (OLG Frankfurt, 18.3.1992 – 23 U 118/91, GmbHR 1993 S. 160).

V. HAFTUNG GEGENÜBER GESELLSCHAFTSGLÄUBIGERN

1. HAFTUNG NACH ZIVILRECHT

a) VORRANGIGE HAFTUNG DER GMBH

354 Gesellschaftsgläubiger können grundsätzlich nur Ansprüche gegen die GmbH geltend machen. Die GmbH ist für jedes vertragliche und außervertragliche Verschulden ihres Geschäftsführers verantwortlich (§§ 31, 278 BGB). Außervertraglich bedeutet dies, daß sich der Geschäftsführer bei seinen, die Haftung begründenden Handlungen nicht in den Grenzen seiner Vertretungsmacht gehalten haben muß. Die Haftung der GmbH für Handlungen des Geschäftsführers tritt auch dann ein, wenn der Geschäftsführer **außerhalb seiner Vertretungsmacht,** aber innerhalb des ihm zugewiesenen Wirkungskreises handelt (BGH, 30.10.1967 – VII ZR 82/65, BGHZ 49 S. 19; 8.7.1986 – VI ZR 47/85, BGHZ 98 S. 148). Dabei muß die GmbH ggf. auch für unerlaubte Handlungen ihres Geschäftsführes einstehen, z.B. nach § 823 Abs. 2 BGB, § 263 StGB.

355 Nur dann, wenn der Geschäftsführer durch Überschreiten der ihm zustehenden Vertretungsmacht sein schadenstiftendes Verhalten so sehr außerhalb seines Aufgabenbereiches stellt, daß ein innerer Zusammenhang zwischen dem Handeln und dem allgemeinen Rahmen der ihm übertragenen Geschäfte nicht mehr erkennbar und daher der Schluß geboten ist, der Geschäftsführer habe nur bei Gelegenheit, nicht aber in Ausführung der ihm zustehenden Verrichtungen gehandelt, nur dann kann nicht die GmbH, sondern nur der Geschäftsführer von Gesellschaftsgläubigern in Anspruch genommen werden (BGH, 13.1.1987 – VI ZR 303/85, NJW 1987 S. 1193; vgl. hierzu auch Wellkamp, Die Eigenhaftung des GmbH-Geschäftsführers gegenüber Dritten – Ein Beitrag zur aktuellen BGH-Rechtsprechung –, INF 1994 S. 210; Wimmer, Die Haftung des GmbH-Geschäftsführers, NJW 1996 S. 2546).

355.1 Der Geschäftsführer kann sich natürlich **vertraglich** zu einer **Haftungsübernahme** verpflichten, z.B. eine Bank gewährt der GmbH einen Kredit und verlangt dafür auch die Haftungsübernahme durch den Geschäftsführer.

Nach Auffassung des BGH (5.6.1996 – VIII ZR 151/95, BB 1996 S. 1522 und 10.7.1996 – VIII ZR 213/95, BB 1996 S. 2006) gelangt der Geschäftsführer dadurch in den Schutzbereich des **Verbraucherkreditgesetzes** (vgl. Kurz, Ist der Mehrheitsgesellschafter und Alleingeschäftsführer einer GmbH „Verbraucher"?, NJW 1997 S. 1828).

Ein **Schuldbeitritt** der Ehefrau des Gesellschafter-Geschäftsführers zu einem Finanzierungsleasingvertrag einer GmbH bedarf der **Schriftform** (§ 4 Abs. 1 Satz 1 VerbrKG: BGH, 30.7.1997 – VIII ZR 244/96, NJW 1997 S. 3169).

A. Haftung des Geschäftsführers

b) BEISPIELE FÜR GESCHÄFTSFÜHRERHAFTUNGEN GEGENÜBER GLÄUBIGERN

Die Haftung des Geschäftsführers gegenüber Gläubigern für eigenes Verhalten beschränkt sich im wesentlichen auf die Rechtsscheinhaftung, Handlungen bei Vertragsabschluß (culpa in contrahendo) und auf unerlaubte Handlungen.

Dabei ist aber eine Haftung des **Geschäftsführers** für Verbindlichkeiten der Gesellschaft nur für die Zeit seiner Tätigkeit möglich. 356

Bei einer **Kündigung** des Anstellungsvertrages haftet der Geschäftsführer ab Wirkung der Kündigung nicht mehr für Verbindlichkeiten, die erst nach der Beendigung seiner Geschäftsführungstätigkeit durch vertragswidriges Verhalten der GmbH entstanden sind (BAG, 20.1.1998 – AZR 593/96, HFR 1998 S. 935).

Nach den Grundsätzen der **Rechtsscheinhaftung** haftet ein Geschäftsführer Gesellschaftsgläubigern u.a. **bei nicht ordnungsgemäßer Unterzeichnung**, z.B. bei Verträgen und Wechseln. So hat der BGH entschieden, daß ein Geschäftsführer einem Geschäftspartner der GmbH nach Rechtsscheingrundsätzen für eine Gesellschaftsverbindlichkeit haftet, wenn er entgegen § 4 GmbHG im Geschäftsverkehr der Firma der Gesellschaft nicht die zusätzliche Bezeichnung „mit beschränkter Haftung" („mbH") hinzufügt (BGH, 3.2.1975 – II ZR 128/73, BB 1975 S. 621 und S. 623; 8.7.1996 – II ZR 258/95, BB 1996 S. 1955; Haas, Die Vertreterhaftung bei Weglassen des Rechtsformzusatzes nach § 4 Abs. 2 GmbHG, NJW 1997 S. 2854). 357

Aus einem **Scheck**, den der Geschäftsführer einer GmbH ausstellt, ohne seine Unterschrift mit dem Zusatz gemäß §§ 4, 35 Abs. 3 GmbHG zu versehen, haftet der Geschäftsführer persönlich. Eine persönliche Haftung scheidet aber aus, wenn der Schecknehmer wußte, daß der Geschäftsführer die GmbH und nicht sich selbst verpflichten wollte (OLG Hamm, 15.9.1992 – 7 U 78/92, GmbHR 1993 S. 159).

Eine Zeichnung eines Schecks ohne GmbH-Zusatz führt ausnahmsweise auch dann nicht zu einer Haftungsinanspruchnahme des Geschäftsführers, wenn die Grundsätze über das **unternehmensbezogene Geschäft** Anwendung finden. Bei einem unternehmensbezogenen Geschäft geht der Wille der Beteiligten im Zweifel dahin, daß die GmbH verpflichtet sein soll. Das wäre z.B. der Fall, wenn die Rechnung an die GmbH gerichtet ist (vgl. OLG Frankfurt/M., 9.10.1992 – 10 U 262/91, GmbHR 1993 S. 158).

Nach der vom BGH angewandten **Auslegungsregel** (BGH, 12.12.1983 – II ZR 238/82, BB 1984 S. 431) gilt **bei unternehmensbezogenen Geschäften** der Wille der Beteiligten im Zweifel dahin, daß Vertragspartei der Inhaber des Unternehmens und nicht der für das Unternehmen Handelnde werden soll. Dies gilt auch, wenn der Inhaber falsch bezeichnet oder über ihn sonst Fehlvorstellungen bestehen. Allerdings findet dieser Grundsatz nur Anwendung, wenn der Handelnde sein Auftreten für ein Unternehmen hinreichend deutlich macht. Der BGH hat in einem neueren Urteil bei einem fehlenden **GmbH-Zusatz** (§ 4 GmbHG) eine Haftung des Geschäftsführers dem Grunde nach bejaht (15.1.1990 – II ZR 311/88, BB 1990 S. 653; vgl. auch 24.6.1991 – II ZR 293/90, BB 1991 S. 1586).

Der **BGH** hat mehrfach Gesellschaftsgläubigern Schadensersatzansprüche gegen Geschäftsführer wegen **Verschuldens bei Vertragsabschluß** (culpa in contrahendo) zugebilligt (siehe auch Wellkamp, Vorvertragliche Haftung und Aufklärungspflichten des GmbH-Geschäftsführers in der Krise, INF 1996 S. 274). 358

2. KAPITEL: Haftung und strafrechtliche Verantwortlichkeit

In einer Entscheidung vom 23.2.1983 (VIII ZR 325/81, GmbHR 1983 S. 197) hat der BGH festgestellt, daß

- bei laufender Geschäftsverbindung auf Anfrage des Lieferanten der Geschäftsführer verpflichtet ist, die wirtschaftliche Lage der GmbH darzustellen, wenn die GmbH einen Warenkredit in Anspruch nehmen will,

- eine schuldhafte Verletzung dieser Offenbarungspflicht einen Ersatzanspruch gegen den Geschäftsführer aus Verschulden bei Vertragsabschluß auslösen kann, wenn der Lieferant im Konkurs der GmbH mit Forderungen aus Warenlieferungen ausfällt.

Ähnlich hat der BGH argumentiert in seiner Entscheidung vom 27.10.1982 (VIII ZR 187/81, GmbHR 1983 S. 44). Hier hatte ein Holzhändler einer Schreinerei-GmbH Holz verkauft und dafür **Wechsel** erhalten, wobei ihm vom Geschäftsführer zugesichert wurde, daß er sich wegen der Wechselfinanzierung keine Sorgen machen müsse, obwohl zu dem damaligen Zeitpunkt die GmbH bereits überschuldet war. Auch hier haftet der Geschäftsführer unter dem Gesichtspunkt des Verschuldens bei Vertragsabschluß, wenn er die Überschuldung der GmbH bei der Wechselhingabe und Auskunft kannte oder kennen mußte.

359 Die Haftung des geschäftsführenden Gesellschafters aus culpa in contrahendo wegen wirtschaftlichen Eigeninteresses oder Inanspruchnahme besonderen persönlichen Vertrauens bei Vertragsverhandlungen setzt eine **besondere Interessenlage** oder **besondere Offenbarungspflichten** des Geschäftsführers voraus. So reicht allein die Beteiligung des Geschäftsführers an der GmbH nicht aus, um seine Haftung aus Verhandlungsverschulden wegen unmittelbaren wirtschaftlichen Eigeninteresses zu begründen (BGH, 1.7.1991 – II ZR 180/90, BB 1991 S. 1587; 6.6.1994 – II ZR 292/91, NJW 1994 S. 2280 = BGHZ 126 S. 181). Nicht haftungsbegründend für eine Werklohnforderung ist es auch, wenn der Geschäftsführer einer Bauträger-GmbH Forderungen, die dieser aus demselben Bauvorhaben gegen den Bauherrn zustehen, an sich selbst zur Sicherung seines Honoraranspruchs als Architekt abgetreten hat. Selbst wenn der Geschäftsführer eine nicht vorhandene Leistungsfähigkeit der Gesellschaft durch ausdrückliche Erklärungen vortäuscht, wird dadurch lediglich das Vertrauen des Geschäftspartners in die Leistungsfähigkeit der GmbH enttäuscht; dadurch nimmt der Geschäftsführer noch nicht persönliches Vertrauen in Anspruch. Für seine persönliche Inanspruchnahme muß hinzukommen, daß der Geschäftsführer persönlich eine Gewähr für die Richtigkeit durch Vollständigkeit seiner Erklärungen übernommen hat.

Zur Haftung des Geschäftsführers einer GmbH wegen wirtschaftlichen Eigeninteresses oder wegen Inanspruchnahme persönlichen Vertrauens vgl. auch OLG Köln, 10.7.1996 – 27 U 109/95, GmbHR 1996 S. 766, das nur in Ausnahmefällen eine Haftung des Geschäftsführers nach §§ 276, 278 BGB bejaht.

360 Der für die Annahme einer persönlichen Haftung des GmbH-Geschäftsführers aus Verschulden bei Vertragsschluß erforderliche Tatbestand der **Inanspruchnahme persönlichen Vertrauens** im besonderen Maße ist auch bei Alleingesellschafterstellung nicht schon gegeben, wenn er darauf hingewiesen hat, daß er über eine für seine Tätigkeit erforderliche Sachkunde verfügt, sondern erst dann, wenn er **zusätzlich** in zurechenbarer Weise den Eindruck vermittelt hat, er werde persönlich mit seiner Sachkunde die ordnungsgemäße Abwicklung des Geschäftes auch dann gewährleisten, wenn der Kunde der GmbH nicht oder nur wenig vertraut oder sein Verhandlungsvertrauen sich als nicht gerechtfertigt erweist (BGH, 3.10.1989 – XI ZR 157/88, BB 1989 S. 2210; vgl. auch Ebenroth/Kräutter, Die Eigenhaftung des GmbH-Geschäftsführers bei der Anlageverwal-

tung, BB 1990 S. 569, und Kort, Zur Eigenhaftung des GmbH-Geschäftsführers gegenüber Dritten, DB 1990 S. 921).

Hat der Geschäftsführer persönlich ein neues Herstellungsverfahren entwickelt und vertreibt er dieses über eine GmbH, so kann er wegen Verschuldens bei Vertragsverhandlungen dann in Anspruch genommen werden, wenn er in besonderer Weise das Vertrauen des Vertragspartners durch **Zusicherungen bestimmter Qualitätsmerkmale** in das von ihm entwickelte Herstellungsverfahren gewonnen und eine „Garantie" übernommen hat, daß die Herstellungskosten einen bestimmten Betrag nicht überschreiten (BGH, 19.2.1990 – II ZR 41/89, GmbHR 1990 S. 296). 361

Bei Aufnahme von Geschäftsbeziehungen hat ein Geschäftsführer den Vertragspartner über bestehende ernste finanzielle Schwierigkeiten (Insolvenzreife) aufzuklären, wenn die GmbH auf Kredit kauft (OLG Karlsruhe, 26.11.1987 – 9 U 251/85, BB 1988 S. 1413). Zwar besteht im Geschäftsverkehr eine **Aufklärungspflicht** nicht schlechthin, z. B. nicht über geschäftstypische Risiken, aber eine solche besteht immer dann, wenn der Vertragspartner nach Treu und Glauben eine Aufklärung bei Vorleistungspflicht redlicherweise erwarten kann. Verstößt der Geschäftsführer gegen diese Verpflichtung, so haftet er aus Verschulden bei Vertragsabschluß. 362

Der Geschäftsführer einer erkennbar überschuldeten GmbH, welcher diese durch persönlich abgesicherten Bankkredit am Leben erhält, ist zu entsprechender Aufklärung verpflichtet, wenn es um den Abschluß von Verträgen geht, die auf Lieferung von Waren auf Kredit an die GmbH gerichtet sind; bei Unterlassung haftet er dem Lieferanten auf Schadensersatz aus Verhandlungsverschulden (OLG München, 14.7.1992 – 25 U 6093/91, GmbHR 1992 S. 813). 363

Zur Haftung wegen Verschuldens bei Vertragsabschluß genügt beim Geschäftsführer **Fahrlässigkeit** (§ 276 BGB). Er haftet also nicht, wenn er die Überschuldung bei Vertragsabschluß auch bei der im Verkehr erforderlichen Sorgfalt nicht erkennen konnte (OLG Hamm, 30.3.1984 – 19 U 141/83, BB 1984 S. 873). 364

Der Umfang des Schadensersatzanspruchs aus Verschulden bei Vertragsschluß richtet sich auf das **negative Interesse**, d. h., der Geschädigte ist so zu stellen, wie er bei geschuldeter Aufklärung über die finanzielle Lage der GmbH, also ohne die Pflichtwidrigkeit des Geschäftsführers, stehen würde. Dieser Schadensersatzanspruch kann nach den gegebenen Umständen das Erfüllungsinteresse übersteigen oder auch in gleicher Höhe bestehen (BGH, 25.5.1977 – VIII ZR 186/75, BGHZ 69 S. 53). 365

Aus **unerlaubter Handlung** (§ 823 Abs. 1 BGB) haftet der Geschäftsführer einem Gesellschaftsgläubiger, wenn er z. B. schuldhaft dessen Eigentum verletzt hat (BGH, 5.12.1989 – VI ZR 335/88, NJW 1990 S. 976). 366

Ein Geschäftsführer muß durch organisatorische Maßnahmen sicherstellen, daß ein **verlängerter Eigentumsvorbehalt** eines Lieferanten der GmbH bestehen bleibt und nicht bei Abtretung untergeht. Entsteht dem unter Eigentumsvorbehalt liefernden Geschäftspartner der GmbH ein Schaden dadurch, daß er einerseits keine Zahlungen erhält, andererseits sein Eigentum untergeht, so haftet auch der Geschäftsführer nach § 823 Abs. 1 BGB dem Lieferanten.

Aus unerlaubter Handlung haftet der Geschäftsführer einem Gesellschaftsgläubiger außerdem, wenn er § 823 Abs. 2 BGB **i. V. mit einem Schutzgesetz** verletzt. So hat z. B. das ArbG Berlin (5.2.1971 – 10 Ca 302/69, GmbHR 1971 S. 138) einen Geschäftsführer, der gepfändeten und einbehaltenen Arbeitslohn nicht abgeführt hat, unmittelbar zur Zahlung an den Gläubiger verurteilt (§ 823 Abs. 2 BGB i. V. mit § 263 StGB). 367

Veräußert der Geschäftsführer einen Gegenstand, der nicht im Eigentum der GmbH steht, so haftet der Geschäftsführer u. U. nach § 823 Abs. 2 BGB i. V. mit § 246 StGB (Unterschlagung) oder § 266 StGB (Mißbrauch), vgl. BGH, 12.3.1996 – VI ZR 90/95, NJW 1996 S. 1535 = DStR 1996 S. 1014 mit Anm. Goette.

368 Der Geschäftsführer haftet nach § 823 Abs. 2 BGB i. V. mit §§ 64, 84 GmbHG, wenn einem Gläubiger dadurch ein Schaden entsteht, daß er nicht innerhalb von 3 Wochen nach Eintritt der Zahlungsunfähigkeit oder Überschuldung Insolvenzantrag gestellt hat. Dabei ist hinsichtlich der Rechtsfolgen zwischen einem Neugläubiger und einem Altgläubiger zu unterscheiden. Der Neugläubiger ist so zu stellen, als wenn er das Geschäft nicht abgeschlossen hätte, der Altgläubiger kann nur den sog. Quotenschaden geltend machen (vgl. Wimmer, Die Haftung des GmbH-Geschäftsführers, NJW 1996 S. 2546; zur Neugläubigerschädigung vgl. außerdem Müller, Geschäftsführerhaftung für Neugläubigerschäden, GmbHR 1996 S. 393; siehe auch Rz. 345).

369 Schutzgesetze i. S. des § 823 Abs. 2 BGB sind grundsätzlich die sozialrechtlichen Beitragsabführungsvorschriften, z. B. § 28 SGB IV (Gesamtsozialversicherungsbeitrag) zugunsten der Sozialversicherungsträger (vgl. BGH, 29.2.1972 – VI ZR 199/70, BGHZ 58 S. 199, und Hoffmann, Haftung des GmbH-Geschäftsführers für einbehaltene Sozialversicherungsbeiträge und Lohnsteuer, DB 1986 S. 467, wobei allerdings die Hinweise auf Vorschriften der RVO, des AVG und des AFG überholt sind). Eine Inanspruchnahme des Geschäftsführers kommt aber nur hinsichtlich einbehaltener und nicht abgeführter Arbeitnehmeranteile in Betracht (vgl. Rz. 860).

Der Geschäftsführer, der es nach Eintritt der Krise der GmbH unterläßt, die Buchhaltung daraufhin zu überprüfen, daß die Arbeitnehmeranteile der Sozialversicherungsbeiträge entrichtet worden sind, nimmt es jedenfalls billigend in Kauf bzw. findet sich damit ab, daß etwa noch vorhandene finanzielle Mittel nicht rechtzeitig zum Zwecke der Beitragsentrichtung verwendet wurden und damit in die Insolvenzmasse fielen; in diesem Falle haftet er für rückständige Beiträge persönlich nach § 823 Abs. 2 BGB, § 266a StGB (OLG Düsseldorf, 6.11.1992 – 22 U 104/92, GmbHR 1993 S. 812).

370 Ein Schadensersatzanspruch eines Sozialversicherungsträgers gegen einen Geschäftsführer nach § 823 Abs. 2 BGB i. V. mit § 266a StGB setzt voraus, daß der Geschäftsführer **in eigener Person die strafrechtlichen Voraussetzungen** für ein vorsätzliches Vorenthalten von Arbeitnehmerbeiträgen **erfüllt** (BGH, 15.10.1996 – VI ZR 319/95, BB 1996 S. 2531).

371 Wer nach Errichtung einer GmbH diese und sich als Geschäftsführer zur Eintragung im Handelsregister anmeldet, haftet gemäß § 823 Abs. 2 BGB i. V. mit § 14 Abs. 1 Nr. 1 StGB deliktisch für die nicht an den Sozialversicherungsträger weitergeleiteten Arbeitnehmeranteile der Arbeiter, die von der Gründungsgesellschaft beschäftigt werden. Für diesen Schadensersatzanspruch der AOK ist der Rechtsweg zu den Zivilgerichten gegeben (OLG München, 25.9.1986 – 24 U 588/85, BB 1987 S. 2096).

372 Der Rechtsweg zu den Gerichten für Arbeitssachen ist eröffnet, wenn ein Arbeitnehmer einer GmbH wegen Insolvenzverschleppung deren Geschäftsführer wegen unerlaubter Handlung verklagt (§ 2 Abs. 1 Nr. 3 Buchst. d ArbGG analog; BAG, 24.6.1996 – 5 AZB 35/96, ZIP 1996 S. 1522).

373 Schutzgesetz i. S. des § 823 Abs. 2 BGB ist zwar auch § 64 Abs. 1 GmbHG. Die **Bundesanstalt für Arbeit** fällt als Leistungsträger für die Zahlung von **Insolvenzgeld** nicht in den Schutzbereich des § 64 Abs. 1 GmbHG. In den Schutzbereich

des § 64 Abs. 1 GmbHG fallen nur Gläubiger, die ihre Forderung **vor Eröffnung des Insolvenzverfahrens** erhoben haben. Die Verpflichtung der Bundesanstalt für Arbeit auf Zahlung von Insolvenzgeld ist gemäß § 183 SGB III aber erst durch die Eröffnung des Insolvenzverfahrens mit dem Umstand rückständiger Lohnansprüche ausgelöst worden. Die Bundesanstalt ist erst **nach Eröffnung des Insolvenzverfahrens** durch den Übergang der Forderungen der Arbeitnehmer **kraft Gesetzes** (§ 187 Satz 1 SGB III) Gläubigerin geworden (BGH, 26.6.1989 – II ZR 289/88, GmbHR 1990 S. 69). Unter Umständen kann die Bundesanstalt für Arbeit jedoch gegen den Geschäftsführer einen Schadensersatzanspruch aus § 826 BGB haben.

Ein Schutzgesetz i.S. des § 823 Abs. 2 BGB ist auch die Vorschrift über den **Subventionsbetrug** (BGH, 13.12.1988 – VI ZR 235/87, ZIP 1989 S. 102). § 264 StGB schützt nicht nur die staatliche Planungs- und Dispositionsfreiheit, sondern auch das staatliche Vermögen. Unterzeichnet ein Geschäftsführer blindlings (ohne weitere Prüfung) die von seiner Buchhaltungskraft vorbereiteten Formulare, die falsche Angaben enthalten, so handelt er zumindest leichtfertig i.S. des § 264 Abs. 4 StGB. Der strafrechtliche Begriff der Leichtfertigkeit bezeichnet eine gesteigerte Form der Fahrlässigkeit, die in etwa der groben Fahrlässigkeit des Zivilrechts entspricht und die vorliegt, wenn die erforderliche Sorgfalt in ungewöhnlich hohem Maße verletzt und dabei dasjenige unbeachtet gelassen worden ist, was im gegebenen Fall jedem hätte einleuchten müssen. Das blinde Unterzeichnen von Formularen stellt ein solches grobes Verschulden dar. 374

Kein Schutzgesetz i.S. des § 823 Abs. 2 BGB ist m.E. § 41 GmbHG (a.A. Stapelfeld, Außenhaftung des Geschäftsführers bei Verletzung der Buchführungspflicht, GmbHR 1991 S. 94 ff.). Nach § 41 GmbHG sind die Geschäftsführer verpflichtet, für eine ordnungsgemäße **Buchführung** zu sorgen. Mit dem BGH (10.7.1964 – Ib ZR 208/62, BB 1964 S. 1273) ist aber davon auszugehen, daß Buchführungs- und Bilanzierungsvorschriften keine Schutzgesetze zugunsten bestimmter Personen sind. Den Gesellschaftsgläubigern haftet der Geschäftsführer nur, wenn die Voraussetzungen des § 826 BGB (sittenwidrige vorsätzliche Schädigung) vorliegen (gegenüber der Gesellschaft haftet der pflichtwidrig haftende Geschäftsführer nach § 43 Abs. 2 GmbHG; BGH, 9.5.1974 – II ZR 50/72, NJW 1974 S. 1468). 375

Erschleicht ein Geschäftsführer ein **unrichtiges Urteil** für die GmbH, indem er es z.B. unterläßt, bestimmte Unterlagen vorzulegen und/oder ihre Existenz in Abrede stellt, so handelt er vorsätzlich sittenwidrig und kann aus § 826 BGB in Anspruch genommen werden (nach dem BGH, 29.11.1988 – XI ZR 85/88, GmbHR 1989 S. 156 kommt im Schadensersatzprozeß gegen den Geschäftsführer wegen Erschleichung eines unrichtigen Urteils für die GmbH eine entsprechende Anwendung des § 582 ZPO nicht in Betracht). 376

Bei **Warentermingeschäften** trifft den Geschäftsführer eine besondere **Aufklärungspflicht** (vgl. hierzu OLG Düsseldorf, 21.12.1989 – 10 U 117/89; 22.11.1988 – 4 U 21/88, ZIP 1989 S. 220). Auch **Informationsbroschüren** können bei Warentermingeschäften unzureichend aufklären mit der Folge, daß der Geschäftsführer nach §§ 826, 823 Abs. 2 BGB, § 89 BörsG in Anspruch genommen werden kann (OLG Düsseldorf, 3.6.1993 – 10 U 168/92, GmbHR 1993 S. 811). 377

Kommt der Geschäftsführer einer Anlagevermittlungs-GmbH dieser Aufklärungspflicht nicht nach, haftet er persönlich auf Schadensersatz nach **§ 826 BGB** (BGH, 11.7.1988 – II ZR 355/87, NJW 1988 S. 2882).

Die Grundsätze, die der BGH zur Aufklärungspflicht des Vermittlers von Warentermin-Optionen entwickelt hat, finden auch auf **Stillhalteoptionsgeschäfte** Anwendung (BGH, 13.10.1992 – XI ZR 30/92, NJW 1993 S. 257).

Ebenso haftet nach § 826 BGB der Geschäftsführer einer Optionsvermittlungsgesellschaft, der ohne gehörige schriftliche Aufklärung der Kunden Optionsgeschäfte bewußt nicht verhindert (BGH, 17.5.1994 – XI ZR 144/93, ZIP 1994 S. 1102).

378 Eine **Durchgriffshaftung** auf den Geschäftsführer einer GmbH kommt nur in Betracht, wenn die Rechtsform der juristischen Person mißbräuchlich verwendet wurde oder die Berufung auf deren Selbständigkeit gegen Treu und Glauben verstoßen würde (§ 826 BGB). Allein ein Verstoß gegen das Gleichbehandlungsgebot kann einen Anspruch eines Dritten gegen den Geschäftsführer einer GmbH nicht begründen. Dieses Gebot richtet sich gegen die Gesellschaft, nicht gegen den Geschäftsführer (OLG München, 8.9.1995 – 21 U 4968/94, GmbHR 1996 S. 55).

Eine Durchgriffshaftung auf den Alleingesellschafter kommt ausnahmsweise dann in Betracht, wenn der Gesellschafter-Geschäftsführer und die von ihm beherrschte GmbH als Einheit anzusehen sind, die Berufung auf die rechtliche Selbständigkeit der Gesellschaft gegen den Rechtsgrundsatz von Treu und Glauben gemäß § 242 BGB verstoßen würde (OLG Düsseldorf, 1.3.1989 – 17 U 115/88, GmbHR 1990 S. 44). In einem solchen Fall ist der Gesellschafter-Geschäftsführer so zu behandeln, als hätte er das von der GmbH betriebene Handelsgeschäft selbst ohne Beschränkung der Haftung auf das Gesellschaftsvermögen geführt, so daß er in entsprechender Anwendung der §§ 105, 128 HGB persönlich haftet (BGH, 7.11.1957 – II ZR 280/55, BGHZ 26 S. 31).

An einen solchen Ausnahmefall sind aber strenge Anforderungen zu stellen, da über die Rechtsform einer juristischen Person nicht leichtfertig hinweggegangen werden kann. Solche Ausnahmefälle werden nur vorliegen, wenn der Geschäftsführer zugleich der Alleingesellschafter der GmbH ist und weitere Tatsachen vorliegen, die die Identität zwischen GmbH und Alleingesellschafter ins Auge springen lassen.

379 Der Geschäftsführer haftet außerdem für **Kredite**, die ihm **aus dem Vermögen** der GmbH gewährt werden, das zur Erhaltung des Stammkapitals notwendig ist (§ 43a GmbHG).

c) VERLETZUNG VON WARENZEICHEN UND ANDEREN IMMATERIALGÜTERRECHTEN

380 Sehr umstritten war bisher, ob es eine **persönliche Haftung** des Geschäftsführers einer GmbH **für Wettbewerbsverstöße oder für Verletzungen von Warenzeichen** oder anderen Immaterialgüterrechten gibt, und wenn ja, ob der Geschäftsführer auch dann haftet, wenn Warenzeichenverletzungen zwar in seiner GmbH begangen wurden, er aber davon nichts wußte und auch keine Möglichkeit hatte, sie abzuwenden (Maier, Die Haftung des GmbH-Geschäftsführers für Wettbewerbsverstöße im Unternehmen, WRP 1986 S. 71). Der BGH hat in einer Entscheidung vom 26.9.1985 (I ZR 86/83, DB 1986 S. 373) festgestellt, daß eine persönliche Haftung des Geschäftsführers bei Wettbewerbsverstößen der GmbH nur besteht, wenn

– der Geschäftsführer selbst die Rechtsverletzung begangen hat oder

– er wenigstens von ihr Kenntnis hatte und die Möglichkeit, sie zu verhindern (vgl. auch Ottofülling, Steht der Geschäftsführer der GmbH in der Gefahr, persönlich auf Unterlassung zu haften?, GmbHR 1991 S. 304).

381 Wird eine GmbH auf Unterlassung eines Wettbewerbsverstoßes mit der Maßgabe verurteilt, daß die Haft an einem ihrer Geschäftsführer zu vollziehen sei, ist – auch wenn die GmbH mehrere Geschäftsführer hat – diese Androhung zulässig, nicht zu unbestimmt und vollstreckbar (BGH, 16.5.1991 – I ZR 218/89, BB 1991 S. 1446).

2. HAFTUNG NACH STEUERRECHT

a) HAFTUNG NACH § 69 AO

§ 69 AO begründet die **Haftung** gesetzlicher Vertreter und ihnen vergleichbarer Personen, soweit Ansprüche aus dem **Steuerschuldverhältnis** (§ 37 AO) infolge vorsätzlicher oder grob fahrlässiger Verletzung der ihnen auferlegten Pflichten nicht oder nicht rechtzeitig festgesetzt oder erfüllt werden. Die Verantwortlichkeit des Geschäftsführers als Haftender **für die Erfüllung der steuerlichen Pflichten der GmbH** ergibt sich schon aus seiner nominellen Bestellung zum Geschäftsführer und ohne Rücksicht darauf, ob sie auch tatsächlich ausgeübt werden kann (BFH, 7.3.1995 – VII B 172/94, BFH/NV 1995 S. 941; 13.2.1996 – VII B 245/95, BFH/NV 1996 S. 657). § 69 AO führt für den GmbH-Geschäftsführer, der gesetzlicher Vertreter i.S. des § 34 AO ist, zu einer Total-Haftung, der er sich, die vielen BFH-Entscheidungen beweisen dies, nur schwer entziehen kann. Obwohl nur die GmbH Steuerschuldnerin ist, wird der Geschäftsführer (wirtschaftlich gesehen) quasi zum Mit-Schuldner der Steuerschulden der GmbH (Felix, Die Risiken des GmbH-Geschäftsführers als Tätigkeitsfeld der Steuerberatung, DStZ 1987 S. 472; Neusel, Die persönliche Haftung des Geschäftsführers für Steuern der GmbH, GmbHR 1997 S. 1129; OFD Magdeburg, 23.11.1994 – S 0190 – 14 – St 311, StEK AO 1977 § 69 Nr. 10). Damit wird das zivilrechtliche Prinzip, wonach der Geschäftsführer grundsätzlich für Verbindlichkeiten der GmbH nicht in Anspruch genommen werden kann, für das Steuerrecht völlig durchbrochen; ähnlich ist es im Sozialrecht (zur Geschäftsführerhaftung vgl. auch Prugger, GmbH-Geschäftsführerhaftung für Betriebssteuern: Die Haftungssumme, INF 1990, S. 343). 382

Liegen die Voraussetzungen des § 69 AO vor, so haftet der Geschäftsführer unbeschränkt, d.h. **mit seinem gesamten Vermögen**.

§ 69 AO ist auch auf **Zölle** und **Einfuhrumsatzsteuer** anzuwenden. Führt eine GmbH, vertreten durch ihren Geschäftsführer, Waren ein, ohne diese zur Einfuhrumsatzsteuer anzumelden, so bleibt (Zoll-)Schuldner die GmbH (§ 57 Abs. 2 Satz 2 ZG); dies gilt auch dann, wenn der Geschäftsführer zugleich alleiniger Gesellschafter der GmbH ist. Wird der Geschäftsführer gleichwohl (fehlerhaft) als weiterer Zoll**schuldner** in Anspruch genommen, so kann ein solcher Bescheid **nicht in** einen **Haftungsbescheid** nach §§ 69, 71 AO **umgedeutet** werden (FG Saarland, 1.6.1995 – 2 K 33/92, EFG 1996 S. 70). 383

Da die Haftung nach §§ 34, 69 AO eine Verletzung der **steuerlichen** Pflichten durch den Geschäftsführer voraussetzt, ist der Erlaß eines Haftungsbescheides und der Finanzrechtsweg **nicht** gegeben, wenn das Finanzamt den Geschäftsführer wegen Verletzung seiner Insolvenzantragspflicht (§ 64 GmbHG) in Anspruch nehmen will (a. A. Urban, Je strafbarer, desto haftungsfreier? Zur steuerlichen Quotenhaftung des GmbH-Geschäftsführers nach §§ 69, 34 AO bei Konkursverschleppung, DStR 1997 S. 1145); soweit das Finanzamt nach § 64 GmbHG, § 23 Abs. 2 BGB wegen rückständiger Steuern gegen den Geschäftsführer vorgehen will, muß es vor den Zivilgerichten klagen und kann keinen Haftungsbescheid erlassen. 383.1

§ 69 AO **setzt** im einzelnen **voraus** (vgl. hierzu auch Spetzler, Die Einschränkung der Haftung des GmbH-Geschäftsführers in § 69 AO durch den Grundsatz der anteiligen Tilgung, GmbHR 1989 S. 167):

- EINTRITT EINES SCHADENS

Dem Finanzamt muß ein Schaden entstanden sein, weil Steuern (§ 3 AO) nicht oder nicht rechtzeitig festgesetzt oder erfüllt oder soweit infolgedessen Steuer- 384 vergütungen oder Steuererstattungen ohne rechtlichen Grund gezahlt wurden; die Haftung umfaßt auch zu zahlende Säumniszuschläge (§ 240 AO) und sonstige Nebenleistungen wie Verspätungszuschläge (§ 152 AO), Zinsen (§§ 233–237 AO), Zwangsgelder (§ 239 AO) und Kosten (§§ 178, 337–345 AO).

Die seit 1.1.1987 geltende Neufassung des § 69 AO, nach deren Wortlaut die Haftung des Geschäftsführers sich auch auf ohne rechtlichen Grund gezahlte Steuervergütungen und Steuererstattungen erstreckt, hat lediglich klarstellende Bedeutung (OFD Frankfurt/M., 27.12.1988 – S 0190 A – 1 St II 40, StEK AO 1977 § 69 Nr. 3).

385 Nach § 69 Satz 2 AO haftet der Geschäftsführer grundsätzlich auch für **Säumniszuschläge**, die dadurch entstanden sind, daß der Geschäftsführer die zu leistende Hauptschuld schuldhaft verspätet oder gar nicht an das Finanzamt abgeführt hat. Dabei kommt es im Gegensatz zu § 69 Satz 1 AO nur auf die Pflichtverletzung beim Entstehen von Säumniszuschlägen und nicht darauf an, ob die Verwirklichung des Anspruchs des Staates auf Säumniszuschläge durch Pflichtwidrigkeiten des Geschäftsführers verhindert oder verzögert wurde. U. a. bedeutet dies, daß ein Geschäftsführer nur zur Haftung für solche Säumniszuschläge herangezogen werden kann, die während seiner Tätigkeit entstanden sind (BFH, 24.1.1989 – VII B 188/88, BStBl II 1989 S. 315); der Geschäftsführer haftet deshalb auch nicht für Säumniszuschläge, die ab dem Zeitpunkt der Überschuldung und/oder Zahlungsunfähigkeit der GmbH verwirkt sind (BFH, 26.7.1988 – VII R 83/87, BStBl II 1988 S. 859).

386 § 69 AO setzt nicht voraus, daß Steueransprüche verkürzt worden sind. Der Geschäftsführer kann nach § 69 AO auch in Anspruch genommen werden, unabhängig davon, ob eine Steuerhinterziehung (§ 370 AO) oder eine leichtfertige Steuerverkürzung (§ 378 AO) vorliegt (Mösbauer, Die Haftung des Geschäftsführers einer GmbH für Steuerschulden der GmbH, GmbHR 1986 S. 270).

387 Als gesetzlicher Vertreter der GmbH hat der Geschäftsführer eigene, in § 34 AO begründete Pflichten öffentlich-rechtlicher Natur. Der Geschäftsführer ist insoweit Steuerpflichtiger i. S. des § 33 Abs. 1 AO kraft eigener steuerrechtlicher Pflichten und nicht kraft abgeleiteter Pflichten. An die schuldhafte Verletzung dieser eigenen Pflichten kann nicht nur die Haftungsfolge aus § 69 AO anknüpfen. Aus § 152 Abs. 1 Satz 1 AO ergibt sich, daß ein **Verspätungszuschlag** gegen den festgesetzt werden kann, „der seiner Verpflichtung zur Abgabe einer Steuererklärung nicht oder nicht fristgemäß nachkommt". Der BFH (27.6.1989 – VIII R 356/83, BFH/NV 1990 S. 145) hat deshalb gegen den Geschäftsführer einer GmbH & Co. KG wegen nicht rechtzeitiger Abgabe der Gewinnfeststellungserklärung und der Vermögensaufstellung einen Verspätungszuschlag festgesetzt (zur Feststellung von Verspätungszuschlägen wegen verspäteter Abgabe der Lohnsteuer-Anmeldung vgl. Rz. 419).

388 Das Finanzamt, das einem Geschäftsführer keine Steuerhinterziehungen vorwirft, ihn aber gleichwohl als Haftenden in Anspruch nimmt, muß Feststellungen treffen zur Höhe der im Haftungszeitraum verfügbaren Zahlungsmittel sowie der Gesamtverbindlichkeiten einschließlich der Steuerschulden, auch zu den im Haftungszeitraum auf diese geleisteten Zahlungen; trifft das Finanzamt diese Feststellungen nicht, so liegt ein Verfahrensfehler vor, der zur ersatzlosen Aufhebung des Haftungsbescheides führen muß (FG Nürnberg, 19.7.1988 – II 246/85, EFG 1989 S. 49).

Allerdings bedarf es regelmäßig keiner Begründung der Ermessensentscheidung, wenn der Geschäftsführer, der in Anspruch genommen wird, rechtskräftig als

Steuerhinterzieher verurteilt worden ist (BFH, 12.1.1988 – VII R 74/84, BFH/NV 1988 S. 692).

Nicht nur für **Steuerschulden** der GmbH haftet der Geschäftsführer. Auch soweit die GmbH selbst nicht Steuerschuldnerin ist, aber haftet, hat auch der Geschäftsführer dafür nach §§ 69, 34, 75 AO einzustehen. 389

> **BEISPIEL:**
>
> Die X-GmbH kauft ein Konkurrenzunternehmen auf, das 100 000 DM Steuerschulden hat. Gemäß § 75 AO haftet die X-GmbH für diese Steuerschulden. Kommt die X-GmbH ihrer Verpflichtung nicht nach oder wird sie insolvent, so haftet der Geschäftsführer bei Vorsatz oder grober Fahrlässigkeit gemäß §§ 69, 34 AO.

● PFLICHTVERLETZUNG DURCH DEN GESCHÄFTSFÜHRER

Zu den Pflichten eines Geschäftsführers gegenüber dem Finanzamt gehört nicht nur die Steuerentrichtungspflicht nach § 34 Abs. 1 Satz 2 AO. Er hat Mitwirkungspflichten (§ 90 AO), Auskunftspflichten (§ 93 AO), Vorlagepflichten (§§ 97, 100 Abs. 1 AO), Anzeigepflichten (§§ 137–139 AO), Buchführungs- und Aufzeichnungspflichten (§§ 140–148 AO), Steuererklärungspflichten (§ 149 AO), Berichtigungspflichten (§ 153 AO), Einbehaltungs- und Abführungspflichten (§§ 38 Abs. 3, 41a Abs. 1 Nr. 1 und 2, 44 Abs. 1 Sätze 3 und 4, 50a Abs. 5 Sätze 2 und 3 EStG) etc. 390

Verletzt der Geschäftsführer eine dieser Pflichten, insbesondere die Steuerentrichtungspflicht (§ 34 Abs. 1 Satz 2 AO), so besteht die Haftungsgefahr nach § 69 AO. Diese Pflichtverletzung kann durch positives Tun oder durch Unterlassen erfolgen. Keine Rolle spielt es auch, ob der Geschäftsführer die ihm auferlegten Pflichten persönlich verletzt hat; es kommt nur darauf an, daß Pflichten der GmbH verletzt werden. Die Pflichtverletzung ist dem Geschäftsführer auch dann anzurechnen, wenn sie durch Dritte (Angestellte, Steuerberater) begangen wurden, denn die steuerlichen Pflichten bleiben trotz Delegation in der Person des Geschäftsführers bestehen. Hat er die Hilfepersonen jedoch sorgfältig ausgewählt und überwacht er sie regelmäßig, so kann er sein Verschulden ausschließen. 391

Ist durch einen internen Geschäftsverteilungsplan für steuerliche Angelegenheiten nicht der Geschäftsführer, sondern ein **Gesellschafter zuständig**, so enthebt dies den Geschäftsführer nicht der Pflicht, diesen insoweit zu überwachen und namentlich für die pünktliche Erledigung der Steuerangelegenheiten zu sorgen (BFH, 10.5.1988 – VII R 24/85, BFH/NV 1989 S. 72). Auch wenn ein Gesellschafter als Mitarbeiter in der GmbH tätig wird, muß sich der Geschäftsführer über den Geschäftsgang so eingehend unterrichten, daß er bei normalen Umständen mit der ordnungsgemäßen Erledigung der Geschäfte rechnen kann. Die Grundsätze des BFH-Urteils vom 26.4.1984 (V R 128/79, BStBl II 1984 S. 776), nämlich die Haftungsbegrenzung bei Geschäftsverteilung unter mehreren Geschäftsführern (siehe Rz. 400), sind auf Nichtgeschäftsführer, mögen sie auch sonst leitende Funktionen in der GmbH wahrnehmen oder Gesellschafter sein, nicht übertragbar. 392

Voraussetzung für eine Pflichtverletzung des Geschäftsführers ist, daß ihm **GmbH-Mittel zur Verfügung stehen**, um GmbH-Steuerschulden zu tilgen. Stehen ihm überhaupt keine Mittel zur Verfügung, besteht auch keine Geschäftsführerhaftung. Nach nicht zu billigender Auffassung des FG Hamburg vom 22.5.1997 (II 161/95, EFG 1997 S. 1414; Az. BFH: VII B 207/97) haftet der Ge- 393 schäftsführer auch dann für einbehaltene und nicht abgeführte Lohnsteuer, wenn er keinen unmittelbaren Zugriff auf die Mittel hat, aus denen die Arbeitslöhne gezahlt wurden, wenn die Löhne aber von einer verbundenen Gesellschaft gezahlt wurden, für die die Arbeitnehmer mit Wissen und Wollen des Geschäftsführers tätig wurden.

Sind Mittel vorhanden, reichen diese aber nicht aus, um alle Gläubiger zu befriedigen, so hat auch der Fiskus nur Anspruch auf **anteilige Befriedigung** (BFH, 26.4.1984 – V R 128/79, BStBl II 1984 S. 776). Der Fiskus hat keinen Anspruch auf vorrangige Befriedigung (BFH, 14.7.1987 – VII R 188/82, BStBl II 1988 S. 172). Anteilige Befriedigung bedeutet, daß eine zeitraumbezogene Berechnung dahingehend durchzuführen ist, wie das Verhältnis der gesamten Verbindlichkeiten zu den vorhandenen Zahlungsmitteln ist. Diese **Berechnung** ist **überschlägig vorzunehmen**. Es empfiehlt sich, diese Berechnung zu dokumentieren, um späteren Inanspruchnahmen durch das Finanzamt vorzubeugen (vgl. dazu auch Spetzler, Die Einschränkung der Haftung des GmbH-Geschäftsführers in § 69 AO durch den Grundsatz der anteiligen Tilgung, GmbHR 1989 S. 167).

394 Stellt die Hausbank der GmbH Gelder zur Verfügung und bestimmt dabei die Bank, welche Verbindlichkeiten damit getilgt werden sollen, so darf der Geschäftsführer nicht danach verfahren, wenn der Fiskus einseitig schlechter gestellt werden soll als andere Gläubiger, z.B. die Arbeitnehmer (BFH, 12.7.1983 – VII B 19/83, BStBl II 1983 S. 655). In dem BFH-Urteil vom 24.11.1987 (VII R 82/84, BFH/NV 1988 S. 206) wird in den Gründen darauf hingewiesen, daß der Geschäftsführer in solchen Fällen der Bank widersprechen und ggf. zurücktreten muß, wenn die Bank darauf beharrt, die Nettolöhne auszubezahlen und die Bereitstellung von Geldern für die Lohnsteuer ablehnt (vgl. auch Hein, Haftet der GmbH-Geschäftsführer für Steuern, die erst nach Niederlegung seines Amtes fällig werden? – Besprechung des BFH-Urteils vom 24.11.1987 – VII R 82/84, DStR 1988 S. 65).

395 Der Geschäftsführer, der sich bei angespannter Mittelsituation dafür entscheidet, die Abgabenschulden nicht vollständig, dafür aber im Interesse der Fortführung des Unternehmens übrige Verbindlichkeiten der GmbH zumindest in gleicher Höhe zu begleichen, kann aufgrund der auftretenden Pflichtenkollision einen **Rechtfertigungsgrund** haben (FG München, 18.3.1992 – 3 K 3164/87, EFG 1992 S. 642).

396 Ist jemand **nicht formell Geschäftsführer**, hat er aber die tatsächliche Leitung des Unternehmens inne (= **faktischer Geschäftsführer**), so kann er als Haftender in Anspruch genommen werden, wenn er **rechtlich und tatsächlich** in der Lage ist, die Steuerverbindlichkeiten zu tilgen. Der BFH hat dies bei einem beherrschenden Gesellschafter bejaht, der zwar nicht formell Geschäftsführer, aber tatsächlich in der Lage war, über das Vermögen der GmbH zu verfügen (BFH, 16.1.1980 – I R 7/77, GmbHR 1982 S. 117 mit Anm. Popp; FG Kassel, 20.10.1997 – 4 K 1420/93, StEd 1998 S. 104).

Zwar hat der faktische Geschäftsführer die steuerlichen Pflichten eines gesetzlichen Vertreters (§ 35 AO), doch setzt dies voraus, daß jemand mit dem entsprechenden Anschein einer Berechtigung tatsächlich nach außen hin auftritt (bejahend Weimar, Grundprobleme und offene Fragen um den faktischen Geschäftsführer, GmbHR 1997 S. 473 und S. 538). Die Einflußnahmemöglichkeiten eines **Darlehensgläubigers** begründen i.d.R. keine faktische Geschäftsführung beim Darlehensnehmer (BFH, 10.5.1989 – I R 121/85, BFH/NV 1990 S. 7).

Wer nach der Geschäftsverteilung im Rahmen einer Unternehmensgruppe die faktische Geschäftsführung einer GmbH innehat, kann als Verfügungsberechtigter i. S. des § 35 AO zur Haftung für die Steuern der GmbH herangezogen werden (BFH, 21.2.1989 – VII R 165/85, BStBl II 1989 S. 491; vgl. auch Mösbauer, Zur steuerrechtlichen Haftung des faktischen Geschäftsführers einer Organ-GmbH für Einfuhrumsatzsteuer, GmbHR 1990 S. 465).

Hat ein Geschäftsführer sein Amt wirksam niedergelegt **(Amtsniederlegung),** so kommt eine Haftung des bisherigen Geschäftsführers für die **von diesem Zeitpunkt** an **abzuführende Lohnsteuer** der GmbH nicht mehr in Betracht. Dabei kommt es nicht darauf an, ob die Beendigung der Vertretungsbefugnis bereits im Handelsregister eingetragen war oder nicht, da für die Haftung des gesetzlichen Vertreters nach den §§ 109, 69 AO der öffentliche Glaube des Handelsregisters zum Schutz des Geschäftsverkehrs ohne Bedeutung ist (BFH, 22.1.1985 – VII R 112/81, GmbHR 1985 S. 375). 397

Der Geschäftsführer, der sein Amt niedergelegt hat, haftet auch nicht für Steuern, die zwar in seiner Amtszeit entstanden sind, aber erst nach Niederlegung seines Amtes fällig wurden (BFH, 24.11.1987 – VII R 82/84, BFH/NV 1988 S. 206).

In einer Entscheidung vom 17.1.1989 (VII R 88/86, BFH/NV 1990 S. 71) hat der BFH nochmals bestätigt, daß ein Geschäftsführer, der am 5.1. zurücktritt, nicht mehr für Lohnsteuern haftet, die am 10.1. fällig wurden. Doch ist Vorsicht in den Fällen geboten, in denen der Geschäftsführer bei Auszahlung der Löhne im Dezember schon weiß oder wissen müßte, daß bei Fälligkeit der Steuern im Januar kein Geld mehr vorhanden ist; hier kann ihn u. U. auch ein Rücktritt vor dem 10.1. nicht vor einer Inanspruchnahme schützen, wenn auch der BFH in der vorgenannten Entscheidung offenbar auf die Tatsache der Amtsniederlegung vorrangig abstellt.

Der Geschäftsführer, der sein Amt niedergelegt hat, haftet aber für die **Steuern,** die schon **in** seiner **Amtszeit entstanden und fällig** wurden (Hein, Haftet der GmbH-Geschäftsführer für Steuern, die erst nach Niederlegung seines Amtes fällig werden? – Besprechung des BFH-Urteils vom 24.11.1987, – VII R 82/84, DStR 1988 S. 65).

Kann das Finanzamt wegen Steuerrückständen der GmbH sowohl den früheren Geschäftsführer der GmbH wie dessen Nachfolger im Amt als Haftungsschuldner in Anspruch nehmen (§§ 69, 34 AO), so muß es bei Inanspruchnahme des früheren Geschäftsführers spätestens in der Einspruchsentscheidung das **Auswahlermessen** begründen (BFH, 12.9.1989 – VII R 37/87, BFH/NV 1990 S. 206). Fehlen jegliche Ausführungen, so kann nicht ausgeschlossen werden, daß das Finanzamt zur Inanspruchnahme des Nachfolgegeschäftsführers überhaupt keine Erwägungen angestellt hat und damit für die Ermessensentscheidung wesentliche Umstände außer acht gelassen hat (Fall der Ermessensunterschreitung). 398

Eine Ausübung bzw. Darstellung des Auswahlermessens ist auch dann erforderlich, wenn die in Betracht kommenden Lohnsteuerhaftungsschuldner nach unterschiedlichen Haftungsvorschriften haften (FG München, 27.2.1996 – 8 K 3303/93, EFG 1996 S. 574).

Ein **Nachfolgegeschäftsführer** ist verpflichtet, Steuerrückstände, die er bei seinem Amtsantritt vorfindet, zu bezahlen, ggf. anteilig, wenn entsprechende Mittel vorhanden sind (§ 34 Abs. 1 AO). Seiner Haftung steht nicht entgegen, daß auch sein Vorgänger für die Steuerrückstände haftet. Der Nachfolgegeschäftsführer kann sich allenfalls darauf berufen, daß er nur im Rahmen der verfügbaren Mittel zur Entrichtung der Steuerrückstände verpflichtet ist (BFH, 24.11.1987 – VII R 82/84, BFH/NV 1988 S. 206). 399

2. KAPITEL: Haftung und strafrechtliche Verantwortlichkeit

- VORSÄTZLICHES ODER GROB FAHRLÄSSIGES VERHALTEN DES GESCHÄFTSFÜHRERS

400 **Vorsätzlich** begeht der Geschäftsführer eine Pflichtverletzung, wenn er den Handlungserfolg kennt und ihn auch will (direkter Vorsatz) oder zumindest billigend in Kauf nimmt (Eventualvorsatz).

401 **Grob fahrlässig** begeht der Geschäftsführer eine Pflichtverletzung, wenn er die Sorgfalt, zu der er nach den gegebenen Umständen und seinen persönlichen Kenntnissen und Fähigkeiten verpflichtet und imstande ist, in ungewöhnlich hohem Maße verletzt (Müller, Die steuerrechtliche Haftung des GmbH-Geschäftsführers, GmbHR 1984 S. 46; BFH, 21.2.1989 – VII R 165/85, BStBl II 1989 S. 491). So kann eine grobe Fahrlässigkeit schon darin gesehen werden, daß ein Geschäftsführer es bei Übernahme der Geschäftsführertätigkeit unterläßt, sich mit den elementarsten handels- und steuerrechtlichen Pflichten eines Geschäftsführers einer GmbH vertraut zu machen und keine Erkundigungen hierüber einzieht (BFH, 12.5.1992 – VII R 52/91, BFH/NV 1992 S. 785; BFH, 7.3.1995 – VII B 172/94, BFH/NV 1995 S. 941).

Grob fahrlässig verletzt ein als Strohmann mißbrauchter Geschäftsführer seine Pflichten, wenn er in Kenntnis des steuerunehrlichen Verhaltens eines anderen die Führung der Geschäfte durch diesen duldet (BFH, 13.2.1996 – VII B 245/95, BFH/NV 1996 S. 657).

Ein grob fahrlässiges Verhalten des Geschäftsführers i.S. des § 69 AO liegt bei der Abgabe fehlerhafter Steuererklärungen dann nicht vor, wenn der Geschäftsführer unter Berücksichtigung der Umstände des Einzelfalles keine Veranlassung hatte, die vom Steuerberater der GmbH erstellten Steuererklärungen auf deren inhaltliche Richtigkeit zu überprüfen (FG Nürnberg, 22.10.1991 – II 104/91, EFG 1992 S. 241; bestätigt durch BFH, 30.8.1994 – VII R 101/92, BStBl II 1995 S. 278).

Nach Auffassung des FG Rheinland-Pfalz (25.9.1995 – 5 K 1685/95, DStRE 1997 S. 732) handelt ein Gesellschafter-Geschäftsführer schon dann grob fahrlässig, wenn er fällige Steuern der GmbH im Hinblick auf ein in der Sache laufendes Rechtsbehelfsverfahren nicht bezahlt. Dies gelte auch insoweit, als beim Finanzgericht ein Antrag auf Aussetzung der Vollziehung gestellt worden ist, über den noch nicht entschieden worden ist.

Der Geschäftsführer einer Komplementär-GmbH handelt regelmäßig grob fahrlässig i.S. des § 69 Satz 1 AO, wenn er bei nicht ausreichenden Mitteln Arbeitslöhne ungekürzt auszahlt, die darauf entfallenden Abzugssteuern jedoch nicht abführt; bei Zweifeln, ob die Abwendung des wirtschaftlichen Zusammenbruchs des Unternehmens etwa Vorrang vor den Interessen der Steuergläubiger haben könnte, muß er sich nach dem Stand der Rechtsprechung erkundigen (FG Hamburg, 25.10.1993 – I 8/89, EFG 1994 S. 596).

402 Ein **Rechtsirrtum** über Zahlungspflichten gegenüber dem Finanzamt beseitigt den Schuldvorwurf. So hat der BFH (26.4.1988 – VII R 105/88, BFH/NV 1988 S. 625) die Haftung eines Geschäftsführers für nicht ordnungsgemäß erbrachte Umsatzsteuervorauszahlungen der GmbH verneint, weil er sich bei Fälligkeit der Vorauszahlungen in einem entschuldbaren Rechtsirrtum über die Steuerschuld befand, da er davon ausging, daß die Verfügungsmacht über erstellte Gebäude wegen fehlender Abnahme zum Zeitpunkt oder Abgabe der Umsatzsteuervoranmeldungen noch nicht vorlag.

403 Sind **mehrere Geschäftsführer** vorhanden, können weder sie persönlich noch die Gesellschafter den Maßstab der gebotenen Sorgfalt einengen (BFH, 26.4.1984 – V R 128/79, BStBl II 1984 S. 776). Hat ein Geschäftsführer die Verantwortung für den kaufmännischen und damit auch für den steuerlichen Bereich übernommen,

so können sich die übrigen Geschäftsführer darauf berufen, daß nicht ihnen die steuerlichen Pflichten oblagen.

Ein Geschäftsführer muß sich aber das schuldhafte Verhalten eines Mitgeschäftsführers wie eigenes Handeln zurechnen lassen, wenn diesem die steuerlichen Angelegenheiten der GmbH allein zur Erledigung zugewiesen werden, die interne Geschäftsverteilung aber nicht zur Einschränkung der Gesamtverantwortung der Geschäftsführer für die Erfüllung der steuerlichen Pflichten geführt hat (FG München, 18.3.1992 – 3 K 3164/67, EFG 1992 S. 642 = GmbHR 1992 S. 627 mit Anm. Rothenberger).

Die **Geschäftsverteilung** zwischen den Geschäftsführern muß von vornherein **eindeutig und schriftlich geregelt** sein (BFH, 17.5.1988 – VII R 90/85, GmbHR 1989 S. 170). Dies kann durch Gesellschaftsvertrag, förmlichen Gesellschafterbeschluß oder eine entsprechende Formulierung in der Geschäftsordnung geschehen (FG Bremen, 12.10.1993 – 2 93 097 K 5, EFG 1994 S. 594). Eine mündliche Vereinbarung der Geschäftsführer über die Ressortverteilung reicht nicht aus. **Exkulpieren** können sie sich aber **nur, wenn sie** zusätzlich nachweisen, daß sie im Rahmen ihrer Möglichkeiten den kaufmännischen Geschäftsführer mit **überwacht haben** (vgl. auch Sina, Voraussetzungen und Wirkungen der Delegation von Geschäftsführerverantwortung in der GmbH, GmbHR 1990 S. 65). Hatten sie **Kenntnis,** daß der kaufmännische Geschäftsführer fällige Steuern nicht abgeführt hat, und schreiten sie dagegen nicht ein, so liegt ebenfalls eine (schuldhafte) Pflichtverletzung vor. **404**

Der Grundsatz der Gesamtvertretung jedes Geschäftsführers lebt dann wieder auf; das gilt allgemein auch dann, wenn die wirtschaftliche Lage der GmbH für eine Überprüfung der ordnungsgemäßen Erfüllung der steuerlichen Verpflichtungen Anlaß gibt (BFH, 4.3.1986 – VII S. 33/85, BStBl II 1986 S. 384; 23.8.1988 – VII B 58/88, BFH/NV 1989 S. 149; 6.5.1997 – II B 23/97, BFH/NV 1997 S. 641).

Zeichnet sich die nahende Zahlungsunfähigkeit oder Überschuldung der GmbH ab, ist jeder einzelne Geschäftsführer verpflichtet, sich um die Gesamtbelange der Gesellschaft zu kümmern (**solidarische Verantwortlichkeit und Haftung;** vgl. OFD Magdeburg, 23.11.1994 – S 0190 – 14 – St 311, BB 1995 S. 82). Das gleiche gilt, wenn im konkreten Fall die Person eines handelnden Geschäftsführers oder Angestellten Veranlassung zu einer Überprüfung gibt, z. B. wenn sich aus dem Betriebsablauf der Gesellschaft, insbesondere dem Zahlungsverkehr ergibt, daß keine Lohnsteuer- oder Umsatzsteuerbeträge abgeführt werden (BFH, 12.5.1992 – VII R 52/91, BFH/NV 1992 S. 785). **405**

Hat der Geschäftsführer **Zweifel an seinen Pflichten**, so muß er Auskünfte an geeigneter Stelle einholen (Steuerberater); er ist jedoch nicht verpflichtet, sich an das Finanzamt zu wenden. Hat der Geschäftsführer seine Erkundungspflicht erfüllt, so ist grundsätzlich sein Verschulden ausgeschlossen (BFH, 11.5.1962 – VI 195/60 U, BStBl III 1962 S. 342).

Für das **Verschulden eines Erfüllungsgehilfen** kann der Geschäftsführer nicht in Anspruch genommen werden. Der Geschäftsführer ist aber gehalten, den Erfüllungsgehilfen sorgfältig auszuwählen und laufend und sorgfältig zu überwachen (BFH, 30.6.1995 – VII R 85/94, BFH/NV 1996 S. 2). **406**

Ein **Verschulden des steuerlichen Beraters** der GmbH kann dem Geschäftsführer als Haftungsschuldner nicht zugerechnet werden. Trifft den Geschäftsführer kein Auswahl- oder Überwachungsverschulden und hat er keinen Anlaß, die inhaltliche Richtigkeit der von dem steuerlichen Berater gefertigten Steuererklärung der GmbH zu überprüfen, so haftet er nicht für Steuerverkürzungen, die auf fehlerhaften Steuererklärungen beruhen (BFH, 30.8.1994 – VII R 101/92, BStBl II 1995 S. 278).

2. KAPITEL: Haftung und strafrechtliche Verantwortlichkeit

- KAUSALITÄT ZWISCHEN PFLICHTVERLETZUNG UND HAFTUNGSSCHADEN

407 Die Pflichtverletzung des Geschäftsführers muß für den Eintritt des Schadens kausal sein; das ergibt sich aus dem Wörtchen „infolge" in § 69 AO: Infolge der Pflichtverletzung muß der Steueranspruch nicht oder nicht rechtzeitig festgesetzt oder erfüllt worden sein.

Gibt der Geschäftsführer für die Steuerschuld der GmbH verspätet einen Scheck an das Finanzamt und bucht die Bank, auf die der Scheck gezogen ist, diesen bereits eingelösten Scheck wegen zwischenzeitlich gegen die GmbH gestellten Insolvenzantrages zurück, so ist die Steuerschuld nicht erloschen (die Hingabe des Schecks ist nur eine Leistung erfüllungshalber, §§ 362 Abs. 1, 364 Abs. 2 BGB).

Der Kausalzusammenhang zwischen Pflichtverletzung und Haftungsschaden i.S. der Adäquanztheorie wird nicht dadurch unterbrochen, daß das Finanzamt den Scheck erst am 8. Tag nach Ausstellung und Hingabe zur Einlösung vorgelegt hat. Das Finanzamt hat die Frist zur Vorlage nach Art. 29 Abs. 1 ScheckG eingehalten (FG Rheinland-Pfalz, 28.7.1997 – 5 K 1942/96, EFG 1997 S. 1338, Az. BFH: VIII R 130/97).

Es fehlt an der Kausalität zwischen Pflichtverletzung und Schaden, wenn ein Geschäftsführer vor Fälligkeit einer Steuer ausscheidet und sein Nachfolger die fällige Steuer nicht mehr begleicht (BFH, 17.11.1992 – VII R 13/92, BStBl II 1993 S. 471). Anders, wenn schon im Zeitpunkt der Entstehung klar ist, daß die Steuern nicht beglichen werden können (BFH, 19.12.1995 – VII R 53/95, UR 1997 S. 34; FG Niedersachsen, 17.4.1996 – IX 148/94, EFG 1996 S. 789).

408 Sind bei der GmbH **überhaupt keine Mittel** zur Bezahlung **vorhanden**, so fehlt es auch an der Kausalität. Wäre es auch bei pflichtgemäßem Verhalten des GmbH-Geschäftsführers mangels vorhandener Zahlungsmittel oder erfolgversprechender Vollstreckungsmöglichkeiten für das Finanzamt zum Steuerausfall gekommen, kann er auch als Täter oder Teilnehmer einer Steuerhinterziehung nicht mehr als Haftender in Anspruch genommen werden (BFH, 16.3.1993 – VII R 89/90, BFH/NV 1994 S. 359). Sind bei einer GmbH bereits vor Eröffnung des Insolvenzverfahrens Zwangsvollstreckungen erfolglos geblieben, so bedarf es besonderer Feststellungen zur Kausalität von Pflichtverletzungen (BFH, 16.3.1988 – I R 129/83, BFH/NV 1989 S. 409).

Ein haftungsbegründender ursächlicher Zusammenhang zwischen der nicht oder nicht rechtzeitig abgegebenen Steuererklärung und dem eintretenden Steuerausfall kann gegeben sein, wenn durch die Pflichtverletzung aussichtsreiche **Vollstreckungsmöglichkeiten** des Finanzamt **vereitelt** worden sind (BFH, 5.3.1991 – VII R 93/88, BStBl II 1991 S. 678).

b) HAFTUNGSRISIKEN BEI EINZELNEN STEUERARTEN

- LOHNSTEUER

409 Der Haftungsanspruch entsteht, sobald der Tatbestand verwirklicht ist, an den das Gesetz die Haftungsfolge knüpft. Es bedarf dazu **keines** Haftungsbescheides (BFH, 15.10.1996 – VII R 46/96, BStBl II 1997 S. 171 und Anm. Rößler, DStZ 1997 S. 575). Wurde die Lohnsteuer für Oktober 1998 nicht abgeführt, ist der Haftungstatbestand für den Geschäftsführer spätestens am 10.11.1998 erfüllt (§§ 34, 69 AO).

410 Bei der Lohnsteuer sind an den Geschäftsführer **besonders strenge Anforderungen** zu stellen. Der Geschäftsführer ist für das GmbH-Vermögen verantwortlich

A. Haftung des Geschäftsführers

und hat die Treuhand-Pflichten der GmbH für die Lohnsteuerschuld der Arbeitnehmer zu erfüllen und dies **vorrangig** (a. A. Biletzki, Steuerrechtliche Haftung des GmbH-Geschäftsführers nach Eintritt der Konkursreife, NJW 1997 S. 1548).

Der Geschäftsführer kann seine Inanspruchnahme insbesondere nicht dadurch abwenden, daß er vorträgt, die vorhandenen Mittel hätten nicht zur gleichzeitigen Auszahlung der Löhne *und* der Lohnsteuern ausgereicht (Hoffmann, Haftung des GmbH-Geschäftsführers für einbehaltene Sozialversicherungsbeiträge und Lohnsteuer, DB 1986 S. 467).

Standen dem Geschäftsführer außer den in voller Höhe **ausbezahlten Nettolöhnen** keine sonstigen Mittel zur Verfügung, so haftet er für die Lohnsteuer gleichwohl nach § 69 AO, denn es ist ihm zumutbar, die beschränkten Zahlungsmittel in der Weise aufzuteilen, daß die Arbeitnehmer hinsichtlich der Löhne und das Finanzamt hinsichtlich der Lohnsteuer befriedigt werden (BFH, 12.7.1988 – VII R 108, 109/87, BFH/NV 1988 S. 764; 26.7.1988 – VII R 83/87, BStBl II 1988 S. 859; 26.7.1988 – VII R 84/87, BFH/NV 1988 S. 686; 6.3.1990 – VII R 63/87, BFH/NV 1990 S. 756).

411

Die Verpflichtung zur Kürzung der auszuzahlenden Nettolöhne und zur Bereitstellung der darauf entfallenden Steuerabzugsbeträge zum Zwecke der Abführung an das Finanzamt bis zum Fälligkeitszeitpunkt trifft den Geschäftsführer jedoch nur, wenn die Liquiditätslage der Gesellschaft im Zeitpunkt der Auszahlung der Löhne zu der Besorgnis Anlaß gibt, daß die finanziellen Mittel für die spätere Abführung der einzubehaltenden Lohnsteuer am Fälligkeitszeitpunkt möglicherweise nicht ausreichen werden. Bei einem wirtschaftlich gesunden Unternehmen und in Zeiten normaler Geschäftstätigkeit kann der Geschäftsführer davon ausgehen, daß er die abzuführende Lohnsteuer am Fälligkeitszeitpunkt aus den ihm zur Verfügung stehenden Finanzmitteln – und sei es auch unter Ausschöpfung des der Gesellschaft von den Banken eingeräumten Kreditrahmens – werde entrichten können. Deshalb kann für den Regelfall der unternehmerischen Tätigkeit eine Verpflichtung des Geschäftsführers zur Absonderung und Bereitstellung der später abzuführenden Lohnsteuer und Kirchenlohnsteuer bereits ab dem Zeitpunkt der Auszahlung der Löhne nicht angenommen werden. Denn die gesetzliche Pflicht zur Abführung der Lohnsteuer ist an den Fälligkeitszeitpunkt geknüpft (§ 41a Abs. 1 EStG). Der BFH hat demgemäß die Auffassung vertreten, daß der Geschäftsführer zur Kürzung der Löhne und abgesonderten Bereithaltung der darauf entfallenden Steuern dann nicht verpflichtet ist, wenn zwischen den Zeitpunkten der Lohnzahlung und der Lohnsteuerfälligkeit eine unvorhersehbare Verschlechterung der Liquidität eingetreten ist (BFH, 21.5.1985 – VII R 100/82, BFH/NV 1986 S. 126; 20.4.1982 – VII R 96/79, BStBl II 1982 S. 521 und 11.12.1990 – VII R 85/88, BStBl II 1991 S. 282, zum unerwarteten Eintritt der Zahlungsunfähigkeit innerhalb der Schonfrist nach § 240 Abs. 3 AO).

Eine sach- und zweckwidrige Verwendung der einzubehaltenden Lohnsteuer liegt auch vor, wenn diese nicht – wie gesetzlich vorgeschrieben (§ 41a Abs. 1 EStG) – an das Finanzamt abgeführt, sondern für **andere betriebliche Zwecke** verwendet wird (BFH, 9.1.1990 – VII B 56/89, BFH/NV 1990 S. 412). Das ergibt sich schon daraus, daß die GmbH, vertreten durch ihren Geschäftsführer, hinsichtlich der Lohnsteuer nicht nur gegenüber den Arbeitnehmern, sondern auch gegenüber dem Finanzamt eine **treuhänderische** Stellung einnimmt.

412

Meldet die GmbH die Löhne in voller Höhe beim Finanzamt an, zahlt sie aber nur anteilig die Gelder an die Arbeitnehmer aus und entrichtet sie dafür auch die Lohnsteuer, so kann dem Geschäftsführer **kein Schuldvorwurf** gemacht werden (BFH, 26.7.1988 – VII R 83/87, BStBl II 1988 S. 859).

2. KAPITEL: Haftung und strafrechtliche Verantwortlichkeit

413 Als Haftungsschuldner kann der Geschäftsführer für von der GmbH nicht abgeführte Lohnsteuer auch insoweit in Anspruch genommen werden, als die **Steuer auf** seinen **eigenen Lohn** entfällt (BFH, 15.4.1987 – VII R 160/83, BStBl II 1986 S. 167). Haftung bedeutet nach den Vorschriften des Steuerrechts Einstehenmüssen für fremde Schuld. Deshalb kann ein Steuerschuldner grundsätzlich nicht Haftender sein und umgekehrt. Der Geschäftsführer, der Lohnsteuern, darunter seine eigenen, nicht abgeführt hat, wird gemäß §§ 103, 109 AO für **Haftungsschulden** der GmbH in Anspruch genommen. Da die Pflicht zur Einbehaltung der Lohnsteuer die GmbH trifft, ist der Geschäftsführer als ihr gesetzlicher Vertreter dafür verantwortlich.

414 Scheitert eine **Zahlungsvereinbarung** des Finanzamt mit einer GmbH, weil diese die laufenden Steuern nicht absprachegemäß genau zu den Fälligkeitsterminen entrichtet, so darf das Finanzamt bis zum nächsten Fälligkeitstermin eingehende Teilzahlungen der Gesellschaft **nicht** abweichend von § 225 Abs. 2 AO statt auf die laufende Lohnsteuer auf andere rückständige Steuern buchen und für die deshalb offenbleibende laufende Lohnsteuer den Geschäftsführer in Haftung nehmen (FG Saarland, 29.11.1990 – 2 K 153/86, EFG 1991 S. 580). § 225 AO regelt die **Reihenfolge der Tilgung** bei nicht ausreichenden Zahlungsmitteln zur Begleichung sämtlicher Steuerrückstände. Zu unterscheiden ist dabei zwischen 2 Grundtatbeständen, nämlich der freiwilligen (Abs. 1 und 2) und der nichtfreiwilligen Zahlung des Steuerpflichtigen (Abs. 3). Für den Fall der freiwilligen Zahlung ist eine weitere Differenzierung vorgesehen, je nachdem, ob der Steuerpflichtige eine Tilgungsanweisung (Abs. 1) erteilt hat oder nicht (Abs. 2). Erbrachte die GmbH die Zahlungen freiwillig und liegen keine Buchungsanweisungen vor, so müssen Scheckzahlungen der GmbH gemäß § 225 Abs. 2 Satz 1 AO vom Finanzamt zunächst auf die Steuerabzugsbeträge verbucht werden, weil diese wegen der Bußgelddrohung des § 380 AO für den Steuerpflichtigen lästiger sind als andere Steuerschulden.

In einem gewissen Widerspruch hierzu steht das Urteil des Niedersächsischen FG vom 11.4.1991 (XI 455/87, EFG 1991 S. 579). Danach hat der Steuerpflichtige nach § 225 Abs. 1 AO das Recht zur Bestimmung der mit der Zahlung zu tilgenden Steuerverbindlichkeit nur im Zeitpunkt der Zahlung. Nach Ablauf von mehreren Jahren kann das Bestimmungsrecht nachträglich nicht mehr ausgeübt werden. Das ist grundsätzlich richtig; doch hat das FG Niedersachsen – anders als das FG Saarland – zu Unrecht die ohne Bestimmung eingehenden Beträge auf die Umsatzsteuer gebucht und nicht auf die Lohnsteuer, die für den GmbH-Geschäftsführer lästiger und gefährlicher ist als die Umsatzsteuer.

415 Der Geschäftsführer **haftet nicht** für nicht abgeführte Lohnsteuer, wenn er darauf vertrauen konnte, daß die Steuerschuld aus einem Umsatzsteuerguthaben der GmbH getilgt würde, er einen entsprechenden Verrechnungsantrag gestellt hatte und das Finanzamt in der Vergangenheit derartige Verrechnungen vorgenommen hatte (BFH, 29.7.1986 – VII R 132/83, BFH/NV 1987 S. 74).

Zwar ist das **Verschulden** bei Abführung der einbehaltenen Lohnsteuer streng zu beurteilen. Wenn aber Steuerguthaben, auch einer anderen Steuerart, vorhanden sind, kann der Geschäftsführer von einer Verrechnung von Steuerguthaben und Steuerschulden ausgehen. Allerdings hat der BFH in seiner Entscheidung vom 2.8.1988 (VII R 60/85, BFH/NV 1989 S. 150) die Lohnsteuerhaftung eines Geschäftsführers trotz Umsatzsteuerguthaben der GmbH verneint, da dieser keinen Antrag gestellt und auch keine Aufrechnung erklärt hatte. Ohne einen solchen Antrag, so der BFH, könne normalerweise der Geschäftsführer aber nicht davon ausgehen, daß das Finanzamt die Verrechnung vornehmen und die Lohnsteuer damit tilgen würde.

A. Haftung des Geschäftsführers

Der Geschäftsführer der Komplementär-GmbH einer in wirtschaftlichen Schwierigkeiten befindlichen KG handelt zumindest grob fahrlässig, wenn er allein aufgrund der mündlichen Zusage eines Bankmitarbeiters, daß die Bank unter bestimmten Voraussetzungen Mittel für LSt-Zahlungen zur Verfügung stellen werde, die (ungekürzte) Auszahlung von Löhnen veranlaßt (FG Münster, 28.2.1996 – 11 K 2738/95, EFG 1996 S. 788). **416**

Der Geschäftsführer haftet für die nicht an das Finanzamt abgeführte Lohnsteuer auch dann, wenn nach dem Fälligkeitszeitpunkt, aber innerhalb der **Fünftagefrist** gemäß § 240 Abs. 3 AO, unerwartet die **Zahlungsunfähigkeit** der GmbH eintritt, so daß ihm die beabsichtigte Steuerentrichtung innerhalb dieser Schonfrist nicht mehr möglich ist (BFH, 11.12.1990 – VII R 85/88, HFR 1991 S. 257). § 240 Abs. 3 AO betrifft lediglich **Säumniszuschläge** und ändert nichts an der Verpflichtung des Steuerpflichtigen, Haftungsschuldners oder dessen gesetzlichen Vertreters, die Steuern zu dem gesetzlich festgelegten Fälligkeitszeitpunkt zu zahlen. Auch wenn unter Ausnutzung der Schonfrist Steuern verspätet an das Finanzamt bezahlt werden, bleibt die darin liegende Pflichtverletzung schuldhaft. Die bewußte Ausnutzung der **Schonfrist** stellt sogar im Hinblick auf den Haftungstatbestand der nicht rechtzeitigen Erfüllung eine vorsätzliche Pflichtverletzung dar. **417**

Reicht eine GmbH zum oder nach dem Lohnsteuer-Fälligkeitstermin beim Finanzamt eine Lohnsteuer-Anmeldung und einen Zahlungsscheck ein, die beide noch von einem vor dem Fälligkeitstermin aus dem Amt geschiedenen Geschäftsführer unterzeichnet sind, so haftet dieser nicht für die aus der Anmeldung rückständig gebliebenen Lohnsteuer-Beiträge, wenn der Scheck von der Hausbank nicht mehr eingelöst wird (FG Saarland, 16.7.1992 – 2 K 235/88, EFG 1993 S. 118). Es fehlt an unmittelbarem Kausalzusammenhang zwischen haftungsbegründender Pflichtverletzung und dem Steuerausfall. Denn am Fälligkeitstag der Lohnsteuer war der Geschäftsführer nicht mehr im Amt, er konnte also nicht mehr tätig werden. **418**

Für festgesetzte **Verspätungszuschläge** wegen verspäteter Abgabe der Lohnsteuer-Anmeldung kann der Geschäftsführer nicht in Anspruch genommen werden, wenn die GmbH im Zeitpunkt der Festsetzung der Verspätungszuschläge bereits zahlungsunfähig war (FG München, 23.1.1987 – VIII 161/81 L, EFG 1987 S. 331; FG Baden-Württemberg, 11.11.1987 – VII K 377/85, EFG 1988 S. 94). **419**

Wird der Geschäftsführer als Haftungsschuldner für die **pauschale Lohnsteuer** der GmbH (§ 40 Abs. 1 Nr. 2 EStG) in Anspruch genommen, so bestimmt sich die Pflichtverletzung und sein Verschulden gemäß § 69 AO nicht nach den Zeitpunkten der Nichteinbehaltung, -anmeldung und -abführung der individuellen Lohnsteuer der Arbeitnehmer, sondern nach dem **Zeitpunkt der Fälligkeit** der pauschalierten Lohnsteuer. Der Geschäftsführer haftet nur insoweit, als er das Finanzamt hinsichtlich der im Nachforderungsbescheid festgesetzten pauschalen Lohnsteuer gegenüber den anderen Gläubigern der GmbH benachteiligt hat (BFH, 3.5.1990 – VII R 108/88, BStBl II 1990 S. 476). **420**

Bei der pauschalen Lohnsteuer (§ 40 Abs. 1 und 3 EStG) handelt es sich nicht um eine Lohnsteuer der Arbeitnehmer, sondern um eine **Unternehmenssteuer eigener Art,** die in der Person des Arbeitgebers originär entsteht, und zwar im Zeitpunkt der Durchführung der Pauschalierung. Die individuelle Steuerschuld des Arbeitnehmers, die zunächst – vor der Pauschalierung – mit dem Zufluß der nachzuversteuernden Bezüge entstanden war und für die der Arbeitgeber haften würde (§ 42d EStG), geht mit der Pauschalierung in der betriebsbezogenen Steuerschuld des Arbeitgebers auf; die individuelle Lohnsteuer der Arbeitnehmer erlischt.

2. KAPITEL: Haftung und strafrechtliche Verantwortlichkeit

421 **Pflichtverletzung und Verschulden** des Haftungsschuldners nach § 69 Satz 1 AO bestimmen sich aber im Falle der Lohnsteuerpauschalierung nach dem Zeitpunkt der Fälligkeit der durch den Pauschalierungs-(Nachforderungs-)Bescheid festgesetzten pauschalen Lohnsteuer und nicht – wie in den Fällen der Haftung des Geschäftsführers für die individuelle Lohnsteuer – nach dem in § 41a Abs. 1 EStG geregelten Zeitpunkt der Anmeldung und Abführung der Lohnsteuer. Dies ergibt sich daraus, daß die pauschale Lohnsteuerschuld des Arbeitgebers erst mit der Durchführung der Pauschalierung, d. h. mit dem Erlaß des Nachforderungsbescheids zur Entstehung gelangt. Dem Haftungsschuldner kann vor diesem Zeitpunkt in bezug auf die pauschale Lohnsteuer in der Regel keine schuldhafte Pflichtverletzung zum Vorwurf gemacht werden.

Der Geschäftsführer haftet für pauschalierte Lohnsteuer überhaupt nicht, wenn das **Pauschalierungsverfahren nach Antrag** auf Eröffnung des Insolvenzverfahrens über das Vermögen der GmbH begonnen hat (vgl. Hess. FG, 29.6.1988 – 1 K 630/83, EFG 1989 S. 83). Das ergibt sich einmal daraus, daß die pauschal erhobene Lohnsteuer keine Lohnsteuer der Arbeitnehmer ist, sondern eine Steuer des Arbeitgebers (= Unternehmenssteuer eigener Art). Zum anderen entsteht sie im Zeitpunkt der Durchführung der Pauschalierung (BFH, 5.11.1982 – VI R 219/80, BStBl II 1983 S. 91). Ist zu diesem Zeitpunkt die GmbH bereits zahlungsunfähig, so liegt keine schuldhafte Verletzung des Geschäftsführers hinsichtlich seiner Pflicht gemäß § 69 AO vor.

422 Ein GmbH-Geschäftsführer haftet für eine gegen die GmbH nach § 42d EStG festgesetzte Lohnsteuer-Haftungsforderung und darauf bezogene Nebenforderungen (Lohnkirchensteuer, Säumniszuschläge) sowie für sonstige gegen die GmbH festgesetzte Nebenabgaben (Verspätungszuschläge, Stundungszinsen) nur nach den **Grundsätzen der Haftung für Umsatzsteuer** (FG Saarland, 2.3.1990 – 2 K 201/85, EFG 1990 S. 502).

423 Für **Hinterziehungszinsen** haftet der Geschäftsführer ggf. nach §§ 71, 235 AO. Der Haftungsanspruch wegen der Hinterziehungszinsen nach § 235 AO gegenüber dem Geschäftsführer einer GmbH nach § 71 AO kann nach § 191 Abs. 5 Nr. 1 AO nicht mehr durchgesetzt werden, soweit der Zinsanspruch gegenüber der GmbH wegen Ablaufs der einjährigen Festsetzungsfrist nach § 239 Abs. 1 Satz 1 Halbs. 2 AO verjährt ist. Die Durchbrechung der Akzessorietät der Haftung nach § 191 Abs. 5 Satz 2 AO findet bei dem Haftungsanspruch wegen der Hinterziehungszinsen keine Anwendung (Holland, Zur Verjährung des Haftungsanspruchs gegen den GmbH-Geschäftsführer wegen Hinterziehungszinsen, DStZ 1994 S. 553). Der GmbH-Geschäftsführer, der Steuern zum Vorteil der GmbH hinterzieht, ist jedoch nicht **Schuldner** der Hinterziehungszinsen (BFH, 18.7.1991 – V R 72/87, BB 1991 S. 1852).

424 Der Fremdgeschäftsführer, der wegen nicht abgeführter Lohnsteuer in Anspruch genommen wird, kann den bezahlten Betrag als **nachträgliche Werbungskosten** geltend machen, da diese Kosten zwangsläufig durch sein Dienstverhältnis entstanden sind (FG Niedersachsen, 18.3.1993 – XI 264/88, EFG 1993 S. 713; ebenso OFD Düsseldorf, 29.10.1992, StEK § 9 Nr. 601). Das gilt auch hinsichtlich der nicht abgeführten Lohnsteuer für eigene Einkünfte (FG Köln, 20.10.1992 – 8 K 444/88, EFG 1993 S. 509).

- UMSATZSTEUER

425 Bei der Umsatzsteuer ist nicht der gleiche strenge Maßstab wie bei der Lohnsteuer anzulegen (BFH, 12.6.1986 – VII R 192/83, BB 1986 S. 1565). Die Umsatzsteuer ist **nicht** wie die Lohnsteuer **vorrangig,** sondern in etwa im gleichen Ver-

hältnis wie die gesamten übrigen Verbindlichkeiten **zu tilgen** (BFH, 2.7.1987 – VII R 162/84, BFH/NV 1988 S. 220; Schumann, Zur Geschäftsführerhaftung bei der Umsatzsteuer, UStR 1996 S. 37).

Dieser Grundsatz der anteiligen Haftung für Umsatzsteuer kann auch dann Anwendung finden, wenn der Geschäftsführer **zugleich** den **Haftungstatbestand des § 71 AO** (Steuerhinterziehung) verwirklicht hat (BFH, 26.8.1992 – VII R 50/91, GmbHR 1992 S. 833).

Nach einer Entscheidung des FG Baden-Württemberg vom 23.6.1993 (9 K 112/89, EFG 1994 S. 75) greift der Grundsatz der **anteiligen Haftung** für die Umsatzsteuer (BFH, 12.6.1986 – VII R 192/83, BStBl II 1986 S. 657) dann nicht ein, wenn der Geschäftsführer einer GmbH verpflichtet ist, die Eröffnung des **Konkursverfahrens** über das Vermögen der GmbH zu beantragen, weil die GmbH zahlungsunfähig oder überschuldet ist (§ 64 Abs. 1 GmbHG). Entsprechendes gilt für die Verpflichtung des Geschäftsführers zur Beantragung der Eröffnung des Insolvenzverfahrens ab 1.1.1999. Der Geschäftsführer darf – vorbehaltlich des § 64 Abs. 2 Satz 2 GmbHG – keine Zahlungen mehr leisten. Das gilt auch hinsichtlich der Umsatzsteuer (BFH, 26.4.1984 – V R 128/79, BStBl II 1984 S. 776). Bei GmbH & Co. KG ist deshalb § 130a HGB zu beachten:

426

§ 130a HGB geht bei Eintritt der Zahlungsunfähigkeit oder Überschuldung der persönlichen Haftung des Geschäftsführers für Steuerschulden nach §§ 69, 34 AO vor, da sich das Leistungsverbot nach § 130a HGB auch auf den Fiskus erstreckt (OLG Köln, 9.8.1995 – 11 U 293/94, DStR 1995 S. 2011 mit Anm. Jäger).

Die Haftung des Geschäftsführers für Umsatzsteuer richtet sich auch dann nach dem **Grundsatz der anteiligen Tilgung**, wenn der Geschäftsführer die **Voranmeldung** nicht oder nicht rechtzeitig abgegeben hat (BFH, 5.3.1991 – VII R 93/88, BStBl II 1991 S. 678).

427

Zwar ist in der Nichtabgabe von Steueranmeldungen eine **Pflichtverletzung** nach §§ 34, 69 AO zu sehen, die i. d. R. auch schuldhaft sein wird, § 69 Satz 1 1. Alt. AO ist aber einschränkend auszulegen:

Wie der BFH in ständiger Rechtsprechung hervorgehoben hat, besitzt § 69 AO **Schadensersatzcharakter**. Ziel der Haftung ist es danach, Steuerausfälle auszugleichen, die durch schuldhafte Pflichtverletzungen der in §§ 34 und 35 AO bezeichneten Personen verursacht worden sind. Danach kann also eine Haftung nur in Betracht kommen, wenn zwischen der Pflichtverletzung und dem Steuerausfall als dem auszugleichenden Schaden ein **Kausalzusammenhang** besteht. Tritt ein Steuerausfall als Schaden mangels ausreichender Zahlungsmittel und vollstreckbaren Vermögens der GmbH unabhängig davon ein, ob die Steueranmeldung fristgerecht eingereicht wird, so ist die Verletzung der Steuererklärungspflicht für den eingetretenen Schaden nicht ursächlich.

Zweifelt das Finanzamt die gleichmäßige Tilgung an, so obliegt ihm die **Beweislast** (BFH, 23.8.1994 – VII R 134/92, BFH/NV 1995 S. 570).

428

Das Finanzamt kann vom Geschäftsführer einer GmbH, den es als Haftungsschuldner wegen nicht entrichteter Umsatzsteuer der GmbH in Anspruch nehmen will, die zur Feststellung des Haftungsumfangs notwendigen **Auskünfte** über die anteilige Gläubigerbefriedigung im Haftungszeitraum verlangen.

Dabei können Angaben über Gläubiger, Schuldgrund, Fälligkeitszeitpunkt und Zahlungszeitpunkt der einzelnen Verbindlichkeiten i. d. R. **nicht** verlangt werden (BFH, 11.7.1989 – VII R 81/87, BStBl II 1989 S. 357). Hat das Finanzamt den Geschäftsführer zur Vorlage einschlägiger Unterlagen wie Verbindlichkeiten der

GmbH und hierauf erbrachte Zahlungen aufgefordert und setzt es mangels deren Beibringung die Haftungssumme mit dem vollen Steuerrückstand fest, so soll nach der BFH-Entscheidung vom 26.9.1989 (VII R 99/87, BFH/NV 1990 S. 351) kein Verfahrensfehler i. S. des § 100 Abs. 2 Satz 2 FGO (wesentlicher Verfahrensmangel) vorliegen.

429 Um die **anteilige Umsatzsteuer** zu ermitteln – und nur für diese haftet der Geschäftsführer – muß **überschlägig errechnet** werden, was die steuerpflichtige Gesellschaft bei einer etwa gleichmäßigen Tilgung der Umsatzsteuerschulden und der anderen (nichtsteuerlichen) Zahlungsverpflichtungen auf die Umsatzsteuer hätte bezahlen müssen. (Zur Berechnung der Haftungssumme = anteilige Tilgungsquote vgl. auch BFH, 16.3.1993 – VIII R 57/92, BFH/NV 1993 S. 707.)

Auszugehen ist bei dieser Berechnung von dem Verhältnis der Gesamtverbindlichkeiten der GmbH zu den rückständig gebliebenen Umsatzsteuerzahlungen. Dabei sind **Vorsteuerüberschüsse** als Zahlung in die Vergleichsrechnung einzusetzen (BFH, 7.11.1989 – VII R 34/87, HFR 1990 S. 233; vgl. auch Prugger, Geschäftsführerhaftung nach Verrechnung von Vorsteuerüberschüssen, BB 1990 S. 389).

430 Die Haftung des Geschäftsführers für Umsatzsteuerschulden der Gesellschaft bemißt sich auch dann nur nach dem Grundsatz der anteiligen Befriedigung aller Gläubiger, wenn die **Umsatzsteuervoranmeldungen** nicht oder nicht ordnungsgemäß abgegeben wurden (BFH, 12.7.1988 – VII R 4/88, BStBl II 1988 S. 980 = BB 1988 S. 2233 = INF 1988 S. 453 = GmbHR 1988 S. 457 mit Anm. Prugger).

> **BEISPIEL:**
> A war ab Juli 1982 alleiniger Geschäftsführer einer GmbH. Die GmbH hatte für die Voranmeldungszeiträume Januar bis September 1982 ihre Umsätze mit 155 727 DM angegeben, im Oktober 1982 wurden keine Voranmeldungen mehr abgegeben; in diesem Monat wurde die Geschäftseinrichtung veräußert. In der ca. ein Jahr später abgegebenen Umsatzsteuerjahreserklärung war der Umsatz aus der Veräußerung erfaßt. Die daraus fällige Zahlung unterblieb.

Der BFH ist dem Finanzgericht nicht gefolgt, das argumentierte, haftungsbegründend sei die nicht oder nicht zutreffende Festsetzung der Steuerschulden wegen unrichtiger Voranmeldungen (§ 18 UStG); damit komme es auf die nicht ordnungsgemäße Zahlung nicht mehr an mit der Folge, daß Liquiditätsschwierigkeiten der GmbH dann nicht mehr berücksichtigt werden könnten. Damit wäre dem Grundsatz der anteiligen Tilgung der Umsatzsteuer hier der Boden entzogen. Der BFH geht davon aus, daß Voranmeldungen und Festsetzung nur dazu dienen, die richtige Zahlung der Steuerschuld zu gewährleisten. Deshalb kommt der Grundsatz der anteiligen Tilgung auch in Fällen zur Anwendung, in denen wegen fehlender oder unrichtiger Umsatzsteuervoranmeldung keine oder unzureichende Zahlungen auf die Umsatzsteuerschuld erbracht wurden (vgl. auch Prugger, GmbH-Geschäftsführerhaftung für Umsatzsteuer und Lohnsteuer, INF 1988 S. 510).

War das gänzliche oder teilweise Ausbleiben der Umsatzsteuervorauszahlungen im Vorauszahlungszeitpunkt dem Geschäftsführer nicht vorwerfbar, so ist ausschließlich die (schlechte) Liquiditätslage im Veranlagungszeitpunkt für die Vergleichsrechnung der anteiligen Umsatzsteuer maßgebend (vgl. hierzu auch Spetzler, Die Einschränkung der Haftung des GmbH-Geschäftsführers in § 69 AO durch den Grundsatz der anteiligen Tilgung, GmbHR 1989 S. 167).

A. Haftung des Geschäftsführers

Nicht vorwerfbar ist die fehlende Tilgung der Vorauszahlungen insbesondere dann, wenn im Vorauszahlungszeitpunkt – also regelmäßig am 10. des Monats nach Erbringung des Umsatzes (§ 18 Abs. 1 UStG) – die **Rechtslage** hinsichtlich des Steueranspruchs selbst **unklar,** verworren oder sogar rechtlich zweifelhaft gewesen ist (BFH, 26.2.1985 – VII R 109/78, BFH/NV 1986 S. 189; 5.3.1985 – VII R 131/80, BFH/NV 1987 S. 5; 26.4.1988 – VII R 105/85, BFH/NV 1988 S. 625). **431**

In allen 3 Urteilen hat der BFH die gegen die Geschäftsführer erlassenen Haftungsbescheide aufgehoben, weil die Umsätze (= Bauleistungen) noch nicht erbracht worden waren oder sich der Unternehmer jedenfalls in entschuldbarem Rechtsirrtum über die Rechtslage befunden hatte.

Einschränkungen für Bauleistungen durch BFH-Urteil vom 12.4.1988 (VII R 131/85, INF 1988 S. 453): **432**

Hier war die Rechtslage im Voranmeldungszeitraum geklärt (§ 10 Abs. 1 Nr. 1a UStG 1980) und ein Rechtsirrtum des Geschäftsführers ausgeschlossen. Es mußte deshalb auf die Liquiditätsverhältnisse im Voranmeldungszeitraum abgestellt werden.

Der Grundsatz der **anteiligen Haftung** für Umsatzsteuer gilt dann nicht, wenn der Geschäftsführer verpflichtet ist, die Eröffnung des Insolvenzverfahrens zu beantragen, weil die GmbH überschuldet (oder zahlungsunfähig) ist (vgl. FG Baden-Württemberg, 23.6.1993 – 9 K 112/89, EFG 1994 S. 75). In solchen Fällen darf der Geschäftsführer – vorbehaltlich des § 64 Abs. 2 Satz 2 GmbHG – keine Zahlungen mehr leisten. **433**

Die Haftung des Geschäftsführers für Umsatzsteuer wird nicht dadurch ausgeschlossen, daß die GmbH in der Rechnung die Umsatzsteuer nicht offen ausweist und der Empfänger deshalb keinen Vorsteuerabzug geltend machen kann (**Nullsituation**: BFH, 7.7.1983 – V R 197/81, GmbHR 1984 S. 50). Der Grundgedanke der sog. Nullsituation in der Unternehmerkette berührt die Steuerpflicht des leistenden Unternehmers nicht. Die Umsatzsteuer entsteht in der gesetzlichen Höhe unabhängig davon, ob die am Leistungsaustausch beteiligten Unternehmer die ihnen vom Gesetz angebotenen Möglichkeiten nutzen oder nicht. Dem Unternehmer ist es verwehrt, sich gegenüber der Festsetzung der entstandenen Umsatzsteuer darauf zu berufen, er schulde die Steuer deshalb nicht, weil der vorsteuerberechtigte leistungsempfangende Unternehmer keinen Vorsteuerabzug geltend machen werde. **434**

Macht der alleinvertretungsberechtigte GmbH-Geschäftsführer ein umsatzsteuerpflichtiges **Eigengeschäft** mit der von ihm vertretenen GmbH wieder **rückgängig**, so begeht er keine haftungsbegründende Verletzung seiner Geschäftsführerpflichten (und keine Steuerhinterziehung), wenn er sich die von ihm aus der Abtretung des aus diesem Geschäft herrührenden Vorsteuer-Erstattungsanspruchs der GmbH beglichene Umsatzsteuer zurückerstatten läßt, ohne alsdann den zurückerhaltenen Betrag der GmbH zwecks Rückzahlung der ihr vormals bewilligten Vorsteuererstattung zur Verfügung zu stellen (FG Saarland, 28.9.1989 – 2 K 241/88, EFG 1990 S. 206). **435**

Bei nicht fristgemäßer Abgabe der Umsatzsteuererklärung ist der **Verspätungszuschlag** gemäß § 152 AO gegen die GmbH und nicht gegen den Geschäftsführer **festzusetzen**. Das ergibt sich aus § 18 Abs. 3 UStG i.V. mit § 2 Abs. 1 UStG, wonach die GmbH der Unternehmer ist. Die Festsetzung eines Verspätungszuschlages ist nicht zulässig, wenn die Steuererklärung, wegen deren verspäteter Abgabe ein Verspätungszuschlag festgesetzt werden soll, zu einer **Steuerfestsetzung von 0 DM** führt (BFH, 27.6.1989 – VIII R 356/83, BFH/NV 1990 S. 145). **436**

- WEITERE ABZUGSTEUERN

437 Auch die Lohnkirchensteuer, die Kapitalertragsteuer (§§ 43 ff. EStG), der Steuerabzug bei beschränkt Steuerpflichtigen (§ 50a EStG) und die Umsatzsteuer im Abzugsverfahren (§ 18 Abs. 8 UStG i.V. mit §§ 51 ff. UStDV) sind als treuhänderische Fremdgelder stets vorrangig von sonstigen Verbindlichkeiten an das Finanzamt abzuführen.

c) EINWENDUNGEN DES GESCHÄFTSFÜHRERS

- NICHTBESTEHEN DER STEUERSCHULD

438 Der Geschäftsführer als Haftungsschuldner kann grundsätzlich alle die Einwendungen erheben, die die GmbH gegen die Steuerschuld geltend machen kann.

Besteht für die GmbH hinsichtlich verwirkter Säumniszuschläge eine **Erlaßsituation**, z.B. der GmbH war die rechtzeitige Zahlung der Steuerschulden wegen Überschuldung und/oder Zahlungsunfähigkeit nicht möglich (BFH, 8.3.1984 – I R 44/80, BStBl II 1984 S. 415), so kommt diese auch dem Geschäftsführer zugute (BFH, 26.7.1988 – VII R 84/87, BFH/NV 1988 S. 685).

Dabei kommt es nicht darauf an, ob der GmbH die Säumniszuschläge tatsächlich erlassen wurden oder nicht, etwa wegen inzwischen eröffneten Insolvenzverfahrens. Auch wenn es bei der GmbH nicht mehr zu einem förmlichen Erlaß der Säumniszuschläge gekommen ist, kann der Geschäftsführer für diese Säumniszuschläge nicht mehr als Haftender herangezogen werden (Anm. zu BFH, 24.1.1989 – VII B 188/88, HFR 1989 S. 226 f.).

- FALSCHE ERMESSENSAUSÜBUNG

439 Der Geschäftsführer, der nach § 69 AO kraft Gesetzes für eine Steuer haftet, **kann** nach § 191 Abs. 1 Satz 1 AO in Anspruch genommen werden. Das Finanzamt hat also zunächst zu prüfen, **ob** ein Geschäftsführer überhaupt in Anspruch genommen werden soll **(Entschließungsermessen)**. Das Finanzamt ist nicht verpflichtet, trotz erfolgloser Vollstreckung bei der GmbH den Geschäftsführer in Anspruch zu nehmen. Andererseits kann der Geschäftsführer bei seiner Inanspruchnahme nicht einwenden, das Finanzamt habe über einen längeren Zeitraum seiner Überwachungspflicht nicht genügt (BFH, 11.8.1978 – VI R 169/75, BStBl II 1978 S. 683).

Fehlen jegliche schriftliche Darlegungen im Haftungsbescheid, die auf eine Prüfung der Ermessensfrage durch das Finanzamt schließen lassen, so fehlt es an der pflichtgemäßen Ermessensausübung (Hess. VGH, 14.12.1988 – 5 UE 266/85, GmbHR 1989 S. 350 zu einem Gewerbesteuerhaftungsbescheid gegen einen GmbH-Geschäftsführer).

440 Die Inanspruchnahme des Geschäftsführers setzt auch bei grob fahrlässigem Verhalten eine zu dokumentierende Ermessensentscheidung des Finanzamts voraus. Von der nach der Abgabenordnung 1977 möglichen **Vorprägung** des Ermessens des Finanzamts kann zumindest bei der groben Fahrlässigkeit nicht mehr ausgegangen werden (BFH, 8.11.1988 – VII R 141/85, BStBl II 1989 S. 219). Diese Vorprägung liefe letztlich darauf hinaus, daß bei grob fahrlässigem Verhalten auf die Darlegung der Ermessensausübung im Haftungsbescheid oder der Einspruchsentscheidung verzichtet werden könnte. Nach der ab 1.1.1977 gültigen Fassung des § 69 AO ist die leichte Fahrlässigkeit nicht mehr für die Inanspruchnahme des Geschäftsführers ausreichend. Die grobe Fahrlässigkeit ist Eingangsstufe für seine Inanspruchnahme. Die Verwaltung muß in sämtlichen Bescheiden ihre Ermessensentscheidung kenntlich machen, insbesondere beim Auswahlermessen.

A. Haftung des Geschäftsführers

Das FG Hamburg hat in einer rechtskräftigen Entscheidung vom 25.10.1993 (I 8/89, EFG 1994 S. 596), in der dem Geschäftsführer grobe Fahrlässigkeit vorgeworfen wurde, betont, daß ein Haftungsbescheid nach §§ 69 Satz 1, 191 Abs. 1 Satz 1 AO nicht deshalb „an einem eine Ermessensunterschreitung indizierenden Begründungsmangel" leiden würde, weil er keine konkreten Ausführungen über Befriedigungsaussichten in dem über das Vermögen des Steuerschuldners eröffneten Konkursverfahren enthalte.

Der BFH hat in seiner Entscheidung vom 8.11.1988 offengelassen, ob eine **Vorprägung** bei Vorliegen einer **vorsätzlichen Pflichtverletzung** des Haftungsschuldners angenommen werden kann.

Von einer Vorprägung der Ermessensentscheidung durch die Tatbestandsverwirklichung und erschwerter Verschuldensform (Vorsatz) und einer daran anknüpfenden stillschweigenden sachgerechten Ermessensausübung durch das Finanzamt kann aber nur dann ausgegangen werden, wenn das Finanzamt selbst bei seiner Entscheidung über den Haftungstatbestand von diesem schweren Verschulden des Haftungsschuldners ausgegangen ist (BFH, 2.10.1986 – VII R 28/83, BFH/NV 1987 S. 349 und 11.11.1986 – VII R 3/82, BFH/NV 1987 S. 361).

441 Hat das Finanzamt im angefochtenen Haftungsbescheid und in der Einspruchsentscheidung von Vorsatz oder grober Fahrlässigkeit gesprochen, ohne den **Schuldvorwurf** näher **zu qualifizieren**, so ist dies nicht ausreichend.

442 Sind **mehrere Geschäftsführer** vorhanden, so liegt es im Ermessen der Finanzverwaltung, wer als Haftender in Anspruch genommen werden soll **(Auswahlermessen)**.

Die Ermessensentscheidung muß das Finanzamt im Haftungsbescheid, spätestens aber in der Einspruchsentscheidung **begründen** (vgl. §§ 121 Abs. 1, 126 Abs. 1 Nr. 2 und Abs. 2 AO), andernfalls sie im Regelfall fehlerhaft ist. Dabei müssen die bei der Ausübung des Verwaltungsermessens angestellten Erwägungen – die Abwägung des Für und Wider der Inanspruchnahme des Haftungsschuldners – aus der Entscheidung erkennbar sein. Insbesondere muß die Behörde zum Ausdruck bringen, warum sie den Haftungsschuldner anstatt des Steuerschuldners oder an Stelle anderer ebenfalls für die Haftung in Betracht kommender Personen in Anspruch nimmt (BFH, 29.9.1987 – VII R 54/84, BStBl II 1988 S. 176; 4.10.1988 – VII R 53/85, BFH/NV 1989 S. 274).

443 Eine fehlerfreie Ausübung des **Auswahlermessens** liegt nicht vor, wenn das Finanzamt von 2 GmbH-Geschäftsführern als Haftungsschuldnern nur denjenigen in Anspruch nimmt, der **Alleinvertretungsbefugnis** besitzt, während es den 2. Geschäftsführer, der die GmbH nur gemeinsam mit einem anderen vertreten kann, von der Haftung freistellt (BFH, 30.6.1995 – VII R 87/94, BFH/NV 1996 S. 3).

Das Auswahlermessen für die Inanspruchnahme eines von 2 jeweils alleinvertretungsberechtigten GmbH-Geschäftsführern als Haftungsschuldner ist i. d. R. nicht sachgerecht ausgeübt, wenn das Finanzamt hierfür allein auf die **Beteiligungsverhältnisse** der Geschäftsführer am Gesellschaftskapital abstellt (BFH, 29.5.1990 – VII R 85/89, BStBl II 1990 S. 1008).

Der nach dem Umfang seiner Kapitalbeteiligung zu bemessende Einfluß des Geschäftsführers innerhalb der Gesellschaft ist schon vom Ausgangspunkt des Gesetzes her kein **sachgerechtes Auswahlkriterium** für die Inanspruchnahme des Geschäftsführers, weil die §§ 34, 69 AO für die Haftung allein auf die Eigenschaft als gesetzlicher Vertreter (Geschäftsführer) abstellen und nicht auf die Beteiligungsverhältnisse am Gesellschaftskapital.

2. KAPITEL: Haftung und strafrechtliche Verantwortlichkeit

Der beherrschende Einfluß eines Geschäftsführers könnte zwar dann als sachgerechtes Kriterium für die Ausübung des Auswahlermessens herangezogen werden, wenn dieser die Gesellschaft nicht allein finanziell, sondern in ihrem ganzen Geschäftsgebaren tatsächlich beherrscht, so daß der andere Geschäftsführer in der Erfüllung seiner Verpflichtungen aus § 34 Abs. 1 AO beeinträchtigt wird.

Das Finanzamt handelt aber nicht ermessensfehlerhaft, wenn es bei mehreren als Haftungsschuldner in Betracht kommenden Geschäftsführern einer GmbH denjenigen Geschäftsführer in Anspruch nimmt, der nach der internen Geschäftsverteilung **für die Buchhaltung,** den **Zahlungsverkehr** und die **steuerlichen Angelegenheiten** der GmbH **verantwortlich** war (BFH, 12.5.1992 – VII R 52/91, BFH/NV 1992 S. 785).

444 Die Ermessensentscheidung ist fehlerhaft, wenn das Finanzamt bei seiner Entscheidung **Gesichtspunkte** tatsächlicher und rechtlicher Art, die nach dem Sinn und Zweck der Ermessensvorschrift zu berücksichtigen wären, **außer acht läßt.**

Die Ermessensentscheidung kann nach § 102 FGO vom Finanzgericht darauf überprüft werden, ob ein Haftungsbescheid deshalb rechtswidrig ist, weil die gesetzlichen Grenzen des Ermessens überschritten sind oder von dem Ermessen nicht in entsprechender Weise Gebrauch gemacht wurde (BFH, 3.2.1981 – VII R 86/78, BStBl II 1981 S. 493). Wegen der Befugnis und Verpflichtung des Finanzgerichts zur Überprüfung behördlicher Ermessensentscheidungen, die dem Gericht keinen Raum für eigene Ermessenserwägungen läßt, muß die Ermessensentscheidung im Haftungsbescheid, spätestens aber in der Einspruchsentscheidung begründet werden (BFH, 23.8.1988 – VII R 66/85, BFH/NV 1989 S. 273), andernfalls sie im Regelfall fehlerhaft ist. Dabei müssen die bei der Ausübung des Verwaltungsermessens angestellten Erwägungen – die Abwägung des Für und Wider der Inanspruchnahme des Haftungsschuldners – aus der Entscheidung erkennbar sein. Insbesondere muß die Behörde zum Ausdruck bringen, warum sie den Haftungsschuldner anstatt des Steuerschuldners oder anstelle anderer ebenfalls für die Haftung in Betracht kommende Personen in Anspruch nimmt.

445 Kommt eine Haftung sowohl des ausgeschiedenen Geschäftsführers als auch des **Nachfolgegeschäftsführers** in Betracht, so muß das Finanzamt spätestens in der Einspruchsentscheidung sein **Auswahlermessen** begründen (BFH, 24.11.1987 – VII R 82/84, BFH/NV 1988 S. 206; 12.9.1989 – VII R 37/87, BFH/NV 1990 S. 206).

Das gilt auch, wenn als Haftender ein **faktischer Geschäftsführer** in Frage kommt (BFH, 23.10.1990 – VII S 22/90, BFH/NV 1991 S. 500). Nach der Rechtsprechung des BFH kommt auch ein faktischer Geschäftsführer einer GmbH, wenn er mit dem entsprechenden Anschein einer Berechtigung tatsächlich nach außen hin auftritt, obwohl er formell nicht zum Geschäftsführer bestellt worden ist, gemäß § 69 i. V. mit § 35 AO für die Haftung in Betracht (10.5.1989 – I R 121/85, BFH/NV 1990 S. 7). Ferner kann ein **Nachfolgegeschäftsführer** auch für die von seinem Vorgänger nicht an das Finanzamt abgeführten Steuern nach §§ 69, 34 Abs. 1 AO haften (17.1.1989 – VII R 88/86, BFH/NV 1990 S. 71). Diese potentiellen Haftungsschuldner sind deshalb ebenfalls in die Ermessenserwägungen einzubeziehen, die bei der Inanspruchnahme des formell bestellten Geschäftsführers, der später von seinem Amt entbunden worden ist, anzustellen sind (BFH, 12.5.1992 – VII R 15/91, BFH/NV 1993 S. 143).

446 Die Tatsache der **Geburt eines Kindes** durch eine Geschäftsführerin während des Haftungszeitraums ist – wenn nicht bereits beim Haftungstatbestand (§ 69 AO) – bei der Ausübung des **Auswahlermessens** zu berücksichtigen (BFH, 29.5.1990 – VII R 85/89, BStBl II 1990 S. 1008).

A. Haftung des Geschäftsführers

Wird über das Vermögen der GmbH das Insolvenzverfahren eröffnet, so ist die **Inhaftungnahme** des alleinigen Geschäftsführers **für Umsatzsteuerrückstände** der GmbH ermessensfehlerhaft, wenn das Finanzamt nicht spätestens in der Einspruchsentscheidung erläutert, weshalb es von einer Anmeldung dieser Steuerrückstände zur Tabelle im Insolvenzverfahren abgesehen hat. Eine spätere Nachmeldung der haftungsweise geltend gemachten Steuerrückstände heilt diesen Fehler beim **Auswahlermessen** nicht (FG Saarland, 30.3.1993 – 2 K 267/89, EFG 1993 S. 758). 447

- MITVERSCHULDEN DES FINANZAMTS

Das Finanzamt kann ein Verschulden (§ 254 BGB) daran treffen, daß die Steuerrückstände nicht oder nicht rechtzeitig eingegangen sind (Nehmer, Die Haftung des Geschäftsführers einer GmbH für Steuerschulden der GmbH, GmbHR 1986 S. 270). Der BFH lehnt allerdings eine Anwendung des § 254 BGB im Bereich der Steuerhaftung ab (BFH, 22.7.1986 – VII R 191/83, BFH/NV 1987 S. 140). Ein „mitwirkendes Verschulden" des Finanzamts, z.B. nicht rechtzeitige Beitreibung der Steuerschuld, läßt die Rechtsprechung allenfalls unter dem Gesichtswinkel einer nicht sachgemäßen Ermessensausübung zu (BFH, 21.1.1986 – VII S 30/85, BFH/NV 1986 S. 518). Kein Mitverschulden des Finanzamts liegt grundsätzlich vor, wenn das Finanzamt Steuerguthaben nicht mit Steuerschulden verrechnet, denn ein Steuerpflichtiger darf sich nicht ohne weiteres darauf verlassen, daß ein Finanzamt zur Begleichung einer Steuerforderung im Wege der Verrechnung rechtzeitig Umbuchungen vornimmt, auch wenn es dazu in der Lage ist (BFH, 16.10.1986 – VII R 161/83, BFH/NV 1987 S. 616; 2.8.1988 – VII R 60/85, BFH/NV 1989 S. 150). 448

Kein Mitverschulden des Finanzamts liegt auch vor, wenn dieses für einen längeren Zeitraum von seinen Befugnissen zur Überwachung und Beitreibung der Lohnabzugsbeträge keinen Gebrauch macht (BFH, 11.8.1978 – VI R 169/75, BFHE 125 S. 508 = BStBl II 1978 S. 683; 19.3.1985 – VII R 22/84, BFH/NV 1987 S. 227) oder wenn das Finanzamt trotz schlechter finanzieller Lage des Steuerpflichtigen nicht sofort vollstreckt, sondern sich auf ein Stillhalteabkommen einläßt (BFH, 12.6.1986 – VII R 135/80, BFH/NV 1988, 76, 78; 27.4.1998 – VII B 277/97, BFH/NV 1998 S. 1450).

Ein **Mitverschulden** des Finanzamt kann aber vorliegen, wenn eine falsche **Umbuchungsmitteilung** erfolgte, z.B. wenn der Geschäftsführer die angemeldete Lohnsteuer nach Fälligkeit bei ausreichenden finanziellen Mitteln der GmbH nur in Höhe des in der Umbuchungsmitteilung ausgewiesenen (falschen) offenen Betrags abführt (FG Münster, 29.9.1995 – 2 K 5006/93 L, EFG 1996 S. 82). 449

- GRUNDSATZ DER SUBSIDIARITÄT

Dieser Grundsatz besagt, daß ein Haftungsschuldner auf Zahlung nur in Anspruch genommen werden darf, soweit die Vollstreckung in das **bewegliche Vermögen** des Steuerschuldners ohne Erfolg geblieben oder anzunehmen ist, daß die Vollstreckung aussichtslos sein würde (§ 219 AO). Der als Haftender in Anspruch genommene Geschäftsführer kann nach diesem Grundsatz also dem Finanzamt nicht entgegenhalten, es habe versäumt, in das **unbewegliche** Vermögen der GmbH zu vollstrecken. 450

Das Finanzamt kann einen GmbH-Geschäftsführer anstelle der GmbH (Steuerschuldner) ohne Begründung in Anspruch nehmen, wenn der gegen den Steuerschuldner zu richtende Nachforderungsbescheid im Ausland vollstreckt werden müßte (BFH, 3.12.1996 – I B 44/96, BStBl II 1997 S. 306). 450.1

2. KAPITEL: Haftung und strafrechtliche Verantwortlichkeit

d) HAFTUNG NACH § 71 AO

451 Wie jeder Steuerhinterzieher haftet der GmbH-Geschäftsführer für von ihm hinterzogene Steuern nach § 71 AO. § 71 AO unterscheidet sich aber von dem Haftungstatbestand der §§ 34, 69 AO. Beiden Haftungsgrundlagen liegen verschiedene Sachverhalte zugrunde, die sich auch bezüglich der Entstehung der Haftungsschulden betragsmäßig und zeitlich unterschiedlich auswirken können. So können nach § 34 AO nur die dort genannten gesetzlichen Vertreter haften, gemäß § 71 AO haftet hingegen jeder **Steuerhinterzieher**. Der haftungsbegründende Sachverhalt bezieht sich im Rahmen des § 34 AO auf die Wahrung der steuerlichen Pflichten des Vertretenen und die Abführung oder vom Vertreter verwalteten Mittel, im Rahmen des § 370 AO kommt es hingegen auf **jegliche Verkürzungshandlung** an. Der Vorsatz gemäß § 69 AO bezieht sich auf die Pflichtverletzung des gesetzlichen Vertreters einschließlich der rechtzeitigen Steuerfestsetzung; der Vorsatz der Steuerhinterziehung erstreckt sich auf alle diejenigen tatsächlichen Umstände, die den gesetzlichen Straftatbestand erfüllen, so auch das Wissen, daß der Täter eine täuschende Handlung vornimmt und dadurch den Steueranspruch beeinträchtigt, wobei auch typisch strafrechtliche Irrtumsfragen, die den Vorsatz beseitigen (Tatbestandsirrtum, unvermeidbarer Verbotsirrtum), eine Rolle spielen.

Deshalb handelt es sich bei der Geschäftsführerhaftung (§§ 34, 69 AO) und der Hinterzieherhaftung (§ 71 AO) um 2 **rechtlich selbständige Haftungsfälle**. Stützt sich ein Haftungsbescheid auf §§ 34, 69 AO, kann er nicht in der Einspruchsentscheidung auf § 71 AO umgestellt werden (FG Rheinland-Pfalz, 6.2.1990 – 5 K 1190/89, EFG 1991 S. 4). A. A. ist der BFH in seinem Urteil vom 8.11.1994 (VII R 1/93, BFH/NV 1995 S. 657): Danach kann das Finanzamt den Haftungsbescheid in der Einspruchsentscheidung statt der ursprünglich angenommenen Geschäftsführungshaftung (§ 69 AO) auf eine Haftung wegen Steuerhinterziehung stützen (§ 71 AO).

452 Die Grundsätze der anteiligen Haftung für die Umsatzsteuer, die der BFH für die Haftung nach § 69 AO entwickelt hat, können auch dann Anwendung finden, wenn der Geschäftsführer einer GmbH zugleich den Haftungtatbestand des § 71 AO (Steuerhinterziehung) verwirklicht hat (BFH, 26.8.1992 – VII R 50/91, BStBl II 1993 S. 8; 2.3.1993 – VII R 90/90, BFH/NV 1994 S. 526). Das ergibt sich schon aus der Überlegung, daß es sachlich nicht gerechtfertigt wäre, bei einer Handlung, die zugleich die Haftungtatbestände des § 69 und des § 71 AO erfüllt, bei insgesamt nicht ausreichenden Zahlungsmitteln den Umfang der Haftung davon abhängig zu machen, auf welche Haftungsnorm die Haftung gestützt wird, bzw. ob dem GmbH-Geschäftsführer neben der Verletzung seiner Verpflichtungen aus § 34 AO auch eine Steuerhinterziehung zum Vorwurf gemacht werden kann. Denn entscheidend für die Haftung nach beiden Tatbeständen ist, daß es nicht zur Entrichtung der Steuerschuld gekommen ist, so daß die hierfür maßgeblichen Gründe bei beiden Haftungsnormen Berücksichtigung finden müssen.

e) STEUERLICHE BEHANDLUNG VON ZAHLUNGEN DES GESCHÄFTSFÜHRERS

453 Zahlungen des Geschäftsführers einer GmbH aufgrund einer Haftungsinanspruchnahme nach § 69 AO sind nicht durch das Gesellschaftsverhältnis, sondern durch das Arbeitsverhältnis veranlaßt. Da von einer Haftungsinanspruchnahme nach § 69 AO nur die in den §§ 34, 35 AO genannten Personen betroffen sind, beruht die Haftung des Geschäftsführers nicht auf seiner Stellung als Gesellschafter, sondern ausschließlich auf seiner Stellung als Geschäftsführer/gesetzlicher Vertreter der GmbH.

Dementsprechend sind solche Zahlungen bei einem wesentlich beteiligten Geschäftsführer weder als nachträgliche Anschaffungskosten auf seine Beteiligung noch als sonstige Betriebsausgaben (z. B. Veräußerungskosten) nach § 17 EStG zu berücksichtigen. Gleiches gilt auch für den Verzicht des Geschäftsführers auf die im Rahmen der Ausgleichsverpflichtung (§ 44 AO i. V. mit § 426 BGB) bestehende Arbeitnehmerforderung gegenüber der GmbH (OFD Düsseldorf, 29.10.1992 – S 2350/S 2244 A-St 114, StEK EStG § 9 Nr. 601).

Es liegen auch – unabhängig von der Höhe der Beteiligung des Geschäftsführers an der GmbH – keine (nachträglichen) **Werbungskosten** bei den Einkünften aus Kapitalvermögen gemäß § 20 EStG vor. Es handelt sich vielmehr grundsätzlich um (nachträgliche) Werbungskosten bei den **Einkünften aus nichtselbständiger Arbeit** gemäß § 19 EStG, wenn der Geschäftsführer seine Tätigkeit als gesetzlicher Vertreter der GmbH nicht unentgeltlich, sondern im Rahmen eines Arbeitsverhältnisses ausübt. 454

Entsprechendes gilt für den Geschäftsführer als Liquidator einer GmbH, wenn sich die Verpflichtung des Geschäftsführers, auch die Abwicklung der GmbH zu betreiben, bereits aus dem Anstellungsvertrag ergibt.

Der Werbungskostenabzug der Zahlungen eines Geschäftsführers aufgrund einer Haftungsinanspruchnahme nach § 69 AO setzt voraus, daß die Pflichtverletzung während seiner Tätigkeit als angestellter Geschäftsführer verursacht wurde und ein objektiver Zusammenhang zwischen der Pflichtverletzung und der beruflichen Tätigkeit besteht. Der Zeitpunkt der Verursachung bestimmt sich danach, wann der Haftungstatbestand verwirklicht wurde; der Zeitpunkt der Haftungsinanspruchnahme ist hierbei unbedeutend. Der Zeitpunkt des Werbungskostenabzugs richtet sich nach § 11 EStG. 455

Ein Werbungskostenabzug kommt jedoch **nicht** in Betracht, wenn die die Haftung nach § 69 AO auslösende Pflichtverletzung nicht in objektivem Zusammenhang mit der beruflichen Tätigkeit steht. Die objektive Beweislast liegt beim Steuerpflichtigen, der den Werbungskostenabzug begehrt (BFH, 24.8.1989 – IV R 80/88, BStBl II 1990 S. 17). Fehlt es an diesem Zusammenhang und sind die Aufwendungen hinsichtlich des privat und beruflich veranlaßten Anteils nicht zutreffend und in leicht nachprüfbarer Weise zu trennen, so ist der Gesamtbetrag aus der Haftungsinanspruchnahme nach § 12 Nr. 1 Satz 2 EStG den nichtabzugsfähigen **Lebenshaltungskosten** zuzurechnen. Dies ist z. B. dann der Fall, wenn der Geschäftsführer sich zu Unrecht bereichert hat (Unterschlagung; siehe auch BFH, 4.11.1988 – VI E 3/88, BFH/NV 1989 S. 316), er den Arbeitgeber bewußt schädigen wollte (vgl. BFH, 18.9.1987 – VII R 121/84, BFH/NV 1988 S. 353) oder er Familienangehörigen pflichtwidrig auf Kosten seines Arbeitgebers Vorteile verschafft hat. Eine private Verursachung ist insbesondere auch dann gegeben, wenn der Geschäftsführer vorrangig vor Steuerschulden andere Verbindlichkeiten der GmbH mit deren Mitteln begleicht und Gläubiger dieser anderen Verbindlichkeiten eine Gesellschaft gewesen ist, an der der Steuerpflichtige oder ein Familienangehöriger ebenfalls (wesentlich) beteiligt ist. 456

Bei der **GmbH** führt die Tilgung ihrer Steuerschulden durch den Geschäftsführer zunächst noch nicht zu einem Erlöschen ihrer Verbindlichkeiten. Zwar sind die Steuerschulden der GmbH mit der Zahlung durch den Geschäftsführer erloschen; an ihre Stelle tritt aber die Ausgleichsverpflichtung gegenüber dem Geschäftsführer. 457

Steht für die GmbH fest, daß sie diese Ausgleichsverpflichtung mit an Sicherheit grenzender Wahrscheinlichkeit nicht mehr zu erfüllen braucht (z. B. durch Ver- 458 zicht des Geschäftsführers), so ist bei ihr die Verbindlichkeit erfolgswirksam aufzulösen (BFH, 22.11.1988 – VIII R 62/85, BStBl II 1989 S. 359).

Kann der Geschäftsführer seine Forderungen aus der Ausgleichsverpflichtung später realisieren, so liegen im Zeitpunkt der Realisierung nachträgliche Einnahmen aus nichtselbständiger Tätigkeit gemäß § 19 i. V. mit § 24 Nr. 2 EStG vor.

B. STRAFRECHTLICHE VERANTWORTLICHKEIT DES GESCHÄFTSFÜHRERS

I. UNTERLASSENER BZW. VERSPÄTETER ANTRAG AUF ERÖFFNUNG DES INSOLVENZVERFAHRENS

Bei drohender oder eingetretener Insolvenz verhalten sich ca. 50% aller Unternehmer kriminell, andere sprechen sogar von 80% (vgl. Uhlenbruck, Die Pflichten des Geschäftsführers einer GmbH oder GmbH & Co. KG in der Krise des Unternehmens, BB 1985 S. 1277; zur hohen Zahl wirtschaftlicher Ermittlungsverfahren gegen GmbH-Geschäftsführer vgl. Weyand, Strafrechtliche Folgen falscher Angaben zu den Verhältnissen einer GmbH, INF 1995 S. 242).

459

Neben § 82 Abs. 2 Nr. 2 GmbHG (Geschäftslagentäuschung) und § 84 Abs. 1 Nr. 1 GmbHG (Anzeige an Gesellschafter über den Verlust der Hälfte des Stammkapitals) kann besonders § 84 Abs. 1 Nr. 2 GmbHG für den Geschäftsführer gefährlich werden (vgl. Joerden, Grenzen der Auslegung des § 84 Abs. 1 Nr. 2 GmbHG, wistra 1990 S. 1).

Nach § 84 Abs. 1 Nr. 2 StGB wird der Geschäftsführer bestraft (dasselbe gilt für den Liquidator), der es unterläßt, trotz Zahlungsunfähigkeit oder Überschuldung innerhalb der 3-Wochen-Frist des § 64 Abs. 1 GmbHG die Eröffnung des Insolvenzverfahrens zu beantragen; im § 130b Abs. 1 HGB finden sich die entsprechenden Bestimmungen für den Geschäftsführer einer GmbH & Co. KG.

Für die Staatsanwaltschaften und die Strafgerichte besteht die Schwierigkeit darin nachzuweisen, daß ab einem bestimmten Zeitpunkt eine Zahlungsunfähigkeit und/oder eine Überschuldung vorlag. Auch wenn der Geschäftsführer einer GmbH heute verpflichtet ist, sich dauernd zu überzeugen, daß kein Insolvenzgrund vorliegt, so bedeutet dies nicht, daß er permanent Zahlungs- und/oder Überschuldungsprüfungen anstellen muß. Nur wenn sich Anhaltspunkte für eine Insolvenz ergeben, muß der Geschäftsführer handeln: Entweder in 3 Wochen sanieren oder die Eröffnung des Insolvenzverfahrens beantragen.

460

Für die Antragspflicht des Geschäftsführers ist es unerheblich, ob eine die Verfahrenskosten deckende Insolvenzmasse vorhanden ist oder nicht. Die Pflicht, einen Antrag zu stellen, besteht auch dann, wenn eine Eröffnung des Insolvenzverfahrens mangels Masse nicht in Betracht kommt.

Bei **Gesamtvertretung** trifft jeden Geschäftsführer die **Insolvenzantragspflicht**. Sind bei Gesamtvertretung (2 Geschäftsführer) die Tätigkeitsbereiche in einen kaufmännischen und einen technischen Bereich aufgeteilt, so trifft auch den Geschäftsführer, der für den technischen Bereich zuständig ist, die Verpflichtung zur Insolvenzantragstellung. Zur Konkursverschleppung bei GmbHs ohne Geschäftsführer vgl. Spannowsky, wistra 1990 S. 48; entsprechendes gilt ab 1.1.1999 für die Insolvenz i. S. der Insolvenzordnung.

461

Ein Geschäftsführer einer Wohnungsbau-GmbH, die im sozialen Wohnungsbau tätig ist und deren Anteile ganz in öffentlicher Hand sind, ist kein Amtsträger i. S. des § 11 Abs. 1 Nr. 2 Buchst. c StGB (BGH, 29.1.1992 – 5 StR 3 38/91, NJW 1992 S. 847). Damit kann ein solcher Geschäftsführer keine Straftaten im Amt begehen (§§ 331 ff. StGB).

462

Zur Strafbarkeit des Geschäftsführers der **Vor-GmbH** vgl. Bittmann/Pikarski, Strafbarkeit der Verantwortlichen der Vor-GmbH, wistra 1995 S. 91; Hörtnagl, Die GmbH in der Krise – Pflichten und Risiken für den Geschäftsführer –, INF 1996 S. 528, behandelt neben möglichen Straftaten auch sich für den Geschäftsführer ergebende Haftungsfolgen.

463

II. INSOLVENZSTRAFTATEN

1. RELEVANTE STRAFTATBESTÄNDE

464 Ist bei einer GmbH die Krise ausgebrochen, so versuchen Geschäftsführer und Gesellschafter neben echten Sanierungsmaßnahmen, für die nur die 3-Wochen-Frist zur Verfügung steht, vor allem durch Verschleierung der tatsächlichen Situation und Fortführung der Geschäfte die GmbH über Wasser zu halten. Dadurch begibt sich ein Geschäftsführer aber in strafrechtliche Gefahren, die er zunächst überhaupt nicht übersieht.

Neben dem Straftatbestand des § 84 GmbHG wegen **Insolvenzverschleppung** können u. a. in Betracht kommen:

465 – **Bankrott** (§ 283 StGB)

Bei Überschuldung, drohender oder eingetretener Zahlungsunfähigkeit besteht die Gefahr, daß der Schuldner Vermögensgegenstände beiseite schafft, verheimlicht, zerstört. Dies bestraft § 283 StGB, wenn in der Krise gehandelt wird.

> **BEISPIEL 1:**
>
> Obwohl die GmbH bereits überschuldet ist, entnimmt sich A als Alleingesellschafter-Geschäftsführer monatlich 30 000 DM; angemessen wären 10 000 DM.
>
> **BEISPIEL 2:**
>
> Trotz Zahlungsunfähigkeit der GmbH verkauft der Geschäftsführer Waren unter Preis an einen Bekannten, der eine Auffang-GmbH gründet.

§ 283 StGB hat mehrere Alternativen; so kann z. B. auch die mangelhafte Buchführung in der Krise zur Bestrafung des Geschäftsführers führen (§ 283 Abs. 1 Nr. 5 StGB) etc. (vgl. dazu auch Pohl, Strafbarkeit nach § 283 Abs. 1 Nr. 7b StGB auch bei Unvermögen zur Bilanzaufstellung?, wistra 1996 S. 14).

Erfolgte die Einstellung der Buchführung und endeten die Fristen für die Erstellung der Bilanzen erst zu dem Zeitpunkt, zu dem die GmbH ihre Zahlungen eingestellt hatte, so ist der Tatbestand des Bankrotts **nicht** erfüllt (OLG Düsseldorf, 23.7.1998 – 5 Ss 101/98-37/98 I, GmbHR 1998 S. 981 = DB 1998 S. 1856).

466 – **Verletzung der Buchführungspflicht** (§ 283b StGB)

Während § 283 Abs. 1 und Abs. 2 StGB die **Krise** voraussetzt, eröffnet § 283b StGB die Möglichkeit zur Bestrafung des Geschäftsführers wegen Verletzung der Buchführungspflicht auch dann, wenn noch keine Überschuldung oder Zahlungsunfähigkeit vorliegt.

> **BEISPIEL:**
>
> Die A-GmbH stellt den Jahresabschluß für 1994 nicht bis 31.3./30.6.1995 auf, sondern erst im Laufe des Dezember 1995.
>
> Der Geschäftsführer macht sich nach § 283b Abs. 1 Nr. 3 Buchst. b StGB strafbar, auch wenn keine Überschuldung/Zahlungsunfähigkeit vorliegt, die GmbH vielmehr glänzende Geschäfte macht.

Muß sich ein Geschäftsführer zur Erstellung der Buchführung und der Bilanzen oder zu ihrer Vorbereitung der Hilfe eines Steuerberaters bedienen, entfällt eine Straftat nach § 283b StGB, wenn er die erforderlichen Kosten nicht aufbringen kann (OLG Düsseldorf, 23.7.1998 – 5 Ss 101/98-37/98 I, GmbHR 1998 S. 981 = DB 1998 S. 1856).

– **Gläubigerbegünstigung** (§ 283c StGB) 467

Liegt Zahlungsunfähigkeit der GmbH vor, so darf der Geschäftsführer nicht einen Gläubiger bevorzugen, z. B. Sicherheiten einräumen.

> **BEISPIEL:**
>
> Eine Bank hat der GmbH einen Kredit von 1 Mio. DM eingeräumt und dafür eine Grundbuchbestellung an 1. Rangstelle verlangt. Wegen Urlaubs des Sachbearbeiters und des Notars zieht sich die Eintragung hin, während die GmbH den Kredit laufend in Anspruch nimmt.
>
> Als die Eintragung amtlich erfolgt, ist die GmbH nicht nur überschuldet, sondern auch zahlungsunfähig.

– **Schuldnerbegünstigung** (§ 283d StGB) 468

Bestraft wird nach § 283d StGB ein am Insolvenzverfahren nicht beteiligter Dritter.

> **BEISPIEL:**
>
> Die A-GmbH ist in Zahlungsschwierigkeiten und hat die Steuerfahndung im Hause. Die Sekretärin und Geliebte des Alleingesellschafter-Geschäftsführers räumt das Konto der GmbH ab und bringt die Beträge in die Schweiz, damit sie nach dem Zusammenbruch der GmbH mit ihrem Geliebten dort ein neues Leben beginnen kann.

– **Betrug** (§ 263 StGB) einschließlich der Sonderbetrugsdelikte wie Computerbetrug (§ 263a StGB), Subventionsbetrug (§ 264 StGB), Kapitalanlagebetrug (§ 264a StGB), Geld- und Warenkreditbetrug (§ 265b StGB) 469

Nach § 263 StGB wird bestraft, wer einen anderen täuscht, dieser eine Vermögensverfügung trifft und dadurch einen Vermögensnachteil erleidet, während der Täuschende selbst oder ein Dritter einen Vermögensvorteil erzielt.

> **BEISPIEL 1:**
>
> A als Geschäftsführer der zahlungsunfähigen Z-GmbH bestellt Waren für 10 000 DM. Die nach Lieferung zu bezahlende Rechnung ignoriert A.
>
> Durch konkludente Handlung (Verschweigen der Zahlungsunfähigkeit) begeht A Betrug; er hätte bei der Bestellung auf die Zahlungsunfähigkeit der GmbH hinweisen müssen.
>
> **BEISPIEL 2:**
>
> A bestellt zu einem Zeitpunkt Waren, in dem die Z-GmbH zwar in Zahlungsschwierigkeiten war, die eigentliche Zahlungsunfähigkeit trat aber erst kurz **vor** der Lieferung ein.
>
> Eine allgemeine Aufklärungspflicht des A gegenüber dem Lieferanten besteht nicht (BGH, 22.3.1988 – 1 StR 106/88, wistra 1988 S. 262). Liegt aber ein besonderes Vertrauensverhältnis zwischen Besteller und Lieferanten vor (langjährige Geschäftsverbindung), so muß der Geschäftsführer die Zahlungsunfähigkeit seiner GmbH dem Lieferanten sofort offenbaren.

Der **Kreditbetrug** (§ 265b StGB) ist Auffangtatbestand zum Betrug; § 265b StGB ist ein abstraktes Gefährdungsdelikt im Vorfeld des Betruges und setzt eine bestehende GmbH voraus (BayObLG, 15.2.1990 – BReg. 2 St 398/89, NJW 1990 S. 1677). 470

> **BEISPIEL:**
>
> Der Geschäftsführer A weiß, daß seine GmbH überschuldet ist. Um einen Kredit zu erlangen, erhöht er die Halbfertigen und Forderungen und legt diese Bilanz einer Bank vor; außerdem schildert er in den rosigsten Farben die Zukunft der GmbH. Aufgrund der Schilderung gewährt die Bank den Kredit. Anschließend wird auf Antrag eines Gläubigers das Insolvenzverfahren eröffnet.
>
> Hätte die Bank aufgrund der gefälschten Bilanz bezahlt, läge Betrug vor. Zahlt sie aufgrund der Schilderungen des A, ist Kreditbetrug gegeben.

471 – **Untreue** (§§ 266, 266a StGB)

Bei § 266 StGB sind 2 Tatbestände zu unterscheiden: Mißbrauchstatbestand (1. Alt.) und Treuebruchstatbestand (2. Alt.) (Gribbohm, Strafrechtliche Untreue zum Nachteil der GmbH durch den GmbH-Geschäftsführer und die zivilrechtlichen Folgen, DStR 1991 S. 248).

> **BEISPIEL 1:**
>
> Laut Satzung und Anstellungsvertrag kann der Geschäftsführer Mietverträge allein nur bis zu einem Mietzins von 5000 DM/Monat abschließen; für darüber hinausgehende Abschlüsse ist die vorherige Zustimmung der Gesellschafterversammlung nötig. Gleichwohl schließt A mit einem Bekannten einen Vertrag über 10000 DM/Monat ab.
>
> Der Vertrag ist zivilrechtlich gültig. A macht sich aber der GmbH gegenüber schadensersatzpflichtig und ist strafbar nach § 266 Abs. 1 1. Alt. StGB.
>
> **BEISPIEL 2:**
>
> A nimmt für seine Scheidung einen Rechtsanwalt in Anspruch und bezahlt dessen Honorarnote aus der GmbH-Kasse.

Der Treubruchtatbestand des § 266 Abs. 1 2. Alt. StGB knüpft nicht an die formale Position des Geschäftsführers an, sondern an die tatsächliche Verfügungsmacht über ein bestimmtes Vermögen, wenn damit ein schützenswertes Vertrauen in eine pflichtgemäße Wahrnehmung der Vermögensinteressen verbunden ist. Das Vorhandensein einer Vermögensbetreuungspflicht gemäß § 266 Abs. 1 StGB hängt somit nicht entscheidend davon ab, ob ein Angeklagter „faktischer Geschäftsführer" i.S. der zu den sogenannten Geschäftsführer- und Organdelikten entwickelten Rechtsprechung war (BGH, 10.7.1996 – 3 StR 50/96, WiB 1996 S. 1129).

Untreue begeht auch der Geschäftsführer, der Firmengelder vom Konto der GmbH abhebt, um es seinem Sohn zu ermöglichen, Maschinen zu kaufen (BGH, 17.5.1993 – 1 StR 265/93, wistra 1993 S. 301).

Zum Verhältnis Untreue/Steuerhinterziehung vgl. Rz. 482f.

Zur Divergenz zwischen Zivil- und Strafrecht vgl. Gribbohm, Untreue zum Nachteil der GmbH, ZGR 1990 S. 1ff.

Zum Schutzgesetzcharakter der §§ 266, 266a StGB in bezug auf Untreuedelikte der GmbH-Geschäftsführer vgl. Stapelfeld, BB 1991 S. 1501 und Rz. 346ff.

Ob ein GmbH-Geschäftsführer nach der Bestellung eines Sequesters noch Täter i.S. des § 266 Abs. 1 StGB sein kann, hängt von den ihm übertragenen Befugnissen ab (BGH, 12.12.1996 – 4 StR 489/96, WiB 1997 S. 1030).

B. Strafrechtliche Verantwortlichkeit des Geschäftsführers

Beiseiteschaffen von Vermögen durch den Geschäftsführer ist Untreue gemäß § 266 Abs. 1 1. Alt. StGB selbst dann, wenn die Gesellschafter zustimmen (OLG München, 8.7.1994 – 3 Ws 87/94, wistra 1994 S. 278).

Der Geschäftsführer einer GmbH kann auch dann die ihm obliegenden Pflichten gemäß § 266a Abs. 1 StGB vorsätzlich unterlassen, wenn er einen Dritten mit der Führung des Betriebs beauftragt hat (OLG Rostock, 16.5.1997 – 1 W 47/96, GmbHR 1997 S. 845).

– **Unterschlagung,** z.B. von Eigentums- oder Kommissionswaren (§ 246 StGB)   472

Nach § 246 StGB wird bestraft, wer sich eine in seinem Gewahrsam befindliche Sache zueignet.

> **BEISPIEL:**
>
> Die A-GmbH ist in Zahlungsschwierigkeiten. Um sich Liquidität zu verschaffen, verkauft der Geschäftsführer einen unter Eigentumsvorbehalt erworbenen Posten Computer (50 Stück) nicht in seinem Ladengeschäft, sondern an einen Zwischenhändler gegen bar und setzt sich nach Südamerika ab.
>
> A macht sich wegen veruntreuender Unterschlagung strafbar. Hätte A die Computer sukzessive in seinem Ladengeschäft verkauft, wäre die GmbH anschließend zahlungsunfähig geworden und hätte der Lieferant nichts bekommen, so wäre A nicht zu bestrafen gewesen. Nach der Rechtsprechung darf der Käufer von unter verlängertem Eigentumsvorbehalt gelieferter Ware diese im Rahmen eines ordnungsgemäßen Geschäftsablaufes weiterveräußern, wenn ein solcher Weiterverkauf aufgrund der Umstände dem Lieferanten bekannt war.

– **Urkundenfälschung** (§ 267 StGB)   473

– **Falsche Versicherung an Eides Statt** (§ 156 StGB)   474

– **Nichtabführen von Arbeitnehmeranteilen zur Sozialversicherung** (§ 266a StGB) (siehe auch Rz. 347ff.)   475

Die Strafbarkeit der Beitragshinterziehung umfaßt auch Lohnnebenleistungen, z.B. Nichtabführung von Beiträgen des Arbeitnehmers nach dem 936-DM-Gesetz (Vermögensbildungsgesetz).

> **BEISPIEL:**
>
> Der Geschäftsführer einer GmbH, die in Zahlungsschwierigkeiten ist, läßt zum 30. eines Monats die Nettolohnbeträge an die Arbeitnehmer ausbezahlen. Als am darauffolgenden 10. des nächsten Monats die Sozialversicherungsbeiträge abgeführt werden sollen, ist die GmbH zahlungsunfähig.

Der Geschäftsführer haftet nicht nur persönlich, sondern hat sich auch nach § 266a StGB strafbar gemacht.

Für **nichtabgeführte Lohnsteuer** ergibt sich eine Strafbarkeit des Geschäftsführers evtl. aus § 370 AO (siehe Rz. 477).

Zahlt der Gläubiger auch an die Arbeitnehmer den geschuldeten Nettolohn nicht aus, so kann gleichwohl § 266a StGB vorliegen, nämlich dann, wenn der Geschäftsführer zwar am 30. eines Monats die Lohnsumme zuzüglich der Beiträge an die Sozialversicherung zur Verfügung hat, er diese Summe aber hernimmt, um Lieferanten zu befriedigen.

Hat der Geschäftsführer am 30. eines Monats überhaupt kein Geld, greift § 266a StGB nicht ein.

§ 266a StGB greift ein, wenn der Geschäftsführer mit Arbeitnehmern eine sog. **Nettolohnvereinbarung** trifft.

476 – **Vereiteln der Zwangsvollstreckung** (§ 288 StGB)

Die Vorschrift setzt den Strafantrag eines Gläubigers innerhalb von 3 Monaten voraus und spielt in der Praxis keine Rolle.

> **BEISPIEL:**
>
> Der Einmann-Gesellschafter-Geschäftsführer erfährt am 11.10.1996 telefonisch von seinem Anwalt, daß soeben ein vorläufig vollstreckbares Urteil gegen die GmbH auf Zahlung von 50000 DM ergangen ist. Der Geschäftsführer räumt das Bankkonto ab, so daß eine am nächsten Tag versuchte Vollstreckung ohne Erfolg bleibt.

477 – **Steuerhinterziehung** etc. (§§ 370 ff. AO)

Hat der frühere Geschäftsführer eine Steuerhinterziehung zugunsten der GmbH begangen (§ 370 Abs. 1 Nr. 1 AO) und entdeckt der Nachfolgegeschäftsführer diese Steuerhinterziehung, so hat dieser unverzüglich nach Entdeckung der Unrichtigkeiten eine Berichtigung zu veranlassen, sonst macht er sich wegen Unterlassung strafbar (§ 370 Abs. 1 Nr. 2 AO; siehe auch Bilsdorfer, Handlungsbedarf bei Steuerstraftaten des Vorgängers – auch ein Problem des Mantelkaufs?, BB 1988 S. 1373).

478 – **Nichtbeachtung der Bilanzaufstellungsfristen** (§ 283 Abs. 1 Nr. 7 Buchst. b StGB)

479 – **Unrichtige Wiedergabe und Verschleierung der Verhältnisse der GmbH** (§ 331 Nr. 1 HGB)

> **BEISPIEL:**
>
> Als Geschäftsführer einer GmbH gibt A im Lagebericht (§ 289 HGB) eine völlig überzeichnete positive Darstellung der künftigen Entwicklung. Zusätzlich verschweigt er, daß die Gesellschaft nach dem Bilanzstichtag mit einer Schadensersatzforderung eines Kunden konfrontiert wurde, die, wenn sie sich gerichtlich durchsetzen läßt, zur Überschuldung der GmbH führt.
>
> A macht sich strafbar nach § 331 Nr. 1 HGB.

480 – **Verletzung von Auskunfts- und Nachweispflichten gegenüber dem Abschlußprüfer** (§ 331 Nr. 4 HGB)

Während bei der Insolvenzverschleppung nach § 84 GmbHG der Geschäftsführer wegen Verletzung einer **eigenen** Pflicht bestraft wird, steht bei fast allen anderen Insolvenzstraftaten (z. B. Bankrotthandlungen etc.) eine Tätigkeit des Geschäftsführers für die GmbH und/oder deren Gesellschafter im Vordergrund. Zwar bestimmt § 14 StGB, daß die Strafbarkeit wegen Insolvenzdelikten auch denjenigen trifft, der als vertretungsberechtigtes Organ einer juristischen Person handelt; das bedeutet aber, daß dem Geschäftsführer im Strafprozeß immer nachgewiesen werden muß, daß er die Tathandlungen (Bankrott, Betrug) für die GmbH und in deren Interesse vorgenommen hat (BGH, 20.5.1981 – 3 StR 94/81, BGHSt 94 S. 127). Handelt er eigennützig, so kann er ggf. wegen Untreue, nicht aber wegen Bankrott bestraft werden.

B. Strafrechtliche Verantwortlichkeit des Geschäftsführers

Bei **Steuerhinterziehungen** (§§ 370 ff. AO) sollte insbesondere der Fremdgeschäftsführer immer prüfen, ob er nicht durch eine **Selbstanzeige** (§ 371 AO) seine Bestrafung vermeiden kann. § 371 Abs. 3 AO, der eine Straffreiheit nur eintreten läßt, wenn die zugunsten des Hinterziehers hinterzogenen Steuern nachentrichtet werden, ist für den GmbH-Geschäftsführer oft kein Hindernis für die Straffreiheit: Hinterzogen werden Betriebssteuern zugunsten der GmbH, nicht des Geschäftsführers. Auch wenn die Steuerhinterziehung bewirkt, daß der Geschäftsführer seinen Arbeitsplatz länger behält, weil dieses Vorgehen den wirtschaftlichen Zusammenbruch der GmbH aufschiebt, liegt kein wirtschaftlicher Vorteil zugunsten des Geschäftsführers i. S. von § 371 Abs. 3 AO vor (BGH, 22.7.1987 – 3 StR 224/87, wistra 1987 S. 343) und der Geschäftsführer kann wirksam Selbstanzeige erstatten, ohne daß die Straffreiheit von der Nachzahlung der Steuern abhängig gemacht werden könnte.

481

Ein Gesellschafter-Geschäftsführer, der dem Vermögen einer GmbH mit Zustimmung aller Mitgesellschafter bereits erzielte Gewinne entnimmt, deren Entstehung er durch Falschbuchungen zum Zwecke der Steuerhinterziehung verschleiert, begeht neben einer Steuerhinterziehung nicht ohne weiteres eine **Untreue,** da es an einem rechtswidrigen Nachteil i. S. des § 266 Abs. 1 StGB fehlen kann (BGH, 24.8.1988 – 3 StR 232/88, BGHSt 35 S. 333 = BB 1988 S. 2268; vgl. hierzu auch Reiß, Verdeckte Gewinnausschüttungen und verdeckte Einlagen als strafbare Untreue des Geschäftsführers?, wistra 1989 S. 81, und Meilicke, Verdeckte Gewinnauschüttung: Strafrechtliche Untreue bei der GmbH?, BB 1988 S. 1261).

482

> **BEISPIEL:**
>
> A ist alleiniger Geschäftsführer und Mitgesellschafter der B-GmbH. Gegenstand des Unternehmens ist der Bau und die Veräußerung von Kaufeigenheimen und Eigentumswohnungen. Bei den Bauobjekten H und W zeichneten sich Gewinne ab. Deshalb entschloß sich A, diese Rohgewinne durch Verlagerung in andere Objekte der GmbH der ordnungsgemäßen Besteuerung zu entziehen, indem er von den von der GmbH eingesetzten Bauunternehmen überhöhte oder fiktive Rechnungen erstellen ließ, denen tatsächlich keine Leistungen zugrunde lagen. Die Rechnungsbeträge sollten in der Bilanz als Aufwand den Gewinn der GmbH entsprechend mindern. Die Bauunternehmen sollten die Rechnungsbeträge erst dann erhalten, wenn sie später Leistungen erbracht haben würden. Später verlagerte er einen Teilbetrag (1,5 Mio. DM) in 4 private Bauvorhaben, von denen 3 ihm und eines seinem Bruder gehörten.

Wegen der „Verlagerungen" wurde A wegen Körperschaftsteuerhinterziehung in Tateinheit mit Gewerbe- und Umsatzsteuerhinterziehung verurteilt. Hinsichtlich der 1,5 Mio. DM verneint der BGH aber den Untreuetatbestand (§ 266 StGB). Insoweit rückte er zugunsten des A von seiner Entscheidung vom 29.5.1987 (3 StR 242/86, BGHSt 34 S. 379) ab, in der er noch tatsächliche oder rechtsgeschäftliche Handlungen des Geschäftsführers einer GmbH, durch die er eigennützig oder im Interesse Dritter willkürlich Vermögen der Gesellschaft verschiebt, trotz Zustimmung der Gesellschafter i. d. R. als mißbräuchlich oder pflichtwidrig i. S. des § 266 StGB ansah, wenn die Vermögensverschiebung bei der GmbH unter Mißachtung der Pflicht nach § 41 GmbHG durch Falsch- oder Nichtbuchen verschleiert und die Zustimmung unter Mißbrauch der Gesellschafterstellung erteilt wurde.

Der BGH betont in seiner Entscheidung vom 24.8.1988, daß das betreute Vermögen durch eine Untreuehandlung geschädigt oder in einer der Schädigung gleichkommenden Weise gefährdet wird. Für eine solche Annahme genüge eine lückenhafte oder falsche Buchführung für sich allein nicht, auch wenn sie mit den Grundsätzen eines ordentlichen Kaufmanns unvereinbar sei. Einverständliche Entnahmen bereits erzielter Gewinne seien an und für sich erlaubt, wenn auch erst der Feststellungs- oder Gewinnverteilungsbeschluß dem einzelnen Gesellschafter einen klagbaren Anspruch gebe. Für das Strafrecht komme es aber grundsätzlich nicht auf die Einhaltung der zivilrechtlichen Vorschriften an. Nur dann, wenn eine Gewinnentnahme schädliche Folgen für die GmbH habe, z.B. wenn dadurch die rechtliche Existenz der GmbH gefährdet werde, könne Untreue vorliegen.

483 Hebt ein Geschäftsführer Geld vom Konto der GmbH ab und verbraucht es für eigene Zwecke, obwohl die Bank das Geld nur für einen Maschinenkauf zur Verfügung gestellt hatte, so liegt Untreue i.S. des § 266 StGB vor (BGH, 17.5.1993 – 1 StR 265/93, wistra 1993 S. 301).

Zur Untreue und zur Hinterziehung von Körperschaftsteuer bei verdeckter Gewinnausschüttung durch **Ankauf von Wirtschaftsgütern** vgl. BGH vom 11.11.1988 (3 StR 335/88, wistra 1989 S. 106) sowie zu verdeckten Gewinnausschüttungen innerhalb eines **Konzerns** BGH vom 7.11.1988 (3 StR 258/88, wistra 1989 S. 103).

484 Auch wenn die **Gesellschafter** mit den Untreuehandlungen des Geschäftsführers **einverstanden** sind, ist der Geschäftsführer zu bestrafen, soweit durch die unberechtigten Entnahmen nicht nur das Stammkapital aufgezehrt, sondern darüber hinaus die GmbH überschuldet oder eine schon bestehende Überschuldung vertieft wird (BGH, 11.8.1989 – 3 StR 75/89, wistra 1990 S. 99). Schon nach der zivilrechtlichen Rechtsprechung (BGH, 16.9.1985 – II ZR 275/84, BGHZ 95 S. 330) sind die einverständlich handelnden Gesellschafter nur in den Grenzen des § 30 GmbHG frei, über das Gesellschaftsvermögen zu verfügen. Soweit durch Entnahmen nicht nur das Stammkapital aufgezehrt, sondern darüber hinaus die GmbH überschuldet oder eine schon bestehende Überschuldung vertieft wird, die Entnahmen also nur noch aus Fremdmitteln unmittelbar auf Kosten der Gesellschaftsgläubiger erfolgen, muß der begünstigte Gesellschafter das Empfangene der GmbH jedenfalls entsprechend §§ 30, 31 Abs. 1, 2 und 4 GmbHG erstatten (BGH, 29.3.1973 – II ZR 25/70, BGHZ 60 S. 324 und BGH, 13.7.1981 – II ZR 256/79, BGHZ 81 S.252). Auch danach darf in diesen Fällen bei Einverständnis aller Gesellschafter über das Gesellschaftsvermögen nicht frei verfügt werden.

485 Daß es auch zu Bestrafungen wegen **Körperverletzungen** von GmbH-Geschäftsführern, unabhängig von einem möglichen Insolvenzverfahren, kommen kann, zeigt die BGH-Entscheidung vom 6.7.1990 (2 StR 549/89, BB 1990 S. 1856). Dort werden Geschäftsführer einer GmbH wegen fahrlässiger Körperverletzung verurteilt, nachdem Produkte der GmbH **gesundheitliche Schäden** bei Verbrauchern verursachten. Aus der Garantenstellung der GmbH, so der BGH, ergebe sich eine **strafrechtliche Produkthaftung** der GmbH-Geschäftsführer.

2. STRAFBARKEIT DES FAKTISCHEN GESCHÄFTSFÜHRERS

486 Sehr umstritten war, ob auch ein **faktischer** Geschäftsführer Insolvenzstraftaten begehen kann (vgl. dazu Schäfer, Zur strafrechtlichen Verantwortlichkeit des GmbH-Geschäftsführers, GmbHR 1993 S. 717, und Dörn, Praxisfragen des Steuerstraf- und Steuerordnungswidrigkeitenrechts, INF 1994 S. 582). Unter einem **faktischen** Geschäftsführer versteht man eine nicht formell zum Geschäftsführer bestellte Person, die sich aber nach außen als Geschäftsführer geriert. Das kann ein Gesellschafter sein, der neben oder anstelle des Geschäftsführers tätig wird und diesen völlig in den Hintergrund drängt, es kann aber auch eine Person

sein, deren Geschäftsführerbestellung aus irgendwelchen Gründen unwirksam ist, die aber gleichwohl die Position des Geschäftsführers voll einnimmt und danach handelt.

Der BGH hat in einer Entscheidung vom 3.7.1989 (StbSt (R) 14/88, wistra 1990 S. 60) die Revision eines Steuerbevollmächtigten, der die tatsächliche Geschäftsführung einer GmbH ausgeübt hatte und der von den Vorinstanzen nach §§ 64 Abs. 1, 84 Abs. 1 Nr. 2 GmbHG verurteilt worden war, zurückgewiesen. Übt jemand die tatsächliche Geschäftsführung einer GmbH aus, auch wenn er förmlich nicht bestellt ist, so muß er die Geschäftsführerpflichten erfüllen. Verletzt er diese, so hat er auch die strafrechtlichen Folgen zu tragen, insbesondere dann, wenn er die faktische Geschäftsführung mit Einverständnis der Gesellschafter übernommen hat. **487**

Der BGH geht in seiner Entscheidung vom 8.11.1989 (3 StR 249/89, wistra 1990 S. 97) wie selbstverständlich davon aus, daß auch der faktische Geschäftsführer strafrechtlich zur Verantwortung gezogen werden kann (a. A. Weimar, Grundprobleme und offene Fragen um den faktischen GmbH-Geschäftsführer, GmbHR 1997 S. 538).

Einen solchen faktischen Geschäftsführer trifft bei Überschuldung oder Zahlungsunfähigkeit der GmbH ebenso eine **Insolvenzantragspflicht** (vgl. BGH, 28.6.1966 – 1 StR 414/65, BGHSt 21 S. 101), und er kann bei Verletzung dieser Pflicht auch entsprechend bestraft werden. Nach einer Entscheidung des OLG Düsseldorf vom 16.10.1987 (5 Ss 193/87 – 200/87, DB 1988 S. 224) ist der faktische Geschäftsführer aber **strafrechtlich nur heranzuziehen,** wenn

– kein verantwortlicher Geschäftsführer vorhanden ist oder

– er einen Einfluß ausübte, der über den des formellen Geschäftsführers hinausgeht.

Letzteres ist insbesondere der Fall, wenn der faktische Geschäftsführer (alternativ)

– die Geschicke der GmbH allein bestimmt,

– ein Übergewicht gegenüber dem formellen Geschäftsführer hat,

– eine überragende Stellung in der Geschäftsführung einnimmt,

– die Geschäfte in weiterem Umfang als der formelle Geschäftsführer wahrnimmt, die Seele des Geschäfts ist und bestimmenden Einfluß auf alle Geschäftsvorgänge hat (vgl. hierzu auch Löffeler, Strafrechtliche Konsequenzen faktischer Geschäftsführung – eine Bestandsaufnahme der neueren Rechtsprechung, wistra 1989 S. 122, und Joerden, Grenzen der Auslegung des § 84 Abs. 1 Nr. 2 GmbHG, wistra 1990 S. 1).

Die **Auffassung** des OLG Düsseldorf ist angesichts der bereits zitierten BGH-Entscheidung vom 8.11.1989 und des nachfolgend zitierten, bereits am 21.3.1988 ergangenen BGH-Urteils **nicht mehr haltbar**: Sind mehrere GmbH-Geschäftsführer vorhanden, so trifft jeden von ihnen auch die Geschäftsführungspflicht im ganzen. Das gilt – so der BGH – auch für den faktischen Geschäftsführer, der **neben ordentlich bestellten Geschäftsführern** tätig ist. **488**

Besonders problematisch ist die strafrechtliche Verantwortung eines **faktischen Mitgeschäftsführers.** Eine faktische Mitgeschäftsführung liegt vor, wenn jemand neben dem ordnungsgemäß bestellten Geschäftsführer Geschäftsführungsaufgaben wahrnimmt (vgl. Hildesheim, Die strafrechtliche Verantwortung des faktischen Mitgeschäftsführers in der Rechtsprechung des BGH, wistra 1993 S. 166). **489**

2. KAPITEL: Haftung und strafrechtliche Verantwortlichkeit

Der BGH hat in seiner Entscheidung vom 22.9.1982 (3 StR 287/82, BGHSt 31 S. 118) die Strafbarkeit eines faktischen Mitgeschäftsführers bejaht, wenn

- eine tatsächliche Geschäftsführung vorlag,
- der tatsächliche Geschäftsführer eine **überragende Stellung** einnahm, z. B. die unternehmerischen Grundentscheidungen allein trifft oder aber in einer Weise mitbestimmt, daß bei einem Vergleich mit dem eingetragenen Geschäftsführer letzterer nur eine untergeordnete Rolle spielt.

490 In weiteren Entscheidungen (BGH, 12.11.1986 – 3 StR 405/86, wistra 1987 S. 147 und 8.11.1989 – 3 StR 249/89, wistra 1990 S. 97) wird nicht von einer überragenden Stellung des faktischen Geschäftsführers gesprochen, sondern von einem bloßen **Übergewicht** des faktischen Geschäftsführers gegenüber dem formell bestellten Geschäftsführer. Entsprechend dieser und einer Entscheidung des BayObLG (29.1.1991 – BReg. 4 St 9/91, wistra 1991 S. 195) wird man aber davon ausgehen können, daß ein bestimmtes **Übergewicht** vorhanden sein muß. Der BGH läßt es in seiner Entscheidung vom 21.3.1988 (II ZR 194/87, NJW 1988 S. 1789) für den Bereich des Zivilrechts (§§ 130a, 117a HGB, § 64 GmbHG) genügen, wenn der tatsächliche Geschäftsführer die Geschäfte neben dem bestellten wie ein Geschäftsführer oder Mitgeschäftsführer führt. Das Zivilrecht darf aber für das Strafrecht kein Maßstab sein.

Die Rechtsprechung des BGH wird ausführlich dargestellt von Hildesheim, Die strafrechtliche Verantwortung des faktischen Mitgeschäftsführers in der Rechtsprechung des BGH, wistra 1993 S. 166.

490.1 Allerdings kann ein faktischer Geschäftsführer einer GmbH, der aus dieser als Gesellschafter **ausgeschieden** ist, nicht mehr für die steuerlichen Angelegenheiten der GmbH verantwortlich gemacht werden (BGH, 4.2.1997 – 5 StR 680/96, HFR 1997 S. 775).

3. SANIERUNGSBEMÜHUNGEN UND INSOLVENZSTRAFTATEN

491 Wird die Unternehmenskrise durch Sanierungsbemühungen überwunden, so entfällt eine Strafbarkeit wegen eines Bankrottdeliktes nach den §§ 283 ff. StGB.

Die Überwindung der Krise beseitigt aber nicht die Strafbarkeit des Geschäftsführers nach § 84 GmbHG (für den Geschäftsführer einer GmbH & Co. KG nach § 130b HGB), wenn die 3-Wochen-Frist überschritten wurde; eine geglückte Sanierung wird sich dann aber auf die Strafzumessung auswirken.

III. ABHEBUNGEN VON GESCHÄFTSKONTEN

492 Der Geschäftsführer einer sanierungsbedürftigen GmbH kann bei Abhebungen von Geschäftskonten in mehrfacher Weise u. U. strafrechtliche Schwierigkeiten bekommen:

Überweist er sich sein Gehalt oder ein Entgelt für geleistete Überstunden, für Miete ihm gehöriger Gegenstände etc., so kann er ggf. wegen Untreue belangt werden, wenn ihm nachgewiesen werden kann, daß er die ihm eingeräumte **Befugnis**, über fremdes Vermögen zu verfügen, **mißbraucht** hat (BGH, 4.4.1979 – 3 StR 488/78, BGHSt 28 S. 371). Dabei kann ein Mißbrauch schon dann vorliegen, wenn der Geschäftsführer in der Krise sein **überhöhtes Gehalt nicht herabsetzt** (Tiedemann, GmbH-Strafrecht, Erläuterung der §§ 82–85 GmbHG und ergänzender Vorschriften, Köln, 3. Aufl. 1995, § 82 Rz. 17).

Selbst wenn die **Gesellschafter** das Verhalten des Geschäftsführers **billigen,** kann im Einzelfall ein strafrechtliches Verhalten vorliegen, z.B. wenn die Vermögensverschiebung bei der GmbH unter Mißachtung der Pflicht nach § 41 GmbHG durch Falsch- oder Nichtbuchen verschleiert und die Zustimmung unter Mißbrauch der Gesellschafterstellung erteilt wird. Dies gilt selbst dann, wenn das nach § 30 GmbHG geschützte Stammkapital der GmbH unmittelbar nicht angegriffen wird (BGH, 29.5.1987 – 3 StR 242/86, GmbHR 1987 S. 464).

Auch wenn der Geschäftsführer gleichzeitig **Alleingesellschafter** ist, kann er sich der Untreue (§ 266 StGB) gegenüber der GmbH schuldig machen. Denn das Vermögen einer GmbH ist Fremdvermögen für die Anteilseigner, auch wenn alle Anteile in einer Hand vereinigt sind (BGH, 24.6.1952 – 1 StR 153/52, BGHSt 3 S. 32). 493

Beim **Abheben von Geschäftskonten** zu seinen Gunsten kann ein Geschäftsführer nicht nur den Tatbestand der Untreue (§ 266 StBG) verwirklichen, sondern auch den Tatbestand des **Bankrotts** (§ 283 Abs. 1 Satz 1 StGB: Beiseiteschaffen). Allerdings ist zu unterscheiden, ob der Geschäftsführer ausschließlich **eigennützig** gehandelt hat oder ob er auch die Interessen der GmbH wahrgenommen hat (BGH, 20.5.1981 – 3 StR 94/81, GmbHR 1982 S. 131). Hat der Geschäftsführer ausschließlich eigennützig gehandelt, z.B. weil er die Gelder für sich nur abgehoben hat, um bei einem Zusammenbruch der GmbH „nicht mit leeren Taschen dazustehen", so kommt nur Untreue, nicht der Bankrott in Betracht. Dabei ist die Anwendung der wirtschaftlichen Betrachtungsweise geboten. Tateinheit zwischen Untreue und Bankrott kann demnach nur vorliegen, wenn der Geschäftsführer durch ein und dieselbe Handlung sowohl im Interesse der GmbH als auch zu deren Nachteil tätig wird, wie etwa dann, wenn er einen Geldbetrag im Wege der Überweisung vom Konto der GmbH in der Absicht beiseite schafft, ihn teils für die Gesellschaft und teils unrechtmäßigerweise für sich zu verwenden. 494

Beim Abheben von Gesellschaftskonten kann der Geschäftsführer auch **Gläubigerbegünstigung** (§ 283c StGB) begehen. Die Rechtsprechung geht davon aus, daß die Gläubigerbegünstigung lex specialis zum Tatbestand des Bankrotts durch Beiseiteschaffen gemäß § 283 Abs. 1 Nr. 1 StGB ist (Nachweise bei Richter, Der Konkurs der GmbH aus der Sicht der Strafrechtspraxis, GmbHR 1984 S. 146). 495

IV. ANGABEN AUF GESCHÄFTSBRIEFEN

Auf allen Geschäftsbriefen der GmbH, die an einen bestimmten Empfänger gerichtet sind, müssen verschiedene **Angaben** gemacht werden (§ 35a GmbHG: Rechtsform, Sitz, Registergericht, HR B-Nummer, Name des Geschäftsführers, Name des Aufsichtsratsvorsitzenden). Diese Verpflichtung gilt auch für die GmbH & Co. KG (§ 125a HGB). § 35a GmbHG wendet sich an die Geschäftsführer. § 71 Abs. 5 GmbHG i.d.F. des Bilanzrichtliniengesetzes beinhaltet ähnliche Bestimmungen und wendet sich an die Liquidatoren. 496

Kommen die Geschäftsführer/Liquidatoren ihren Verpflichtungen aus § 35a GmbHG (§ 125a HGB, § 71 Abs. 5 GmbHG) nicht nach, kann das Registergericht gegen sie **Zwangsgelder** festsetzen (§ 79 GmbHG) und zwar bis maximal 10 000 DM; sie können aber beliebig oft festgesetzt werden. Dieses Zwangsgeld ist weder Strafe noch Bußgeld, sondern ein **Beugemittel**. Das Zwangsgeld ist von dem Geschäftsführer/Liquidator zu entrichten, und gegen ihn kann vollstreckt werden. Allerdings ist eine Umwandlung des Zwangsgeldes in eine Beugehaft nicht zulässig. 497

V. VERLETZUNG DER GEHEIMHALTUNGSPFLICHT

498 Seit 1.1.1981 wird gemäß § 85 GmbHG ein Geschäftsführer bestraft, der ein Geheimnis, namentlich ein Betriebs- oder Geschäftsgeheimnis, unbefugt offenbart.

§ 85 GmbHG schützt die Interessen der GmbH und ihrer Gesellschafter. Nicht geschützt werden mögliche Interessen von Gesellschaftsgläubigern. Das ergibt sich auch daraus, daß § 85 GmbHG einen **Antrag** der **Gesellschaft** voraussetzt (§ 85 Abs. 3 Satz 1 GmbHG). Die nach § 85 GmbHG strafbare Tat (Freiheits- oder Geldstrafe) kennt 2 Tatbestände:

499 Das **unbefugte Offenbaren** eines Geheimnisses (§ 85 Abs. 1 GmbHG) und die **unbefugte Verwertung** eines Geheimnisses (§ 85 Abs. 2 GmbHG). Für die Auslegung der Begriffe „Geschäfts- und Betriebsgeheimnisse" kann auf § 17 UWG zurückgegriffen werden. Während § 17 UWG auf den Bestand eines Dienstverhältnisses abstellt, greift § 85 GmbHG auch nach der Beendigung des Dienstverhältnisses. Die **Schweigepflicht überdauert** also das **Dienstverhältnis**. Auch die Veräußerung von Geschäftsanteilen hebt die Schweigepflicht des Geschäftsführers nicht auf. Erst mit der Auflösung der GmbH und Verteilung ihres Vermögens kann auch § 85 GmbHG keine Anwendung mehr finden.

Strafbar ist nur die **vorsätzliche** Offenbarung oder Verwertung eines Gesellschaftsgeheimnisses. Der Täter muß weder die Absicht haben, die GmbH zu schädigen, noch muß ein Schaden bei der GmbH eintreten. Der Geschäftsführer muß nur wissen, daß er ein Betriebsgeheimnis offenbart, das ihm in seiner Eigenschaft als Geschäftsführer bekannt wurde.

500 Gegenüber dem **Betriebsrat** und seinem Wirtschaftsausschuß ist der Geschäftsführer als gesetzlicher Vertreter der GmbH verpflichtet, Auskunft über bestimmte wirtschaftliche Angelegenheiten zu offenbaren (§ 106 BetrVG). Tut er das nicht, so handelt er ordnungswidrig (§ 121 BetrVG). Beruft sich der Geschäftsführer auf die Gefährdung von Betriebs- und Geschäftsgeheimnissen, so kann er nach dem Betriebsverfassungsgesetz jedenfalls solange nicht belangt werden, als eine Entscheidung der Einigungsstelle (§ 109 BetrVG) nicht herbeigeführt ist (OLG Karlsruhe, 7.6.1985 – 1 Ss 68/85, DB 1986 S. 387).

VI. UNTERLASSUNGSANSPRÜCHE GEGEN GESCHÄFTSFÜHRER

501 Stellt der Geschäftsführer einer GmbH **unwahre Tatsachenbehauptungen** auf, so kann er nach ständiger Rechtsprechung in rechtsähnlicher Anwendung der §§ 1004, 823 Abs. 1 und 2 BGB i.V. mit § 186 StGB auf Unterlassung verklagt werden (zuletzt OLG Koblenz, 25.4.1991 – 5 U 1209/90, NJW 1992 S. 1330).

502 Auch wenn der Geschäftsführer in einem Schriftstück, das die unwahre Behauptung beinhaltet, zum Ausdruck bringt, daß er für die GmbH tätig geworden ist, kann er neben der GmbH persönlich deliktisch auf Unterlassung in Anspruch genommen werden. Der für rechtsgeschäftliches Handeln zutreffende Rechtsgedanke, daß unternehmerbezogenes Handeln nicht dem Erklärenden zuzurechnen ist, kann für deliktisches Handeln nicht ohne weiteres übernommen werden. Anspruchsgegner des Unterlassungsanspruches ist jeder, der die beanstandete Tatsachenbehauptung aufstellt, verbreitet oder an der Verbreitung mitwirkt. Als Störer ist jeder anzusehen, der die Störung herbeigeführt hat, wobei es, wenn mehrere an der Beeinträchtigung beteiligt sind, nicht auf Art und Umfang des Tatbeitrages oder auf das Interesse des einzelnen Beteiligten an der Verwirkung der Störung ankommt.

VII. UMWELTSTRAFRECHTLICHE VERANTWORTUNG DES GESCHÄFTSFÜHRERS

Geschäftsführer sehen sich zunehmend der Gefahr strafrechtlicher Verurteilung aus Verstößen gegen **umweltrechtliche** Vorschriften ausgesetzt (Weimar, Umweltrechtliche Verantwortung des GmbH-Geschäftsführers, GmbHR 1994 S. 82). Dies gilt nicht nur bezüglich eines aktiven Tuns, sondern vor allem auch unter dem Gesichtspunkt des **Unterlassens**. Wer als Hersteller oder Vertreiber Produkte in den Verkehr bringt, die so beschaffen sind, daß deren bestimmungsgemäße Verwendung für die Verbraucher die Gefahr gesundheitlicher Schäden begründet, ist zur Schadensabwendung verpflichtet (**Garantenstellung** aus vorangegangenen Gefährdungsverhalten). Kommt er dieser Pflicht nicht nach, so haftet er für dadurch verursachte Schäden durch Unterlassen (Körperverletzung: BGH, 6.7.1990 – 2 StR 549/89, BGHSt 37 S. 106).

503

Der Gesellschafter-Geschäftsführer einer GmbH & Co. KG haftet auch abfallrechtlich als sog. Handlungsstörer für sein Verhalten im Zusammenhang mit den von ihm abgewickelten Geschäften (VG Frankfurt/M., 16.7.1996 – 9 G 1707/96 (2), DB 1997 S. 220 = GmbHR 1997 S. 310).

Bei den Umweltstraftaten (§§ 324 ff. StGB), die u. a. in der Produktion und/oder der Beseitigung gefährlicher Stoffe i. S. des Bundesimmissionsschutzgesetzes, des Abfallgesetzes etc. ihren Ursprung haben, sind zwar i. d. R. eine Vielzahl von Personen beteiligt, die strafrechtliche Verantwortung trifft letztlich aber die **Organe der GmbH** und hier in erster Linie den oder die Geschäftsführer (§ 14 Abs. 1 Nr. 1 StGB). Durch Delegation können sich die Geschäftsführer ihrer strafrechtlichen Verantwortung nur bedingt entziehen (zur umweltrechtlichen Haftung von Vorständen und Geschäftsführern vgl. Schulz, DB 1996 S. 1663).

504

Der **faktische** Geschäftsführer ist nach dem Prinzip der Generalverantwortung der Geschäftsleitung auch bei Umweltstraftaten (§§ 324 ff. StGB) heranzuziehen (Weimar, Grundprobleme und offene Fragen um den faktischen GmbH-Geschäftsführer, GmbHR 1997 S. 538).

3. KAPITEL
DER GMBH-GESCHÄFTSFÜHRER IM STEUERRECHT

A. EINKOMMENSBESTEUERUNG DER GESCHÄFTSFÜHRERBEZÜGE

I. ERFASSUNG DER EINKÜNFTE ALS ARBEITSLOHN

Nach § 19 Abs. 1 EStG gehören zu den **Einkünften aus nichtselbständiger Tätigkeit** u. a. Bezüge und Vorteile, „die für eine Beschäftigung im öffentlichen oder privaten Dienst gewährt" werden. Nach § 1 Abs. 2 und 3 LStDV, der nach der ständigen Rechtsprechung des BFH den Arbeitnehmerbegriff zutreffend auslegt, liegt ein Dienstverhältnis vor, wenn der Angestellte seine Arbeitskraft schuldet. Dies ist der Fall, wenn die tätige Person in der Betätigung ihres geschäftlichen Willens unter der Leitung des Arbeitgebers steht oder im geschäftlichen Organismus des Arbeitgebers dessen Weisungen zu folgen verpflichtet ist. **505**

Die Frage, wer Arbeitnehmer ist, ist unter Beachtung dieser Bestimmungen nach dem Gesamtbild der Verhältnisse zu beurteilen. Eine Würdigung nach dem Gesamtbild der Verhältnisse bedeutet, daß die für und gegen ein Dienstverhältnis sprechenden Merkmale gegeneinander abzuwägen sind. In diese Würdigung einzubeziehen ist auch, wie das der Beschäftigung zugrunde liegende Vertragsverhältnis ausgestaltet worden ist, sofern die Vereinbarungen ernsthaft gewollt und tatsächlich durchgeführt worden sind (BFH, 14.6.1985 – VI R 150–152/82, BStBl II 1985 S. 661).

Für eine **Arbeitnehmereigenschaft** können insbesondere folgende Merkmale sprechen: **506**

– persönliche Abhängigkeit,

– Weisungsgebundenheit hinsichtlich Ort, Zeit und Inhalt der Tätigkeit,

– feste Arbeitszeiten,

– Ausübung der Tätigkeit gleichbleibend an einem bestimmten Ort,

– feste Bezüge,

– Urlaubsanspruch,

– Anspruch auf sonstige Sozialleistungen,

– Fortzahlung der Bezüge im Krankheitsfall,

– Überstundenvergütung,

– zeitlicher Umfang der Dienstleistungen,

– Unselbständigkeit in Organisation und Durchführung der Tätigkeit,

– kein Unternehmerrisiko,

– keine Unternehmerinitiative,

– kein Kapitaleinsatz,

– keine Pflicht zur Beschaffung von Arbeitsmitteln,

– Notwendigkeit der engen ständigen Zusammenarbeit mit anderen Mitarbeitern,

– Eingliederung in den Betrieb,

– Schulden der Arbeitskraft und nicht eines Arbeitserfolges.

Da es auf das Gesamtbild der Verhältnisse ankommt, kann folglich nicht mit Rücksicht auf das Vorliegen eines dieser Merkmale die Arbeitnehmereigenschaft im Einzelfall eindeutig bejaht oder verneint werden.

3. KAPITEL: Der GmbH-Geschäftsführer im Steuerrecht

507 Der **Geschäftsführer** einer GmbH ist auch dann deren Arbeitnehmer, wenn er lediglich seine bisherige Berufserfahrung der GmbH zur Verfügung stellen soll, hierbei nicht an eine bestimmte Arbeitszeit und einen Arbeitsort gebunden ist und die Führung der laufenden Geschäfte ausschließlich von einem anderen Geschäftsführer erledigt wird (FG Rheinland-Pfalz, 1.6.1994 – 1 K 1422/93, EFG 1995 S. 29). Erhält ein solcher „ehrenamtlicher" Geschäftsführer eine monatliche Aufwandsentschädigung, so liegt steuerpflichtiger Arbeitslohn vor (§ 19 EStG, § 1 Abs. 2 LStDV).

508 Ist die **Ehefrau einzige Gesellschafterin** der GmbH, der Ehemann Geschäftsführer und hat er gleichzeitig das Geschäftslokal der GmbH verpachtet (Wiesbadener Modell), so hat der Ehemann als Geschäftsführer trotz Erfolgsbeteiligung Einkünfte aus nichtselbständiger Tätigkeit und ist nicht Mitunternehmer (BFH, 22.10.1987 – IV R 17/84, BStBl II 1988 S. 62).

1. FREMDGESCHÄFTSFÜHRER

509 Der Fremdgeschäftsführer wird nach den vorstehend genannten Abgrenzungskriterien grundsätzlich als Arbeitnehmer einzustufen sein. Das Gehalt eines Fremdgeschäftsführers wird von der Finanzverwaltung i. d. R. als Arbeitslohn anerkannt. Dabei zählen zum lohnsteuerpflichtigen Entgelt nicht nur das Gehalt und eine eventuelle Tantieme, sondern auch alle Nebenleistungen. In § 2 LStDV sind eine Reihe von Arbeitgeberleistungen aufgeführt, die zum steuerpflichtigen Arbeitslohn eines Arbeitnehmers und damit auch eines Fremdgeschäftsführers zählen.

Auch wenn die **Leistungen** der GmbH an den Fremdgeschäftsführer **unangemessen hoch** sind, führt dies regelmäßig nicht zu einer verdeckten Gewinnausschüttung (BFH, 11.2.1987 – I R 43/83, BStBl II 1987 S. 643). Denn die Annahme einer verdeckten Gewinnausschüttung (§ 8 Abs. 3 Satz 2 KStG) setzt grundsätzlich die Beteiligung des Empfängers an der die Leistung gewährenden Körperschaft i. S. des § 20 Abs. 1 Nr. 1 EStG voraus. Nur dann, wenn der Fremdgeschäftsführer unangemessene Vergütungen erhalten würde, weil eine ihm nahestehende Person, z. B. die Ehefrau, Gesellschafterin ist, kann ausnahmsweise beim Fremdgeschäftsführer eine verdeckte Gewinnausschüttung vorliegen.

510 Aufwendungen eines Fremdgeschäftsführers, die durch die Ausübung seiner Geschäftstätigkeit entstanden sind (objektiver Zusammenhang mit dem Beruf, subjektiv müssen die Aufwendungen zur Förderung des Berufs getätigt werden), sind als **Werbungskosten** (§ 9 Abs. 1 Satz 1 EStG) abzugsfähig. Ein Werbungskostenabzug kommt jedoch nach § 12 Nr. 1 Satz 2 EStG grundsätzlich dann nicht in Betracht, wenn die Aufwendungen zwar den Beruf fördern, daneben aber auch der Lebensführung dienen, es sei denn, daß letztere Aufwendungen sich nach objektiven Maßstäben leicht von den Werbungskosten abgrenzen lassen. Deshalb hat der BFH (27.4.1990 – VI R 54/88, BFH/NV 1991 S. 85) Aufwendungen eines Fremdgeschäftsführers mit erfolgsabhängigen Einkünften anläßlich seines **25-jährigen Dienstjubiläums** für Empfänge der Kunden und Lieferanten des Arbeitgebers, des Firmenchefs und dessen Prokuristen nicht als Werbungskosten anerkannt. Denn der Geschäftsführer habe diese Aufwendungen anläßlich seines persönlichen Dienstjubiläums nicht ausschließlich zu dem Zweck getätigt, den Umsatz seines Arbeitgebers und damit seine erfolgsabhängigen Einkünfte zu steigern. Es sei im gesellschaftlichen Leben üblich, aus einem feierlichen persönlichen Anlaß (Repräsentation) Aufwendungen zu machen, zumal dann, wenn gute Einkommensverhältnisse einen entsprechenden Aufwand erlauben.

A. Einkommensbesteuerung der Geschäftsführerbezüge

2. GESELLSCHAFTER-GESCHÄFTSFÜHRER

Sowohl der beherrschende als auch der Minderheits-Gesellschafter-Geschäftsführer können Arbeitnehmer i. S. des § 1 LStDV sein. 511

Eine **beherrschende** Stellung eines GmbH-Gesellschafters liegt im Regelfall vor, wenn der Gesellschafter die Mehrheit der Stimmrechte besitzt und deshalb bei Gesellschafterversammlungen entscheidenden Einfluß ausüben kann. Im allgemeinen ist das erst der Fall, wenn der Gesellschafter, der durch Leistungen der Kapitalgesellschaft Vorteile erhält, mehr als 50 % der Stimmrechte hat (vgl. z. B. BFH, 13.12.1989 – I R 99/87, BStBl II 1990 S. 454; 26.7.1978 – I R 138/76, BStBl II 1978 S. 659; 21.10.1981 – I R 230/78, BStBl II S. 1982, 139; 8.1.1969 – I R 91/66, BStBl II 1969 S. 347). Verfügt ein Gesellschafter über 50 % oder weniger Prozent der Gesellschaftsanteile, so kann er jedoch nach ständiger Rechtsprechung einem beherrschenden Gesellschafter gleichgestellt werden, wenn er mit anderen, gleichgerichtete Interessen verfolgenden Gesellschaftern zusammenwirkt, um eine ihren Gesellschafterinteressen entsprechende Willensbildung der Kapitalgesellschaft herbeizuführen. Das jeweilige Rechtsgeschäft muß Ausdruck gleichgerichteter Interessen sein (vgl. z. B. BFH, 4.12.1991 – I R 63/90, BStBl II 1992 S. 362; 13.12.1989 – I R 45/84, BFH/NV 1990 S. 455; 28.2.1990 – I R 83/87, BStBl II 1990 S. 649; 10.3.1993 – I R 51/92, BStBl II 1993 S. 635). Es muß sich, da die verdeckte Gewinnausschüttung eine Vermögensminderung seitens der Kapitalgesellschaft voraussetzt, um gleichgerichtete materielle, d.h. finanzielle Interessen der Gesellschafter handeln (BFH, 9.4.1997 – I R 52/96, GmbHR 1997 S. 908). 511.1

Auch die Bezüge eines Gesellschafter-Geschäftsführers sind **grundsätzlich** Einkünfte aus nichtselbständiger Arbeit. So hat das FG Köln (24.1.1996 – 12 K 2444/90, GmbHR 1996 S. 474) einen mit 25 % beteiligten Gesellschafter-Geschäftsführer als Arbeitnehmer eingestuft, obwohl es in seinem Vertrag hieß, er übernehme die Geschäftsführung der GmbH als freier und selbständiger Mitarbeiter. 511.2

Selbst wenn ein **„Beratervertrag"** zwischen der GmbH und dem mehrheitlich beteiligten Gesellschafter-Geschäftsführer abgeschlossen wurde, kann die entgeltliche Geschäftsführertätigkeit unselbständig ausgeübt werden (FG Baden-Württemberg, 17.8.1988 – XII V 6/88, EFG 1989 S. 316). 512

Der BFH (6.12.1995 – I R 88/94, BStBl II 1996 S. 383) will zwar nicht jeden Beratervertrag von Anfang an ausschließen, läßt aber durchblicken, daß i.d.R. Beraterverträge nicht ernstlich gewollt sind (vgl. dazu auch Koenig, Steuerrechtliche Zulässigkeit von Beraterverträgen zwischen GmbH und Gesellschafter-Geschäftsführern, INF 1996 S. 673; Schmid, Der Allein-Gesellschafter-Geschäftsführer einer GmbH als deren freier Mitarbeiter, DStZ 1996 S. 458).

Nur **in besonderen Ausnahmefällen** ist die Arbeitnehmereigenschaft des Gesellschafter-Geschäftsführers zu verneinen (Beispiel: Hess. FG, 12.7.1979 – I 149/74, EFG 1980 S. 80; FG Hamburg, 14.12.1981 – II 17/79, EFG 1982 S. 374; vgl. auch Centrale-Gutachtendienst, GmbHR 1995 S. 581). 512.1

Wer sich als **alleiniger Gesellschafter und Geschäftsführer** einer Baubetreuungs-GmbH der Gesellschaft gegenüber ausdrücklich die Befugnis vorbehalten hat, außerhalb seiner Dienste für die GmbH selbständig, u. a. als Makler und Finanzierungsvermittler, tätig zu sein, und davon über Jahre hin wiederholt Gebrauch macht, ist insofern nicht als Arbeitnehmer, sondern **gewerblich** tätig und ist mit den Erträgen aus dieser Tätigkeit auch gewerbesteuerpflichtig (BFH, 9.3.1989 – X R 108/87, BStBl II 1989 S. 572). 513

Der GmbH-Geschäftsführer ist regelmäßig **kein selbständiger Unternehmer i. S. des UStG** (BFH, 9.10.1996 – XI R 47/96, HFR 1997 S. 420).

Er ist – ungeachtet der Regelungen in einem Anstellungsvertrag – gesellschaftsrechtlich dem Weisungsrecht der Gesellschafter unterworfen.

Soweit ein Geschäftsführer gleichwohl Umsatzsteuer der GmbH in Rechnung stellt, schuldet er diese Umsatzsteuer (§ 14 Abs. 3 Satz 1 UStG). Unabhängig hiervon ist er nicht Unternehmer i.S. des § 2 Abs. 1 und 2 Nr. 1 UStG (BFH, 22.4.1998 – V B 111/97, BFH/NV 1998 S. 1531).

513.1 Erhalten bei einer GmbH als tätiger Teilhaberin einer atypisch stillen Gesellschaft die stillen Gesellschafter, die zugleich **Geschäftsführer** der GmbH sind, für die Führung der Geschäfte der GmbH als Inhaberin des Unternehmens eine Vergütung, so sind diese Bezüge als Sondervergütung i.S. des § 15 Abs. 1 Satz 1 Nr. 2 Halbsatz 2 EStG im Rahmen der mitunternehmerischen Beteiligung an der GmbH und Still einzustufen (FG Köln, 18.6.1997 – 10 K 2413/93, EFG 1997 S. 1503; Az. BFH: VIII R 62/97).

514 Ein **schriftlicher** Arbeitsvertrag ist zwar nicht unbedingt erforderlich; vielmehr genügt es, daß das Zustandekommen eines Vertrages zwischen der GmbH und dem Gesellschafter-Geschäftsführer auf irgendeine Weise nachgewiesen wird (BFH, 18.5.1972 – I R 165/70, BStBl II 1972 S. 721). Der Nachweis einer Gehaltsvereinbarung wird insbesondere beim beherrschenden Gesellschafter-Geschäftsführer und beim Einmann-Gesellschafter-Geschäftsführer kaum zu erbringen sein.

Werden Vergütungen an den Gesellschafter-Geschäftsführer als Arbeitsentgelt verbucht und als Betriebsausgaben geltend gemacht, so obliegt es der GmbH, den Abschluß eines Dienstvertrages nachzuweisen.

515 Fehlt ein schriftlicher Dienstvertrag, so stehen nach der Rechtsprechung (BFH, 10.10.1955 – I 47/55 U, BStBl III 1955 S. 397) Zahlungen für diese Tätigkeit u.U. in Zusammenhang mit der Beteiligung. Dabei reicht aber die formalrechtliche Einkleidung in einen Anstellungsvertrag für die Anerkennung eines Dienstverhältnisses für sich allein nicht aus; es muß eine **tatsächliche Arbeitsleistung** erbracht werden.

Sind diese Voraussetzungen erfüllt, so sind die Bezüge **Betriebsausgaben** bei der GmbH, **soweit** sie **angemessen** sind (zur Angemessenheit vgl. Rz. 90–92 und 653 ff.).

516 Beträge, die eine GmbH ihren Gesellschafter-Geschäftsführern schuldet, gelten grundsätzlich **mit Fälligkeit** als i.S. des § 11 EStG **zugeflossen**; sie werden somit steuerlich nicht erst bei Auszahlung an den beherrschenden Gesellschafter-Geschäftsführer erfaßt (BFH, 11.2.1965 – IV 213/64 U, BStBl III 1965 S. 407). Davon ist ausnahmsweise abzuweichen, wenn die GmbH Mittel zur Zahlung des geschuldeten Betrages unter keinen Umständen flüssig machen kann (BFH, 22.5.1973 – VIII R 97/70, BStBl II 1973 S. 815). Das bedingt aber i.d.R. eine dauernde Unfähigkeit, die sofort zu begleichenden Geldschulden im wesentlichen zu erfüllen (= Insolvenzreife).

516.1 Hat ein beherrschender Gesellschafter-Geschäftsführer nach seinem Anstellungsvertrag Anspruch auf ein monatlich zu zahlendes Gehalt, so indiziert eine **einmalige Zahlung** des Gehalts **am Jahresende** die mangelnde Ernsthaftigkeit des Anstellungsvertrages. Das gilt auch, wenn die Stundung wegen Liquiditätsschwierigkeiten des Unternehmens erfolgte, sofern nicht eine Verzinsung vereinbart und auch die Gehälter fremder Angestellter gestundet wurden (BFH, 13.11.1996 – I R 53/95, HFR 1997 S. 835 = DStZ 1997 S. 760; vgl. auch Rz. 522).

A. Einkommensbesteuerung der Geschäftsführerbezüge

Für die Frage der Beherrschung sind seit dem BVerfG-Beschluß vom 12.3.1985 (1 BvR 571/81 u.a., BVerfGE 69 S. 188 = BStBl II 1985 S. 475) zur Betriebsaufspaltung **Ehegattenanteile** (und die Anteile minderjähriger Kinder) nicht mehr zusammenzurechnen (BFH, 14.6.1985 – VI R 127/81, BStBl II 1986 S. 62).

Überläßt eine GmbH eine ihr von einem Geschäftspartner zugesprochene Incentive-Reise ihren zu gleichen Teilen beteiligten Gesellschafter-Geschäftsführern, die die einzigen Arbeitnehmer des Unternehmens sind, so handelt es sich wegen des leistungsbezogenen Charakters des Preises um eine **lohnsteuerpflichtige Sachzuwendung** im Rahmen des Dienstverhältnisses und nicht um eine verdeckte Gewinnausschüttung (FG Saarland, 14.7.1992 – 1 K 91/92, EFG 1992 S. 765).

517

518

II. ZUSAMMENSETZUNG DER GESCHÄFTSFÜHRERBEZÜGE

1. LAUFENDES GEHALT

Ein Geschäftsführer wird i.d.R. nur gegen laufende Vergütungen tätig (Rz. 89–92). Die **Höhe** unterliegt beim Fremdgeschäftsführer der freien Vereinbarung, beim Gesellschafter-Geschäftsführer wird die Finanzverwaltung regelmäßig die **Angemessenheit** (Rz. 653ff.) nachprüfen.

519

Die GmbH/der Geschäftsführer kann sich mit der Finanzverwaltung über die Angemessenheit der Geschäftsführer-Gesamtausstattung und einen als angemessen angesehenen Anteil der variablen Vergütung **tatsächlich verständigen**, denn es geht nicht nur um eine rechtliche Beurteilung, sondern auch um die Verständigung über tatsächliche (Vor-)Fragen, nämlich zum einen um Fixierung eines bestimmten Vergütungsrahmens nach Höhe und Zusammensetzung und zum anderen um Festlegung des Anteils auf einen bestimmten Verhältniswert (BFH, 13.8.1997 – I R 12/97, GmbHR 1998 S. 248).

Beim **beherrschenden Gesellschafter-Geschäftsführer** liegt eine verdeckte Gewinnausschüttung vor, wenn nicht von **vornherein** eindeutig und klar bestimmt ist, ob und in welcher Höhe ein Entgelt bezahlt werden soll (BFH, 28.10.1987 – I R 110/83, BStBl II 1988 S. 301): Nachzahlungsverbot (Rz. 707).

520

Bei beherrschenden Gesellschafter-Geschäftsführern, dies sind Gesellschafter, die mehr als 50% der GmbH-Anteile halten, müssen die Zuwendungen an diese, sollen sie bei der GmbH als Betriebsausgaben anerkannt werden, **vorweg** dem Grund und der Höhe nach **konkretisiert** sein (vgl. Abschn. 31 Abs. 5 KStR 1995).

Gespräche mit Gesellschaftern ersetzen nicht klare Vereinbarungen.

> **BEISPIEL:**
>
> Der beherrschende Gesellschafter-Geschäftsführer bespricht anläßlich einer Gesellschafterversammlung im Juni 1995 die Erhöhung seiner Gehaltsbezüge um 10%. Die Mitgesellschafter haben nichts dagegen. Ein Beschluß wird nicht gefaßt; auch der Anstellungsvertrag wird nicht entsprechend ergänzt.
>
> Da nicht nach **außen** deutlich erkennbar die Gehaltserhöhung vereinbart wurde, liegt in Höhe der 10%-Zuzahlung eine verdeckte Gewinnausschüttung vor.

Insbesondere wenn der beherrschende Gesellschafter-Geschäftsführer oder der Allein-Gesellschafter-Geschäftsführer noch **von** den **Beschränkungen des § 181 BGB** befreit ist, müssen Abschluß und Zeitpunkt der Vereinbarung nach außen deutlich erkennbar und nachweisbar sein (BFH, 21.7.1976 – I R 178/75, BStBl II

521

1976 S. 761; vgl. dazu auch Felix, Verdeckte Gewinnausschüttung bei Selbstkontrahieren des Einmann-Muttergesellschafter-Geschäftsführers mit einer Tochter-GmbH?, FR 1987 S. 341).

522 Grundgehalt und Nebenleistungen sind **regelmäßig** am Ende eines Monats zu bezahlen, wobei dies auch als **Abschlagszahlung** auf ein mögliches Jahresgehalt erfolgen kann.

„Unübliche" Zeiträume für Gehaltszahlungen sollte man insbesondere beim Gesellschafter-Geschäftsführer vermeiden. Wird ein monatlich zu zahlendes Gehalt erst am Jahresende bezahlt, so indiziert dies die mangelnde Ernsthaftigkeit des Vertrages (BFH, 13.11.1996 – I R 53/95, HFR 1997 S. 835 = DStZ 1997 S. 760; vgl. auch Rz. 516.1). Schon Viertel- oder Halbjahreszahlungen würde ein Fremdgeschäftsführer kaum akzeptieren.

Wird das Geschäftsführergehalt eines Gesellschafters erst bei Erstellung des Jahresabschlusses verbucht, so läßt dies – widerlegbar – auf eine nicht ernstlich gewollte Gehaltsvereinbarung und damit auf eine verdeckte Gewinnausschüttung schließen (BFH, 13.3.1997 – I B 124/96, BFH/NV 1997 S. 712).

Ist im Dienstvertrag zwischen der GmbH und ihrem **nicht beherrschenden Gesellschafter-Geschäftsführer** die Auszahlung des Gehalts erst vorgesehen, „sobald die Firma dazu in der Lage ist", so ist eine verdeckte Gewinnausschüttung anzunehmen (BFH, 13.12.1989 – I R 99/87, BB 1990 S. 902). Zwar sind hier die Grundsätze über verdeckte Gewinnausschüttungen an beherrschende Gesellschafter nicht anzuwenden, aber die Gehaltsvereinbarung entspricht nicht den Grundsätzen, die einer Vereinbarung mit fremden Arbeitnehmern zugrunde gelegt worden wären. Zum Wesen eines Arbeitsvertrages gehört es, daß der Arbeitslohn regelmäßig bezahlt wird (BFH, 14.10.1981 – I R 34/80, BStBl II 1982 S. 119).

2. TANTIEMEN

a) GEWINNTANTIEMEN

523 Als Tantieme wird nachfolgend die vertraglich fest zugesagte **Erfolgsbeteiligung** verstanden; man könnte dazu auch Jahresabschlußvergütung sagen. Davon zu unterscheiden sind **Prämien**, auf die kein Rechtsanspruch besteht, und die von der Gesellschafterversammlung nach Feststellung des Jahresabschlusses festgesetzt werden. Auf solche unverbindlichen Prämien sollte man sowohl aus Sicht des Geschäftsführers als auch der Gesellschafter **verzichten**: Für den Geschäftsführer ist die bloße Aussicht auf eine Prämie kein besonderer Leistungsanreiz, und bei Gesellschafter-Geschäftsführern führen solche Prämienzahlungen regelmäßig zu verdeckten Gewinnausschüttungen (BFH, 29.4.1992 – I R 21/90, BStBl II 1992 S. 851).

Als Leistungsanreiz für den Geschäftsführer eignet sich dagegen eine Erfolgsbeteiligung. Dies wird aber nur erreicht, wenn der am **Jahresergebnis** orientierte Bonus für den Geschäftsführer einen spürbaren Betrag ausmacht (Neumann, Tantiemevereinbarungen mit dem beherrschenden Gesellschafter-Geschäftsführer einer GmbH, GmbHR 1996 S. 740ff.).

524 Die in der Vergangenheit vielfach gezahlten Tantiemen (vgl. Tänzer, Geschäftsführer: Gehälter und Erfolgsbeteiligungen. Aktuelle Geschäftsführervergütung, GmbHR 1987 S. 343 und Aktuelle Geschäftsführervergütung in kleinen GmbH. Angemessene Geschäftsführerbezüge in Unternehmen bis 10 Mio. DM Jahresumsatz, GmbHR 1997 S. 1085), die bis zu 40% und mehr der Jahresgesamt-

A. Einkommensbesteuerung der Geschäftsführerbezüge

bezüge ausmachten, dürften nach dem BFH-Urteil vom 5.10.1994 (I R 50/94, BStBl II 1995 S. 549) zumindest für den Gesellschafter-Geschäftsführer nicht mehr möglich sein. In dieser Entscheidung hat der BFH zwar zunächst den schon bisher geltenden Grundsatz betont, daß die Bezüge und damit die Tantieme des Gesellschafter-Geschäftsführers sich an den Gewinnaussichten der GmbH auszurichten haben. Darüber hinaus hat der BFH aber festgeschrieben, daß

- ein Tantiemeprozentsatz von **über 50 % des Jahresüberschusses** der GmbH nach dem Beweis des ersten Anscheins bereits als verdeckte Gewinnausschüttung anzusehen ist (das FG Niedersachsen hat eine Tantieme von 80 % des steuerlichen Jahresgewinns, vor Berücksichtigung der Umsatzsteuer und Gewerbesteuer, trotz hohen Arbeitseinsatzes des Gesellschafter-Geschäftsführers und zu erwartender Anlaufverluste, als unangemessen angesehen, 18.2.1997 – VI 119/94, EFG 1997 S. 1050),

- bei der Angemessenheit einer Gewinntantieme von der Höhe der angemessenen **Jahresgesamtbezüge** auszugehen ist; diese Jahresgesamtbezüge sind in ein Festgehalt – i.d.R. 75 % – und einen Tantiemeanteil – i.d.R. höchstens 25 % – aufzuteilen (nach Auffassung des FG Baden-Württemberg, 18.2.1998 – 5 K 255/97, BB 1998 S. 945 ist bei der Ermittlung der 75 %-Grenze eine Direktversicherung zu berücksichtigen).

Nach der BFH-Vorstellung soll alle 3 Jahre eine Neuberechnung der Gehaltszusammensetzung (mindestens 75 % Festbezüge zu maximal 25 % Tantieme) erfolgen. 525

1. Schritt: Die angemessenen (Rz. 653 ff.) jährlichen **Gesamtbezüge** des Gesellschafter-Geschäftsführers sind für die nächsten 3 Jahre zu prognostizieren. Hierzu ist auf die schon bisher angewandten Methoden zurückzugreifen.

2. Schritt: Der in den nächsten 3 Jahren zu erwartende „Gewinn vor Abzug von Körperschaft-, Gewerbeertragsteuer und Geschäftsführervergütungen" ist festzulegen. Die Tantieme ist prozentual so darzustellen, daß die 25 % der Gesamtbezüge nicht überschritten werden. Das ergibt folgende Formel:

$$\text{Tantieme } X = \frac{\textbf{Jahresgesamtbezüge} \times \textbf{0,25}}{\text{Bemessungsgrundlage (z.B. Gewinn vor Abzug von KSt, GewErtSt und Geschäftsführer-Vergütungen)}}.$$

Vgl. auch Abschn. 33 Abs. 2 KStR 1995 und BMF-Schreiben v. 5.1.1998 – IV B 7 – S 2742 – 1/98, BStBl I 1998 S. 90 = GmbHR 1998 S. 256 = DStR 1998 S. 248.

Der Prozentsatz von 50 % ist ein Richtwert. Seine Überschreitung muß nicht automatisch zur verdeckten Gewinnausschüttung führen (Neyer, Vereinbarung einer Gewinntantieme: Zur Überschreitung des Richtwerts von 50 %, DStR 1998 S. 229), wenn auch die Finanzverwaltung hierzu tendiert. Allerdings räumt auch sie in ihrem Schreiben vom 5.1.1998 ein, daß für die Gründungsphase, bei vorübergehenden wirtschaftlichen Schwierigkeiten, bei stark risikobehafteten Geschäftszweigen oder ausgeprägter Personenbezogenheit eine Abweichung von dem Verhältnis 75 % zu 50 % nicht generell ausgeschlossen werden kann. 525.1

Ist die Tantieme nach den vorstehend wiedergegebenen Berechnungsmethoden zu hoch, so liegt nicht insgesamt eine verdeckte Gewinnausschüttung vor. Nur der **unangemessen** hohe Tantiemeanteil ist verdeckte Gewinnausschüttung (BFH, 5.10.1994 – I R 50/94, BStBl II 1995 S. 549; 12.10.1995 – I R 27/95, BB 1996 S. 250; vgl. auch Tänzer, Die aktuelle Vergütung der GmbH-Gesellschafter-Geschäftsführer – welche Fixbezüge und Tantieme sind angemessen?, GmbHR 1996 S. 40). 526

527 Die Finanzverwaltung wird das BFH-Urteil vom 5.10.1994 (I R 50/94, BStBl II 1995 S. 549) in allen noch nicht bestandskräftigen Fällen anwenden. Allerdings wird eine **Übergangsregelung** eingeräumt (BMF-Schreiben, 3.1.1996 – IV B 7 – S 2742 – 71/95, BStBl I 1996 S. 53): Gewinntantiemen für vor dem 1.1.1997 endende Wirtschaftsjahre, die auf einer vor dem 30.8.1995 zivilrechtlich wirksam zustande gekommenen Vereinbarung beruhen, werden nicht deshalb als verdeckte Gewinnausschüttungen behandelt, weil sie den Grundsätzen des BFH-Urteils vom 5.10.1994 nicht entsprechen. Anpassungen waren also bis spätestens 31.12.1996 vorzunehmen.

528 Die Finanzverwaltung hat sich inzwischen dazu entschlossen, die Übergangsregelung sowohl auf die 50%-Grenze als auch auf den Aufteilungsmaßstab 75% zu 25% anzuwenden (Erlaß Sachsen, 20.6.1996 – 33 – S 2742 – 25/12 – 35540, GmbHR 1996 S. 797). Damit sind Verfügungen von einzelnen OFDs (z.B. Rostock, 26.4.1996 – S 2742 – 1/96 – St 241, GmbHR 1996 S. 557; vgl. Neyer, Rechnerische Obergrenzen für Gewinntantiemen – keine Schonzeit für Altfälle?, DStR 1996 S. 1477) hinfällig, die Übergangsregelung betreffe allein die 25%-Grenze (so auch OFD Hannover, 28.10.1996 – S 2742 – 175 – StH 231 / S 2742 – 91 – StO 214, BB 1996 S. 2565).

529 **Beispiel** für die vorausschauende Besprechung einer angemessenen Gewinntantieme:

Abschluß der Tantiemevereinbarung 1996:

erwarteter Gewinn	800 000 DM
angemessene Gesamtbezüge	200 000 DM
davon Festgehalt (75%)	150 000 DM
Gewinntantieme (6,25% von 800 000 DM)	50 000 DM

Ergebnisse 1998:

Gewinn vor Steuern	2 000 000 DM
Festgehalt	150 000 DM
Gewinntantieme (= 6,25% von 2 Mio. DM)	125 000 DM
Gesamtbezüge (= 13,75% des Gewinns)	275 000 DM

Die Tantieme beträgt 45,45% der gesamten Geschäftsführervergütung; sie ist aber angemessen (ebenso Natschke, Nebenleistungen zum Gehalt eines GmbH-Geschäftsführers als verdeckte Gewinnausschüttungen, BB 1996 S. 771).

Ergebnisse 1999:

Gewinn vor Steuern	400 000 DM
Festgehalt	150 000 DM
Gewinntantieme (6,25% von 400 000 DM)	25 000 DM
Gesamtbezüge (= 43,75% des Gewinns)	175 000 DM

Die Tantieme beträgt 14,28% der gesamten Geschäftsführervergütung; sie ist angemessen (ebenso Plewka/Söffing, Die Entwicklung des Steuerrechts, NJW 1995 S. 3157 ff., Fußnote 27).

Entsprechende Berechnungsbeispiele finden sich auch bei Neumann, Tantiemevereinbarungen mit dem beherrschenden Gesellschafter-Geschäftsführer einer GmbH, GmbHR 1996 S. 740, 746/747 und im BMF-Schreiben v. 5.1.1998 – IV B 7 – 2742 – 1/98, BStBl I 1998 S. 90 = GmbHR 1998 S. 256.

530 Festzulegen ist auch, von welchem Jahresüberschuß auszugehen ist. Im Zweifel wird die Finanzverwaltung den handelsrechtlichen Jahresüberschuß zugrunde legen (Fritsche/Köhl, Gewinntantiemen von Gesellschafter-Geschäftsführern –

A. Einkommensbesteuerung der Geschäftsführerbezüge

Unsicherheiten bei der Auslegung und Umsetzung des BFH-Urteils vom 5.10.1994 – I R 50/94 –, GmbHR 1996 S. 677) vor Abzug der Gewinntantieme und der ertragsabhängigen Steuern.

Dabei ist festzulegen, ob die Körperschaftsteuer/Gewerbesteuer vor oder nach Tantiemeberechnung abzusetzen ist. I.d.R. muß der Gewinn um **Verlustvorträge** gemindert werden: Laut FG Saarland (10.7.1997 – 1 K 49/95, DStRE 1997 S. 964, Az. BFH: I R 88/97) liegt eine verdeckte Gewinnausschüttung vor, wenn die Bemessungsgrundlage der Tantieme gemäß Anstellungsvertrag nicht um bestehende Verlustvorträge der GmbH zu kürzen ist. Verlustrückträge gibt es dagegen handelsrechtlich nicht, weshalb sie die Tantiemeberechnung nicht beeinflussen. Verdeckte Gewinnausschüttungen dürfen eine Gewinntantieme nicht erhöhen (BFH, 26.2.1992 – I R 124/90, BStBl II 1992 S. 691).

Die Bemessungsgrundlage für die Tantieme könnte auch wie folgt ermittelt werden (vgl. auch BMF-Schreiben v. 5.1.1998, a.a.O.):

Vorläufiger Gewinn vor Abzug von Tantieme und Steuerrückstellungen
    Körperschaftsteuervorauszahlungen
    Gewerbesteuervorauszahlungen
./. Verlustvorträge
= Bemessungsgrundlage

Auf diese Bemessungsgrundlage wird der vereinbarte Prozentsatz angewandt.

531 Es muß **von vornherein** (vgl. dazu auch Neumann, a.a.O., GmbHR 1996 S. 740) eine zivilrechtlich wirksame und klar abgeschlossene Vereinbarung vorliegen (BFH, 29.7.1992 – I R 18/91, BStBl II 1993 S. 139). Das gilt auch für den Fall, daß ein Angestellter, der eine wirksame Tantiemevereinbarung hatte, später beherrschender Gesellschafter-Geschäftsführer wird. Wird hier in einem neuen Vertrag nur gesagt, die Tantiemevereinbarung sei nicht ausdrücklich geregelt, kann nicht auf die alte Tantiemeregelung zurückgegriffen werden (FG Rheinland-Pfalz, 21.8.1995 – 5 K 1252/94, EFG 1996 S. 1121).

532 Wird dem Allein-Gesellschafter-Geschäftsführer eine Tantieme unter dem Vorbehalt des Widerrufs gewährt, so fehlt es an einer klaren **vorherigen Vereinbarung** (FG Berlin, 20.12.1995 – VIII 261/95, GmbHR 1996 S. 706); unklar ist auch, wenn als Bemessungsgrundlage „Gewinn vor Steuern" vereinbart wird. Welche Steuern sind gemeint?

Steht eine im übrigen klare Tantiemevereinbarung mit einem beherrschenden Gesellschafter-Geschäftsführer unter dem vertraglichen **Vorbehalt**, daß die Gesellschafterversammlung die Tantieme anderweitig höher oder niedriger festsetzen kann, dann besteht Unsicherheit und deshalb auch Unklarheit, ob der Tantiemeanspruch des Gesellschafter-Geschäftsführers letztlich Bestand haben wird. Deshalb ist steuerrechtlich in Höhe des Betrages der Rückstellung für die Tantieme eine verdeckte Gewinnausschüttung anzunehmen (BFH, 29.4.1992 – I R 21/90, HFR 1992 S. 645).

533 Die **Höhe der Tantieme** muß von vornherein bestimmt oder zumindest bestimmbar sein. Die Formulierung im Geschäftsführervertrag, daß im Falle eines erwirtschafteten Jahresgewinnes eine bis zu 3 Monatsgehältern betragende Tantieme ausgezahlt werden kann, wird dem Erfordernis einer vorherigen, klaren und eindeutigen Vereinbarung zwischen der GmbH und ihrem beherrschenden Gesellschafter-Geschäftsführer nicht gerecht (FG Hamburg, 16.8.1989 – II 215/87, EFG 1990 S. 125). In-etwa-Beträge, die erst nach Ablauf des Geschäftsjahres genau beziffert werden sollen, genügen der geforderten Klarheit und Eindeutigkeit nicht (FG Baden-Württemberg, 19.10.1995 – 6 K 163/93, StEd 1996 S. 5).

534 Stimmt die schriftliche Vereinbarung der GmbH mit ihren beiden beherrschenden Gesellschafter-Geschäftsführern über die **Art und Weise der Berechnung einer Tantieme** ihrem objektiven Erklärungsinhalt nach nicht mit dem überein, was die Vertragsschließenden nachweislich subjektiv übereinstimmend gewollt und praktiziert haben (falsa demonstratio), so liegt im Umfang der höheren Tantiemezahlung keine verdeckte Gewinnausschüttung vor (FG Köln, 27.4.1990 – 13 K 3662/87, EFG 1990 S. 595).

535 Die vertragliche Bemessung der Tantieme eines beherrschenden Gesellschafter-Geschäftsführers nach dem „Gewinn gemäß der Grundsätze ordnungsgemäßer Buchführung unter Berücksichtigung aller steuerlich zulässigen Maßnahmen" oder nach dem „Ergebnis der Steuerbilanz" enthält keine klaren Rechtsgrundlagen für die Bemessung nach dem körperschaftsteuerlichen Einkommen zuzüglich des Aufwands für Gewerbesteuer (BFH, 1.7.1992 – I R 78/91, BStBl II 1992 S. 975; ebenso 25.3.1992 – I R 41/91, BStBl II 1992 S. 997).

536 Die Tantieme muß **zeitnah** ausbezahlt werden. Der Steuerberater ist nicht in jedem Falle verpflichtet, seinen Mandanten darauf hinzuweisen, daß eine Tantiemeauszahlung zeitnah zu deren Fälligkeitseintritt erfolgen muß (LG Köln, 23.3.1994 – 16 O 6/93, Stbg 1995 S. 90).

Wird die **vertragliche Fälligkeit** des Tantiemeanspruchs durch den beherrschenden Gesellschafter bewußt hinausgeschoben, fließen die Tantiemezahlungen dem beherrschenden Gesellschafter bereits in dem Zeitpunkt zu, in dem sie der Höhe nach feststehen (FG Münster, 2.9.1992 – 2 K 5892/88 E, EFG 1993 S. 152). Zwar entsteht ein Tantiemeanspruch grundsätzlich erst mit Feststellung des Jahresabschlusses. Ist der Tantiemeanspruch aber bereits vorher bestimmt, z.B. mit Aufstellung der Bilanz, und wird aber die vertragliche Fälligkeit bewußt hinausgeschoben, so sind die Tantiemezahlungen durch den Geschäftsführer schon zu diesem Zeitpunkt zu versteuern.

537 Vertraglich zugesagte Tantiemen unterliegen grundsätzlich nach Ausweis in der jeweiligen Jahresbilanz zum vertraglich vorgesehenen Auszahlungszeitpunkt der **Lohnsteuer** (FG Niedersachsen, 15.10.1992 – XI 259/89, EFG 1993 S. 412). Das gilt zumindest dann, wenn die Tantiemeauszahlung nach der finanziellen Situation der GmbH möglich ist.

538 In einem Beschluß vom 28.6.1993 (I B 54/93, BFH/NV 1994 S. 345) hatte der BFH darüber zu entscheiden, ob eine Tantieme, die nicht bei Feststellung des Jahresabschlusses ausbezahlt worden war, sondern 8–12 Monate später, ohne daß Liquidationsschwierigkeiten bei der GmbH vorlagen, eine verdeckte Gewinnausschüttung ist (mangelnde Ernsthaftigkeit der Tantiemevereinbarung). Der BFH hat die Sache an das Finanzgericht zurückverwiesen, dabei aber ausgeführt, daß die fehlende Durchführung dann eine ernstgemeinte Vereinbarung ist und damit einen abzugsfähigen Aufwand nicht ausschließt, wenn betriebliche Gründe vorliegen. Welche dies außer der mangelnden Liquidität sein könnten, hat der BFH aber offengelassen.

539 Einkommensminderungen aufgrund einer Vereinbarung, nach der sich der Tantiemeanspruch erhöht, wenn der anspruchsberechtigte Geschäftsführer Empfänger einer verdeckten Gewinnausschüttung ist, sind ihrerseits wieder verdeckte Gewinnausschüttungen (BFH, 26.2.1992 – I R 124/90, BStBl II 1992 S. 691).

540 Nach Auffassung des BFH vom 2.12.1992 (I R 54/91, BStBl II 1993 S. 311) ist die **Nur-Tantieme** unüblich und deshalb als verdeckte Gewinnausschüttung zu behandeln (a.A. Felix, Tätigkeitsvergütung des geschäftsführenden Einmann-GmbH-Gesellschafters in Form der Nur-Gewinntantieme, BB 1992 S. 2478). Nach

Auffassung von Brenner (Neue Rechtsprechung zu Vergütungen für den Gesellschafter-Geschäftsführer einer GmbH (Pensionszusagen, Tantiemen, Forderungsverzicht), DStZ 1996 S. 65) ist die vorgenannte BFH-Entscheidung insofern problematisch, da die 40% Nur-Gewinntantieme durch eine Mindest- und Höchstvergütung begrenzt war und – wegen günstiger Gewinnentwicklung der GmbH – jeweils nur der Höchstbetrag bezahlt wurde.

Sind **mehrere Geschäftsführer** vorhanden, so kann die Tantieme genauso wie das Grundgehalt bei jedem einzelnen Geschäftsführer sowohl dem Grunde als auch der Höhe nach verschieden ausgestaltet sein. 541

Werden Erfolgstantiemen bezahlt und bewirtet der Fremdgeschäftsführer anläßlich eines Dienstjubiläums Kunden seines Arbeitgebers, ohne daß er diese Kosten ersetzt bekommt, so sind diese Kosten für ihn **Werbungskosten,** selbst wenn die Bewirtung in seiner Wohnung stattfindet (FG Berlin, 9.2.1988 – VII 148/86, EFG 1988 S. 356). 542

b) GARANTIE-, FEST- UND UMSATZTANTIEMEN

Bei Zusage einer Tantieme ist in dem Anstellungsvertrag auch die **Berechnungsgrundlage** für die Erfolgsbeteiligung anzugeben (Handelsbilanzgewinn, Steuerbilanzgewinn vor oder nach Steuern, Umsatz etc.). 543

Darüber hinaus werden sehr oft **Mindest-** und/oder **Höchstgrenzen** für die Tantieme angegeben, z.B. 10% vom Steuerbilanzgewinn vor Körperschaftsteuer, mindestens aber 10000 DM oder höchstens 100000 DM; in solchen Fällen spricht man von **Garantietantiemen**.

Festtantiemen sind weniger häufig anzutreffen, da die Tantieme sich ja am Erfolg des Unternehmens orientieren soll. Bei Geschäftsführern in Probedienstverhältnissen oder bei sog. Krisen-Geschäftsführern findet man aber ab und zu auch Festtantiemen.

Umsatzbezogene Tantiemen sind steuerrechtlich umstritten: 544

Zivilrechtlich sind **Umsatztantiemen** jedoch ohne weiteres zulässig, auch für Gesellschafter-Geschäftsführer (Felix, Umsatztantieme als Teil der Tätigkeitsbezüge geschäftsführender GmbH-Gesellschafter, BB 1988 S. 277). Das ergibt sich aus dem Grundsatz der im Zivilrecht herrschenden **Vertragsfreiheit** (BGH, 4.10.1976 – II ZR 204/74, WM 1976 S. 1226).

Ertragsteuerrechtlich bestehen bei umsatzabhängigen Tantiemen für Gesellschafter-Geschäftsführer durch die Finanzverwaltung noch größere Gefahren (verdeckte Gewinnausschüttung) als bei erfolgsabhängigen Tantiemen. Der BFH (5.10.1977 – I R 230/75, BStBl II 1978 S. 234) ließ zunächst umsatzabhängige Tantiemen zu, stellte aber darauf ab, ob es bei der Art und Größe eines Unternehmens **branchenüblich** ist, umsatzabhängige Vergütungen an Geschäftsführer zu bezahlen.

Seit einigen Jahren geht der BFH (28.6.1989 – I R 89/85, BStBl II 1989 S. 854; 19.5.1993 – I R 83/92, BFH/NV 1994 S. 124; 30.8.1995 – I B 114/94, BB 1996 S. 513; 20.9.1995 – I R 130/94, GmbHR 1996 S. 301; 26.10.1995 – I B 50/95, BFH/NV 1996 S. 438) davon aus, daß umsatzabhängige Tantiemen an Geschäftsführer nur in **Ausnahmefällen** versprochen werden. Normalerweise, so der BFH, würde eine dem Gesellschafter-Geschäftsführer zugesagte Tantieme aus einem Anteil am Jahresgewinn bestehen. Deshalb könnten umsatzabhängige Tantiemen steuerrechtlich nur ausnahmsweise berücksichtigt werden. Dies setze besondere 545

Gründe voraus. Diese besonderen Gründe seien von demjenigen darzulegen, der die steuerrechtliche Anerkennung der unüblichen Gestaltung begehe.

In einem vom BFH entschiedenen Fall handelte es sich um eine GmbH-Neugründung. Gerade hier muß ein ordentlicher und gewissenhafter Geschäftsleiter äußerste Zurückhaltung bei dem Versprechen einer Umsatztantieme üben. Zeigt die spätere wirtschaftliche Entwicklung, daß die versprochene Umsatztantieme den ganz überwiegenden Teil des Gewinns absaugt, so ist dies ein Anhaltspunkt dafür, daß das Tantiemeversprechen von Anfang an unangemessen war.

546 In seiner Entscheidung vom 19.5.1993 (I R 73/92, BFH/NV 1994 S. 124) hat der BFH den **Ausnahmecharakter einer Umsatztantieme** für einen Gesellschafter-Geschäftsführer betont, gleichzeitig aber in dem entschiedenen Fall die Umsatztantieme gebilligt, da

- die Gesamtbezüge angemessen waren (Umsatztantieme: 2% vom Umsatz, bei einem Jahresfehlbetrag sollte der Geschäftsführer nur 120 000 DM/Jahr erhalten),
- die GmbH noch in der Aufbau- bzw. Übergangsphase war,
- der Geschäftsführer im Zeitpunkt der Zusage bereits 65 Jahre alt, ein Ausscheiden also absehbar war, und von ihm in der Aufbauphase initiierte Erfolge ihm in den künftigen Jahren nicht mehr zugute kommen.

Der BFH weist aber darauf hin, daß die GmbH bei Gewährung einer Umsatztantieme in der Aufbauphase durch eine entsprechende Vereinbarung mit dem Gesellschafter-Geschäftsführer sicherstellen muß, daß die Zahlung der Umsatztantieme tatsächlich auf die Dauer der Aufbauphase beschränkt bleibt (z. B. durch eine Revisionsklausel, durch zeitliche Beschränkung im Anstellungsvertrag). Auch seien die eingeschränkten Erkenntnismöglichkeiten über die künftige Umsatzentwicklung in einer Aufbau- oder Übergangsphase angemessen bei der Gestaltung der Umsatztantieme (Bemessung der Prozentsätze, Festlegung von Höchstgrenze) zu berücksichtigen.

547 Bei Vereinbarung von **Umsatztantiemen**

- sollte eine **zeitliche Begrenzung** (Aufbauphase) vertraglich festgelegt werden, z.B. „Der Anspruch auf die Umsatztantieme besteht nur während der Aufbauphase der GmbH, die mit Abschluß des 31.12.2000 endet";
- sollten diese der **Höhe** nach limitiert sein, z.B. „5% des Umsatzes i.S. des § 277 Abs. 1 HGB nach Abzug von Erlösschmälerungen und Umsatzsteuer, höchstens jedoch 100 000 DM";
- sollte darauf geachtet werden, daß insbesondere Geschäftsführer eine Umsatztantieme erhalten, die für den **Vertrieb** zuständig sind;
- sollte die **Branchenüblichkeit** beachtet werden: Beweisanzeichen.

(Vgl. auch Amelung, Umsatztantiemen für GmbH-Gesellschafter-Geschäftsführer, INF 1995 S. 332ff.; Schuhmann, Ist eine Umsatztantieme durchsetzbar?, GmbHR 1996 S. 108; Ditges/Graß, Verdeckte Gewinnausschüttung durch Umsatztantieme – status quo, BB 1996 S. 509.)

Auch die Finanzgerichte verhalten sich ablehnend zu Umsatztantiemen (vgl. FG München, 30.4.1998 – 7 K 3424/94, GmbHR 1998 S. 1136; FG Berlin, 23.3.1998 – 8 K 8303/97, EFG 1998 S. 1218 für das Beitrittsgebiet). Zwischenzeitlich gilt die Rechtsprechung (BFH, 20.8.1997 – I B 128/96, GmbHR 1998 S. 148) soweit, daß auch bei Nichtgeltendmachung einer Umsatztantieme, die in der Steuerbilanz passiviert ist, eine verdeckte Gewinnausschüttung vorliegt.

A. Einkommensbesteuerung der Geschäftsführerbezüge

Keine Umsatztantiemen sind **rohgewinnbezogene Tantiemen** (BFH, 31.5.1995 – I S 2/95, BFH/NV 1996 S. 178). Das Anknüpfen an den Rohgewinn bedeutet das Einbeziehen von Aufwandspositionen in die Bemessungsgrundlage der Vergütung. Insoweit besteht ein wesentlicher Unterschied zur Umsatztantieme.

548

Ebenso BFH (25.10.1995 – I R 9/95, GmbHR 1996 S. 299) der ausdrücklich betont, daß eine Rohgewinntantieme nicht mit einer Umsatztantieme vergleichbar sei (a. A. Neumann, Tantiemevereinbarungen mit dem beherrschenden Gesellschafter-Geschäftsführer einer GmbH, GmbHR 1996 S. 740 ff., 824).

Die Finanzverwaltung hat mit BMF-Schreiben vom 13.10.1997 (IV B 7 – S 2742 – 74/97, GmbHR 1997 S. 1117) auf die BFH-Entscheidung vom 25.10.1995 mit einem teilweisen Nichtanwendungserlaß reagiert: Danach sind die BFH-Grundsätze nicht über den entschiedenen Einzelfall hinaus anzuwenden, soweit der BFH eine „Nur-Rohgewinntantieme" steuerlich grundsätzlich als Geschäftsführervergütung anerkennt.

c) TANTIEMEN MIT ANPASSUNGSKLAUSELN

Auch Tantiemen sollten nicht starr sein, sondern **erfolgsabhängig**. Allerdings darf dabei der Grundsatz, daß alle Vereinbarungen **im voraus klar und eindeutig festgelegt** sein müssen, nicht in Frage gestellt werden; andernfalls liegen verdeckte Gewinnausschüttungen vor (BFH, 30.1.1985 – I R 37/82, BStBl II 1985 S. 345). Klar und eindeutig und trotzdem erfolgsabhängig wäre eine Klausel im Anstellungsvertrag, wonach der Geschäftsführer 15% des Gewinns erhält. Anschließend ist im Anstellungsvertrag nur zu regeln, wie der Gewinn zu berechnen ist: „*Berechnungsgrundlage der Tantieme ist der Steuerbilanzgewinn, der sich vor Abzug der Tantieme für den Geschäftsführer und nach Verrechnung mit Verlustvorträgen ergibt.*"

549

Eine **Tantiemenregelung** („mindestens 10000 DM, jedoch 25% des Jahresüberschusses vor Körperschaftsteuer") **für** einen **beherrschenden Gesellschafter-Geschäftsführer** soll nach einer rechtskräftigen Entscheidung des FG Niedersachsen vom 1.3.1990 (VI 267 und 305/89, GmbHR 1991 S. 288) nicht den Anforderungen an eine klare und eindeutige, im voraus getroffene Vereinbarung entsprechen. Die Besonderheit bestand darin, daß die Ertragslage der GmbH so schlecht war, daß allein der Festbetrag (10000 DM) zur Gewinnabsaugung bei der GmbH führen würde; eine angemessene Verzinsung des eingebrachten Kapitals und der Übernahme des Haftungsrisikos wäre nicht gewährleistet.

550

Auch eine **Tantiemenregelung mit Untergrenze** (verbleibender Gewinn 5000 DM) und Höchstbetrag (höchstens 20000 DM) genügt wegen des vorhandenen Ermessensspielraums den Anforderungen an eine von vornherein klare und eindeutige Vereinbarung auch der Höhe nach nicht; entsprechende Tantiemen sind als verdeckte Gewinnausschüttungen zu behandeln (FG Niedersachsen, 6.7.1989 – VI 426/88, GmbHR 1990 S. 420).

551

Anpassungsklauseln zu Lasten des Geschäftsführers sind selten. Im Gegenteil: Meistens wird, wenn der steuerliche Gewinn die Berechnungsgrundlage ist, ausdrücklich bestimmt, daß **Änderungen des Gewinns** aufgrund von Betriebsprüfungen keine Auswirkung auf die (bereits bezahlte) Tantieme haben. Auch Unterschiede, die sich aus dem Steuerbilanzgewinn und dem danach ergehenden Steuerbescheid ergeben, bleiben in aller Regel unberücksichtigt.

552

Da es in der Praxis bei Tantiemen fast kaum Anpassungsklauseln zu Lasten von Fremdgeschäftsführern gibt, können auch bei beherrschenden Gesellschafter-Geschäftsführern keine steuerlichen Schwierigkeiten auftreten, wenn hier wie bei Fremdgeschäftsführern verfahren und z.B. vereinbart wird, daß Gewinnänderungen aufgrund von Betriebsprüfungen keine Auswirkungen haben.

3. ANPASSUNG DER GESCHÄFTSFÜHRERBEZÜGE

553 Geschäftsführerverträge (Anstellungsverträge) sind **Dauerverträge**. Deshalb empfiehlt sich aus der Sicht des Geschäftsführers, zumindest das Grundgehalt und eine eventuelle Pensionszusage von vornherein durch eine entsprechende vertragliche Vereinbarung an **steigende Lebenshaltungskosten** automatisch anzupassen. Ein Instrument hierfür sind sog. **Spannungsklauseln**. Beispielsweise wäre es möglich, das Gehalt eines Geschäftsführers an das Grundgehalt eines Ministerialdirektors zu koppeln.

Wertsicherungsklauseln sind auch nach Wegfall des § 3 WährG nur unter engen Voraussetzungen zulässig. Soweit keine Ausnahme vom Preisklauselverbot vorliegt, bedürfen Wertsicherungsklauseln der Genehmigung durch das Bundesamt für Wirtschaft (§ 2 Abs. 1 Satz 2 PaPkG i.V. mit der Preisklausel VO (BGBl. I 1998 S. 3043).

> **BEISPIEL:**
>
> In einem Anstellungsvertrag eines Geschäftsführers heißt es u.a.:
>
> „Sollte eine wesentliche Veränderung der gegenwärtigen Gehaltsverhältnisse eintreten, und zwar derart, daß das jetzt vereinbarte Gehalt der Höhe nach in einem groben Mißverhältnis zu dem Gewinn der Gesellschaft (zu den Gehältern der leitenden Angestellten) steht, so soll der Geschäftsführer berechtigt sein, eine angemessene Gehaltserhöhung zu beanspruchen."
>
> Hier liegt ein **genehmigungsfreier Leistungsvorbehalt** vor (BGH, 30.9.1970 – V ZR 39/70, BB 1970 S. 1323).

Am zweckmäßigsten erscheint eine Anpassungsformel, die auf den **Tarifvertrag** des Betriebes Bezug nimmt.

> **BEISPIEL:**
>
> „Die Bezüge des Geschäftsführers ändern sich im gleichen Verhältnis, wie sich die Gehälter in der höchsten Tarifstufe für technische Angestellte im Baugewerbetarif ändern."

554 Fehlt es an einer Regelung im Anstellungsvertrag, wonach beim Vorliegen bestimmter Kriterien eine Gehaltserhöhung vorzunehmen ist, so ist – falls im Gesellschaftsvertrag keine andere Zuständigkeit vorgesehen ist – ausschließlich die **Gesellschafterversammlung** für die Gehaltserhöhung zuständig (BGH, 25.3.1991 – II ZR 169/90, NJW 1991 S. 168). Die Finanzverwaltung hat in einem BMF-Schreiben vom 16.5.1994 (IV B 7 – S 2742 – 14/94, BStBl I 1994 S. 868 = GmbHR 1994 S. 425) aus der Zivilrechtsprechung die steuerlichen Konsequenzen gezogen: Sind bei einer Gehaltserhöhung mit dem Gesellschafter-Geschäftsführer die Grundsätze des BGH-Urteils vom 25.3.1991 nicht beachtet worden, sind vereinbarte Gehaltserhöhungen steuerlich als verdeckte Gewinnausschüttungen anzusehen (Ergänzung durch BMF-Schreiben vom 21.12.1995 – IV B 7 – S 2742 – 68/95, BStBl I 1996 S. 50 für Pensionszusagen).

555 Für vor dem 1.1.1996 gezahlte Beträge werden nicht bereits deshalb die steuerlichen Folgen einer verdeckten Gewinnausschütung gezogen, weil die zugrunde-

A. Einkommensbesteuerung der Geschäftsführerbezüge

liegende Vereinbarung nicht den verschärften Anforderungen des BGH-Urteils entspricht.

Nach einer Verfügung der OFD Hannover vom 16.12.1996 (S 2742 – 122 – StH 231/S 2742 – 49 – StO 214, GmbHR 1996 S. 388) muß für nach dem 31.12.1995 gezahlte Bezüge ein Beschluß der jetzigen Gesellschafterversammlung, der die Vertragsänderung beinhaltet, herbeigeführt werden (vgl. dazu Grönwoldt, GmbH-Geschäftsführervergütung und BMF-Übergangsregelung 1994/1996, DB 1996 S. 752).

Für die wirksame Änderung des Geschäftsführervertrages reicht es aus, daß der (Gesellschafter-)Geschäftsführer dem entsprechenden Beschluß der Gesellschafterversammlung zustimmt (BFH, 11.12.1991 – I R 49/90, BStBl II 1992 S. 434).

Fehlt es an einer vertraglichen Regelung, so kann der Geschäftsführer ggf. aus dem arbeitsrechtlichen **Gleichbehandlungsgrundsatz** ein Recht auf Anpassung seiner Bezüge haben (BFH, 14.5.1990 – II ZR 122/89, BB 1990 S. 1436). Dieser Grundsatz gilt aber nur für Geschäftsführer, die nicht oder nicht nennenswert an der Gesellschaft beteiligt sind und deshalb insoweit **arbeitnehmerähnlichen Status** haben. Dies gilt, da nach diesen Grundsätzen nur Gleiches, nicht aber Ungleiches gleich zu behandeln ist und der Geschäftsführer aufgrund seiner herausgehobenen Stellung nicht schlechthin mit „normalen" Arbeitnehmern verglichen werden kann, nur, soweit vergleichbare Fälle vorhanden sind. Als solche können nur die Behandlung von Mitgeschäftsführern und allenfalls unter bestimmten zusätzlichen Voraussetzungen leitende Angestellte der GmbH in Betracht kommen. Ein Anspruch auf Gleichbehandlung mit Geschäftsführern anderer Konzerntöchter ist ausgeschlossen, da der arbeitsrechtliche Gleichbehandlungsgrundsatz betriebs-, allenfalls unternehmensbezogen ist. Ebenso OLG Hamm, 25.3.1996 – 8 U 195/95, GmbHR 1996 S. 768: *„Bei gleich hoch beteiligten Gesellschaftern, die gleichzeitig Geschäftsführer sind und gleich hohe Vergütungen erhalten, ist die Herabsetzung der Vergütung für einen Geschäftsführer als Verstoß gegen den Gleichbehandlungsgrundsatz zu qualifizieren. Etwas anderes gilt nur dann, wenn die Gesellschafter für die Zukunft neue Maßstäbe für die Geschäftsführervergütung festlegen, die objektivierbar sind und für alle Geschäftsführer gelten."* 556

Anpassungen können sich **beim beherrschenden Gesellschafter-Geschäftsführer** auch **nach unten** empfehlen, z.B. um in einem schlechten Geschäftsjahr die Überschuldung und/oder die Zahlungsunfähigkeit zu vermeiden. Liegt ein echter **Verzicht** vor, so kann der Geschäftsführer nicht nachträglich, wenn es der GmbH wieder besser geht, den Betrag nachfordern. Anders bei der bloßen **Stundung**; die Stundung kann eine Überschuldung nicht beseitigen, allenfalls die Zahlungsunfähigkeit. 557

Ein GmbH-Geschäftsführer ist ggf. verpflichtet, einer **Herabsetzung** seiner **Bezüge** zuzustimmen, wenn die wirtschaftlichen Verhältnisse der GmbH sich wesentlich verschlechtert haben (BGH, 15.6.1992 – II ZR 88/91, BB 1992 S. 1583). Der BGH begründet dies mit der Treuepflicht des Geschäftsführers gegenüber der GmbH (Hinweis auf § 87 Abs. 2 AktG). Betroffen sind insoweit der Gesellschafter-Geschäftsführer und der Fremdgeschäftsführer (Bauder, Die Bezüge des GmbH-Geschäftsführers in Krise und Konkurs der Gesellschaft, BB 1993 S. 369). Beim Gesellschafter-Geschäftsführer kommt hinzu, daß die Auszahlung überhöhter Bezüge nicht gegen das Kapitalerhaltungsgebot (§ 30 Abs. 1 GmbHG) verstoßen darf und verbotswidrige Auszahlungen zu erstatten sind (§ 31 Abs. 1 GmbHG). 558

Bei **nachträglichem Verzicht** (vgl. auch Rz. 721) auf Gehaltsforderungen, Tantiemen etc. durch den Gesellschafter-Geschäftsführer liegt eine **verdeckte Einlage** 559 vor. Wird dagegen bereits vor der Entstehung der Gehaltsforderung auf das Gehalt verzichtet, so liegt hierin keine verdeckte Einlage (BFH, 22.11.1983 – VIII R 133/82, BB 1984 S. 513). Verzichtet ein Arbeitnehmer auf Tantiemeansprüche zugunsten anderer gleichwertiger Arbeitgeberleistungen (zeitlich begrenzte Pensionszusage), so kann darin die Vereinbarung eines Erfüllungssurrogats liegen mit der Konsequenz, daß es an einem Zufluß der ursprünglich vereinbarten Tantiemen zum ursprünglich vereinbarten Zeitpunkt fehlt (FG Rheinland-Pfalz, 26.3.1996 – 2 K 2791/93, EFG 1996 S. 1103; Az. BFH: VI R 49/96).

4. NEBENLEISTUNGEN

a) LEISTUNGEN NACH DEM VERMÖGENSBILDUNGSGESETZ

560 Leistungen nach dem Vermögensbildungsgesetz können nur **Arbeitnehmer** bis zu einem bestimmten steuerpflichtigen Einkommen erhalten. Der Begriff des Arbeitnehmers ist für das Vermögensbildungsgesetz dem Arbeitsrecht, nicht dem Steuerrecht zu entnehmen (Schieckel/Brandmüller, Kommentar zum Vermögensbildungsgesetz, Percha 1996, § 1 Anm. 1a und Anm. 5 und 6). Nicht als Arbeitnehmer i. S. dieses Gesetzes sind die **Mitglieder von Organen** anzusehen, die zur gesetzlichen Vertretung juristischer Personen berufen sind, auch wenn sie in einem Dienstverhältnis zu dem Betrieb stehen (§ 1 Abs. 3 Nr. 1 5. VermBG). Damit sind Geschäftsführer einer GmbH von den Vergünstigungen des Vermögensbildungsgesetzes ohne Rücksicht auf ihr steuerpflichtiges Einkommen ausgeschlossen. Das gilt auch für **stellvertretende** GmbH-Geschäftsführer.

b) SCHENKUNG EINES GMBH-ANTEILS

561 In der Praxis selten sind die Fälle, daß ein Geschäftsführer einen GmbH-Anteil von der GmbH selbst oder einem Gesellschafter geschenkt bekommt. Doch kommt es hin und wieder vor, daß in der Familien-GmbH der Vater (Gesellschafter) seinem Sohn (Geschäftsführer) einen oder mehrere Geschäftsanteile schenkt. Dann erhebt sich die Frage, ob dies ein **schenkungsteuerpflichtiger** Vorgang ist (§§ 1 Abs. 1 Nr. 2, 7 Abs. 1 Nr. 1 ErbStG) oder ob dadurch ein erhöhter Arbeitseinsatz des Sohnes zugunsten der GmbH abgelöst wird mit der Folge, daß es am **Bereicherungswillen** fehlt. M. E. wird im Familienbereich immer eine Schenkung vorliegen.

562 Bei einem der Schenkungsteuer unterliegenden Erwerb von GmbH-Anteilen sind Ansprüche auf erwirtschaftete, aber noch nicht ausgeschüttete Gewinne der GmbH wie folgt zu behandeln (vgl. Erlaß Saarland, 14.12.1994 – B/V 2 – 398/94 – S 3811, StEd 1995 S. 88):

1. Wird der Beschluß über die Gewinnverwendung erst **nach** dem erbschaft- oder schenkungsteuerlich maßgebenden **Stichtag** gefaßt, kann der Anspruch auf den Gewinn nicht gesondert neben dem gemeinen Wert der Anteile auf den Stichtag erfaßt werden, da sich der vor dem Stichtag erwirtschaftete Gewinn in dem nach dem Stuttgarter Verfahren ermittelten Vermögenswert der Anteile niederschlägt.

Beim Erwerb von GmbH-Anteilen durch freigebige Zuwendung sind die Gewinne des Wirtschaftsjahrs, in das die Schenkung fällt, nach § 101 Nr. 2 Halbs. 2 BGB im Innenverhältnis zeitanteilig zwischen Schenker und Beschenktem aufzuteilen. Erfüllt der Beschenkte den zivilrechtlichen Ausgleichsanspruch des Schenkers, ist der Ausgleichswert vom Wert des zugewendeten GmbH-Geschäftsanteils abzuziehen. Treffen die Beteiligten eine davon abweichende Vereinbarung, verzichtet etwa der Schenker ganz oder teilweise auf seinen Anspruch nach

§ 101 Nr. 2 Halbs. 2 BGB, entfällt insoweit ein Abzug; der ersparte Ausgleichsbetrag ist nicht neben dem Wert der übertragenen Anteile zu erfassen.

> **BEISPIEL:**
>
> Der Schenker überträgt dem Beschenkten aufgrund eines notariell beurkundeten Schenkungsvertrags vom 22.8.1992 seinen GmbH-Geschäftsanteil. Dem Beschenkten soll das Gewinnbezugsrecht ab 1.1.1992 zustehen. Am 22.9.1992 fassen die Gesellschafter den Beschluß über die Verwendung des Ergebnisses **1991.** Dabei entfällt auf den Anteil des Beschenkten ein Gewinnanspruch von 120 000 DM.
>
> Der gemeine Wert des vom Beschenkten erworbenen GmbH-Anteils ist in diesem Fall nach dem Stuttgarter Verfahren auf den Stichtag 22.8.1992 zu ermitteln. Der Gewinnanspruch **1992** steht nach der Vereinbarung der Beteiligten dem Beschenkten zu und ist nicht gesondert zu erfassen. Der Gewinnanspruch **1991** ist gegenüber dem Schenker zu erfüllen. Der Betrag von 120 000 DM ist vom Wert des Anteils abzuziehen.

2. War der Gewinnverwendungsbeschluß bereits **vor** dem schenkungsteuerlich maßgebenden **Stichtag** gefaßt worden, erfolgt keine gesonderte Erfassung, da der Gewinnanspruch weiterhin dem Schenker zusteht (FinMin Baden-Württemberg, 11.1.1995 – S 3811/2, BB 1995 S. 342). **563**

Auch wenn sich bei geschenkten GmbH-Anteilen der Schenker den **Nießbrauch** vorbehält, sind die Anteile vermögensteuerrechtlich dem Beschenkten zuzurechnen; er ist Rechtsinhaber der GmbH-Anteile (BFH, 8.7.1987 – II 212/84, BFH/NV 1988 S. 745). Ein vorbehaltener Nießbrauch gibt dem Schenker nur das Recht auf die Nutzungen (§ 1068 i.V. mit § 1030 BGB), aber kein Recht auf die Substanz der Anteile, insbesondere nicht auf die Wertsteigerungen. Daran ändert sich nichts, wenn die Abtretung geheim gehalten wird und dem Nießbraucher weiterhin das Stimmrecht in der Gesellschafterversammlung zusteht. Dadurch kann der Nießbraucher zwar die Mitverwaltungsrechte, die an sich dem Rechtsinhaber zustehen, ausüben; der Nießbraucher erhält aber keinerlei Zugriff auf die Substanz der GmbH-Anteile. Ohne einen Zugriff auf die Substanz der Anteile aber können die Anteile nicht einem anderen als dem Rechtsinhaber (= Beschenkter) zugerechnet werden.

Liegt ausnahmsweise einmal keine Schenkung vor, z.B. der Fremdgeschäftsführer erhält von der GmbH, die eigene Anteile hält oder einem Gesellschafter wegen des günstigen Jahresergebnisses, einen Anteil unentgeltlich übertragen, so ist dies als zusätzlicher Vorteil aus dem Arbeitsverhältnis zu bewerten und dafür Lohnsteuer zu entrichten. **564**

Von der Schenkung (= freigebige Zuwendung) zu unterscheiden ist die **Übertragung eines GmbH-Anteils** an einen Arbeitnehmer der GmbH, z.B. den Geschäftsführer, als lohnsteuerlich relevanter Sachverhalt. Die Bewertung richtet sich dann nach § 19a Abs. 8 EStG. Zahlen die Arbeitnehmer für die Übertragung des Geschäftsanteils nur den Nominalwert, so ist auch nur der Nominalwert der Lohnversteuerung zugrundezulegen, nicht ein nach dem Stuttgarter Verfahren ermittelter Wert. Nur wenn der Nominalwert und der Verkehrswert um mehr als 50 % differiert, kann ausnahmsweise ein höherer Wert zugrundezulegen sein. **565**

Erwirbt ein bisher nicht an der GmbH beteiligter Geschäftsführer für 200 000 DM (gemeiner Wert: 432 000 DM) vom Alleingesellschafter 10 % des Stammkapitals, so liegt keine gemischte Schenkung vor (FG Berlin, 24.4.1990 – V 308/88), sondern es handelt sich bei dem verbilligten Erwerb des GmbH-Anteils um einkommensteuerpflichtigen Arbeitslohn i.S. des § 19 EStG (FG Berlin, 25.2.1994 – III 152/91, EFG 1994 S. 929).

c) FIRMENWAGEN

566 In der Praxis haben fast alle Geschäftsführer, unabhängig von der Größe der GmbH, einen Dienstwagen, der auch **privat genutzt** werden darf (laut Tänzer, Aktuelle Geschäftsführervergütung in kleinen GmbH. Angemessene Geschäftsführerbezüge in Unternehmen bis 10 Mio. DM Jahresumsatz, GmbHR 1997 S. 1085, 85 % der Geschäftsführer einer kleinen GmbH).

Im Anstellungsvertrag kann, muß aber nicht, vereinbart werden, welchen Pkw (Marke, Größe) der Geschäftsführer fahren muß oder kann. Beim beherrschenden Gesellschafter-Geschäftsführer wird es sich empfehlen, von vornherein klare und eindeutige Vereinbarungen zu treffen, um die Gefahr verdeckter Gewinnausschüttungen zu vermeiden.

567 Wird einem beherrschenden Gesellschafter-Geschäftsführer **ohne vorherige schriftliche Vereinbarung** ein firmeneigener Pkw zur Nutzung überlassen, so liegt eine verdeckte Gewinnausschüttung vor (BFH, 5.10.1977 – I R 230/75, BStBl II 1978 S. 234). Eine Nutzungsüberlassung ohne klare und im voraus getroffene Vereinbarungen kann nicht als Sachbezug des Gesellschafter-Geschäftsführers angesehen werden. Die Gewährung eines solchen Vorteils ist unabhängig von dem verhältnismäßig geringfügigen Vorteil immer verdeckte Gewinnausschüttung. Eine Ausnahme hat der BFH bisher nur bei dienstbezogenen Fahrten, wie Fahrten zwischen Wohnung und Arbeitsstätte, unter dem Gesichtspunkt der allgemeinen Üblichkeit zugelassen (BFH, 21.8.1962 – I 255/60, BB 1963 S. 676).

Eine ausschließliche oder fast ausschließliche **betriebliche Nutzung** eines Kraftfahrzeugs durch eine Kapitalgesellschaft setzt voraus, daß die Gesellschaft das Fahrzeug ihrem Gesellschafter-Geschäftsführer außerhalb des gesellschaftsrechtlichen Verhältnisses im Rahmen eines besonderen schuldrechtlichen Vertrags, z.B. eines Anstellungs- oder Mietvertrags, zur Verfügung gestellt hat. Dafür trägt die Kapitalgesellschaft die **Feststellungslast** (BFH, 6.4.1990 – III R 2/87, BStBl II 1990 S. 752).

568 Wird der Dienstwagen auch für **private Fahrten** genutzt, so muß dieser „geldwerte Vorteil" versteuert werden. Die Finanzverwaltung räumt zur Ermittlung dieses geldwerten Vorteils seit 1.1.1996 **zwei Möglichkeiten** ein (§ 6 Abs. 1 Nr. 4 EStG; LStR 31 Abs. 7):

– Führung eines Fahrtenbuchs und Abrechnung der privat gefahrenen Kilometer (Ermittlung der auf Privatfahrten entfallenden anteiligen Gesamtkosten);

– 1 % des Gesamtkaufpreises (Listenpreis plus Sonderausstattungen plus Mehrwertsteuer) wird monatlich als geldwerter Vorteil angesetzt; zzgl. Fahrten zwischen Wohnung und Arbeitsstätte: 0,03 % des inländischen Listenpreises für jeden Kilometer der Entfernung zwischen Wohnung und Arbeitsstätte (LStR 31 Abs. 7 Nr. 1 Satz 2).

Bei der Umsatzsteuer wird die Bemessungsgrundlage durch pauschale oder kilometerbezogene Nutzungsentgelte, die vom Geschäftsführer bezahlt werden, nicht gemindert (BMF, 30.12.1997 – IV C 3-S 7102-41/97, BStBl I 1998 S. 110). Andererseits sind die Zahlungen des Geschäftsführers nicht als Entgelt zu behandeln (zur teilentgeltlichen Kfz-Überlassung an Arbeitnehmer vgl. auch Bonertz, DStR 1996 S. 735).

569 Stellt die GmbH dem Geschäftsführer auch einen **Fahrer** zur Verfügung, so ist auch der Wert der Fahrergestellung steuerlich zu erfassen (Einzelheiten siehe BMF-Schreiben, 21.1.1991 – IV B 6 – S 2353 – 5/91, BStBl I 1991 S. 157).

Der BFH hat in seinem Urteil vom 27.9.1996 (VI R 84/95, BB 1996 S. 2601) die Auffassung der Finanzverwaltung bestätigt, daß ein geldwerter Vorteil i.S. des § 19 Abs. 1 Satz 1 Nr. 1 EStG vorliegt, wenn ein Arbeitgeber seinen Geschäftsführer in einem büromäßig eingerichteten Dienstwagen mit Fahrer von der Wohnung zur Arbeitsstätte und umgekehrt unentgeltlich befördert.

Zur **Umsatzbesteuerung** der privaten Dienstwagennutzung vgl. Teubrock, INF 1997 S. 360.

Bei der Umsatzsteuer sind nach § 10 Abs. 4 Nr. 2 UStG die bei der Privatnutzung angefallenen vorsteuerentlasteten Kosten anzusetzen.

Laut Verwaltung konnte der Unternehmer aus Vereinfachungsgründen auch umsatzsteuerlich die 1%-Regelung anwenden oder anhand anderer geeigneter Unterlagen **sachgerecht schätzen** (BMF, 11.3.1997 – IV C 3 – S 7102 – 60/96, BStBl I 1997 S. 324). Diese Schätzung besteht zwecks Gleichmäßigkeit der Besteuerung regelmäßig in der 1%-Regelung, begrenzt nach oben durch die gesamt angefallenen vorsteuerentlasteten Kosten (Kostendeckelung). Für eine niedrigere Schätzung anhand anderer geeigneter Unterlagen als dem Fahrtenbuch trägt nach Ansicht der Finanzverwaltung **der Unternehmer die Feststellungslast**. Nicht sachgerecht sei die allgemeine Schätzung mit 30–35% der angefallenen Kosten (OFD Freiburg, 18.5.1998 – S 7102 A – St 271).

Das FG Münster (21.4.1998 – 15 K 8362/97 U, LEXinform Nr. 0146902 = EFG 1998 S. 1094) bekräftigte, daß ein Unternehmer, auch wenn er ertragsteuerlich die 1%-Regelung anwendet, zum **umsatzsteuerlichen** Ansatz der 1%-Regelung nicht verpflichtet ist. Die 1%-Regelung kommt danach nur in Betracht wenn

– der Unternehmer nicht oder nur unzureichend bei der Sachverhaltsermittlung mitwirkt,

– dem Finanzamt keine geeigneten Erkenntnisse für eine sachgerechte Schätzung vorliegen und

– die Anwendung der 1%-Regelung nicht zu offensichtlich unzutreffenden Ergebnissen führt.

Ab 1.4.1999 entfällt wegen der Vorsteuerkürzung auf 50% (§ 15 Abs. 1b UStG) bei Neufahrzeugen die Eigenverbrauchsteuer (§ 3 Abs. 9a Satz 2 UStG). Für bis zum 31.3.1999 angeschaffte Fahrzeuge bleibt es bei der bisherigen Regelung.

d) GEHALTSFORTZAHLUNG BEI KRANKHEIT UND TOD

Der GmbH-Geschäftsführer ist nicht Arbeitnehmer im arbeitsrechtlichen Sinn; auf ihn finden jedoch die §§ 616 ff. BGB Anwendung. Damit ist ihm auch ohne vertragliche Vereinbarung gemäß §§ 3 Abs. 1, 4 Abs. 1 EFZG bei Krankheit das Gehalt 6 Wochen weiterzuzahlen; dies gilt auch für die Nebenleistungen.

570

Vertraglich kann in Anstellungsverträgen eine **über** die **gesetzliche 6-Wochenfrist** hinausgehende Gehaltsfortzahlung bei Krankheit vereinbart werden. Üblich ist die Gehaltsfortzahlung bis zu **einem Jahr**, wobei Erfolgsbeteiligungen und Nebenleistungen nicht unbedingt auch diesen Jahreszeitraum umfassen müssen.

Eine Gehaltsfortzahlung bei Krankheit durch Berufsunfälle ist aber insbesondere beim Gesellschafter-Geschäftsführer nicht immer sinnvoll: Die Berufsgenossenschaft zahlt nur, wenn der Verletzte keinen Anspruch gegen die GmbH hat.

Vereinzelt findet man in Geschäftsführerverträgen auch den Hinweis, daß der Geschäftsführer sich in bestimmten Situationen auf Kosten der GmbH **ärztlich untersuchen** lassen kann. Verbunden ist dieses Recht dann aber meistens mit der

Auflage, die Untersuchungsbefunde der GmbH zur Verfügung zu stellen oder den untersuchenden Arzt von der Verschwiegenheitspflicht zu entbinden; solche Auflagen sollten abgelehnt werden, denn sie verletzen das Persönlichkeitsrecht des Geschäftsführers.

Solche vom Arbeitgeber finanzierten Untersuchungen, auch die der **Vorsorge** dienen, führen bei dem Geschäftsführer nicht zu steuerpflichtigem Arbeitslohn, wenn sie im ganz überwiegenden eigenbetrieblichen Interesse der GmbH durchgeführt werden (BFH, 17.9.1982 – VI R 75/79, BStBl II 1983 S. 39).

Stirbt ein Geschäftsführer, so ist es üblich, daß seiner Witwe für einen bestimmten Zeitraum das Gehalt – nicht die Tantieme und Nebenleistungen – weiterbezahlt wird. Dies gilt aber nur, wenn diese Leistungen vertraglich vereinbart werden und nicht gleichzeitig mit dem Tode des Geschäftsführers die Hinterbliebenenversorgung einsetzt.

e) MUTTERSCHUTZ, ERZIEHUNGSURLAUB

571   Das **Mutterschutzgesetz gilt** für Geschäftsführerinnen **nicht**, da sie keine Arbeitnehmerinnen i. S. des Arbeitsrechts sind. Vertraglich kann aber die Übernahme des Gesetzes zwischen der GmbH und der Geschäftsführerin ganz oder teilweise vereinbart werden. Dabei sind auch Abweichungen vom Gesetz nach oben oder unten zulässig, z. B. kann das vom Gesetz vorgeschriebene **Beschäftigungsverbot** von 6 Wochen vor der Entbindung (§ 3 Abs. 2 MuSchG) auf 8, 10, 12 Wochen erweitert, aber auch auf 4 Wochen etc. verkürzt werden.

In diesem Zusammenhang ist auch die **Gehaltsfortzahlung** während der Schwangerschaft vertraglich zu regeln. Möglich ist die Vereinbarung der vollen Gehaltsfortzahlung oder aber Zahlung des Unterschiedsbetrages zwischen dem letzten Nettogehalt und dem Mutterschaftsgeld (§ 13 MuSchG).

Durch das „Gesetz zur Änderung des Mutterschutzgesetzes" vom 20.12.1996 (BGBl. I 1996 S. 2110) wurden verschiedene Änderungen eingeführt, die auch vertraglich vereinbart werden können (siehe Figge, Mutterschutzgesetz geändert: Kleineren GmbHs können Gesamtaufwendungen für den Mutterschutz erstattet werden, GmbHR 1997 R 107/108).

f) URLAUB UND URLAUBSGELD, WEIHNACHTSGELD

572   Da der Geschäftsführer nicht Arbeitnehmer im arbeitsrechtlichen Sinne ist, **gilt** für ihn das **Bundesurlaubsgesetz** kraft Gesetzes **nicht**; die Anwendung des Bundesurlaubsgesetzes kann aber vertraglich vereinbart werden. M. E. ist die volle Übernahme des Bundesurlaubsgesetzes in den Anstellungsvertrag nicht sinnvoll. Der Urlaub sollte im Anstellungsvertrag individuell geregelt werden, und nur ergänzend sollten die Vorschriften des Bundesurlaubsgesetzes für anwendbar erklärt werden.

Die Höhe des Jahresurlaubs ist an keine Vorschriften gebunden; i. d. R. beträgt der Jahresurlaub 30 Arbeitstage. Zu regeln ist, **wer** den Urlaub dem Geschäftsführer **bewilligt**. Dies kann durch die Gesellschafterversammlung geschehen, einen Gesellschafter, den Beirat, den Aufsichtsratsvorsitzenden etc.

573   Kann der Urlaub nicht genommen werden, weil es die Lage der GmbH nicht erlaubt, so kann der **Urlaubsanspruch** mit Geld **abgegolten** werden. Beim Fremdgeschäftsführer ist hierzu eine Regelung im Dienstvertrag nicht nötig; hier kann von Fall zu Fall entschieden werden. Beim beherrschenden Gesellschafter-Geschäftsführer sollte eine mögliche **Urlaubsabfindung** aber bereits im

Anstellungsvertrag geregelt werden, um der Gefahr einer verdeckten Gewinnausschüttung vorzubeugen; allerdings scheint sich die Rechtsprechung bei Nebenleistungen hier in jüngster Zeit etwas aufzulockern (vgl. BFH, 28.10.1987 – I R 110/83, BStBl II 1988 S. 301).

Die GmbH kann dem Geschäftsführer auch einen **Kururlaub** gewähren und die Kur bezahlen; eine solche Sachzuwendung gehört grundsätzlich **nicht** zum **steuerpflichtigen Arbeitslohn,** wenn sie im überwiegenden **betrieblichen Interesse** liegt und dazu dient, die Arbeitskraft des Geschäftsführers zu erhalten oder wieder herzustellen. Diese Voraussetzungen sind nach einer Entscheidung des BFH vom 24.1.1975 (VI R 242/71, BB 1975 S. 358) bei **Kreislauftrainingskuren** erfüllt, wenn die Kur notwendig ist, und wenn sie unter ärztlicher Aufsicht in einer streng auf den Kurzweck abgestellten Weise durchgeführt wird. Allerdings ist Vorsicht geboten: Sagt die GmbH **allen** Arbeitnehmern ab einem gewissen Alter, z.B. bei Vollendung des 50. Lebensjahres, eine Kur zu, dann gehören die Kosten zum steuerpflichtigen Arbeitslohn, da hier das eigenbetriebliche Interesse hinter der Bereicherung der Arbeitnehmer rangiert. 574

Ein besonderes **Urlaubsgeld** kann einzelvertraglich vereinbart werden, ist aber nicht üblich.

Nimmt ein angestellter Geschäftsführer unentgeltlich an einer von einem Geschäftspartner seines Arbeitgebers veranstalteten und vorwiegend touristisch ausgerichteten **Reise** teil, ist der Wert des zugewendeten Vorteils als Arbeitslohn des Geschäftsführers zu erfassen (BFH, 5.7.1996 – VI R 10/96, BStBl II 1996 S. 545). 575

Die Bezahlung eines **Weihnachtsgeldes** kann einzelvertraglich vereinbart werden; i.d.R. bekommt der Geschäftsführer entweder ein Jahresgehalt, das in 12 Monatsraten ausbezahlt wird, oder ein Monatsgehalt wird 13 oder 14 mal bezahlt, wobei dann das 13. und/oder das 14. Monatsgehalt zu Weihnachten als Weihnachtsgeld ausbezahlt wird (vgl. die Entscheidung des FG Saarland, 15.11.1989 – 1 K 106/88, EFG 1990 S. 196). 576

Nach einer Entscheidung des FG Saarland vom 8.2.1994 (1 K 225/93, EFG 1994 S. 675) soll die Zahlung eines Weihnachtsgeldes in Höhe von 2 Monatsbezügen an den Gesellschafter-Geschäftsführer eine verdeckte Gewinnausschüttung sein, wenn die GmbH erst im Laufe des Jahres, in dem die Weihnachtsgratifikation erstmals bezahlt wurde, begonnen hat.

Eine im November eines Jahres erfolgte Anweisung an die Buchhaltung, „bei der Gehaltsabrechnung November zusätzliche Gehälter" zu berücksichtigen, ist keine klare, eindeutige und vorher getroffene Vereinbarung zwischen den Gesellschafter-Geschäftsführern und der Gesellschaft über die Zahlung von Weihnachtsgeld (FG Hamburg, 17.3.1997 – II 147/95, EFG 1997 S. 1051). Die verdeckte Gewinnausschüttung wird nicht dadurch beseitigt, daß fremde Angestellte der GmbH ebenfalls die Zahlung aufgrund der Anweisung an die Buchhaltung erhalten haben.

Beim Gesellschafter-Geschäftsführer ist ein bezahltes **Urlaubs- und/oder Weihnachtsgeld** nur dann keine verdeckte Gewinnausschüttung (§ 8 Abs. 3 KStG), wenn es von vornherein klar und eindeutig vereinbart ist. Nach einer Entscheidung des FG Saarland vom 5.4.1994 (1 K 102/93, EFG 1994 S. 674) liegt beim beherrschenden Gesellschafter-Geschäftsführer eine solche klare und eindeutige Vereinbarung bei folgender Formulierung im Anstellungsvertrag vor: *„Ein Urlaubsgeld und eine Weihnachtsgratifikation werden entsprechend der betrieblichen Übung bezahlt".* Voraussetzung ist aber, daß eine solche betriebliche Übung zum Zeitpunkt der Auszahlung der Beträge tatsächlich besteht. 577

g) TELEFONKOSTENERSTATTUNG, DIENSTWOHNUNG

578 Viele GmbHs richten ihren Geschäftsführern in der **Privatwohnung** einen **Telefonanschluß** ein und/oder übernehmen die Telefonkosten. Auch dies ist ein geldwerter Vorteil, den der Geschäftsführer lohnversteuern muß.

Problematisch ist die Ermittlung dieses **geldwerten Vorteils.**

579 Nach einem BMF-Schreiben vom 11.6.1990 (IV B 6 – S 2336 – 4/90, StEd 1990 S. 228) obliegt es dem Arbeitnehmer – der Geschäftsführer ist lohnsteuerrechtlich als Arbeitnehmer zu betrachten – die betrieblich veranlaßten Gesprächsgebühren anhand geeigneter Aufzeichnungen **glaubhaft** zu machen. Aufzuzeichnen sind jeweils insbesondere Tag, Gesprächsteilnehmer und Dauer des Gespräches sowie der ermittelte Betrag der Gesprächsgebühren. Dabei genügt es, wenn der Geschäftsführer Aufzeichnungen für mindestens 3 Monate führt und die Ergebnisse für die Folgezeit zugrundelegt; die Aufzeichnungen sind von der GmbH als Beleg zum Lohnkonto zu nehmen.

Fehlen geeignete Aufzeichnungen, so kann bei einem Arbeitnehmer, für den ein überdurchschnittlicher Umfang betrieblich veranlaßter Telefongespräche in der Wohnung glaubhaft gemacht wird, aus Vereinfachungsgründen der betriebliche Anteil der Gesprächsgebühren wie folgt geschätzt werden:

- wenn die Gesprächsgebühren nicht mehr als 100 DM monatlich betragen, 20 % der Gesprächsgebühren,
- wenn die Gesprächsgebühren mehr als 100 DM, aber nicht mehr als 200 DM monatlich betragen, 20 DM zuzüglich 40 % des über 100 DM hinausgehenden Teilbetrags der Gesprächsgebühren,
- wenn die Gesprächsgebühren mehr als 200 DM monatlich betragen, 60 DM zuzüglich des über 200 DM hinausgehenden Teilbetrags der Gesprächsgebühren.

Soweit mehrere Telefonnummern (mindestens 2) in der Privatwohnung des Geschäftsführers vorhanden sind, kann davon ausgegangen werden, daß nur eine privat, die übrigen geschäftlich genutzt werden.

580 Soweit die Ausgaben für betrieblich veranlaßte Telefongespräche in der Wohnung des Arbeitnehmers nach den vorstehenden Regelungen nicht vom Arbeitgeber steuerfrei ersetzt werden, können sie als **Werbungskosten** berücksichtigt werden. Zu den Werbungskosten gehört auch der berufliche Anteil der Ausgaben für den Telefonanschluß und die Telefoneinrichtung sowie der monatlichen Grundgebühr. Dieser Anteil ist aus dem Verhältnis der Zahl der beruflich und privat geführten Gespräche zu ermitteln (BFH, 21.11.1980 – VI R 202/79, BStBl II 1981 S. 131). Dabei sind auch ankommende Gespräche zu berücksichtigen (BFH, 20.5.1976 – VI R 221/74, BStBl II 1976 S. 507). Der berufliche Anteil der Telefongebühren ist grundsätzlich durch geeignete Aufzeichnungen glaubhaft zu machen.

581 Fehlen geeignete Aufzeichnungen, so kann bei einem Arbeitnehmer, für den ein überdurchschnittlicher Umfang betrieblich veranlaßter Telefongespräche in der Wohnung glaubhaft gemacht wird, aus Vereinfachungsgründen der berufliche Anteil der laufenden Telefongebühren wie folgt geschätzt werden:

- wenn die Grund- und Gesprächsgebühren nicht mehr als 130 DM monatlich betragen, 20 % des Gebührengesamtbetrags,
- wenn die Grund- und Gesprächsgebühren mehr als 130 DM, aber nicht mehr als 230 DM monatlich betragen, 26 DM zuzüglich 40 % des über 130 DM hinausgehenden Gebührenteilbetrags,

A. Einkommensbesteuerung der Geschäftsführerbezüge

– wenn die Grund- und Gesprächsgebühren mehr als 230 DM monatlich betragen, 66 DM zuzüglich des über 230 DM hinausgehenden Gebührenteilbetrags.

Zur lohnsteuerlichen Behandlung des **Autotelefons** vgl. BMF-Schreiben vom 14.10.1993 (IV B 6 – S 2336 – 9/93, BStBl I 1993 S. 908). Dabei ist zu unterscheiden, ob das Telefon im PKW der GmbH, den der Geschäftsführer nutzt, oder im eigenen PKW des Geschäftsführers angebracht ist. **582**

Eine **Dienst(Werks)wohnung** (Haus) kann im Rahmen eines Dienst- oder eines Mietvertrages überlassen werden. Die Frage spielt insbesondere bei Beendigung des Anstellungsvertrages eine Rolle. Aus der Sicht des Geschäftsführers ist aus **kündigungsschutzrechtlichen** Gründen der Abschluß eines **Mietvertrages** vorzuziehen. **583**

Der Mietzins für Dienstwohnungen liegt meistens unter den Sätzen des freien Wohnungsmarktes. Dann liegt ein geldwerter Vorteil vor, den der Geschäftsführer zu versteuern hat.

h) DARLEHEN

Bei Darlehen, die die GmbH ihren Geschäftsführern gewährt, ist streng zu unterscheiden zwischen Darlehen an Fremdgeschäftsführer und Darlehen an (beherrschende) Gesellschafter-Geschäftsführer. **584**

In beiden Fällen ist eine Darlehenshingabe ausgeschlossen, wenn die GmbH die Mittel für den Kredit aus dem **Stammkapital** nehmen muß (§§ 30, 31, 43a GmbHG).

Darlehen an **Fremdgeschäftsführer**, auch zinslose Darlehen, sind unproblematisch und brauchen nicht im Anstellungsvertrag geregelt werden, sondern können von Fall zu Fall durch die Gesellschafterversammlung für die verschiedensten Zwecke (Hauskauf, Erwerb von GmbH-Anteilen, Autokauf etc.) gewährt werden. **585**

Soweit Darlehen **zinslos** gewährt werden, liegt grundsätzlich ein **lohnzuversteuernder geldwerter Vorteil** vor.

Bei Darlehen an **Gesellschafter-Geschäftsführer** ist Vorsicht geboten, da hier die Gefahr einer verdeckten Gewinnausschüttung besteht. **586**

i) ABFINDUNGEN

Wird ein **Geschäftsführer vorzeitig** aus seinem Geschäftsführeramt **abberufen**, sein Anstellungsvertrag im gegenseitigen Einvernehmen aufgehoben, so wird häufig dem Geschäftsführer eine Abfindung gezahlt. Abfindungen sind demgemäß Zahlungen, die mit der von der GmbH veranlaßten **Auflösung** des Dienstverhältnisses in Zusammenhang stehen, also insbesondere Leistungen zum Ausgleich von Nachteilen wegen **Verlustes des Arbeitsplatzes** (BFH, 13.10.1978 – VI R 91/77, BStBl II 1979 S. 155). Die Empfehlung, mögliche Abfindungszahlungen bereits im Anstellungsvertrag zu verankern, ist nur schwer durchsetzbar, findet sich in der Praxis auch selten. **587**

Die **Höhe** der Abfindung ist zwischen dem Geschäftsführer und der GmbH frei zu vereinbaren. Eine Rolle spielt für die Höhe sicher die Länge des Dienstverhältnisses. Als **Faustregel** kann man davon ausgehen, daß pro Jahr Zugehörigkeit zur GmbH **1 Monatsgehalt** (ohne Erfolgsbeteiligung und Nebenleistungen) **netto** bezahlt wird. Ist die Erfolgsbeteiligung im Verhältnis zum Grundgehalt sehr hoch, macht z. B. die Erfolgsbeteiligung 50 % der Bezüge des Geschäftsführers aus, so werden bis zu 2 Monatsgehälter **netto** bezahlt.

588 **Steuerrechtlich** waren bisher (31.12.1998) Abfindungen bis 24 000 DM steuerfrei (§ 3 Nr. 9 EStG), wenn die Auflösung des Dienstverhältnisses vom Arbeitgeber veranlaßt oder gerichtlich ausgesprochen wurde. Die Steuerfreiheit erhöht sich auf 30 000 DM bzw. 36 000 DM, wenn der Geschäftsführer 50 bzw. 55 Jahre alt ist, und das Anstellungsverhältnis 15 bzw. 20 Jahre bestanden hat. Das gilt auch für den Fall, daß Mängel in der Geschäftsführung zwar vorliegen, diese aber nicht auf einem eindeutigen Fehlverhalten des Geschäftsführers beruhen, welche die GmbH zur Kündigung aus wichtigem Grund berechtigen würde; neben der Steuerfreiheit der Abfindung in den Grenzen des § 3 Nr. 9 EStG ist auch die Tarifermäßigung (§ 34 Abs. 2 Nr. 2 i. V. mit § 24 Nr. 1 Buchst. b EStG) zu gewähren (FG Münster, 13.8.1997 – 1 K 3455/97 E, GmbHR 1997 S. 1113).

Nach dem Steuerentlastungsgesetz 1999/2000/2002 (BGBl. I 1999 S. 402 f.) ist § 3 Nr. 9 EStG dahingehend geändert worden, daß nur noch 16 000 DM steuerfrei sind, mit Erhöhung auf 20 000 DM, wenn der Arbeitnehmer älter als 50 Jahre ist und das Dienstverhältnis mindestens 15 Jahre bestanden hat. Bei 55 Jahre und einem Dienstverhältnis von mindestens 20 Jahren soll der Höchstbetrag 24 000 DM betragen.

Soweit ein **Fremdgeschäftsführer** nach seiner Entlassung Arbeitslosengeld bezieht, muß er sich nach § 140 SGB III (ersetzt seit 1.1.1998 den seit 1.4.1997 geltenden § 115a AFG) eine Abfindung anrechnen lassen (zum Übergangszeitraum bis 6.4.1999 vgl. Rittmeyer, § 115a AFG in der Rechtsanwendung, NZS 1997 S. 516).

Eine steuerfreie Abfindung kann auch vorliegen, wenn die GmbH dem Geschäftsführer für die Zeit nach der Auflösung des Dienstverhältnisses die Beträge zahlt, auf die dieser bei Fortbestand des Dienstverhältnisses Anspruch gehabt hätte, wenn das Dienstverhältnis nicht aufgelöst worden wäre (BFH, 11.1.1980 – VI R 165/77, BStBl II 1980 S. 205).

589 Es liegt auch keine unzulässige Umgehung der Steuerpflicht i. S. des § 42 AO vor, wenn für einen **Teilbetrag** der Abfindung die Steuerfreiheit nach § 3 Nr. 9 EStG in Anspruch genommen wird (BFH, 10.10.1986 – VI R 178/83, BB 1987 S. 457).

Zur BFH-Rechtsprechung siehe auch Weber-Grellet, Neue BFH-Rechtsprechung zu Abfindungen und Entschädigungen, DStR 1996 S. 1993.

590 Abfindungen können auch **Entschädigungen** für entgangene bzw. entgehende Einnahmen i. S. des § 24 Nr. 1 Buchst. a EStG sein; sie waren bisher nur mit dem **halben Steuersatz** belastet (§ 34 Abs. 1 und 2 EStG). Voraussetzung war, daß der Geschäftsführer der Auflösung seines Dienstverhältnisses aus rechtlichen, wirtschaftlichen oder tatsächlichen Gründen zustimmen müßte. Ab dem VZ 1999 gilt die sog. „Fünftelregelung" des § 34 Abs. 1 Sätze 2–4 EStG n. F.

591 Abfindungen wegen einer **von der GmbH veranlaßten oder gerichtlich ausgesprochenen Auflösung** des Dienstverhältnisses sind bisher, soweit die Steuerfreibeträge des § 3 Nr. 9 EStG überschritten werden, als einmalig gezahltes Arbeitsentgelt der **Beitragspflicht zur Sozialversicherung** unterworfen worden. Das BAG hat am 9.11.1988 (4 AZR 433/88, NJW 1989 S. 1381) entschieden, daß Abfindungen nach §§ 9, 10 KSchG, die für den Verlust des Arbeitsplatzes gezahlt werden, auch dann nicht der Beitragspflicht zur Sozialversicherung unterliegen, wenn für sie Lohn- bzw. Einkommensteuer abzuführen ist. Begründung: Abfindungen würden für Zeiten nach dem Ende des Arbeitsverhältnisses bezahlt. Die Versicherungs- und Beitragspflicht ende jedoch grundsätzlich mit dem Ende des

Arbeitsverhältnisses, so daß Abfindungen nicht der Beitragspflicht zu unterwerfen seien.

Das BSG hat in 2 Entscheidungen vom 21.2.1990 (12 RK 20/88, BB 1990 S. 1351 und 12 RK 65/87, BB 1990 S. 1704) bestätigt, daß Abfindungen, die wegen Beendigung des Beschäftigungsverhältnisses als Entschädigung für den **Wegfall künftiger Verdienstmöglichkeiten** durch den Verlust des Arbeitsplatzes (z.B. nach §§ 9, 10 KSchG) gezahlt werden, **kein Arbeitsentgelt** sind und daher nicht der Beitragspflicht zur Kranken-, Renten- und Arbeitslosenversicherung unterliegen.

Dagegen sind Zahlungen zur Abgeltung vertraglicher **Ansprüche,** die der Arbeitnehmer **bis zum Zeitpunkt der Beendigung** der Beschäftigung erworben hat (z.B. Nachzahlungen von während der Beschäftigung erzieltem Arbeitsentgelt sowie Urlaubsentgelt) als **Arbeitsentgelt** dem beendeten Beschäftigungsverhältnis zuzuordnen. 592

Damit hat das BSG im gleichen Sinne entschieden wie das BAG am 9.11.1988 (4 AZR 433/88, BB 1989 S. 428; zum Erstattungsanspruch zu Unrecht gezahlter Beiträge vgl. die Stellungnahme der Spitzenorganisation der Sozialversicherungsträger vom 28.6.1990, BB 1990 S. 1423).

j) ZUSCHÜSSE ZUR SOZIALVERSICHERUNG

Beim **Fremdgeschäftsführer** ist der Arbeitgeberanteil zur Sozialversicherung gemäß § 3 Nr. 62 EStG steuerfrei. Dabei ist aber zu unterscheiden: Arbeitgeberanteile zur gesetzlichen **Rentenversicherung** werden aufgrund einer den Arbeitgeber unmittelbar treffenden Verpflichtung erbracht und sind daher nicht als Arbeitslohn anzusehen. Dies gilt auch für Arbeitgeberanteile, die eine GmbH aufgrund einer angenommenen Rentenversicherungspflicht ihres **Gesellschafter-Geschäftsführers** an die gesetzliche Rentenversicherung gezahlt hat (FG Rheinland-Pfalz, 9.8.1991 – 3 K 2438/90, EFG 1992 S. 115); § 3 Nr. 62 Satz 1 EStG hat nur deklaratorischen Charakter, soweit Rentenversicherungsbeiträge aufgrund einer öffentlich-rechtlichen, die GmbH selbst unmittelbar treffende Verpflichtung erbracht werden. 593

Dagegen sind Arbeitgeberanteile zur freiwilligen **Kranken- und Pflegeversicherung** des Geschäftsführers Arbeitslohn und es kommt darauf an, ob die Voraussetzungen des § 3 Nr. 62 EStG vorliegen. Bei der Krankenversicherung hat die GmbH nicht aufgrund einer eigenen gesetzlichen Verpflichtung zu bezahlen, sondern zahlt einen Zuschuß zur Krankenversicherung des Geschäftsführers. Nach § 257 Abs. 1 SGB V erhalten **freiwillig** in der gesetzlichen Krankenversicherung versicherte Beschäftigte, die nur wegen des Überschreitens der Jahresarbeitsentgeltgrenze versicherungsfrei sind, von ihrem Arbeitgeber als Beitragszuschuß einen Teil des Versicherungsbetrages. § 257 Abs. 2 SGB V regelt diesen Beitragszuschuß für Beschäftigte, die bei einem privaten Krankenversicherungsunternehmen beschäftigt sind. § 61 Abs. 1 oder § 2 SGB XI enthalten die entsprechenden Bestimmungen für die Pflegeversicherung. 594

Wer aus anderen Gründen versicherungsfrei ist oder von vornherein der Kranken- und/oder Pflegeversicherung nicht unterliegt, hat keinen Anspruch auf Beitragszuschuß (BSG, 10.3.1994, SozR 3-2500, § 257 Nr. 2 und 4). Es muß aber ein abhängiges Beschäftigungsverhältnis vorliegen. Nur **abhängige** Geschäftsführer haben sowohl Anspruch auf einen Arbeitgeberzuschuß zu ihrem Krankenversicherungsbeitrag nach § 257 SGB V als auch Anspruch auf einen Arbeitgeberzuschuß zu ihrem Pflegeversicherungsbeitrag nach § 61 Abs. 1 und 2 SGB XI (vgl. FinMin Baden-Württemberg, 8.8.1997 – 3 S 2333/19, StEd 1997 S. 646).

Diese Beiträge zur Krankenversicherung sind nur dann steuerfrei, wenn die Voraussetzungen des § 3 Nr. 62 EStG vorliegen, d.h. ein abhängiges Beschäftigungsverhältnis vorliegt. Dabei ist auf die Grundsätze des Sozialversicherungsrechts zurückzugreifen (FG Baden-Württemberg, 20.9.1996 – 9 K 65/92, EFG 1997 S. 393). Auch andere **Zukunftssicherungsausgaben** sind insoweit lohnsteuerfrei, als sie die Hälfte der Gesamtaufwendungen des Geschäftsführers nicht übersteigen und nicht höher sind, als der im Zeitpunkt der Zuschußzahlung fortfallende Anteil des Arbeitgebers am Pflichtbeitrag zur Rentenversicherung. Soweit die Leistungen der GmbH über die Höchstgrenze hinausgehen, gehören die übersteigenden Beträge zum steuerpflichtigen Arbeitslohn. Zu den Zukunftssicherungsausgaben gehören die Zuschüsse der GmbH zu den Aufwendungen des Fremdgeschäftsführers für eine Lebensversicherung, für die freiwillige Rentenversicherung und für eine öffentlich-rechtliche Versicherungs- oder Versorgungseinrichtung von Berufsgruppen, wenn der Fremdgeschäftsführer von der gesetzlichen Rentenversicherung auf **eigenen Antrag** von bestimmten Vorschriften **befreit** worden ist (siehe LStR 24 Abs. 3 Satz 1).

Nach Auffassung des FG Köln (26.9.1989 – 2 K 427/86, EFG 1990 S. 94) können Zuschüsse der GmbH zur **freiwilligen Krankenversicherung** ihres Gesellschafter-Geschäftsführers gemäß § 3 Nr. 62 EStG steuerfrei sein, *„wenn dieser nicht wenigstens über die Hälfte des Stammkapitals der Gesellschaft verfügt und auch nicht seine Geschäftsführertätigkeit frei gestalten kann."*

595 Die **Steuerfreiheit der Zuschüsse beschränkt** sich nach § 3 Nr. 62 Satz 3 EStG auf den Betrag, den die GmbH als Arbeitgeberanteil zur **gesetzlichen Krankenversicherung** aufzuwenden hätte, wenn der Fremdgeschäftsführer nicht von der gesetzlichen Versicherungspflicht befreit worden wäre.

Zur Berechnung des Beitragszuschusses vgl. § 257 SGB V.

Soweit die GmbH die steuerfreien Zuschüsse **direkt** an den Fremdgeschäftsführer **ausbezahlt,** hat dieser die zweckentsprechende Verwendung durch eine entsprechende Bescheinigung des Versicherungsträgers bis zum 30.4. des folgenden Kalenderjahres nachzuweisen; die Bescheinigung ist als Unterlage zum Lohnkonto aufzubewahren (LStR 24 Abs. 4 Satz 2 und 3).

Erkrankt der Fremdgeschäftsführer und wird das Gehalt einschließlich der Arbeitgeberzuschüsse zur Kranken- und Pflegeversicherung weiter bezahlt, so gilt nach dem BMF-Schreiben vom 27.11.1997 (IV B 6 – S 2333 – 52/97, BStBl I 1997 S. 979) folgendes:

„Unterschreitet das fortgezahlte Arbeitsentgelt die monatliche Beitragsbemessungsgrenze und hat der in der gesetzlichen Krankenversicherung freiwillig versicherte Arbeitnehmer dennoch für die Dauer der Entgeltfortzahlung die Höchstbeiträge an die Kranken- und Pflegekassen zu zahlen, weil das Jahresarbeitsentgelt die Jahresbeitragsbemessungsgrenze überschreitet, sind die Zuschüsse aus Vereinfachungsgründen bis zur Hälfte der Höchstbeiträge steuerfrei. Bei einem Arbeitnehmer, der eine private Kranken- und Pflegeversicherung abgeschlossen hat, sind die Zuschüsse bis zur Hälfte der durchschnittlichen Höchstbeiträge in der gesetzlichen Krankenversicherung und sozialen Pflegeversicherung steuerfrei."

596 Der **nicht beherrschende Gesellschafter-Geschäftsführer** ist hinsichtlich der Steuerfreiheit der Arbeitgeberanteile zur Sozialversicherung wie der Fremdgeschäftsführer zu behandeln.

Ob eine Beherrschung der GmbH durch den Gesellschafter-Geschäftsführer vorliegt oder nicht, ist bei einer unter 50 % liegenden Beteiligung grundsätzlich nach der Vertragsgestaltung und den tatsächlichen Verhältnissen zu beurteilen (FG Rheinland-Pfalz, 18.5.1992 – 5 K 1972/91, EFG 1992 S. 721).

Das FG Baden-Württemberg (8.9.1994 – 3 K 285/88, EFG 1995 S. 194) verneint die Steuerfreiheit der Arbeitgeberzuschüsse auch dann, wenn der angestellte Gesellschafter, der nicht Geschäftsführer ist, aufgrund seiner Stimmrechte ihm nachteilige Entscheidungen der Gesellschafterversammlung verhindern kann.

Grundsätzlich muß man davon ausgehen, daß Gesellschafter-Geschäftsführer, die aufgrund ihrer Beteiligung, ihrer Gesellschafterrechte (Sperrminorität), der vertraglichen Gestaltung ihrer Mitarbeit oder wegen der besonderen Verhältnisse im Einzelfall die GmbH beherrschen, insbesondere so maßgebenden Einfluß auf die Willensbildung der GmbH haben, daß sie alle ihre Tätigkeit betreffenden Entscheidungen beeinflussen, vor allem ihnen nicht genehme Entscheidungen verhindern können, in keinem Beschäftigungsverhältnis i.S. von § 7 SGB IV zur GmbH stehen (FinMin Niedersachsen, 25.8.1997 – S 2333 – 79 – 35, BB 1997 S. 2200; ebenso FinMin Baden-Württemberg, 8.8.1997 – 3 – S 2333/19, DStZ 1997 S. 835; ebenso BFH, 10.7.1997 – VI B 28/97, sanktioniert durch das BVerfG, Kammerbeschluß vom 10.10.1997 – 2 BvR 1411/97, StEd 1997 S. 798).

Die **Arbeitgeberanteile** zur **freiwilligen Rentenversicherung** sind beim **beherrschenden Gesellschafter-Geschäftsführer** nach Auffassung der Finanzverwaltung (LStR 24 Abs. 3 Satz 2) **steuerpflichtig**, da § 3 Nr. 62 Satz 2 EStG nicht eingreife. **597**

In einem rechtskräftigen Urteil vom 19.11.1982 (II 249/81, EFG 1983 S. 340) hat das Finanzgericht des Saarlandes diese Verwaltungsauffassung bestätigt: § 3 Nr. 62 EStG und § 2 Abs. 3 Nr. 2 LStDV stellen auf den sozialversicherungsrechtlichen Arbeitnehmerbegriff ab, und danach ist ein beherrschender Gesellschafter-Geschäftsführer kein Arbeitnehmer i.S. dieser Vorschriften.

Zu den Angaben der GmbH für die Zukunftssicherung beherrschender Gesellschafter-Geschäftsführer vgl. auch OFD Köln, 16.3.1988 – S 2333 – 47 – St 121/S 2742 – 11, DStZ/E 1988 S. 322: Danach sind beherrschende Gesellschafter-Geschäftsführer einer GmbH nicht sozialversicherungspflichtig. Deshalb sind Arbeitgeberbeiträge zur Renten-, Kranken-, Pflege- und Arbeitslosenversicherung nicht nach § 3 Nr. 62 EStG steuerfrei. **598**

Ob es sich um einen beherrschenden, nicht sozialversicherungspflichtigen Gesellschafter-Geschäftsführer handelt, ist allein nach sozialversicherungsrechtlichen Vorschriften zu beurteilen. Der Entscheidung des gesetzlichen Sozialversicherungsträgers ist grundsätzlich zu folgen.

Steht aber dessen Entscheidung nach Auffassung des Finanzamts eindeutig im Widerspruch zur Sozialgerichtsrechtsprechung oder beruht die Entscheidung auf unzutreffenden Angaben des Arbeitgebers oder des Gesellschafter-Geschäftsführers gegenüber dem Sozialversicherungsträger, so ist der Sozialversicherungsträger darüber zu unterrichten.

Bleibt er bei seiner Entscheidung, ist diese für die steuerliche Beurteilung maßgebend, da § 3 Nr. 62 EStG insoweit kein eigenständiges Prüfungsrecht der Finanzbehörde vorsieht (vgl. hierzu BFH, 15.10.1982 – VI R 229/77, BStBl II 1983 S. 75).

Die OFD Hannover bejaht in einer Verfügung vom 4.4.1991 (S 2333 – 103 – StH 212/S 2333 – 93 – StO 211, FN-IDW 1991 S. 243) – ähnlich wie die OFD Köln – die Steuerfreiheit der Zuschüsse nur dann, wenn der Geschäftsführer **599**

– in den Betrieb der GmbH eingegliedert ist,
– eine Vergütung für seine Tätigkeit erhält,

– nicht über ein Stimmrecht verfügt, das ihm erlaubt, Gesellschafterbeschlüsse herbeizuführen oder zu verhindern.

Die Frage der Steuerfreiheit von Arbeitgeberzuschüssen hat auch das BVerfG beschäftigt. Es hat am 25.6.1992 (1 BvR 514/88, WM 1992 S. 1512) entschieden, daß es mit dem Gleichheitsgebot vereinbar ist, wenn Zuschüsse zur Renten- und Krankenversicherung von Vorstandsmitgliedern einer AG nicht nach § 3 Nr. 62 EStG steuerfrei sind.

600 Zur einkommen-(lohn-)steuerrechtlichen Behandlung von freiwilligen Unfallversicherungen der Arbeitnehmer und damit auch des Geschäftsführers vgl. BMF, 18.2.1997 – IV B 6 – S 2332 – 17/97, BStBl I 1997 S. 278. Danach gilt u.a., daß Aufwendungen des Geschäftsführers für eine Unfallversicherung, die ausschließlich die Unfälle umfaßt, die mit der beruflichen Tätigkeit in unmittelbarem Zusammenhang stehen (einschließlich der Unfälle auf dem Weg von und zur Arbeitsstätte), Werbungskosten (§ 9 Abs. 1 Satz 1 EStG) sind.

Aufwendungen des Geschäftsführers für eine Versicherung gegen außerberufliche Unfälle sind Sonderausgaben (§ 10 Abs. 1 Nr. 2 Buchst. a EStG).

Aufwendungen des Geschäftsführers für eine Unfallversicherung, die das Unfallrisiko sowohl im beruflichen als auch im außerberuflichen Bereich abdeckt, sind zum einen Teil Werbungskosten und zum anderen Teil Sonderausgaben. Der Gesamtbeitrag einschließlich Versicherungsteuer für beide Risiken ist entsprechend aufzuteilen (BFH, 22.6.1990 – VI R 2/87, BStBl II 1990 S. 901). Für die Aufteilung sind die Angaben des Versicherungsunternehmens darüber maßgebend, welcher Anteil des Gesamtbeitrags das berufliche Unfallrisiko abdeckt. Fehlen derartige Angaben, ist der Gesamtbeitrag durch Schätzung aufzuteilen. Es bestehen keine Bedenken, wenn die Anteile auf jeweils 50% des Gesamtbeitrags geschätzt werden.

Vom Arbeitgeber übernommene Beiträge des Geschäftsführers sind steuerpflichtiger Arbeitslohn. Das gilt nicht, soweit Beiträge zu Versicherungen gegen berufliche Unfälle und Beiträge zu Versicherungen gegen alle Unfälle auch das Unfallrisiko bei Dienstreisen (LStR 37 Abs. 3) abdecken. Der auf Unfälle bei Dienstreisen entfallende Beitrag ist als Vergütung von Reisenebenkosten steuerfrei (§ 3 Nr. 13 und 16 EStG, LStR 40 Abs. 4 Nr. 4). Es bestehen keine Bedenken, wenn bei der Aufteilung des auf den beruflichen Bereich entfallenden Beitrags in steuerfreie Reisekostenvergütung und steuerpflichtigen Werbungskostenersatz der auf steuerfreie Reisekostenvergütung entfallende Anteil auf 40% des auf den beruflichen Bereich entfallenden Beitrags/Beitragsanteils geschätzt wird. Der als Werbungskostenersatz zu versteuernde Beitragsanteil gehört zu den Werbungskosten des Arbeitnehmers.

601 Wird die **Sozialversicherungspflicht** mit Wirkung für die Vergangenheit **aufgehoben**, so sind hinsichtlich der steuerlichen Behandlung der erstatteten Sozialversicherungsbeiträge die folgenden Fälle zu unterscheiden (OFD Köln, 17.8.1994 – S 2333 – 47 – St 15 A, GmbHR 1994 S. 902):
– Der **Arbeitgeberanteil** wurde **bisher nicht versteuert**.
  • Werden die Versicherungsbeiträge (Arbeitgeber- und Arbeitnehmeranteil) zurückgezahlt, so sind beim Arbeitnehmer hinsichtlich des an den Arbeitgeber erstatteten **Arbeitgeberanteils** keine steuerlichen Folgerungen zu ziehen. Der Arbeitgeberanteil ist bei der GmbH als Betriebseinnahme zu berücksichtigen. Die zurückgezahlten **Arbeitnehmeranteile** mindern die Vorsorgeaufwendungen der gleichen Art (Versicherungsbeiträge i.S. des § 10 Abs. 1 Nr. 2 Buchst. a EStG) des Rückzahlungsjahres, sofern die Beiträge in den

Vorjahren als Sonderausgaben geltend gemacht wurden. Arbeitgeberanteile, die in der rechtsirrtümlichen Annahme der Versicherungspflicht an die gesetzliche Renten- oder Arbeitslosenversicherung geleistet und dem Arbeitgeber später erstattet werden, begründen für den Arbeitnehmer keinen geldwerten Vorteil i. S. des § 19 Abs. 1 Nr. 1 EStG und sind kein Arbeitslohn (BFH, 27.3.1992 – VI R 35/89, BStBl II 1992 S. 663).

- **Verzichten** Arbeitgeber und Arbeitnehmer **auf** die **Rückzahlung der Beiträge** und werden die gezahlten Beiträge in eine freiwillige Versicherung in der gesetzlichen Sozialversicherung **umgewandelt**, so ist nach o. g. Grundsätzen zu entscheiden, ob es sich bei den Arbeitgeberbeiträgen um eine verdeckte Gewinnausschüttung oder um steuerpflichtigen Arbeitslohn handelt (vgl. hierzu Rz. 686). Die Arbeitnehmer- und Arbeitgeberanteile sind als Sonderausgabe grundsätzlich abzugsfähig. Es ist zu prüfen, inwieweit die Beiträge schon in den Vorjahren berücksichtigt wurden.

— Der **Arbeitgeberanteil** wurde **bisher versteuert** (z. B. wenn die steuerrechtliche und die sozialversicherungsrechtliche Behandlung bisher unterschiedlich war). 602

- Werden die Versicherungsbeiträge (Arbeitgeber- und Arbeitnehmeranteil) zurückgezahlt, so liegt im Jahr der Rückzahlung **negativer Arbeitslohn in Höhe der Arbeitgeberanteile** vor. Die zurückgezahlten Arbeitnehmer- und Arbeitgeberanteile mindern die Vorsorgeaufwendungen der gleichen Art des Rückzahlungsjahres, sofern die Beiträge in den Vorjahren als Sonderausgaben geltend gemacht wurden.

- **Verzichten** Arbeitgeber und Arbeitnehmer **auf** die **Rückzahlung der Beiträge** *und* werden die gezahlten Beiträge in eine freiwillige Versicherung in der gesetzlichen Sozialversicherung **umgewandelt,** so sind beim Arbeitnehmer keine steuerlichen Folgerungen zu ziehen.

k) ZUSCHLÄGE FÜR SONNTAGS-, FEIERTAGS- UND NACHTARBEIT

Da im Steuerrecht GmbH-Geschäftsführer weitgehend wie Arbeitnehmer behandelt werden, müssen ihnen alle steuerlichen Erleichterungen, die für Arbeitnehmer gelten, gewährt werden. Das galt bisher auch für die steuerliche Behandlung von Vergütungen, die für Sonntags-, Feiertags- und Nachtarbeit gewährt wurden (Einzelheiten siehe Rz. 603/604 der 9. Aufl. 1997). In einer Entscheidung vom 19.3.1997 (I R 75/96, BStBl II 1997 S. 577) hat der BFH nun die Auffassung vertreten, es vertrage sich mit dem Aufgabenbild eines GmbH-Geschäftsführers nicht, **Überstunden** zu vergüten. Dies gelte erst recht dann, wenn die Vereinbarung von vornherein auf die Vergütung von Überstunden an Sonntagen, Feiertagen und zur Nachtzeit beschränkt ist und/oder wenn außerdem eine Gewinntantieme vereinbart ist. 603

Bei **Überstundenvergütungen an Gesellschafter-Geschäftsführer** nimmt der BFH mit folgenden Argumenten eine **verdeckte Gewinnausschüttung** i. S. des § 8 Abs. 3 Satz 2 KStG an: Der Geschäftsführer „besitzt für die GmbH eine **Allzuständigkeit** ... Daher entscheidet er auch, welche Aufgaben er persönlich wahrnimmt und welche er an Mitarbeiter delegiert. Von ihm wird ein persönlicher Einsatz erwartet, dem in der Regel ein deutlich höheres Gehalt entspricht. Während er das Einhalten der Arbeitszeiten der Arbeitnehmer überprüfen (lassen) kann und muß, gibt es praktisch keine Person, die das Einhalten der Arbeitszeit des Geschäftsführers überprüft. Dies wissen die Gesellschafter bei Bestellung des Geschäftsführers und bei Abschluß des Geschäftsführervertrags. Den Gesellschaftern kommt es deshalb weniger darauf an, daß der Geschäftsführer während einer bestimmten Stundenzahl pro Arbeitstag ‚im Dienst ist'. Wichtiger ist ihnen, daß der Geschäftsführer – wann auch immer – seine Arbeit erledigt, selbst wenn dies die Ableistung sog. Überstunden bedeuten sollte. In diesem Sinne soll der Geschäftsführer regelmäßig seine Arbeitszeit in Grenzen selbst bestimmen. Das Verhältnis zwischen der GmbH und dem Geschäftsführer wird von dem Vertrauen der Gesellschafter getragen, daß der Geschäftsführer – wann auch immer – seine Arbeit tut. Damit verträgt sich keine Vereinbarung über die Vergütung von Überstunden, selbst wenn Arbeitszeitvereinbarungen der Organstellung des GmbH-Geschäftsführers zivilrechtlich nicht widersprechen ...

Die GmbH ist regelmäßig nicht in der Lage, die Berechtigung entsprechender Forderungen zu prüfen. Sie müßte den Angaben des Geschäftsführers Glauben schenken, womit ein unkalkulierbares Risiko verbunden wäre. Dieses Risiko wird sie regelmäßig nicht eingehen. Statt dessen wird sie für eine angemessene Gesamtausstattung des Geschäftsführers Sorge tragen, die das zu übernehmende Kostenrisiko kalkulierbar macht. Zu einer angemessenen Gesamtausstattung kann auch eine erfolgsabhängige Tantieme gehören, die dem Geschäftsführer einerseits einen Anreiz zu Mehrarbeit bietet und ihn andererseits am Erfolg seiner Arbeit teilnehmen läßt.

Erst recht verträgt sich eine Überstundenvergütungsvereinbarung nicht mit dem Aufgabenbild eines Geschäftsführers, wenn sie – wie im Streitfall – von vornherein auf Überstunden an Sonn- und Feiertagen sowie während der Nacht beschränkt ist und/oder wenn außerdem eine Gewinntantieme vereinbart ist. In einem solchen Fall ist davon auszugehen, daß dem Geschäftsführer nur deshalb ein zusätzlicher Vorteil zugewendet werden soll, damit er die Steuerfreiheit nach § 3b EStG in Anspruch nehmen kann. Diese Absicht begründet jedoch die Veranlassung der Vorteilszuwendung durch das Gesellschaftsverhältnis. Einem Nichtgesellschafter würde die (GmbH) keinen zusätzlichen Vorteil zuwenden, nur damit dieser die Steuerfreiheit nach § 3b EStG in Anspruch nehmen kann.

Unerheblich ist, ob die Zahlung von Überstundenvergütungen an GmbH-Geschäftsführer unüblich oder üblich ist ... Die Unüblichkeit der Zuwendung des Vermögensvorteils ist weder ein (ungeschriebenes) gesetzliches Tatbestandsmerkmal der verdeckten Gewinnausschüttung noch ein Element der von der Rechtsprechung entwickelten Definition der verdeckten Gewinnausschüttung. Sie ist lediglich ein als Indiz wirkendes Kriterium bei der Prüfung, ob eine Vereinbarung dem Fremdvergleich standhält ... Ihm liegt die Erkenntnis zugrunde, daß ein Vergleich mit dem unter fremden Dritten üblichen Verhalten am ehesten erkennen läßt, ob die zu beurteilende Zuwendung durch das Gesellschaftsverhältnis veranlaßt ist. Die Unüblichkeit der Zuwendung bzw. der ihr zugrundeliegenden Vereinbarung läßt jedoch nicht stets den Schluß zu, ein ordentlicher und gewissenhafter Geschäftsleiter hätte sie mit einem Nichtgesellschafter nicht abgeschlossen. Es kann im Einzelfall überzeugende betriebliche Gründe geben, die für die unübliche Vereinbarung sprechen. Sie müssen jedoch von dem Steuerpflichtigen plausibel dargelegt werden." Ebenso BFH, 8.4.1997 – I R 66/96, BFH/NV 1997 S. 804.

Ob bei bloßen **Nachtzuschlägen** für einen Gesellschafter-Geschäftsführer, dessen Arbeitszeit um 2.00 Uhr morgens beginnt, anders zu entscheiden wäre, ist offen (vgl. o.V., Nachtzuschläge für einen Gesellschafter-Geschäftsführer, GmbHR 1997 S. 1144). Angesichts der LStR 1999 (BStBl I Sondernummer I/1998, LStR 30) ist es eher unwahrscheinlich, daß die Finanzverwaltung solche Nachtzuschläge anerkennt (dagegen Prühs, Überstundenvergütung für Gesellschafter-Geschäftsführer – Anm. zum BFH-Urteil vom 19.3.1997 vor dem Hintergrund einer bundesweiten Umfrage –, DB 1997 S. 2094).

A. Einkommensbesteuerung der Geschäftsführerbezüge

Auch bei einem **Fremdgeschäftsführer** verneint der BFH die Anwendung des § 3b EStG bei vereinbarten Zuschlägen wegen Sonntags-, Feiertags- und Nachtarbeitszuschlägen, wenn laut Dienstvertrag der Geschäftsführer der GmbH seine ganze Arbeitskraft zur Verfügung stellen und er jederzeit zur Dienstleistung für die GmbH bereit sein muß (BFH, 27.6.1997 – VI R 12/97, GmbHR 1997 S. 1163 = BFH/NV 1997 S. 849; siehe hierzu Rz. 682). **604**

Eine steuerliche **Übergangsregelung** zum BFH-Urteil vom 19.3.1997 (I R 75/96, BStBl II 1997 S. 577) sieht das BMF-Schreiben vom 28.9.1998 (IV B 7 – S 2742 – 88/98, BStBl I 1998 S. 1194) vor: Soweit Zuschläge i. S. des § 3b EStG für vor dem 1.1.1998 endende Lohnzahlungszeiträume geleistet worden sind, sind aus der BFH-Rechtsprechung keine nachteiligen steuerlichen Folgen zu ziehen.

Eine stattgefundene Lohnsteueraußenprüfung hindert das Finanzamt nicht daran, nicht bestandskräftige Veranlagungen aufzugreifen.

5. VERSORGUNGSZUSAGEN

a) PENSIONSZUSAGEN

Für die GmbH sind Pensionszusagen steuerlich deshalb interessant (zum Interesse des Geschäftsführers siehe Rz. 99), weil sie am Ende des Wirtschaftsjahres gemäß § 6a EStG eine **Rückstellung** für die Anwartschaft bilden kann (zu den formellen Erfordernissen vgl. R 41 EStR 1998). Die Rückstellung errechnet sich nach versicherungsmathematischen Grundsätzen so, daß unter Berücksichtigung der Verzinsung der Aufwand gleichmäßig, frühestens ab Vollendung des 30. Lebensjahres, bis zum vertraglichen Eintritt des Versorgungsfalles verteilt wird. Zur Berücksichtigung von **Vordienstzeiten** vgl. BFH, 9.4.1997 – I R 124/95, BB 1997 S. 1299 und BMF-Schreiben vom 22.12.1997 – IV B 2 – S 2176 – 120/97, BB 1998 S. 98. Nach Bildung der ersten Rückstellung kann in den folgenden Jahren eine **Zuführung** bis zur Höhe der jeweiligen Differenz zwischen der Sollrückstellung am Ende des Wirtschaftsjahres und der des Vorjahres vorgenommen werden. **605**

Diese **Rückstellungsbildung** nach § 6a EStG gilt sowohl für den Fremdgeschäftsführer als auch für den Gesellschafter-Geschäftsführer. Beim Gesellschafter-Geschäftsführer ist nur zu beachten, daß eine zivilrechtlich gültige Pensionsvereinbarung vorliegt, die Gesamtbezüge angemessen sind und das Nachzahlungsverbot beachtet wurde (vgl. dazu Langohr-Plato, Pensionszusagen an Gesellschafter-Geschäftsführer von Kapitalgesellschaften, Stbg 1997 S. 535; Gehrmann, Steuerliche Anerkennung von Pensionszusagen an Gesellschafter-Geschäftsführer im Spiegel der neueren Rechtsprechung, INF 1998 S. 679). **606**

Die Zuführung zu einer Pensionsrückstellung zugunsten eines beherrschenden Gesellschafter-Geschäftsführers wird als verdeckte Gewinnausschüttung behandelt, wenn und soweit die Zusage als **nachträgliche Vergütung** bereits erbrachter Arbeitsleistungen gewährt wird oder unangemessen ist (BFH, 25.5.1988 – I R 107/84, BFH/NV 1989 S. 195). Das Alter des Gesellschafter-Geschäftsführers, die Länge der Wartezeit und die künftige aktive Dienstzeit sind zu berücksichtigen.

Es können Pensionsrückstellungen für beherrschende Gesellschafter-Geschäftsführer unter Zugrundelegung eines **Pensionsalters von 65 Jahren** gebildet werden. **607–608**

Das **Muster einer Pensionszusage** an einen Gesellschafter-Geschäftsführer findet sich bei Langohr-Plato, INF 1995 S. 208, 209. **609**

Pensionszusagen der GmbH an Gesellschafter-Geschäftsführer unterliegen **strengeren Rechtsanforderungen** als Pensionsverpflichtungen gegenüber Fremdgeschäftsführern. **610**

611 **Erste Voraussetzung** für die Anerkennung einer Pensionsrückstellung ist das Vorliegen einer **zivilrechtlich gültigen Pensionsverpflichtung**.

Eine **zivilrechtliche Voraussetzung** für die steuerliche Anerkennung einer Pensionszusage ist, daß das **zuständige Organ** die Pensionszusage gegeben hat. Zuständiges Organ ist nach dem BGH-Urteil vom 25.3.1991 (II ZR 169/90, BB 1991 S. 927) die **Gesellschafterversammlung**, soweit die Satzung oder Spezialgesetze keine anderweitige Zuständigkeit begründen. Auch **Änderungen** der Pensionszusage müssen durch die Gesellschafterversammlung erfolgen (BGH, 25.3.1991 – I ZR 169/90, GmbHR 1991 S. 363). Soweit dies bis zu diesem Zeitpunkt nicht geschehen war, räumte das BMF-Schreiben vom 21.12.1995 (IV B 7 – S 2742 – 68/95, BStBl I 1996 S. 50) eine **Nachholungsfrist bis 31.12.1996** ein.

Diese einheitliche Frist gilt auch für abweichende Wirtschaftsjahre.

612 Auch in den Fällen, in denen aufgrund der Pensionszusage die **Altersversorgungsbezüge bereits gezahlt werden**, soll auf die formale Anpassung der – evtl. weit zurückliegenden – Versorgungszusage nicht verzichtet werden. Es handelt sich dabei insbesondere um Fälle, in denen der Geschäftsführer bereits aus dem Dienst ausgeschieden ist und Altersbezüge aufgrund einer ganz oder teilweise zivilrechtlich nichtigen Zusage gezahlt werden (in krassen Fällen bereits seit Jahren) oder in denen der Geschäftsführer bereits verstorben ist und nur noch Witwenbezüge gezahlt werden (OFD Hannover, 16.2.1996 – S 2742 – 122 – StH 231/S 2742 – 79 – StO 214, GmbHR 1996 S. 388).

613 **Zuständiges Organ** für die Änderung von Geschäftsführer-Dienstverträgen und damit auch für Pensionszusagen, deren Begründung und/oder Erhöhung ist in **mitbestimmten** Betrieben der **Aufsichtsrat** (Rz. 17, 18). Die Finanzverwaltung fordert deshalb bei vorgenannten Änderungen einen Beschluß des Aufsichtsrates (BMF, 15.8.1996 – IV B 7 – S 2742 – 60/96, StEd 1995 S. 603).

614 Ist der Gesellschafter-Geschäftsführer nicht von den Beschränkungen des § 181 BGB rechtswirksam befreit, und gibt er sich gleichwohl selbst eine Pensionszusage, so fehlt es schon an der zivilrechtlichen Wirksamkeit der Pensionszusage.

Hat der nicht von dem Verbot des Selbstkontrahierens nach § 181 BGB befreite Gesellschafter-Geschäftsführer mit sich selbst eine Pensionsvereinbarung getroffen, so bedarf die Gestattung durch die übrigen Gesellschafter zur steuerlichen Wirksamkeit der Einhaltung der Schriftform (FG Saarland, 13.7.1988 – 1 K 239/86, EFG 1988 S. 592).

615 **Zweite Voraussetzung** für die Anerkennung einer Pensionszusage ist, daß die Zusage **üblich** ist (zur Üblichkeit als Kriterium für eine Pensionszusage vgl. Cramer, BB 1996 S. 2239). Nach dem BFH (30.9.1992 – I R 75/91, BFH/NV 1993 S. 330) ist es nicht üblich, schon kurze Zeit nach der Neugründung einer GmbH eine Pensionszusage zu erteilen; ein Jahr sei zu kurz. Der BFH hat bisher aber nicht entschieden, nach welcher Dauer des Arbeitsverhältnisses eine Pensionszusage erteilt werden darf. Laut Wassermeyer (Rund um den GmbH-Geschäftsführer, Stbg 1997 S. 529, 532) ist die maßgebliche Zeitspanne höchstens 5 Jahre, wobei hierauf Zeiten einer Tätigkeit in einem umgewandelten Unternehmen angerechnet werden können.

In seinem Urteil vom 29.10.1997 (I R 52/97, DStR 1998 S. 487) hat der BFH eine **Wartezeit** von 5 Jahren bei neugegründeten Gesellschaften für ausreichend angesehen. Allerdings ist auch nach der BFH-Rechtsprechung (15.10.1997 – I R 42/97, DStR 1998 S. 418) eine Pensionszusage kurz nach der **Neugründung** anzuerkennen, wenn der Gesellschafter-Geschäftsführer zuvor Inhaber oder Gesellschafter einer vorausgehenden Einzelfirma oder Personengesellschaft war (noch

A. Einkommensbesteuerung der Geschäftsführerbezüge

weitergehend: Cramer, Steuerliche Anerkennung von Pensionszusagen an Gesellschafter-Geschäftsführer am Tage des Diensteintritts, DStR 1998 S. 1657). In einem Beschlußverfahren (NZB) hat der BFH (4.5.1998 – I B 131/97, BFH/NV 1998 S. 1530) die Beschwerde des Finanzamts gegen eine Entscheidung des FG Berlin vom 15.9.1997 (8534/96, EFG 1998 S. 137) als unbegründet zurückgewiesen. Das FG Berlin hatte die branchenerfahrenen Gesellschafter-Geschäftsführern nach einer Dienstzeit von 18 Monaten gegebenen Pensionszusagen als wirksam anerkannt. Dabei hatte das Finanzgericht die besonderen Verhältnisse in den neuen Bundesländern berücksichtigt. Diese können, so das Finanzgericht, dazu führen, daß die Erteilung einer Pensionszusage an Geschäftsführer aus dem alten Bundesgebiet auch kurze Zeit nach Anstellung der Geschäftsführer einem Fremdvergleich standhalten.

Bei einer nun **15-monatigen** Wartezeit hat der BFH eine verdeckte Gewinnausschüttung angenommen (11.5.1998 – I R 73/97, BFH/NV 1998 S. 837) und betont, daß der Abschluß einer Rückdeckungsversicherung allein i.d.R. bei einem jungen Unternehmen ohne Erfüllung der Wartezeit nicht ausreichend sei.

Unüblich ist auch eine verspätete **Pensionszusage**. Generell muß man heute davon ausgehen, daß Pensionszusagen, die von einer GmbH ihrem Gesellschafter-Geschäftsführer **nach Vollendung des 60. Lebensjahres** gegeben werden, als verdeckte Gewinnausschüttung behandelt werden (BFH, 17.5.1995 – I R 66/94, BFH/NV 1995 S. 1092). **616**

Das ergibt sich u.a. auch aus der Forderung des BFH, daß bei einem **beherrschenden** Gesellschafter-Geschäftsführer der Zeitraum zwischen dem Zeitpunkt der Zusage der Pension und dem vorgesehenen Zeitpunkt des Eintritts in den Ruhestand **mindestens 10 Jahre** betragen muß (BFH, 21.12.1994 – I R 98/93, BStBl II 1995 S. 419). Die absolute Zeitgrenze von 60 Jahren begründet der BFH wie folgt: Ein ordentlicher und gewissenhafter Geschäftsleiter erteile einem über 60-jährigen Angestellten keine Pensionszusage mehr, da eine in diesem Alter gewährte Zusage die GmbH mit erheblichen Risiken belaste (vorzeitige Invalidität, deutlicher Leistungsabfall); vgl. auch Brenner, Neue Rechtsprechung zu Vergütungen für den Gesellschafter-Geschäftsführer einer GmbH (Pensionszusagen, Tantiemen, Forderungsverzicht), DStZ 1996 S. 65. Nach dem BMF-Schreiben vom 1.8.1996 (IV B 7 – S 2742 – 88/96, BStBl I 1996 S. 1138) sind die Grundsätze des Urteils vom 21.12.1994 nur auf Pensionszusagen anzuwenden, die nach der Veröffentlichung des Urteils im BStBl II vom 8.7.1995 an zivilrechtlich wirksam vereinbart worden sind. Die vor diesem Stichtag getroffenen Vereinbarungen (Altfälle) sind nach der bisherigen Verwaltungspraxis in den einzelnen Ländern zu entscheiden (für den Bereich der OFD Köln sind dies mindestens 7 Jahre: Vfg. v. 8.11.1996 – S 2742 – 63 – St 131).

Pensionszusagen an Gesellschafter-Geschäftsführer vor dem 55. auf das 65. Lebensjahr sind erdienbar. Zusagen **vor dem 60. auf das 70. Lebensjahr** können noch steuerlich anerkannt werden (BFH, 10.11.1993 – I R 36/93, BFH/NV 1994 S. 827; 21.12.1994 – I R 98/93, BStBl II 1995 S. 419; 5.4.1995 – I R 138/93, BStBl II 1995 S. 478; 17.5.1995 – I R 66/94, BFH/NV 1995 S. 1092; 24.1.1996 – I R 41/95, BStBl II 1997 S. 440). Wird dem beherrschenden Gesellschafter-Geschäftsführer kurz vor Vollendung seines 60. Lebensjahres eine Altersrente ab Vollendung des 65. Lebensjahres zugesagt und verpflichtet sich dieser, 3 Jahre später zur Dienstleistung bis zur Vollendung seines 70. Lebensjahres, so steht das Erfordernis eines 10-jährigen Erdienenszeitraums jedenfalls für die Folgezeit einer steuerlichen Anerkennung der Pensionszusage nicht entgegen (BFH, 19.5.1998 – I R 36/97, BStBl II 1998 S. 689). Eine Zusage im 64. auf das 75. Lebensjahr würde dagegen vom BFH trotz Einhaltung der 10-Jahres-Grenze für nicht mehr erdienbar gehalten (BFH, 5.4.1995 – I R 138/93, BStBl II 1995 S. 478).

(Zur Erdienbarkeit einer Pensionszusage vgl. auch Reimers/Wierling, Versorgungszusagen an beherrschende Gesellschafter-Geschäftsführer, BB 1995 S. 87.)

617 Zur Erdienbarkeit der Pension eines **nicht** beherrschenden Gesellschafter-Geschäftsführers hat der BFH entschieden (24.1.1996 – I R 41/95, BStBl II 1997 S. 440): Die Zusage einer Pension an einen nicht beherrschenden Gesellschafter-Geschäftsführer ist eine verdeckte Gewinnausschüttung,

– wenn der Zeitraum zwischen dem Zeitpunkt der Zusage der Pension und dem vorgesehenen Zeitpunkt des Eintritts in den Ruhestand weniger als 10 Jahre beträgt

oder

– wenn dieser Zeitraum zwar mindestens 3 Jahre beträgt, der Gesellschafter-Geschäftsführer dem Betrieb aber weniger als 12 Jahre angehörte.

Nach dem BMF-Schreiben vom 7.3.1997 (IV B 7 – S 2742 – 20/97, GmbHR 1997 S. 574), das zur Anwendung des BFH-Urteils vom 24.1.1996 ergangen ist, ist dieses BFH-Urteil (I R 41/95, BStBl II 1997 S. 440) hinsichtlich des **Erdienungszeitraums** bei einem **nicht** beherrschenden Gesellschafter-Geschäftsführer nur auf Pensionszusagen anzuwenden, die **nach** der Veröffentlichung des Urteils im BStBl II zivilrechtlich wirksam vereinbart worden sind (das Urteil ist am 10.7.1997 im BStBl veröffentlicht worden). Die vor dem 10.7.1997 getroffenen Vereinbarungen (Altfälle) sind nach der bisherigen Verwaltungspraxis in den **einzelnen Ländern**, so das BMF, zu entscheiden.

Die Verwaltungsauffassung kann zu einer Zersplitterung des anzuwendenden Rechts und länderspezifischen Ungerechtigkeiten führen. Wie aus der Verfügung der **OFD Köln** vom 15.9.1997 (S 2742 – 63 – St 131, GmbHR 1997 S. 1169) zu entnehmen ist, haben im Bereich der OFD Köln keine Weisungen bestanden. In Altfällen sind im Bereich der OFD Köln Pensionszusagen an nicht beherrschende Gesellschafter-Geschäftsführer aber dann anzuerkennen, wenn sie der bestehenden Übergangsregelung zu dem beherrschenden Gesellschafter-Geschäftsführer entsprechen. Als bisherige Verwaltungspraxis ist dort für Altzusagen ein Erdienungszeitraum von mindestens 7 Jahren als steuerlich ausreichend anzuerkennen (vgl. Rz. 616). In **Sachsen** (Erl. v. 16.9.1997 – 33 – S 2742 – 22/42 – 46910, DStR 1997 S. 1973) ist bisher die steuerliche Anerkennung einer Pensionszusage an einen nicht beherrschenden Gesellschafter-Geschäftsführer dann versagt worden, wenn die allgemein für eine verdeckte Gewinnausschüttung geltenden Voraussetzungen vorgelegen haben. Eine Berücksichtigung des Vertrauens ist nur insoweit gerechtfertigt, als tatsächlich in der Verwaltungspraxis des jeweiligen Landes ein für den Steuerpflichtigen günstigerer Erdienungszeitraum anerkannt wurde. Daher läßt sich für die Vergangenheit keine bundeseinheitliche Regelung herbeiführen. Mangels eigenständiger Verwaltungsanweisung gelten in Sachsen die Grundsätze des vorbezeichneten Urteils deshalb uneingeschränkt für alle noch offenen Fälle.

Aus dem BFH-Urteil vom 24.1.1996 kann im Umkehrschluß aber auch abgeleitet werden: Für einen beherrschenden Gesellschafter-Geschäftsführer reicht ein Erdienungszeitraum von 3 Jahren, wenn er zuvor mindestens 12 Jahre im Unternehmen der GmbH tätig war.

618 **Drittens** muß die Pensionszusage **angemessen** sein (Verbot der Überversorgung). Obergrenze: 75% des letzten Aktivengehalts (BFH, 17.5.1995 – I R 16/94, BStBl II 1996 S. 420). **Gleitklauseln** für die Zeit nach Eintritt des Pensionsfalles sind

A. Einkommensbesteuerung der Geschäftsführerbezüge

zulässig, wenn sie, isoliert gesehen, angemessen sind. Dabei müssen die Gleitklauseln sich an einer Anpassung an dem Lebenshaltungskostenindex orientieren, wenn die Pension bereits 75% des letzten Aktivengehalts beträgt. Nicht mehr angemessen ist die Pensionszusage u. a. dann, wenn künftige ungewisse Rentenerhöhungen eingerechnet würden, entweder in Form von vornherein überhöhten Festzusagen oder durch die Zusage jährlicher geometrischer Steigerungen (Verstoß gegen § 6a Abs. 3 Nr. 1 Satz 4 EStG).

Bei der 75%-Grenze ist auch eine bestehende **Sozialversicherungsrente** einzubeziehen. Ob dies auch für eine bestehende Direktversicherung gilt, ist m. E. bisher nicht entschieden.

Bei **überhöhten Zusagen** sind die nach § 6a EStG zulässigen Rückstellungen für Pensionsanwartschaften so zu ermitteln, als wenn Versorgungsbezüge in Höhe eines angemessenen Prozentsatzes der jeweiligen letzten Aktivbezüge zugesagt worden wären (BFH, 17.5.1995 – I R 16/94, BB 1995 S. 2053 = BStBl II 1996 S. 420). **619**

Zu überhöhten Zusagen kann es auch kommen, wenn der Geschäftsführer ab 60 Jahre nur noch Teilzeit arbeitet, eine Pension aber auf 75% seines Gehalts bei voller Tätigkeit zugesagt bekam. Erhält er mit 65 Jahren die 75% auf das volle Tätigkeitsgehalt, so liegt beim Gesellschafter-Geschäftsführer eine verdeckte Gewinnausschüttung vor: Eine grundlegende Änderung des Gehalts muß sich auch auf die Pensionszusage auswirken.

Neben der Angemessenheit der einem Gesellschafter-Geschäftsführer erteilten Pensionszusage wird von der Finanzverwaltung besonders die **Ernsthaftigkeit** der Pensionszusage geprüft. Wird eine dem Gesellschafter-Geschäftsführer erteilte Pensionszusage nicht als ernsthaft anerkannt, so werden die dafür in dem Jahresabschluß gebildeten Pensionsrückstellungen (§ 6a EStG) als verdeckte Gewinnausschüttungen behandelt. Nach einem Urteil des FG Düsseldorf vom 4.7.1991 (6 K 324/85, EFG 1992 S. 38) fehle es an der Ernsthaftigkeit, wenn für die dem Gesellschafter-Geschäftsführer erteilte Pensionszusage, die auch das Invaliditäts- und Todesfallrisiko umfaßt, bei Eintritt dieser Risiken das erforderliche Versorgungskapital (= Barwert der Rentenverpflichtung) nicht liquide vorhanden sei. Langohr-Plato (Die Ernsthaftigkeit von Pensionszusagen an GmbH-Gesellschafter-Geschäftsführer, Stbg 1993 S. 176) zieht daraus den Schluß, daß immer eine **Rückdeckungsversicherung** abgeschlossen werden müsse. Nur so könne die Liquidierung der GmbH vielfach vermieden werden. Ähnlich entschied das FG Köln (19.12.1996 – 13 K 2490/96, DStRE 1997 S. 718). M.E. ist der Abschluß einer Rückdeckungsversicherung **nicht zwingend:**

Einmal verlangt niemand bei Fremdgeschäftsführern eine entsprechende Rückdeckungsversicherung, und der immer von Finanzverwaltung und Rechtsprechung geforderte Fremdvergleich würde zur Farce, wenn beim Gesellschafter-Geschäftsführer insoweit strengere Maßstäbe angelegt würden als beim Fremdgeschäftsführer. **620**

Auch der Hinweis auf eine mögliche **Insolvenz** greift nicht. Bei der Pensionszusage werden stille Reserven eine rechnerische Überschuldung ausschließen und im Zeitpunkt der Fälligkeit der Pensionszahlungen teilt der Geschäftsführer das Risiko der Zahlungsfähigkeit der GmbH mit allen übrigen Arbeitnehmern.

Zum anderen kann die Pensionszusage auch durch andere Werte innerhalb der GmbH gesichert sein, z.B., wenn die GmbH genügend Anlagevermögen oder Barmittel hat, wobei nicht auf den Zeitpunkt des Eintritts des Pensionsfalls abgestellt werden kann, da dieser ja nicht vorher bestimmt werden kann (wie hier

Fromm, Verdeckte Gewinnausschüttung bei nicht rückgedeckter Pensionszusage, GmbHR 1996 S. 597).

Zunehmend werden auch Immobilienfonds als Rückdeckung angeboten (ablehnend: Schulz, Rückdeckungsmodelle mit Immobilienfonds – eine sinnvolle Alternative?, Stbg 1996 S. 472).

Mit Recht weist Cramer (Ernsthaftigkeit von Pensionszusagen, BB 1995 S. 919) darauf hin, daß die Bereitstellung des zur Rentenzahlung erforderlichen Kapitals durch Vermögensbildung im Unternehmen selbst oder außerhalb (Versicherung) erfolgen kann.

621 Eine mögliche Rückdeckung der Pensionsverpflichtung hat auf diese Passivierung keinen Einfluß (vgl. R 41 Abs. 24 Satz 1 EStR 1998). Die bilanzsteuerrechtliche Behandlung der Rückdeckung richtet sich nach den für die jeweilige Rückdeckungsart geltenden allgemeinen steuerlichen Vorschriften. Danach sind in den Fällen, in denen das Unternehmen die Verpflichtung durch den Erwerb von Fonds-Anteilen absichert, die erworbenen Anteile nach den Grundsätzen des § 6 Abs. 1 Nr. 2 EStG zu bewerten. Bestellt das Unternehmen zugunsten der Arbeitnehmer, die eine Direktzusage erhalten haben, an den Anteilsscheinen vertragliche Pfandrechte, so führt dies nach den in LStR 129 Abs. 4 Satz 2 Nr. 3 Satz 2 enthaltenen Grundsätzen nicht zu einem Zufluß von Arbeitslohn (BMF, 15.9.1995 – IV B 2 – S 2176 – 54/95, BStBl II 1995 S. 2161).

622 Der BFH hat am 9.11.1995 (IV R 2/93, BStBl II 1996 S. 589) entschieden, daß bei der Bewertung einer Pensionsverpflichtung auch freiwillig gezahlte gewinnabhängige Gehaltsbestandteile einzubeziehen sind, wenn die Pensionszusage selbst keinen schädlichen Vorbehalt i.S. von § 6a Abs. 1 Nr. 2 EStG enthält. Nach Auffassung des Gerichts kommt es nur darauf an, daß der Versorgungsanspruch vorbehaltlos besteht; die für seine Bemessung maßgeblichen Bezüge könnten schwanken oder künftig fortfallen.

Die Finanzverwaltung wendet dieses Urteil nicht an (BMF, 31.10.1996 – IV B 2 – S 2176 – 80/96, BStBl I 1996 S. 1256).

Durch eine Änderung des § 6a Abs. 1 Nr. 2 EStG im Rahmen des Jahressteuergesetzes 1997 (BGBl. I 1996 S. 2049) ist sichergestellt, daß eine Pensionsrückstellung nicht gebildet werden darf, soweit die Pensionszusage Leistungen in Abhängigkeit von künftigen gewinnabhängigen Bezügen vorsieht.

623 Möglich ist auch die Bildung einer Pensionsrückstellung nach § 6a EStG bei Gehaltsverzicht/Gehaltsumwandlung (OFD Frankfurt/M., 30.1.1996 – S 2176 A – 51 – St II 20, GmbHR 1996 S. 478):

Der Bildung einer Pensionsrückstellung steht nicht entgegen, daß dem Geschäftsführer in der Zusage das Recht eingeräumt wird, künftig auf die betriebliche Altersversorgung zugunsten eines höheren Gehalts zu verzichten. Macht der Geschäftsführer von seinem Kündigungsrecht Gebrauch, bleiben die bis dahin angesammelten Ansprüche auf Altersversorgung erhalten. Dieses Kündigungsrecht ist nicht als schädlicher Vorbehalt i.S. des § 6a Abs. 1 Nr. 2 EStG anzusehen. Unschädlich ist auch die Vereinbarung, dem Geschäftsführer bei Ausscheiden vor Erreichen der gesetzlichen Unverfallbarkeit die bisher angesammelten Ansprüche auf betriebliche Altersversorgung einschl. einer Verzinsung auszuzahlen. Der Arbeitgeber hat insoweit eine zusätzliche, über die in R 41 Abs. 4 und 5 EStR 1998 enthaltenen Bestimmungen hinausgehende Verpflichtung übernommen. Diese Zusatzverpflichtung ist wirtschaftlich nicht als schädlicher Vorbehalt i.S. von R 41 Abs. 3 EStR 1998 anzusehen. Die Zusatzverpflichtung wirkt sich im Rahmen der Bewertung nach § 6a Abs. 3 EStG nicht aus.

A. Einkommensbesteuerung der Geschäftsführerbezüge

Die Bewertung der Pensionszusage richtet sich nach § 6a Abs. 3 EStG. Es gelten die Verhältnisse am Bilanzstichtag (R 41 Abs. 17 EStR 1998). Ausgehend von der am Bilanzstichtag bestehenden Pensionszusage ist zu unterstellen, daß die Zusage künftig von keiner Seite gekündigt wird. Die Höhe der dem Geschäftsführer zustehenden betrieblichen Altersversorgung richtet sich demnach nicht nur nach der am Bilanzstichtag bereits aufgelaufenen Anwartschaft, sondern umfaßt auch die künftig noch zuwachsenden Beträge.

(Zu den Gestaltungsvarianten vgl. Kolvenbach/Langohr-Plato, Deferred Compensation: Altersversorgung gegen Verzicht auf Bezüge, INF 1995 S. 685 ff.)

Rückwirkend zugesagte oder nachträglich erhöhte Pensionszusagen an Gesellschafter-Geschäftsführer sind steuerrechtlich unwirksam (Nachholungs-, Nachzahlungsverbot). 624

Die **nachträgliche Vereinbarung** einer **Wertsicherungsklausel** zugunsten eines beherrschenden Gesellschafter-Geschäftsführers führt zu einer verdeckten Gewinnausschüttung, wenn keine rechtliche Verpflichtung zur Anpassung besteht (BFH, 28.4.1982 – I R 51/76, BStBl II 1982 S. 612). Nur dann, wenn auch alle anderen betrieblichen Pensionszusagen angepaßt werden und die Lebenshaltungskosten erheblich gestiegen sind, kann eine Anpassung steuerlich beachtlich sein. Diese Grundsätze gelten auch, wenn die Pensionserhöhung eine dem beherrschenden Gesellschafter **nahestehende Person** (Ehefrau) betrifft (BFH, 27.7.1988 – I R 68/84, GmbHR 1989 S. 51). 625

Im übrigen erkennt die Rechtsprechung immer stärker an, daß auf das Rechtsverhältnis zwischen GmbH und dem **Ehegatten** des beherrschenden Gesellschafters die Grundsätze über die steuerliche Anerkennung von Pensionszusagen im Rahmen eines Ehegatten-Arbeitsverhältnisses nicht uneingeschränkt anwendbar sind. Selbst wenn das Vertragsverhältnis nicht dem unter Dritten Üblichen entspricht, schließt dieser Umstand allein die betriebliche Veranlassung nicht aus; wegen dieser Unüblichkeit ist lediglich die Angemessenheit der zugesagten Pension besonders zu prüfen (BFH, 28.10.1987 – I R 22/84, BFH/NV 1989 S. 131). Eine solche Pensionszusage an die Ehefrau des beherrschenden Gesellschafters führt jedenfalls nicht schon deshalb zu einer verdeckten Gewinnausschüttung, weil die GmbH den bei ihr beschäftigten fremden Arbeitnehmern keine entsprechende Zusage erteilt hat. 626

Ob ein Vermögensvorteil in Form einer Pensionszusage an die **Ehefrau** des beherrschenden Gesellschafter-Geschäftsführers zugewandt worden ist, hängt von den Verhältnissen zum Zeitpunkt der Erteilung der Pensionszusage ab (BFH, 18.12.1996 – I R 139/94, BStBl II 1997 S. 301; vgl. auch Paus, Pensionszusagen an „nahestehende Personen" als verdeckte Gewinnausschüttung, DStZ 1997 S. 739).

Umstritten war, ob **Dynamisierungsklauseln** bei der Bewertung von Pensionsverpflichtungen zu berücksichtigen sind. Die solchen Verpflichtungen zugrundliegenden Pensionszusagen sehen vor, daß die Rentenansprüche bereits im Anwartschaftszeitraum jährlich bzw. in einem mehrjährigen Rhythmus um einen bestimmten Prozentsatz der jeweils letzten Anwartschaft steigen (Anwartschaftsdynamik) oder die Rentenbezüge ab Rentenbeginn jährlich bzw. in einem mehrjährigen Rhythmus um einen festen Prozentsatz der jeweils letzten Rente anzupassen sind (Rentendynamik). Der BFH (17.5.1995 – I R 105/94, BStBl II 1996 S. 423 = HFR 1996 S. 28; vorher schon FG Berlin, 11.1.1993 – VIII 395/90, BB 1994 S. 607) hat festzugesagte prozentuale **Rentenerhöhungen** anerkannt und eine vorgesehene Rentenerhöhung um **2% jährlich** als nicht ungewiß bezeichnet, sondern als klar und fest vereinbart angesehen. Damit ist die Auffassung der Finanzverwaltung (Erlaß Sachsen, 20.4.1994 – 32 – S 2176 – 4/11 – 19 881, StEK 627

EStG § 6a Nr. 164) überholt, daß Dynamisierungsklauseln bei der Bewertung von Pensionsverpflichtungen nicht zu berücksichtigen seien. Nach Auffassung von Cramer (Rentenanpassung und Überversorgung im Hinblick auf die steuerliche Anerkennung von Pensionsrückstellungen, DStR 1997 S. 190) müßte sogar eine Dynamisierung um 3 % jährlich steuerlich anzuerkennen sein.

In einem weiteren Urteil vom 17.5.1995 (I R 16/94, BStBl II 1996 S. 420) hat der BFH auch zur dynamischen Entwicklung des Pensionsanspruchs in der Anwartschaft (= vor dem Pensionsstichtag) positiv Stellung genommen.

628 Sollen sich von den jeweils letzten Aktivbezügen abhängige Pensionsanwartschaften wegen der Annahme eines ansteigenden säkularen Einkommenstrends jährlich um feste Prozentsätze erhöhen und ergeben sich dadurch Pensionsansprüche, die im Verhältnis zu den Aktivbezügen überhöht sind, so ist die nach § 6a EStG zulässige Rückstellung für Pensionsanwartschaften so zu ermitteln, als wenn die Versorgungsbezüge in Höhe eines angemessenen Prozentsatzes der jeweiligen letzten Aktivbezüge zugesagt worden wären (BFH, 17.5.1995 – I R 16/94, BB 1995 S. 2053).

629 Der BFH hat in seiner Entscheidung vom 25.10.1995 (I R 34/95, BStBl II 1996 S. 403) folgende **Dynamisierungen** von Renten an Gesellschafter-Geschäftsführer gebilligt:

„Die ... Rente verändert sich der Höhe nach ab dem heutigen Datum im gleichen Verhältnis, wie sich die Beitragsbemessungsgrenze in der gesetzlichen Rentenversicherung ändert. Ungeachtet der Änderung der Beitragsbemessungsgrenze wird die ... Rente jeweils zum 1. Januar eines jeden Jahres soweit erhöht, daß sich von dem auf das heutige Datum folgenden 1. Januar an eine jährliche Rentensteigerung um 1,0 % ergibt ...

Nach dem Beginn der Rente erhöht die Firma diese alljährlich zum 1. Januar um 2,0 %. Die erste Erhöhung erfolgt zu dem ersten Januar, der auf den Rentenbeginn folgt. Wenn sich nach dem Beginn der Rente die Beitragsbemessungsgrenze in der gesetzlichen Rentenversicherung um mehr als 2,0 % gegenüber dem Vorjahr erhöht, so erhöht sich die Rente im gleichen Maße, sofern die wirtschaftliche Lage der Firma dies zuläßt. Eine solche Rentenerhöhung wird jeweils zum 1. Januar eines jeden Jahres geprüft und nach billigem Ermessen entschieden ..."

Mit vorstehenden Formulierungen wird zwar ein zukünftiger Einkommenstrend vorweggenommen, jedoch stehen die Erhöhungen hinsichtlich ihres Ausmaßes und des Zeitpunkts ihres Eintritts fest, sind also nicht von zukünftigen ungewissen Gehaltssteigerungen abhängig (vgl. dazu auch Gosch, Neuere Rechtsprechung des Bundesfinanzhofes zu Sonderzusagen der betrieblichen Altersversorgung, BB 1996 S. 1689: „Dynamisierungsklauseln schaffen ... Gestaltungsräume, die es zu nutzen gilt ...").

630 Nach der Verfügung der OFD Koblenz vom 15.10.1995 (S 1557/S 2176 A – St 431, DStR 1996 S. 1811) ist auch bei **Dynamisierungen** zu beachten, daß gemessen an den aktuellen Aktivbezügen keine **Überversorgung** eintreten darf. Für eine im Verhältnis zu den letzten Aktivbezügen überhöhte Pension ist die Rückstellung am Bilanzstichtag so zu ermitteln, wie wenn die Versorgungsbezüge in Höhe eines angemessenen Prozentsatzes der jeweiligen Aktivbezüge zugesagt worden wären (BFH, 17.5.1995 – I R 16/94, BStBl II 1996 S. 420).

Dieser Grundsatz gilt nicht nur bei Zusagen an Gesellschafter-Geschäftsführer oder an nahe Angehörige, sondern auch bei Zusagen an fremde Dritte (zur Überversorgung vgl. BFH, 16.5.1995 – XI R 87/93, BStBl II 1995 S. 873).

Wird **nur** eine **Pensionszusage** als angemessenes Vollentgelt zugesagt, so führt **631**
dies zu einer verdeckten Gewinnausschüttung (BFH, 17.5.1995 – I R 147/93, HFR
1996 S. 29). Zur Begründung weist der BFH darauf hin, daß ein gedachter fremder Dritter niemals eine solche Vereinbarung abschließen würde. Damit gibt der
BFH seine frühere Rechtsprechung (21.2.1974 – I R 160/71, BStBl II 1974 S. 363
und 28.10.1987 – I R 22/84, BFH/NV 1989 S. 131) auf.

Cramer (BB 1995 S. 2055) weist in einer Urteilsanmerkung zu Recht darauf hin,
daß der BFH zwar immer vom Fremdvergleich spricht, diesen aber nicht vornimmt: Die Gehälter des Fremdgeschäftsführers werden nach Angebot und
Nachfrage bestimmt und nicht in einer „Angemessenheitsprüfung" zu Umsatz
und Gewinn in Relation gestellt. Seine betriebliche Altersversorgung sichert dem
Fremdgeschäftsführer neben der relativ geringen gesetzlichen Rentenversicherung eine dem Aktivlohn angemessene Altersversorgung. Diese wird dazu
noch vom PSV im Krisenfall abgesichert. Dazu schützt ihn das Arbeitsrecht vor
Einbußen. Kein Finanzamt oder Finanzgericht kann eine Zusage zu seinem
Nachteil verändern. Steuerliche Risiken aus Pensionszusagen trägt der Arbeitgeber. Wird sein Arbeitsvertrag vorzeitig beendet, erhält er auch dann eine gute
Abfindung, wenn er für Verluste verantwortlich ist. Als eine Art „Notgroschen"
kann ihm außerdem das Arbeitslosengeld den Unterhalt sichern. Von Gleichbehandlung kann man bei dem heutigen Gebrauch des Fremdvergleichs kaum
noch reden.

Ist ein Pensionsanspruch, der für sich genommen nicht als verdeckte Gewinnaus- **632**
schüttung zu beurteilen ist, **unverfallbar**, so kann er bei **Auflösung** des Dienstverhältnisses in eine **Abfindung** umgewandelt werden (Wassermeyer, Rund um
den GmbH-Geschäftsführer, Stbg 1997 S. 529, 533).

Scheidet der Geschäftsführer vorzeitig aus der GmbH aus und hat er **keinen Anspruch** auf eine spätere Pension, sind für ihn aber gleichwohl Pensionsrückstellungen gebildet worden, so wird er häufig eine **Abfindung** für die **entgangene
Pension** verlangen. M. E. findet auch für solche Abfindungen § 3 Nr. 9 EStG Anwendung. Ausführlich dazu Langohr-Plato, Kapitalisierung betrieblicher Versorgungsleistungen – Steuerbegünstigte Abfindungsregelungen bei Auflösung des
Dienstverhältnisses (Stbg 1995 S. 407).

Laut Langohr-Plato findet § 3 Nr. 9 EStG keine Anwendung auf Abfindungen
laufender Versorgungsleistungen und unverfallbarer Anwartschaften, da in beiden Fällen der Geschäftsführer einen Rechtsanspruch hat. Erhalte dagegen der
ausscheidende Geschäftsführer für eine **verfallbare Anwartschaft** eine Abfindungszahlung, könne § 3 Nr. 9 EStG Anwendung finden.

Der BFH hat in seiner Entscheidung vom 15.12.1989 (VI R 4/85, BFH/NV 1990 **633**
S. 429) **Pensionsabfindungen** an einen GmbH-Geschäftsführer **nicht** als Entschädigung i.S. von § 24 Nr. 1 Buchst. a EStG anerkannt, „wenn nichts dafür spricht,
daß die GmbH nicht in der Lage sein würde, den Verpflichtungen aus der Pensionszusage nachzukommen." Begründet hat der BFH seine Entscheidung damit,
daß der Geschäftsführer nicht unter einem von einem anderen ausgeübten, nicht
unerheblichen tatsächlichen, rechtlichen oder wirtschaftlichen Druck gestanden
habe und damit in die Abfindung habe einwilligen müssen. Beim Fremdgeschäftsführer wird man aber, wenn ein solcher Druck vorliegt, zur Anwendung
der §§ 34 Abs. 1, 24 Nr. 1 Buchst. a EStG kommen. Offen gelassen hat der BFH
die Frage, ob bei Abfindungen einer GmbH an ihren Gesellschafter-Geschäftsführer, wenn er der einzige Gesellschafter der GmbH ist, wegen der wirtschaftlichen Identität von Gesellschaft und Gesellschafter begünstigte Entschädigungen i. S. von § 24 Nr. 1 Buchst. a EStG generell zu verneinen sind.

634 Ist eine **Rückdeckungsversicherung** abgeschlossen, so empfiehlt es sich, schon in den Anstellungsvertrag des Gesellschafter-Geschäftsführers eine Bestimmung aufzunehmen, wonach das Kapital der Rückdeckungsversicherung (= Zeitwert des angesammelten Kapitals) als Abfindungsbetrag auszubezahlen ist, wenn es zu einer Pensionsabfindung kommt (vgl. auch Doetsch, Steuerliche Anerkennung von Pensionszusagen gegenüber GmbH-Gesellschafter-Geschäftsführern, BB 1994 S. 327).

635 Versorgungsanwartschaften, die einem ausscheidenden Geschäftsführer zustehen, können auch von einem **neuen Arbeitgeber** übernommen werden.

> **BEISPIEL:**
>
> A, 50 Jahre, war als Geschäftsführer bei der X-GmbH tätig, und ist dort aufgrund Arbeitgeberkündigung zum 31.12.1987 ausgeschieden. Gegen die X-GmbH stehen A Versorgungsansprüche zu. Zum 1.5.1988 findet A eine Anstellung als Geschäftsführer bei der Y-GmbH.
>
> Die X-GmbH und die Y-GmbH können nun gemäß § 4 BetrAVG im Wege der **Schuldübernahme** vereinbaren, daß die Versorgungsanwartschaft von der Y-GmbH übernommen wird. A muß jedoch zustimmen (§ 4 Abs. 1 Satz 1 BetrAVG).

635.1 Bei Umwandlung der GmbH in eine Personenhandelsgesellschaft bleibt die Pensionsrückstellung in der Übernahmebilanz der Personenhandelsgesellschaft bestehen (UmwSt-Erlaß vom 25.3.1998, BStBl I 1998 S. 268, Tz. 06.03). Allerdings sind weitere Zuführungen zur Pensionsrückstellung in der Personenhandelsgesellschaft Vergütungen i.S. des § 15 Abs. 1 Satz 1 Nr. 2 EStG. Das bedeutet, daß diese Zuführungen zwar Betriebsausgaben sind, jedoch in gleicher Höhe als Sonderbetriebseinnahmen wieder hinzuzurechnen sind; im Ergebnis wird der steuerliche Gewinn der Personengesellschaft nicht gemindert.

Hat der Gesellschafter-Geschäftsführer zum Zeitpunkt der Umwandlung das Pensionsalter nicht erreicht, kann ein **Übernahmefolgegewinn** (§ 6 Abs. 6 UmwStG) entstehen, nämlich dann, wenn die bei der GmbH gebildete Pensionsrückstellung höher ist als der Barwert der bis dahin erdienten Pensionsansprüche.

b) DIREKTVERSICHERUNG

636 Neben Pensionszusagen spielt die Direktversicherung (siehe zunächst Rz. 113f.) für den Geschäftsführer eine gewisse (zusätzliche) Rolle, insbesondere aus steuerlichen Gründen (vgl. dazu Reuter, Direktversicherung für den Geschäftsführer der GmbH und GmbH & Co. KG, GmbHR 1997 S. 1081).

637 Die **Prämien**, die von der GmbH für eine Direktversicherung zugunsten des Geschäftsführers (Fremd- oder beherrschenden Gesellschafter-Geschäftsführers) an eine Versicherung bezahlt werden, sind **Betriebsausgaben**, und zwar auch dann, wenn ein **Einmalbetrag** entrichtet wird (§ 4b EStG, R 26 EStR 1998).

638 Der **Geschäftsführer** muß die von der GmbH während der Anwartschaftszeit abgeführten **Prämien lohnversteuern**. Die Beiträge des Arbeitgebers für eine Direktversicherung sind steuerrechtlich so zu behandeln, als ob sie der Arbeitnehmer geleistet und der Arbeitgeber einen entsprechend höheren Barlohn gezahlt habe (BMF-Schreiben, 9.2.1993 – IV B 6 – S 2333 –1/93, BStBl I 1993 S. 248). Eine Einmalprämie kann auf 3 Jahre verteilt werden (§ 34 Abs. 3 EStG, R 200 EStR 1998).

Als **Arbeitslohn** ist die gesamte Beitragsleistung des Arbeitgebers an das Versicherungsunternehmen zu erfassen. Es ist gleichgültig, ob die Beitragsleistung durch Zahlung oder durch Verrechnung (z. B. Verrechnung sog. Stornogewinne) erfolgt.

Zum Arbeitslohn gehören nicht Gewinnanteile (Überschußanteile, Versichertendividenden, Boni, Zinsen), die zur Erhöhung der dem Arbeitnehmer zustehenden Versicherungsleistung beim Versicherungsunternehmen angesammelt, zur Abkürzung der Versicherungsdauer verwendet oder an den Arbeitnehmer ausgezahlt werden. Soweit hierbei außerrechnungsmäßige und rechnungsmäßige Zinsen i. S. des § 20 Abs. 1 Nr. 6 EStG vorliegen, die der Kapitalertragsteuer unterliegen (§ 43 Abs. 1 Nr. 4 EStG), sind die Zinsen beim Arbeitnehmer als Einnahmen aus Kapitalvermögen zu erfassen und die Kapitalertragsteuer im Rahmen einer Veranlagung des Arbeitnehmers zur Einkommensteuer auf die Einkommensteuer anzurechnen.

Bei **Eintritt des Versorgungsfalles** ist bei der **639**
- Kapitalversicherung die dann zufließende Versicherungssumme steuerfrei,
- Versicherung auf Rentenbasis der Ertragsanteil vom Geschäftsführer zu versteuern (§ 22 EStG).

Hat die GmbH zugunsten des Geschäftsführers eine **Direktversicherung** (= Lebensversicherungsvertrag) abgeschlossen und wird das Insolvenzverfahren eröffnet, so kann der Insolvenzverwalter den Lebensversicherungsvertrag **kündigen** und den **Rückkaufswert zur Insolvenzmasse** einziehen, auch wenn die Versicherungsbeiträge voll vom Gehalt des Geschäftsführers einbehalten wurden, dieser aber weder ein **unwiderrufliches Bezugsrecht** noch eine **unverfallbare Versorgungsanwartschaft** hatte (LAG München, 22.7.1987 – 4 Sa 60/87, BB 1988 S. 837). **640**

Ist diese Bezugsberechtigung nicht mehr abänderbar und erwirbt der Bezugsberechtigte sofort den Anspruch auf die Versicherungsleistungen, so unterliegt dieser Anspruch nicht mehr dem Zugriff der Gläubiger des Arbeitgebers, vielmehr gehört er zum Vermögen des Arbeitnehmers. Vorliegend war das unwiderrufliche Bezugsrecht allerdings mit Vorbehalten verbunden, so daß es sich um ein sog. eingeschränkt unwiderrufliches Bezugsrecht handelte. **641**

Im übrigen besteht aber nach wie vor Streit, wie das Bezugsrecht im Insolvenzverfahren des Arbeitgebers zu behandeln ist:
- Der Anspruch auf die Versicherungsleistungen aufgrund eines **widerruflichen Bezugsrechts** wird ganz überwiegend nicht dem Vermögen des Arbeitnehmers zugeordnet, sondern dem Vermögen des Arbeitgebers, der diese Versicherungsleistungen jederzeit für sich in Anspruch nehmen kann.
- Umstritten ist die insolvenzrechtliche Behandlung des sog. **eingeschränkt unwiderruflichen Bezugsrechts**. Ausschlaggebend für die Beurteilung ist, ob das eingeschränkt unwiderrufliche Bezugsrecht rechtlich und wirtschaftlich dem uneingeschränkt unwiderruflichen oder dem widerruflichen Bezugsrecht näher steht. Dies hängt davon ab, ob die Vorbehalte, die der Arbeitgeber sich bezüglich der Unwiderruflichkeit ausbedungen hat, noch eingreifen können oder nicht; können sie es nicht, kann auch die Rechtsstellung des Arbeitnehmers nicht mehr beeinträchtigt werden. In diesem Falle hat der Arbeitnehmer im Zeitpunkt der Eröffnung des Insolvenzverfahrens die gleiche Rechtsstellung wie ein uneingeschränkt unwiderruflich Bezugsberechtigter erlangt. Arbeitgeber und Insolvenzverwalter können deshalb lediglich Leistungen an den Arbeitnehmer verlangen.

Eine **betriebliche Altersversorgung** in Form einer Direktversicherung (§ 1 Abs. 2 Satz 1 BetrAVG) kann auch dann vorliegen, wenn die Prämien der Versicherung auf das Leben des Geschäftsführers **anstelle einer Vergütung** bezahlt werden **642** sollen (Versicherung nach Gehaltsumwandlung). Auch diese Form der betrieblichen Altersversorgung ist nach § 7 Abs. 2 Satz 1 Nr. 2 BetrAVG insolvenzgeschützt (BAG, 26.6.1990 – 3 AZR 641/88, BB 1991 S. 482). Der Insolvenzschutz fällt auch dann nicht weg, wenn der Geschäftsführer mit einer Beleihung der Lebensversicherung einverstanden ist.

643 Die **Beleihung von Lebensversicherungen** ist ein völlig gewöhnlicher Vorgang, um eine Darlehensaufnahme zu erleichtern. Daher darf dem Arbeitnehmer, der an einer derartigen für billigenswert erachteten Rechtslage mitwirkt, nicht schon deshalb das Bedürfnis nach dem Insolvenzschutz abgesprochen werden. Nur bei mißbräuchlichen Beleihungen braucht der Pensions-Sicherungs-Verein keinen Versicherungsschutz zu leisten.

Das OLG Hamm (15.11.1990 – 27 U 66/90, ZIP 1990 S. 1603) vertritt die Auffassung, die **versicherungsrechtliche Unwiderruflichkeit** des Direktversicherungsvertrages könne nur durch ausdrückliche Erklärung der GmbH **gegenüber dem Versicherer** herbeigeführt werden. Eine arbeitsvertragliche Vereinbarung zwischen GmbH und Geschäftsführer und deren Kenntnisnahme durch den Versicherer reiche nicht aus.

644 **Neben** einer Pensionszusage oder einer Direktversicherung oder als **Ergänzung** beider oder als Teil einer Direktversicherung kann eine **Lebensversicherung** zugunsten des Geschäftsführers (Fremd- oder beherrschenden Gesellschafter-Geschäftsführers) mit **Übernahme der Lohnsteuerlast durch die GmbH** vereinbart werden (§ 19 BetrAVG i.V. mit § 40b EStG). Bis zu einem Betrag von 3408 DM/Jahr kann zugunsten des Geschäftsführers eine Lebensversicherung abgeschlossen werden, wobei die Lohnsteuer mit 20% angesetzt wird. **Pauschalierbar** sind aber nur Aufwendungen bis zu 3408 DM/Jahr (der Betrag erhöht sich auf 4200 DM, wenn mehrere Arbeitnehmer gemeinsam in einem Versicherungsvertrag versichert sind, und der durchschnittliche Prämienaufwand für jeden Versicherten 3408 DM nicht übersteigt); darüber hinausgehende Beträge müssen individuell versteuert werden.

Voraussetzung für eine Pauschalierung ist, daß

– die Versicherung nicht auf einen früheren Erlebensfall als das 60. Lebensjahr abgeschlossen wird

und

– eine vorzeitige Kündigung des Versicherungsvertrages durch den Geschäftsführer ausgeschlossen wird. Dabei stellt die Finanzverwaltung die vorzeitige Abtretung oder Beleihung des Versicherungsanspruchs durch den Geschäftsführer, dem ein unwiderrufliches Bezugsrecht durch die GmbH eingeräumt wurde, einer schädlichen vorzeitigen Kündigung gleich

und

– ein Geschäftsführer eine Lohnsteuerkarte vorlegt, auf der eine der Steuerklassen I–V eingetragen ist; bei Steuerklasse VI ist die Pauschalierung der Lohnsteuer ausgeschlossen.

645 Nach der **Anhebung der Pauschalierungsgrenzen** des § 40b EStG durch das **Jahressteuergesetz 1996** stellt sich die Frage, ob eine Erhöhung des Beitrags für Direktversicherungen innerhalb der Pauschalierungsgrenzen des § 40b EStG eine neue **Mindestvertragsdauer** i.S. des § 10 Abs. 1 Nr. 2 EStG, die auch für § 20 Abs. 1 Nr. 6 EStG von Bedeutung ist, in Gang setzt, wenn die Verträge mit Wirkung ab dem Jahr 1996 geändert werden. Nach den Grundsätzen des BFH-Urteils vom 9.5.1974 (VI R 137/72, BStBl II 1974 S. 633) gilt die **Änderung des Beitrags** als Abschluß eines neuen Vertrages.

A. Einkommensbesteuerung der Geschäftsführerbezüge

Dazu wird im BMF-Schreiben vom 12.12.1995 (IV B4 – S 2252 – 303/95, BStBl I 1995 S. 805) aus **Billigkeitsgründen** folgende Auffassung vertreten:

Bei Direktversicherungen, die die Voraussetzungen des § 10 Abs. 1 Nr. 2 Buchst. b EStG erfüllen und bei denen nach der Anpassung an die neuen Pauschalierungsgrenzen des § 40b EStG bis zum voraussichtlichen Erreichen der Altersgrenze (bei Frauen Vollendung des 60. Lebensjahres, bei Männern Vollendung des 63. Lebensjahres) eine Mindestvertragsdauer von 12 Jahren nicht mehr zu erreichen wäre, wird eine Steuerpflicht nach § 20 Abs. 1 Nr. 6 EStG nicht angenommen, wenn der Beitrag um höchstens 408 DM jährlich erhöht wird. Dagegen ist ein zusätzlicher Vertrag abzuschließen, wenn der Zeitraum zwischen dem Lebensalter des Arbeitnehmers im Jahre 1996 und dem voraussichtlichen Erreichen der Altersgrenze mindestens 12 Jahre beträgt und der bestehende Versicherungsvertrag vor der Anpassung die Mindestvertragsdauer von 12 Jahren noch nicht erreicht hat.

Bei einer Lohnsteuerpauschalierung mit 20 % kann auch die **Kirchensteuer** pauschaliert werden. Gehört der Geschäftsführer nachweislich keiner steuererhebungsberechtigten Kirche an, braucht auch keine Kirchensteuer abgeführt zu werden (BFH, 30.11.1989 – I R 14/87, BStBl II 1990 S. 993).

Bei einer Inanspruchnahme der Steuervergünstigung nach § 40b EStG für Direktversicherungen kann kein zusätzlicher Sonderausgabenabzug nach § 10 Abs. 3 Nr. 2 EStG in Anspruch genommen werden (FG Niedersachsen, 10.6.1982 – II 298/80, GmbHR 1984 S. 27).

645.1 Nach § 2 Abs. 1 Satz 1 Nr. 3 der Arbeitsentgeltverordnung (ArEV) sind die nach § 40b EStG pauschal versteuerten Beiträge und Zuwendungen **nicht** dem Arbeitsentgelt in der Sozialversicherung zuzurechnen, vorausgesetzt, daß sie zusätzlich zu Löhnen oder Gehältern gewährt werden. Diese Voraussetzung ist immer dann erfüllt, soweit

– es sich bei den Beiträgen und Zuwendungen um zusätzliche Leistungen des Arbeitgebers handelt, die neben dem laufenden Lohn oder Gehalt gezahlt, oder
– die Beiträge und Zuwendungen aus Sonderzuwendungen finanziert

werden.

Sofern für die vorgenannten Leistungen **laufendes Arbeitsentgelt** verwendet wird, führt dies nicht zu einer Minderung des beitragspflichtigen Arbeitsentgelts in der Sozialversicherung, d.h., die aus dem laufenden Arbeitsentgelt finanzierten Beiträge und Zuwendungen unterliegen trotz der Pauschalbesteuerung der Beitragspflicht.

Im Falle der Verwendung einer Sonderzuwendung für die Zukunftssicherungsleistung darf die beitragspflichtige Sonderzuwendung im übrigen nur um den Betrag der pauschal versteuerten Zukunftssicherungsleistung gekürzt werden. Ist die Sonderzuwendung niedriger als die Zukunftssicherungsleistung, kann nur der Zahlbetrag der Sonderzuwendung beitragsfrei belassen werden, da sich in der Sozialversicherung eine Umwandlung von laufendem Arbeitsentgelt in Zukunftssicherungsleistungen beitragsrechtlich nicht auswirkt.

Trägt der Arbeitnehmer die auf die Zukunftssicherungsleistungen entfallenden pauschalen Steuern (Lohnsteuer, Kirchensteuer, Solidaritätszuschlag) im arbeitsrechtlichen Innenverhältnis, dürfen diese Steuern nach bisheriger Auffassung der Spitzenverbände der Sozialversicherungsträger bei der Berechnung der Sozialversicherungsbeiträge von der Sonderzuwendung nicht in Abzug gebracht werden. Das BSG hat allerdings durch Urteil (21.8.1997 – 12 RK 44/96, USK 9723,

BB 1998 S. 1216) entschieden, daß nicht nur durch Gehaltsumwandlung aus Sonderzuwendungen finanzierten Direktversicherungsbeiträge, sondern auch die auf die Direktversicherungsbeiträge entfallende und wirtschaftlich vom Arbeitnehmer durch Gehaltsumwandlung aus Sonderzuwendungen getragene Pauschalsteuer nicht dem Arbeitsentgelt zuzurechnen ist. Das BSG begründet seinen Standpunkt mit dem Sinn des § 2 Abs. 1 Satz 1 ArEV, in möglichst großer Übereinstimmung mit dem Steuerrecht (§ 17 Abs. 1 Satz 2 SGB IV) die Vereinfachungen und Vergünstigungen, die im Steuerrecht für besondere Formen des Arbeitslohns vorgesehen sind, auch in das Beitragsrecht der Sozialversicherung zu übernehmen. Nach Auffassung des BSG wäre es nämlich sinnwidrig, nur für die pauschal besteuerten Beiträge oder Zuwendungen, d.h. für die Hauptleistung, die Vereinfachung und Begünstigung wirksam werden zu lassen und diese beitragsfrei zu stellen, die Pauschalsteuer, d.h. die Nebenleistung, aber der Beitragspflicht zu unterwerfen. Ungeachtet dessen wird die Pauschalsteuer – abgesehen von § 40 Abs. 1 Satz 2 EStG – auch im Lohnsteuerrecht nicht als Arbeitslohn angesehen.

Bei maximaler Ausschöpfung des Pauschalierungsbeitrags von 3408 DM im Kalenderjahr ergibt sich unter Hinzurechnung der vom Arbeitnehmer getragenen pauschalen Steuern der im nachfolgenden Beispiel errechnete Betrag, der hiernach nicht dem Arbeitsentgelt zuzurechnen ist:

Direktversicherungsbeiträge	3 408, – DM
pauschale Lohnsteuer (20 %)	681,60 DM
pauschale Kirchensteuer (NRW = 7 %)	47,71 DM
Solidaritätszuschlag (5,5 %)	37,49 DM
	4174,80 DM

Nach Auffassung der Spitzenverbände der Kranken- und Rentenversicherungsträger sowie der Bundesanstalt für Arbeit ist dem vorgenannten Urteil des BSG, das sich allein auf Beiträge zur Direktversicherung bezieht, die aus Sonderzuwendungen finanziert werden, zu folgen. Dabei gehen die Besprechungsteilnehmer davon aus, daß der insgesamt beitragsfreie Betrag den Betrag der Sonderzuwendung nicht übersteigen darf (BB 1998 S. 2215):

Beispiele:	*Beispiel 1*	*Beispiel 2*
Sonderzuwendung	5 000, – DM	3 000 DM
Direktversicherungsbeiträge	3 408, – DM	3 000 DM
pauschale Lohnsteuer (20 %)	681,60 DM	600 DM
pauschale Kirchensteuer (NRW = 7 %)	47,71 DM	42 DM
Solidaritätszuschlag (5,5 %)	37,49 DM	33 DM
	4174,80 DM	3 675 DM
von der Sonderzuwendung sind nicht dem Arbeitsentgelt zuzurechnen	4174,80 DM	3 000 DM

Reicht eine Sonderzuwendung zur Finanzierung der Direktversicherungsbeiträge und der auf sie entfallenden und wirtschaftlich vom Arbeitnehmer durch Gehaltsumwandlung getragenen Pauschalsteuern nicht aus und leistet der Arbeitgeber deshalb eine vorzeitige Zahlung auf eine weitere zu erwartende Sonderzuwendung, um die Direktversicherungsbeiträge zu finanzieren, sind die Voraussetzungen des § 2 Abs. 1 Satz 1 Nr. 3 ArEV ebenfalls erfüllt, da für die beitragsrechtliche Behandlung von Sonderzuwendungen auf den Zeitpunkt der Zahlung abgestellt wird. Wird dagegen das laufende Arbeitsentgelt gekürzt, führt dies insoweit zu keiner Minderung des beitragspflichtigen Arbeitsentgelts.

Zu den lohnsteuerrechtlichen Konsequenzen bei **vorzeitiger Kündigung** einer Direktversicherung vgl. Rindermann, INF 1999 S. 33.

Direktversicherungsleistungen an die **geschäftsführenden Ehegatten** der beiden Gesellschafter in Höhe von ca. 340 DM monatlich zusätzlich zu einem arbeitsvertraglich vereinbarten Entgelt in Höhe von 390 DM monatlich sind als verdeckte Gewinnausschüttung anzusehen, denn der (gedachte) ordentliche und gewissenhafte Geschäftsleiter hätte derartige Vorteile fremden Arbeitnehmern nicht gewährt (FG Niedersachsen, 18.1.1990 – VI 496/88, GmbHR 1991 S. 133). 646

Die **Versicherungsleistung** ist für den Geschäftsführer kein Arbeitslohn. Wenn es sich um eine Rente handelt, greift die Rentenbesteuerung nach § 22 EStG ein. Sind in der Versicherungsleistung einer Kapitalversicherung Zinsen enthalten, so unterliegen die Zinsen der Steuer nach § 20 Abs. 1 Nr. 6 EStG, wenn die Versicherung ihrerseits nicht den Anforderungen des § 10 Abs. 1 Nr. 2 Buchst. b EStG entspricht. Das gilt vor allem für Versicherungen gegen Einmalbetrag oder für Versicherungen mit einer Laufzeit von weniger als 12 Jahren. Bei Todesfallrisikoversicherungen greift die Zinsbesteuerung demgegenüber in keinem Fall.

c) HINTERBLIEBENENVERSORGUNG

In Versorgungszusagen können auch Regelungen zugunsten der Ehefrau und/ oder der unterhaltsberechtigten Kinder aufgenommen werden. 647

> **BEISPIEL:**
>
> Aus einer Versorgungszusage:
>
> „Nach dem Ableben des Geschäftsführers erhält seine Ehefrau ein Witwengeld in Höhe von 60% des Ruhegehaltes und jedes seiner unterhaltsberechtigten Kinder bis zum vollendeten 18. Lebensjahr ein Waisengeld in Höhe von 15% des Ruhegehaltes."
>
> Es kann bei den Kindern auch auf die Schul- oder Berufsausbildung abgestellt werden, z.B. durch den Zusatz:
>
> „Das Waisengeld wird darüber hinaus gewährt, solange sich die Berechtigten in einer Schul- oder Berufsausbildung befinden und kein eigenes wesentliches Einkommen haben, längstens jedoch bis zur Vollendung des 25. Lebensjahres."

In der Versorgungszusage an den Geschäftsführer kann auch eine **Ehe-Mindestdauer** als Voraussetzung für eine Witwenrente enthalten sein. So kann eine Einzelversicherung (oder eine Versorgungsordnung) rechtswirksam vorsehen, daß Hinterbliebenenversorgung nur gewährt wird, wenn die Ehe des versorgungsberechtigten Geschäftsführers zur Zeit seines Todes mindestens 2 Jahre bestanden hat (BAG, 11.8.1987 – 3 AZR 6/86, BB 1988 S. 834). Mit solchen und ähnlichen Einschränkungen, die sich auch im Beamtenrecht finden, sollen sog. „Versorgungsehen" von der Hinterbliebenenversorgung ausgeschlossen werden. Solche Klauseln (Mindestfristen der Ehedauer, Spätehen- und Getrenntlebensklauseln) sind zulässig (BAG, 6.9.1979 – 3 AZR 358/78, AP Nr. 183 zu § 242 BGB Ruhegehalt) und nicht verfassungswidrig; das BVerfG hat Verfassungsbeschwerden, die Verstöße gegen Art. 3 Abs. 1 und Art. 6 GG monierten, nicht zur Entscheidung angenommen (BVerfG, 11.9.1979 – 1 BvR 92/79, AP Nr. 182 zu § 242 BGB Ruhegehalt; 29.2.1980 – 1 BvR 1231/79, AP Nr. 183a zu § 242 BGB Ruhegehalt). 648

Hinterbliebenenbezüge aufgrund vertraglicher Vereinbarung zwischen dem Geschäftsführer und der GmbH sind **kein Vermögensvorteil** i.S. des Erbschaftsteuergesetzes (§ 3 Abs. 1 Nr. 4 ErbStG). Dies gilt auch für die Hinterbliebenenbezüge, die ein Gesellschafter-Geschäftsführer mit der GmbH vereinbart (BFH, 649

20.5.1981 – II R 11/81, BStBl II 1981 S. 715), es sei denn, die Rente übersteigt das angemessene Maß.

In seiner Entscheidung vom 13.12.1989 (II R 23/85, BStBl II 1990 S. 322) hat der BFH die Freistellung der Hinterbliebenenbezüge zusätzlich davon abhängig gemacht, daß der Gesellschafter-Geschäftsführer **wie ein Nichtgesellschafter** als abhängiger Geschäftsführer anzusehen war. War er demgegenüber ein **beherrschender Geschäftsführer**, unterliegen die Hinterbliebenenbezüge der **Erbschaftsteuer**.

650 Nach den **sozialversicherungsrechtlichen Grundsätzen,** auf die der BFH zur Begründung verweist, genügt es bereits für die Annahme einer herrschenden Stellung des Geschäftsführers, wenn ihm ein so maßgeblicher Einfluß eingeräumt ist, daß die Organe der Kapitalgesellschaft Beschlüsse ohne seine Mitwirkung nicht fassen können. Für die Beurteilung sind die tatsächlichen Verhältnisse in der Kapitalgesellschaft und insbesondere in der Geschäftsführung in dem Zeitpunkt maßgebend, in dem die Hinterbliebenenversorgung vereinbart wurde.

651 Ein **beherrschender Gesellschafter-Geschäftsführer** ist insbesondere anzunehmen, wenn folgende Voraussetzungen vorliegen:

– **Kapitalanteil mindestens 50 %** oder **Sperrminorität** bei besonderer Vereinbarung im Gesellschaftsvertrag. Unmittelbare und mittelbare Beteiligungen sind zusammenzurechnen. Neben den Anteilen, die dem Steuerpflichtigen selbst gehören, sind auch die Anteile zu berücksichtigen, bei denen ihm die Ausübung der Gesellschaftsrechte ganz oder teilweise vorbehalten ist. Dazu rechnen auch von Mitgesellschaftern treuhänderisch für den Gesellschafter gehaltene Anteile. Unter den Voraussetzungen des Abschn. 74 Abs. 4 VStR sind auch Anteile des Ehegatten oder von Kindern zu berücksichtigen.

– **Kapitalanteil weniger als 50 %**, aber **mehr als 10 %**, und der Gesellschafter-Geschäftsführer verfügt zusammen mit einem oder mehreren anderen Gesellschafter-Geschäftsführern über die Mehrheit, von den anderen aber keiner allein.

652 Unabhängig von einer Kapitalbeteiligung des Geschäftsführers ist eine **faktische Beherrschung** gegeben, z.B. weil

– das Selbstkontrahierungsverbot nach § 181 BGB abbedungen ist;
– der Geschäftsführer als einziger über die notwendigen Branchenkenntnisse zur Führung des Betriebes verfügt;
– der Gesellschafter Großgläubiger der Gesellschaft ist.

Nach den einheitlichen Ländererlassen vom 21.1.1991 (StEK ErbStG 1974 § 3 Nr. 13) ist das BFH-Urteil vom 13.12.1989 auf alle Erwerbe anzuwenden, für die die Steuer nach dem 30.6.1991 entsteht. Noch nicht bestandskräftige Fälle, in denen die Steuer vor dem 1.7.1991 entstanden ist oder entsteht, sind entsprechend der bisherigen Verwaltungsauffassung zu beurteilen.

6. ANGEMESSENHEIT DES GESCHÄFTSFÜHRERGEHALTES

653 Das Geschäftsführergehalt muß sowohl aus gesellschaftsrechtlichen als auch aus steuerrechtlichen Gründen angemessen sein.

Gesellschaftsrechtlich benachteiligt ein unangemessen hohes Gehalt eines Geschäftsführers die Gesellschafter, weil sich dadurch der ausschüttungsfähige Gewinn entsprechend mindert. Ist dies beim Fremdgeschäftsführer schon ärgerlich, so kann der beherrschende Gesellschafter-Geschäftsführer über ein hohes Gehalt die Minderheitsgesellschafter aushungern: Der beherrschende Gesellschafter-Geschäftsführer kann in der Gesellschafterversammlung, bei der über sein Gehalt als Geschäftsführer beschlossen wird, grundsätzlich mitstimmen und die Minderheitsgesellschafter überstimmen. Eine Schranke ist nur der **Stimmrechtsmißbrauch**; liegt ein solcher vor, können die Minderheitsgesellschafter **Anfechtungsklage** erheben.

Steuerrechtlich ist die Angemessenheitsprüfung deshalb wichtig, weil nur die angemessene Vergütung des Gesellschafter-Geschäftsführers bei der GmbH zu **Betriebsausgaben** führt, während die **unangemessene** Geschäftsführervergütung als **verdeckte Gewinnausschüttung** zu behandeln ist.

654

Insbesondere bei Gesellschafter-Geschäftsführern erhebt sich immer wieder die Frage, was ist das angemessene (Barvergütung einschließlich aller Nebenleistungen und Zusagen) und deshalb auch von der Finanzverwaltung anzuerkennende Gehalt (vgl. Näser, Das „angemessene" Gehalt von Gesellschafter-Geschäftsführern einer GmbH, GmbHR 1985 S. 253; Rischer, Der Bundesfinanzhof und die Angemessenheit von GmbH-Geschäftsführervergütungen, BB 1997 S. 2302).

Allgemein kann man sagen, daß die Bezüge eines Geschäftsführers dann **angemessen** sind, wenn sie im Rahmen dessen liegen, was vergleichbare Unternehmen ihren Geschäftsführern für gleichartige Leistungen zahlen.

Bei der **Angemessenheitsprüfung** sind nicht nur die Bar- und Sachbezüge, sondern auch eine **Pensionszusage** zu berücksichtigen, und zwar **in Höhe der fiktiven Nettoprämie**, die die GmbH bei einer Fremdversicherung aufwenden müßte. Fiktive Nettoprämie ist dabei die mögliche Bruttoprämie abzüglich Kosten und abzüglich Gewinnanteil.

655

Zu den Gesamtbezügen, die auf ihre Angemessenheit zu überprüfen sind, zählen auch die Nebenleistungen wie Dienstwagen, Dienstwohnung, Telefonkostenerstattung, Direktversicherungsprämien etc. Zu beachtende Kriterien für die Angemessenheitsprüfung sind u.a. Unternehmensgröße, Kapitalbeteiligung, Eigenkapitalverzinsung, Branche, Lebensalter, Ausbildung etc. (vgl. auch Langohr-Plato, Angemessenheit der Gesamtbezüge von GmbH-Gesellschafter-Geschäftsführern – Aktuelles aus Finanzverwaltung und Rechtsprechung, GmbHR 1992 S. 742; ders., Beratungsempfehlungen zur Angemessenheit der Bezüge geschäftsführender Gesellschafter nach der neueren BFH-Rechtsprechung, INF 1996 S. 14; Krieger, Gesellschafter-Geschäftsführer: Rechte und Pflichten – Angemessenheit der Vergütungen, Steuerbriefe 22/95 S. 1292; ders., Geschäftsführergehälter: Anwendung der neueren Rechtsprechung, Steuerbriefe 11/96 S. 668; Carle/Herff, Vermeidung verdeckter Gewinnausschüttungen bei Vergütungsregelungen mit GmbH-Gesellschafter-Geschäftsführern, KÖSDI 5/95 S. 10241; Schneider/Altmüller, Angemessenheit der von ertragsstarken Unternehmen an ihre Gesellschafter-Geschäftsführer vergüteten Gehälter, DB 1996 S. 1003ff.; Thielefeld, Kritische Anmerkungen zur Angemessenheit der Bezüge von Gesellschafter-Geschäftsführern – wie aber auch die GmbH, Stbg 1995 S. 322).

Allgemein kann man sagen: Ergibt sich aus der Gegenüberstellung von Gesamtgewinn und Geschäftsführergehalt über einen mehrjährigen Zeitraum, daß der GmbH – trotz deutlicher Steigerungen bei Umsatz und Betriebsergebnis – prozentual nur minimale Gewinne verbleiben, spricht dies dafür, daß über das Gehalt Gewinne des Unternehmens abfließen.

Um die Gesamtvergütung im angemessenen Rahmen zu halten, kann es sich empfehlen, eine **Höchstgrenze** zu vereinbaren, z.B. 300000 DM/Jahr (vgl. Rz. 660, 877 § 3 III 3).

a) MÖGLICHKEITEN DER ANGEMESSENHEITSPRÜFUNG

656 Geschäftsführerverträge sind regelmäßig **Dauerarbeitsverträge**. Deshalb ist bei der Angemessenheitsprüfung auf den **Zeitpunkt des Vertragsabschlusses** abzustellen und zu fragen, ob vergleichbare Unternehmen zu diesem Zeitpunkt ihren Geschäftsführern für gleichartige Leistungen ähnliche Vergütungen bezahlt haben.

657 Während die Finanzverwaltung für die **Angemessenheit** der Bezüge Richtsatzsammlungen und Statistiken heranzieht, verlangt die Rechtsprechung eine individuelle Vergleichbarkeit (BFH, 11.12.1991 – I R 152/90, DStR 1992 S. 862). Gleichwohl wird man beim Fremdvergleich von veröffentlichten Durchschnittszahlen ausgehen können (vgl. auch Rz. 90–92).

Anhaltspunkte für angemessene Geschäftsführergehälter können auch aus der **Ausbildung** der Geschäftsführer gezogen werden. So verdienen Geschäftsführer mit Hochschulabschluß i.d.R. mehr als Geschäftsführer mit Fachhochschulausbildung. Eine Promotion hebt nochmals das Gehalt, ebenso wie das Alter.

- INTERNER VERGLEICH

658 Interner Betriebsvergleich bedeutet, daß das Geschäftsführergehalt an den Gehältern der **nächst höheren Angestellten** gemessen wird. Die Finanzverwaltung und die Rechtsprechung lehnen den internen Betriebsvergleich grundsätzlich ab. Begründung: Geschäftsführer (Organ) und leitende Angestellte (Arbeitnehmer) stünden sich auf verschiedenen Ebenen gegenüber, und Äpfel und Birnen könne man nicht vergleichen. Damit nutzen Faustregeln wenig:

– Der Geschäftsführer darf das Doppelte verdienen wie der bestbezahlte Angestellte (DB 1972 S. 692).

– Das Verhältnis Grundgehalt eines leitenden Angestellten zum Geschäftsführer ist 1 : 1,6 oder bei Gesamtbezügen 1 : 1,9.

Kein interner Vergleich im vorgenannten Sinn ist die Heranziehung von **betriebsinternen Daten** zur Angemessenheitsprüfung. Betriebsinterne Daten, wie Umsatz, Gewinn, Verlust, Bilanzsumme, werden bei der Angemessenheitsprüfung z.T. vorrangig herangezogen (FG Saarland, 9.12.1987 – 1 K 16/86, EFG 1988 S. 204; vgl. Schneider/Altmüller, Angemessenheit der von ertragsstarken Unternehmen an ihre Gesellschafter-Geschäftsführer vergüteten Gehälter – Vorrang betriebsinterner Daten vor dem abstrakten Fremdvergleich anhand von Vergütungsstudien, DB 1996 S. 1003).

659 Betriebsinterne Daten werden auch in einer Verfügung der OFD Saarbrücken vom 4.3.1992 (S 2742 – 6 – 51 211, Stbg 1992 S. 327) benutzt, wo es heißt: „*Liegt bei einer GmbH auf Dauer eine Mindestkapitalverzinsung von 10 v.H. des eingezahlten Stammkapitals vor und ist auch keine Vereinbarung getroffen, die den Gewinn der Gesellschaft ausdrücklich oder tatsächlich auf diese Mindestverzinsung begrenzt, so bitte ich, bei Vollerwerbs-Geschäftsführern monatliche Vergütungen bis zu 10 000 DM regelmäßig noch als angemessen anzusehen und erst bei darüber hinausgehenden Beträgen weitere Prüfungen hinsichtlich der Angemessenheit anzustellen.*"

660 Die Finanzverwaltung scheint z.T. wie folgt vorzugehen: Zunächst wird die **Gesamtvergütung** des Gesellschafter-Geschäftsführers ermittelt (Festgehalt, Tantieme, Direktversicherungsbeiträge, Pensionszusagen etc.). Verbleiben muß der GmbH eine angemessene Verzinsung des eingesetzten realen Kapitals (einschließlich eines vorhandenen Geschäftswerts) *und* es darf über die Jahre hin-

weg keine Gewinnabsaugung erfolgen. Liegt dies vor, so ist weiter zu fragen (vgl. OFD Stuttgart, Mai 1995, BB 1997 S. 243):

a) Gesamtvergütung des Einzel-Gesellschafter-Geschäftsführers überschreitet nicht 300 000 DM/Jahr. 300 000 DM stellen unter Berücksichtigung der vorgenannten Merkmale eine Nichtaufgriffsgrenze dar.

b) Hat die GmbH mehrere Geschäftsführer, so ist die 300 000 DM-Nichtaufgriffsgrenze grundsätzlich auf jeden Geschäftsführer anzuwenden.

c) Wird der Gesellschafter-Geschäftsführer in mehreren GmbHs tätig, so kann er die 300 000 DM nicht mehrfach in Anspruch nehmen.

d) Gesamtvergütung eines Gesellschafter-Geschäftsführers liegt zwischen 300 000 DM und 800 000 DM/Jahr. Hier ist die Finanzverwaltung gehalten, eine einzelfallbezogene Angemessenheitsprüfung durchzuführen. Dabei scheinen Bezüge innerhalb des Rahmens von 300 000 DM bis 800 000 DM/Jahr als angemessen akzeptiert zu werden, wenn

- die Tätigkeit des Gesellschafter-Geschäftsführers für die GmbH von besonderer Bedeutung ist,
- sowohl ein innerbetrieblicher wie außerbetrieblicher Vergleich (z. B. veröffentlichte Gehaltsstrukturuntersuchungen, vgl. Rz. 91 f.) die Gehaltszahlungen rechtfertigen,
- der GmbH nach Abzug der Geschäftsführervergütungen ein angemessenes Resteinkommen verbleibt, das deutlich **über** einer reinen Kapitalverzinsung liegt (nicht unter 30 % vor Abzug von Steuern).

e) Gesamtvergütung überschreitet die 800 000 DM. Dann sind die Bezüge nicht mehr betrieblich veranlaßt. Die Differenz bis zur Höhe des angemessenen Gehalts ist verdeckte Gewinnausschüttung. Dies gilt auch, wenn mehrere Gesellschafter-Geschäftsführer bei einer GmbH vorhanden sind, wie auch bei der Tätigkeit eines Geschäftsführers in mehreren GmbHs.

Für einen Vorrang der betriebsinternen Daten vor einem außerbetrieblichen Fremdvergleich plädieren zu Recht Schneider/Altmüller (Angemessenheit der von ertragsstarken Unternehmen an ihre Gesellschafter-Geschäftsführer vergüteten Gehälter – Vorrang betriebsinterner Daten vor dem abstrakten Fremdvergleich anhand von Vergütungsstudien, DB 1996 S. 1003): Je erfolgreicher ein Unternehmen ist, desto stärker wird ein Fremdgeschäftsführer über dem Durchschnitt liegendes Gehalt einfordern. Sie plädieren für einen Zusammenhang zwischen Eigenkapitalrendite und Höhe der Geschäftsführergehälter. So seien Geschäftsführergehälter in einer Größenordnung von 500 000 DM und höher ab einer Eigenkapitalrendite von 15 % zu beobachten. **661**

Der BFH (1.12.1993 – I B 158/93, BFH/NV 1994 S. 740) hat bei Gesamtbezügen eines Gesellschafter-Geschäftsführers von 543 000 DM/Jahr und einem verbleibenden Gewinn von 40 000 DM/Jahr dies als krasses Mißverhältnis bezeichnet. Als krasses Mißverhältnis sieht es die Rechtsprechung an (BFH, 28.6.1989 – I R 89/85, BStBl II 1989 S. 854), wenn die Gesamtvergütung eines Gesellschafter-Geschäftsführers die Angemessenheitsgrenze um mehr als 20 % überschreitet. **662**

In einem kleineren **Handwerksbetrieb**, der im wesentlichen auf die Mitarbeit seiner Inhaber angewiesen ist, treten die Geschäftsführungsaufgaben hinter die der handwerklichen Leistungen zurück, so daß als Vergleichsperson weniger die des Geschäftsführers als die des Facharbeiters heranzuziehen ist. Insoweit wendet die Rechtsprechung den internen Vergleich zu Lasten des Geschäftsführers an. **663**

- EXTERNER VERGLEICH

664 Es wurde bereits darauf hingewiesen, daß die Bezüge eines Gesellschafters dann als angemessen gelten müssen, wenn sie im Rahmen dessen liegen, was vergleichbare Unternehmen ihren Geschäftsführern für gleichartige Leistungen zahlen.

Die Schwierigkeiten bei einem externen Vergleich liegen darin begründet, daß die einzelne GmbH und/oder der einzelne Geschäftsführer keinen Einblick in andere Unternehmen haben. In der Literatur werden ab und zu Übersichten über aktuelle Geschäftsführervergütungen veröffentlicht (z.B. Tänzer, Die aktuelle Vergütung der GmbH-Gesellschafter-Geschäftsführer, GmbHR 1996 S. 40 und Aktuelle Vergütung in kleinen GmbH – Angemessene Geschäftsführerbezüge in Unternehmen bis 10 Mio. DM Jahresumsatz –, GmbHR 1997 S. 1085). Wichtig ist vor allem, die durchschnittlich bezahlten Vergütungen in Beziehung zu setzen zu den Umsätzen, zu der Beschäftigtenzahl und zur Ertragskraft des Unternehmens. Höherer Umsatz, mehr Beschäftigte und höherer Gewinn lassen auch die Vergütungen steigen. Allerdings ist zu berücksichtigen, daß in mittleren und größeren Unternehmen die Geschäftsführung meistens aus mehreren Personen besteht, und der Kuchen dadurch auf mehrere Personen verteilt wird. Vorsitzender oder Sprecher der Geschäftsführung erhalten dabei ca. 25 % mehr als die übrigen Geschäftsführer, stellvertretende Geschäftsführer wieder ca. 25 % weniger als die ordentlichen Geschäftsführer.

665 Nach dem BFH-Urteil von 5.10.1994 (I R 50/94, BStBl II 1995 S. 549) werden insbesondere bei **Tantiemevereinbarungen** (Rz. 524–527) externe Betriebsvergleiche von der Finanzverwaltung nicht mehr anerkannt: In Abschn. 33 Abs. 2 KStR 1995 hat die Finanzverwaltung die Aufteilung der Gesamtbezüge – 75 % laufende Bezüge, 25 % Tantieme – praktisch festgeschrieben, während der BFH noch von „rd." 25 % Tantieme sprach.

666 Wird die Angemessenheit einer Geschäftsführervergütung im Rahmen eines Fremdvergleichs nur unwesentlich überschritten (z.B. um ca. 1 %), so liegt keine Unangemessenheit vor (FG Köln, 22.2.1996 – 13 K 4559/90, EFG 1996 S. 1006 = GmbHR 1996 S. 781). Von einem **krassen Mißverhältnis** der Vergütung zur Arbeitsleistung kann erst dann gesprochen werden, wenn die Angemessenheitsgrenze um mehr als 20 % überschritten wird.

Das FG Köln hat in seiner rechtskräftigen Entscheidung vom 22.2.1996 die Auffassung vertreten, daß bei der Prüfung der Angemessenheit von Geschäftsführervergütungen auf der Grundlage eines Sachverständigengutachtens ein großzügiger Maßstab anzulegen ist. Zum Ausgleich von solchen Teilbereichen, in denen die Gesamtvergütung des Geschäftsführers laut Gutachten unterdurchschnittlich bemessen ist, sind prozentuale Zuschläge zur Durchschnittsvergütung (= Jahresgehalt plus Gewinntantieme) hinzuzuschätzen. Diese Zuschläge sind für eine fehlende Versorgungszusage mit 15 % sowie für eine fehlende Unfallversicherung und einen zeitlich nur eingeschränkten Gehaltsfortzahlungsanspruch mit insgesamt 5 % der Durchschnittsvergütung anzusetzen.

- SCHÄTZUNG IM EINZELFALL

667 Da es für die Angemessenheit der Bezüge von Geschäftsführern keine festen Regeln gibt, ist die obere Grenze im Einzelfall im Wege der Schätzung zu ermitteln (BFH, 5.10.1977 – I R 230/75, BStBl II 1978 S. 234). Dabei können einen Anhalt für diese Schätzung die bereits erwähnten inner- und außerbetrieblichen Merkmale bieten. Auch bei der Schätzung im Einzelfall darf nicht willkürlich verfahren werden, sondern es sind auch hier **Beurteilungskriterien** heranzuziehen:

– Art und Umfang der Tätigkeit,

– die künftigen Ertragsaussichten des Unternehmens,

– das Verhältnis des Geschäftsführergehalts zum Gesamtgewinn und zur verbleibenden Kapitalverzinsung,

– Art und Höhe der Vergütungen, welche gleichartige Betriebe ihren Geschäftsführern für entsprechende Leistungen gewähren etc.

(so auch BFH, 22.7.1987 – I R 226/83, BFH/NV 1988 S. 743). Stellt das Finanzamt nur auf eines der vorgenannten Kriterien ab, so liegt ein Fehler in der Rechtsanwendung vor. Das Finanzamt muß grundsätzlich alle vorgenannten Gesichtspunkte prüfen.

Auch die Schätzung muß eine auf den **Einzelfall** bezogene **Tatsachenwürdigung** vornehmen.

• SACHVERSTÄNDIGENGUTACHTEN

Sachverständige gehen z.T. von Formeln aus, z.B. der Formel nach Zintzen – Voßloh: **668**

$$y = \frac{15 \times \text{Umsatz}}{\text{Wareneinsatz}}$$

Im übrigen können Gutachter, ausgehend von der BFH-Rechtsprechung, durch Betriebs- und Branchenauswertungen Feststellungen treffen, die den Beweis des ersten Anscheins für sich haben (prima-facie-Beweis).

b) HERABSETZUNG DER BEZÜGE IN DER KRISE UND BEI INSOLVENZ DER GMBH?

In seiner Entscheidung vom 15.6.1992 (II ZR 88/91, NJW 1992 S. 2894) hat der BGH betont, daß der Geschäftsführer einer GmbH verpflichtet sein kann, einer Herabsetzung seiner Bezüge zuzustimmen, wenn sich die wirtschaftliche Lage der GmbH wesentlich verschlechtert. Eine wesentliche Verschlechterung liegt vor, wenn zur Auszahlung der Bezüge das Stammkapital der GmbH angegriffen werden muß. Das Aktienrecht sieht dies in § 87 Abs. 2 AktG für Vorstandsmitglieder ausdrücklich vor. Für Geschäftsführer einer GmbH, so der BGH, gelte unabhängig davon, ob und in welchem Umfang sie an der GmbH beteiligt sind, nichts anderes. Der BGH begründet seine Ansicht im wesentlichen mit der **Treuepflicht**, die der Geschäftsführer der Gesellschaft schuldet (siehe auch Bauder, Die Bezüge des GmbH-Geschäftsführers in Krise und Konkurs der Gesellschaft, BB 1993 S. 369, und Rz. 309). **669**

Die Herabsetzung der Bezüge setzt eine **Änderung des Anstellungsvertrages** voraus, bedarf also grundsätzlich der Zustimmung des Geschäftsführers.

Die Vorschrift des Aktienrechts (§ 87 Abs. 2 Satz 1 AktG, § 315 Abs. 2 BGB), wonach der Aufsichtsrat der AG die Bezüge der Vorstandsmitglieder durch einseitige Erklärung gegenüber dem Betroffenen herabsetzen kann, dürfte auf das Recht der GmbH nicht anwendbar sein. Die Gesellschafterversammlung muß an den Geschäftsführer herantreten und die Änderung des Anstellungsvertrages verlangen. Stimmt der Geschäftsführer nicht zu, so kann die GmbH dem Geschäftsführer außerordentlich kündigen; wichtiger Grund ist die Treuepflichtverletzung.

670 **Steuerrechtlich** stellt sich sofort das Problem der verdeckten Gewinnausschüttung beim Gesellschafter-Geschäftsführer, wenn die Bezüge nicht angemessen sind. In Anbetracht der Rechtsprechung des BGH sind die Gesellschafter-Geschäftsführer-Bezüge in der Krise auch unter dem Gesichtspunkt der verdeckten Gewinnausschüttung zu überprüfen (vgl. Langohr-Plato, Zulässigkeit und Folgen des Gehaltsverzichts eines GmbH-Gesellschafter-Geschäftsführers, INF 1996 S. 641). Von der unzulässigen Rückwirkung abgesehen (= verdeckte Gewinnausschüttung), ist eine betriebswirtschaftlich sinnvolle und gesellschaftsrechtlich zwingende Gehaltsreduzierung auch steuerrechtlich anzuerkennen (vgl. Rz. 309).

III. ERFASSUNG VON BEZÜGEN ALS VERDECKTE GEWINNAUSSCHÜTTUNGEN

671 Kann nicht nachgewiesen werden, daß dem Gehalt für einen Gesellschafter-Geschäftsführer ein wirksamer Anstellungsvertrag zugrunde liegt oder sind die Bezüge nicht angemessen, so liegt eine verdeckte Gewinnausschüttung vor (zur verdeckten Gewinnausschüttung im Handelsrecht vgl. Hager, Die verdeckte Gewinnausschüttung in der GmbH – ein Beitrag zu den gesellschaftsrechtlichen Sanktionen –, ZGR 1989 S. 71). Wie sich aus der BGH-Entscheidung vom 15.4.1997 (IX ZR 70/96, HFR 1998 S. 48) ergibt, ist es auch Sache des Steuerberaters, den Geschäftsführer auf steuerliche Gefahren bei Gehaltserhöhungen hinzuweisen.

1. TATBESTAND DER VERDECKTEN GEWINNAUSSCHÜTTUNG (§ 8 ABS. 3 SATZ 2 KSTG)

672 Der Begriff „verdeckte Gewinnausschüttung" ist bereits vom RFH geprägt und entwickelt worden (RFH, 26.7.1919 – I A 82/19, RFHE 2 S. 183). Der BFH hat diese Gedanken aufgenommen (23.10.1985 – I R 247/81, BStBl II 1986 S. 195).

In seinen Urteilen vom 1.2.1989 (I R 2/85, BStBl II 1989 S. 473) und vom 22.2.1989 (I R 44/85, BStBl II 1989 S. 475) interpretiert der zuständige I. Senat des BFH die verdeckte Gewinnausschüttung (§ 8 Abs. 3 Satz 2 KStG) als **Vermögensminderung oder verhinderte Vermögensmehrung,** die **durch** das **Gesellschaftsverhältnis veranlaßt** sind, sich auf die Höhe des Einkommens auswirken und nicht im Zusammenhang mit einer offenen Ausschüttung stehen (vgl. auch Abschn. 31 Abs. 3 KStR 1995).

Diese Definition findet sich z.T. schon in früheren Urteilen, z.B. im Urteil vom 7.12.1983 (I R 70/77, BStBl II 1984 S. 384). Sie war nach Auffassung des BFH nötig, um zwischen einer verdeckten Gewinnausschüttung i.S. des § 8 Abs. 3 Satz 2 KStG und einer „anderen Ausschüttung" i.S. des § 27 Abs. 3 Satz 2 KStG zu unterscheiden. Eine Ausschüttung i.S. des § 27 Abs. 3 Satz 2 KStG setzt ebenfalls eine Vermögens-, aber keine Einkommensminderung voraus. Die Vermögensminderung muß sich jedoch durch einen entsprechenden Mittelabfluß konkretisiert haben.

Bei der neuen Definition fällt auf, daß das Handeln des „ordentlichen und gewissenhaften Geschäftsleiters" nicht mehr erwähnt wird. Dies ist zu begrüßen, weil es oft an einem objektiven Vergleichsmaßstab fehlt und dieses Kriterium schon bisher bei der verdeckten Gewinnausschüttung gegenüber beherrschenden Gesellschaftern kaum eine Rolle spielte (BFH, 16.3.1967 – I 261/63, BStBl III 1967 S. 626).

673 In seiner Entscheidung vom 30.3.1994 (I B 185/93, BFH/NV 1995 S. 164) bringt der BFH aber wieder den Hinweis auf den ordentlichen und gewissenhaften Geschäftsleiter, wenn er ausführt: „*Im Regelfall ist eine Vermögensminderung durch das Gesellschaftsverhältnis veranlaßt, wenn die Kapitalgesellschaft ihrem Gesellschafter oder einer diesem nahestehenden Person einen Vermögensvorteil zuwendet, den sie bei Anwendung der Sorgfalt eines ordentlichen und gewissenhaften Geschäftsleiters einem Nichtgesellschafter nicht gewährt hätte.*"

Darüber hinaus erwähnt der BFH **nahestehende Personen** als potentielle Empfänger einer verdeckten Gewinnausschüttung nicht mehr besonders, obwohl die Vorteilszuführung an nahestehende Personen früher immer ausdrücklich als Vermögensmehrung gegenüber dem Gesellschafter gedeutet wurde. Das bedeutet aber nicht, daß bei Zuwendungen an nahestehende Personen keine verdeckte Gewinnausschüttung mehr vorliegen kann. Der Tatbestand der verdeckten Gewinnausschüttung wird dadurch verwirklicht, daß ohne betriebliche Veranlassung durch die Gesellschafterposition einer bestimmten Person eine Vermögensminderung bei der GmbH eintritt (Wassermeyer, 20 Jahre BFH-Rechtsprechung zu Grundsatzfragen der verdeckten Gewinnausschüttung, FR 1989 S. 218).

Ist diese Voraussetzung erfüllt, so ist es für die verdeckte Gewinnausschüttung gleichgültig, wem der Vermögensvorteil zufließt, dem Gesellschafter oder einer ihm nahestehenden Person (zur neuen Definition der verdeckten Gewinnausschüttung vgl. auch Döllerer, Anm. zum BFH-Urteil vom 22.2.1989 – I R 44/85, BB 1989 S. 1174; Wassermeyer, Zur neuen Definition der verdeckten Gewinnausschüttung, GmbHR 1989 S. 298; Tillmann/Schmidt, Neues zur verdeckten Gewinnausschüttung bei zivilrechtlich unwirksamen Geschäftsführerverträgen, DStR 1996 S. 849; Wassermeyer, Stand der Rechtsprechung zur verdeckten Gewinnausschüttung, Stbg 1996 S. 481). Zur Definition der **nahestehenden Personen** siehe BFH, 18.12.1996 – I R 139/94, BStBl II 1997 S. 301; Anm. Paus, DStZ 1997 S. 739.

Hohe Tantiemen an **nahestehende** Personen können dann gerechtfertigt sein, wenn durch sie erreicht werden soll, daß die nahestehende Person mit hohem Einsatz im Unternehmen tätig sein soll, um dem Inhaber des Unternehmens den Lebensunterhalt zu sichern (FG Hamburg, 29.5.1998 – VI 2/95, DStRE 1998 S. 946, Az. BFH: X R 70/98).

2. BEISPIELE FÜR VERDECKTE GEWINNAUSSCHÜTTUNGEN

– Ein **Gesellschafter-Geschäftsführer** erhält ein **unangemessen hohes Gehalt** 674 (BFH, 28.6.1989 – I R 89/85, BStBl II 1989 S. 854).

Ist das Geschäftsführergehalt angemessen, so liegt grundsätzlich keine verdeckte Gewinnausschüttung vor. Die Angemessenheitsprüfung ist grundsätzlich unter Berücksichtigung aller Vorteile und Entgelte aus dem Dienstverhältnis (sog. Gesamtausstattung) vorzunehmen (BFH, 11.9.1968 – I R 89/63, BStBl II 1968 S. 809; siehe auch Rz. 653 ff.). Die Angemessenheit des Geschäftsführergehaltes ist grundsätzlich nicht nach einem bestimmten Prozentsatz des Gewinns vor Abzug der Geschäftsführergehälter zu beurteilen (BFH, 11.12.1991 – I R 152/90, BStBl II 1992 S. 690).

Ausnahmsweise soll gleichwohl bei angemessener Gesamtausstattung ein Geschäftsführergehalt zu einer verdeckten Gewinnausschüttung führen, nämlich dann, wenn sich aufgrund anderer Umstände erkennen lasse, daß eine entsprechende Entgeltsabrede mit einem fremden Dritten nicht getroffen worden wäre und die Zahlungen deshalb nicht durch das Arbeitsverhältnis, sondern durch das Gesellschaftsverhältnis veranlaßt worden seien (FG Saarland, 9.2.1990 – 1 K 159/88, EFG 1990 S. 382). Solche besonderen Umstände sollen darin liegen, daß z.B. eine Tantieme vereinbart wurde, die zusammen mit dem Festgehalt den Gewinn der GmbH weitgehend absaugt. Diese Entscheidung ist m.E. mit der Rechtsprechung des BFH dann nicht vereinbar, wenn trotz Gehalt und Tantieme eine **angemessene Stammkapitalverzinsung** erreicht wird.

675 – Eine GmbH gibt aus Anlaß des **65. Geburtstages** ihres Gesellschafter-Geschäftsführers einen **Empfang**, an dem nahezu ausschließlich Geschäftsfreunde teilnehmen (BFH, 28.11.1991 – I R 13/90, BStBl II 1992 S. 359; Abschn. 31 Abs. 3 Nr. 13 KStR 1995), ebenso bei Bewirtungen anläßlich des 70. Geburtstages (BFH, 28.11.1991 – I R 34–35/90, BFH/NV 1992 S. 560).

Damit dürften **alle** von der GmbH für ihren Geschäftsführer ausgerichteten **Geburtstagsfeiern** als verdeckte Gewinnausschüttungen zu behandeln sein.

676 – **Pensionszahlungen** einer GmbH aufgrund einer Pensionszusage gegenüber einem **62jährigen** Gesellschafter, auch wenn dieser zuvor 10 Jahre für die GmbH als Geschäftsführer tätig war (FG Baden-Württemberg, 24.5.1995 – 6 K 245/91, GmbHR 1996 S. 64).

Generell wird man davon ausgehen müssen, daß Pensionszusagen **an über 60jährige** Gesellschafter-Geschäftsführer verdeckte Gewinnausschüttungen sind (BFH, 17.5.1995 – I R 66/94, BFH/NV 1995 S. 1092; 5.4.1995 – I R 138/93, BStBl II 1995 S. 478).

677 – **Nur-Pensionszahlungen** (BFH, 28.4.1995 – I R 147/93, BFHE 178 S. 203) und **Überversorgungen** (BFH, 17.5.1995 – I R 16/94, BFHE 178 S. 134).

678 – **Nur-Tantiemen** (BFH, 2.12.1992 – I R 54/91, BStBl II 1993 S. 311).

678.1 – **Gewinnbeteiligung** des beherrschenden Gesellschafter-Geschäftsführers in Höhe von 50 % oder 70 % **ohne betragsmäßige Begrenzung** (FG Brandenburg, 8.10.1998 – 2 K 2278/97 K, G, F, EFG 1999 S. 46. Az. BFH: I R 105/98).

678.2 – Gewährung zinsverbilligter **Kredite**, wenn diese nicht einem Fremdvergleich standhalten; dabei sind Regelungen in den LStR (siehe neuerdings LStR 31 Abs. 8: bis zu 6% steuerfrei) **unbeachtlich** (FG Niedersachsen, 8.9.1998 – VI 40/95, EFG 1999 S. 47).

678.3 – Nur **formlose Aufhebung** eines gesellschaftsvertraglichen **Wettbewerbsverbots** (FG Köln, 1.10.1996 – 13 K 1554/95, EFG 1997 S. 487).

678.4 – Tätigkeitsvergütungen, die nach der Beteiligungsquote **ohne Rücksicht auf** die **tatsächliche Arbeitsleistung** festgesetzt wurden (FG Niedersachsen, 8.9.1998 – VI 573/94, GmbHR 1999 S. 85).

679 – Die Zusage einer **Pension** an einen **nicht beherrschenden** Gesellschafter-Geschäftsführer ist eine verdeckte Gewinnausschüttung, wenn der Zeitraum zwischen dem Zeitpunkt der Zusage der Pension und dem vorgesehenen Zeitpunkt des Eintritts in den Ruhestand weniger als 10 Jahre beträgt oder dieser Zeitraum zwar mindestens 3 Jahre beträgt, der Gesellschafter-Geschäftsführer dem Betrieb aber weniger als 12 Jahre angehörte (BFH, 24.1.1996 – I R 41/95, DStR 1996 S. 1240).

680 – Verstoß gegen das **Selbstkontrahierungsverbot** (§ 181 BGB).

Nach Abschn. 31 Abs. 6a KStR 1995 soll unter Hinweis auf das BFH-Urteil vom 17.9.1992 (I R 89-98/91, BStBl II 1993 S. 141) eine Befreiung vom Selbstkontrahierungsverbot nur wirksam sein, wenn sie in der Satzung geregelt *und* in das Handelsregister eingetragen ist. In einer neueren Entscheidung (31.5.1995 – I R 64/94, HFR 1996 S. 86) hat der BFH jedoch betont, daß die **Nichteintragung** des beherrschenden Gesellschafter-Geschäftsführers von der Befreiung des § 181 BGB **allein** nicht zu einer verdeckten Gewinnausschüttung führen kann.

Dies ergibt sich daraus, daß nach zivilrechtlicher Meinung die Handelsregistereintragung nur deklaratorischer Natur ist (so auch Anm. Pezzer, FR 1996 S. 74). Nur die Verankerung in der Satzung ist konstitutiv.

Bei einem **geschäftsführenden Alleingesellschafter** kann die Befreiung nach § 181 BGB (generell oder für einzelne Rechtsgeschäfte) stets nur durch den Gesellschaftsvertrag oder aufgrund einer im Gesellschaftsvertrag enthaltenen Ermächtigung (§ 35 Abs. 4 GmbHG) erfolgen (BayObLG, 7.5.1984 – 3 Z 163/83, DB 1984 S. 1577).

Nach § 35 Abs. 4 GmbHG sind Rechtsgeschäfte zwischen der GmbH und ihrem Alleingesellschafter – auch wenn dieser nicht alleiniger Geschäftsführer ist – unverzüglich nach ihrer Vornahme in eine Niederschrift aufzunehmen. Gleichwohl sind Rechtsgeschäfte zwischen der GmbH und ihrem Allein-Gesellschafter-Geschäftsführer auch ohne die vorgeschriebene Aufnahme in eine Niederschrift zivilrechtlich wirksam; der Gesetzgeber hat von einer Sanktion bei Verletzung der Pflicht zur Aufnahme in eine Niederschrift abgesehen. Steuerlich gilt dasselbe (OFD Hannover, 27.7.1994 – S 2742 – 149 – StH 231, S 2742 – 81 – StO 214, DStR 1994 S. 1459): Da die Rechtsgeschäfte zivilrechtlich auch ohne Aufnahme in eine Niederschrift wirksam sind, kann auch für die steuerrechtliche Anerkennung auf dieses Formerfordernis verzichtet werden; die fehlende Niederschrift führt also zu keiner verdeckten Gewinnausschüttung.

Fehlt zunächst die erforderliche Befreiung, kann sie noch nachgeholt werden. Wird die Befreiung nach Abschluß des In-Sich-Geschäftes in der Satzung geregelt und im Handelsregister eingetragen, gilt dies als auch steuerlich ausreichende nachträgliche Genehmigung (BFH, 23.10.1996 – I R 71/95, DStR 1996 S. 1996; 3.12.1996 – I R 21/95, GmbHR 1997 S. 266; siehe auch Rz. 287).

– Finanzverwaltung und Rechtsprechung nahmen früher beim beherrschenden Gesellschafter-Geschäftsführer auch immer dann eine verdeckte Gewinnausschüttung an, wenn zwar zunächst ein schriftlicher Dienstvertrag abgeschlossen wurde, **Änderungen aber trotz Schriftformklausel nur mündlich erfolgten**. Dann aber hat der BFH eine für die GmbH und ihre Geschäftsführer bahnbrechende Entscheidung am 24.1.1990 (I R 157/86, BB 1990 S. 1466) gefällt. Danach ist eine zwischen der GmbH und ihrem beherrschenden Gesellschafter-Geschäftsführer mündlich abgeschlossene Vereinbarung trotz vereinbarter Schriftform zivilrechtlich **wirksam**, wenn davon auszugehen ist, daß die Vertragsparteien die Bindung an die Schriftformklausel aufheben wollten. Daraus ist im Umkehrschluß zu folgern, daß die mündliche Änderung, z.B. Erhöhung von Gehaltsbezügen, erst recht gilt, wenn keine Schriftformklausel vorliegt. Voraussetzung ist aber immer, daß die mündlich abgeschlossene **Vereinbarung klar** ist, d.h., ein außenstehender Dritter muß zweifelsfrei erkennen, daß die Leistung der Gesellschaft aufgrund einer entgeltlichen Vereinbarung mit dem Gesellschafter erbracht wurde. Eine mündliche Vereinbarung ist immer klar, wenn die mündlich abgeschlossene Vereinbarung über monatlich wiederkehrende Leistungen tatsächlich durchgeführt wird.

681

> **BEISPIEL:**
>
> A ist beherrschender Gesellschafter-Geschäftsführer der A-GmbH. Aufgrund eines schriftlich abgeschlossenen Vertrages erhält er seit 1.1.1980 10 000 DM/Monat.

3. KAPITEL: Der GmbH-Geschäftsführer im Steuerrecht

> Ab 1.1.1985 erhöht er sich sein Gehalt auf 12 000 DM/Monat, ohne daß eine schriftliche Bestätigung erfolgt. Der erhöhte Betrag wird ihm aber nach Abzug der Lohnsteuer monatlich pünktlich auf ein Konto überwiesen. Der Außenprüfer will hier eine verdeckte Gewinnausschüttung annehmen.
>
> Nach dem BFH-Urteil vom 24.1.1990 (I R 157/86, BB 1990 S. 1466) ist keine verdeckte Gewinnausschüttung anzunehmen, selbst wenn der Geschäftsführervertrag für alle Vertragsänderungen die Schriftform vorsieht.

Der **Anstellungsvertrag** zwischen der Kapitalgesellschaft und ihren beherrschenden Gesellschafter-Geschäftsführern muß nicht von **Mitgesellschaftern** unterzeichnet sein (BFH, 31.5.1995 – I R 64/94, BB 1996 S. 198).

Das FG Niedersachsen hat in einer Entscheidung vom 9.8.1995 (VI 336/93, EFG 1996 S. 339, bestätigt durch BFH, 24.7.1996 – I R 115/95, BB 1997, 191) bei Verletzung der Schriftformklausel gleichwohl eine verdeckte Gewinnausschüttung bei **Tantieme**erhöhungen angenommen.

681.1 – Bei der **qualifizierten Schriftformklausel** (Rz. 74) kann eine nur mündlich vereinbarte Gehaltserhöhung eine verdeckte Gewinnausschüttung sein (BFH, 9.4.1997 – I R 52/96, HFR 1997 S. 836).

682 – **Überstundenvergütungen** werden einem Geschäftsführer i. d. R. nicht gewährt. Beim alleinigen GmbH-Gesellschafter-Geschäftsführer sind laut BFH (19.3.1997 – I R 75/96, BStBl II 1997 S. 577) Überstundenvergütungen immer verdeckte Gewinnausschüttungen (Rz. 603). Beim Fremdgeschäftsführer hat dies der BFH bejaht (BFH, 27.6.1997 – VI R 12/97, BB 1997 S. 2308 mit krit. Anm. Bornhaupt).

683 – Verdeckte Gewinnausschüttungen können sich auch bei der **Steuerberatungs-GmbH** ergeben, z. B. bei In-Sich-Geschäften bei fehlender Befreiung von § 181 BGB, Verletzung des Wettbewerbsverbots etc. (vgl. Schwedhelm, Verdeckte Gewinnausschüttung bei der Steuerberatungs-GmbH, GmbHR 1993 S. 140).

Umsatzabhängige Tantiemen können auch bei einer Steuerberatungs-GmbH nur ausnahmsweise anerkannt werden. Eine solche Ausnahmesituation liegt dann nicht vor, wenn der Geschäftsführer diese Position nur vorübergehend wahrnehmen soll, bis die Söhne des Hauptgesellschafters die Befähigung zur Geschäftsführung durch Ablegung der Steuerberaterprüfung erlangt haben. Denn dieses Ziel kann auch mittels einer gewinnabhängigen Tantieme erreicht werden (FG Saarland, 1.4.1993 – 1 K 226/92, EFG 1994 S. 118).

684 – Fließen **Arbeitgeberanteile zur Sozialversicherung** für einen Gesellschafter-Geschäftsführer, die die GmbH in der Annahme bezahlt hat, dieser sei Arbeitnehmer im sozialversicherungsrechtlichen Sinne, aufgrund geänderter Beurteilung durch den Sozialversicherungsträger an die GmbH zurück, und leistet sie diese an den Gesellschafter-Geschäftsführer ohne klare und im vorhinein getroffene Vereinbarung weiter, so handelt es sich nicht um Arbeitslohn, sondern um eine verdeckte Gewinnausschüttung (FG Düsseldorf, 17.12.1993 – 14 K 5416/91 H (L), EFG 1994 S. 566).

685 – Werden nach dem **Tod** eines Gesellschafter-Geschäftsführers die üblicherweise entstehenden **Kosten der Trauerfeier** von der GmbH übernommen, so handelt es sich auch dann um eine verdeckte Gewinnausschüttung, wenn an der Trauerfeier u. a. Angestellte und Geschäftsfreunde der GmbH teilnehmen (BFH, 31.7.1990 – I R 62/88, BStBl II 1991 S. 28).

A. Einkommensbesteuerung der Geschäftsführerbezüge

Keine verdeckte Gewinnausschüttung liegt vor, 686

- wenn die GmbH von ihr zu **Unrecht** gezahlte **Versicherungsbeiträge** für ihren Gesellschafter-Geschäftsführer an diesen **abtritt** (FG Köln, 21.11.1989 – 13 K 3489/87, EFG 1990 S. 383, rkr.; a. A. BFH, 11.2.1987 – I R 177/83, BStBl II 1987 S. 461 Nr. 2). Die Entrichtung von Sozialversicherungs-Beiträgen an den beherrschenden Gesellschafter-Geschäftsführer geht ins Leere, da ein beherrschender Gesellschafter-Geschäftsführer nicht sozialversicherungspflichtig ist (vgl. Rz. 789 ff.). Für die GmbH besteht zwar ein Erstattungsanspruch, aber die GmbH kann ihren Anspruch auf Rückerstattung abtreten, z. B. an den Geschäftsführer, der ihn u. U. als freiwilligen Beitrag gegenüber dem Sozialversicherungsträger festlegen kann. Diese Umwandlung in freiwillige Beiträge ist nicht gesellschaftsrechtlich bedingt, so daß eine verdeckte Gewinnausschüttung ausscheidet (vgl. auch Rz. 828).

- wenn der Alleingesellschafter-Geschäftsführer rechtswirksam **nach** Abschluß von In-sich-Geschäften von § 181 BGB befreit wird (BFH, 23.10.1996 – I R 71/95, BFHE 181 S. 328).

- m. E., wenn eine Geschäftsführervergütung dem früheren Unternehmer eines Einzelunternehmens nach dessen Umwandlung in eine GmbH bezahlt wird.

> **BEISPIEL:**
> Am 29.12.1997 wird im Wege der Gesamtrechtsnachfolge ein Einzelunternehmen durch Ausgliederung (§ 123 Abs. 3 UmwG) in eine GmbH umgewandelt. Am gleichen Tag schließt nach der notariellen Beurkundung der bisherige Einzelunternehmer mit der Vor-GmbH einen Geschäftsführer-Anstellungsvertrag ab, beginnend am 1.1.1998.

Obwohl die Gesellschaft erst im Laufe des Jahres 1998 eingetragen wird, sind die Zahlungen an den Allein-Gesellschafter-Geschäftsführer, den früheren Einzelunternehmer, als Betriebsausgaben absetzbar und keine verdeckten Gewinnausschüttungen: Für die steuerliche Beurteilung ist Einkommen und Vermögen des Einzelunternehmens mit Ablauf des 31.12.1997 auf die GmbH übergegangen (§ 2 Abs. 1 UmwStG). Damit wird das Bestehen einer GmbH zum 1.1.1998 fingiert. Der Abschluß des Geschäftsführervertrages am 29.12.1997 schließt eine verdeckte Gewinnausschüttung aus (vgl. auch BFH, 29.4.1987 – I R 192/82, BStBl I 1987 S. 797).

- wenn die GmbH Aufträge an ihren Geschäftsführer als Subunternehmer gegen Leistung eines angemessenen Entgelts weitergibt (BFH, 30.8.1995 – I R 155/94, HFR 1996 S. 88; 29.5.1996 – I R 70/95, BFH/NV 1997 S. 65; 12.10.1996 – I R 127/94, DB 1996 S. 507); siehe auch FG Hamburg, 28.10.1996 – II 180/94, EFG 1997 S. 487.

Liegen die Voraussetzungen für eine verdeckte Gewinnausschüttung vor, so ist 687 eine verdeckte Gewinnausschüttung nicht nur in Höhe des Betrages anzunehmen, der dem Gesellschafter-Geschäftsführer als Vorteil zufließt. Die verdeckte Gewinnausschüttung setzt nicht notwendigerweise eine Bereicherung des Gesellschafter-Geschäftsführers voraus (Beispiel: unangemessen hohe Pensionszusage gegenüber einem Gesellschafter-Geschäftsführer). Verdeckte Gewinnausschüttung ist eine durch die Gesellschafterposition eines Gesellschafters ausgelöste und bei der GmbH eintretende Vermögensminderung (verhinderte Vermögensmehrung), soweit sie das Einkommen vermindert (BFH, 22.2.1989 – I R 44/85, BB 1989 S. 1174 mit Anm. Döllerer).

3. KAPITEL: Der GmbH-Geschäftsführer im Steuerrecht

> **BEISPIEL:**
>
> Die A-GmbH veranlaßt den Lieferanten X, erhöhte Rechnungen zu stellen. Die überhöhten Beträge überweist X nach Abzug von 3 % Bearbeitungsgebühr an eine Liechtensteiner Gesellschaft, an der A, der Alleingesellschafter der A-GmbH, allein beteiligt ist.

Hier liegt hinsichtlich der überhöhten Beträge eine verdeckte Gewinnausschüttung vor, wobei die 3 % Bearbeitungsgebühr dazu gehören, auch wenn insoweit A nicht bereichert ist. Die 3 % Bearbeitungsgebühr sind auch keine Betriebsausgaben der GmbH, da sie nicht durch den Betrieb der GmbH veranlaßt sind.

688 Auch ein Verstoß gegen das Rückwirkungsverbot und eine nicht ernsthafte (unübliche) Gestaltung führt zur Annahme einer verdeckten Gewinnausschüttung in Höhe des vollen geschuldeten Betrags.

Demgegenüber ist bei der Unangemessenheit einer Tantieme nur der **überschießende** Betrag als verdeckte Gewinnausschüttung zu behandeln (BFH, 5.10.1994 – I R 50/94, BStBl II 1995 S. 549).

3. WETTBEWERBSVERBOT UND VERDECKTE GEWINNAUSSCHÜTTUNG

689 Aus der **Treuepflicht** des Geschäftsführers (vgl. Rz. 114) ergibt sich, daß er **während** der Dauer seiner Anstellung keine Geschäfte im eigenen oder fremden Namen oder auf eigene Rechnung tätigen darf, die der GmbH Konkurrenz machen (Wettbewerbsverbot).

Im steuerlichen Bereich führte eine Verletzung des **Wettbewerbsverbots** durch den Geschäftsführer bisher uneingeschränkt zu einer verdeckten Gewinnausschüttung, wenn die GmbH gegenüber dem Gesellschafter-Geschäftsführer auf den ihr zustehenden Schadensersatzanspruch oder die Herausgabe des erlangten Vorteils verzichtet (BFH, 11.2.1981 – I R 128/77, BStBl II 1981 S. 448; 26.4.1989 – I R 172/87, BStBl II 1989 S. 673; 14.3.1989 – I R 8/85, BStBl II 1989 S. 633; 28.2.1990 – I R 144/87, BStBl II 1990 S. 595).

690 Nunmehr hat der BFH (30.8.1995 – I R 155/94, BB 1995 S. 2513 mit Anm. Aretz/Bühler, S. 2628) zumindest für den **Allein-Gesellschafter-Geschäftsführer** Entwarnung gegeben: Dieser unterliege solange keinem gesetzlichen Wettbewerbsverbot, als er der GmbH kein Vermögen entzieht, das zur Deckung des Stammkapitals benötigt wird (ebenso BFH, 22.11.1995 – I R 45/95, BFH/NV 1996 S. 645; 12.2.1996 – I R 61/95, BFH/NV 1996 S. 708; 18.12.1996 – I R 26/95, GmbHR 1997 S. 362).

In seiner Entscheidung vom 30.8.1995 hat der BFH zunächst ausgeführt, daß § 8 Abs. 3 Satz 2 KStG keine geeignete Rechtsgrundlage ist, um die von einem Gesellschafter-Geschäftsführer für eigene Rechnung ausgeübte Tätigkeit nur deshalb der eigenen GmbH zuzurechnen, weil sie **auch** unter deren **Unternehmensgegenstand** fällt. Damit hat der BFH in früheren Entscheidungen (z.B. 11.2.1981 – I R 128/77, BStBl II 1981 S. 448) vertretene Auffassungen aufgegeben. In seiner Entscheidung vom 30.8.1995 geht der BFH sogar soweit, daß der Allein-Gesellschafter-Geschäftsführer sich über ein vertraglich vereinbartes Wettbewerbsverbot hinwegsetzen kann; insoweit – so der BFH – habe der Allein-Gesellschafter-Geschäftsführer eine umfassende Dispositionsbefugnis, die es ihm erlaube, das vertraglich vereinbarte Wettbewerbsverbot aufzuheben. Das Erfordernis einer klaren und von vornherein abgeschlossenen Vereinbarung ergebe sich nicht aus seiner Rechtsprechung zur verdeckten Gewinnausschüttung gegenüber einem

A. Einkommensbesteuerung der Geschäftsführerbezüge

beherrschenden Geschäftsführer; dies sei ein steuerliches Kriterium, das nicht zur Beurteilung der Existenz zivilrechtlicher Ansprüche herangezogen werden dürfe.

Auch in seiner Entscheidung vom 12.10.1995 (I R 127/94, DStZ 1996 S. 246) hat der BFH erneut betont, daß der Allein-Gesellschafter-Geschäftsführer solange keinem Wettbewerbsverbot unterliegt, als er der GmbH kein Vermögen entzieht, das zur Deckung des Stammkapitals benötigt wird. Durch die vorgenannten BFH-Urteile dürfte die Diskussion entgegen den Wünschen der Finanzverwaltung zunächst beendet sein, zumindest für den Allein-Gesellschafter-Geschäftsführer. Sämtliche BMF-Schreiben (4.2.1992, BStBl I 1992 S. 191; 15.12.1992, BStBl I 1993 S. 24; 29.6.1993, BStBl I 1993 S. 556; 18.10.1993, StEK KStG 1977 § 8 Nr. 109) sind unter diesen Gesichtspunkten zu würdigen (vgl. auch Weisser, Wahrnehmung von Geschäftschancen des Unternehmens durch Alleingesellschafter-Geschäftsführer als verdeckte Gewinnausschüttung?, GmbHR 1997 S. 429). **691**

Offen war bisher, inwieweit der BFH seine Rechtsprechung über verdeckte Gewinnausschüttungen im Zusammenhang mit dem Wettbewerbsverbot des Gesellschafter-Geschäftsführers auch in den Fällen der **mehrgliedrigen** GmbH einschränkt oder aufgibt (so auch FG Rheinland-Pfalz, 22.4.1996 – 5 K 2401/95, EFG 1996 S. 1123); der BFH (8.4.1997 – I R 39/96, BFH/NV 1997 S. 902) hat das FG-Urteil aufgehoben und die Sache an das FG zur weiteren Sachaufklärung zurückverwiesen). Allerdings kann nach der neueren BFH-Rechtsprechung ein Wettbewerbsverbot nur von Bedeutung sein, wenn ein entsprechender zivilrechtlicher Anspruch gegen den Gesellschafter tatsächlich besteht und wirtschaftlich einen Vermögenswert repräsentiert, dessen Aufgabe zu einer Vermögensminderung bei der GmbH führt. § 8 Abs. 3 Satz 2 KStG ist demnach keine geeignete Rechtsgrundlage, um die von einem Gesellschafter für eigene Rechnung ausgeübte Tätigkeit nur deshalb der eigenen GmbH zuzurechnen, weil sie auch unter deren Unternehmensgegenstand fällt (einschränkend aber BFH, 11.6.1996 – I R 97/95, BB 1996 S. 2394; siehe Rz. 700). **692**

Nach Wassermeyer (Die neuere BFH-Rechtsprechung zu Verstößen gegen ein Wettbewerbsverbot durch den Gesellschafter-Geschäftsführer einer GmbH – Anmerkungen zum BFH-Urteil vom 13.11.1996 – I R 148/94 –, DStR 1997 S. 681) sind Einmann-GmbHs und **Mehr-Personen-GmbHs** in bezug auf die verdeckte Gewinnausschüttung gleich zu behandeln. Gleichwohl sollte bei der **Mehrpersonen**-Gesellschafter-GmbH bei einer konkurrierenden Tätigkeit eines Gesellschafter-Geschäftsführers eine im voraus getroffene Abgrenzungsvereinbarung geschlossen werden (Schneider, Wettbewerbsverbot: Abgrenzungsvereinbarung und verdeckte Gewinnausschüttung, DStR 1992 S. 607). **693**

Will der Geschäftsführer eigene Geschäfte machen, so muß er sich von dem Wettbewerbsverbot **ausdrücklich** (schriftlich) befreien lassen. Diese Befreiung muß die Satzung der GmbH vorsehen und alle Gesellschafter müssen zustimmen (vgl. Schiessl, Die Wahrnehmung von Geschäftschancen der GmbH durch ihren Geschäftsführer, GmbHR 1988 S. 53).

Zumindest muß eine Öffnungsklausel in der Satzung vorgesehen sein, die durch einen entsprechenden Gesellschafterbeschluß ausgefüllt wird. Zweckmäßigerweise sollte man bei der mehrgliedrigen GmbH beachten:

Will man verdeckte Gewinnausschüttungen in solchen Fällen vermeiden, so muß man grundsätzlich **694**

– den Unternehmensgegenstand der GmbH so fassen, daß er von der beabsichtigten Tätigkeit des Geschäftsführers nicht berührt wird, also im Gegensatz zur Praxis enge Umschreibung des Unternehmensgegenstandes,

- in der Satzung die Befreiung vom Wettbewerbsverbot aussprechen,
- im Einzelfall Befreiung vom Wettbewerbsverbot erteilen und zwar durch alle Gesellschafter,
- eine angemessene Gegenleistung vereinbaren oder klarstellen, daß die GmbH keine Ansprüche hat.

695 An den beherrschenden Gesellschafter-Geschäftsführer einer GmbH, deren Unternehmensgegenstand die Herstellung und der Vertrieb von Textilerzeugnissen aller Art für das Heim sowie die Herstellung und der Vertrieb anderer Erzeugnisse ist, für Designertätigkeit und textiltechnische Beratung gezahlte Vergütungen stellen **keine** verdeckte Gewinnausschüttung dar, weil der Gesellschafter-Geschäftsführer insoweit **außerhalb des Geschäftsbereichs der GmbH** tätig wird (FG Niedersachsen, 11.10.1990 – VI 186/88, GmbHR 1991 S. 548).

696 Nach einer Entscheidung des FG Köln vom 25.7.1991 (13 K 5752/90, StEd 1991 S. 339) soll in Ausnahmefällen auch ein **stillschweigender** Dispens vom Wettbewerbsverbot möglich sein, z.B. wenn bei Gründung der GmbH zu der Tätigkeit des Gesellschafter-Geschäftsführers eine Konkurrenzsituation vorliegt. Dann soll dem Gesellschafter-Geschäftsführer stillschweigend Dispens vom allgemeinen Wettbewerbsverbot erteilt sein, wenn Satzung und Anstellungsvertrag hierüber keine Regelung enthalten. Einer angemessenen **Entschädigung** bedarf es in diesem Fall nicht (vgl. dazu BMF-Erlaß, 4.2.1992 – IV B 7 – S 2742 – 6/92, BStBl I 1992 S. 137).

697 Trotz Befreiung vom Wettbewerbsverbot soll eine angemessene Gegenleistung nur dann fehlen dürfen, wenn

- die GmbH noch keine Rechtsposition inne hatte, für deren Verzicht sie ein Entgelt verlangen könnte (Neuregelung),
- der Geschäftsführer neu in die Organstellung bei der GmbH berufen wird.

Eine angemessene Gegenleistung müsse insbesondere vereinbart werden, wenn die konkurrierende Tätigkeit des beherrschenden Gesellschafter-Geschäftsführers auf einem Teilbereich des Unternehmensgegenstandes erlaubt wird, auf dem die Gesellschaft bereits ihre Tätigkeit entfaltet hat (zweifelnd, o.V., Vergütung für Befreiung vom Wettbewerbsverbot als verdeckte Einlage?, GmbHR 1995 S. 289).

Hinsichtlich der Bemessung eines angemessenen Entgelts in allen anderen Fällen fehlen bisher sowohl Verwaltungsregelungen als auch Rechtsprechungshinweise. Nach einer Mitteilung der Steuerberaterkammer Stuttgart vom 15.9.1992 (FN-IDW 1992 S. 436) soll die GmbH

- 3 % – 5 % des Umsatzes oder
- 20 % – 25 % des Gewinnes

von den Geschäftsführergeschäften erhalten.

Eine angemessene Gegenleistung ist aufgrund der Entwicklung der BFH-Rechtsprechung nicht erforderlich. In seinem Urteil vom 12.6.1997 (I R 14/96, GmbHR 1997 S. 904) rechtfertigt er das Rechtsinstitut der verdeckten Gewinnausschüttung nicht, einer Kapitalgesellschaft ein Rechtsgeschäft „aufzudrängen", das sie, gemessen am Fremdvergleich, unter keinen Umständen abgeschlossen hätte.

M.E. ist es auch möglich, wenn man schon die angemessene Gegenleistung anerkennt, die Bezüge des Geschäftsführers unter Hinweis auf seine Befreiung vom Wettbewerbsverbot entsprechend niedriger festzusetzen.

A. Einkommensbesteuerung der Geschäftsführerbezüge

> **BEISPIEL:**
>
> (aus einem Anstellungsvertrag)
>
> Herr A ist als Gesellschafter-Geschäftsführer gemäß § 3 der Satzung von jedem Wettbewerbsverbot befreit. Bei Konkurrenzgeschäften zahlt Herr A der GmbH 3 % des erzielten Umsatzes als Entschädigung.

Die Finanzverwaltung will für Zeiträume bis zum 31.12.1993 (BMF-Schreiben, 15.12.1992 – IV B 7 – S 2742 – 123/92, BStBl I 1993 S. 24) Wettbewerbsbefreiungen, die den zivilrechtlichen Voraussetzungen nicht genügen, sowie Wettbewerbsbefreiungen bei nicht beherrschenden Gesellschafter-Geschäftsführern nicht beanstanden. **698**

Eine über diesen Zeitpunkt hinausgehende Frist hat die Finanzverwaltung abgelehnt (BMF-Schreiben, 18.10.1993 – IV B 7 – S 2742 – 92/93, FN-IDW 1993 S. 538; BMF-Stellungnahme, 20.12.1993 – IV B 7 – S 2742 – 103/93, BB 1994 S. 126 mit Anm. Felix).

Macht eine GmbH **Ansprüche aus** einem **Wettbewerbsverstoß** ihres Gesellschafter-Geschäftsführers nicht gegen diesen geltend, liegt keine verdeckte Gewinnausschüttung in Form einer Vermögensminderung vor, sondern höchstens in Form einer verhinderten Vermögensmehrung; Voraussetzung ist aber, daß die GmbH wegen ihrer Ansprüche aus dem Wettbewerbsverstoß in einem mutmaßlichen Zivilrechtsstreit ein obsiegendes Urteil erhalten hätte (FG München, 7.9.1995 – 7 K 1466/91, EFG 1995 S. 1118). Diese Voraussetzung ist dann nicht erfüllt, wenn der Verstoß gegen das Wettbewerbsverbot in tatsächlicher oder in rechtlicher Hinsicht unterschiedlich beurteilt werden kann. Eine verdeckte Gewinnausschüttung kann nicht vor dem rechtskräftigen Abschluß des zivilrechtlichen Verfahrens angesetzt werden. **699**

Der BFH (11.6.1996 – I R 97/95, BB 1996 S. 2394) hat das Urteil des FG München vm 7.9.1995 aufgehoben und die Sache zur erneuten Entscheidung an das Finanzgericht zurückverwiesen und dabei festgestellt: **700**

„Die Annahme einer vGA nur i. S. des § 8 Abs. 3 Satz 2 KStG muß jedoch auch in Betracht gezogen werden, wenn ein zivilrechtlicher Anspruch der Kapitalgesellschaft gegen ihren Gesellschafter-Geschäftsführer nicht besteht. Dies ergibt sich aus der Überlegung, daß zivilrechtlich gesehen die Zustimmung der Gesellschafter zu einer vGA gegenüber einem Gesellschafter deren Rückforderung ausschließt. Steuerrechtlich kann jedoch die Rechtsfolge des § 8 Abs. 3 Satz 2 KStG nicht durch das Einvernehmen aller Gesellschafter mit einer vGA ausgeschlossen werden. Deshalb ist steuerrechtlich eine vGA unabhängig davon anzunehmen, ob die Gesellschafter ihr zugestimmt haben oder nicht."

Der BFH hält offenbar insoweit an seiner früheren Rechtsprechung fest, als er die Nutzung von Geschäftschancen oder Informationen der GmbH durch den Geschäftsführer auch dann als verdeckte Gewinnausschüttung ansieht, wenn dieses Verhalten nicht wegen eines Wettbewerbsverstoßes zu Ansprüchen der GmbH gegen den Gesellschafter führt. In solchen Fällen dürfte eine verdeckte Gewinnausschüttung nur durch vorherige und klare Vereinbarung eines vom Gesellschafter-Geschäftsführer zu zahlenden Entgelts vermieden werden können.

Ein Verstoß gegen das Wettbewerbsverbot, der zu einer verdeckten Gewinnausschüttung führt, muß keine **Umsatzsteuer** auslösen. Selbst wenn die GmbH gegen den Geschäftsführer einen Schadensersatzanspruch nach § 823 Abs. 2 BGB i. V. mit § 266 StGB hat, so liegt keine Leistung i. S. des § 3 Abs. 9 UStG 1980 vor **701**

(BFH, 18.6.1993 – V R 75/89, BFH/NV 1994 S. 202). Weder die Geltendmachung noch die Nichtgeltendmachung eines Schadensersatzanspruches oder eines konkurrierenden Herausgabeanspruches führen zu einer der Umsatzsteuer unterliegenden Leistung (BFH, 12.11.1970 – V R 52/67, BStBl II 1971 S. 38).

4. ZEITPUNKT DER ERFASSUNG DER VERDECKTEN GEWINNAUSSCHÜTTUNG

702 Liegt eine verdeckte Gewinnausschüttung vor, weil z.B. die **Vergütung** für den Gesellschafter-Geschäftsführer **unangemessen hoch** ist, dann sind die unangemessenen Teile der Vergütung bei ihm nicht als Einkünfte aus nichtselbständiger Tätigkeit zu erfassen, sondern als Einkünfte aus Kapitalvermögen. Am Einkommen des Gesellschafters ändert sich dadurch zunächst nichts; es kommt lediglich zu einer Umschichtung innerhalb der Einkunftsarten.

Beim Gesellschafter ergibt sich eine steuerliche Auswirkung beim **Körperschaftsteueranrechnungsbetrag**. Denn auch dieser Anrechnungsbetrag gehört zu seinen steuerpflichtigen Einkünften (§ 20 Abs. 1 Nr. 3 EStG). Die Körperschaftsteuer in Höhe von $^9/_{16}$ der verdeckten Gewinnausschüttung wird auf seine Einkommensteuer angerechnet (§ 36 Abs. 2 Nr. 3 EStG), wenn die Steuerbescheinigung nach § 44 KStG im Zeitpunkt der Veranlagung vorliegt (siehe auch R 213g EStR 1996). Eine Nachreichung der Steuerbescheinigung ist möglich. Durch das StandOG 1993 (Standortsicherungsgesetz v. 13.9.1993, BGBl. I S. 1569) ist die bisherige Ausschüttungsbelastung von 36% auf 30% gesenkt worden. Nach § 54 Abs. 10a KStG ist die Absenkung der Ausschüttungsbelastung auf 30% erstmals anzuwenden u.a. auf verdeckte Gewinnausschüttungen, die in dem letzten vor dem 1.1.1994 endenden Wirtschaftsjahr erfolgen.

Eine steuerliche Auswirkung tritt aber vor allem bei der **GmbH** ein:

– Erhöhung des Einkommens der Gesellschaft durch Hinzurechnung der verdeckten Gewinnausschüttung außerhalb der Bilanz mit entsprechenden Folgen für die Gewerbesteuer,

– Herstellung der Ausschüttungsbelastung (§§ 27, 29 KStG)

(siehe Brandmüller/Küffner, Bonner Handbuch GmbH, Bonn 1981/99, Fach J Rz. 111–114).

703 Nicht abschließend geklärt ist die Frage, ob Deckungsgleichheit zwischen dem von § 27 Abs. 3 KStG geforderten Mittelabfluß und dem von § 20 Abs. 1 Nr. 1 Satz 2 EStG geforderten Mittelzufluß besteht. Dies hat Bedeutung für den Erhöhungsbetrag nach § 20 Abs. 1 Nr. 3 EStG sowie für die Höhe der anzurechnenden Körperschaftsteuer gemäß § 36 Abs. 2 Nr. 3 EStG. M.E. ergibt sich schon aus dem BFH-Urteil vom 12.12.1972 (I R 70/70, BStBl II 1973 S. 449), daß man von einer Identität zwischen Mittelabfluß und Mittelzufluß ausgehen muß, d.h. die bei der GmbH erhobene Körperschaftsteuer muß der beim Gesellschafter anzurechnenden Körperschaftsteuer entsprechen (vgl. dazu Herzig, Systemfehler im Anrechnungsverfahren bei fehlender wertmäßiger und zeitlicher Kongruenz von Ausschüttungen auf Gesellschafts- und Gesellschafterebene, FR 1977 S. 405; Schulze zur Wiesche, Zur neuen Definition der verdeckten Gewinnausschüttung, GmbHR 1990 S. 44; Wassermeyer, Zur neuen Definition der verdeckten Gewinnausschüttung, GmbHR 1989 S. 298).

704 In seiner Entscheidung vom 29.6.1994 (I R 137/93, GmbHR S. 884) hat der BFH betont, daß eine verdeckte Gewinnausschüttung die Bilanz nicht unwichtig macht. Verdeckte Gewinnausschüttungen sind außerhalb der Handels- und Steuerbilanz zu korrigieren. Unabhängig hiervon muß das gegliederte verwendbare Eigenkapital (vEK) dem Steuerbilanzvermögen entsprechen (§ 29 Abs. 1

KStG). Bei überhöhten Pensionszusagen oder Tantiemevereinbarungen muß deshalb dem Mehrvermögen im EK 45 ein entsprechendes Mindervermögen im EK 02 gegenübergestellt werden.

Verdeckte Gewinnausschüttungen sind erst mit dem Zeitpunkt **vollzogen** und damit in dem Veranlagungszeitraum anzusetzen, in dem die Mittel **tatsächlich abgeflossen sind** (FG Saarland, 25.6.1986 – I 96/84, GmbHR 1987 S. 408). 705

IV. NACHZAHLUNGSVERBOT

Auf das Nachzahlungsverbot wurde bereits hingewiesen. Soweit Zahlungen nicht von vornherein klar vereinbart worden sind, besteht die Gefahr, daß diese Zahlungen wegen Verstoßes gegen das Nachzahlungsverbot als verdeckte Gewinnausschüttungen einzustufen sind (vgl. auch Lange, Das Nachzahlungsverbot, GmbHR 1991 S. 427). 706

Allerdings hat der BFH (8.4.1997 – I R 39/96, BFH/NV 1997 S. 902) auch betont, daß bei Unklarheiten von schriftlich getroffenen Vereinbarungen zwischen GmbH und beherrschendem Gesellschafter-Geschäftsführer daraus nicht zwingend auf eine verdeckte Gewinnausschüttung geschlossen werden kann (Hinweis: Beschlüsse des BVerfG vom 7.11.1995 – 2 BvR 802/90, DB 1995 S. 2572 und 15.8.1996 – 2 BvR 3027/95, DB 1996 S. 2470; vgl. BFH, 23.10.1996 – I R 71/95, BFHE 181 S. 328 und 11.2.1997 – I R 48/96, HFR 1997 S. 929, siehe auch Rz. 286).

1. BEHERRSCHENDER GESELLSCHAFTER-GESCHÄFTSFÜHRER

In der Praxis ergeben sich Verstöße gegen das Nachzahlungsverbot oft dadurch, daß die Gesellschafter-Geschäftsführer kurz vor Ablauf des Geschäftsjahres feststellen, daß der Gewinn für das laufende Geschäftsjahr höher ausfällt als geplant. Ein anderer Grund ist, daß man die Gewerbesteuer mindern will. 707

Von vornherein klar vereinbart müssen die Tätigkeitsvergütungen auch für den Gesellschafter-Geschäftsführer der **Vor-GmbH** sein, sollen sie als Betriebsausgaben anerkannt werden (BFH, 20.10.1982 – I R 118/78, BStBl II 1983 S. 247).

Die **Umwandlung** einer OHG in eine GmbH kann nach dem UmwStG auf einen 8 Monate zurückliegenden Stichtag erfolgen. Seit 1.1.1995 läßt das UmwStG vom 28.10.1994 (BGBl. I S. 3267) in § 14 UmwStG beim Formwechsel von der Kapitalgesellschaft in die Personengesellschaft eine 8-monatige **Rückbeziehung** zu, ebenso bei Einbringung eines Betriebs etc. in eine Kapitalgesellschaft (§ 20 UmwStG 1994). Bezüge an Gesellschafter-Geschäftsführer, die nach dem Umwandlungsstichtag bezahlt werden, können nur dann als Betriebsausgaben abgezogen werden, wenn sie auf einer von vornherein klaren und durchgeführten Vereinbarung beruhen. Das ist nicht der Fall, wenn – abweichend von diesen Vereinbarungen – den Gesellschafter-Geschäftsführern weiterhin Bezüge nur in der Höhe bezahlt werden, die ihnen nach dem Gesellschaftsvertrag der OHG als Gewinnvoraus zugestanden haben (BFH, 23.4.1986 – I R 178/82, BStBl II 1986 S. 880). 708

Bei **Tantiemevereinbarungen** liegt vielfach ein Verstoß gegen das Nachzahlungsverbot vor. Wird die Tantieme erst bei der Bilanzaufstellung für das abgelaufene Geschäftsjahr zugesagt oder erhöht, so liegt regelmäßig eine verdeckte Gewinnausschüttung vor. 709

3. KAPITEL: Der GmbH-Geschäftsführer im Steuerrecht

710 Nicht jede nachträglich beschlossene Tätigkeitsvergütung führt beim Gesellschafter-Geschäftsführer zur verdeckten Gewinnausschüttung.

Nachträglich beschlossene **gewinnabhängige** Tätigkeitsvergütungen für Gesellschafter-Geschäftsführer führen dann nicht zur verdeckten Gewinnausschüttung, wenn die zu beurteilenden Vereinbarungen nicht als Ausdruck einer Beherrschung der Gesellschaft i.S. gleichgerichteter Interessen angesehen werden können (BFH, 26.7.1978 – I R 138/76, BStBl II 1978 S. 659; ebenso 11.12.1985 – I R 164/82, BStBl II 1986 S. 469). Dieser Fall kann vorliegen, wenn durch die Beteiligung gleich hoher Tantiemen an in unterschiedlicher Höhe beteiligte Gesellschafter-Geschäftsführer die Gewinnanteile einzelner Gesellschafter geschmälert werden. Er ist jedoch nicht gegeben, wenn die GmbH den Gesellschafter-Geschäftsführern Tantiemen bewilligt, aber keine Gewinne ausschüttet.

711 Werden mit einem **nahen Angehörigen** eines Gesellschafter-Geschäftsführers im Rahmen eines bestehenden Arbeitsverhältnisses **Tantiemezahlungen rückwirkend** vereinbart, so liegt auch hier ein Verstoß gegen das Nachzahlungsverbot und eine verdeckte Gewinnausschüttung vor (vgl. dazu für den Familienbereich BFH, 29.11.1988 – VIII R 83/82, HFR 1989 S. 238).

2. MINDERHEITS-GESELLSCHAFTER-GESCHÄFTSFÜHRER

712 Das Nachzahlungsverbot findet grundsätzlich nur Anwendung beim beherrschenden Gesellschafter-Geschäftsführer, das ist ein Gesellschafter mit einer Beteiligung von mehr als 50 %.

Hält ein Gesellschafter-Geschäftsführer **zwischen 25 und 50 % Beteiligung,** so wird nur in besonderen Fällen eine Beherrschung anzunehmen sein (Abschn. 31 Abs. 6 Satz 5 KStR 1995).

Der BFH (23.10.1985 – I R 247/81, BStBl II 1986 S. 195) hat ausnahmsweise bei einer 50 %-Beteiligung eine Beherrschung angenommen, wenn nach der GmbH-Satzung die GmbH ausschließlich für diesen Gesellschafter als Handelsvertreter oder Kommissionär tätig sein darf, und außerdem aufgrund vertraglicher Vereinbarungen gehalten ist, sich dem Willen dieses Gesellschafter-Geschäftsführers zu beugen.

Für die Frage der Beherrschung dürfen die Anteile des Gesellschafter-Geschäftsführers und seines **Ehegatten nicht zusammengerechnet** werden (BVerfG, 12.3.1985 – 1 BvR 571/81 u.a., BVerfGE 69 S. 188 = BStBl II 1985 S. 475; BFH, 14.6.1985 – VI R 127/81, BStBl II 1986 S. 62).

713 Bei einer **unter 25 % liegenden Beteiligung** fehlt es immer an einer Beherrschung, so daß hier das Nachzahlungsverbot nicht gilt. Nur dann, wenn der Minderheits-Gesellschafter-Geschäftsführer mit einem beherrschenden Gesellschafter-Geschäftsführer zusammenwirkt und das Gehalt des Letzteren ebenfalls erhöht wird, gilt auch für den Minderheits-Gesellschafter-Geschäftsführer das Nachzahlungsverbot (BFH, 21.7.1976 – I R 223/74, BStBl II 1976 S. 734). Davon ist insbesondere auszugehen, wenn eine einseitige Erhöhung zugunsten des beherrschenden Gesellschafter-Geschäftsführers nach Lage des Falles ohne Mitwirkung des Minderheits-Gesellschafters nicht durchsetzbar wäre. Zwar ist ein beherrschender Gesellschafter grundsätzlich nicht auf ein gesellschaftsrechtliches Zusammenwirken mit dem Minderheits-Gesellschafter angewiesen. Das bedeutet aber nicht, daß er seinen Einfluß auf die Willensbildung der GmbH ohne jede Beschränkung geltend machen darf. Solche Beschränkungen – und die ihnen entsprechenden Kontrollbefugnisse der Minderheits-Gesellschafter als Grundlage eines gesellschaftsrechtlichen Zusammenwirkens mit dem beherrschenden

A. Einkommensbesteuerung der Geschäftsführerbezüge

Gesellschafter – sind sowohl bei der Einflußnahme des beherrschenden Gesellschafters auf die Entscheidungen der Geschäftsführung als auch bei der Ausübung des Stimmrechts in der Gesellschafter- versammlung zu beachten. Dies gilt insbesondere, wenn ein Gesellschafter über eine solche Einflußnahme für sich Sondervorteile zum Schaden der Gesellschaft oder der anderen Gesellschafter zu erreichen sucht. Beschlüsse der Gesellschafterversammlung, die geeignet sind, diesem Zweck zu dienen, sind anfechtbar. Auch bei Maßnahmen der Geschäftsführung verlangt die für eine Gesellschaftermehrheit bestehende Möglichkeit, gesellschaftsbezogene Interessen der Mitgesellschafter zu beeinträchtigen, als Gegengewicht die gesellschaftsrechtliche Pflicht, auf diese Interessen Rücksicht zu nehmen. Eine solche Pflichtverletzung liegt u. a. dann vor, wenn Vermögenszuwendungen der GmbH auf einzelne Gesellschafter beschränkt bleiben, ohne daß sich für die unterschiedliche Behandlung eine Grundlage in der Satzung findet oder sonst ausreichende sachliche Gründe vorliegen.

Die Frage der **Beherrschung** spielt nur eine Rolle für die Entscheidung, ob die Vergütung des Gesellschafter-Geschäftsführers angemessen ist und das Nachzahlungsverbot eingreift. Ob der GmbH-Minderheits-Gesellschafter-Geschäftsführer oder GmbH-Mehrheits-Gesellschafter-Geschäftsführer **Arbeitnehmer** ist, beurteilt sich allein nach dem Anstellungsvertrag (Schuhmann, Zur Arbeitnehmereigenschaft eines GmbH-Minderheitsgesellschafter-Geschäftsführers, GmbHR 1991 S. 375). **714**

3. ÄNDERUNG DER BETEILIGUNGSVERHÄLTNISSE

Haben sich die Beteiligungsverhältnisse im Laufe der Zeit geändert und soll **nachträglich** eine **Vergütung** gewährt werden, so ist zu prüfen, ob im Zeitpunkt der Gewährung der Gesellschafter-Geschäftsführer beherrschend ist oder nicht. Ist er in diesem Zeitpunkt beherrschender Gesellschafter, so kann er sich nicht nachträglich für die Zeit, als er Minderheits-Gesellschafter-Geschäftsführer war, eine Zusatzvergütung oder Erhöhung gewähren. **715**

Ist er dagegen im Zeitpunkt der Gewährung nur mit 20 % beteiligt, so liegt kein Verstoß gegen das Nachzahlungsverbot vor, selbst wenn er in dieser Zeit Mehrheits-Gesellschafter war (BFH, 3.4.1974 – I R 241/71, BStBl II 1974 S. 497).

B. UNENTGELTLICHE TÄTIGKEIT DES GESCHÄFTSFÜHRERS UND VERZICHT AUF BEZÜGE

I. UNENTGELTLICHE TÄTIGKEIT
1. AUFGRUND GESELLSCHAFTSRECHTS

Ein Gesellschafter, der für die GmbH tätig wird, muß dies nicht unbedingt als Geschäftsführer tun; er kann auch als Gesellschafter tätig werden. Die GmbH braucht mindestens aber einen Geschäftsführer; die Tätigkeit eines Gesellschafters, der nicht zugleich Geschäftsführer ist und auch in keinem sonstigen Anstellungsverhältnis zur GmbH steht, ist notgedrungen unentgeltlich. Die Satzung kann darüber hinaus bestimmen, daß ein Geschäftsführer unentgeltlich tätig zu sein hat. In beiden Fällen sind etwaige Zuwendungen keine Betriebsausgaben bei der GmbH, und etwaige **Zuwendungen** der GmbH sind beim Gesellschafter-Geschäftsführer unabhängig von Angemessenheit und Vereinbarung stets **verdeckte Gewinnausschüttungen**. 716

Keine verdeckte Gewinnausschüttung liegt aber vor, wenn einem kraft Satzung unentgeltlich tätigen Gesellschafter-Geschäftsführer die **Mitgliedsbeiträge** für einen Industrieclub erstattet werden, wenn der Gesellschafter-Geschäftsführer in ganz überwiegendem Interesse der GmbH beigetreten ist (BFH, 20.9.1985 – VI R 120/82, BStBl II 1985 S. 718). 717

2. AUFGRUND EINZELVERTRAGLICHER REGELUNG

Jeder Geschäftsführer kann seine Leistungen auch dann unentgeltlich erbringen, wenn die Satzung hierüber keine Vorschriften enthält. Es gilt dann zivilrechtlich Auftragsrecht (§§ 662ff. BGB). Das Steuerrecht fordert nur **klare Vereinbarungen,** die auf die Zukunft gerichtet sein müssen. Die unentgeltliche Tätigkeit eines Geschäftsführers, der nicht gleichzeitig Gesellschafter ist, ändert aber nichts daran, daß der Geschäftsführer Arbeitnehmer sein kann. Für die Arbeitnehmereigenschaft eines unentgeltlich tätigen Geschäftsführers reicht es im allgemeinen nicht aus, wenn eine bloße Geschäftsführer-Bestellung mit Eintragung im Handelsregister erfolgt ist. Vielmehr muß die Tätigkeit des Geschäftsführers den aus dem GmbH-Gesetz ersichtlichen Aufgabenbereich im wesentlichen abdecken. 718

Ist der Geschäftsführer **Arbeitnehmer** und unentgeltlich tätig, erhält er aber **einmalig** eine **Sondervergütung**, z.B. Entschädigung für nicht verbrauchte Urlaubstage, so liegt **keine verdeckte Gewinnausschüttung** vor (BFH, 8.1.1969 – I R 21/68, BStBl II 1969 S. 327). Die Sondervergütung ist lediglich der **Lohnsteuer** zu unterwerfen. 719

Ist der Geschäftsführer **nicht Arbeitnehmer** und erhält er eine **Sondervergütung**, so muß **keine Lohnsteuer** einbehalten werden. Der Geschäftsführer muß als Selbständiger selbst für die steuerliche Erfassung dieser Zuwendung sorgen.

Immer steht der GmbH aber der Betriebsausgabenabzug zu.

II. VERZICHT AUF BEZÜGE UND PENSIONSZUSAGEN

Aus Liquiditätsgründen und/oder um ein Insolvenzverfahren wegen Zahlungsunfähigkeit oder Überschuldung abzuwenden, kann ein Geschäftsführer auch auf seine Bezüge ganz oder teilweise verzichten (vgl. auch Rz. 559). 720

Nach einer rechtskräftigen Entscheidung des FG Düsseldorf vom 27.4.1990 (8 V 67/90 A (E), GmbHR 1991 S. 135) soll bei einem **Verzicht aller** Gesellschafter-Geschäftsführer auf noch nicht ausgezahlte Teile ihrer Vergütung nur dann ein Zufluß hergeleitet werden, wenn damit Scheingeschäfte (§ 41 Abs. 2 AO) oder Gestaltungsmißbräuche (§ 42 AO) betrieben werden.

1. VERZICHT AUF BEREITS ENTSTANDENE ANSPRÜCHE

721 Erfolgt der Verzicht rückwirkend, waren also die Gehaltsansprüche des Gesellschafter-Geschäftsführers bereits entstanden, so kann dadurch die Lohnsteuerpflicht nicht beseitigt werden. Die Lohnsteuer ist also abzuführen, und der Nettobetrag ist als gesellschaftsrechtliche Einlage zu buchen. Handelt es sich um den rückwirkenden Verzicht eines **Fremdgeschäftsführers, so entsteht keine Lohnsteuerpflicht.**

Verzichtet ein Gesellschafter-Geschäftsführer auf bereits entstandene Gehaltsansprüche ganz oder teilweise, so kann hierin auch eine verdeckte Gewinnausschüttung vorliegen (BFH, 30.3.1994 – I B 185/93, BFH/NV 1995 S. 164): Es fehlt dann an der Ernsthaftigkeit der Gehaltsvereinbarung (= der tatsächlichen Durchführung des Anstellungsvertrages), der vertragsgemäßen Abwicklung. Selbst wenn der Verzicht durch eine Verschlechterung der wirtschaftlichen Situation der GmbH veranlaßt ist, ist dies für die Beurteilung einer verdeckten Gewinnausschüttung irrelevant.

722 Um eine verdeckte Gewinnausschüttung zu vermeiden, sollte der Geschäftsführer keinen Verzicht aussprechen, sondern den Gehaltsanspruch **stunden.** Bildet die GmbH insoweit eine **Rückstellung** (vgl. hierzu auch BFH, 28.7.1993 – I B 54/93, BFH/NV 1994 S. 345), so spricht dies nicht für einen Verzicht.

In seiner Entscheidung vom 19.7.1994 (VIII R 58/92, BStBl II 1995 S. 362) hat der BFH den Verzicht eines Allein-Gesellschafter-Geschäftsführers auf ein bereits bestandenes Geschäftsführergehalt als **Einlage** behandelt (vgl. dazu auch Gschwendtner, Ausschüttungen aus dem EK 04 einer Körperschaft, DStZ 1995 S. 293), und zwar deshalb, weil das Gehalt dem Geschäftsführer als zugeflossen galt (ebenso BFH, 19.5.1993 – I R 34/92, BStBl II 1993 S. 804). Endgültige Klarheit brachte die Entscheidung des Großen Senats des BFH auf den Vorlagebeschluß vom 27.7.1994 (I R 23/93, I R 58/93, I R 103/93, BStBl II 1995 S. 27). BFH, 9.6.1997 – GrS 1/94, BStBl II 1998, 307: Danach führt der Verzicht des Gesellschafter-Geschäftsführers auf eine Forderung bei der GmbH zu einer Einlage in Höhe ihres Teilwerts. Bei ihm kommt es zu einem Zufluß des noch werthaltigen Teils der Forderung.

2. VERZICHT AUF KÜNFTIGE ANSPRÜCHE

723 Nur beim Verzicht auf künftige Bezüge entsteht auch beim Gesellschafter-Geschäftsführer keine Lohnsteuerpflicht, und es liegt auch keine verdeckte Einlage vor (BFH, 22.11.1983 – VIII R 133/82, BB 1984 S. 513).

Verzichtet der Gesellschafter-Geschäftsführer über einen längeren Zeitraum mehrfach **auf unbestimmte Zeit im voraus** wegen der schlechten wirtschaftlichen Lage auf die Gehaltszahlung, so besteht die Gefahr, daß die Finanzverwaltung hinsichtlich der unregelmäßigen Zahlungen verdeckte Gewinnausschüttungen annimmt (FG Münster, 18.8.1993 – 9 K 4472/90, EFG 1994 S. 117).

Ein Tantiemeanspruch entsteht i.d.R. erst mit Ablauf des Geschäftsjahres. Ist Wirtschaftsjahr = Kalenderjahr, so ist ein Verzicht ohne steuerliche Auswirkung

B. Unentgeltliche Tätigkeit des Geschäftsführers und Verzicht auf Bezüge

noch am 31.12. eines Jahres vor 24.00 Uhr möglich. Dagegen würde ein Verzicht anläßlich der Bilanzfeststellung für den Gesellschafter-Geschäftsführer die Lohnsteuerpflicht nicht beseitigen.

Der beherrschende Gesellschafter-Geschäftsführer einer GmbH kann **steuerunschädlich** auf die Auszahlung eines Teils der ihm zustehenden Tantieme verzichten. Aus dem Verzicht darf das Finanzamt nicht ohne weiteres schließen, daß die Tantiemevereinbarung insgesamt tatsächlich nicht durchgeführt sei. **Forderungsverzicht und Tantiemeregelung** sind vielmehr **rechtlich unabhängig voneinander** zu untersuchen und zu würdigen. Liegt dem Tantiemeanspruch des Geschäftsführers eine im voraus getroffene **klare und eindeutige Vereinbarung** zugrunde und wurde bei der Berechnung der Vergütung entsprechend dieser Vereinbarung verfahren, ergibt sich insoweit keine Veranlassung zur Annahme einer verdeckten Gewinnausschüttung. Der Verzicht des Geschäftsführers auf einen Teil der ihm zustehenden Forderung läßt keinen **Rückschluß auf** eine von vornherein fehlende **Ernsthaftigkeit der Tantiemeregelung** zu. Liegen nachvollziehbare, wirtschaftlich beachtliche Gründe für den Verzicht vor, wird dieser im Einzelfall auch bei Fehlen einer schriftlichen Abmachung steuerlich anzuerkennen sein (BFH, 29.6.1994 – I R 11/94, HFR 1995 S. 84). 724

3. VERZICHT AUF PENSIONSZUSAGEN

Verzichtet ein Gesellschafter-Geschäftsführer auf eine ihm erteilte Pensionszusage, z.B. wegen drohender Überschuldung einer GmbH, so kann vorliegen 725

– eine erfolgswirksame Auflösung der Pensionsrückstellung mit ertragsteuerlicher Wirkung,
– ein steuerfreier Sanierungsgewinn (§ 3 Nr. 66 EStG; beachte Rz. 728),
– eine verdeckte Einlage.

Nach der BFH-Entscheidung vom 9.6.1997 – GrS 1/94, HFR 1997 S. 839 gilt: 726

Verzichtet ein Gesellschafter aus Gründen, die auf dem Gesellschaftsverhältnis beruhen, auf seine nicht mehr vollwertige Forderung gegenüber seiner Kapitalgesellschaft, führt dies bei der Kapitalgesellschaft zu einer Einlage in Höhe des Teilwerts der Forderung. Dies gilt auch dann, wenn die entsprechende Verbindlichkeit auf abziehbare Aufwendungen zurückgeht. Beim Gesellschafter führt der Forderungsverzicht zum Zufluß des noch werthaltigen Teils der Forderung und zu nachträglichen Anschaffungskosten auf seine Beteiligung in gleicher Höhe. Diese Grundsätze gelten auch, wenn eine dem Gesellschafter nahestehende Person auf eine Forderung gegenüber der GmbH verzichtet.

Verzichtet der Gesellschafter-Geschäftsführer auf einen **werthaltigen** Anspruch – die GmbH befindet sich **nicht** in der Krise –, so führt dies zu einer erfolgsneutralen Einlage.

Verzicht auf Pensionsansprüche in der Krise der GmbH bedeutet also: Liegt eine bei der GmbH passivierte Pensionsanwartschaft von 100 000 DM vor, ist diese wegen der finanziell angespannten Situation nur mehr 50 % wert und verzichtet der Gesellschafter-Geschäftsführer auf seinen Pensionanspruch, so bewirkt dies:

Der Anspruch des Gesellschafter-Geschäftsführers ist noch mit 50 000 DM werthaltig; bei der GmbH führt dies zu einer erfolgsneutralen verdeckten Einlage von 50 000 DM.

Die restlichen, nicht mehr werthaltigen 50 000 DM sind bei der GmbH gewinnerhöhend aufzulösen (Betriebseinnahmen).

Beim **Gesellschafter** wird insoweit die Vereinnahmung von 50 % der Pensionsanwartschaft unterstellt, d.h., der Gesellschafter muß 50000 DM als Einkünfte aus nichtselbständiger Arbeit versteuern. Diese Behandlung des Forderungsverzichts ist unabhängig davon vorzunehmen, ob der Gesellschafter im Inland steuerpflichtig ist oder auf welche Weise der Forderungsverzicht bewirkt wird, etwa durch Erlaßvertrag, durch Abtretung der Ansprüche, durch Schuldaufhebungsvertrag oder Teilentlastung im Wege eines Abänderungsvertrags.

Verzichtet ein Gesellschafter-Geschäftsführer **anläßlich** von **Anteilsveräußerungen** auf seine Pensionszusage – die Anteile waren nur unter Preisgabe der Pensionszusage veräußerlich – und findet die GmbH die Ansprüche des GmbH-Gesellschafters ab, kommt nach Auffassung des BFH eine Tarifermäßigung mangels „Drucklage" nicht in Frage, da der Steuerpflichtige das schadenstiftende Ereignis selbst gesetzt hat (BFH, 7.3.1995 – XI R 54/94, BFH/NV 1995 S. 961).

727 Beim Fremdgeschäftsführer ist bei einer (Teil-)Abfindung eines Pensionsanspruchs zu beachten:

Abfindungszahlungen sind vollständig in einem Veranlagungszeitraum zu leisten (§§ 3 Nr. 9, 24 Nr. 1 Buchst. a, 34 Abs. 2 Nr. 2 EStG). Wird die Entschädigungsleistung auf 2 oder mehr Veranlagungszeiträume verteilt, fehlt es an einer Zusammenballung der Einkünfte in einem Veranlagungszeitraum (BFH, 1.12.1994 – XI B 92/94, BFH/NV 1995 S. 670). Das gilt auch, wenn mehrere Beträge aufgrund verschiedener Vereinbarungen gezahlt werden, wenn die Vereinbarungen sachlich oder zeitlich zusammenhängen (BFH, 21.3.1996 – XI R 51/95, BStBl II 1996 S. 416).

728 Ein **steuerfreier Sanierungsgewinn** setzt Sanierungsbedürftigkeit, Sanierungseignung und Sanierungsabsicht voraus (vgl. L. Schmidt, EStG, München, 17. Aufl. 1998, § 3 ABC „Sanierungsgewinn"). Dies kann im Einzelfall möglich sein. § 3 Nr. 66 EStG ist **letztmals** auf Betriebsergebniserhöhungen **anzuwenden**, die in dem Wirtschaftsjahr entstehen, das vor dem 1.1.1998 endet, d.h. die Bestimmung gilt letztmals für den Veranlagungszeitraum 1997 (vgl. Art. 2 des Gesetzes zur Finanzierung eines zusätzlichen Bundeszuschusses zur gesetzlichen Rentenversicherung v. 19.12.1997, BGBl. I S. 3121).

C. BÜRGSCHAFTSLEISTUNGEN DES GESCHÄFTSFÜHRERS

I. d. R. wird der Geschäftsführer sich hüten, Bürgschaften für die GmbH **persönlich** zu übernehmen. Unterzeichnet er eine Bürgschaftserklärung lediglich mit seinem Namen, so besteht die Gefahr, daß er sich selbst verpflichtet, auch wenn er die Erklärung – unternehmensbezogen – für die GmbH abgeben will (BGH, 13.10.1994 – IV ZR 25/94, ZIP 1994 S. 1860; Tiedtke, Zur Übernahme der Bürgschaft durch die GmbH oder Geschäftsführer persönlich, GmbHR 1995 S. 336).

729

Der Geschäftsführer, der für die Verbindlichkeiten der GmbH eine Bürgschaft abgibt, genießt nicht den Schutz des Gesetzes über den Widerruf von Haustürgeschäften und ähnlichen Geschäften (OLG Köln, 15.12.1995 – 3 U 241/94, BB 1996 S. 1524).

In den letzten Jahren häuften sich jedoch die Fälle, daß Geschäftsführer Bürgschaften für ihre GmbH übernahmen und daraus in Anspruch genommen wurden. Man versucht dann wenigstens, die Inanspruchnahme steuerlich zu verwerten. Es wird von der Rechtsprechung anerkannt, daß ein Arbeitnehmer aus beruflichen Gründen eine Bürgschaft zur Sicherung von Schulden seines Arbeitgebers eingehen und Aufwendungen, die sich aus der Inanspruchnahme ergeben, als Werbungskosten geltend machen kann (BFH, 29.2.1980 – VI R 165/78, BStBl II 1980 S. 395). Dagegen führte bisher der Verlust eines Darlehens eines Arbeitnehmers, das er zur Erhaltung seines Arbeitsplatzes seinem Arbeitgeber gegeben hat, nicht zu Werbungskosten bei den Einkünften aus nichtselbständiger Arbeit (BFH, 19.10.1982 – VIII R 97/79, BStBl II 1983 S. 295).

Das FG München hat dagegen in einer rechtskräftigen Entscheidung vom 15.7.1992 (1 K 899/90, EFG 1993 S. 143) ausnahmsweise Werbungskosten aus nichtselbständiger Arbeit angenommen für Aufwendungen eines leitenden Angestellten zur **Sanierung einer überschuldeten GmbH zur Erhaltung seines Arbeitsplatzes.** Der leitende Angestellte hatte 2 % des Stammkapitals erworben und ein zinsloses Darlehen gegeben. Nachdem die GmbH einige Zeit später in Konkurs ging, erkannte das Finanzgericht auch die nach Beendigung des Arbeitsverhältnisses anfallenden Finanzierungskosten noch als nachträgliche Werbungskosten an. Zu Recht ist das Finanzgericht davon ausgegangen, daß der Grundsatz, daß Kapitalvermögen nicht „Arbeitsmittel" i. S. von §§ 9, 19 EStG sind, Ausnahmen zulasse. Aufgrund besonderer Umstände kann der wirtschaftliche Zusammenhang mit der Erzielung von Kapitaleinkünften entfallen, bzw. so in den Hintergrund treten und der wirtschaftliche Zusammenhang mit den Einkünften aus nichtselbständiger Arbeit so in den Vordergrund rücken, daß – jedenfalls im Bereich der Aufwendungen und Verluste – letzterer Einkunftsart der Vorrang einzuräumen ist.

730

Die Entscheidung beruht auf einer Gesamtbeurteilung der besonderen Umstände des Einzelfalles. Eine besondere Rolle spielen dabei die Kapitalertragsaussichten der Vermögensbeteiligung nach den Vereinbarungen und der wirtschaftlichen Ertrags- und Vermögenslage des Kapitalschuldners, der prozentuale Anteil der Beteiligung, die absolute Höhe der Beteiligung des Gesellschaftskapitals, die Bedeutung etwa zu sichernder Einnahmen aus nichtselbständiger Arbeit, das Vorliegen einer besonderen Zwangslage aus der Sicht des Arbeitnehmers heraus oder sonstige besondere Beteiligungsgründe. In diesem Zusammenhang sind die Art der Kapitalüberlassung und die im Einzelfall getroffenen vertraglichen Vereinbarungen von Bedeutung. Es muß nach den objektiven Umständen feststehen, daß die Kapitalhingabe zu diesem Zeitpunkt, also nicht erst im Zeitpunkt eines späteren Verlustes, nicht zur Erzielung von Kapitaleinkünften oder aus sonstigen Gründen erfolgte, sondern nahezu ausschließlich durch das Arbeitsverhältnis veranlaßt war. Besonders deutlich wird dies bei der Gewährung eines unverzinslichen Darlehens, das nicht zu Einkünften führt. Alle Aufwendungen, d. h. sowohl der GmbH-Anteil als auch das unverzinsliche Darlehen, würden auf eine Stufe gestellt und der volle Werbungskostenabzug gewährt.

731 Der BFH (12.5.1995 – VI R 64/94, BStBl II 1995 S. 644), der in einem Revisionsverfahren gegen eine Entscheidung des FG Baden-Württemberg (28.4.1994 – 9 K 307/91, EFG 1995 S. 67) zu urteilen hatte, beschränkte jedoch den Werbungskostenabzug auf Verluste aus der Darlehensgewährung. Hinsichtlich der GmbH-Beteiligung urteilte der BFH: *„Ein Arbeitnehmer kann den (wirtschaftlichen) Verlust seiner Beteiligung an einer GmbH selbst dann nicht als Werbungskosten bei seinen Einkünften aus nichtselbständiger Arbeit geltend machen, wenn seine Beteiligung am Stammkapital der GmbH Voraussetzung für seine Beschäftigung als Arbeitnehmer der GmbH war."* (vgl. dazu auch Degen, Bürgschaftsinanspruchnahmen und deren steuerliche Berücksichtigungsfähigkeit, DStR 1996 S. 1749 ff.).

I. FREMDGESCHÄFTSFÜHRER

732 Da der Fremdgeschäftsführer wie jeder andere Arbeitnehmer zu behandeln ist, können Verluste aus Bürgschaftsübernahmen auch bei ihm Werbungskosten bei den Einkünften aus nichtselbständiger Arbeit sein. Werbungskosten liegen dann vor, wenn es sich um Ausgaben handelt, die durch den Beruf veranlaßt sind (BFH, 20.11.1979 – VI R 25/78, BStBl II 1980 S. 75; Degen, a. a. O., DStR 1996 S. 1749). Eine solche Veranlassung liegt vor, wenn ein objektiver Zusammenhang mit dem Beruf besteht, und wenn subjektiv die Aufwendungen zur Förderung des Berufs getätigt werden. Auch Ausgaben zur Tilgung einer Bürgschaftsverpflichtung können demgemäß Werbungskosten sein. Maßgeblich für die Einordnung ist jedoch, daß **bereits bei** der **Übernahme der Bürgschaft**, nicht erst im Zeitpunkt der Zahlung, ein **beruflicher Zusammenhang** mit ihr besteht (BFH, 5.2.1970 – IV 186/64, BStBl II 1970 S. 492).

Der Fremdgeschäftsführer muß deshalb die Bürgschaftsverpflichtung nur deswegen eingegangen sein, weil er seinen **Arbeitsplatz erhalten** wollte. Ist dies der Fall, so kann er bei einer Inanspruchnahme aus der Bürgschaft die Zahlungen auch als **Werbungskosten** bei den Einkünften aus nichtselbständiger Arbeit ansetzen.

733 Die Aufwendungen sind nach dem **Abflußprinzip** (§ 11 EStG) zu berücksichtigen (OFD Düsseldorf, 29.10.1992 – S 2350/S 2244 A – St 114, DStR 1992 S. 1725). Sollte der als Bürge in Anspruch genommene Fremdgeschäftsführer später seinen Ausgleichsanspruch gegenüber der GmbH realisieren, liegen im Zeitpunkt der Realisierung nachträgliche Einnahmen vor (§ 19 i. V. m. § 24 Nr. 2 EStG).

II. GESELLSCHAFTER-GESCHÄFTSFÜHRER

734 In Entscheidungen vom 1.12.1961 (VI 306/60 U, BStBl III 1962 S. 63) und vom 25.10.1963 (VI 246/62, StRK EStG § 4 R 618) hat der BFH den Werbungskostencharakter bei Aufwendungen für eine Bürgschaft beim Gesellschafter-Geschäftsführer einer GmbH verneint. Nach seiner Auffassung stand dabei die Kapitalbeteiligung und nicht die Arbeitsplatzsicherung im Vordergrund.

C. Bürgschaftsleistungen des Geschäftsführers

Auch aus seinen späteren Entscheidungen läßt sich die Tendenz des BFH erkennen, daß Bürgschaftsleistungen durch einen Gesellschafter-Geschäftsführer nur **in begründeten Ausnahmefällen** als **Werbungskosten** bei der Einkunftsart nichtselbständige Arbeit anerkannt werden: So sieht der BFH in seiner Entscheidung vom 20.12.1988 (VI R 55/84, BFH/NV 1990 S. 23) die Übernahme einer Bürgschaft oder anderer Sicherheiten zugunsten der GmbH durch einen Gesellschafter-Geschäftsführer **regelmäßig durch** das **Gesellschaftsverhältnis veranlaßt** und verneint damit den Werbungskostenabzug der Bürgschaftsleistung bei den Einkünften aus nichtselbständiger Arbeit. Allerdings räumt er ein, daß im Einzelfall besondere Umstände den Werbungskostenabzug rechtfertigen können. Solche besonderen Umstände können z. B. vorliegen, wenn 735

– ein Gesellschafter-Geschäftsführer sich im Hinblick darauf verbürgt, daß er sich in seiner spezifischen Funktion als Geschäftsführer schadensersatzpflichtig gemacht hat (BFH, 1.12.1961 – VI 306/60 U, BStBl III 1962 S. 63),

– der Gesellschafter-Geschäftsführer sich im Hinblick auf seine Tätigkeit als Geschäftsführer verbürgt hat und dies seine Inanspruchnahme als Haftender rechtfertigen würde.

Ist der Steuerpflichtige Geschäftsführer einer GmbH und **zugleich** ihr **beherrschender Gesellschafter,** dann sind Aufwendungen im Zusammenhang mit der Übernahme einer Bürgschaft zugunsten der GmbH regelmäßig durch das Gesellschaftsverhältnis und nicht durch das Arbeitsverhältnis veranlaßt.

(Vgl. dazu auch Bilsdorfer, Darlehens- und Bürgschaftsverluste von GmbH-Gesellschaftern und -Geschäftsführern, INF 1994 S. 321).

Der BFH hat in einer Entscheidung vom 17.7.1992 (VI R 125/88, BStBl II 1993 S. 111) unterstrichen, daß für die Frage, ob Bürgschaftsverluste eines Gesellschafter-Geschäftsführers durch das Arbeitsverhältnis veranlaßt sind, auf die Umstände bei Übernahme der Bürgschaft abzustellen ist. Sämtliche Umstände des jeweiligen Einzelfalles seien zu würdigen. Dabei sei zum einen die **Höhe der Beteiligung** des Gesellschafter-Geschäftsführers an der Gesellschaft ein wesentliches Entscheidungskriterium. Je höher die Beteiligung des Gesellschafter-Geschäftsführers sei, umso mehr spreche dafür, daß eine innere wirtschaftliche Verbindung zu den Einkünften aus Kapitalvermögen anzunehmen und von nachträglichen Anschaffungskosten der GmbH-Beteiligung auszugehen sei. Weiter seien die **Höhe der Einnahmen** aus dem Arbeitsverhältnis mit den Vermögensverhältnissen der GmbH und den Rendite-Entwicklungen und -Erwartungen aus der GmbH-Beteiligung zu vergleichen und gegeneinander abzuwägen. 736

Ähnlich argumentiert der BFH in seiner Entscheidung vom 8.12.1992 (VIII R 99/90, BFH/NV 1993 S. 654): 737

Unter Berufung auf seine Entscheidung vom 14.5.1991 (VI R 48/88, BStBl II 1991 S. 758) hat der BFH in einer weiteren Entscheidung vom 11.2.1993 (VI R 4/91, BFH/NV 1993 S. 645 = GmbHR 1993 S. 830) betont: Übernimmt der Geschäftsführer einer GmbH ausschließlich zu dem Zweck, im geschäftlichen Interesse der GmbH Verbindlichkeiten eines **Geschäftsfreundes** abzusichern, zu dessen Gunsten eine Bürgschaft, so ist diese – wegen Fehlens besonderer Umstände – nicht durch das Arbeitsverhältnis veranlaßt. Das ergibt sich für den BFH aus folgenden Überlegungen:

Hat der Geschäftsführer einer GmbH, der in einem nicht unbedeutenden Umfang an der Gesellschaft beteiligt ist, eine Bürgschaft für Verbindlichkeiten der GmbH übernommen und **wird** er aus der Bürgschaftsverpflichtung **in Anspruch genommen,** so kann er die ihm hierdurch entstandenen Aufwendungen nur dann als Werbungskosten bei seinen Einkünften aus nichtselbständiger Arbeit abziehen, wenn im Einzelfall besondere, sich aus der Geschäftsführerstellung ergebende Umstände vorliegen. Dies gilt auch dann, wenn der Geschäftsführer die Bürgschaftsverpflichtung nicht unmittelbar zugunsten der GmbH, etwa zur Sicherung von deren Verbindlichkeiten, sondern im geschäftlichen Interesse der GmbH zur Sicherung von Verbindlichkeiten deren Geschäftspartners eingegangen ist.

Insbesondere muß man berücksichtigen, in welchem **Umfange** der Gesellschafter-Geschäftsführer **beteiligt** ist. Liegt eine Beteiligung unter 10 % vor, so wird i. d. R. bei Bürgschaftsverlusten ein Wohnungskostenabzug möglich sein (so auch FG Düsseldorf, 8.11.1996 – 18 K 3837/93 E, EFG 1998 S. 31). Eine weitere Zäsur ergibt sich bei 25 %: Bis zu 25 % Beteiligung kommt es m. E. auf die Umstände des Einzelfalles an, während bei wesentlicher Beteiligung nicht das Arbeits-, sondern das Gesellschaftsverhältnis im Vordergrund steht.

738 In seiner Entscheidung vom 14.5.1991 hat der BFH ausgesprochen, daß selbst bei einem **Fremdgeschäftsführer, dessen Ehefrau mit 50 %** an der GmbH beteiligt war, nur ausnahmsweise davon ausgegangen werden könne, daß die Bürgschaft durch das Arbeitverhältnis veranlaßt sei. M. E. liegt darin eine Benachteiligung der durch das Grundgesetz geschützten Ehe und Familie, wie das BVerfG in seiner Entscheidung vom 12.3.1985 (1 BvR 571/81 u. a., BVerfGE 69 S. 188 = BStBl II 1985 S. 475) festgestellt hat.

Auch ein **verlorener Zuschuß,** den der beherrschende Gesellschafter-Geschäftsführer gewährt, wird regelmäßig durch das Gesellschaftsverhältnis veranlaßt (= nachträgliche Anschaffungskosten in Gestalt einer verdeckten Einlage). Nur bei Vorliegen besonderer Umstände können Werbungskosten bei den Einkünften des Gesellschafter-Geschäftsführers aus nichtselbständiger Arbeit anzunehmen sein (BFH, 26.11.1993 – VI R 3/92, BStBl II 1994 S. 242).

Werden Bürgschaftsverluste eines Gesellschafter-Geschäftsführers nicht als Werbungskosten bei den Einkünften aus nichtselbständiger Tätigkeit anerkannt, so ist zu prüfen, ob sie als Werbungskosten bei den Einkünften aus **Kapitalvermögen** geltend gemacht werden können (vgl. Knobbe-Keuk, Verdeckte Einlagen in Kapitalgesellschaften und Werbungskosten bei den Einkünften aus Kapitalvermögen, DStZ 1984 S. 335; Klauser, Steuerliche Berücksichtigung von Bürgschaftsverlusten, BB 1980 S. 1574).

739 Der BFH (2.10.1984 – VIII R 36/83, BStBl II 1985 S. 320) sieht in der Übernahme einer Bürgschaft eines Gesellschafters für seine GmbH und seiner Inanspruchnahme daraus **nachträgliche Anschaffungskosten der Beteiligung** in Gestalt verdeckter Einlagen, wenn die Übernahme der Bürgschaft ihre Ursache im Gesellschaftsverhältnis hat. Dies ist der Fall, wenn im Zeitpunkt der Übernahme der Bürgschaft die Inanspruchnahme und die Uneinbringlichkeit der Rückgriffsforderung so unwahrscheinlich waren, daß ein Nichtgesellschafter bei Anwendung der Sorgfalt eines ordentlichen Kaufmanns die Bürgschaft nicht übernommen hätte (vgl. auch die Anm. in HFR 1985 S. 318; BFH, 16.4.1991 – VIII R 224/85, BFH/NV 1992 S. 94: Verlust eines Darlehens).

740 Die OFD Düsseldorf vertritt in einer Verfügung vom 1.2.1989 (S 2244 A – St 11 H 1, StEK EStG § 17 Nr. 12) die Auffassung, daß dem wesentlich beteiligten Gesellschafter bei Bürgschaftsübernahme, der keine gleichwertige Rückgriffsforderung gegen die GmbH oder Mitbürgen erwirbt, nachträgliche Anschaffungskosten in Gestalt verdeckter Einlagen entstehen. Nachträgliche Anschaffungskosten kommen allerdings auch nach dieser Auffassung nur in Betracht, in denen die **Bürgschaft vor** der **Veräußerung der Anteile,** vor dem Auflösungsbeschluß bzw. vor

C. Bürgschaftsleistungen des Geschäftsführers

dem Konkurs der Gesellschaft eingegangen wurde (BFH, 9.9.1986 – VIII R 95/85, BFH/NV 1986, 731; Entsprechendes gilt ab 1.1.1999 für die Insolvenz nach der InsO). Der Zeitpunkt der Inanspruchnahme aus der Bürgschaft ist hingegen für die Beurteilung als nachträgliche Anschaffungskosten bedeutungslos.

Nach Auffassung der OFD Düsseldorf führt unter diesen Voraussetzungen auch die erst nach der Veräußerung der wesentlichen Beteiligung oder nach der Auflösung der GmbH erfolgte Inanspruchnahme des (früheren) Gesellschafter-Geschäftsführers aus Bürgschaftsverpflichtungen als nachträgliches Ereignis gemäß § 175 Abs. 1 Nr. 2 AO rückwirkend zu Anschaffungskosten der (früheren) Beteiligung und damit zur Berücksichtigung bei der Ermittlung des Veräußerungsgewinnes/-verlustes i.S. des § 17 Abs. 2, 4 EStG (ähnlich OFD München, 30.4.1996 – S 2244 – 8 St 42, DStZ 1996 S. 446).

Ob sog. **Drittaufwand** zu nachträglichen Anschaffungskosten des Gesellschafter-Geschäftsführers führt, ist umstritten. **741**

So hat es das FG Rheinland-Pfalz (12.11.1991 – 2 K 2833/89, EFG 1992 S. 331) abgelehnt, in Bürgschaftszahlungen durch die nicht an der GmbH beteiligte Ehefrau Anschaffungskosten zu sehen, sondern hat die Zahlungen als steuerlich nicht anzuerkennenden Drittaufwand behandelt.

Demgegenüber erkennt das FG Düsseldorf (5.8.1993 – 14 K 230/88 E, GmbHR 1994 S. 343) Vermögenszuwendungen durch nahe Angehörige als nachträgliche Anschaffungskosten auf die Beteiligung des Gesellschafters an.

M.E. ist der Ansicht des FG Düsseldorf zu folgen: In den hier interessierenden Fällen kommt die Rechtsprechung nur deshalb zur Annahme von nachträglichen Anschaffungskosten, weil es sich bei den Bürgschaftszahlungen um eine verdeckte Einlage handelt. Erforderlich ist somit zunächst die Feststellung, ob es sich um eine verdeckte Einlage handelt. Wenn dies der Fall ist, führt dies zwangsläufig zur Annahme von nachträglichen Anschaffungskosten. Die Definition einer verdeckten Einlage ist aber in Abschn. 36a Abs. 1 KStR 1995 enthalten. Danach liegt eine verdeckte Einlage vor, wenn ein Gesellschafter oder eine ihm nahestehende Person der Kapitalgesellschaft einen einlagefähigen Vermögensvorteil zuwendet und diese Zuwendung durch das Gesellschaftsverhältnis veranlaßt ist. Vermögenszuwendungen durch den Ehegatten erfüllen somit den Begriff der verdeckten Einlage (vgl. Abschn. 31 Abs. 7 KStR 1995). In diesen Fällen wird man davon ausgehen müssen, daß sich die Einlage nach Art einer Anweisung (§§ 783 ff. BGB) vollzieht. Steuerrechtlich ist damit eine Zuwendung der nahestehenden Person an den Gesellschafter verbunden, die das Wirtschaftsgut seinerseits in die Kapitalgesellschaft einlegt mit der Folge, daß sich seine Anschaffungskosten für die Beteiligung erhöhen, sofern die Einlage werthaltig ist. In seiner Entscheidung vom 30.1.1995 (GrS 4/92, BB 1995 S. 653) hat der Große Senat die Frage der Abziehbarkeit von Drittaufwand offengelassen.

(Rz. 742–771 einstweilen frei)

4. KAPITEL
DER GMBH-GESCHÄFTSFÜHRER IM SOZIALRECHT

A. SOZIALVERSICHERUNGSPFLICHT, -FREIHEIT DES GMBH-GESCHÄFTSFÜHRERS

Erhält ein GmbH-Geschäftsführer aufgrund eines (mündlich oder schriftlich abgeschlossenen) Anstellungsvertrages **Bezüge** und ist er an der GmbH nicht oder nicht beherrschend beteiligt, so unterliegen seine Bezüge grundsätzlich wie Einkommen anderer Arbeitnehmer der Sozialversicherungspflicht. Dagegen besteht Sozialversicherungsfreiheit für den beherrschenden Gesellschafter-Geschäftsführer. Zu Unrecht entrichtete Beiträge des Gesellschafter-Geschäftsführers sind grundsätzlich zu erstatten. Aber auch der sozialversicherungsfreie GmbH-Geschäftsführer kann sich auf **Antrag** in einigen Zweigen der gesetzlichen Sozialversicherung **freiwillig versichern**.

772

Welche Haftungsprobleme hinsichtlich der Sozialversicherungspflicht bzw. -freiheit auf Berater zukommen können, zeigt das Urteil des LG Köln vom 23.3.1994 (16 O 6/93, Stbg 1995 S. 90): Danach ist ein Steuerberater verpflichtet, „den Rahmen seines Mandats voll auszuschöpfen und seine Angaben auf ihre Richtigkeit zu überprüfen", z. B. die **Arbeitnehmereigenschaft** eines Geschäftsführers festzustellen.

I. SOZIALVERSICHERUNGSPFLICHT DES GMBH-GESCHÄFTSFÜHRERS

Zur Sozialversicherung zählen die

773

- Krankenversicherung (SGB V),
- Arbeiterrenten- bzw. Angestelltenversicherung (SGB VI),
- Arbeitslosenversicherung (SGB III),
- Unfallversicherung (SGB VII),
- Pflegeversicherung (SGB XI).

In allen diesen Versicherungszweigen ist der GmbH-Geschäftsführer sozialversicherungspflichtig, wenn er zu der GmbH

- in einem Beschäftigungsverhältnis steht

und

- dafür ein Entgelt erhält

und

- persönlich und wirtschaftlich abhängig ist (BSG, 29.8.1963 – 12/3 RJ 84/61, BSGE 20 S. 6).

Persönlich und wirtschaftlich abhängig ist der GmbH-Geschäftsführer insbesondere dann nicht, wenn er beherrschend an der GmbH beteiligt ist (siehe Rz. 789 ff.).

„**Beschäftigung**" ist für alle Zweige der Sozialversicherung in § 7 Abs. 1 SGB IV definiert. Danach ist Beschäftigung die nichtselbständige Arbeit, insbesondere in einem Arbeitsverhältnis (siehe dazu Geisler, Die Rentenversicherungspflicht mitarbeitender Gesellschafter, DAngVers 1993 S. 357). Die Bestimmung des § 7 Abs. 1 SGB IV (Beschäftigung = nichtselbständige Arbeit, insbesondere in einem Arbeitsverhältnis) ist nicht wegen Unbestimmtheit verfassungswidrig (BVerfG, 20.5.1996 – 1 BvR 21/96, NZS 1996 S. 522). Kennzeichnend für die persönliche Abhängigkeit ist die Weisungsgebundenheit des Arbeitnehmers, das sog. **Direktionsrecht** durch den Arbeitgeber. Danach wird der Fremdgeschäftsführer einer GmbH i. d. R. Arbeitnehmer i. S. der Sozialversicherung sein, da er gemäß § 46 Nr. 6 GmbHG den Weisungen der Gesellschafterversammlung unterliegt (Straub, Die Stellung des GmbH-Geschäftsführers in der Sozialversicherung, Stbg 1993 S. 279).

774

4. KAPITEL: Der GmbH-Geschäftsführer im Sozialrecht

Eine Ausnahme gilt für die Fremdgeschäftsführer, die – ohne an der GmbH beteiligt zu sein – kraft Gesetzes/Vertrages keinen Weisungen unterliegen oder aufgrund familienrechtlicher Verbindungen frei schalten und walten können. Kraft Gesetzes unterliegt in der Rechtsanwalts-GmbH der **Rechtsanwalts-Fremdgeschäftsführer** im Verhältnis zu den Gesellschaftern und zu etwaigen an der Geschäftsführung beteiligten anderen Berufsträgern keinerlei Einflußnahmen (§ 59f Abs. 4 BRAO); er unterliegt deshalb nicht der Sozialversicherungspflicht. Der Fremdgeschäftsführer mit familienrechtlichen Bindungen, ist häufig der einzige Branchenkenner und übt deshalb weisungsfrei seine Tätigkeit aus (Storr, Sozialversicherung und Gesellschafter-Versicherungspflicht der Geschäftsführer bzw. Vorstandsmitglieder, NWB Fach 27 Seite 4879).

Zum Gesellschafter-Geschäftsführer vgl. Rz. 789 ff.

Geht man von einem **Fremdgeschäftsführer** aus, bejaht man also ein Beschäftigungsverhältnis und seine persönliche und wirtschaftliche Abhängigkeit von der GmbH, so sind für jeden Sozialversicherungszweig die Auswirkungen getrennt zu untersuchen.

1. KRANKENVERSICHERUNG

a) PFLICHTVERSICHERUNG

775   In der Krankenversicherung sind u. a. versichert gegen Entgelt beschäftigte **Arbeitnehmer** (§ 5 Abs. 1 Nr. 1 SGB V). Dabei unterscheidet das Gesetz zwischen Arbeitern und Angestellten. Beiden ist gemeinsam, daß sie nichtselbständige Arbeit (§ 7 SGB IV) leisten. Der GmbH-Geschäftsführer gehört als Organ zu den **leitenden Angestellten** (BSG, 13.12.1960 – 3 RK 2/56, NJW 1961 S. 1134). Gemäß § 6 Abs. 1 Nr. 1 SGB V gehören auch die leitenden Angestellten zu dem Personenkreis, der nach § 5 Abs. 1 Nr. 1 SGB V der gesetzlichen Krankenversicherungspflicht unterliegt, wenn ihr regelmäßiger Jahresarbeitsverdienst 75 % der für die Jahresbezüge in der Rentenversicherung der Arbeiter geltenden Beitragsbemessungsgrenze nicht übersteigt.

1998 betrugen die **Beitragsbemessungsgrenzen**:

Alte Bundesländer:
100 800 DM/Jahr = 8 400 DM/Monat (RV/AV)
75 600 DM/Jahr = 6 300 DM/Monat (KV/PflV)

Neue Bundesländer:
84 000 DM/Jahr = 7 000 DM/Monat (RV/AV)
63 000 DM/Jahr = 5 250 DM/Monat (KV/PflV)

1999 betragen die **Beitragsbemessungsgrenzen**:

Alte Bundesländer:
102 000 DM/Jahr = 8 500 DM/Monat (RV/AV)
76 500 DM/Jahr = 6 375 DM/Monat (KV/PflV)

Neue Bundesländer:
86 400 DM/Jahr = 7 200 DM/Monat (RV/AV)
64 800 DM/Jahr = 5 400 DM/Monat (KV/PflV)

In **Ost-Berlin** gelten seit 1.1.1995 für die Kranken- und Pflegeversicherung die Werte der alten Bundesländer. In der Renten- und Arbeitslosenversicherung hat dagegen die Unterscheidung nach West- und Ost-Berlin weiterhin Bestand.

A. Sozialversicherungspflicht, -freiheit des GmbH-Geschäftsführers

Träger der Krankenversicherung sind die Orts-, Betriebs-, Innungskassen, die See-Krankenkasse, die landwirtschaftlichen Krankenkassen, die Bundesknappschaft und die Ersatzkassen (§ 21 Abs. 2 SGB I, § 4 Abs. 2 SGB V). In der Regel wird der krankenversicherungspflichtige GmbH-Geschäftsführer einer der sieben **Angestellten-Ersatzkassen** (z.B. BEK, DAK, Techniker-Krankenkasse etc.) beitreten. Durch das Gesundheitsreformgesetz vom 20.12.1988 (BGBl. I S. 2477) sind die Ersatzkassen in den Kreis der gesetzlichen Krankenkassen einbezogen worden. Jeder Versicherungspflichtige kann frei entscheiden, welcher Kasse er angehören will (§ 173 SGB V). 776

War der versicherungspflichtige GmbH-Geschäftsführer schon Mitglied bei einer Ersatzkasse **vor** der Aufnahme der (versicherungspflichtigen) GmbH-Geschäftsführer-Tätigkeit, so bleibt er Mitglied der Ersatzkasse, auch wenn die Beschäftigung an sich nicht zum Beitritt berechtigt.

Der krankenversicherungspflichtige GmbH-Geschäftsführer zahlt die **Hälfte des Krankenversicherungsbeitrages**; die Beitragssätze sind von Kasse zu Kasse verschieden und betragen z.Z. ca. 11–14% des sozialversicherungspflichtigen Entgelts, höchstens aber aus (1998) 76 500 DM/Jahr = 6 375 DM/Monat (betr. die alten Bundesländer). 777

Die **andere Hälfte** hat die GmbH als Arbeitgeberanteil an die Krankenkasse zu bezahlen (§ 249 Abs. 1 SGB V).

b) BEFREIUNG VON DER KRANKENPFLICHTVERSICHERUNG

Trotz Unterschreitung der Beitragsbemessungsgrenze und fehlender Kapitalbeteiligung besteht für einen GmbH-Geschäftsführer keine Zwangsmitgliedschaft in einer Krankenkasse, wenn er unter eine der Bestimmungen des § 6 SGB V fällt oder § 7 SGB V vorliegt. 778

> **BEISPIEL:**
> Ein Ministerialrat wird mit Zustimmung seiner Behörde GmbH-Geschäftsführer einer Umwelt-GmbH und erhält dafür 1 500 DM/Monat.
> Kraft Gesetzes besteht Krankenversicherungsfreiheit (§ 6 Abs. 1 Nr. 2 SGB V).

Krankenversicherungsfreiheit würde auch bestehen, wenn der GmbH-Geschäftsführer nur geringfügig (§ 8 SGB IV) beschäftigt wäre (§ 7 SGB V). Wobei hier seit 1.4.1999 das Gesetz zur Neuregelung der geringfügigen Beschäftigungsverhältnisse vom 24.3.1999 (BGBl. I 1999 S. 388) zu beachten ist.

Auf **Antrag** können z.B. krankenversicherungspflichtige GmbH-Geschäftsführer, die nicht zum Personenkreis der §§ 6ff. SGB V gehören – und deshalb schon kraft Gesetzes von der Krankenversicherungspflicht befreit sind –, von der Krankenversicherungspflicht befreit werden (§ 8 SGB V).

Handelt es sich in dem vorgenannten Beispiel um einen Ministerialrat im Ruhestand, so ist er als GmbH-Geschäftsführer von der Krankenversicherungspflicht befreit, da er durch den Staat ausreichend versorgt ist (§ 6 Abs. 1 Nr. 6 SGB V); die frühere Antragsvoraussetzung ist weggefallen.

Auf **Antrag** kann sich aber auch der GmbH-Geschäftsführer von der Krankenversicherungspflicht befreien lassen, der bisher krankenversicherungsfrei war und nur durch Erhöhung der Beitragsbemessungsgrenze in die Pflichtversicherung fällt, andererseits aber privat krankenversichert ist (§ 8 Abs. 1 Nr. 1 SGB V). 779

4. KAPITEL: Der GmbH-Geschäftsführer im Sozialrecht

> **BEISPIEL:**
>
> Ein GmbH-Geschäftsführer verdiente 1991 4 900 DM/Monat. Damit war er 1991 krankenversicherungsfrei, da die Beitragsbemessungsgrenze 1991 4 875 DM betrug; er ist privat krankenversichert. Wegen der schlechten wirtschaftlichen Lage der GmbH ist diese nicht bereit und fähig, sein Gehalt 1992 zu erhöhen.
>
> Da 1992 die Beitragsbemessungsgrenze in der Krankenversicherung 5 100 DM beträgt, wird der GmbH-Geschäftsführer ab 1.1.1992 krankenversicherungspflichtig. Gemäß § 8 Abs. 1 Nr. 1 SGB V kann der GmbH-Geschäftsführer aber beantragen, von der Krankenversicherungspflicht befreit zu werden. Er muß nur nachweisen, daß er einen ausreichenden privaten Krankenversicherungsschutz hat; dieser kann auch durch mehrere private Versicherungsträger gewährleistet sein. Es muß aber ein ausreichender Schutz bei Arbeitsunfähigkeit i. S. der Zahlung von Krankengeld abgesichert sein. Die private Versicherung muß deshalb eine entsprechende **Tagegeldleistung** vorsehen.

780 Die Befreiungsvorschriften auf Antrag (§ 8 SGB V) verlangen nicht mehr eine **anderweitige ausreichende** (private) **Krankenversicherung** (Rüfner, Das Gesetz zur Strukturreform im Gesundheitswesen, NJW 1984 S. 1001).

Sind Geschäftsführer krankenversicherungsfrei wegen **Überschreitung der Jahresverdienstgrenze** (§ 6 Abs. 1 Nr. 1 SGB V), und sind sie freiwillig in der **gesetzlichen** Krankenversicherung versichert, dann haben sie gegen die GmbH Anspruch auf einen **Beitragszuschuß** in Höhe der Hälfte des Beitrags, „der für einen versicherungspflichtig Beschäftigten bei der Krankenkasse, bei der die Mitgliedschaft besteht, zu zahlen wäre, höchstens jedoch die Hälfte des Beitrages, den sie tatsächlich zu zahlen haben" (§ 257 Abs. 1 Satz 1 SGB V). Stichtag bleibt der 1.1. und der jeweilige Beitragssatz der Krankenkasse.

781 Anders **privat** krankenversicherte Geschäftsführer: Durch die Einführung des uneingeschränkten Kassenwahlrechts ab 1.1.1996 gibt es keine primär zuständige Krankenkasse mehr. Deshalb wurde § 257 Abs. 2 Satz 2 SGB V dahingehend geändert, daß für die Berechnung des Beitragszuschusses für die privat krankenversicherten Arbeitnehmer ein Durchschnittswert zugrunde zu legen ist. Maßgebend hierfür ist der durchschnittliche Höchstbetrag der gesetzlichen Krankenkassen im Vorjahr.

Der Höchstbetrag wird immer zum 1. Juli eines jeden Jahres berechnet und gilt dann bis zum 30. Juni des Folgejahres.

Der Arbeitnehmer erhält als Beitragszuschuß jedoch höchstens die Hälfte des Betrags, den er für seine private Krankenversicherung aufzuwenden hat (weitere Einzelheiten siehe Hungenberg, Beitragszuschuß für privat krankenversicherte Arbeitnehmer, Stbg 1996 Nr. 4 S. VIII).

782 Wurden Geschäftsführer auf **Antrag** von der gesetzlichen Krankenversicherung **befreit** (vgl. die Befreiungstatbestände des § 8 Abs. 1 SGB V), haben sie nach § 257 Abs. 2 Satz 1 SGB V Anspruch auf einen **Beitragszuschuß** zur privaten Krankenversicherung, wenn sie „für sich und ihre Angehörigen, die bei Versicherungspflicht des Beschäftigten nach § 10 versichert wären, Vertragsleistungen beanspruchen können, die der Art nach den Leistungen dieses Buches entsprechen". Nach Töns (Der Beitragszuschuß an privat krankenversicherte Arbeitnehmer, BB 1989 S. 140) setzt der Anspruch auf den Arbeitgeberzuschuß an privat Krankenversicherte nach § 257 Abs. 2 SGB V nicht voraus, daß der private Versicherungsschutz einen bestimmten Mindestumfang hat; gefordert wurde lediglich, daß der Versicherungsschutz Leistungen zum Inhalt habe, die es ihrer Art nach auch im fünften Buch des Sozialgesetzbuches gebe.

2. RENTENVERSICHERUNG

a) PFLICHTVERSICHERUNG

783 Der GmbH-Geschäftsführer unterliegt, wenn er als Arbeitnehmer und nicht als Unternehmer zu behandeln ist, gemäß §§ 1 ff. SGB VI der Rentenversicherungspflicht. Anders als bei der Krankenversicherung kommt es auf die Höhe des Jahresarbeitsverdienstes nicht an.

Ist der GmbH-Geschäftsführer rentenversicherungspflichtig, dann unterliegt sein Gehalt bis zur Höhe der Beitragsbemessungsgrenze (1999: 102000 DM/Jahr = 8500 DM/Monat – alte Bundesländer; 86400 DM/Jahr = 7200 DM/Monat – neue Bundesländer) der Rentenversicherungspflicht (Beitragssatz 1999: 19,5%). Die Hälfte des Beitrages hat die GmbH als Arbeitgeberin zu bezahlen (alte Bundesländer).

> **BEISPIEL:**
>
> A ist Alleingeschäftsführer einer Grundstücksverwaltungs-GmbH. Er erhält ein festes Jahresgehalt von 80000 DM plus Pensionszusage. Kündigungsfrist: 6 Monate zum 30.6. und 31.12. eines jeden Jahres. Im übrigen sollen die gesetzlichen Vorschriften des BGB gelten. An der GmbH ist A nicht beteiligt.
>
> A ist leitender Angestellter und rentenversicherungspflichtig (BSG, 22.8.1973 – 12 RK 24/72, BB 1973 S. 1310).

b) BEFREIUNG VON DER RENTENPFLICHTVERSICHERUNG

784 Auch in der Rentenversicherung ist der GmbH-Geschäftsführer, der nicht an der GmbH kapitalmäßig beteiligt ist, u. a. versicherungsfrei, wenn er

- nur geringfügig (§ 8 SGB IV) tätig ist (§ 5 Abs. 2 Nr. 1, 2 SGB VI); beachte aber ab 1.4.1999 das Gesetz vom 24.3.1999 (BGBl. I 1999 S. 388),
- bereits ein Altersgeld aus einer Rentenversicherung bezieht (§ 5 Abs. 4 Nr. 1 SGB VI),
- Beamter, Richter etc. ist und die Anwartschaft auf lebenslängliche Versorgung und Hinterbliebenenversorgung nach beamtenrechtlichen Vorschriften oder Grundsätzen gewährleistet ist (§ 5 Abs. 4 Nr. 2 SGB VI).

3. ARBEITSLOSENVERSICHERUNG

785 Nach §§ 24 ff. SGB III sind u. a. beitragspflichtig zur Arbeitslosenversicherung *„Personen, die als Beschäftigte oder aus sonstigen Gründen versicherungspflichtig sind"*.

Hat ein Geschäftsführer zu Recht Beiträge an die Bundesanstalt für Arbeit entrichtet und wird er arbeitslos, hat er Anspruch auf **Arbeitslosengeld**. Unterliegt er während der Zeit der Arbeitslosigkeit einem nachvertraglichen Wettbewerbsverbot und erhält er dafür eine **Karenzentschädigung** von der GmbH, so muß er sich diese auf das Arbeitslosengeld anrechnen lassen (BGH, 15.4.1991 – II ZR 214/89, DStR 1991 S. 720).

4. UNFALLVERSICHERUNG

786 In der gesetzlichen Unfallversicherung sind gemäß § 2 Abs. 1 Nr. 1 SGB VII „Beschäftigte" gegen Arbeitsunfälle versichert. Der Fremdgeschäftsführer einer GmbH gehört hierher, nicht aber der Gesellschafter-Geschäftsführer, der nicht persönlich und wirtschaftlich von der GmbH abhängig ist (BSG, 29.6.1972 – 2 RU 238/68, NJW 1973 S. 167; 11.6.1990 – 2 RU 59/89, GmbHR 1991 S. 17).

Der Geschäftsführer einer GmbH i.G. (Vor-GmbH), der nur 26% des Kapitals hält, übt keinen maßgebenden Einfluß aus; er ist deshalb in der gesetzlichen Unfallversicherung pflichtversichert (BSG, 30.3.1962 – 2 RU 109/60, NJW 1962 S. 1539). Unternehmer können versichert werden, wenn die Satzung dies vorsieht.

Nach § 6 Abs. 1 Nr. 2 SGB VII können gegen Arbeitsunfall ferner Personen versichert werden, die in Kapital- oder Personenhandelsgesellschaften regelmäßig wie Unternehmer selbständig tätig sind.

Damit können auch beherrschende Gesellschafter-Geschäftsführer (vgl. BSG, 11.6.1990 – 2 RU 59/89, BB 1990 S. 2049) freiwillig der Unfallversicherung beitreten.

5. PFLEGEVERSICHERUNG

787 Durch Gesetz vom 26.5.1994 (BGBl. I S. 1014, ber. S. 2797) ist die Pflegeversicherung eingeführt worden und wird als SGB XI geführt.

Im Gegensatz zur Krankenversicherung sollen in die Pflegeversicherung (gesetzliche oder private) möglichst viele Personen eintreten. Deshalb sind u.a. versicherungspflichtig

– die versicherungspflichtigen Mitglieder der gesetzlichen Krankenversicherung (§ 20 Abs. 1 SGB XI, § 5 SGB V),
– die freiwilligen Mitglieder der gesetzlichen Krankenversicherung (§ 20 Abs. 3 SGB XI),
– die Familienversicherten (§ 25 Abs. 1 SGB XI),
– selbständig Tätige; sie sind verpflichtet (§ 23 SGB XI), bei einem privaten Krankenversicherungsunternehmen zur Absicherung des Risikos der Pflegebedürftigkeit einen Versicherungsvertrag abzuschließen. Dieser Vertrag muß für sie und ihre Familienangehörigen Vertragsleistungen vorsehen, die den Leistungen der sozialen Pflegeversicherung gleichwertig sind.

788 Der Fremdgeschäftsführer ist damit pflegeversichert, sei es in der gesetzlichen oder freiwilligen Krankenkasse oder in einem privaten Versicherungsunternehmen.

Der Gesellschafter-Geschäftsführer, der nicht Arbeitnehmer ist, hat sich zumindest bei einer privaten Versicherung pflegezuversichern.

(Zur Frage, inwieweit und durch wen Beitragszuschüsse zur Pflegeversicherung zu leisten sind, vgl. u.a. Engelhard, Beitragszuschüsse für Beschäftigte in der Pflegeversicherung – Ausweitung des anspruchsberechtigten Personenkreises?, NZS 1996 S. 207.)

II. SOZIALVERSICHERUNGSFREIHEIT DES GESELLSCHAFTER-GESCHÄFTSFÜHRERS

789 Im Umkehrschluß zur Sozialversicherungspflicht des GmbH-Geschäftsführers kann man sagen, daß ein GmbH-Geschäftsführer in allen Zweigen der Sozialversicherung **nicht** der Versicherungspflicht unterliegt, wenn er **maßgeblichen Einfluß auf die Geschicke der GmbH ausüben kann**. Ob er einen solchen Einfluß

ausüben kann, kann sich nach seiner Kapitalbeteiligung an der GmbH richten, aber auch nach anderen Kriterien, wie Branchenkenntnissen und Erfahrungen (vgl. dazu auch Geisler, Die Rentenversicherungspflicht mitarbeitender Gesellschafter, DAngVers 1993 S. 357; Straub, Die Stellung der GmbH-Geschäftsführer in der Sozialversicherung, Stbg 1993 S. 279; Plagemann, Die Versorgung des GmbH-Geschäftsführers: Kriterien für die Sozialversicherungspflicht, WiB 1994 S. 223).

Da die verschiedenen Versicherungsträger und auch die Rechtsprechung z.T. divergierende Auffassungen über die Sozialversicherungspflicht bzw. -freiheit vertreten, empfiehlt es sich regelmäßig, will man später vor Überraschungen gefeit sein, eine **verbindliche Auskunft** (§ 15 SGB I) einzuholen; hierzu sind die Sozialversicherungsträger verpflichtet.

Dabei ist zu beachten, daß die **Krankenkasse** als Einzugsstelle über die Versicherungspflicht in der Kranken- und Rentenversicherung sowie über die Beitragspflicht zur Arbeitslosenversicherung entscheidet (§ 28h Abs. 2 SGB IV); seit 1.1.1996 geht diese Prüfung sukzessive auf die Rentenversicherungsträger über (vgl. § 28p SGB IV i.d.F. des Dritten Gesetzes zur Änderung des Sozialgesetzbuches vom 30.6.1995, BGBl. I S. 890), ebenso die sozialversicherungsrechtliche Betriebsprüfung (Morschner, Sozialversicherungsrechtliche Betriebsprüfung durch die Rentenversicherungsträger seit dem 1.1.1996, BB 1996 S. 54).

Das **Prüfungsverfahren der Rentenversicherungsträger** weist im Vergleich zu dem der Krankenversicherungsträger 3 Unterschiede auf:

– **Erster Unterschied: Engere Zusammenarbeit mit den Finanzämtern**

Die Prüfer der Rentenversicherungsträger sind gesetzlich verpflichtet, im Rahmen der Betriebsprüfung auch die Bescheide und Prüfberichte der Finanzbehörden, insbesondere die Lohnsteuerhaftungsbescheide, sozialversicherungsrechtlich auszuwerten. Sie sind auch berechtigt, beim Arbeitgeber über die Lohn- und Gehaltsabrechnungen – jedoch nicht über das Rechnungswesen hinaus – zu prüfen. Hieraus folgt für die GmbH die Verpflichtung, die Bescheide und Prüfberichte der Finanzbehörden den Prüfern der Rentenversicherungsträger vorzulegen.

– **Zweiter Unterschied: Prüfung unabhängig von der Kassenmitgliedschaft der Beschäftigten**

Die Prüfer der Krankenversicherungsträger waren nur berechtigt, bei der Betriebsprüfung die Beschäftigungsverhältnisse der Arbeitnehmer zu prüfen, die gleichzeitig Mitglieder der prüfenden Krankenkasse waren. Die Prüfer der Rentenversicherungsträger prüfen ohne Rücksicht auf Mitgliedschaften zu den einzelnen Krankenversicherungsträgern.

– **Dritter Unterschied: Aufhebung bzw. Änderung von Entscheidungen der Krankenkassen zur Versicherungs- und Beitragspflicht bzw. -freiheit im Rahmen von Betriebsprüfungen**

Grundsätzlich hat die zuständige Krankenkasse über die Versicherungs- und Beitragspflicht in der Sozialversicherung zu entscheiden. Etwas anderes gilt bei Durchführung einer Betriebsprüfung durch die Rentenversicherungsträger. Im Zusammenhang mit Betriebsprüfungen haben die Betriebsprüfer – und nicht die Krankenkassen – die notwendigen Entscheidungen zur Versicherungs- und Beitragspflicht in der Sozialversicherung zu treffen. Sie sind auch berechtigt, bereits erlassene Verwaltungsakte der Krankenkassen abzuändern oder aufzuheben.

4. KAPITEL: Der GmbH-Geschäftsführer im Sozialrecht

790 Nach der Rechtsprechung des BSG (6.2.1992 – 7 RAr 134/90, Stbg 1992 S. 476 mit Anm. Straub; ebenso 6.2.1992 – 7 RAr 36/91, BB 1991 S. 2437) ist die **Bundesanstalt für Arbeit** aber leistungsrechtlich **nicht an die Entscheidungen der Krankenkasse gebunden.** Bejaht die Krankenkasse als Einzugsstelle die Beitragspflicht und werden die Beiträge auch tatsächlich abgeführt und will später der Geschäftsführer Arbeitslosengeld beziehen, so konnte sich die Bundesanstalt trotz der Entscheidung der Krankenkasse darauf hinausreden, daß tatsächlich kein Beschäftigungsverhältnis vorgelegen hat (so auch SG München, 26.2.1991 – S 40/A2 1076/90 und – S 40/12 0870/90).

Diese Rechtsauffassung der Sozialgerichtsbarkeit ist nicht haltbar: Die Einzugsstelle (Krankenkasse/Rentenversicherungsträger) hat bei ihrer Entscheidung über die Beitragspflicht nach dem SGB III auch die Vorfrage zu prüfen, ob eine Beschäftigung i. S. des § 7 Abs. 1 SGB IV vorliegt. Hat die Einzugsstelle ein Beschäftigungsverhältnis und eine Beitragspflicht gemäß ihrem gesetzlichen Auftrag aus § 28h Abs. 2 SGB IV bejaht, so hat sie diese Aufgabe als Beauftragte der Bundesanstalt für Arbeit – genauso wie für den Rentenversicherungsträger für die Rentenversicherungspflicht – wahrgenommen. M. E. darf deshalb das Arbeitsamt später – z. B. bei Bewilligung von Arbeitslosen- oder Kurzarbeitergeld – nicht erneut prüfen (so auch Geisler, Die Rentenversicherungspflicht mitarbeitender Gesellschafter, DAngVers 1993 S. 357).

791 Diese völlig unbefriedigende Handhabung konnte nur dadurch vermieden werden, daß der Geschäftsführer *vor* Beginn der Beitragsentrichtung gemäß § 15 SGB I an *alle* Sozialversicherungsträger entsprechende Anfragen richtete.

Bestehen zwischen der Einzugsstelle, dem Träger der Rentenversicherung und der Bundesanstalt für Arbeit unterschiedliche Meinungen hinsichtlich der Frage, ob ein Geschäftsführer der Sozialversicherungspflicht unterliegt oder nicht, so hat die Einzugsstelle (Krankenkasse) darauf hinzuwirken, daß gegenüber der GmbH eine bestimmte Entscheidung ergeht (§ 28h Abs. 2 SGB IV).

792 Ausnahmsweise tritt eine **Bindung** der übrigen **Sozialversicherungsträger** an die Entscheidung der Einzugsstelle ein, nämlich dann, wenn die **Einzugsstelle** die Beitragspflicht des Geschäftsführers durch **Verwaltungsakt** festgestellt hat und dieser Verwaltungsakt auch den übrigen Sozialversicherungsträgern **zugestellt** wurde und diese dagegen keinen Einspruch erhoben haben (Figge, Sozialversicherungspflicht der GmbH-Gesellschafter-Geschäftsführer in der Renten- und Arbeitslosenversicherung, GmbHR 1995 S. 111 unter Berufung auf BSG, 8.12.1987 – 7 RAr 14/86, BB 1989 S. 73).

Ab 1.1.1998 gilt gemäß § 336 SGB III für Leistungen der Bundesanstalt für Arbeit: Wenn die Bundesanstalt für Arbeit einem Antrag auf Pflichtmitgliedschaft zugestimmt hat, so ist sie an diese getroffene Feststellung gebunden; allerdings nur 5 Jahre, danach ist ein erneuter Antrag zu stellen (vgl. Schmidt, Grenzfälle der Arbeitnehmereigenschaft und leistungsgerechte Bindung der Bundesanstalt für Arbeit, NZS 1998 S. 231). Die Spitzenverbände der Krankenkassen, des Verbandes Deutscher Rentenversicherungsträger und der Bundesanstalt für Arbeit haben zur Bindungsregelung in der Arbeitslosenversicherung am 7.10.1997 (DStR 1998 S. 174) ein Merkblatt herausgegeben.

793 Eine Besonderheit besteht zusätzlich hinsichtlich **irrtümlich entrichteter Pflichtbeiträge** an einen **Rentenversicherungsträger**: Nach den § 26 Abs. 1 SGB IV, § 45 Abs. 2 SGB X gelten Beiträge für Zeiten nach dem 31.12.1972, die trotz Fehlens der Versicherungspflicht nicht spätestens bei der nächsten Prüfung der Krankenkasse/des Rentenversicherungsträgers bei der GmbH beanstandet wor-

den sind, als zu Recht entrichtete Pflichtbeiträge. Vorgenannte Regelung gilt für nach dem 1.1.1989 stattgefundene Betriebsprüfungen.

Werden bei einer Prüfung bei der GmbH die zur Rentenversicherung entrichteten Beiträge beanstandet, gilt § 202 SGB VI: Danach sind Beiträge, die in der irrtümlichen Annahme der Rentenversicherungspflicht entrichtet und nicht zurückgefordert werden, als für die freiwillige Rentenversicherung entrichtet. Soweit daher die GmbH die Rentenversicherungsbeiträge nicht zurückfordert, verbleiben die Beiträge des betroffenen GmbH-Gesellschafter-Geschäftsführers als freiwillige Beiträge zur Rentenversicherung. 794

Fordert die GmbH ihren Arbeitgeberbeitragsanteil der Rentenversicherungsbeiträge zurück, hat der betroffene GmbH-Gesellschafter-Geschäftsführer die Möglichkeit, der GmbH die von dieser getragenen Beitragsanteile nach § 26 Abs. 3 Satz 2 SGB IV zu ersetzen. Insoweit entfällt dann der Erstattungsanspruch der GmbH, und die Beiträge verbleiben als freiwillige Beiträge zur Rentenversicherung.

Ertragsteuerlich hat das Hess. FG am 16.4.1996 (4 K 376/92, GmbHR 1996 S. 783) rechtskräftig entschieden: *„Zahlt eine GmbH für ihre jeweils zu 30% am Stammkapital beteiligten Gesellschafter-Geschäftsführer irrtümlich Arbeitgeberanteile zur Rentenversicherung, so liegen schon deshalb nicht die Voraussetzungen einer verdeckten Gewinnausschüttung i.S.d. § 8 Abs. 3 Satz 2 KStG bzw. einer anderen Ausschüttung i.S.d. § 27 Abs. 3 Satz 2 KStG vor, weil zeitgleich mit der Zahlung Erstattungsforderungen der GmbH gegen die Bundesversicherungsanstalt für Angestellte entstehen, die nicht als Einlageforderungen anzusehen, sondern erfolgswirksam in der Bilanz zu aktivieren sind, und damit das Erfordernis einer Vermögensminderung zu verneinen ist."* 795

1. UNMITTELBARE ODER MITTELBARE KAPITALBETEILIGUNG DES GESCHÄFTSFÜHRES VON 50% ODER MEHR

Hat der GmbH-Geschäftsführer eine Kapitalbeteiligung von 50% oder mehr an der GmbH und ergibt sich daraus entsprechend der gesetzlichen Regelung (§ 47 GmbHG) sein Stimmrecht in der Gesellschafterversammlung, so besteht für den GmbH-Geschäftsführer in allen Zweigen der Sozialversicherung (Kranken-, Renten-, Arbeitslosen-, Pflege-, Unfallversicherung) **Versicherungsfreiheit** (BSG, 22.11.1974 – 1 RA 251/73, BB 1975 S. 282; 30.4.1976 – 8 RU 78/75, Die Beiträge 1976 S. 308; 24.6.1982 – 12 RK 43/81, USK 82 166; 8.12.1987 – 7 RAr 14/86, BB 1989 S. 73; 5.2.1998 – B 11 AL 71/97 R, GmbHR 1998 S. 11). 796

Der GmbH-Geschäftsführer, der mit mindestens 50% an der GmbH beteiligt ist, der aber **außerordentliche Geschäfte mit** einem **Beirat abstimmen** muß, ist nicht in abhängiger Stellung zur GmbH (BSG, 24.6.1982 – 12 RK 43/81, USK 82 166). Der Beirat ist Organ der GmbH und damit von dem mit mindestens 50% beteiligten GmbH-Gesellschafter-Geschäftsführer beeinflußbar und nicht umgekehrt. 797

Bei einer Kapitalbeteiligung von 50% und mehr ist ein Geschäftsführer regelmäßig nicht mehr „funktionsgerecht dienend am Arbeitsprozeß beteiligt", sondern bestimmt die Geschicke des Unternehmens (BfA, 9.2.1968 – I/1 – 014289 Nr. 18/67, BB 1968 S. 208).

Hat der Geschäftsführer, der zugleich Gesellschafter ist, aufgrund seiner gesellschaftlichen Stellung die Rechtsmacht, nicht genehme **Weisungen** zu verhindern, so liegt auch dann keine abhängige Beschäftigung vor, wenn er von seinen Rechten tatsächlich keinen Gebrauch macht und die Entscheidung anderen überläßt (BSG, 8.8.1990 – 11 RAr 77/89, SGb-A 1991 S. 75 mit Anm. Wolber). 798

4. KAPITEL: Der GmbH-Geschäftsführer im Sozialrecht

Einfluß auf die Geschicke der GmbH kann der Gesellschafter-Geschäftsführer auch nehmen, wenn er zwar nicht unmittelbar mit mehr als 50 % beteiligt ist, aber **mittelbar** über eine von ihm beherrschte Gesellschaft an der GmbH mehrheitlich beteiligt ist.

> **BEISPIEL:**
>
> A ist Geschäftsführer der X-GmbH, an der er unmittelbar nicht beteiligt ist. Gesellschafterin der GmbH ist u.a. die A-GbR mit 65 %. A hält 60 % der Anteile der GbR; nach dem GbR-Gesellschaftsvertrag erfolgt Abstimmung nach Kapitalanteilen. A beherrscht die GbR und über diese die GmbH; es besteht also Versicherungsfreiheit in allen Versicherungszweigen.

799 Nur **ausnahmsweise** wird ein Gesellschafter-Geschäftsführer mit einer Kapitalbeteiligung von 50 % **sozialversicherungspflichtig** sein. Das LSG Niedersachsen hat in einem rechtskräftigen Urteil vom 29.1.1987 (16 L 10 Ar 60/86, GmbHR 1987 S. 355) die Sozialversicherungspflicht eines mit 50 % beteiligten Gesellschafter-Geschäftsführers bejaht, der seine Stammeinlage vom anderen Gesellschafter **treuhänderisch** erhielt.

> **BEISPIEL:**
>
> A und B sind mit je 50 % an der AB-GmbH beteiligt und gleichzeitig Gesellschafter-Geschäftsführer. Seine Stammeinlage von 50 000 DM erhält A von B zu treuen Händen; A ist verpflichtet, den Weisungen des Treugebers (B) sowohl als Geschäftsführer als auch als Gesellschafter Folge zu leisten und Gewinne/Verluste im Innenverhältnis an B auszukehren.
>
> Während B als Gesellschafter-Geschäftsführer nicht sozialversicherungspflichtig ist, unterliegt A, da er weisungsgebunden ist, trotz seiner nominellen 50-prozentigen Beteiligung der Versicherungspflicht.

800 Das gilt auch für den **Allein-Gesellschafter-Geschäftsführer**, wenn er aufgrund eines besonders gestalteten Treuhandverhältnisses an der Auswirkung seiner Rechte als Gesellschafter gehindert ist (BSG, 8.12.1994 – 11 RAr 49/94, GmbHR 1995 S. 584).

Nach Meinung der Spitzenverbände der Sozialversicherungsträger (BB 1996 S. 1443) ist die Arbeitnehmereigenschaft des an der GmbH mehrheitlich beteiligten Treuhand-Gesellschafter-Geschäftsführers ausgeschlossen, wenn sich die Verpflichtungen und Abhängigkeiten des Treuhänders allein aus dem Treuhandvertrag, nicht aber aus dem Gesellschaftsvertrag und dem Anstellungsvertrag ergeben. Etwas anderes gelte nach dem vorgenannten Urteil des BSG vom 8.12.1994 allerdings dann, wenn der Treugeber sich nicht mit einem schuldrechtlichen Weisungsrecht und der Möglichkeit, durch Kündigung des Treuhandverhältnisses das Treugut wieder an sich zu ziehen, zufrieden gebe, sondern sich aufgrund einer unwiderruflichen Stimmrechtsbevollmächtigung die Ausübung des Stimmrechts in der Gesellschaft persönlich vorbehalte und dem Treuhänder das Stimmrecht als wesentlichen Teil des Mitgliedsrechts auch tatsächlich entzogen habe.

Bei der Beurteilung der Arbeitnehmereigenschaft kommt es nach Meinung der vorgenannten Verbände nicht darauf an, daß der Treuhänder (Strohmann) wirtschaftlich an der Gesellschaft ganz oder im wesentlichen nicht beteiligt ist, weil die Einlagen (Gesellschaftsanteile) auf Gefahr und Rechnung des Treugebers gehalten werden. Gesellschafter mit allen Rechten und Pflichten sei vielmehr nur der Treuhänder; seine Beziehungen zum Treugeber seien rein schuldrechtlicher Natur. Der Treuhänder sei zwar grundsätzlich verpflichtet, den Weisungen des

Treugebers Folge zu leisten; diese Verpflichtung bestehe aber i. d. R. nicht aufgrund seines Gesellschafts- und Geschäftsführerverhältnisses zur GmbH, sondern aufgrund des besonderen, im Treuhandvertrag geregelten Auftragsverhältnisses.

Der durch den Treuhandvertrag gebundene Treuhänder stehe zwar in einem Abhängigkeitsverhältnis; diese Abhängigkeit bestehe aber nicht zur GmbH, sondern zum Treugeber. Gegenüber der GmbH trete der derart gebundene Treuhänder-Gesellschafter als völlig unabhängiger Gesellschafter in Erscheinung. Gleiches gelte für den Gesellschafter-Geschäftsführer. Deshalb könne der mehrheitlich an der GmbH beteiligte Treuhänder zur Gesellschaft grundsätzlich in keinem abhängigen Beschäftigungsverhältnis stehen.

Ein versicherungspflichtiges Beschäftigungsverhältnis zum Treugeber sei regelmäßig ebenfalls zu verneinen, weil im Verhältnis zum Treugeber nicht eine Arbeitsleistung, sondern ein bestimmter Erfolg der Arbeit geschuldet werde und das Arbeitsentgelt regelmäßig nicht vom Treugeber, sondern von der Gesellschaft geschuldet und gezahlt werde. Die Bindungen, denen der Treuhänder unterliegt, seien allein die eines selbständigen Beauftragten (Dienstpflichtigen), der die Geschäfte für einen anderen zu besorgen habe (§§ 662, 675 BGB). Dem kann mit dem BSG (30.1.1997 – 10 RAr 6/95, GmbHR 1997 S. 696) nicht zugestimmt werden. Ist der Geschäftsführer einer GmbH durch einen Treuhandvertrag im Besitz der Mehrheit am Stammkapital der Gesellschaft, dann scheidet ein beitragspflichtiges Beschäftigungsverhältnis nicht von vornherein aus, wenn er auf Grund der schuldrechtlichen Bindungen durch das Treuhandverhältnis ihm nicht genehme Beschlüsse der Gesellschaft nicht verhindern kann. Die Annahme eines maßgeblichen Einflusses auf die Entscheidungen der Gesellschaft kann nämlich auch dann zu verneinen sein, wenn die mit der Übertragung von (weiteren) Gesellschaftsanteilen an sich verbundene Verfügungsgewalt eines Mehrheitsanteilseigners durch treuhänderische Bindungen zugleich wieder eingeschränkt wird. Anders als etwa bei der uneingeschränkten Verfügung über eine Sperrminorität läßt sich für diese Fälle nicht allgemein sagen, der treuhänderisch gebundene Mehrheitsgesellschafter könne ihm nicht genehme Beschlüsse verhindern.

2. KAPITALBETEILIGUNG DES GESCHÄFTSFÜHRERS UNTER 50 %

Liegt die Kapitalbeteiligung des GmbH-Geschäftsführers in der GmbH unter 50 %, so ist im **Einzelfall** zu prüfen, ob der Geschäftsführer – trotz seiner geringen Kapitalbeteiligung – einen so maßgebenden Einfluß auf die Entscheidungen der GmbH hat, daß er jeden Beschluß, insbesondere jede ihm nicht genehme Weisung seines Dienstherrn, verhindern kann (BSG, 15.12.1971 – 3 RK 67/68, BB 1972 S. 404; vgl. hierzu auch Figge, Sozialversicherungsrechtliche Beurteilung von GmbH-Minderheitsgesellschafter-Geschäftsführern, GmbHR 1987 S. 338, und Der versicherungsrechtliche Arbeitnehmerbegriff bei Personengesellschaften und GmbHs, INF 1988 S. 299). 801

Die Arbeitnehmereigenschaft eines unter 50 % an der GmbH beteiligten Gesellschafter-Geschäftsführers kann u. a. zu verneinen sein, weil 802

– er eine **Sperrminorität** besitzt (BSG, 15.12.1971 – 3 RK 67/68, SozNr. 68 zu § 165 RVO; 18.4.1991 – 7 RAr/32/90, GmbHR 1992 S. 172; 5.2.1998 – B 11 AL 71/96, GmbHR 1998 S. 1127, wobei diese allein nicht immer ausreicht);

– sein **tatsächlicher Einfluß** auf die Gesellschaft wesentlich größer ist als der ihm aufgrund seines Gesellschaftsanteils an sich zustehende Einfluß (BSG, 5.5.1988 – 12 RK 43/86, SozR 2400 § 2 Nr. 25).

4. KAPITEL: Der GmbH-Geschäftsführer im Sozialrecht

> **BEISPIEL:**
>
> A ist mit 15 % am Stammkapital beteiligt und Alleingeschäftsführer; 85 % des Stammkapitals hält B. Laut Gesellschaftsvertrag sind alle Beschlüsse einstimmig zu fassen.
>
> A kann mit seiner **Sperrminorität** alle Beschlüsse verhindern und damit Weisungen der Gesellschafterversammlung an ihn als Geschäftsführer. Er hat also maßgebenden Einfluß. Ebenso wäre zu entscheiden, wenn der Gesellschaftsvertrag in der zweigliedrigen GmbH Abstimmung nach Köpfen vorschreiben würde.
>
> A übt keine unselbständige Beschäftigung (§ 7 Abs. 1 SGB IV) aus, da es an einem gegen den Willen des A durchsetzbaren Weisungsrecht der GmbH fehlt.

803 Ist in einem Gesellschaftsvertrag eine **qualifizierte Mehrheit** vorgeschrieben, kann auch eine Kapitalbeteiligung von unter 50 % zur Versicherungsfreiheit der Bezüge von Gesellschafter-Geschäftsführern führen.

> **BEISPIEL:**
>
> An der X-GmbH sind beteiligt A mit 30 %, B mit 40 % und C mit 30 %. Alle drei sind Geschäftsführer. Nach dem Gesellschaftsvertrag richtet sich das Stimmrecht nach der Höhe der Kapitaleinlage; Gesellschafterbeschlüsse sind mit qualifizierter Mehrheit von 75 % aller Stimmen zu fassen.
>
> Gegen die Stimme jedes Gesellschafter-Geschäftsführers können keine Gesellschafterbeschlüsse gefaßt werden; jeder kann Beschlüsse gegen sich verhindern. Keiner der Gesellschafter-Geschäftsführer ist sozialversicherungspflichtig (vgl. auch BSG, 24.6.1982 – 12 RK 45/80, USK 82 160).

804 Ein GmbH-Geschäftsführer, der **45 % der Anteile** hält, unterliegt grundsätzlich der Sozialversicherungspflicht und zwar auch dann, wenn in einem sog. „**Pool-Vertrag**" vereinbart ist, daß bei besonders **wichtigen Geschäften** die **Zustimmung aller Gesellschafter** erforderlich ist (BSG, 5.5.1988 – 12 RK 43/86, GmbHR 1989 S. 32).

805 Der gering beteiligte Gesellschafter-Geschäftsführer kann auch aufgrund seiner **Branchenkenntnisse** und sonstigen Erfahrungen in keinem persönlichen Abhängigkeitsverhältnis zur GmbH stehen (BSG, 15.12.1971 – 3 RK 67/68, GmbHR 1972 S. 104; 31.7.1974 – 12 RK 26/72, GmbHR 1975 S. 36). Die Branchenkenntnisse des Geschäftsführers sind deshalb ein **Indiz** gegen ein abhängiges Beschäftigungsverhältnis, da die mehrheitlich beteiligten Gesellschafter ohne Branchenkenntnisse nicht oder kaum in der Lage sind, dem Geschäftsführer Weisungen zu erteilen (BSG, 23.9.1982 – 10 RAr 10/81, USK 82 140).

806 Die Mitarbeiter eines Zimmererunternehmens sind dann keine Arbeitnehmer, wenn sie **alle Gesellschafter** der GmbH **und alle** zu deren **Geschäftsführern** bestellt sind (BAG, 10.4.1991 – 4 AZR 467/90, DB 1991 S. 2595). Die GmbH versteht sich als sog. alternative Gesellschaft, in der alle Beschäftigten unabhängig von ihrer Stellung im Betrieb gleichberechtigt und gleichverpflichtet sind.

807 Der gering beteiligte Gesellschafter-Geschäftsführer kann auch aufgrund der **Abdingung des Selbstkontrahierungsverbots** (§ 181 BGB) in keinem persönlichen Abhängigkeitsverhältnis zur GmbH stehen.

Ist der gering beteiligte Gesellschafter-Geschäftsführer nicht wie die übrigen Arbeitnehmer an eine bestimmte **Arbeitszeit**, eine bestimmte **Arbeitsdauer** und an den **Ort** der Arbeitsleistung gebunden, so ist dies ebenfalls ein Indiz, daß er in keinem sozialversicherungspflichtigen, abhängigen Dienstverhältnis steht. Besteht aber ein einseitiges Weisungsrecht durch die Gesellschafter, so spricht dies für eine Versicherungspflicht (vgl. dazu LSG Niedersachsen, 26.2.1986 – L 4 Kr 39/84, SozVers 1987 S. 83).

Zu prüfen ist in diesen Fällen, wie die **vertraglichen** Beziehungen zwischen der GmbH und dem Gesellschafter-Geschäftsführer ausgestaltet sind und wie der Vertrag **tatsächlich** gehandhabt wird.

Indizien für eine weisungsfreie und deshalb unternehmerische (sozialversicherungsfreie) Tätigkeit sind z. B.

- es fehlt ein schriftlicher Arbeitsvertrag,
- es sind noch weitere Mitgesellschafter-Geschäftsführer vorhanden und alle bekommen ein einheitliches Arbeitsentgelt,
- die Arbeitszeit kann frei gestaltet werden.

Das BSG hat in seinen Urteilen vom 24.6.1982 (12 RK 45/80, USK 82 160), vom 23.9.1982 (10 RAr 10/81, USK 82 140) und vom 29.10.1986 (7 RAr 43/85, GmbHR 1987 S. 351) bestätigt, daß ein Geschäftsführer nicht nur dann selbständig und damit sozialversicherungsfrei ist, wenn er über seine kapitalmäßige Beteiligung einen entscheidenden Einfluß auf die GmbH ausüben kann, sondern auch dann, wenn er seine **Tätigkeit** im wesentlichen **frei gestalten** kann.

So auch seit einiger Zeit wieder das BSG für das Beschäftigungsverhältnis eines Gesellschafter-Geschäftsführers, wenn der Gesellschafter-Geschäftsführer „hinsichtlich Zeit, Dauer, Umfang und Ort seiner Tätigkeit im wesentlichen weisungsfrei ist und, wirtschaftlich gesehen, seine Tätigkeit nicht für ein fremdes, sondern für ein eigenes Unternehmen ausübt" (BSG, 6.2.1992 – 7 RAr 134/90, Stbg 1992 S. 537).

Ging die GmbH aus der **Umwandlung** eines Einzelunternehmens oder einer Personengesellschaft hervor und war der jetzt gering beteiligte Gesellschafter-Geschäftsführer **Kopf dieses** umgewandelten **Unternehmens** und hat er diese Funktion beibehalten, so spricht auch dies gegen ein abhängiges Beschäftigungsverhältnis. 808

> **BEISPIEL:**
>
> Ein Vater betreibt ein Einzelunternehmen, an dem 2 volljährige Kinder atypisch still beteiligt sind. Er wandelt das Einzelunternehmen in eine GmbH um, wobei er eine Beteiligung von 20 %, seine beiden Kinder von je 40 % erhalten; der Vater wird aber lebenslänglich zum Geschäftsführer bestellt und erhält eine Pensionszusage.
>
> Sinn und Zweck der Umwandlung war in erster Linie, das steuerliche Ergebnis durch das Geschäftsführergehalt des Vaters und die Pensionszusage zu beeinflussen; außerdem wollte man das Privatvermögen der Haftung der Firmengläubiger entziehen.
>
> Bleibt der Vater der „Kopf und die Seele" des Unternehmens, so steht er weiterhin in keinem abhängigen Beschäftigungsverhältnis und ist damit nicht sozialversicherungspflichtig (BSG, 23.9.1982 – 10 RAr 10/81, USK 82 140).

Unternehmer der gewerblichen Wirtschaft (auch freiberuflich Tätige) und ihre im Unternehmen tätigen Ehegatten sind damit – anders als in der Landwirtschaft – im allgemeinen nicht kraft Gesetzes unfallversichert. Für den mehrheitlich beteiligten Gesellschafter-Geschäftsführer einer GmbH läßt sich aus dem SGB VII kein **Unfallversicherungsschutz** herleiten (vgl. LSG Hessen, 25.3.1987 – L – 3 B – 40/86, GmbHR 1988 S. 63). Zur Versicherung kraft Satzung: § 3 SGB VII. 809

Auch im Unfallversicherungsrecht ist Unternehmer allein die GmbH. Da von einem einheitlichen Unternehmerbegriff auszugehen ist, darf der Unfallversicherungsträger die Versicherung nicht auf die einzelnen Gesellschafter einer GmbH erstrecken (BSG, 28.2.1986 – 2 RU 21/85, GmbHR 1986 S. 228).

810 Nach einer Entscheidung des BAG (28.11.1990 – 4 AZR 198/90, BB 1991 S. 479) zu den **Verfahrenstarifverträgen des Baugewerbes** liegt bei einer Familien-GmbH keine Arbeitnehmereigenschaft von Gesellschaftern vor, die zwar im Betrieb aufgrund eines Arbeitsvertrages mitarbeiten, die jedoch gleichzeitig als Gesellschafter eine **Sperrminorität** halten, mit der jeder gesellschaftsrechtliche Beschlüsse, die mit 85 % Mehrheit gefaßt werden mußten, verhindern kann.

811 Nach Auffassung der Spitzenverbände der Sozialversicherungsträger vom 16./17.3.1994 gelten die vorstehenden Grundsätze auch für die Frage, ob der Gesellschafter-Geschäftsführer einer errichteten, aber noch nicht in das Handelsregister eingetragenen GmbH (= **Vor-GmbH**) versicherungsrechtlich in einem entgeltlichen Beschäftigungsverhältnis steht oder nicht. Sie stützen sich dabei auf das BSG-Urteil vom 30.3.1962 (2 RU 109/60, BSGE 17 S. 15), wonach es für die versicherungsrechtliche Beurteilung von mitarbeitenden Gesellschaftern keine Rolle spielt, ob die GmbH im Handelsregister eingetragen ist oder erst eingetragen werden soll. Das vorgenannte Urteil betrifft zwar einen Rechtsstreit aus dem Bereich der gesetzlichen Unfallversicherung, jedoch hat auch der für die anderen Versicherungszweige zuständige 12. Senat des BSG in seinem Urteil vom 28.4.1983 (12 RK 12/82, DB-Beil. 1984 S. 26/49) die Versicherungspflicht nicht ausgeschlossen.

3. KAPITALBETEILIGUNG VON NAHESTEHENDEN PERSONEN

812 Nach Auffassung der **Bundesanstalt für Arbeit** besteht bei einer **Familien-GmbH** kein abhängiges Beschäftigungsverhältnis, wenn die Geschäftsführertätigkeit mehr durch familienhafte Rücksichtnahmen und durch ein gleichberechtigtes Nebeneinander als durch einen für einen Arbeitnehmer-/Arbeitgeberverhältnis typischen Interessengegensatz gekennzeichnet ist (vgl. Runderlaß 43/87 vom 13.5.1987). Dieser Erlaß ist durch die Tendenz gekennzeichnet, die **Gesellschafter-Geschäftsführer** einer Familien-GmbH – also den häufigsten Fall im Wirtschaftsleben – aus der Sozialversicherung förmlich herauszudrängen.

Diese Auffassung der Bundesanstalt für Arbeit ist aber insbesondere im Ehegattenbereich nicht mehr haltbar.

813 Kapitalbeteiligungen von nahestehenden Personen (Eheleute, Kinder, sonstige Verwandte) dürfen grundsätzlich **nicht zusammengezählt** werden. Der zur steuerlichen Betriebsaufspaltung ergangene Beschluß des BVerfG vom 12.3.1985 (1 BvR 571/81 u.a., BVerfGE 69 S. 188 = BStBl II 1985 S. 475) verbietet es ausdrücklich, Ehegatten immer gleichgerichtete wirtschaftliche Interessen zu unterstellen. Damit haben es die Ehegatten auch im Sozialversicherungsrecht in der Hand, ob sie ihre Beteiligungen zusammenrechnen lassen oder nicht, oder mit anderen Worten, ob die Geschäftsführertätigkeit des Ehemannes/der Ehefrau sozialversicherungspflichtig ist oder nicht.

> **BEISPIEL:**
>
> Ehemann A und Ehefrau B sind alleinige Gesellschafter der GmbH X und der GmbH Y. Die beiden Gesellschaften sind eng miteinander verflochten. An der GmbH X ist A mit 40 %, B mit 60 % beteiligt. A ist alleinvertretungsberechtigter Geschäftsführer. An der GmbH Y ist A mit 60 % und B mit 40 % beteiligt; B ist alleinvertretungsberechtigte Geschäftsführerin. Die Stimmrechte entsprechen den Kapitalanteilen.
>
> Beide GmbHs zahlen den Geschäftsführern steuerfreie Zuschüsse zur Kranken- und Rentenversicherung (§ 3 Nr. 62 Satz 1 EStG).

Nach Auffassung der Bundesversicherungsanstalt für Angestellte und der OFD Köln vom Februar/März 1985 (StEK EStG § 3 Nr. 375 Sachverhalt 2) liegt keine Sozialversicherungspflicht vor und die Zuschüsse der GmbHs zur Kranken- und Rentenversicherung sind nicht steuerfrei.

Diese Auffassungen sind m. E. nicht richtig. Nach dem Urteil des BVerfG vom 12.3.1985 (1 BvR 571/81 u. a., BVerfGE 69 S. 188 = BStBl II 1985 S. 475) dürfen Ehegattenanteile nicht zusammengerechnet werden. Es gibt keine – wenn auch widerlegbare – Vermutung gleichgerichteter Ehegatteninteressen. Gibt es auch sonst keinen Anhaltspunkt, daß der unter 50 % beteiligte Ehegatte und Geschäftsführer keine arbeitgeberähnlichen Funktionen ausübt und weisungsgebunden bleibt, so ist Sozialversicherungspflicht gegeben und die Zuschüsse beruhen auf gesetzlicher Verpflichtung.

Nach einer Entscheidung des BSG vom 28.1.1992 (11 RAr 133/90, GmbHR 1992 S. 810 mit Anm. Figge) ist „bei der Würdigung der Mehrheitsverhältnisse in der GmbH die Tatsache der ehelichen Verbindung der Beteiligten nicht völlig außer acht zu lassen; vielmehr ist aufgrund der konkreten Umstände des Einzelfalls festzustellen, ob überhaupt eine Interessenlage denkbar ist, bei der die wirtschaftlichen Interessen der Ehegatten-Gesellschafter auseinandergehen". **814**

In dem zu entscheidenden Fall hielt ein fremder Dritter 49 %, der Ehemann als Gesellschafter-Geschäftsführer ebenfalls 49 % und die Ehefrau 2 % der Gesellschaftsanteile. Das BSG hat den Fall zurückverwiesen, weil es an tatsächlichen Feststellungen fehlte, dabei aber den Beschluß des BVerfG vom 12.3.1985 ausdrücklich erwähnt.

Auch wenn dem Ehegatten als Geschäftsführer die gesamte Leitung des Betriebes obliegt, er nicht an eine Arbeitszeit gebunden und von den Beschränkungen des § 181 BGB befreit ist, soll es für das Vorliegen eines Beschäftigungsverhältnisses entscheidend darauf ankommen, ob die oder der Gesellschafter (Ehegatte) von der Weisungsbefugnis gegenüber dem Geschäftsführer tatsächlich Gebrauch machen, ob also Gesellschafterbeschlüsse mit Weisungscharakter ergangen sind (BSG, 11.2.1993 – 7 RAr 48/92, Die Beiträge 1993 S. 521).

Liegt zwar keine Beteiligung des Geschäftsführers an der GmbH vor, führt er aber **aufgrund** von **verwandtschaftlichen Beziehungen faktisch wie ein Alleininhaber** die Geschäfte der GmbH nach eigenem Gutdünken, dann liegt keine beitragspflichtige Beschäftigung vor (BSG, 8.12.1987 – 7 RAr 25/86, BB 1989 S. 72; ähnlich BSG, 7.9.1988 – 10 RAr 10/87, ZIP 1988 S. 1592). **815**

4. BESONDERHEITEN BEI GESELLSCHAFTER-GESCHÄFTSFÜHRERN EINER GMBH & CO. KG

Ist ein Geschäftsführer einer Komplementär-GmbH weder an dieser noch an der KG beteiligt, so ist er sozialversicherungspflichtig. **816**

Ist der Geschäftsführer einer Komplementär-GmbH bei dieser beherrschend beteiligt (50 % oder mehr), so unterliegt er nicht der Sozialversicherungspflicht (BSG, 20.3.1984 – 7 RAr 70/82, HFR 1985 S. 482 zur Arbeitslosenversicherung). Ist der Geschäftsführer einer Komplementär-GmbH nur an der KG als Kommanditist beteiligt, so ist er sozialversicherungspflichtig, es sei denn, besondere Umstände (Branchenkenntnisse etc.) würden seine persönliche und wirtschaftliche Unabhängigkeit garantieren.

Ist der Geschäftsführer einer Komplementär-GmbH sowohl an der GmbH als auch an der KG beteiligt, so wird er i. d. R. einen beherrschenden Einfluß ausüben und sozialversicherungsfrei sein.

III. ZU UNRECHT ENTRICHTETE BEITRÄGE DES GESELLSCHAFTER-GESCHÄFTSFÜHRERS

1. ANSPRUCH AUF ERSTATTUNG VON SOZIALVERSICHERUNGSBEITRÄGEN

817 Hat ein Gesellschafter-Geschäftsführer zu Unrecht (vgl. auch Rz. 793f.) Beiträge zur Kranken-, Renten-, Arbeitslosen-, Pflege- oder Unfallversicherung entrichtet, sei es, weil der Geschäftsführer/die GmbH die Beiträge von sich aus überwiesen hat, sei es, weil die AOK diese Beiträge verlangt hat, so sind die Beiträge grundsätzlich zu erstatten (§ 26 SGB IV). Aus der Formulierung „sind zu erstatten" ergibt sich, daß es eines formellen Antrags nicht bedarf; nur muß die Einzugsstelle irgendwie erfahren, daß sie etwas zurückzahlen soll. Den Anspruch auf Beitragserstattung haben der Geschäftsführer und die GmbH, da beide zu Unrecht Sozialversicherungsbeiträge geleistet haben (§ 26 Abs. 2 Satz 1 SGB IV).

818 Wurden für einen GmbH-Geschäftsführer zu Unrecht Sozialversicherungsbeiträge entrichtet, besteht also ein **Erstattungsanspruch**, geht die GmbH aber vor der Rückerstattung in Konkurs, so kann der Geschäftsführer nicht auch die Arbeitgeberbeiträge zurückverlangen, sondern nur die **Arbeitnehmerbeiträge** (BSG, 5.5.1988 – 12 RK 42/87, GmbHR 1988 S. 481). Der Erstattungsanspruch steht dem zu, der die Beiträge getragen hat. Dieses war der Geschäftsführer nur hinsichtlich der Arbeitnehmeranteile, die ihm auch erstattet worden sind. Die Arbeitgeberanteile sind demgegenüber von der GmbH getragen worden. Nur dieses ist für den Versicherungsträger entscheidend. Ebenso wie die Einzugsstelle sich beim Beitragseinzug nur an die hinsichtlich der Arbeitgeberanteile allein beitragspflichtige und einzahlungspflichtige GmbH halten kann, besteht für diese Anteile auch ein Erstattungs-Rechtsverhältnis nur zwischen der Einzugsstelle bzw. dem Versicherungsträger und der GmbH als Arbeitgeberin. Wie sich eine Zahlung und Erstattung der Arbeitgeberanteile innerhalb der GmbH und dort auf ihre Gesellschafter auswirkt, ist für die Beurteilung von Erstattungsansprüchen gegen die Versicherungsträger nicht entscheidend.

Auch die Begründung des Geschäftsführers, er habe die Arbeitgeberanteile wirtschaftlich getragen, konnte ihm nicht zum Erfolg verhelfen. Das Gericht war nicht bereit, einer wirtschaftlichen Betrachtungsweise derart zu folgen, daß trotz der Tragung und Zahlung der Arbeitgeberanteile durch die GmbH als Arbeitgeber sich dies letztendlich im Bereich des Arbeitnehmers niederschlage.

Hat also eine GmbH Arbeitgeberanteile zu Unrecht entrichteter Beiträge getragen, so steht der Erstattungsanspruch nur ihr und nicht einem Gesellschafter zu, auch wenn die Beitragsentrichtung durch die GmbH wirtschaftlich zu seinen Lasten gegangen ist.

819 In einem gemeinsamen Rundschreiben vom 23.5.1977 (DOK 1977 S. 636) haben die Bundesverbände der Orts-, Betriebs-, Innungs- und landwirtschaftlichen Krankenkassen, der See-Krankenkasse, der Verbände der Angestellten-Krankenkassen, der Arbeiter-Ersatzkassen, der Bundesknappschaft, des Verbandes Deutscher Rentenversicherungsträger, der Bundesversicherungsanstalt für Angestellte und der Bundesanstalt für Arbeit Grundsätze für die Verrechnung und Erstattung zu Unrecht entrichteter Beiträge zur Kranken-, Renten-, Unfall- und Arbeitslosenversicherung aufgestellt.

820 Der BGH (15.2.1990 – IX ZR 149/88, BB 1990 S. 731) hat sich zwar dem BSG angeschlossen und betont, daß ein vom Sozialversicherungsträger **zurückerstatteter Arbeitnehmerbetrag** dem Geschäftsführer und grundsätzlich nicht der **Konkurs**masse zusteht. Er hat aber auch ausgeführt, daß eine Gläubigerbenachteiligung vorliegen kann, wenn diese Mittel der GmbH und ihren Gläubigern vorenthalten würden. Ausgangspunkt der Überlegungen des BGH ist dabei, daß

auch **Dienstleistungen** an die GmbH **kapitalersetzende Leistungen** i. S. des § 32a Abs. 3 GmbHG sein können und eine gleichwohl geleistete Zahlung deshalb anfechtbar nach § 135 InsO ist.

a) ERSTATTUNG VON KRANKENVERSICHERUNGSBEITRÄGEN

Der „Antrag" auf Erstattung von Krankenversicherungsbeiträgen (und Renten- und Arbeitslosenversicherungsbeiträgen) ist bei der Krankenkasse zu stellen, an welche die Beiträge abgeführt wurden. 821

Voraussetzung ist also, daß **Pflicht**versicherungsbeiträge an die Krankenkasse abgeführt wurden, 1998 das Monatsgehalt also nicht mehr als 6 300 DM betrug; Beiträge für eine freiwillige Krankenversicherung sind nicht zu erstatten, weil die freiwillige Krankenversicherung unabhängig von der Versicherungspflicht ist.

Wurden Pflichtversicherungsbeiträge zu Unrecht erbracht, so ist eine Erstattung auch für den Zeitraum ausgeschlossen, für den die Krankenkasse Leistungen erbracht hat (BSG, 28.1.1982 – 5 a RKn 1/81, USK 82 136).

> **BEISPIELE:**
>
> 1. Annahme einer versicherungspflichtigen Beschäftigung vom 1.4.1993 bis 30.4.1995. Krankenpflege im zweiten Quartal 1993. Nachträglich wird Versicherungsfreiheit festgestellt. Erstattung der Krankenversicherungsbeiträge vom 1.7.1993 bis 30.4.1995.
>
> 2. Annahme einer versicherungspflichtigen Beschäftigung vom 1.7.1995 bis 31.8.1995. Ärztliche Behandlung am 17.8.1995. Nachträglich wird Versicherungsfreiheit festgestellt. Keine Erstattung von Krankenversicherungsbeiträgen.

Darüber hinaus ist eine Erstattung ausgeschlossen, wenn der Anspruch auf Beitragserstattung **verjährt** ist (siehe Rz. 835). 822

b) ERSTATTUNG VON RENTENVERSICHERUNGSBEITRÄGEN

Auch zu Unrecht erhobene Rentenversicherungsbeiträge werden erstattet, wenn 823
– aus ihnen noch keine Regelleistungen der Rentenversicherung gewährt wurden und
– der Anspruch auf Beitragserstattung noch nicht **verjährt** ist (siehe Rz. 835).

Regelleistungen der Rentenversicherung sind nicht nur die Altersrenten, sondern auch die Berufs- und Erwerbsunfähigkeitsrenten und alle Maßnahmen zur Erhaltung, Besserung, Wiederherstellung der Erwerbsfähigkeit (Rehabilitationsmaßnahmen wie Kuren).

> **BEISPIEL:**
>
> Annahme einer versicherungspflichtigen Beschäftigung vom 1.4.1993 bis 30.4.1995. Heilverfahren (Kur) vom 16.8.1994 bis 15.9.1994.
>
> Nachträglich wird Versicherungsfreiheit festgestellt, Beiträge wurden zu Unrecht entrichtet vom 1.4.1993 bis 30.4.1995.
>
> Erstattung der Rentenversicherungsbeiträge vom 1.8.1994 bis 30.4.1995.

Zu beachten ist aber § 202 SGB VI: Beiträge, die in der fehlerhaften Annahme entrichtet wurden, es bestehe eine Rentenversicherungspflicht, gelten als **freiwillig** entrichtet. Fordert die GmbH die von ihr bezahlten Arbeitgeberbeiträge 824 zurück, kann der Geschäftsführer die von der GmbH entrichteten Beiträge ersetzen. Dann verbleiben die gesamten Beiträge als freiwillige Beiträge bei dem Rentenversicherungsträger. Hat der Rentenversicherungsträger die von der GmbH entrichteten Beiträge dieser bereits erstattet, kann der Geschäftsführer den Erstattungsbetrag selbst an den Rentenversicherungsträger zurückzahlen (§ 202 Satz 4 SGB VI); auch insoweit gelten diese Zahlungen als freiwillige Beiträge (vgl. auch Rz. 793f.).

c) ERSTATTUNG VON ARBEITSLOSENVERSICHERUNGSBEITRÄGEN

825   Die Erstattung zu Unrecht entrichteter Beiträge an die Bundesanstalt für Arbeit regelt § 351 SGB III. Auch hier bedarf es keines formellen Antrags: Es **vermindert** sich der zu erstattende Betrag um die Leistungen, die in der irrtümlichen Annahme der Beitragspflicht bezahlt worden sind.

826   Nicht aufgerechnet werden kann bei der Beitragsrückerstattung das Arbeitslosengeld mit den Beiträgen, die die GmbH selbst erbracht hat.

d) ERSTATTUNG VON UNFALLVERSICHERUNGSBEITRÄGEN

827   In der gesetzlichen Unfallversicherung besteht für die beherrschenden GmbH-Gesellschafter-Geschäftsführer keine Pflichtmitgliedschaft in der gesetzlichen Unfallversicherung (BSG, 30.4.1976 – 8 RU 78/75, BB 1976 S. 1132).

> **BEISPIEL:**
>
> S hält vom Stammkapital der X-GmbH von 50000 DM eine Stammeinlage von 49500 DM. U, der Bruder des S, der selbst nicht in der GmbH tätig ist, hält eine Stammeinlage von 500 DM. Für S als Gesellschafter-Geschäftsführer besteht keine Beitragspflicht in der gesetzlichen Unfallversicherung.
>
> Werden für S gleichwohl Beiträge zur Berufsgenossenschaft gezahlt, so besteht für sie ein Rückerstattungsanspruch (§ 26 SGB IV).
>
> Erleidet nun S einen Dienstunfall vor Geltendmachung der Rückerstattungsansprüche, so ist noch nicht abschließend geklärt, ob S einen Unfallversicherungsschutz nach dem SGB VII (z. Z. der Entscheidung der RVO) hat oder nicht.
>
> Das LSG Baden-Württemberg hat in einer Entscheidung vom 19.1.1984 (L 7 U 557/83) einen Unfallversicherungsschutz verneint; ebenso das LSG Hessen vom 25.3.1987 (L – 3/B – 40/86, GmbHR 1988 S. 63). Demgegenüber hat das LSG Niedersachsen vom 19.6.1986 (6 U 150/85, GmbHR 1987 S. 353) einen Anspruch des verunglückten, beherrschenden GmbH-Gesellschafters bejaht, für den jahrelang Beiträge von der Berufsgenossenschaft entgegengenommen wurden, ohne ihn auf die bestehende Rechtslage hinzuweisen. Der Anspruch des Gesellschafter-Geschäftsführers ergibt sich aus dem Rechtsgedanken des „venire contra factum proprium" (§ 242 BGB).

e) STEUERLICHE BEHANDLUNG VON ERSTATTETEN SOZIALVERSICHERUNGSBEITRÄGEN

828   – Erstattet der Sozialversicherungsträger die **Arbeitgeberanteile** zur gesetzlichen Renten- und Arbeitslosenversicherung an den Arbeitgeber, die dieser in der rechtsirrtümlichen Annahme der Versicherungspflicht geleistet hat, ohne daß sie vom Arbeitgeber an den Arbeitnehmer weitergegeben werden, so ergeben sich daraus keine lohnsteuerlichen Folgen (BFH, 27.3.1992 – VI R 35/89, BStBl II 1992 S. 663).

829   – Erstattungen der vermeintlich gesetzlichen **Arbeitnehmeranteile** zur gesetzlichen Renten- und Arbeitslosenversicherung berühren nicht den Arbeitslohn. Ein Abzug der der Erstattung zugrundeliegenden Beträge als Sonderausgaben

kommt nicht in Betracht. Die Veranlagungen sind daher nach § 173 Abs. 1 Nr. 1 AO zu ändern. Nach Auffassung des BFH (28.5.1998 – X R 7/96, DStR 1998 S. 1786) fällt bei Erstattung der Sozialversicherungsbeiträge ein Tatbestandsmerkmal des Sonderausgabenabzugs weg (§ 10 Abs. 1, Abs. 3 Satz 2 EStG) ein bestandskräftiger Bescheid ist nach § 175 Abs. 1 Satz 1 Nr. 2 AO zu ändern.

Der **Vorwegabzug** nach § 10 Abs. 3 Nr. 2 EStG ist für die Vergangenheit i.d.R. nicht zu kürzen. Der Steuerpflichtige war nicht bei einem Träger der gesetzlichen Rentenversicherung usw. pflichtversichert (§ 10 Abs. 3 Satz 2 Buchstabe a Doppelbuchst. aa EStG). Für Kalenderjahre vor 1990 hatte der Arbeitgeber keinen gesetzlichen Beitrag zur gesetzlichen Rentenversicherung zu leisten (§ 10 Abs. 3 Nr. 2 Buchst. a EStG a. F.). Eine Kürzung des Vorwegabzugs kommt nur in Betracht, wenn ausnahmsweise eine andere Kürzungsvorschrift des § 10 Abs. 3 Nr. 2 EStG eingreift. Die Veranlagungen sind daher ggf. nach § 173 Abs. 1 Nr. 2 AO zu ändern.   830

– Werden die Arbeitgeberanteile zur gesetzlichen Renten- und Arbeitslosenversicherung vom Sozialversicherungsträger an den Arbeitgeber erstattet und von diesem an den Arbeitnehmer weitergegeben, so ist vom VBZ zu entscheiden, ob es sich um eine verdeckte Gewinnausschüttung oder um steuerpflichtigen Arbeitslohn des Arbeitnehmers handelt. Bei Annahme von Arbeitslohn sind die Arbeitgeberanteile in dem **Kalenderjahr** zu versteuern, **in dem sie an den Arbeitnehmer gezahlt** werden. Dies gilt auch dann, wenn die erstatteten Beiträge von diesem für eine private Lebensversicherung verwendet werden.   831

– Verzichtet der Arbeitgeber auf die Rückzahlung der Arbeitgeberbeiträge zur gesetzlichen Rentenversicherung und werden die Beiträge für die freiwillige Versicherung des Arbeitnehmers in der gesetzlichen Rentenversicherung verwendet (Umwandlung), ist ebenfalls zu entscheiden, ob es sich um eine verdeckte Gewinnausschüttung oder um steuerpflichtigen Arbeitslohn (FG Köln, 21.11.1989 – 13 K 3489/87, EFG 1990 S. 383) handelt. Ist steuerpflichtiger Arbeitslohn gegeben, liegt Zufluß bereits in den jeweiligen Kalenderjahren der früheren Zahlung vor, da hier **durch Umwandlung rückwirkend** eine **Versicherungsanwartschaft begründet** wird. Die freiwillige Versicherung nimmt die Stellung der vermeintlichen gesetzlichen Versicherung ein. Die Einkommensteuerveranlagungen der früheren Kalenderjahre sind unter den Voraussetzungen des § 173 Abs. 1 Nr. 1 AO zu ändern, da es sich bei dem nicht steuerfreien Arbeitgeberanteil um Sonderausgaben des Arbeitnehmers handelt und der Vorwegabzugsbetrag nicht mehr zu kürzen ist (OFD Köln, 17.8.1994 – S 2333 – 47 – St 15 A, GmbHR 1994 S. 902).   832

2. VERZINSUNG DER ANSPRÜCHE AUF BEITRAGSERSTATTUNG

Nach § 27 Abs. 1 SGB IV sind Erstattungsansprüche (§ 26 SGB IV) wegen zu Unrecht entrichteter Beiträge zu verzinsen.   833

Die Verzinsung **beginnt** nach Ablauf des ersten vollen Kalendermonats nach Eingang des „Antrags" auf Erstattung zu Unrecht entrichteter Beiträge.

Die Verzinsungspflicht setzt kein Verschulden des Versicherungsträgers voraus, ebensowenig Verzug.

Die Verzinsungspflicht **endet** mit Ablauf des Kalendermonats vor der Zahlung. Daraus folgt, daß dem Versicherungsträger eine angemessene Zeit zur Bearbeitung eines Erstattungsantrags verbleibt, ohne daß die Verzinsungspflicht ausgelöst wird. Wird z.B. am 10.4. ein Erstattungsantrag gestellt, so sind Zinsen nicht zu bezahlen, wenn die Erstattung bis zum 30.6. desselben Jahres erfolgt.

834 Der **Zinssatz** beträgt 4 %. Dabei sind nur voll nach unten gerundete DM-Beträge zu verzinsen (§ 27 Abs. 1 Sätze 1 und 2 SGB IV), und der Kalendermonat ist mit 30 Tagen anzusetzen.

> **BEISPIEL:**
>
> Der Gesellschafter-Geschäftsführer und die GmbH haben zu Unrecht insgesamt 8 000,79 DM an Sozialversicherungsbeiträgen bezahlt. Am 10.9.1995 wurde die Rückzahlung der 8 000,79 DM beantragt, die Rückzahlung erfolgte am 21.4.1996.
>
> Zinsen sind zu berechnen für die Zeit vom 1.11.1995 bis 31.3.1996.
>
> $$\text{Zinsanspruch} = \frac{8\,000\ \text{DM} \times 4 \times 5}{100 \times 12} = \frac{160\,000}{1\,200} = 133{,}33\ \text{DM}$$

3. VERJÄHRUNG DER ANSPRÜCHE AUF BEITRAGSERSTATTUNG

835 In allen Zweigen der Sozialversicherung können zu Unrecht entrichtete Beiträge nur zurückerstattet werden, wenn sie noch nicht verjährt sind. Der Anspruch auf Erstattung der zu Unrecht entrichteten Beiträge verjährt nach § 27 Abs. 2 SGB IV **4 Jahre** nach Ablauf des Kalenderjahres, in dem die Beiträge entrichtet worden sind; beanstandet der Versicherungsträger die Rechtswirksamkeit von Beiträgen, beginnt die Verjährung mit dem Ablauf des Kalenderjahres der Beanstandung. Die Verjährungsfrist endet mit dem letzten Tag des vierten Kalenderjahres (31.12.) nach Beginn der Verjährungsfrist.

> **BEISPIEL:**
>
> Für einen Gesellschafter-Geschäftsführer werden zu Unrecht Sozialversicherungsbeiträge entrichtet, allerdings für das Jahr 1991 erst am 2.1.1992.
>
> Der Beitragserstattungsanspruch verjährt erst am 1.1.1997, denn für die am 2.1.1992 entrichteten Beiträge beginnt die Verjährung erst am 1.1.1993 zu laufen.

836 Für die **Hemmung**, **Unterbrechung** und die **Wirkung** der Verjährung gelten die Vorschriften des Bürgerlichen Gesetzbuches (§§ 202 ff.) sinngemäß (§ 27 Abs. 3 SGB IV). Eine **Unterbrechung** der Verjährung kann vornehmlich durch die Klageerhebung, z.B. gegen die Entscheidung der Krankenkasse, der GmbH-Geschäftsführer sei nicht versicherungspflichtig, in Frage kommen (§ 209 BGB). Der Vereinfachung dient dabei (§ 27 Abs. 3 Satz 2 SGB IV), daß es für die Unterbrechung auch ausreichend ist, daß ein schriftlicher Antrag auf Erstattung gestellt oder Widerspruch erhoben wurde.

Die Verjährung tritt nicht von Amts wegen ein, sondern sie muß als **Einrede** geltend gemacht werden. Ob der Versicherungsträger die Einrede der Verjährung erhebt, liegt in seinem Ermessen. Dabei hat der Versicherungsträger zu prüfen, ob

– es Treu und Glauben,

– der Zweckmäßigkeit und

– der Billigkeit

in dem gegebenen Einzelfall entspricht, die Einrede der Verjährung zu erheben (BSG, 13.2.1969 – 12 RJ 268/66, USK 69 16).

A. Sozialversicherungspflicht, -freiheit des GmbH-Geschäftsführers

IV. FREIWILLIGE VERSICHERUNG DES GMBH-GESCHÄFTSFÜHRERS IN DER SOZIALVERSICHERUNG

Ist der GmbH-Gesellschafter-Geschäftsführer als Unternehmer zu behandeln, besteht für ihn also keine Pflichtversicherung in den verschiedenen Sozialversicherungszweigen, so kann es sich im Einzelfall empfehlen, in einzelnen oder allen Zweigen der Sozialversicherung durch einen **Antrag** freiwillig eine Versicherung einzugehen. 837

1. FREIWILLIGE KRANKENVERSICHERUNG

Eine Berechtigung des GmbH-Gesellschafter-Geschäftsführers, sich freiwillig in einer gesetzlichen Krankenversicherung zu versichern, kann sich nur noch aus § 9 SGB V ergeben. 838

Das Recht zur freiwilligen Krankenversicherung ist durch die Neuregelung durch das Gesundheitsreformgesetz ab 1.1.1989 wesentlich **eingegrenzt** worden. Für andere als im § 9 SGB V aufgeführte Personengruppen ist das Recht zum freiwilligen Beitritt zu einer gesetzlichen Krankenkasse entfallen. Ab 1.1.1989 hat der Gesetzgeber bewußt das Recht zur freiwilligen Versicherung eingeschränkt (vgl. BT-Drucks. 11/2237 S. 160). Für den GmbH-Geschäftsführer kommt eine Weiterversicherung ggf. nach § 9 Abs. 1 Nr. 1 SGB V in Betracht, nämlich dann, wenn er **vor** seiner **Geschäftsführerstellung Mitglied in der gesetzlichen Krankenversicherung** war. Voraussetzung ist u. a., daß er in den letzten 5 Jahren vor Wegfall der Krankenversicherungspflicht mindestens 12 Monate oder unmittelbar vor dem Ausscheiden ununterbrochen mindestens 6 Monate versichert war.

Für freiwillige Mitglieder wird die Bemessung der Krankenversicherungsbeiträge durch die Satzung der Krankenkasse geregelt (§ 240 Abs. 1 SGB V). § 223 SGB V gilt für freiwillig Versicherte entsprechend; Folge ist, daß die beitragspflichtigen Einnahmen nur bis zur Beitragsbemessungsgrenze berücksichtigt werden.

2. FREIWILLIGE RENTENVERSICHERUNG

Der Gesellschafter-Geschäftsführer, der nicht als Arbeitnehmer, sondern als Unternehmer einzustufen ist, hat 2 Möglichkeiten, um Mitglied in der gesetzlichen Rentenversicherung zu bleiben und/oder zu werden: 839

– Er kann freiwillig eine Pflichtversicherung begründen oder
– sich freiwillig in der Rentenversicherung der Angestelltenversicherung versichern.

a) VERSICHERUNGSPFLICHT AUF ANTRAG

Nach § 4 Abs. 2 SGB VI hat der Gesellschafter-Geschäftsführer die Möglichkeit, auf Antrag rentenversicherungspflichtig zu werden. Der Antrag bedarf keiner besonderen Form und ist innerhalb von 5 Jahren nach Aufnahme der selbständigen Tätigkeit oder am Ende der Versicherungspflicht zu stellen. 840

Der Antrag ist bei der **Bundesversicherungsanstalt für Angestellte** in Berlin oder einer ihrer Außenstellen zu stellen. Auch Anträge auf Pflichtversicherung, die innerhalb der 5-jährigen **Ausschlußfrist** bei einem anderen deutschen Versicherungsträger oder einer deutschen Behörde eingehen, gelten als rechtzeitig gestellt. Antragsberechtigt ist nur der selbständig Erwerbstätige oder sein Bevollmächtigter.

§ 4 Abs. 2 SGB VI, der seit 1.1.1992 gilt, entspricht im wesentlichen § 2 Abs. 1 Nr. 11 AVG.

841 Änderungen gegenüber dem bis zu diesem Zeitpunkt geltenden Recht:
- Die Frist für die Stellung des Antrages auf Versicherungspflicht wird ab 1.1.1992 von bisher 2 auf 5 Jahre verlängert. Das bedeutet, daß Selbständige, die nur wegen Ablaufs der Zweijahresfrist bis zum 31.12.1991 nicht mehr zur Antragspflichtversicherung gemäß § 2 Abs. 1 Nr. 11 AVG berechtigt sind, bei entsprechender Antragstellung ab 1.1.1992 nach § 4 Abs. 2 SGB VI versicherungspflichtig sein können, wenn zu diesem Zeitpunkt oder später die Fünfjahresfrist nach Aufnahme der selbständigen Tätigkeit noch nicht verstrichen ist.
- Auch Beginn und Ende der Versicherungspflicht sind abweichend geregelt. Die Versicherungspflicht beginnt künftig mit dem Tag, der dem Eingang des Antrags folgt, frühestens jedoch mit dem Tag, an dem die Voraussetzungen eingetreten sind (§ 4 Abs. 4 Satz 1 Nr. 1 SGB VI); sie endet mit Ablauf des Tages, an dem die Voraussetzungen weggefallen sind (§ 4 Abs. 4 Satz 2 SGB VI).
- Für Personen, die am 31.12.1991 nicht nur vorübergehend selbständig tätig und in dieser Tätigkeit bis dahin nicht berechtigt waren, die Versicherungspflicht zu beantragen, beginnt die Antragsfrist nach § 4 Abs. 2 SGB VI am 1.1.1992 (§ 229 Abs. 3 SGB VI).
- Erfaßt werden sollen durch diese Regelung selbständig tätige Personen, denen die Antragspflichtversicherung von der Rechtsprechung und Praxis bisher versagt wurde.

842 Ist die 5-jährige Frist abgelaufen, kann auch keine Wiedereinsetzung in den vorherigen Stand gewährt werden (vgl. BSG, 1.2.1979 – 12 RK 33/77, SozR 2200 § 1227 Nr. 23; 8.3.1979 – 12 RK 27/77, SozR 2200 § 1227 Nr. 25).

Der Antrag auf Versicherungspflicht kann bis zum Eintritt der Bindung des Bescheides (§ 77 SGG) zurückgenommen werden. Wenn die Fünfjahresfrist nach Aufnahme der selbständigen Erwerbstätigkeit noch nicht abgelaufen ist, kann ein neuer Antrag gestellt werden.

843 **Mit der Annahme** des Antrags wird der Antragsteller in der Rentenversicherung **pflichtversichert**. Aus dieser freiwillig begründeten Pflichtversicherung kann der GmbH-Gesellschafter-Geschäftsführer nicht mehr aussteigen (aufgrund des Beschlusses des BVerfG, 9.10.1985 – 1 BvL 7/85 sieht Art. 2 § 1a AnVNG i.d.F. des 7. RVÄndG vom 19.12.1986, BGBl. I S. 2586 ein Ausstiegsrecht nur vor, wenn die Versicherungspflicht vor dem 14.5.1977 begründet wurde).

Die aufgrund eines Antrags gemäß § 4 Abs. 2 SGB VI rentenversicherungspflichtig gewordenen Geschäftsführer haben (§ 165 Abs. 1 SGB VI) wie die kraft Gesetzes versicherungspflichtigen Selbständigen Regelbeiträge oder – bei Nachweis – Beiträge nach dem tatsächlichen Arbeitseinkommen (§ 15 Abs. 1 SGB IV) zu bezahlen (vgl. zur Neufassung des § 15 Abs. 1 SGB IV: Gertz, Der GmbH-Gesellschafter-Geschäftsführer in der Rentenfalle, Stbg 1997 S. 341). Dabei hat die GmbH als Arbeitgeberin die Hälfte des Beitrages zu bezahlen (siehe Rz. 593; Scharfenberg, Die Steuerfreiheit nach § 3 Nr. 62 EStG für Arbeitgeberzuschüsse zur Rentenversicherung von Vorstandsmitgliedern, DStR 1998 S. 1623).

b) FREIWILLIGE VERSICHERUNG

844 Nach § 7 SGB VI hat der Gesellschafter-Geschäftsführer die Möglichkeit zur freiwilligen Versicherung in der Rentenversicherung. Diese freiwillige Versicherung ist nicht davon abhängig, daß eine bestimmte **Vorversicherungszeit** bereits zurückgelegt ist.

A. Sozialversicherungspflicht, -freiheit des GmbH-Geschäftsführers

Hierbei kann der Geschäftsführer nach Belieben Beiträge in jeder Höhe zwischen dem Mindest- und dem Höchstbeitrag bezahlen.

Der GmbH-Geschäftsführer **muß grundsätzlich Deutscher** i.S. des Art. 116 Abs. 1 GG sein, der seinen Wohnsitz oder gewöhnlichen Aufenthalt (§ 30 SGB I) innerhalb oder außerhalb der Bundesrepublik Deutschland hat.

Ausländer können sich als GmbH-Gesellschafter-Geschäftsführer freiwillig versichern, wenn sie 845

– ihren Wohnsitz oder gewöhnlichen Aufenthalt in der Bundesrepublik Deutschland haben oder

– ihren Wohnsitz oder gewöhnlichen Aufenthalt im Ausland haben, aber nach dem für die Bundesrepublik Deutschland verbindlichen über- oder zwischenstaatlichen Recht (z.B. EU-Staaten) in ihren Rechten und Pflichten deutschen Staatsangehörigen gleichgestellt sind und das Recht zur freiwilligen Versicherung nicht durch das über- oder zwischenstaatliche Recht ausgeschlossen ist oder

– ihren Wohnsitz oder gewöhnlichen Aufenthalt vor Inkrafttreten des Rentenreformgesetzes (19.10.1972) im Ausland hatten oder danach ins Ausland verlegt haben oder verlegen und nicht nach über- oder zwischenstaatlichem Recht einem Deutschen gleichgestellt sind, aber nach Übergangsrecht (Art. 2 §§ 5, 50 AnVNG) oder Sonderrecht (§§ 7, 9 WGSVG) zur freiwilligen Versicherung berechtigt sind.

Die freiwillige Versicherung ist nur für Zeiten nach **Vollendung des 16. Lebensjahres** zulässig. Eine obere Altersgrenze besteht nicht. Infolgedessen dürfen freiwillige Beiträge auch für Zeiten nach Vollendung des 65. Lebensjahres entrichtet werden, sofern für diese Zeiten kein Altersruhegeld bezogen wird. 846

Selbst der Eintritt einer **Berufs- und/oder Erwerbsunfähigkeit** steht der Entrichtung von freiwilligen Beiträgen nicht entgegen. Jedoch können die während der Berufs- oder Erwerbsunfähigkeit entrichteten freiwilligen Beiträge grundsätzlich nur auf einen späteren Versicherungsfall (Altersruhegeld) angerechnet werden. Seit 1.7.1975, dem Inkrafttreten des Gesetzes über die Sozialversicherung Behinderter vom 7.5.1975 (BGBl. I S. 1061), können auch nach Eintritt der Erwerbsunfähigkeit entrichtete freiwillige Beiträge nicht nur für den Versicherungsfall des Alters oder des Todes, sondern auch für den Versicherungsfall der Erwerbsunfähigkeit berücksichtigt werden, wenn im Zeitpunkt der Rentenantragstellung eine Wartezeit von 240 Kalendermonaten erfüllt ist. 847

Die freiwillige Rentenversicherung nach § 4 Abs. 2 oder § 7 SGB VI ist als **zusätzliche Altersversorgung** für den GmbH-Gesellschafter-Geschäftsführer insbesondere sinnvoll, wenn 848

– beitragslose Versicherungszeiten (Schule, Fachschule) als Ausfallzeiten,

– Ersatzzeiten (Kriegsdienst, Gefangenschaft)

durch Eintritt in die freiwillige Versicherung bei der späteren Rentenzahlung Berücksichtigung finden.

Ist der Gesellschafter-Geschäftsführer nicht rentenversicherungspflichtig, hatten er und die GmbH aber gleichwohl **irrtümlich Rentenversicherungsbeiträge einbezahlt** und werden die beanstandeten Pflichtbeiträge zurückgefordert (vgl. Figge, Sozialversicherungspflicht der GmbH-Gesellschafter-Geschäftsführer in der Renten- und Arbeitslosenversicherung, GmbHR 1995 S. 111), so besteht für den Gesellschafter-Geschäftsführer eine Berechtigung zu **Nachzahlung freiwilliger Beiträge** für diese Zeiträume über die übliche Zahlungsfrist hinaus (§ 202 849

Sätze 2 und 3 SGB VI): Die freiwilligen Beiträge dürfen innerhalb von 3 Monaten, nachdem die Beanstandung der Pflichtbeiträge zur Rentenversicherung unanfechtbar geworden ist, eingezahlt werden.

3. ARBEITSLOSENVERSICHERUNG

850 In der Arbeitslosenversicherung gilt keine freiwillige Weiter-, Selbst- oder Höherversicherung.

4. FREIWILLIGE UNFALLVERSICHERUNG

851 Der GmbH-Gesellschafter-Geschäftsführer kann sich (auf Antrag) freiwillig gemäß § 6 Abs. 1 Nr. 2 SGB VII in der gesetzlichen Unfallversicherung versichern.

Nach Auffassung der Berufsgenossenschaften sollen aber Gesellschafter-Geschäftsführer vor allem deshalb versichert werden, weil für ihre oft unfallträchtige Tätigkeit ein dringendes Bedürfnis für eine Versicherung „wie ein Unternehmer" besteht.

Die Satzung des Trägers der Unfallversicherung kann außerdem bestimmen, daß unter bestimmten Voraussetzungen die versicherten Gesellschafter-Geschäftsführer (ggf. auch mitarbeitende Ehegatten) auf Antrag mit einem höheren Jahresarbeitsverdienst versichert werden (Zusatzversicherung).

852 Die Versicherung beginnt mit dem Eingang des Antrags. Der GmbH-Gesellschafter-Geschäftsführer genießt grundsätzlich den gleichen Versicherungsschutz wie die Pflichtversicherten, jedoch unter Berücksichtigung der Besonderheiten für die Unternehmerversicherung.

Gemäß der BGH-Entscheidung vom 6.5.1980 (VI ZR 58/79, NJW 1981 S. 53) erhält der Gesellschafter-Geschäftsführer durch seine eigene Versicherung gegen Arbeitsunfälle nicht die Stellung eines Arbeitskollegen. Unter diesen Begriff fällt in der Regel nur ein kraft Gesetzes versicherter Betriebsangehöriger, nicht aber ein freiwillig versicherter Unternehmer. Es greift daher auch nicht die Haftungsfreistellung ein, wenn ein Arbeitnehmer seinen freiwillig versicherten Geschäftsführer verletzt.

853 Wenn der Beitrag (Beitragsvorschuß) nicht binnen zweier Monate nach Zahlungsaufforderung gezahlt worden ist, erlischt die Versicherung. Die Gründe für die unterbliebene Zahlung sind unerheblich. Es bedarf auch keiner vorherigen Mahnung des Versicherungsträgers. Die Versicherung erlischt automatisch und lebt auch durch die verspätete Zahlung nicht wieder auf. Es kann dann nur wieder ein neuer Antrag auf Versicherungsschutz gestellt werden. Zwischen dem Zeitpunkt des Erlöschens der bisherigen Versicherung und dem Wirksamwerden der neuen Versicherung besteht kein Versicherungsschutz.

854 Ist der Gesellschafter-Geschäftsführer einmal bei der zuständigen Berufsgenossenschaft versichert, so kann diese Versicherung nicht einseitig durch den Träger der Unfallversicherung aufgehoben werden (LSG Schleswig-Holstein, 24.10.1984 – L 4 U 11/84).

5. FREIWILLIGE PFLEGEVERSICHERUNG

854.1 Die Geschäftsführer, Fremd- oder Gesellschafter-Geschäftsführer, werden regelmäßig in der Pflegeversicherung versichert sein, sei es freiwillig in der gesetzlichen Pflegeversicherung (Fremdgeschäftsführer) oder in der privaten Pflegeversicherung (Gesellschafter-Geschäftsführer), vgl. Rz. 787, 788.

Geschäftsführer, die **in der gesetzlichen Krankenversicherung freiwillig** versichert sind, erhalten von der GmbH nach § 61 Abs. 1 Satz 1 SGB XI einen Zuschuß zu ihrem Beitrag zur sozialen Pflegeversicherung. Die Regelung entspricht § 257 Abs. 1 SGB V (siehe Rz. 838).

Eine Sonderregelung besteht für **Sachsen:** Dort beträgt der Arbeitnehmeranteil an den Pflegeversicherungsbeiträgen 1,35 % und der Arbeitgeberanteil 0,35 % des Bemessungsentgelts.

Die privat krankenversicherten Geschäftsführer, die zugleich der **privaten Pflegeversicherung** angehören, erhalten nach § 61 Abs. 2 SGB XI einen Zuschuß, der die Hälfte des Beitrags ausmacht, den die GmbH bei Versicherungspflicht in der sozialen Pflegeversicherung aufzubringen hätte.

B. PFLICHTEN DES GMBH-GESCHÄFTSFÜHRERS IM SOZIALRECHT

Als gesetzlicher Vertreter der GmbH hat der Geschäftsführer dafür zu sorgen, daß die GmbH ihren Pflichten gegenüber den Sozialversicherungsträgern nachkommt. Dies gilt bereits für die Gesellschafter-Geschäftsführer der Vor-GmbH (BSG, 28.2.1986 – 2 RU 21 und 22/85, SozR 2200). 855

I. MELDE- UND AUSKUNFTSPFLICHTEN

1. MELDEPFLICHTEN IN DER SOZIALVERSICHERUNG

Wie jeder Arbeitgeber hat die GmbH, gesetzlich vertreten durch ihren/ihre Geschäftsführer, die bei ihr beschäftigten Arbeitnehmer, für die Beiträge oder Beitragsanteile zur Krankenversicherung (§§ 253 ff. SGB V), zur Arbeiter- oder Angestelltenrentenversicherung (§§ 190 ff. SGB VI), zur Arbeitslosenversicherung (§ 346 SGB III), Pflege- (§ 54 SGB XI) und Unfallversicherung (§ 150 SGB VII) zu entrichten sind, **beim Krankenversicherungsträger anzumelden**. 856

a) NEUORDNUNG SEIT 1.1.1989

Am 1.1.1989 ist das Gesetz zur Einordnung der Vorschriften über die Pflichten des Arbeitgebers und die Beitragszahlung zur Sozialversicherung vom 20.12.1988 (BGBl. I S. 2330) in Kraft getreten. Es gilt mit seinen 17 Paragraphen als neuer Dritter Abschnitt des Ersten Kapitels des SGB IV (§§ 28a ff. SGB IV) und faßt insbesondere zusammen: 857

– die Meldepflichten des Arbeitgebers,

– die Regelungen über das Verfahren und die Haftung bei der Beitragszahlung,

– die Auskunfts- und Vorlagepflichten des Beschäftigten.

Die Vorschriften über Meldungen erfassen alle für Arbeitnehmer abzugebenden Meldungen. Im übrigen wird das Verfahren für ca. 80 % aller Beitragszahlungen zur gesetzlichen Krankenversicherung, mehr als 90 % der Beitragszahlungen zur gesetzlichen Rentenversicherung und alle Beitragszahlungen zur Bundesanstalt für Arbeit geregelt.

Es gilt seit 1.1.1999 die Datenerfassungs- und ÜbermittlungsVO – DEÜV – (BGBl. I 1998 S. 343). Ziel der Verordnung ist eine Beschleunigung und Verbesserung der Sicherheit bei der Weiterleitung meldepflichtiger Daten i.S. von § 1 DEÜV durch den Arbeitgeber an die Sozialversicherungsträger bzw. bei der Datenübermittlung zwischen den Sozialversicherungsträgern.

Nach § 28a SGB IV obliegt die Meldepflicht dem Arbeitgeber. Sie betrifft jeden in der Krankenversicherung (§§ 5 ff. SGB V), Pflege-, Rentenversicherung oder nach dem Recht der Arbeitsförderung kraft Gesetzes versicherten Beschäftigten.

Die **Anmeldefrist** beträgt 2 Wochen nach Beginn der Beschäftigung (abzumelden ist ein Arbeitnehmer spätestens 6 Wochen nach Beendigung der Beschäftigung). 858

Seit **1.1.1990** sind Beschäftigte, die ab 1.7.1991 zur **Mitführung eines Sozialversicherungsausweises** verpflichtet sind (Beschäftigte im Baugewerbe, Schaustellergewerbe, Gebäudereinigungsgewerbe sowie Beschäftigte von Unternehmen, die sich am Auf- und Abbau von Messen und Ausstellungen beteiligen) der Krankenkasse spätestens **am Tag der Beschäftigungsaufnahme** zu melden.

Der Gesamtsozialversicherungsbeitrag ist an die Krankenkassen **(Einzugsstellen)** zu zahlen (§ 28h Abs. 1 Satz 1 SGB IV). Diese Vorschrift bestätigt zugleich, daß die in § 28f Abs. 4 SGB IV aufgeführten Verbände keine Einzugsstellen sind. Sie haben lediglich den Gesamtversicherungsbeitrag entgegenzunehmen und an die „zuständigen Einzugsstellen" arbeitstäglich weiterzuleiten (s. § 28f Abs. 4 Satz 4 SGB IV).

b) KASSENZUSTÄNDIGKEIT

859 Zuständige Einzugsstelle für den Gesamtsozialversicherungsbeitrag ist nach § 28i Abs. 1 SGB IV die Krankenkasse, von der die gesetzliche Krankenversicherung durchgeführt wird, bzw. bei Beschäftigten, die keiner Krankenkasse angehören, hinsichtlich der Beiträge zur gesetzlichen Rentenversicherung und der Bundesanstalt für Arbeit die Krankenkasse, die im Falle einer gesetzlichen Krankenversicherung kraft Gesetzes zuständig wäre.

Durch das Gesundheitsreformgesetz sind auch die Ersatzkassen Einzugsstellen für die Renten- und Arbeitslosenversicherungsbeiträge ihrer freiwillig versicherten Mitglieder geworden.

Soweit bisher in Einzelfällen der Arbeitgeberanteil zum Gesamtsozialversicherungsbeitrag an den Arbeitnehmer ausgezahlt wurde, ist dies künftig nicht mehr möglich.

Abweichend von der bisherigen Regelung gilt der Beitrag nicht mit der Einreichung des Schecks, sondern erst mit dem Tag der Gutschrift auf dem Konto der Krankenkasse als gezahlt.

c) VERANTWORTLICHKEIT DES GMBH-GESCHÄFTSFÜHRERS

860 Der GmbH-Geschäftsführer ist für die ordnungsgemäße und rechtzeitige Anmeldung verantwortlich.

Betreibt die GmbH gewerbsmäßige Arbeitnehmerüberlassung, so obliegen die Meldepflichten ebenfalls dem GmbH-Geschäftsführer als zuständigem Organ. Regelmäßig wird der Geschäftsführer diese Aufgaben aber delegieren.

Wird die **Meldepflicht unterlassen** oder nicht ordnungsgemäß ausgeführt, so liegt eine Zuwiderhandlung i. S. des Ordnungswidrigkeitengesetzes vor.

Ggf. kann der Geschäftsführer (und die GmbH) **schadensersatzpflichtig** sein, wenn er die Meldungen unterläßt (vgl. BGH, 18.5.1976 – VI ZR 241/73, NJW 1976 S. 2129 mit weiteren Hinweisen).

Hat die GmbH Sozialversicherungsbeiträge für **„Schwarzarbeiter"** nicht gemeldet bzw. nicht abgeführt, haftet der Geschäftsführer für die rückständigen Beiträge gegenüber der Einzugstelle persönlich (BGH, 31.10.1989 – VI ZR 54/89, GmbHR 1990 S. 173; zum Schwarzlohn vgl. auch Rauch, Zur Bemessungsgrundlage von Lohnsteuern und Beiträgen zur Gesamtsozialversicherung bei Schwarzlohn, DStZ 1990 S. 375).

Geschäftsführer haften nach der Rechtsprechung für nicht abgeführte Sozialversicherungsbeiträge der GmbH. Der BGH (18.5.1976 – VI ZR 241/73, NJW 1976 S. 2129; vgl. auch BGH, 15.10.1996 – VI ZR 319/95, WiB 1997 S. 23) hat aber den Schadensersatzanspruch der Krankenkasse für nicht abgeführte Sozialversicherungsbeiträge auf die nicht abgeführten **Arbeitnehmeranteile** beschränkt (den Schadensersatz des GmbH-Geschäftsführers für die **Arbeitgeberanteile** hat der BGH abgelehnt).

B. Pflichten des GmbH-Geschäftsführers im Sozialrecht

Ein vorsätzliches Vorenthalten der Arbeitnehmeranteile liegt nach dem BGH-Urteil vom 10.2.1981 (VI ZR 161/79) vor, wenn die GmbH von den Arbeitnehmern die Arbeitnehmeranteile einbehält und diese trotz Kenntnis der Verpflichtung zur Beitragsentrichtung am Fälligkeitstag nicht an die Krankenkasse abführt (DB 1988 S. 1549).

Der Geschäftsführer, der **Arbeitnehmeranteile** zur Sozialversicherung **einbehält** und nicht an den Sozialversicherungsträger abführt, haftet diesem gegenüber aus § 823 Abs. 2 BGB nicht für die von dem Sozialversicherungsträger gemäß § 24 Abs. 1 SGB IV erhobenen **Säumniszuschläge** (BGH, 11.6.1985 – VI ZR 61/84, BB 1985 S. 1986; vgl. hierzu auch von Einem, Haftung des GmbH-Geschäftsführers für nicht abgeführte Sozialversicherungsbeiträge, BB 1986 S. 2261 und SGb 1987 S. 13).

Der Pflicht, die Arbeitnehmerbeiträge zur Sozialversicherung zeitgerecht abzuführen, können sich die Geschäftsführer einer **mehrgliedrigen** Geschäftsleitung weder durch Zuständigkeitsregelungen noch durch Delegation auf andere Personen entledigen.

Interne Zuständigkeitsvereinbarungen oder die Delegation von Aufgaben können aber die deliktische Verantwortlichkeit des Geschäftsführers beschränken. In jedem Fall verbleiben ihm Überwachungspflichten, die ihn zum Eingreifen verpflichten können. Eine solche Überwachungspflicht kommt vor allem in finanziellen Krisensituationen zum Tragen, in denen die laufende Erfüllung der Verbindlichkeiten nicht mehr gewährleistet erscheint (BGH, 15.10.1996 – VI ZR 319/95, WiB 1997 S. 23 mit Anm. Plagemann).

2. AUSKUNFTSPFLICHTEN IN DER SOZIALVERSICHERUNG

Die Krankenkassen und die Träger der Rentenversicherung haben die rechtzeitige und vollständige Entrichtung der Beiträge zu überprüfen. Zu diesem Zweck sind ihnen Rechte sowohl gegenüber der GmbH als Arbeitgeber als auch gegenüber dem einzelnen Arbeitnehmer eingeräumt. Den GmbH-Geschäftsführer berühren diese Rechte sowohl als Organ der GmbH als auch als Arbeitnehmer der GmbH.

a) AUSKUNFTSPFLICHTEN DER GMBH

Den Rentenversicherungsträgern obliegt nach § 28p Abs. 1 Satz 1 SGB IV die Überwachung der Abgabe der Meldungen, der Zahlung des Gesamtsozialversicherungsbeitrages sowie des Nachweises nach § 28f Abs. 3 SGB IV.

Die Rentenversicherungsträger prüfen mindestens alle 4 Jahre insbesondere die Richtigkeit der Beitragszahlungen (§ 28p Abs. 1 Satz 1 Halbs. 2 SGB IV). **Den Rentenversicherungsträgern obliegt somit eine Prüfpflicht.** Wesentlich ist auch, daß die Prüfung in kürzeren Zeitabständen erfolgen soll, wenn der Arbeitgeber dies verlangt (§ 28p Abs. 1 Satz 2 SGB IV). Dadurch kann der Arbeitgeber sicherstellen, daß gegebenenfalls nicht erkannte Zweifelsfragen rechtzeitig geklärt und mögliche Nachforderungen nicht über Gebühr anwachsen. Dabei umfaßt die Prüfung verständlicherweise auch die Lohnunterlagen der Beschäftigten, für die Beiträge nicht gezahlt wurden (§ 28p Abs. 1 Satz 4 SGB IV).

Kommt die GmbH den Auskunftspflichten nicht nach, kann sie durch **Zwangsgelder** dazu angehalten werden. Außerdem können der GmbH die dem Rentenversicherungsträger entstehenden Auslagen aufgebürdet werden, wenn Pflichtversäumnisse vorliegen.

b) AUSKUNFTSPFLICHTEN DER ARBEITNEHMER

863 Die Arbeitnehmer, und damit für seine Person auch der GmbH-Geschäftsführer, haben ebenfalls gemäß § 28o Abs. 2 SGB IV, die zur Meldung sowie die zur Durchführung der Versicherung und der der Kasse übertragenen Aufgaben erforderlichen Angaben zu machen. Auch sie können durch **Zwangsgelder** dazu angehalten werden, Auskünfte über ihre Person zu geben und alle für die Prüfung der Versicherungsverhältnisse erforderlichen Unterlagen zur Einsichtnahme vorzulegen.

II. BEITRAGSERHEBUNG UND -ABFÜHRUNG

1. BEITRAGSERHEBUNG

864 Die Sozialversicherungsbeiträge sind bei den Arbeitnehmern vom **Arbeitsentgelt** zu berechnen und einzubehalten; das gilt auch für den GmbH-Geschäftsführer, soweit er Arbeitnehmer und nicht Unternehmer ist.

Soweit die Geschäftsführung der GmbH durch einen beherrschenden Gesellschafter-Geschäftsführer erfolgt, hat er als gesetzlicher Vertreter die Arbeitgeberpflichten zu erfüllen, seine freiwilligen Beiträge zur Sozialversicherung sind aber nach seinem Arbeitseinkommen zu bemessen (siehe Rz. 870).

a) ARBEITSENTGELT ALS BEMESSUNGSGRUNDLAGE

865 Die Beiträge werden in Prozentsätzen des Arbeitsentgelts berechnet. Soweit GmbH-Geschäftsführer als Arbeitnehmer anzusehen sind, also insbesondere die Fremdgeschäftsführer, ist vom Arbeitsentgelt auszugehen. Der Begriff „Arbeitsentgelt" ist seit 1.7.1977 in § 14 SGB IV und in der dazu ergangenen Verordnung über die Bestimmung des Arbeitsentgelts in der Sozialversicherung (ArEV) definiert und näher umschrieben.

Nach § 14 Abs. 1 SGB IV gehören zum Arbeitsentgelt alle laufenden und einmaligen Einnahmen, gleichgültig, ob ein Rechtsanspruch auf diese Einnahmen besteht, unter welcher Bezeichnung oder in welcher Form sie geleistet werden, ob sie unmittelbar aus der Beschäftigung oder im Zusammenhang mit ihr erzielt werden.

Die ArEV enthält eine Reihe von Vorschriften, die diesen umfassenden Begriff des Arbeitsentgelts einschränken (vgl. Brandmüller/Küffner, Bonner Handbuch GmbH, Bonn 1981/99, Fach K Rz. 108.104 ff.).

Bei Gehaltsumwandlungen gehören

– die auf Direktversicherungsbeiträge entfallenden pauschalierten Steuern,

– arbeitnehmerfinanzierte Versorgungszusagen

nicht zum Arbeitsentgelt (Figge, GmbHR 1998 R 265/266 unter Berufung auf eine Besprechung der Spitzenverbände der Sozialversicherungsträger am 6./7.5.1998).

866 Nach der **Zuflußtheorie** des Bundessozialgerichts (z.B. 18.11.1980 – 12 RK 47/79, DAngVers 1981 S. 370 mit Anm. Wünnemann) sind Beiträge zur Sozialversicherung nur von Bezügen zu erheben, die dem GmbH-Geschäftsführer im steuerlichen und wirtschaftlichen Sinne **tatsächlich zugeflossen** sind. Von Bezügen, auf die zwar ein Rechtsanspruch besteht (Rechtsanspruchstheorie), der aber nicht verwirklicht wird, sind keine Beiträge zu erheben.

B. Pflichten des GmbH-Geschäftsführers im Sozialrecht

> **BEISPIEL:**
>
> A ist Geschäftsführer der XY-GmbH. Am 28.4. unterrichtet er die Gesellschafter der GmbH, daß er am 1.5. zu einer Trecking-Tour nach Nepal aufbrechen und erst am 1.7. wieder zur Verfügung stehen werde. Darauf wird ihm fristlos gekündigt. Außerdem wird ihm das April-Gehalt ohne Begründung nicht ausbezahlt.
>
> A hat zunächst Anspruch auf das April-Gehalt. Solange ihm dieses aber ohne Begründung nicht ausbezahlt wird, sind auch keine Beiträge zur Sozialversicherung zu bezahlen (Zuflußtheorie).
>
> Zahlt die GmbH das April-Gehalt aber deshalb nicht aus, weil sie mit dem Schaden **aufrechnet**, der ihr durch das Verhalten des A entstanden ist, so ist die Forderung des A nicht entfallen, sondern in Höhe der Aufrechnung dem Geschäftsführer zugeflossen, so daß auch Beiträge zur Sozialversicherung zu entrichten sind.

Die Frage, ob ein **sozialversicherungspflichtiges Arbeitsentgelt** eines GmbH-Geschäftsführers vorliegt, ist auch nach dem 1.7.1977 grundsätzlich in Übereinstimmung mit den für die Berechnung der Lohnsteuer geltenden Regelungen zu beantworten. Dabei ist nur zu beachten, daß **beherrschende Gesellschafter-Geschäftsführer** zwar der Lohnsteuerpflicht unterliegen, nicht aber der Sozialversicherungspflicht; zahlt der beherrschende Gesellschafter freiwillig Sozialversicherungsbeiträge, so ist für ihn Bemessungsgrundlage sein Arbeitseinkommen (siehe Rz. 870). 867

An Entscheidungen des zuständigen Finanzamts zu der Frage, ob ein Entgelt lohnsteuerpflichtig ist oder nicht, ist der Sozialversicherungsträger/die Einzugsstelle der Sozialversicherungsbeiträge **nicht gebunden.**

Ein Katalog von möglichen Zuwendungen sowie ihre Einordnung als sozialversicherungspflichtige Beiträge oder nicht findet sich bei Brandmüller/Küffner, Bonner Handbuch GmbH, Bonn 1981/99, Fach K Rz. 108.13–108.106).

Für die **Krankenversicherung** wird der **Beitragssatz** durch die Krankenkasse festgesetzt. 868

Für die **Rentenversicherung** und die **Arbeitslosenversicherung** werden die Beiträge durch **Bundesgesetz** festgesetzt.

Da

- die Arbeitnehmer nicht in allen Versicherungszweigen versicherungspflichtig sind,
- die Beitragsbemessungsgrenze der Krankenversicherung niedriger ist als die der Renten- und Arbeitslosenversicherung,
- die Beiträge in der Krankenversicherung für die Arbeitnehmer höher sind, welche im Krankheitsfall keinen Anspruch auf Weiterzahlung des vollen Entgelts von 6 Wochen haben,

wurden **Beitragsgruppen** gebildet, die es gestatten, die Beiträge für die verschiedenen Versicherungszweige in einem Beitrag zu berechnen.

Seit 1.1.1989 beträgt der **Arbeitgeberanteil** zu den Krankenversicherungsbeiträgen der versicherungspflichtig beschäftigten Ersatzkassenmitglieder – darunter kann auch ein Fremdgeschäftsführer fallen – **die Hälfte des tatsächlich zu zahlenden Betrages.** Die bis dahin geltende Bemessung des Arbeitgeberanteils nach dem Krankenversicherungsbeitrag der zuständigen Pflichtkrankenkasse ist entfallen. 869

4. KAPITEL: Der GmbH-Geschäftsführer im Sozialrecht

Die GmbH, gesetzlich vertreten durch den GmbH-Geschäftsführer, ist verpflichtet, die auf das Arbeitsentgelt entfallenden Sozialversicherungsbeiträge vom Lohn/Gehalt **einzubehalten**. Für die Abrechnung der Beiträge zur Sozialversicherung und deren Nachweis durch die GmbH sind „Gemeinsame Grundsätze" der Sozialversicherungsträger vom 18.10.1978 (DOK 1979 S. 54) zu beachten, die von den Sozialversicherungsträgern für die Kranken-, Renten- und Arbeitslosenversicherung aufgestellt wurden (Einzelheiten siehe Brandmüller/Küffner, Bonner Handbuch GmbH, Bonn 1981/99, Fach K Rz. 124).

b) ARBEITSEINKOMMEN ALS BEMESSUNGSGRUNDLAGE

870 Bemessungsgrundlage für die Entrichtung von Sozialversicherungsbeiträgen für **Selbständige** ist das Arbeitseinkommen. Soweit GmbH-Geschäftsführer also nicht als Arbeitnehmer gelten, z.B. weil sie die GmbH beherrschen, gleichwohl aber freiwillig Sozialversicherungsbeiträge leisten, ist von ihrem Arbeitseinkommen auszugehen. Ferner ist das Arbeitseinkommen in der gesetzlichen Unfallversicherung Grundlage für die Berechnung der Geldleistungen.

871 Nach § 15 SGB IV ist Arbeitseinkommen der nach den allgemeinen Gewinnermittlungsvorschriften des Einkommensteuerrechts ermittelte **Gewinn aus** einer **selbständigen Tätigkeit;** bei der Ermittlung des Gewinns sind steuerliche Vergünstigungen unberücksichtigt zu lassen und Veräußerungsgewinne abzuziehen. Das Arbeitseinkommen deckte sich mit dem Gewinn aus Gewerbebetrieb bzw. der selbständigen Arbeit i.S. des § 2 Abs. 1 Nr. 2, 3 und Abs. 2 Nr. 1 EStG, ohne daß dadurch eine Bindung an Entscheidungen der Finanzbehörden oder der Gerichte der Finanzgerichtsbarkeit besteht.

Auch ein im Rahmen einer Betriebsaufspaltung gezahlter **Pachtzins** ist Arbeitseinkommen i.S. des § 15 SGB IV (BSG, 30.9.1997 – 4 RA 122/95, DStR 1998 S. 218), da die Verpachtung wirtschaftlich betrachtet als unselbständiger Teil einer selbständigen Tätigkeit anzusehen und davon nicht zu trennen ist.

871.1 Durch Art. 4 Nr. 6 des Gesetzes zu Korrekturen in der Sozialversicherung und zur Sicherung der Arbeitnehmerrechte vom 19.12.1998 (BGBl. I S. 3843) ist mit Wirkung ab 1.1.1999 u.a. § 165 SGB VI um einen Abs. 3 ergänzt worden:

„Bei Selbständigen, die auf Antrag versicherungspflichtig sind, gelten als Arbeitseinkommen im Sinne des § 15 des Vierten Buches auch die Einnahmen, die steuerrechtlich als Einkommen aus abhängiger Beschäftigung behandelt werden."

Wie sich aus der Gesetzesbegründung (17.11.1998, BT-Drucks. 14/45 S. 21) ergibt, ist diese Hinzufügung speziell wegen der Gesellschafter-Geschäftsführer gemacht worden, da deren lohnsteuerpflichtiges Gehalt bisher bei der Festlegung des Arbeitseinkommens unberücksichtigt blieb. Damit gelten für beherrschende Gesellschafter-Geschäftsführer, die auf Antrag Sozialversicherungsbeiträge bezahlen, ab 1.1.1999 als Arbeitseinkommen i.S. von § 15 SGB IV auch die Einnahmen, die steuerrechtlich als Einkommen aus abhängiger Beschäftigung behandelt werden.

Nicht zum Arbeitsentgelt gehört ein Gehaltsverzicht des Geschäftsführers zugunsten einer Versorgungszusage (Besprechung der Spitzenverbände der Sozialversicherungsträger am 6./7.5.1998, GmbHR 1998 R 265).

Beitragsberechnungsgrundlage für den Monatsbetrag ist $1/12$ des jährlichen Arbeitseinkommens mindestens der sich aus § 8 Abs. 1 Nr. 1 SGB IV ergebende Betrag (§ 8 Abs. 3 SGB IV).

Monatsbeitrag ist der sich bei Anwendung des Beitragssatzes auf die Beitragsberechnungsgrundlage ergebende Betrag.

$$\text{Monatsbeitrag} = \frac{\text{Beitragsberechnungsgrundlage} \times \text{Beitragssatz}}{12 \times 100}$$

Da der Gewinn bei Selbständigen zum Zeitpunkt der Beitragsberechnung in der Regel nicht feststeht, ist der Gewinn zu schätzen, und zwar vom Versicherten selbst. Anhaltspunkte sind die letztjährige Bilanz, der Einkommensteuerbescheid des letzten oder vorletzten Jahres. Soweit der Sozialversicherungsträger Zweifel an der Schätzung hat, kann er im Wege der Amtshilfe (§ 31 Abs. 2 AO) von der Finanzbehörde Auskunft über die Einkommensverhältnisse des Versicherten verlangen.

2. BEITRAGSABFÜHRUNG

Die von der GmbH monatlich bei den Krankenkassen einzureichenden **Beitragsnachweise** mit den von den Beschäftigten einbehaltenen und von der GmbH insgesamt abzuführenden Sozialversicherungsbeiträgen richten sich nach der Datenerfassungs- und Datenübermittlungs-VO – DEÜV – vom 10.2.1998 (BGBl. I S. 343), die zum 1.1.1999 geändert wurde (z.B. der Beitragsschlüssel wegen Einbeziehung der Beiträge zur Pflegeversicherung).

Die vom Arbeitsentgelt einbehaltenen Beiträge sind von dem GmbH-Geschäftsführer als Organ der GmbH monatlich bis zu dem in der Satzung der Krankenkasse bestimmten Tag – i.d.R. bis zum 10./15. des nachfolgenden Monats – bei der Krankenkasse einzubezahlen.

Wird ein Arbeitsentgelt aus betrieblichen Gründen erst nach dem 10. des folgenden Monats abgerechnet, so sind bis zu dem von der Satzung der Krankenkasse festgelegten Tag Beiträge in voraussichtlicher Höhe der Beitragsschuld zu entrichten. Verbleibt nach der Abrechnung ein Restbetrag, so ist dieser binnen einer Woche nach dem betrieblichen Abrechnungstermin fällig.

Soweit der Arbeitgeber nach § 2 BeitragszahlungsVO bei einer **Teilzahlung** auf den Gesamtsozialversicherungsbeitrag nicht bestimmen darf, daß zuerst die Arbeitnehmeranteile getilgt werden, ist diese Vorschrift mit § 266a Abs. 1 StGB, der das Vorenthalten von Beiträgen des Arbeitnehmers unter Strafe stellt, unvereinbar (BSG, 22.2.1996 – 12 RK 42/94, NJW 1997 S. 150). Das BSG begründet seine Entscheidung u.a. wie folgt: *„Hat aber der Gesetzgeber den Arbeitnehmeranteil des Beitrags durch den Straftatbestand des § 266a I StGB in besonders nachhaltiger Weise vor untreueähnlichen Handlungen oder Unterlassungen des Arbeitgebers geschützt, darf der Verordnungsgeber wegen seiner Bindung an das Gesetz (vgl. Art. 20 III GG) nichts bestimmen, was dem Arbeitgeber die Erfüllung der strafbewehrten Verpflichtung erschwert, sofern er nicht durch Gesetz ausdrücklich dazu verpflichtet oder ermächtigt ist. Die gesetzliche Ermächtigungsgrundlage des § 2 BeitragszahlungsV sieht dergleichen nicht vor. ... Als Folge der teilweisen Nichtigkeit kann der Arbeitgeber sein Verlangen, daß die Arbeitnehmeranteile zuerst getilgt werden, auf den verbleibenden Inhalt des § 2 stützen."* (Ebenso OLG Dresden, 4.4.1997 – 8 U 1732/96, GmbHR 1997 S. 647.)

Die Auffassung des BSG in seiner Entscheidung vom 22.2.1996 ist durch Neufassung des § 2 BeitragszahlungsVO überholt (Art. 2 Nr. 2 der zweiten VO zur Änderung der BeitragsüberwachungsVO und der BeitragszahlungsVO vom 20.5.1997, BGBl. I 1997 S. 1137).

Der BGH (13.1.1998 – VI ZR 58/97, NJW 1998 S. 1484) hat zu § 2 Beitragszahlungs VO n. F. bestätigt, daß Zahlungen der GmbH auf geschuldete Gesamtsozialversicherungsbeiträge je zur Hälfte auf die Arbeitnehmer- und die Arbeitgeberanteile anzurechnen sind, es sei denn, es liegt eine besondere Tilgungsbestimmung der GmbH vor.

Eine Heranziehung der Tilgungsreihenfolge des § 366 Abs. 2 BGB kommt angesichts der vorrangigen Spezialregelung der Beitragszahlungsverordnung nicht in Betracht.

Für den Geschäftsführer ergibt sich hieraus, daß er bei Abführung von Sozialversicherungsbeiträgen immer genau bezeichnen sollte für welchen Zeitraum und – bei nicht genügenden Mitteln – für welche Anteile (Arbeitnehmer-, Arbeitgeberanteile) die Zahlungen erfolgen.

873 Wird zum **Fälligkeitszeitpunkt** der Beitrag nicht entrichtet, ist gemäß § 24 Abs. 1 SGB IV i.d.F. des 2. Gesetzes zur Änderung des Sozialgesetzbuches vom 13.6.1994 (2. SGBÄndG, BGBl. I S. 1229) für jeden angefangenen Monat ein Säumniszuschlag von 1 % des rückständigen, auf 100 DM nach unten abgerundeten Betrages zu zahlen.

Die Neuregelung des § 24 SGB IV ist gemäß Art. 23 Abs. 3 Satz 2 2. SGBÄndG erstmals auf nach dem 31.12.1994 fällig werdende Beträge anzuwenden.

874 Die **Verjährung** von Beitragsansprüchen ist in § 25 SGB IV geregelt. Diese Vorschrift gilt nicht nur für die Beiträge zur Kranken- und Rentenversicherung, sondern auch für die Beiträge zur Arbeitslosenversicherung und Pflegeversicherung (§ 1 Abs. 1 SGB IV). Ansprüche auf Beiträge verjähren in 4 Jahren, absichtlich hinterzogene Beiträge verjähren in 30 Jahren (§ 25 Abs. 1 Satz 2 SGB IV). Die Verjährungsfrist beginnt mit dem 1. Tag des Kalenderjahres (1.1.), das dem Kalenderjahr folgt, in dem die Beiträge fällig geworden sind. Sie endet mit dem letzten Tag des 4. Kalenderjahres (31.12.) – bei vorsätzlicher Vorenthaltung mit dem letzten Tag des 30. Kalenderjahres – nach dem Jahr der Fälligkeit der Beiträge.

Für die Hemmung (§§ 202 ff. BGB), Unterbrechung (§§ 208 ff. BGB) und Wirkung (§ 222 BGB) der Verjährung erklärt § 25 Abs. 2 SGB IV die Vorschriften des BGB für sinngemäß anwendbar.

ANHANG

I. MUSTER EINES ANSTELLUNGSVERTRAGES FÜR FREMDGESCHÄFTSFÜHRER

Geschäftsführer-Vertrag

zwischen

der WETA Westdeutsche Thermo Armaturen GmbH,
Vogelanger 8a, München,

vertreten durch die Gesellschafterversammlung,
diese vertreten durch die Herren Hans Lippin und
Emil Teufel
– im folgenden Gesellschaft genannt –

und

Herrn Karl Aschgard, Kaufmann,
Meisenweg 16, München
– im folgenden Geschäftsführer genannt –

Präambel

Die Gesellschafterversammlung der Gesellschaft hat am 23. Oktober 1994 beschlossen:

Zum Geschäftsführer wird bestellt Herr Karl Aschgard, Kaufmann, geb. am 20.12.1948 in München, wohnhaft in München, Meisenweg 16.

Er ist einzelvertretungsberechtigt, auch wenn mehrere Geschäftsführer bestellt sind.

In Erfüllung dieses Beschlusses und unter Beachtung des Gesellschaftsvertrages der Gesellschaft, welcher dem Geschäftsführer bekannt ist, beschließen die Beteiligten den nachfolgenden Anstellungsvertrag:

§ 1 Aufgaben und Pflichten

(1) Der Geschäftsführer ist berechtigt und verpflichtet, die Gesellschaft nach Maßgabe des Gesellschaftsvertrages allein zu vertreten und die Geschäfte der Gesellschaft allein zu führen. Weisungen der Gesellschafterversammlung hat er zu befolgen.

(2) Im Rahmen der Geschäftsführung hat der Geschäftsführer für die wirtschaftlichen, finanziellen und organisatorischen Belange der Gesellschaft in bester Weise Sorge zu tragen.

Anhang

875

(3) Bei allen Entscheidungen muß sich der Geschäftsführer allein vom Wohl der Gesellschaft leiten lassen.

(4) Der Geschäftsführer hat die ihm obliegenden Pflichten mit der Sorgfalt eines ordentlichen Kaufmanns unverzüglich nach Maßgabe der Gesetze, des Gesellschaftsvertrages, der Gesellschafterbeschlüsse und dieses Vertrages wahrzunehmen.

(5) Der Geschäftsführer hat auf Verlangen an den Gesellschafterversammlungen teilzunehmen, er hat der Gesellschafterversammlung den Geschäftsbericht und - auf Verlangen - mündliche und/oder schriftliche Zwischenberichte zu erstatten.

§ 2 Treuepflichten, Betriebsgeheimnisse

(1) Der Geschäftsführer ist verpflichtet, Dritten gegenüber strengstes Stillschweigen über alle ihm anvertrauten oder sonst bekanntgewordenen geschäftlichen, betrieblichen oder technischen Informationen und Vorgänge zu wahren, die die Gesellschaft betreffen und die internen oder vertraulichen Charakter haben. Nach Beendigung des Anstellungsverhältnisses besteht diese Pflicht fort, also auch im Falle einer Kündigung oder Pensionierung.

(2) Geschäftliche und betriebliche Unterlagen aller Art (bspw. Urkunden, Verträge, Vermerke, Korrespondenzen, Gutachten, Rezepte, Verfahren, Kalkulationen pp., gleichgültig, ob im Original, Durchschlag, in Vervielfältigung oder im Entwurf) einschließlich persönlicher Aufzeichnungen über dienstliche Angelegenheiten, dürfen nur zu geschäftlichen Zwecken verwandt werden. Insbesondere ist untersagt, Kostenberechnungen, Statistiken, Zeichnungen u.ä. in Abschriften, Fotokopien oder Auszüge außerbetrieblich zu fertigen, zu benutzen oder an dritte Personen weiterzugeben.

(3) Unterlagen im Sinne des Abs. 2, die der Geschäftsführer im Rahmen seines Dienstverhältnisses in Besitz hat, sind sorgfältig aufzubewahren und auf Verlangen der Gesellschafterversammlung jederzeit, spätestens bei Beendigung des Anstellungsverhältnisses, der Gesellschaft auszuhändigen. Gleiches gilt für sonstige Gegenstände, die sich im Eigentum oder Besitz der Gesellschaft befinden.

(4) Zurückbehaltungsrechte können durch den Geschäftsführer nicht geltend gemacht werden. Der Geschäftsführer kann mit Ansprüchen gegen die Gesellschaft nicht aufrechnen.

§ 3 Genehmigungspflichtige Rechtsgeschäfte

(1) Der Geschäftsführer bedarf zu folgenden Handlungen der Zustimmung der Gesellschafterversammlung:

a) Erwerb, Veräußerung und Belastung von Liegenschaften und Gebäuden
b) Errichtung und Aufgabe von Zweigniederlassungen
c) Beteiligung an anderen Unternehmen, Verkauf oder Verpachtung des Betriebes oder wesentlicher Betriebsteile an Dritte
d) Aufgabe oder Neuaufnahme von Geschäftszweigen
e) Eingehung von Wechselverpflichtungen, Kreditaufnahmen und Kreditgewährungen
f) Abschluß von Miet- und Pachtverträgen mit einer Dauer von mehr als einem Jahr und einem Miet- oder Pachtvertrag über 12000 DM/Jahr
g) Bestellung von Prokuristen und Handlungsbevollmächtigten
h) Abschluß von Dienstverträgen mit Angestellten, denen ein Monatsgehalt von mehr als 5000 DM oder eine Beteiligung am Geschäftsgewinn gewährt werden soll
i) zu allen Handlungen, die gemäß § 116 HGB über den gewöhnlichen Betrieb des Handlungsgewerbes der Gesellschaft hinausgehen.

(2) Die Gesellschafterversammlung kann den Geschäftsführer jederzeit von den vorgenannten Beschränkungen befreien oder weiter beschränken.

§ 4 Arbeitsleistung, Nebentätigkeiten

(1) Der Geschäftsführer hat seine gesamte Arbeitskraft und seine gesamten Kenntnisse und Erfahrungen der Gesellschaft zur Verfügung zu stellen.

(2) Der Geschäftsführer haftet der Gesellschaft und den Gesellschaftern nur für eine vorsätzliche Schädigung der Gesellschaft.

(3) An bestimmte Arbeitszeiten ist der Geschäftsführer nicht gebunden; er sollte jedoch möglichst die für das Unternehmen geltende Arbeitszeit einhalten. Der Geschäftsführer ist verpflichtet, jederzeit, wenn und soweit das Wohl der Gesellschaft es verlangt, zur Dienstleistung zur Verfügung zu stehen.

(4) Die Übernahme einer entgeltlichen oder unentgeltlichen Nebentätigkeit im beruflichen Bereich, von Ehrenämtern, Aufsichtsrats- oder ähnlichen Mandaten bedarf der vorherigen Zustimmung der Gesellschafterversammlung.
Das gleiche gilt für Veröffentlichungen und Vorträge, welche den Tätigkeitsbereich des Gesellschafters betreffen.

(5) Der Geschäftsführer darf sich während der Dauer des Anstellungsvertrages nicht an einem Unternehmen beteiligen, das mit der Gesellschaft in Konkurrenz steht oder Geschäftsbeziehungen mit der Gesellschaft unterhält.

§ 5 Nachvertragliche Wettbewerbsvereinbarung

(1) Der Geschäftsführer verpflichtet sich für zwei Jahre nach Beendigung des Vertrages sowie für die Zeit, in der er eine Pension von der Gesellschaft bezieht, für kein Konkurrenzunternehmen der Gesellschaft oder eines mit diesem verbundenen Unternehmen tätig zu werden, und zwar weder selbständig noch unselbständig, weder mittelbar noch unmittelbar, auch nicht für fremde Rechnung, weder gelegentlich noch gewerbsmäßig, auch nicht durch ein eigenes Unternehmen oder in Form einer Beteiligung, Unterbeteiligung, stillen Gesellschaft, eines Beratungsverhältnisses, einer Gefälligkeit, einer Aufsichtsrats-(Beirats-)Tätigkeit oder eines Ehrenamtes. Das Wettbewerbsverbot ist auf das Gebiet der Bundesländer Bayern und Baden-Württemberg beschränkt.[1]

(2) Das Wettbewerbsverbot gilt nicht, wenn dieser Vertrag von dem Geschäftsführer aus wichtigem Grund zulässigerweise fristlos gekündigt wird. Es gilt ferner nicht für Beteiligungen an Unternehmen in Gestalt von Wertpapieren, die an Börsen gehandelt und die zum Zwecke der Kapitalanlage erworben werden.

(3) Nach Beendigung des Vertrages zahlt die Gesellschaft, wenn sie nicht binnen zwei Wochen nach Beendigung des Vertragsverhältnisses ausdrücklich auf die Geltendmachung des Wettbewerbsverbotes schriftlich verzichtet, an den Geschäftsführer eine - in monatlichen Teilbeträgen fällige - Entschädigung in Höhe von 50% des in den letzten zwei Jahren gezahlten durchschnittlichen Jahresgehalts (§ 6 Abs. 1 Buchst. a) für die Dauer des Wettbewerbsverbotes. Auf die Entschädigung ist ein Drittel anderweitiger Bezüge aus nichtselbständiger Arbeit anzurechnen. Die Lohnsteuerkarte ist vorzulegen. Wird sie nicht vorgelegt, entfällt die Entschädigungspflicht der Gesellschaft nach Satz 1.

(4) Für jeden Fall des Verstoßes gegen das Wettbewerbsverbot zahlt der Geschäftsführer der Gesellschaft eine Vertragsstrafe in Höhe des zweifachen Satzes seines letzten Monatsgehaltes; steht er nicht mehr in den Diensten der Gesellschaft, gilt der letzte von dieser gezahlte Monatsbezug. Die Vertragsstrafe tritt neben die übrigen Ansprüche der Gesellschaft aus der Wettbewerbsvereinbarung. Bei einem andauernden Wettbewerbsverstoß gilt die Tätigkeit während eines Monats als jeweils ein selbständiger Verstoß im Sinne des Satzes 1.

---

[1] Zur Beschränkung eines Wettbewerbsverbots nach Ort, Zeit und Gegenstand siehe BGH, 29.1.1996 – II ZR 286/94, Stbg 1997 S. 19.

§ 6 Bezüge

(1) Der Geschäftsführer erhält ab 1.1.1995 als Vergütung für seine Tätigkeit

  a) ein Jahresgehalt von 188000 DM, das von Januar bis Dezember in anteiligen, monatlichen Raten, jeweils am Monatsende, bezahlt wird. Im Jahresgehalt ist Weihnachts- und Urlaubsgeld enthalten.
  b) eine Gewinnbeteiligung von 10%, fällig einen Monat nach Genehmigung des Jahresabschlusses. Bemessungsgrundlage für die Gewinnbeteiligung ist der Gewinn vor Körperschaftsteuer und vor Berücksichtigung der Tantieme nach Verrechnung mit Verlusten; nachträgliche Ergebnisänderungen aufgrund von Betriebsprüfungen sind nicht zu berücksichtigen.

(2) Die Gewinnbeteiligung entfällt, wenn dem Geschäftsführer aus wichtigem Grund gekündigt wird, für das Geschäftsjahr der Kündigung und für das vorhergehende Geschäftsjahr.

(3) Scheidet der Geschäftsführer aus sonstigen Gründen während des Geschäftsjahres aus seinem Amt aus, so hat er Anspruch auf anteilige Gewinnbeteiligung.

(4) Ein Anspruch auf Vergütung von Überstunden, Sonntags-, Feiertags- oder sonstiger Mehrarbeit besteht nicht.

(5) Im Krankheitsfall oder bei sonstiger unverschuldeter Verhinderung bleibt der Gehaltsanspruch für die Dauer von drei Monaten bestehen; darüber hinaus zahlt die Gesellschaft für die Dauer von weiteren sechs Monaten dem Geschäftsführer den Differenzbetrag zwischen Krankengeld und monatlichem Nettogehalt. Dauert die Verhinderung länger als drei Monate ununterbrochen an, so wird die Gewinnbeteiligung anteilig gekürzt.

(6) Stirbt der Geschäftsführer, so wird seinen Erben die Vergütung nach Abs. 1 Buchst. a) drei Monate nach dem Sterbemonat weiterbezahlt; der Gewinnbeteiligungsanspruch endet am letzten Tag des Sterbemonats.
Für die Aufteilung der Bezüge unter die Erben ist die Erbquote nach der letztwilligen Verfügung und, wenn eine solche nicht vorhanden ist, die gesetzliche Erbquote maßgebend.

(7) Eine Abtretung oder Verpfändung der Bezüge ist ohne Genehmigung der Gesellschaft unzulässig.

(8) Versorgungsleistungen gewährt die Gesellschaft dem Geschäftsführer gemäß ihrer Versorgungsordnung.

§ 7 Urlaub

(1) Dem Geschäftsführer steht ein Jahresurlaub von 30 Werktagen zu, wobei Samstage nicht als Arbeitstage

zählen; der Urlaub kann auch in Teilabschnitten genommen werden.
Die Urlaubszeiten sind im Einvernehmen mit der Gesellschafterversammlung festzulegen.

(2) Kann der Geschäftsführer aus geschäftlichen Gründen den Urlaub im laufenden Kalenderjahr nicht oder nicht vollständig nehmen, so ist der Urlaub bis zum 31.3. des Folgejahres anzutreten. Danach hat der Geschäftsführer Anspruch auf Abgeltung des Urlaubsanspruchs. Der Abgeltungsanspruch bemißt sich nach der Höhe der Festvergütung nach § 6 Abs. 1 Buchst. a) dieses Vertrages.

(3) Kann der Urlaub wegen Beendigung des Anstellungsverhältnisses nicht oder nicht vollständig gewährt werden, so ist er entsprechend Abs. 2 abzugelten.

§ 8 Sonstige Leistungen

(1) Die Gesellschaft stellt dem Geschäftsführer für seine Tätigkeit einen Dienstwagen der Marke ... Typ ... zur Verfügung, der auch privat genutzt werden darf. Den in der Privatnutzung liegenden geldwerten Vorteil (Steuer und Sozialversicherung) trägt der Geschäftsführer selbst.

(2) Wird der Geschäftsführer abberufen und/oder von seinen Dienstpflichten befreit oder endet das Dienstverhältnis durch Zeitablauf, kann die Gesellschaft den Dienstwagen herausverlangen, ohne daß insoweit ein finanzieller Ausgleich des in der Privatnutzung liegenden geldwerten Vorteils gewährt wird. Dem Geschäftsführer steht aus keinem Rechtsgrund ein Zurückbehaltungsrecht gegenüber der Gesellschaft zu.

§ 9 Spesen

(1) Die Gesellschaft ersetzt dem Geschäftsführer seine Reisespesen nach den jeweils steuerlich zulässigen Höchstsätzen.

(2) Der Geschäftsführer muß seine Auslagen belegen können, soweit üblicherweise Belege erteilt werden können.

§ 10 Vertragsdauer

(1) Der Vertrag wird auf unbestimmte Zeit geschlossen; er kann von beiden Vertragspartnern mit einer Frist von sechs Monaten zum 30.6. und 31.12. eines Jahres schriftlich gekündigt werden.

(2) Die Bestellung des Geschäftsführers kann durch Beschluß der Gesellschafterversammlung jederzeit widerrufen werden, unbeschadet seiner Entschädigungs-

ansprüche aus diesem Vertrag. Der Widerruf gilt als Kündigung des Anstellungsvertrages zum nächstzulässigen Zeitpunkt.
Gleiches gilt bei Amtsniederlegung durch den Geschäftsführer.

(3) Im Falle der Kündigung behält sich die Gesellschaft das Recht vor, den Geschäftsführer bis zum Ablauf der Kündigungsfrist von der Verpflichtung zur Dienstleistung freizustellen; sind Urlaubsansprüche offen, sind diese auf den Freistellungszeitraum anzurechnen.

(4) Das Vertragsverhältnis endet ohne Kündigung am Ende des Monats, in dem der Geschäftsführer das 65. Lebensjahr vollendet.

§ 11 Schlußbestimmung

(1) Vertragsänderungen bedürfen der Schriftform und der ausdrücklichen Einwilligung der Gesellschafterversammlung.

(2) Die Ungültigkeit einzelner Bestimmungen berührt nicht die Rechtswirksamkeit des Vertrages im ganzen. Anstelle der unwirksamen Vorschrift ist eine Regelung zu vereinbaren, die der wirtschaftlichen Zwecksetzung der Parteien am ehesten entspricht.

München, den

(H. Lippin, E. Teufel als Vertreter
der Gesellschafterversammlung)   (K. Aschgard)

II. MUSTER EINES ANSTELLUNGSVERTRAGES FÜR BEHERRSCHENDEN GESELLSCHAFTER-GESCHÄFTSFÜHRER

876 Gesellschafter-Geschäftsführer-Vertrag

zwischen

der Ado GmbH, Steinstr. 7, Würzburg,

vertreten durch die Gesellschafterversammlung
- im folgenden auch Gesellschaft genannt -

und

Herrn Hans Demke, Am Uferweg 1, Würzburg
- im folgenden auch Geschäftsführer genannt -

§ 1 Aufgabenbereich und Pflichten

(1) Herr Demke wird mit Wirkung vom 1.1.1995 zum Geschäftsführer der Gesellschaft bestellt. Der Geschäftsführer vertritt die Gesellschaft alleine; er ist von den Beschränkungen des § 181 BGB befreit.

(2) Die Gesellschafter verzichten auf ihr Recht, dem Geschäftsführer Weisungen zu erteilen und sich in die laufende Geschäftsführung einzuschalten. Unabhängig hiervon verpflichtet sich der Geschäftsführer, bei allen seinen Tätigkeiten die Sorgfalt eines ordentlichen und gewissenhaften Geschäftsmannes zu beachten.

(3) Der Geschäftsführer hat gegenüber Dritten Stillschweigen über alle ihm anvertrauten oder sonst bekanntgewordenen geschäftlichen und betrieblichen Informationen und Vorgänge der GmbH zu wahren; diese Pflicht besteht auch nach Beendigung des Anstellungsvertrages fort.

(4) Alle Unterlagen, die der Geschäftsführer erhalten oder selbst angefertigt hat, sind sorgfältig aufzubewahren und dürfen nur zu geschäftlichen Zwecken verwandt werden; Dritten dürfen solche Unterlagen nicht zugänglich gemacht werden. Ein Zurückbehaltungsrecht steht dem Geschäftsführer nicht zu.

(5) Der Geschäftsführer haftet der Gesellschaft und den Gesellschaftern nur für eine vorsätzliche Schädigung der Gesellschaft.

(6) An bestimmte Dienstzeiten ist der Geschäftsführer nicht gebunden. Der Geschäftsführer ist jedoch verpflichtet, der Gesellschaft, soweit erforderlich, jederzeit zur Verfügung zu stehen.

II. Anstellungsvertrag für beherrschenden Gesellschafter-Geschäftsführer

§ 2 Nebentätigkeiten, Befreiung vom Wettbewerbsverbot

(1) Dem Geschäftsführer ist es gestattet, weitere Tätigkeiten aufzunehmen und fortzuführen, ohne daß er hierzu der Genehmigung durch die Gesellschafterversammlung bedarf.

(2) Die Gesellschaft befreit den Geschäftsführer ausdrücklich von dem ihm obliegenden Wettbewerbsverbot. Durch die Befreiung von dem Wettbewerbsverbot verzichtet die Gesellschaft nicht auf eine angemessene Gegenleistung, da die Bezüge des Geschäfts-führers so bemessen sind, daß nur bei Gewinnen der Gesellschaft der Geschäftsführer angemessene Bezüge erhält.

(3) Diensterfindungen des Geschäftsführers werden nach den Bestimmungen des Gesetzes über Arbeitnehmererfindungen vom 25.7.1957 und den dazu ergangenen Richtlinien behandelt.

§ 3 Vertragsdauer

(1) Der Geschäftsführervertrag wird auf unbestimmte Dauer geschlossen.

(2) Bis zum 31.12.1999 kann der Vertrag nur aus wichtigem Grund gekündigt werden. Danach kann jede Vertragspartei den Anstellungsvertrag mit 6-monatiger Frist zum Ende eines Kalenderjahres kündigen.

(3) Ein wichtiger Grund ist für den Geschäftsführer insbesondere die Nichtanerkennung seines Anstellungsvertrages oder einzelner Bestimmungen durch die Finanzverwaltung.

(4) Der Geschäftsführer kann nur aus wichtigem Grund abberufen werden. Mit der Abberufung ist nicht gleichzeitig die Kündigung des Anstellungsvertrages ausgesprochen. Wird jedoch rechtskräftig festgestellt, daß die Abberufung wirksam ist, so ist ab Rechtskraft des die Abberufung feststellenden Urteils auch der Anstellungsvertrag beendet.

(5) Im übrigen endet der Anstellungsvertrag mit Erreichen des 65. Lebensjahres des Geschäftsführers.

§ 4 Bezüge

(1) Als Vergütung erhält der Geschäftsführer monatlich 7000 DM Gehalt, zahlbar jeweils am Monatsende. Soweit der Geschäftsführer freiwillig in der Kranken-, Renten-, Pflege- und Unfallversicherung versichert ist, übernimmt die Gesellschaft den Arbeitgeberanteil. Bei der niedrigen Gehaltsfestsetzung wurde die Befreiung des Geschäftsführers vom Wettbewerbsverbot berücksichtigt.

(2) Das Gehalt erhält der Geschäftsführer 13 mal, wobei das 13. Gehalt als Weihnachtsgeld auszubezahlen ist.

(3) Der Geschäftsführer erhält außerdem eine jährliche Gewinntantieme in Höhe von 20% des maßgeblichen Gewinns. Maßgeblicher Gewinn ist der Jahresüberschuß lt. Handelsbilanz vor Abzug des Tantiemeaufwandes sowie des Körperschaftsteuer- und Gewerbesteueraufwandes, aber nach Abzug etwaiger Verlustvorträge. Die Tantieme ist nach oben dadurch begrenzt, daß 75% der Gesamtbezüge auf die Festbezüge (Abs. 1 und 2) entfallen müssen.
Die Tantiemezahlung wird mit der Feststellung des Jahresabschlusses fällig.
Im Falle des Ausscheidens des Geschäftsführers besteht der Anspruch in dem betreffenden Jahr nur anteilig entsprechend der Zeitdauer seiner aktiven Tätigkeit.
Nachträgliche Änderungen der Bilanz, insbesondere aufgrund abweichender steuerlicher Veranlagung, sind bei deren Bestandskraft zu berücksichtigen. Überbezahlte Beträge hat der Geschäftsführer zu erstatten. Eine eventuelle Kürzung der Tantiemen der einzelnen Geschäftsführer erfolgt anteilig entsprechend ihrem jeweiligen Tantiemeprozentsatz.

(4) Die Tantiemen aller Gesellschafter-Geschäftsführer der Gesellschaft dürfen zusammengerechnet nicht mehr als 50% des steuerlichen Jahresüberschusses ausmachen.

(5) Die Tantieme ist nach Ablauf von Wirtschaftsjahren aufgrund einer neuen Gewinnprognose im Rahmen der Anpassung der Gesamtvergütung so neu zu bemessen, daß sie 25% der Festbezüge voraussichtlich nicht übersteigt.

(6) Das Gehalt des Geschäftsführers erhöht sich in demselben prozentualen Verhältnis, in dem die Angestelltengehälter nach dem Manteltarifvertrag des Metallhandwerks erhöht werden, und zwar ab dem 1. des Monats, der auf die Tariferhöhung folgt.

(7) Bei Arbeitsunfähigkeit (Krankheit, Unfall) erhält der Geschäftsführer für die Dauer von 12 Monaten die Bezüge nebst Nebenleistungen weiter vergütet.

§ 5 Nebenleistungen

(1) Für die Dauer des Dienstvertrages stellt die Gesellschaft dem Geschäftsführer einen Dienstwagen seiner Wahl zur Verfügung, der auch für Privatfahrten genutzt werden darf; den geldwerten Vorteil für die Benutzung zu Privatfahrten hat der Geschäftsführer zu versteuern.

II. Anstellungsvertrag für beherrschenden Gesellschafter-Geschäftsführer

(2) Die Gesellschaft schließt zugunsten des Geschäftsführers eine Lebensversicherung über ... DM ab. Im Falle des Todes des Geschäftsführers ist seine Witwe bezugsberechtigt; ist diese vorverstorben, treten an ihre Stelle die Kinder des Geschäftsführers.

(3) Der Geschäftsführer hat Anspruch auf 30 Urlaubstage, die er in Abstimmung mit der Gesellschafterversammlung zu nehmen hat.

§ 6 Aufwendungsersatz

Der Geschäftsführer erhält von der Gesellschaft Aufwendungen und Spesen gegen Belegnachweis und/oder im Rahmen der steuerlich zulässigen Pauschsätze ersetzt.

§ 7 Schlußbestimmungen

(1) Mündliche Nebenabreden werden nicht getroffen. Vertragsänderungen und/oder -ergänzungen sind nur für die Zukunft zulässig und nur wirksam, wenn sie schriftlich vereinbart werden.[1]

(2) Sollten einzelne Bestimmungen dieses Vertrages unwirksam sein oder werden, so berührt dies die Gültigkeit der übrigen Bestimmungen nicht. Anstelle der unwirksamen Bestimmung ist eine Regelung zu vereinbaren, die dem wirtschaftlichen Gehalt der unwirksamen Bestimmung am nächsten kommt.

(3) Ergänzend gelten die Bestimmungen der Satzung und des GmbH-Gesetzes, sofern dieser Vertrag hiervon nicht abweicht.

(4) Für alle Rechtsstreitigkeiten aus diesem Vertrag ist das Landgericht Würzburg zuständig.

Würzburg, den 31.12.1994

gez. Unterschriften

---

[1] Vgl. aber Rz. 73–75.

III. MUSTER EINES ANSTELLUNGSVERTRAGES FÜR GESCHÄFTSFÜHRENDEN ALLEIN-GESELLSCHAFTER

877 Anstellungsvertrag

zwischen

der X-GmbH, vertreten durch die Gesellschafterversammlung,

diese vertreten durch den Alleingesellschafter X
- im folgenden GmbH oder Gesellschaft genannt -

und

Herrn X
- im folgenden Geschäftsführer genannt -

Präambel

Durch Gründungsvertrag vom ... ist Herr X ... zum Alleingeschäftsführer bestellt und am ... zum Handelsregister angemeldet worden.

§ 1 Vertragsdauer

(1) Dieser Anstellungsvertrag gilt ab 1. Juli 1988.

(2) Er kann von der GmbH nur aus wichtigem Grunde gekündigt werden.

(3) Der Geschäftsführer kann den Anstellungsvertrag zum Ende eines Kalenderjahres mit Einhaltung einer 6-monatigen Kündigungsfrist kündigen.

(4) Das Vertragsverhältnis endet ohne Kündigung am Ende des Monats, in dem der Geschäftsführer das 65. Lebensjahr vollendet.

§ 2 Zuständigkeit, Vertretung

(1) Der Geschäftsführer ist berechtigt, allein die Gesellschaft zu vertreten und allein die Geschäfte der Gesellschaft und der Beteiligungsgesellschaft zu führen. Er ist von den Beschränkungen des § 181 BGB befreit, ebenso von einer möglichen persönlichen Haftung nach § 11 Abs. 2 GmbHG, soweit eine solche Haftungsfreistellung rechtlich zulässig ist. Der Geschäftsführer ist aufgrund der Satzung der GmbH auch von jedem Wettbewerbsverbot befreit.

(2) Der Geschäftsführer führt die Geschäfte der GmbH nach den Grundsätzen eines ordentlichen Kaufmanns unter Beachtung der Satzung und des GmbH-Gesetzes.

III. Anstellungsvertrag für geschäftsführenden Alleingesellschafter

(3) Der Geschäftsführer nimmt die Rechte und Pflichten des Arbeitgebers im Sinne der arbeits- und sozialrechtlichen Vorschriften wahr.

(4) An eine Arbeitszeit ist der Geschäftsführer nicht gebunden.

§ 3 Bezüge

(1) Der Geschäftsführer erhält für seine Tätigkeit

    a) ein festes Jahresgehalt in Höhe von ... DM, das in gleichen monatlichen Teilbeträgen am Ende eines Monats bezahlt wird,
    b) die tariflichen Leistungen des Baugewerbetarifs, die Angestellten neben dem Gehalt bezahlt werden, wie Urlaubsgeld, vermögenswirksame Leistungen usw.,
    c) eine gewinnabhängige Vergütung von 15% des Steuerbilanzgewinns nach Verrechnung mit Verlustvorträgen und vor Abzug der Körperschaft- und Gewerbesteuer. Die Bemessungsgrundlage ist um die Tantieme zu kürzen. Die gewinnabhängige Vergütung ist einen Monat nach Genehmigung des Jahresabschlusses durch die Gesellschafterversammlung fällig.

(2) Außerdem hat der Geschäftsführer Anspruch auch auf die private Nutzung eines firmeneigenen Kraftwagens sowie die Zurverfügungstellung eines Einfamilienhauses. Daraus sich ergebende geldwerte Vorteile hat der Geschäftsführer zu versteuern.

(3) Das Gehalt ändert sich im gleichen prozentualen Verhältnis, in dem sich die Gehaltsbezüge eines technischen Angestellten in der obersten Gruppe des Baugewerbetarifs erhöhen. Die Veränderung des Gehalts (Abs. 1 Buchst. a) erfolgt automatisch von dem Monat an, in dem die Tariferhöhung wirksam wird, ohne daß es einer besonderen Vereinbarung bedarf. Die Gesamtbezüge dürfen 300 000 DM/Jahr nicht übersteigen.

(4) Bei Krankheit oder sonstiger Verhinderung bleibt der Gehaltsanspruch bis zur Dauer von 12 Monaten in vollem Umfange bestehen.

(5) Stirbt der Geschäftsführer, so werden seine Bezüge i.S. von Abs. 1 Buchst. a) 6 Monate weiterbezahlt.

(6) Der Geschäftsführer ist berechtigt, im voraus unter Anrechnung auch die gewinnabhängige Vergütung (Abs. 1 Buchst. c) monatlich bis zu 5 000 DM zu entnehmen.

(7) Soweit der Geschäftsführer auf eigene Rechnung Geschäfte tätigt, hat er 3% des Umsatzes aus diesen Geschäften abzuführen.

§ 4 Urlaub

(1) Der Geschäftsführer hat Anspruch auf einen Jahresurlaub von 8 Wochen.

(2) Den Zeitpunkt des Urlaubs bestimmt der Geschäftsführer unter Berücksichtigung der Belange der GmbH; der Urlaub kann auch in Teilabschnitten genommen werden.

(3) Soweit der Geschäftsführer aufgrund der Geschäftslage der GmbH den Urlaub nicht oder nicht ganz nehmen kann, kann der Geschäftsführer eine Vergütung in Höhe von 75% seines Gehaltes (§ 3 Abs. 1 Buchst. a) für die Zeit des nicht genommenen Urlaubs verlangen.

(4) Der Urlaubsanspruch verfällt 6 Monate nach Ablauf des vorangegangenen Jahres.

§ 5 Spesen

(1) Bei Geschäftsreisen hat der Geschäftsführer Anspruch auf Ersatz seiner Auslagen nach den steuerlich zulässigen Höchstsätzen.

(2) Soweit die steuerlichen Pauschbeträge überschritten werden, erhält der Geschäftsführer Ersatz gemäß den vorgelegten Belegen.

§ 6 Versicherungen

(1) Die GmbH verpflichtet sich, den Geschäftsführer gegen Betriebsunfälle einschließlich aller Fahrten zwischen Wohnung und Betrieb, gegen Tod, Invalidität, Körper- und Sachschäden, Verdienstausfall usw. auf ihre Kosten ausreichend zu versichern.

(2) Die Ansprüche aus den Versicherungen stehen dem Geschäftsführer zu, im Falle seines Todes seinen Erben.

§ 7 Ruhegehalt

(1) Der Geschäftsführer erhält ein lebenslängliches Ruhegehalt, wenn er

    a) dauernd berufsunfähig wird,
    b) nach Vollendung seines 59. Lebensjahres den Anstellungsvertrag kündigt,
    c) dieser Vertrag nach § 1 Abs. 4 endet.

(2) Das jährliche Ruhegehalt beträgt 75% der Vergütung nach § 3 Abs. 1 Buchst. a) dieses Vertrages, die der Geschäftsführer bei Eintritt in den Ruhestand bezieht.

(3) Die Ehefrau des Geschäftsführers erhält als Witwengeld 60% des Ruhegehaltes, wenn der Geschäftsführer während der Dauer dieses Anstellungsvertrages oder während der Zeit, in welcher ihm Ruhegehalt zusteht, verstirbt. Das Witwengeld erlischt im Falle der Wiederverheiratung.

(4) Ruhegehalt und Witwengeld sind in gleichen monatlichen Teilbeträgen zum Ende eines Monats auszubezahlen.

§ 8 Schlußbestimmungen

Soweit einzelne Bestimmungen dieses Vertrages ungültig sein sollten, wird die Wirksamkeit der übrigen Vertragsbestimmungen hierdurch nicht berührt. Anstelle der unwirksamen Bestimmung ist eine Regelung zu vereinbaren, welche dem Sinn und Zweck der ungültigen Bestimmung wirtschaftlich am nächsten kommt.

Bonn, den ...

IV. MUSTER EINES ANSTELLUNGSVERTRAGES FÜR NICHT BEHERRSCHENDEN GESELLSCHAFTER-GESCHÄFTSFÜHRER

878 <u>Dienstvertrag</u>

zwischen

der ABC-GmbH
- nachfolgend Gesellschaft genannt -

und

Frau Dr. C
- nachfolgend Geschäftsführerin genannt -

<u>Präambel</u>

Frau Dr. C., die mit 30% an der Gesellschaft beteiligt ist, wurde durch Beschluß der Gesellschafterversammlung vom ... zur weiteren Geschäftsführerin bestellt. Aus diesem Grunde wird das bisherige Arbeitsverhältnis im gegenseitigen Einvernehmen aufgehoben. Der nachfolgende Dienstvertrag tritt an die Stelle der bisherigen vertraglichen Regelungen.

<u>§ 1 Aufgabenbereich, Vertretung und Geschäftsführung</u>

(1) Die Geschäftsführerin ist zuständig für die Geschäftsbereiche kaufmännische Verwaltung und Personal. Sie hat die Geschäfte der Gesellschaft unter Beachtung der Gesetze, der Satzung, der Geschäftsordnung dieses Anstellungsvertrages und der Weisungen der Gesellschafterversammlung zu führen.

(2) Die Geschäftsführerin vertritt die Gesellschaft gemeinsam mit einem weiteren Geschäftsführer oder einem Prokuristen gerichtlich und außergerichtlich.

(3) Die Geschäftsführerin ist von den Beschränkungen des § 181 BGB befreit.

<u>§ 2 Umfang der Geschäftsführungsbefugnis</u>

(1) Die Geschäftsführerin hat bei der Geschäftsführung die Sorgfalt eines ordentlichen und gewissenhaften Kaufmanns zu beachten. Ihre Geschäftsführungsbefugnis erstreckt sich auf alle Maßnahmen, die der gewöhnliche Geschäftsbetrieb der Gesellschaft mit sich bringt.

(2) Zu allen Geschäften, die über den gewöhnlichen Geschäftsbetrieb hinausgehen, muß die vorherige Zustimmung der Gesellschafterversammlung eingeholt werden.

IV. Anstellungsvertrag für nicht beherrschenden Gesellschafter-Geschäftsführer

Dazu gehören insbesondere:

a) Sitzverlegung, Veräußerung, Umwandlung, Spaltung, Formwechsel oder Stillegung des Betriebes im ganzen oder von Teilen desselben,
b) Errichtung oder Aufgabe von Zweigniederlassungen,
c) Gründung, Erwerb oder Veräußerung anderer Unternehmen oder Erwerb oder Veräußerung von Beteiligungen an anderen Unternehmen,
d) Aufnahme und Aufgabe eines Geschäftszweiges,
e) Erwerb, Veräußerung, Belastung von Grundstücken und grundstücksgleichen Rechten sowie die damit zusammenhängenden Verpflichtungsgeschäfte,
f) Investitions- und Betriebserhaltungsmaßnahmen, soweit im Einzelfall 100000 DM überschritten werden; das gleiche gilt für Leasinggeschäfte,
g) Abschluß, Änderung oder Aufhebung von Miet-, Pacht- oder Leasingverträgen mit einer Vertragsdauer von mehr als 12 Monaten oder mit einer monatlichen Verpflichtung von mehr als 4000 DM,
h) Übernahme von Bürgschaften und Eingehung von Wechselverbindlichkeiten,
i) Inanspruchnahme von Krediten von mehr als 50000 DM im Einzelfall; ausgenommen hiervon sind die üblichen Kunden- und Lieferantenkredite,
j) Einstellung, Beförderung und Entlassung von Arbeitnehmern, deren Jahresverdienst 96000 DM übersteigt, sowie die Zusage von Ruhegeldern und Beteiligungen am Gewinn, Umsatz oder Vermögen der Gesellschaft,
k) Massenentlassungen/-einstellungen, d.h. Veränderungen der Mitarbeiterzahl um mehr als 10% innerhalb eines Monats,
l) Gewährung von Sicherheiten jeder Art (Verpfändung, Sicherungsübereignung etc.) sowie die Bewilligung von Krediten außerhalb des gewöhnlichen Geschäftsverkehrs einschließlich der Übernahme fremder Verbindlichkeiten,
m) Einleitung von Rechtsstreitigkeiten mit einem Streitwert von mehr als 100000 DM im Einzelfall,
n) Erteilung und Widerruf von Prokura und Handlungsvollmacht.

§ 3 Vergütung

(1) Für ihre Tätigkeit erhält die Geschäftsführerin ein monatliches Bruttogehalt von 12000 DM, welches jeweils im nachhinein am Ende eines Monats bezahlt wird. Das Gehalt wird bei einer Erhöhung des Metalltarifs um den Prozentsatz erhöht, den ein kaufmännischer Angestellter der höchsten Tarifstufe erhält.

(2) Die Geschäftsführerin erhält außerdem eine Weihnachtsgratifikation in Höhe eines Monatsgehalts, die mit dem Novembergehalt zu bezahlen ist.

(3) Die Gesellschaft übernimmt die Sozialversicherungsbeiträge in der Kranken-, Pflege-, Renten- und Unfall-

versicherung, falls sich die Geschäftsführerin freiwillig versichert, jedoch nur in Höhe des Arbeitgeberbeitrags, der im Falle einer Pflichtversicherung höchstens zu entrichten wäre.

(4) Außerdem erhält die Geschäftsführerin eine Tantieme in Höhe von 15% des Gewinns, der unter Berücksichtigung folgender Gesichtspunkte zu ermitteln ist: Auszugehen ist vom Jahresgewinn der Gesellschaft nach Feststellung des Jahresabschlusses durch die Gesellschafterversammlung. Vom Gewinn sind etwaige Verlustvorträge abzuziehen; die Geschäftsführertantieme selbst wird nicht gewinnmindernd berücksichtigt. Spätere Änderungen des Jahresabschlusses, z.B. durch steuerliche Außenprüfungen, bleiben bei der Tantieme unberücksichtigt.

(5) Der Anspruch auf die Tantieme wird mit der Feststellung des Jahresabschlusses zur Zahlung fällig. Scheidet die Geschäftsführerin während der Dauer des Geschäftsjahres aus den Diensten der Gesellschaft aus, erhält sie die Tantieme anteilig für die innerhalb des Geschäftsjahres erbrachten Dienstleistungen. Bei außerordentlicher Kündigung des Dienstvertrages durch die Gesellschaft entfällt jeder Anspruch auf die Tantieme des laufenden Geschäftsjahres.

(6) Im Hinblick auf die Finanzrechtsprechung und die Handhabung durch die Finanzverwaltung, wonach die Tantieme nicht mehr als 25% der Festvergütung und alle Geschäftsführertantiemen nicht mehr als 50% des Jahresüberschusses betragen dürfen, ist die Gesellschafterversammlung verpflichtet, alle 3 Jahre die Gesamtvergütungen zu überprüfen. Hierzu erteilt die Geschäftsführerin schon jetzt ihre Zustimmung und akzeptiert die unter steuerlichen Gesichtspunkten festgelegten Beträge.

§ 4 Gehaltsfortzahlung bei Dienstverhinderung und Tod

(1) Wird die Geschäftsführerin an der Ausübung ihrer Tätigkeit durch Krankheit oder sonstige Gründe gehindert, die sie nicht zu vertreten hat, so werden ihr für die Dauer von 6 Monaten die Bezüge nach § 3 Abs. 1 weiterbezahlt. Für eine diesen Fortzahlungszeitraum übersteigende unverschuldete Dienstverhinderung wird der Geschäftsführerin auf die Dauer weiterer 6 Monate ein Zuschuß in Höhe der Differenz zwischen dem von einem Träger einer gesetzlichen oder privaten Krankenkasse gewährten Krankengeld und ihren monatlichen Nettobezügen nach § 3 Abs. 1 gezahlt.

(2) Der Tantiemeanspruch nach § 3 Abs. 4 bleibt während der ersten 6 Monate der Dienstverhinderung ungeschmälert bestehen. Danach vermindert sich die Tantieme um je 1/12 für jeden begonnenen Kalendermonat, in dem die Dienstverhinderung fortbesteht.

(3) Beim Tod der Geschäftsführerin erhält ihr Ehemann das Grundgehalt gemäß § 3 Abs. 1 sowie die zeitanteilige Tantieme (§ 3 Abs. 4) noch für die Dauer von 3 Monaten, beginnend mit dem Ablauf des Sterbemonats, weiter. Ist kein Ehemann vorhanden, steht der Anspruch den unterhaltsberechtigten Kindern der Geschäftsführerin zu.

§ 5 Sonstige Leistungen

(1) Die Gesellschaft stellt der Geschäftsführerin für die Dauer des Dienstvertrages einen Dienstwagen der Marke ... zur Verfügung, der auch zu Privatfahrten benutzt werden kann. Betriebs- und Unterhaltskosten trägt die Gesellschaft. Der geldwerte Vorteil für die private Nutzung ist von der Geschäftsführerin zu versteuern.

(2) Für Dienstreisen und Dienstgänge, welche im Interesse der Gesellschaft unternommen werden, hat die Geschäftsführerin Anspruch auf Erstattung ihrer Spesen im Rahmen der steuerlich zulässigen höchsten Pauschbeträge. Übersteigen die aufgewendeten Spesen die steuerlich zulässigen Pauschbeträge, so sind sie durch Belege nachzuweisen und werden entsprechend erstattet.

(3) Die Gesellschaft schließt zugunsten der Geschäftsführerin für die Dauer des Dienstvertrages eine Unfallversicherung mit folgenden Deckungssummen ab:
für den Invaliditätsfall   600000 DM
für den Todesfall   300000 DM.
Die Ansprüche aus der Versicherung stehen unmittelbar der Geschäftsführerin bzw. ihren Erben zu.

(4) Die Gesellschaft gewährt der Geschäftsführerin für die Dauer ihres Dienstvertrages einen Zuschuß zur Krankenversicherung in Höhe des Arbeitgeberanteils, wie er bei Krankenversicherungspflicht der Geschäftsführerin bestünde, höchstens jedoch in Höhe der Hälfte des Betrages, welchen die Geschäftsführerin für die Krankenversicherung aufzuwenden hat.

(5) Für dienstlich veranlaßte Telefongespräche von ihrem Privatanschluß erstattet die Gesellschaft der Geschäftsführerin gegen Vorlage der monatlichen Rechnung des Fernmeldeanschlusses 20% ihrer gesamten Telefonkosten (Grundgebühr plus Gesprächskosten).

§ 6 Urlaub

(1) Die Geschäftsführerin hat Anspruch auf einen bezahlten Erholungsurlaub von 30 Arbeitstagen. Der Urlaub ist in Abstimmung mit den übrigen Geschäftsführern festzulegen und darf die Belange der Gesellschaft nicht beeinträchtigen.

(2) Kann die Geschäftsführerin aus geschäftlichen oder in ihrer Person liegenden Gründen den Urlaub nicht oder

nicht vollständig bis zum Jahresende nehmen, bleibt ihr der Urlaubsanspruch bis zum 30.6. des Folgejahres erhalten. Kann auch bis zu diesem Zeitpunkt der Urlaub aus geschäftlichen Gründen nicht genommen werden, ist er der Geschäftsführerin in Geld zu vergüten.

§ 7 Versorgungszusage

(1) Scheidet die Geschäftsführerin mit Vollendung des 65. Lebensjahres oder infolge Berufsunfähigkeit nach mindestens 10jähriger Dienstzeit aus den Diensten der Gesellschaft aus, so erhält sie ein monatliches Ruhegehalt von 60% der zum Zeitpunkt ihres Ausscheidens bezogenen Vergütung nach § 3 Abs. 1.

(2) Scheidet die Geschäftsführerin vor Vollendung des 65. Lebensjahres aus, ohne daß eine Berufsunfähigkeit vorliegt, so behält sie eine unverfallbare Anwartschaft auf Gewährung eines Ruhegeldes, wenn die Versorgungszusage zum Zeitpunkt ihres Ausscheidens mindestens 10 Jahre bestanden hat.

(3) Das Ruhegeld wird nach Eintritt des Versorgungsfalles jeweils zum Ende eines Monats bezahlt, beginnend mit dem Monat, welcher auf den Eintritt des Versorgungsfalles folgt.

(4) Die Gesellschaft behält sich vor, das Ruhegeld zu kürzen oder einzustellen, wenn sich die bei Erteilung der Versorgungszusage vorhandene wirtschaftliche Lage der Gesellschaft so nachhaltig verschlechtert hat, daß ihr auch bei Beachtung der Belange der Geschäfts- führerin die Zahlung des zugesagten Ruhegeldes nicht mehr zugemutet werden kann. Das gleiche gilt, wenn sich die Geschäftsführerin der Gesellschaft gegenüber einer schweren Verfehlung schuldig gemacht hat.

§ 8 Nebentätigkeit

Die Geschäftsführerin hat ihre gesamte Arbeitskraft[1]) in den Dienst der Gesellschaft zu stellen. Jede Nebentätigkeit bedarf der vorherigen Genehmigung der Gesellschafterversammlung.

§ 9 Geheimhaltung

Die Geschäftsführerin verpflichtet sich, über alle ihr im Rahmen ihrer Tätigkeit zur Kenntnis gelangenden geschäftlichen und betrieblichen Angelegenheiten Stillschweigen zu bewahren. Dies gilt auch für die Zeit nach Beendigung des Dienstvertrages.

---

1) Bei Abweichungen besteht die Gefahr verdeckter Gewinnausschüttungen, FG Hamburg, 1.10.1996 – II 84/93, EFG 1997 S. 305.

IV. Anstellungsvertrag für nicht beherrschenden Gesellschafter-Geschäftsführer

§ 10 Vertragsdauer, Kündigung

(1) Die Geschäftsführerin beginnt am ...; der Vertrag wird auf unbestimmte Zeit geschlossen.

(2) Beide Parteien können den Vertrag mit halbjährlicher Frist jeweils zum 30.6. und 31.12. eines Jahres kündigen.

(3) Die Abberufung der Geschäftsführerin, welche jederzeit durch die Gesellschafterversammlung erfolgen kann, gilt auch als Kündigung des Dienstvertrages zum nächstzulässigen Zeitpunkt.

(4) Die Kündigung hat schriftlich zu erfolgen.

(5) Das Recht zur Kündigung aus wichtigem Grund bleibt für beide Seiten von den vorstehenden Regelungen unberührt.

(6) Ohne daß es einer besonderen Kündigung bedarf, endet dieser Vertrag mit Ablauf des Jahres, in dem die Geschäftsführerin ihr 65. Lebensjahr vollendet.

§ 12 Schlußbestimmungen

(1) Sämtliche Änderungen und Ergänzungen dieses Vertrages bedürfen zu ihrer Wirksamkeit der Schriftform und der Zustimmung der Gesellschafterversammlung.[1]

(2) Sollten einzelne Bestimmungen dieses Vertrages unwirksam sein oder werden, so berührt dies nicht die Gültigkeit der übrigen Bestimmungen. An die Stelle der unwirksamen Bestimmung oder zur Ausfüllung eventueller Lücken des Dienstvertrages ist die Regelung zu vereinbaren, die dem am nächsten kommt, was die Parteien nach ihrer wirtschaftlichen Zielsetzung gewollt haben.

Ort, Datum

Unterschriften

---

[1] Die qualifizierte Schriftformklausel kann bei Gesellschafter-Geschäftsführern zu verdeckten Gewinnausschüttungen führen, wenn Gehaltserhöhungen nur mündlich vereinbart werden, FG Köln, 27.11.1995 – 13 K 58/95, DStRE 1997 S. 71; der BFH, 9.4.1997 – I R 52/96, HFR 1997 S. 836 hat das FG-Urteil aufgehoben und zur erneuten Entscheidung zurückverwiesen (vgl. auch Rz. 74 f.).

V. MUSTER EINES GESCHÄFTSFÜHRER-ANSTELLUNGSVERTRAGES BEI EINER FREIBERUFLER-GMBH

879 Geschäftsführer-Anstellungsvertrag

zwischen

der Y-GmbH Wirtschaftsprüfungsgesellschaft/Steuerberatungsgesellschaft, gesetzlich vertreten durch die Gesellschafterversammlung, diese gemäß Gesellschafterbeschluß vom ... vertreten durch Herrn WP/StB ...
- im folgenden "GmbH" oder "Gesellschaft" genannt -

und

Herrn WP Dr. ...
- im folgenden auch "Geschäftsführer" oder "Gesellschafter-Geschäftsführer" genannt -

Präambel

Herr WP Dr. ... ist durch Beschluß der Gesellschafterversammlung vom ... zum Geschäftsführer der X-GmbH Wirtschaftsprüfungsgesellschaft/Steuerberatungsgesellschaft bestellt und von den Beschränkungen des § 181 BGB befreit worden.

Im einzelnen gelten für die Beziehungen der Vertragspartner zueinander die nachfolgenden schuldrechtlichen Vereinbarungen.

§ 1 Vertragsdauer, Vertragsbeendigung

(1) Dieser Geschäftsführeranstellungsvertrag tritt mit seiner Unterzeichnung durch beide Vertragspartner mit Wirkung zum Tage der Bestellung zum Geschäftsführer in Kraft. Er wird auf unbestimmte Dauer abgeschlossen. Er endet, ohne daß es einer Kündigung bedarf, mit Ablauf des Geschäftsjahres der Gesellschaft, in dem der Geschäftsführer das 65. Lebensjahr vollendet.

(2) Eine Kündigung des Geschäftsführeranstellungsvertrages kann beiderseits nur mit einer Frist von sechs Monaten zum Ende des Geschäftsjahres der Gesellschaft erfolgen. Das Recht zur Kündigung aus einem wichtigen Grund ohne Einhaltung einer Frist bleibt durch die vorstehenden Bestimmungen unberührt. Die Kündigung hat durch eingeschriebenen Brief an die Gesellschaft zu erfolgen.

(3) Bei einer Kündigung ist die Gesellschaft berechtigt, den Geschäftsführer für die Dauer der Kündigungsfrist unter Fortzahlung der Bezüge von der Dienstleistung freizustellen. Die Zeit der Freistellung wird auf noch bestehende Urlaubsansprüche des Geschäfts-

führers angerechnet. Der Geschäftsführer ist verpflichtet, den Resturlaub anzutreten.

(4) Der Anstellungsvertrag endet ohne Kündigung bei

- Widerruf der Bestellung des Geschäftsführers,
- Niederlegung des Geschäftsführeramtes.

Umgekehrt endet bei einer Kündigung des Anstellungsvertrages mit dessen Beendigung auch die organschaftliche Stellung des Geschäftsführers.

§ 2 Aufgabengebiet, Rechte und Pflichten

(1) Der Geschäftsführer hat die Gesellschaft gemeinschaftlich mit den anderen Geschäftsführern unter eigener Verantwortung zu leiten.
Im einzelnen bestimmen sich die Aufgaben des Geschäftsführers nach dem jeweils gültigen Geschäftsverteilungsplan. Unabhängig der den anderen Geschäftsführern zugeordneten Gebiete trägt Herr Dr. ... mit die unabdingbare Gesamtverantwortung und hat sich über die Geschäftsführungsmaßnahmen dieser Bereiche stets informiert zu halten.

(2) Die Rechte und Pflichten des Geschäftsführers ergeben sich aus dem Gesetz, dem Gesellschaftsvertrag, diesem Geschäftsführeranstellungsvertrag und der Geschäftsführerordnung in ihrer jeweils geltenden Fassung.

(3) Der Geschäftsführer ist bei der Wahrnehmung der Geschäfte und Interessen der Gesellschaft Weisungen der Gesellschafterversammlung nur in den in dem Gesetz, dem Gesellschaftsvertrag und der Geschäftsführerordnung ausdrücklich geregelten Fällen unterworfen. Der Geschäftsführer hat bei den im Rahmen der eigenverantwortlichen Leitung der Gesellschaft zu treffenden Maßnahmen die Interessen der Gesellschaft und deren Gesellschafter stets mit der Sorgfalt eines ordentlichen und gewissenhaften Geschäftsleiters wahrzunehmen.

(4) Der Geschäftsführer ist - unbeschadet der Mitverantwortung der anderen Geschäftsführer - verantwortlich für die wirtschaftlich und rechtlich einwandfreie Abwicklung des gesamten Geschäftsbetriebes der Gesellschaft, insbesondere aber des Geschäftsbetriebes der ihm nach der Geschäftsverteilung zugeordneten Ressorts.

(5) Die Geschäftsführungsbefugnis umfaßt alle Bereiche, in denen sich die Gesellschaft nach ihrer Satzung bestätigt und gilt für alle Geschäfte, Maßnahmen und Willenserklärungen, die der gewöhnliche Geschäftsbetrieb der GmbH mit sich bringt.
Für alle darüber hinausgehenden Geschäfte ist im Innenverhältnis ein Gesellschafterbeschluß der Gesell-

schafterversammlung einzuholen; bei unaufschiebbaren Maßnahmen ist die nachträgliche Genehmigung der Gesellschafterversammlung einzuholen.

(6) Der Geschäftsführer vertritt die Gesellschaft allein oder zusammen mit einem weiteren Geschäftsführer oder Prokuristen.

§ 4 Nebentätigkeiten, Wettbewerbsverbot

(1) Der Geschäftsführer hat der Gesellschaft sein ganzes Wissen und Können und seine volle Arbeitskraft zur Verfügung zu stellen. Die Gesellschafterversammlung gestattet dem Geschäftsführer jedoch weiterhin fachschriftstellerisch tätig zu bleiben und Fachvorträge zu halten; dadurch darf die der GmbH zu erbringende Arbeitsleistung des Geschäftsführers nicht beeinträchtigt werden.

(2) Auf Verlangen der Gesellschafterversammlung hat der Geschäftsführer für andere Unternehmen, an denen Beteiligungen oder ähnliche Interessen der Gesellschaft bestehen, in näher zu vereinbarender Weise überwachend oder geschäftsleitend tätig zu werden oder solche Tätigkeiten wieder aufzugeben. Dies trifft insbesondere zu auf die Übernahme von Aufsichtsrats-, Beirats- oder vergleichbaren Mandaten mit Überwachungsfunktion ebenso wie für Tätigkeiten in Berufsorganisationen, Verbänden und ähnlichen Zusammenschlüssen, denen die Gesellschaft aufgrund ihrer geschäftlichen Betätigung angehört.

(3) Ohne vorherige, schriftliche Zustimmung der Gesellschafterversammlung darf der Geschäftsführer weder unmittelbar noch mittelbar, sei es durch Geld, Sacheinlagen, Tätigkeit oder durch Leistungen sonstiger Art, an einem anderen Unternehmen beteiligt sein oder sich beteiligen. Bei gewerblichen Unternehmen gilt Aktienbesitz, Besitz von Geschäftsanteilen oder sonstigen Gesellschaftsanteilen, der keinen einer wesentlichen Beteiligung entsprechenden Einfluß auf die Organe der betreffenden Aktiengesellschaft, Kommanditgesellschaft auf Aktien, Gesellschaft mit beschränkter Haftung oder sonstigen Gesellschaft ermöglicht, nicht als Beteiligung im Sinne dieser Bestimmung.

(4) Der Geschäftsführer verpflichtet sich, für die Dauer dieses Vertrages und der darauffolgenden 2 Jahre nach dessen Beendigung weder unmittelbar noch mittelbar, weder in eigener Praxis noch durch einen Wirtschaftsprüfer, vereidigten Buchprüfer, Rechtsanwalt, Steuerberater und/oder Unternehmensberater, eine Wirtschaftsprüfungs-, Buchführungs-, Steuerberatungs- und/oder Unternehmensberatersozietät und/oder Partnerschaftsgesellschaften, in den Tätigkeitsbereichen der Gesellschaft für Auftraggeber tätig zu

V. Geschäftsführer-Anstellungsvertrages bei einer Freiberufler-GmbH

werden, die in den 2 Jahren vor Ausscheiden des Geschäftsführers durch die Gesellschaft aufgrund eines Einzelauftrages oder im Rahmen einer laufenden Beratung betreut wurden.

(5) Der Geschäftsführer verpflichtet sich des weiteren, innerhalb von 2 Jahren nach seinem Ausscheiden aus der Gesellschaft jede Einflußnahme auf Mandanten der Gesellschaft zu unterlassen, die darauf abzielt, daß diese einen anderen Angehörigen der wirtschaftsberatenden, wirtschafts- und steuerberatenden oder rechtsberatenden Berufe mit Aufgaben betrauen, die zu den Tätigkeitsbereichen der Gesellschaft gehören. Als Berufsangehörige im Sinne dieser Bestimmung gelten auch Wirtschaftsprüfungsgesellschaften, Buchprüfungsgesellschaften, Steuerberatungsgesellschaften, Rechtsanwaltsgesellschaften, Wirtschaftsprüfer-, vereidigte Buchprüfer-, Rechtsanwälte- und/oder Steuerberater-Sozietäten und/oder -Partnerschaftsgesellschaften, Unternehmensberatungsgesellschaften und Unternehmensberater. Die Verpflichtung bezieht sich nur auf solche Mandanten, zu denen in den letzten 2 Jahren vor dem Ausscheiden des Geschäftsführers ein Mandantschaftsverhältnis bestand.

(6) In jedem Falle eines Verstoßes gegen die vorstehenden Bestimmungen dieses Vertrages kann die Gesellschaft entweder Erfüllung oder Schadenersatz verlangen. Soweit die Gesellschaft Schadenersatz verlangt, beträgt dieser ohne weiteren Nachweis mindestens die Hälfte des Umsatzes, der von der GmbH aufgrund der in den letzten beiden Jahren der Tätigkeit für den betreffenden Mandanten erbrachten Leistungen erzielt wurde oder üblicherweise hätte erzielt werden können.

§ 5 Bezüge

(1) Der Geschäftsführer erhält für seine Tätigkeit eine Festvergütung sowie eine ergebnisabhängige Tantieme.

(2) Die Festvergütung beträgt ... DM/Monat und ist im nachhinein jeweils zum 1. eines Monats unter Berücksichtigung der gesetzlichen Abzüge zur Zahlung fällig.
Die Gesellschaft trägt den ihr kraft Gesetzes obliegenden Anteil an den Sozialversicherungsbeiträgen des Geschäftsführers. Sie zahlt zusätzlich den nach § 3 Nr. 62 EStG steuerfreien Zuschuß zur Familienkrankenversicherung des Geschäftsführers.

(3) Die monatliche Festvergütung wird jährlich durch Beschluß der Gesellschafterversammlung mindestens der Gehaltsentwicklung des Fachpersonals im Betrieb angepaßt, wobei auch überprüft werden soll, ob darüber hinaus eine Anpassung an die Entwicklung der Grundgehälter der Geschäftsführer vergleichbarer Unternehmen und/oder vergleichbarer Branchen veranlaßt ist.

(4) Der Geschäftsführer hat Anspruch auf eine Tantieme von mindestens 5% des Steuerbilanzgewinns nach Verrechnung mit Verlustvorträgen und vor Abzug der Körperschaftsteuer und Gewerbesteuer. Die Tantieme wird durch die Gesellschafterversammlung, die über dem Jahresabschluß der Gesellschaft für das jeweils vorangegangene Jahr beschließt, festgesetzt; dabei hat die Gesellschafterversammlung die Rechtsprechung des Bundesfinanzhofes und der Finanzverwaltung zu beachten.

(5) Nach 3 Jahren wird die Gesellschaft prüfen, inwieweit dem Geschäftsführer eine Pensionszusage erteilt werden kann.

(6) Sonderleistungen wie Mehr-, Sonn- und Feiertagsarbeit sowie den Mitarbeitern der Gesellschaft etwa gewährte sonstige - auch außertarifliche - Leistungen sind mit der vorstehend beschriebenen Vergütung abgegolten.

(7) Die Gesellschaft stellt dem Geschäftsführer einen PKW seiner Wahl zur uneingeschränkten Nutzung zur Verfügung. Die hierfür anfallenden Kosten trägt die Gesellschaft mit Ausnahme der Lohnsteuer, welche für die anteilige private Nutzung zu entrichten ist, sowie der Umsatzsteuer, die auf diesen steuerlichen Wertansatz der privaten Nutzung entfällt.

§ 6 Spesen, Versicherungen

(1) Die Gesellschaft erstattet dem Geschäftsführer gegen entsprechenden Nachweis die im Zusammenhang mit einer Geschäftsreise notwendigen Auslagen einschließlich der Kosten der Unterbringung während der Geschäftsreise.
Zur Abgeltung des Verpflegungsmehraufwandes anläßlich von Dienstreisen erhält der Geschäftsführer ohne besonderen Nachweis den jeweils anwendbaren steuerfrei erstattungsfähigen Pauschbetrag erstattet. Bei Geschäftsreisen mit öffentlichen Verkehrsmitteln wie Bahn oder Flugzeug hat der Geschäftsführer bei Reisen mit der Bahn Anspruch auf Beförderung in der ersten Klasse, bei Flügen in der Business-Class.

(2) Die Gesellschaft verpflichtet sich für den Geschäftsführer eine Unfallversicherung für den Todesfall und für Invalidität in Höhe von ... DM abzuschließen. Bezugsberechtigt für den Todesfall ist die Ehefrau des Geschäftsführers. Beim Ausscheiden des Geschäftsführers aus der Gesellschaft wird die Gesellschaft die Unfallversicherung unentgeltlich auf den Geschäftsführer übertragen, damit dieser die Versicherung aus eigenen Mitteln fortführen kann.

§ 7 Urlaub, krankheitsbedingte Abwesenheit

(1) Der Geschäftsführer hat Anspruch auf einen Erholungsurlaub von dreißig (30) Arbeitstagen je Kalenderjahr. Samstage gelten nicht als Arbeitstage. Der Jahresurlaub vermindert sich um je 1/12 für jeden Monat, in dem das Geschäftsführeranstellungsverhältnis nicht besteht. Die beabsichtigte Urlaubszeit ist den anderen Geschäftsführern rechtzeitig bekanntzugeben. Den Zeitpunkt und die Dauer des Urlaubs wird der Geschäftsführer in Abstimmung mit den anderen Geschäftsführern sowie unter Berücksichtigung der jeweiligen betrieblichen Erfordernisse der Gesellschaft wählen.

(2) Ist der Geschäftsführer durch Krankheit, Urlaub oder einen sonstigen in seiner Person liegenden Grund, jedoch ohne sein Verschulden längere Zeit an der Ausübung seiner Geschäftsführertätigkeit gehindert, so behält er seinen Vergütungsanspruch auf die Dauer von 6 Monaten, längstens jedoch bis zur Beendigung dieses Anstellungsvertrages.
Im Todesfall wird an die Ehefrau des Geschäftsführers für den Monat, in den der Todestag fällt, und für die 2 darauffolgenden Monate die Festvergütung fortgezahlt.

§ 8 Verschwiegenheitspflicht, Rückgabe von Unterlagen

(1) Der Geschäftsführer verpflichtet sich - auch für die Zeit nach Beendigung dieses Geschäftsführeranstellungsverhältnisses - zur Verschwiegenheit Dritten gegenüber hinsichtlich aller wirtschaftlichen, rechtlichen, steuerlichen und sonstigen geschäftlichen Angelegenheiten und Vorgänge, die ihm im Rahmen seiner Tätigkeit in bezug auf die Gesellschaft, die mit der Gesellschaft verbundenen Unternehmen sowie in bezug auf die Geschäftspartner der vorstehend benannten Unternehmen bekannt werden, unabhängig davon, ob diese - bezogen auf die vorstehend benannten Unternehmen - als offen, vertraulich oder geheim eingestuft sind. Der Verschwiegenheitspflicht unterliegen auch die dem Geschäftsführer bekanntgewordenen persönlichen, wirtschaftlichen, rechtlichen und steuerlichen Verhältnisse der Gesellschafter und der anderen Geschäftsführer sowie der leitenden Mitarbeiter der Gesellschaft sowie der mit der Gesellschaft verbundenen Unternehmen.

(2) Der Geschäftsführer verpflichtet sich geschützte Daten, die ihm im Rahmen seiner Tätigkeit bekannt werden, außenstehenden Dritten nicht mitzuteilen oder für eigene Zwecke zu nutzen; das Bundesdatenschutzgesetz findet Anwendung.

(3) Der Geschäftsführer hat bei seinem Ausscheiden alle Unterlagen der Gesellschaft und solche, die er im Rah-

men seiner Tätigkeit gefertigt hat, ohne Aufforderung herauszugeben. Ein Zurückbehaltungsrecht an diesen Unterlagen hat er unter keinem Gesichtspunkt.

§ 9 Schlußbestimmungen

(1) Es besteht Einvernehmen darüber, daß über dieses Geschäftsführeranstellungsverhältnis zwischen der Gesellschaft und dem Geschäftsführer außerhalb dieses Vertrages Vereinbarungen nicht getroffen wurden. Änderungen und Ergänzungen dieses Anstellungsvertrages bedürfen zu ihrer Rechtswirksamkeit der Schriftform und der Unterzeichnung durch beide Vertragspartner auf derselben Urkunde.

(2) Sollten einzelne Bestimmungen dieses Vertrages unwirksam sein oder werden oder sollten bei Durchführung dieses Vertrages ergänzungsbedürftige Vertragslücken offenbar werden, so wird hierdurch die Wirksamkeit dieses Vertrages im übrigen nicht berührt. Die Vertragspartner verpflichten sich vielmehr bereits heute, die unwirksame Bestimmung so umzudeuten, zu ergänzen oder zu ersetzen beziehungsweise die Vertragslücke so auszufüllen, daß der mit der unwirksamen Bestimmung beabsichtigte oder durch die Vertragslücke gefährdete wirtschaftliche Zweck dieses Vertrages erreicht wird.

Ort, Datum

....
Y-GmbH Wirtschaftsprüfungs-   WP Dr. ...
gesellschaft/Steuerberatungs-
gesellschaft

STICHWORTVERZEICHNIS

Die Ziffern des Stichwortverzeichnisses verweisen auf die Randziffern (Rz.) am Seitenrand.

A

Abberufung 140 ff.
- bei Bestellung durch Gesellschaftsvertrag 5
- einstweilige Verfügung 163
- mehrere Familienstämme 156
- wichtiger Grund 141, 149
- Wiederbestellung 47
- Wirkung 163
- Zuständigkeit 152

Abfindungen 589 ff.
- Beitragspflicht in der Sozialversicherung 591

Abhebungen von Geschäftskonten 492

Abschlußprüfer 213

Abtretung
- Alleingeschäftsführer 284
- Gehaltsansprüche 93

Alleinvertretungsbefugnis 263

Amtsgericht
- Bestellung des Geschäftsführers 22 ff.

Amtsniederlegung
- gesetzlich nicht geregelt 168
- Haftung 397
- wichtiger Grund 170

Anfechtung
- Geschäftsführerbestellung 16
- Klage bei fehlender Qualifikation 46

Angaben auf Geschäftsbriefen 496 f.

Angemessenheit
- Geschäftsführervergütung 90 ff., 519 ff., 653 ff.

Anhörung
- Widerruf der Bestellung 141

Anmeldung
- GmbH und Gründungshaftung 301 ff.
- GmbH zum Handelsregister 1

Annex Kompetenz 57

Anpassungsklauseln 553 f.
- Tantiemen 549
- Geschäftsführerbezüge 553

Anstellung
- Abberufung 174
- Befristung 172
- Bestellung 3, 49
- Dienstvertrag 51, 156 ff.
- Firmenwagen 566 f.
- Kündigung 171 ff.
- Zuständigkeit 57 ff.

Anstellungsvertrag
- Abschluß durch Aufsichtsrat 59
- Abschluß durch Gesellschafterversammlung 57 f.
- Änderung 64 f.
- Aufhebung 175
- Fehler 130 f.
- Form 69 ff.
- Freiberufler-GmbH 879
- Geschäftsführer im Konzern 136
- Gesellschaftsstatut 130 f.
- Inhalt 76 ff.
- Kündigung 171 ff.
- Nachweis gegenüber Finanzamt 69
- Schriftformklausel 73 ff.
- Verstoß gegen gesetzliches Verbot 135
- Vertretung bei Änderung 64 f.
- Zuständigkeit zum Vertragsabschluß 57 ff.

Arbeitgeberzuschuß
- Rentenversicherung 597 ff.

Arbeitnehmerdarlehen
- Ehefrau des Geschäftsführers 308

Arbeitsdirektor
- mitbestimmte Unternehmen 2

ArbeitsentgeltVO 645

Arbeitslosenversicherung 773, 785

Arbeitszeit 86 ff.

Aufgaben
- Geschäftsführer 200 ff.

Aufhebungsvertrag 175

Aufsichtsrat
- Abschluß des Anstellungsvertrages 59
- als Geschäftsführer 275
- Bestellung des Geschäftsführers 6 f., 10, 17 f., 19
- Betriebsverfassungsgesetz 10
- Widerruf der Geschäftsführerbestellung 141 ff.

Ausgleichsabgabe 181

Auskunftspflichten 861 f.

Auskunftsrechte 247 f.

Ausländische Geschäftsführer 32 f.

Außerordentliche Kündigung 191.1

Auswahlermessen
- mehrere Geschäftsführer 442 ff.

B

Bankrott 465, 494

Beendigung
- Geschäftsführeramt 140 ff.

329

Stichwortverzeichnis

Befreiung vom Wettbewerbsverbot
– Nebentätigkeit 694
– nicht beherrschender Gesellschafter-Geschäftsführer 116
– steuerliche Voraussetzungen 689, 694

Befreiung von der Krankenpflichtversicherung 778

Behörde
– Bestellung des Geschäftsführers 19

Beiträge zur Rückdeckungsversicherung 111

Beitragsabführung 872

Beitragsbemessungsgrenze 775

Beitragserhebung 864 ff.

Beratervertrag
– Geschäftsführer 33
– Kündigung bei Abberufung des Geschäftsführers 192
– Schadenersatzpflicht des Geschäftsführers 308.1
– Umsatzsteuer 50

Beratungsvertrag
– Geschäftsführer 192

Bestandsschutz
– Angestellter wird Geschäftsführer 54

Bestellung
– Abschlußprüfer 213
– Amtsgericht 22 ff.
– Anstellung 3, 49
– Aufsichtsrat 6 f., 10, 17 f., 19
– Behörde 20 f.
– Einmann-GmbH 9, 15
– Geschäftsführer 2 ff., 7
– Gesellschafter, ermächtigter 19
– Gesellschafterversammlung 6, 11 ff.
– Gesellschaftsvertrag 5 ff.
– Inhalt 4
– Notgeschäftsführer 22 ff.
– persönliche Voraussetzungen 30 ff.
– Rechtsmißbrauch 48
– Schriftform 8
– Widerruf 141 ff.
– Wirksamwerden 4
– Zuständigkeit 5 ff.

Betriebliche Altersversorgung
– Direktversicherung 113 ff., 636

Betriebsaufspaltung 250

Betrug 469

Bevollmächtigung nach § 181 BGB 283

Bewirtung von Geschäftsfreunden 675

Bezüge 89 ff., 505 ff.
– Abtretung 93
– Herabsetzung 669
– Konzern 138
– sittenwidrig 94

Bilanzierungspflichten im GmbH-Konkurs 212.1

Buchführungsaufgaben 222 ff.

Buchführungspflicht 222 ff.
– Verletzung 466

Buchprüfer
– Geschäftsführer 33

Bürgschaft 729 ff.

C

culpa in contrahendo 344 f., 352 ff.

D

Darlehen 584
– kapitalersetzendes 335

Dauerarbeitsverhältnis
– Kündigungsfristen 176 ff.

Dienstanweisungen
– Gesellschafter 134

Dienstjubiläum 510

Dienstwagen 566 f.

Dienstvertrag 69
– Anstellung 51, 156 ff.
– Fremdgeschäftsführer 49

Dienstwohnung 578

Direktversicherung 113 ff., 636 ff.
– Konkurs 640
– steuerrechtlich 636 ff.

Doppelarbeitsverhältnisse 136, 195

Drittanstellung 21

Duldungsvollmacht 264 f.

Durchgriffshaftung 378

Dynamisierung von Versorgungszusagen 629

E

Eigengeschäfte 115 f., 435

Eigeninteresse 359

Einfuhrumsatzsteuer
– Haftung des Geschäftsführers 383

Einmann-GmbH
– Bestellung des Geschäftsführers 9, 15
– Gewinnabführungsvertrag 256
– In-Sich-Geschäfte 284 ff.
– Protokoll der Gesellschafterversammlung 246
– Versicherung bei Anmeldung 302

Einreden 296

Einsichtsrechte 247 ff.

Einstweilige Verfügung
– gegen Abberufung 163

Einwendungen 296

Einzelgeschäftsführung 232 ff.

Einzelvertretung 262 ff.

Erfindungen 126 ff.

Ermessensausübung 439 ff.

Stichwortverzeichnis

Erstattung von Sozialversicherungsbeiträgen 817 ff.
Erziehungsurlaub 571

F

Fahrergestellung 569
Faktischer Geschäftsführer 396, 486 f.
- Verantwortlichkeit nach Ausscheiden 490.1

Familienstämme 156
- Mehrheits- oder Einstimmigkeitsprinzip bei Abberufung eines Geschäftsführers 156

Fehler
- Anstellungsvertrag 130 f.

Feststellungsklage
- Entlastung 323

Festtantiemen 543 ff.
Firmenwagen 566 f.
Flexible Altersgrenze bei Pensionsrückstellungen 607
Form des Anstellungsvertrages 69 ff.
Freiberufler-GmbH 879
Fremdgeschäftsführer
- Allzuständigkeit 272
- Arbeitszeit 86 f.
- Dienstvertrag 49 ff.
- Weisungsgebundenheit 134

G

Garantietantiemen 543 ff.
Gaststätten-GmbH
- Zuverlässigkeit des Geschäftsführers 43

Geburtstag 675
Gehaltsansprüche
- Abtretung 93

Gehaltsfortzahlung
- Krankheit und Tod 570

Geheimhaltungspflicht 495
Gemischte Gesamtprokura 270
Gesamtgeschäftsführung 232 ff.
Gesamtvertretung 266 ff.
Geschäftsbesorgungsvergütung 49
Geschäftsbrief 496 f.
Geschäftsfähigkeit 30
Geschäftsführer
- Angemessenheit der Vergütung 90 ff., 519 ff., 653 ff.
- Anmeldung zum Handelsregister 1
- Anstellung 4
- Anstellungsvertrag 49 ff.
- Arbeitnehmereigenschaft 505 ff.
- Arbeitsdirektor in mitbestimmten Unternehmen 2
- Arbeitslohn 505 ff.
- Aufgaben 200 ff.
- Aufsichtsrat 275
- Aufstellung des Jahresabschlusses 210
- ausführendes Organ 1
- Befristung des Dienstvertrages 172
- Bestellung 2 ff.
- Bestellung durch Ermächtigten 19
- Bestrafung wegen Konkursdelikt 34
- Bezüge 505 ff.
- Buchführung 222 ff.
- Dienstwagen mit Fahrer 569
- Dienstwohnung 563
- Einmann-GmbH 9
- Erfindungen 126
- faktischer 396, 486 f.
- Geburtstag 675
- Gesamtvergütung 656 ff.
- Gesamtvertretung 262
- Geschäftsfähigkeit 30
- Innen- und Außenverhältnis 4
- Kompetenzen 201 ff.
- Konkursantrag 459
- Konzern 136
- Krankenversicherung 775 f.
- nachvertragliche Pflichten 197
- Nachzahlungsverbot 736 ff.
- persönliche Voraussetzungen 30 ff.
- Pflichten 77 ff.
- Prozeßführungsbefugnis 260
- Qualifikation 30 ff.
- Satzungsregelungen 3
- Sonderrecht auf die Geschäftsführung 63
- Sozialversicherungspflicht 772 ff.
- Strafbarkeit des faktischen Geschäftsführers 486 f.
- umweltstrafrechtliche Verantwortung 503
- Unterlassungsansprüche 501
- Vergütung bei fehlendem Dienstvertrag 132
- Vertretungsbefugnis s. dort
- wiederkehrende Aufgaben 206 ff.

Geschäftsführerbefugnis
- Inhalt und Umfang 201 ff.
- Kompetenzabgrenzung gegenüber anderen Organen 271 ff.

Geschäftsführerbestellung
- Amtsgericht 22 ff.
- Aufsichtsrat s. dort
- Behörde 20 f.
- Gesellschafter 19
- Gesellschafterversammlung 11 ff.
- Handelndenhaftung 295
- Minderjähriger 30
- mitbestimmte GmbH 10, 18
- Rechtsmißbrauch 48
- Zuständigkeit 5 ff.

Geschäftsführerdienstvertrag 69

Stichwortverzeichnis

Geschäftsführerlose GmbH
– Zustellung 1

Geschäftsführervergütung
– Abfindungen 587 ff.
– Angemessenheit 90 ff., 519 ff., 653 ff.
– Anpassungsklauseln 653 ff.
– Dienstwohnung 578
– Einkommensbesteuerung 505 ff.
– Höhe 91 ff., 519 ff.
– Tantiemen 523 ff.
– Telefonkostenerstattung 578
– verdeckte Gewinnausschüttung 520 ff., 674 ff., s. auch dort

Geschäftsverteilungsplan 222, 233, 316

Geschenke
– Herausgabepflicht 197

Gesellschafterbeschlüsse
– Änderung der Satzung 217
– Prüfung und Durchführung 217

Gesellschafterliste 216

Gesellschafterversammlung
– Abberufung des Geschäftsführers 152
– Abschluß des Anstellungsvertrages 57 f.
– Änderung Anstellungsvertrag 64 f.
– Anfechtung der Geschäftsführerbestellung 16
– Bestellung des Geschäftsführers 6, 11 ff.
– Einberufung 240 f.
– Einladung 241
– Geschäftsführer 239 ff.
– kombinierte Beschlußfassung 14.1
– Tagesordnung 241
– Vorbehaltsaufgaben 243
– Wahl des Abschlußprüfers 213

Gesellschaftsgläubiger 354

Gesellschaftsvertrag
– Bestimmung des Geschäftsführers 5 ff.

Gewerberechtliche Untersagung 35

Gewerbeverbot 35 f.
– Handwerksuntersagung 35.1

Gewinnverteilungsbeschluß 217

Gläubigerbegünstigung 467

GmbH
– Gewerbeverbot 36
– ohne Geschäftsführer 1
– Zusatz 229

Gründungshaftung 301 ff.

H

Haftung 290 ff.
– Arbeitnehmerdarlehen 308
– Entlastung 323
– Exkulpation 315
– falsche Versicherung 304 ff.
– Haftungsausschluß 300, 438 ff.
– Handelndenhaftung für die Vor-GmbH 293
– Gründungshaftung 301
– Kapitalerhöhung 306
– Konkursverschleppung 327 ff., 344 ff.
– Konzern 138
– Lohnansprüche 296
– Mantelkauf 299
– Organhaftung 382 ff.
– pauschale Lohnsteuer 421
– Säumniszuschläge 385
– Steuern 382 ff.
– Umfang 296 ff., 304
– Verjährung 322
– Verschulden bei Vertragsabschluß 344 f., 352 ff.
– Verschuldenshaftung 311
– Vorgründungsgesellschaft 293

Haftungsausschluß 300, 438 ff.

Haftungsüberleitung 349.1

Halbseitige Vertretung 269

Handelndenhaftung 293

Handwerker GmbH 43

Handwerksuntersagung 35.1
– kein Berufsverbot 35

Hinterbliebenenversorgung 647 f.

Hinterziehungszinsen 423

I

In-Sich-Geschäfte bei der Einmann-GmbH 284 f.

In-Sich-Geschäfte und Bevollmächtigung 283

Insovlenzantragspflicht
– Quotenhaltung 383.1

J

Jahresabschluß
– Aufstellungspflicht 210
– Feststellung 214
– Offenlegung 215

Jahressteuererklärungen 218

K

Kapitalerhöhungshaftung 306

Kapitalersetzende Darlehen 335

Karenzentschädigung 123

Kollusion 258 f.

Kompetenzen
– Geschäftsführer 201 ff.

Konkurrenzunternehmen 84, 221

Konkurs
– Bilanzierungspflichten 212.1

– Direktversicherung 640
– Herabsetzung der Bezüge 669
Konkursantrag 459
Konkursstraftaten 464 ff.
Konkursverschleppungshaftung 327 ff., 344 ff.
Konzern
– Geschäftsführer-Anstellungsvertrag 136
Kostenvorschuß bei Bestellung eines Notgeschäftsführers 28
Krankenversicherung 775 f.
Kreditbetrug 470
Kündigung
– Anstellungsvertrag 171 ff.
– Umdeutung 191.1
Kündigungsschutzgesetz
– Organmitglieder 173
Kündigungsstreitigkeiten
– Rechtsweg 193 f.
Kundenscheck
– nach Zahlungsunfähigkeit 329
Kururlaub 574

L

Lagebericht 210
Liquidation 199
Liquiditätsplanung 227
Lohnsteuer
– Anmeldungszeitraum 207
Lohnsteuerhaftung 410 ff.

M

Mängel
– Anstellungsvertrag 130
Mantelkauf 299
Mehrgliedrige GmbH und Selbstkontrahierungsverbot 277
Meisterprüfung 43
Meldepflichten in der Sozialversicherung 856 ff.
Minderheits-Gesellschafter-Geschäftsführer 107, 712
Minderjähriger
– Geschäftsführerbestellung 30
Mindeststammkapital in Euro 11.1
Mitbestimmte GmbH
– Abschluß des Anstellungsvertrages 59
– Bestellung des Geschäftsführers 10, 18
Muster von Geschäftsführerverträgen 875 ff.
Mutterschutz 571

N

Nachtzuschläge 604
Nachvertragliche Pflichten 197 ff.
Nachzahlungsverbot 736 ff.
Nahestehende Personen
– Definition 673
– Pensionszusage 626
Nebenpflichten
– Beteiligung an Konkurrenzunternehmen 119
– Eigengeschäfte 115 f., 435
– Erfindungen 126 ff.
– Treuepflicht 689
– Wettbewerber 115 ff.
Nebentätigkeiten 115 ff., 694
Nichtigkeit des Geschäftsführervertrages 135
Nichtigkeitsklage
– Vertretung der GmbH 16
Niederschrift
– Einmann-Gesellschafter-Geschäftsführer 15
Nießbrauchsvorbehalt an geschenkten GmbH-Anteilen 563
Notbestellung
– Abschluß des Anstellungsvertrages 60
– Geschäftsführer 22 ff.
– persönliche Voraussetzungen 25
Notgeschäftsführer
– Bestellung durch Amtsgericht 22 ff.
– Qualifikation 25
– Umfang der Geschäftsführungsbefugnis 26
– Vergütung 27 ff.
– Wirkungskreis 26
Nur-Tantieme
– verdeckte Gewinnausschüttung 540, 678

O

Obstruktionsverbot 248
Ordentliche Kündigung 191.1
Organ
– Geschäftsführer 1 ff.
– Haftung 290 ff.
Organhaftung 307 ff.

P

Pauschale Lohnsteuer 643 ff.
Pensionsabfindung 632 f.
Pensionsrückstellung 607
Pensionszusage 95 ff., 605 ff.
– Abfindung 632
– Anpassung 627 ff.
– Insolvenzschutz 105 ff.
– nahestehende Personen 626

Stichwortverzeichnis

- Rechtsanspruch 99
- Rückdeckungsversicherung 619 f.
- Selbstkontrahierungsverbot 614
- Steuerfragen 605 ff.
- Unverfallbarkeit 104
- Verbot der Überversorgung 618
- Verzicht 725
- Vollendung des 60. Lebensjahres 616 f.
- zuständiges Organ 613 f.

Pflegeversicherung 787
- Erstattung von Beiträgen 827.1

Pflichtbeiträge
- irrtümliche Entrichtung an den Rentenversicherungsträger 793

Probezeit 88

Produkthaftung 485

Prozeßführungsbefugnis 260

Q

Qualifikation des Geschäftsführers 30 ff.
Qualifizierte Schriftformklausel 74, 681.1
Quasi-Kollusion 259

R

Rechtsanwalt
- Geschäftsführer 33

Rechtsanwalts-GmbH
- Geschäftsführer 33
- Zulässigkeit 33

Rechtsmißbrauch
- Geschäftsführerbestellung 48

Rechtsscheinhaftung 31, 46, 357

Rechtsweg
- Kündigungsstreitigkeiten 193
- ruhendes Arbeitsverhältnis 54, 195

Registergericht
- Eintragung der Geschäftsführerbestellung 12

Rentenerhöhungen 627
Rentenversicherung 597 ff.
Rentenpflichtversicherung 783 f.
Rohgewinnbezogene Tantiemen
- keine Umsatztantiemen 548

Rückdeckungsversicherung
- Beiträge 111
- Pensionszusage 634 f.

Rückwirkungsverbot 287

Ruhendes Dienstverhältnis
- aufgestiegene Geschäftsführer 54

S

Satzung
- Bestellung des Geschäftsführers 5
- Geschäftsführerqualifikationen 35, 40

- Regelungen über Geschäftsführer 3

Scheingeschäft
- Nichtigkeit des Geschäftsführervertrages 135

Schonfrist 417

Schriftformklausel
- Anstellungsvertrag 73 ff.
- verdeckte Gewinnausschüttung 681

Schuldnerbegünstigung 468

Schwarzarbeiter 860

Schwerbehindertengesetz
- Arbeitsplatzanrechnung 53, 181
- Kündigung bei Organmitgliedern 181

Selbstkontrahieren
- Befreiung bei Einmann-GmbH 9
- Bevollmächtigung 277
- Einmann-GmbH 284 ff.
- Pensionszusagen 614
- steuerliche Auswirkungen 286
- Verbot des Selbstkontrahierens 277 ff., 680
- Verstoß als vGA 680

Sittenwidrige Schädigung 376

Sozialversicherung 772 ff.

Sozialversicherungsbeiträge
- Erstattung 817 ff.
- Vorenthaltung 348
- Vorenthaltungsvorsatz 348.1

Sozialversicherungspflicht 772 ff.
- Bindung an Handhabung der Einzugsstelle 792
- rückwirkende Aufhebung 601

Spannungsklausel 553

Stellvertreterzusatz 4

Steuerberater
- Geschäftsführer 33
- Beratervertrag 50

Steuerberatungs-GmbH 683
- verantwortliche Führung durch einen Steuerberater 40

Steuerfreie Zuschüsse zur Sozialversicherung 595 ff.

Steuerhaftung 382 ff.

Steuerhinterziehung 481

Steuerstrafverfahren
- Nichtabgabe von Voranmeldungen 209
- Weisungen an Geschäftsführer 204

Stimmrecht 245
- Abberufung eines Gesellschafter-Geschäftsführers 161

Stundung
- Geschäftsführervergütung 71

Subsidiarität 450

Subventionsbetrug 469

Stichwortverzeichnis

T

Tätigkeitsverbot und Vertretungsmacht 261
Tätigkeitsvergütung nach Beteiligungsquote 678.4
Tantiemezahlungen 523 ff.
– Anpassungsklauseln 549
– Berechnung 524 f.
– Fälligkeit 536
– Festtantieme 543 ff.
– Garantietantieme 543 ff.
– Leistungsanreiz 523
– nahestehende Person 673
– verdeckte Gewinnausschüttungen 526
Telefonkostenerstattung 578
Testamentsvollstrecker
– Wahl zum Geschäftsführer 14
Tochter-GmbH
– Geschäftsführerabhängigkeit 196
Treuepflicht 198
– Eigengeschäfte 118
– Geschäftsführer 118, 689 ff.

U

Überschuldung 333, 338
Überschuldungsprüfung 336
Überstunden 682
Überwachung
– Geschäftsführung durch die Gesellschafterversammlung 252
– des Geschäftsverkehr 228 f.
– Kreditgeschäfte 226
Umsatzsteuer
– Beratervertrag 50
Umsatzsteuerhaftung 425 ff.
Umsatzsteuervoranmeldungen 430
Umsatztantieme 544 ff.
Umweltstrafrecht
– Verantwortung des Geschäftsführers 503
Unechte Gesamtvertretung 269
Unentgeltliche Tätigkeit 49, 716 ff.
Unerlaubte Handlung 366 ff., 371, 377 f.
Unfallversicherung 786 f.
Unterbilanz 333
Unterlassungsanspruch
– Geschäftsführer 501
Unternehmensgegenstand 690, 695
Untersagung
– gewerberechtliche 166
Unterschlagung 472
Untreue 471
Urlaubsabfindung 573
Urlaubsgeld 572

V

Verbot des Selbstkontrahierens
s. Selbstkontrahieren
Verdachtskündigung 188
Verdeckte Einlage 559
Verdeckte Gewinnausschüttung 520 ff., 671, 674, 689 ff., 702 ff.
– Nur-Tantieme 540, 678
– Schriftformklausel 681
– Weihnachtsgeld 576
– Zeitpunkt der Erfassung 702 ff.
Vergütung
– Geschäftsführer 90 ff., 519 ff., 653 ff.
– Stundung besser als Verzicht 71
– Urlaubsgeld 572 ff.
– Weihnachtsgeld 576
Verjährung der Ansprüche auf Beitragserstattung 835
Vermögensbildungsgesetz 560
Verschleierung 464
Verschmelzung 171
Verschulden 400 ff.
Verschulden bei Vertragsverhandlungen 344 f., 352 ff.
Verschwiegensheitspflicht
– nachvertragliche Pflicht 197
– Treuepflicht 198, 689 ff.
Versorgungszusagen 95 ff., 605 ff.
– Anpassung 627 ff.
– Arten 95 ff., 605 ff.
– Bedeutung für den Geschäftsführer 95, 99
– Dynamisierung 629
– Höhe 618 f.
– Pensionszusage 95 ff., 605 ff.
– Voraussetzungen 611 ff.
Verspätungszuschlag 419
Vertragsaufhebung 175
Vertrauensverlust 144
Vertretungsbefugnis 254 ff.
– Alleinvertretungsbefugnis 262
– Einzelvertretung 262 ff.
– Gesamtvertretung 266 ff.
– Inhalt und Umfang 255 ff.
Vertretungsmacht
– Beschränkung 256 f.
– Mißbrauch durch Gesellschaftsorgane 256
– Mitbestimmungsgesetz 256
– unechte Gesamtvertretung 269
Verzicht
– Gehaltsforderung 720 ff.
– Pensionszusage 725
Verzinsung der Ansprüche auf Beitragserstattung 833
Vollzug des Dienstvertrages 70
Vordienstzeiten bei Versorgungszusagen 605

Stichwortverzeichnis

Vorenthalten und Veruntreuen 348, 475
Vorgründungsgesellschaft 296
Vorprägung des Ermessens 439

W

Warenkreditbetrug 469
Warentermingeschäfte 377
Warenzeichenverletzung 380
Wechsel
– geschäftsunfähiger Geschäftsführer 31
Weihnachtsgeld 576
– verdeckte Gewinnausschüttung 576
Weisungen der Gesellschafter 134, 315
Werbungskosten 454
Wertsicherungsklausel
– nachträgliche Vereinbarung bei beherrschendem Gesellschafter-Geschäftsführer 625
Wettbewerbsverbot 689ff.
– Anstellungsvertrag 115ff.
– Befreiung 693
– Eigengeschäfte 115f.
– nachvertragliche Vereinbarungen 121ff., 198
– Unternehmensgegenstand 695
– Vergütung für Befreiung 697
Wettbewerbsverstoß 699ff.
– Verletzung von Warenzeichen 380
Wichtige Gründe
– Abberufung des Geschäftsführers 141, 149ff.
– Amtsniederlegung 170
– Frist bei Kenntnis des Kündigungsgrundes 186
– Stimmrecht des Gesellschafter-Geschäftsführers 245
– zweigliedrige GmbH 163
Widerruf
– Aufsichtsrat 152
– Bestellung 141ff.
Wiederbestellung eines Geschäftsführers 47
Wirkung der Abberufung 141, 163
Wirtschaftsprüfer
– Geschäftsführer 33

Z

Zahlungseinstellung 332
Zahlungsunfähigkeit 332, 338
Zeugnis
– Anspruch des Geschäftsführers 513
Zuschläge
– Sonntags-, Feiertags- und Nachtarbeit 603
Zuschüsse zur Sozialversicherung 593ff.
Zustimmungsbedürftige Geschäfte 205, 237
Zweigliedrige GmbH
– Abberufung eines Geschäftsführers 163
Zweigniederlassung
– Anmeldung 231.1